지식
정보
법전
06

2023년

법률과 용어·판례를 같이보는

상법 지식사전

편저 : 대한법률콘텐츠연구회

2023년
상법관련 법령 총 수록

- 공무원시험·변호사시험을 준비하는 로스쿨재학생 및 졸업생과
법률관련 각종 시험을 준비하는 수험생들을 위한 필독서 -

2023년 5월 2일에 개정되어 시행되는 외부감사법 수록

법문북스

머리말

상법은 상행위, 회사법, 보험, 해상, 항공 운송 등을 규율하는 근본이 되는 법으로 그 중요성은 크지만 내용의 방대함과 난해함 때문에 배우고 익히기가 쉽지가 않습니다.

이 책은 이러한 특성을 고려하여 변호사시험을 준비하고 있는 로스쿨 재학생 및 졸업생, 회계사 등 각종 시험을 준비하고 있는 수험생과 상사법과 회사 설립 등에 관심이 있는 일반인들이 궁금한 내용을 찾아볼 수 있도록 펴낸 책입니다.

본서는 법전편과 법률용어편으로 구성되어있습니다. 법학의 기본은 법조문이라고 하겠습니다. 그래서 본서에는 상법, 상법시행법, 상법시행령 등의 전체 조문을 수록하였습니다. 법을 접하게 되면 익숙하지 않은 법률용어로 인하여 법률의 의미파악이 어렵습니다. 그래서 본서에는 법전을 읽어나가는데 도움이 되도록 법률용어편에 상법 및 그 관련법률용어들을 수록하여 독자들이 상법이나 상법시행법, 상법시행령을 읽어나가다가 모르는 용어가 나오면 법률용어편에서 그 의미를 찾을 수 있도록 하였습니다. 뿐만 아니라 중요판례도 실어서 법조문의 적용되는 모습도 파악할 수 있게 하였습니다.

이 책이 법학을 공부하거나 상사법에 관심있는 일반인들에게 회사법을 이해하는데 도움이 되었으면 합니다.

2023年 8月

편저자 드림

차 례

관 련 법 령

상 법

[시행2020. 12. 29.] [법률제17764호, 2020. 12. 29., 일부개정]

상법 시행령

[시행 2022. 8. 23.] [대통령령 제32881호, 2022. 8. 23., 타법개정]

상법의 전자선하증권 규정의 시행에 관한 규정

[시행 2020. 12. 10.] [대통령령 제31222호, 2020. 12. 8., 타법개정]

선박소유자 등의 책임제한절차에 관한 법률

[시행 2009. 12. 29.] [법률 제9833호, 2009. 12. 29., 일부개정]

상업등기법

[시행 2020. 9. 10.] [법률 제17362호, 2020. 6. 9., 타법개정]

상업등기규칙

[시행 2021. 12. 9.] [대법원규칙 제3007호, 2021. 11. 29., 일부개정]

주식회사 등의 외부감사에 관한 법률

[시행 2023. 1. 17.] [법률 제19217호, 2023. 1. 17., 일부개정]

주식회사 등의 외부감사에 관한 법률 시행령

[시행 2023. 5. 2.] [대통령령 제33447호, 2023. 5. 2., 일부개정]

어음법

[시행 2010. 3. 31.] [법률 제10198호, 2010. 3. 31., 일부개정]

거절증서령

[시행 2011. 8. 19.] [대통령령 제23077호, 2011. 8. 19., 일부개정]

전자어음의 발행 및 유통에 관한 법률

[시행 2020. 12. 10.] [법률 제17354호, 2020. 6. 9., 타법개정]

전자금융거래법

[시행 2020. 12. 10.] [법률 제17354호, 2020. 6. 9., 타법개정]

전자상거래 등에서의 소비자보호에 관한 법률

[시행 2021. 12. 30.] [법률 제17799호, 2020. 12. 29., 타법개정]

관련법률용어

관련법령

상법

[시행2020. 12. 29.]
[법률제17764호, 2020. 12. 29., 일부개정]
법무부(상사법무과) 02-2110-3167

제1편 총칙

제1장 통칙

제1조(상사적용법규) 상사에 관하여 본법에 규정이 없으면 상관습법에 의하고 상관습법이 없으면 민법의 규정에 의한다.

제2조(공법인의 상행위) 공법인의 상행위에 대하여는 법령에 다른 규정이 없는 경우에 한하여 본법을 적용한다.

제3조(일방적 상행위) 당사자중 그 1인의 행위가 상행위인 때에는 전원에 대하여 본법을 적용한다.

제2장 상인

제4조(상인-당연상인) 자기명의로 상행위를 하는 자를 상인이라 한다.

제5조(동전-의제상인) ① 점포 기타 유사한 설비에 의하여 상인적 방법으로 영업을 하는 자는 상행위를 하지 아니하더라도 상인으로 본다.
② 회사는 상행위를 하지 아니하더라도 전항과 같다.

제6조(미성년자의 영업과 등기) 미성년자가 법정대리인의 허락을 얻어 영업을 하는 때에는 등기를 하여야 한다.
[전문개정 2018. 9. 18.]

제7조(미성년자와 무한책임사원) 미성년자가 법정대리인의 허락을 얻어 회사의 무한책임사원이 된 때에는 그 사원자격으로 인한 행위에는 능력자로 본다.
[전문개정 2018. 9. 18.]

제8조(법정대리인에 의한 영업의 대리) ① 법정대리인이 미성년자, 피한정후견인 또는 피성년후견인을 위하여 영업을 하는 때에는 등기를 하여야 한다. *⟨개정 2018. 9. 18.⟩*
② 법정대리인의 대리권에 대한 제한은 선의의 제삼자에게 대항하지 못한다.
[제목개정 2018. 9. 18.]

제9조(소상인) 지배인, 상호, 상업장부와 상업등기에 관한 규정은 소상인에게 적용하지 아니한다.

제3장 상업사용인

제10조(지배인의 선임) 상인은 지배인을 선임하여 본점 또는 지점에서 영업을 하게 할 수 있다.

제11조(지배인의 대리권) ①지배인은 영업주에 갈음하여 그 영업에 관한 재판상 또는 재판외의 모든 행위를 할 수 있다.
② 지배인은 지배인이 아닌 점원 기타 사용인을 선임 또는 해임할 수 있다.
③ 지배인의 대리권에 대한 제한은 선의의 제3자에게 대항하지 못한다.

제12조(공동지배인) ① 상인은 수인의 지배인에게 공동으로 대리권을 행사하게 할 수 있다.
② 전항의 경우에 지배인 1인에 대한 의사표시는 영업주에 대하여 그 효력이 있다.

제13조(지배인의 등기) 상인은 지배인의 선임과 그 대리권의 소멸에 관하여 그 지배인을 둔 본점 또는 지점소재지에서 등기하여야 한다. 전조제1항에 규정한 사항과 그 변경도 같다.

제14조(표현지배인) ① 본점 또는 지점의 본부장, 지점장, 그 밖에 지배인으로 인정될 만한 명칭을 사용하는 자는 본점 또는 지점의 지배인과 동일한 권한이 있는 것으로 본다. 다만, 재판상 행위에 관하여는 그러하지 아니하다.
② 제1항은 상대방이 악의인 경우에는 적용하지 아니한다.
[전문개정 2010. 5. 14.]

제15조(부분적 포괄대리권을 가진 사용인) ① 영업의 특정한 종류 또는 특정한 사항에 대한 위임을 받은 사용인은 이에 관한 재판외의 모든 행위를 할 수 있다.
② 제11조제3항의 규정은 전항의 경우에 준용한다.

제16조(물건판매점포의 사용인) ① 물건을 판매하는 점포의 사용인은 그 판매에 관한 모든 권한이 있는 것으로 본다.
② 제14조제2항의 규정은 전항의 경우에 준용한다.

제17조(상업사용인의 의무) ① 상업사용인은 영업주의 허락없이 자기 또는 제삼자의 계산으로 영업주의 영업부류에 속한 거래를 하거나 회사의 무한책임사원, 이사 또는 다른 상인의 사용인이 되지 못한다.
② 상업사용인이 전항의 규정에 위반하여 거래를 한 경우에 그 거래가 자기의 계

산으로 한 것인 때에는 영업주는 이를 영업주의 계산으로 한 것으로 볼 수 있고 제3자의 계산으로 한 것인 때에는 영업주는 사용인에 대하여 이로 인한 이득의 양도를 청구할 수 있다.〈개정 1962. 12. 12.〉

③ 전항의 규정은 영업주로부터 사용인에 대한 계약의 해지 또는 손해배상의 청구에 영향을 미치지 아니한다.

④ 제2항에 규정한 권리는 영업주가 그 거래를 안 날로부터 2주간을 경과하거나 그 거래가 있은 날로부터 1년을 경과하면 소멸한다.

제4장 상호

제18조(상호선정의 자유) 상인은 그 성명 기타의 명칭으로 상호를 정할 수 있다.

제19조(회사의 상호) 회사의 상호에는 그 종류에 따라 합명회사, 합자회사, 유한책임회사, 주식회사 또는 유한회사의 문자를 사용하여야 한다.

[전문개정 2011. 4. 14.]

제20조(회사상호의 부당사용의 금지) 회사가 아니면 상호에 회사임을 표시하는 문자를 사용하지 못한다. 회사의 영업을 양수한 경우에도 같다.

제21조(상호의 단일성) ① 동일한 영업에는 단일상호를 사용하여야 한다.

② 지점의 상호에는 본점과의 종속관계를 표시하여야 한다.

제22조(상호등기의 효력) 타인이 등기한 상호는 동일한 특별시·광역시·시·군에서 동종영업의 상호로 등기하지 못한다. 〈개정 1984. 4. 10., 1994. 12. 22., 1995. 12. 29.〉

제22조의2(상호의 가등기) ①유한책임회사, 주식회사 또는 유한회사를 설립하고자 할 때에는 본점의 소재지를 관할하는 등기소에 상호의 가등기를 신청할 수 있다. 〈개정 2020. 6. 9.〉

② 회사는 상호나 목적 또는 상호와 목적을 변경하고자 할 때에는 본점의 소재지를 관할하는 등기소에 상호의 가등기를 신청할 수 있다.

③ 회사는 본점을 이전하고자 할 때에는 이전할 곳을 관할하는 등기소에 상호의 가등기를 신청할 수 있다.

④ 상호의 가등기는 제22조의 적용에 있어서는 상호의 등기로 본다.

⑤ 삭제〈2007. 8. 3.〉

[본조신설 1995. 12. 29.]

제23조(주체를 오인시킬 상호의 사용금지) ①누구든지 부정한 목적으로 타인의 영업으로 오인할 수 있는 상호를 사용하지 못한다.

② 제1항의 규정에 위반하여 상호를 사용하는 자가 있는 경우에 이로 인하여 손해를 받을 염려가 있는 자 또는 상호를 등기한 자는 그 폐지를 청구할 수 있다.〈개정 1984. 4. 10.〉

③ 제2항의 규정은 손해배상의 청구에 영향을 미치지 아니한다.〈개정 1984. 4. 10.〉

④ 동일한 특별시·광역시·시·군에서 동종영업으로 타인이 등기한 상호를 사용하는 자는 부정한 목적으로 사용하는 것으로 추정한다.〈개정 1984. 4. 10., 1994. 12. 22., 1995. 12. 29.〉

제24조(명의대여자의 책임) 타인에게 자기의 성명 또는 상호를 사용하여 영업을 할 것을 허락한 자는 자기를 영업주로 오인하여 거래한 제3자에 대하여 그 타인과 연대하여 변제할 책임이 있다.

제25조(상호의 양도) ①상호는 영업을 폐지하거나 영업과 함께 하는 경우에 한하여 이를 양도할 수 있다.

② 상호의 양도는 등기하지 아니하면 제3자에게 대항하지 못한다.

제26조(상호불사용의 효과) 상호를 등기한 자가 정당한 사유없이 2년간 상호를 사용하지 아니하는 때에는 이를 폐지한 것으로 본다.

제27조(상호등기의 말소청구) 상호를 변경 또는 폐지한 경우에 2주간내에 그 상호를 등기한 자가 변경 또는 폐지의 등기를 하지 아니하는 때에는 이해관계인은 그 등기의 말소를 청구할 수 있다.

제28조(상호 부정사용에 대한 제재) 제20조와 제23조제1항에 위반한 자는 200만원 이하의 과태료에 처한다.〈개정 1984. 4. 10., 1995. 12. 29.〉

제5장 상업장부

제29조(상업장부의 종류·작성원칙) ①상인은 영업상의 재산 및 손익의 상황을 명백히 하기 위하여 회계장부 및 대차대조표를 작성하여야 한다.

② 상업장부의 작성에 관하여 이 법에 규정한 것을 제외하고는 일반적으로 공정·타당한 회계관행에 의한다.

[전문개정 1984. 4. 10.]

제30조(상업장부의 작성방법) ① 회계장부에는 거래와 기타 영업상의 재산에 영향이 있는 사항을 기재하여야 한다.

② 상인은 영업을 개시한 때와 매년 1회 이상 일정시기에, 회사는 성립한 때와 매 결산기에 회계장부에 의하여 대차대조표를 작성하고, 작성자가 이에 기명날

인 또는 서명하여야 한다.〈개정 1995. 12. 29.〉

[전문개정 1984. 4. 10.]

제31조 삭제 〈2010. 5. 14.〉

제32조(상업장부의 제출) 법원은 신청에 의하여 또는 직권으로 소송당사자에게 상업장부 또는 그 일부분의 제출을 명할 수 있다.

제33조(상업장부등의 보존) ① 상인은 10년간 상업장부와 영업에 관한 중요서류를 보존하여야 한다. 다만, 전표 또는 이와 유사한 서류는 5년간 이를 보존하여야 한다. 〈개정 1995. 12. 29.〉
② 전항의 기간은 상업장부에 있어서는 그 폐쇄한 날로부터 기산한다.
③ 제1항의 장부와 서류는 마이크로필름 기타의 전산정보처리조직에 의하여 이를 보존할 수 있다.〈신설 1995. 12. 29.〉
④ 제3항의 규정에 의하여 장부와 서류를 보존하는 경우 그 보존방법 기타 필요한 사항은 대통령령으로 정한다.〈신설 1995. 12. 29.〉

제6장 상업등기

제34조(통칙) 이 법에 따라 등기할 사항은 당사자의 신청에 의하여 영업소의 소재지를 관할하는 법원의 상업등기부에 등기한다.

[전문개정 2010. 5. 14.]

제34조의2 삭제 〈2007. 8. 3.〉

제35조(지점소재지에서의 등기) 본점의 소재지에서 등기할 사항은 다른 규정이 없으면 지점의 소재지에서도 등기하여야 한다.

제36조 삭제 〈1995. 12. 29.〉

제37조(등기의 효력) ① 등기할 사항은 이를 등기하지 아니하면 선의의 제3자에게 대항하지 못한다.
② 등기한 후라도 제3자가 정당한 사유로 인하여 이를 알지 못한 때에는 제1항과 같다.

[전문개정 1995. 12. 29.]

제38조(지점소재지에서의 등기의 효력) 지점의 소재지에서 등기할 사항을 등기하지 아니한 때에는 전조의 규정은 그 지점의 거래에 한하여 적용한다.

제39조(부실의 등기) 고의 또는 과실로 인하여 사실과 상위한 사항을 등기한 자는 그 상위를 선의의 제3자에게 대항하지 못한다.

제40조(변경, 소멸의 등기) 등기한 사항에 변경이 있거나 그 사항이 소멸한 때에는 당사자는 지체없이 변경 또는 소멸의 등기를 하여야 한다.

제7장 영업양도

제41조(영업양도인의 경업금지) ① 영업을 양도한 경우에 다른 약정이 없으면 양도인은 10년간 동일한 특별시·광역시·시·군과 인접 특별시·광역시·시·군에서 동종영업을 하지 못한다. 〈개정 1984. 4. 10., 1994. 12. 22., 1995. 12. 29.〉

② 양도인이 동종영업을 하지 아니할 것을 약정한 때에는 동일한 특별시·광역시·시·군과 인접 특별시·광역시·시·군에 한하여 20년을 초과하지 아니한 범위내에서 그 효력이 있다.〈개정 1984. 4. 10., 1994. 12. 22., 1995. 12. 29.〉

제42조(상호를 속용하는 양수인의 책임) ① 영업양수인이 양도인의 상호를 계속사용하는 경우에는 양도인의 영업으로 인한 제3자의 채권에 대하여 양수인도 변제할 책임이 있다.

② 전항의 규정은 양수인이 영업양도를 받은 후 지체없이 양도인의 채무에 대한 책임이 없음을 등기한 때에는 적용하지 아니한다. 양도인과 양수인이 지체없이 제3자에 대하여 그 뜻을 통지한 경우에 그 통지를 받은 제3자에 대하여도 같다.

제43조(영업양수인에 대한 변제) 전조제1항의 경우에 양도인의 영업으로 인한 채권에 대하여 채무자가 선의이며 중대한 과실없이 양수인에게 변제한 때에는 그 효력이 있다.

제44조(채무인수를 광고한 양수인의 책임) 영업양수인이 양도인의 상호를 계속사용하지 아니하는 경우에 양도인의 영업으로 인한 채무를 인수한 것을 광고한 때에는 양수인도 변제할 책임이 있다.

제45조(영업양도인의 책임의 존속기간) 영업양수인이 제42조제1항 또는 전조의 규정에 의하여 변제의 책임이 있는 경우에는 양도인의 제3자에 대한 채무는 영업양도 또는 광고후 2년이 경과하면 소멸한다.

제2편 상행위

제1장 통칙

제46조(기본적 상행위) 영업으로 하는 다음의 행위를 상행위라 한다. 그러나 오로지 임금을 받을 목적으로 물건을 제조하거나 노무에 종사하는 자의 행위는 그러

하지 아니하다. 〈개정 1995. 12. 29., 2010. 5. 14.〉
  1. 동산, 부동산, 유가증권 기타의 재산의 매매
  2. 동산, 부동산, 유가증권 기타의 재산의 임대차
  3. 제조, 가공 또는 수선에 관한 행위
  4. 전기, 전파, 가스 또는 물의 공급에 관한 행위
  5. 작업 또는 노무의 도급의 인수
  6. 출판, 인쇄 또는 촬영에 관한 행위
  7. 광고, 통신 또는 정보에 관한 행위
  8. 수신·여신·환 기타의 금융거래
  9. 공중(公衆)이 이용하는 시설에 의한 거래
  10. 상행위의 대리의 인수
  11. 중개에 관한 행위
  12. 위탁매매 기타의 주선에 관한 행위
  13. 운송의 인수
  14. 임치의 인수
  15. 신탁의 인수
  16. 상호부금 기타 이와 유사한 행위
  17. 보험
  18. 광물 또는 토석의 채취에 관한 행위
  19. 기계, 시설, 그 밖의 재산의 금융리스에 관한 행위
  20. 상호·상표 등의 사용허락에 의한 영업에 관한 행위
  21. 영업상 채권의 매입·회수 등에 관한 행위
  22. 신용카드, 전자화폐 등을 이용한 지급결제 업무의 인수

제47조(보조적 상행위) ① 상인이 영업을 위하여 하는 행위는 상행위로 본다.
② 상인의 행위는 영업을 위하여 하는 것으로 추정한다.

제48조(대리의 방식) 상행위의 대리인이 본인을 위한 것임을 표시하지 아니하여도 그 행위는 본인에 대하여 효력이 있다. 그러나 상대방이 본인을 위한 것임을 알지 못한 때에는 대리인에 대하여도 이행의 청구를 할 수 있다.

제49조(위임) 상행위의 위임을 받은 자는 위임의 본지에 반하지 아니한 범위내에서 위임을 받지 아니한 행위를 할 수 있다.

제50조(대리권의 존속) 상인이 그 영업에 관하여 수여한 대리권은 본인의 사망으로 인하여 소멸하지 아니한다.

[전문개정 2010. 5. 14.]

제51조(대화자간의 청약의 구속력) 대화자간의 계약의 청약은 상대방이 즉시 승낙하지

아니한 때에는 그 효력을 잃는다.

제52조 삭제 〈2010. 5. 14.〉

제53조(청약에 대한 낙부통지의무) 상인이 상시 거래관계에 있는 자로부터 그 영업부류에 속한 계약의 청약을 받은 때에는 지체없이 낙부의 통지를 발송하여야 한다. 이를 해태한 때에는 승낙한 것으로 본다.

제54조(상사법정이율) 상행위로 인한 채무의 법정이율은 연 6분으로 한다. 〈개정 1962. 12. 12.〉

제55조(법정이자청구권) ① 상인이 그 영업에 관하여 금전을 대여한 경우에는 법정이자를 청구할 수 있다.

② 상인이 그 영업범위 내에서 타인을 위하여 금전을 체당(替當)하였을 때에는 체당한 날 이후의 법정이자를 청구할 수 있다.

[전문개정 2010. 5. 14.]

제56조(지점거래의 채무이행장소) 채권자의 지점에서의 거래로 인한 채무이행의 장소가 그 행위의 성질 또는 당사자의 의사표시에 의하여 특정되지 아니한 경우 특정물 인도 외의 채무이행은 그 지점을 이행장소로 본다.

[전문개정 2010. 5. 14.]

제57조(다수채무자간 또는 채무자와 보증인의 연대) ① 수인이 그 1인 또는 전원에게 상행위가 되는 행위로 인하여 채무를 부담한 때에는 연대하여 변제할 책임이 있다.

② 보증인이 있는 경우에 그 보증이 상행위이거나 주채무가 상행위로 인한 것인 때에는 주채무자와 보증인은 연대하여 변제할 책임이 있다.

제58조(상사유치권) 상인간의 상행위로 인한 채권이 변제기에 있는 때에는 채권자는 변제를 받을 때까지 그 채무자에 대한 상행위로 인하여 자기가 점유하고 있는 채무자소유의 물건 또는 유가증권을 유치할 수 있다. 그러나 당사자간에 다른 약정이 있으면 그러하지 아니하다.

제59조(유질계약의 허용) 민법 제339조의 규정은 상행위로 인하여 생긴 채권을 담보하기 위하여 설정한 질권에는 적용하지 아니한다.

제60조(물건보관의무) 상인이 그 영업부류에 속한 계약의 청약을 받은 경우에 견품 기타의 물건을 받은 때에는 그 청약을 거절한 때에도 청약자의 비용으로 그 물건을 보관하여야 한다. 그러나 그 물건의 가액이 보관의 비용을 상환하기에 부족하거나 보관으로 인하여 손해를 받을 염려가 있는 때에는 그러하지 아니하다.

제61조(상인의 보수청구권) 상인이 그 영업범위내에서 타인을 위하여 행위를 한 때에는 이에 대하여 상당한 보수를 청구할 수 있다.

제62조(임치를 받은 상인의 책임) 상인이 그 영업범위내에서 물건의 임치를 받은 경우에는 보수를 받지 아니하는 때에도 선량한 관리자의 주의를 하여야 한다.

제63조(거래시간과 이행 또는 그 청구) 법령 또는 관습에 의하여 영업시간이 정하여져 있는 때에는 채무의 이행 또는 이행의 청구는 그 시간내에 하여야 한다.

제64조(상사시효) 상행위로 인한 채권은 본법에 다른 규정이 없는 때에는 5년간 행사하지 아니하면 소멸시효가 완성한다. 그러나 다른 법령에 이보다 단기의 시효의 규정이 있는 때에는 그 규정에 의한다.

제65조(유가증권과 준용규정) ① 금전의 지급청구권, 물건 또는 유가증권의 인도청구권이나 사원의 지위를 표시하는 유가증권에 대하여는 다른 법률에 특별한 규정이 없으면 「민법」 제508조부터 제525조까지의 규정을 적용하는 외에 「어음법」 제12조제1항 및 제2항을 준용한다.
② 제1항의 유가증권으로서 그 권리의 발생·변경·소멸을 전자등록하는 데에 적합한 유가증권은 제356조의2제1항의 전자등록기관의 전자등록부에 등록하여 발행할 수 있다. 이 경우 제356조의2제2항부터 제4항까지의 규정을 준용한다.⟨개정 2016. 3. 22.⟩

[전문개정 2011. 4. 14.]

제66조(준상행위) 본장의 규정은 제5조의 규정에 의한 상인의 행위에 준용한다.

제2장 매매

제67조(매도인의 목적물의 공탁, 경매권) ① 상인간의 매매에 있어서 매수인이 목적물의 수령을 거부하거나 이를 수령할 수 없는 때에는 매도인은 그 물건을 공탁하거나 상당한 기간을 정하여 최고한 후 경매할 수 있다. 이 경우에는 지체없이 매수인에 대하여 그 통지를 발송하여야 한다.
② 전항의 경우에 매수인에 대하여 최고를 할 수 없거나 목적물이 멸실 또는 훼손될 염려가 있는 때에는 최고없이 경매할 수 있다.
③ 전2항의 규정에 의하여 매도인이 그 목적물을 경매한 때에는 그 대금에서 경매비용을 공제한 잔액을 공탁하여야 한다. 그러나 그 전부나 일부를 매매대금에 충당할 수 있다.

제68조(확정기매매의 해제) 상인간의 매매에 있어서 매매의 성질 또는 당사자의 의사표시에 의하여 일정한 일시 또는 일정한 기간내에 이행하지 아니하면 계약의

목적을 달성할 수 없는 경우에 당사자의 일방이 이행시기를 경과한 때에는 상대방은 즉시 그 이행을 청구하지 아니하면 계약을 해제한 것으로 본다.

제69조(매수인의 목적물의 검사와 하자통지의무) ① 상인간의 매매에 있어서 매수인이 목적물을 수령한 때에는 지체없이 이를 검사하여야 하며 하자 또는 수량의 부족을 발견한 경우에는 즉시 매도인에게 그 통지를 발송하지 아니하면 이로 인한 계약해제, 대금감액 또는 손해배상을 청구하지 못한다. 매매의 목적물에 즉시 발견할 수 없는 하자가 있는 경우에 매수인이 6월내에 이를 발견한 때에도 같다.
② 전항의 규정은 매도인이 악의인 경우에는 적용하지 아니한다.

제70조(매수인의 목적물보관, 공탁의무) ① 제69조의 경우에 매수인이 계약을 해제한 때에도 매도인의 비용으로 매매의 목적물을 보관 또는 공탁하여야 한다. 그러나 그 목적물이 멸실 또는 훼손될 염려가 있는 때에는 법원의 허가를 얻어 경매하여 그 대가를 보관 또는 공탁하여야 한다. 〈개정 1984. 4. 10.〉
② 제1항의 규정에 의하여 매수인이 경매한 때에는 지체없이 매도인에게 그 통지를 발송하여야 한다.〈개정 1984. 4. 10.〉
③ 제1항 및 제2항의 규정은 목적물의 인도장소가 매도인의 영업소 또는 주소와 동일한 특별시·광역시·시·군에 있는 때에는 이를 적용하지 아니한다.〈개정 1995. 12. 29.〉

제71조(동전-수량초과 등의 경우) 전조의 규정은 매도인으로부터 매수인에게 인도한 물건이 매매의 목적물과 상위하거나 수량이 초과한 경우에 그 상위 또는 초과한 부분에 대하여 준용한다.

제3장 상호계산

제72조(의의) 상호계산은 상인간 또는 상인과 비상인간에 상시 거래관계가 있는 경우에 일정한 기간의 거래로 인한 채권채무의 총액에 관하여 상계하고 그 잔액을 지급할 것을 약정함으로써 그 효력이 생긴다.

제73조(상업증권상의 채권채무에 관한 특칙) 어음 기타의 상업증권으로 인한 채권채무를 상호계산에 계입한 경우에 그 증권채무자가 변제하지 아니한 때에는 당사자는 그 채무의 항목을 상호계산에서 제거할 수 있다.

제74조(상호계산기간) 당사자가 상계할 기간을 정하지 아니한 때에는 그 기간은 6월로 한다.

제75조(계산서의 승인과 이의) 당사자가 채권채무의 각 항목을 기재한 계산서를 승

인한 때에는 그 각 항목에 대하여 이의를 하지 못한다. 그러나 착오나 탈루가 있는 때에는 그러하지 아니하다.

제76조(잔액채권의 법정이자) ① 상계로 인한 잔액에 대하여는 채권자는 계산폐쇄일 이후의 법정이자를 청구할 수 있다.

② 전항의 규정에 불구하고 당사자는 각 항목을 상호계산에 계입한 날로부터 이자를 붙일 것을 약정할 수 있다.

제77조(해지) 각 당사자는 언제든지 상호계산을 해지할 수 있다. 이 경우에는 즉시 계산을 폐쇄하고 잔액의 지급을 청구할 수 있다.

제4장 익명조합

제78조(의의) 익명조합은 당사자의 일방이 상대방의 영업을 위하여 출자하고 상대방은 그 영업으로 인한 이익을 분배할 것을 약정함으로써 그 효력이 생긴다.

제79조(익명조합원의 출자) 익명조합원이 출자한 금전 기타의 재산은 영업자의 재산으로 본다.

제80조(익명조합원의 대외관계) 익명조합원은 영업자의 행위에 관하여서는 제3자에 대하여 권리나 의무가 없다.

제81조(성명, 상호의 사용허락으로 인한 책임) 익명조합원이 자기의 성명을 영업자의 상호 중에 사용하게 하거나 자기의 상호를 영업자의 상호로 사용할 것을 허락한 때에는 그 사용 이후의 채무에 대하여 영업자와 연대하여 변제할 책임이 있다.

제82조(이익배당과 손실분담) ① 익명조합원의 출자가 손실로 인하여 감소된 때에는 그 손실을 전보한 후가 아니면 이익배당을 청구하지 못한다.

② 손실이 출자액을 초과한 경우에도 익명조합원은 이미 받은 이익의 반환 또는 증자할 의무가 없다.

③ 전2항의 규정은 당사자간에 다른 약정이 있으면 적용하지 아니한다.

제83조(계약의 해지) ① 조합계약으로 조합의 존속기간을 정하지 아니하거나 어느 당사자의 종신까지 존속할 것을 약정한 때에는 각 당사자는 영업연도말에 계약을 해지할 수 있다. 그러나 이 해지는 6월전에 상대방에게 예고하여야 한다.

② 조합의 존속기간의 약정의 유무에 불구하고 부득이한 사정이 있는 때에는 각 당사자는 언제든지 계약을 해지할 수 있다.

제84조(계약의 종료) 조합계약은 다음의 사유로 인하여 종료한다.

 1. 영업의 폐지 또는 양도

2. 영업자의 사망 또는 성년후견개시
3. 영업자 또는 익명조합원의 파산

[전문개정 2018. 9. 18.]

제85조(계약종료의 효과) 조합계약이 종료한 때에는 영업자는 익명조합원에게 그 출자의 가액을 반환하여야 한다. 그러나 출자가 손실로 인하여 감소된 때에는 그 잔액을 반환하면 된다.

제86조(준용규정) 제272조, 제277조와 제278조의 규정은 익명조합원에 준용한다.

제4장의2 합자조합

〈신설 2011. 4. 14.〉

제86조의2(의의) 합자조합은 조합의 업무집행자로서 조합의 채무에 대하여 무한책임을 지는 조합원과 출자가액을 한도로 하여 유한책임을 지는 조합원이 상호출자하여 공동사업을 경영할 것을 약정함으로써 그 효력이 생긴다.

[본조신설 2011. 4. 14.]

제86조의3(조합계약) 합자조합의 설립을 위한 조합계약에는 다음 사항을 적고 총조합원이 기명날인하거나 서명하여야 한다.

1. 목적
2. 명칭
3. 업무집행조합원의 성명 또는 상호, 주소 및 주민등록번호
4. 유한책임조합원의 성명 또는 상호, 주소 및 주민등록번호
5. 주된 영업소의 소재지
6. 조합원의 출자(出資)에 관한 사항
7. 조합원에 대한 손익분배에 관한 사항
8. 유한책임조합원의 지분(持分)의 양도에 관한 사항
9. 둘 이상의 업무집행조합원이 공동으로 합자조합의 업무를 집행하거나 대리할 것을 정한 경우에는 그 규정
10. 업무집행조합원 중 일부 업무집행조합원만 합자조합의 업무를 집행하거나 대리할 것을 정한 경우에는 그 규정
11. 조합의 해산 시 잔여재산 분배에 관한 사항
12. 조합의 존속기간이나 그 밖의 해산사유에 관한 사항
13. 조합계약의 효력 발생일

[본조신설 2011. 4. 14.]

제86조의4(등기) ① 업무집행조합원은 합자조합 설립 후 2주 내에 조합의 주된 영업소의 소재지에서 다음의 사항을 등기하여야 한다.

1. 제86조의3제1호부터 제5호까지(제4호의 경우에는 유한책임조합원이 업무를 집행하는 경우에 한정한다), 제9호, 제10호, 제12호 및 제13호의 사항
2. 조합원의 출자의 목적, 재산출자의 경우에는 그 가액과 이행한 부분
② 제1항 각 호의 사항이 변경된 경우에는 2주 내에 변경등기를 하여야 한다.
[본조신설 2011. 4. 14.]

제86조의5(업무집행조합원) ① 업무집행조합원은 조합계약에 다른 규정이 없으면 각자가 합자조합의 업무를 집행하고 대리할 권리와 의무가 있다.
② 업무집행조합원은 선량한 관리자의 주의로써 제1항에 따른 업무를 집행하여야 한다.
③ 둘 이상의 업무집행조합원이 있는 경우에 조합계약에 다른 정함이 없으면 그 각 업무집행조합원의 업무집행에 관한 행위에 대하여 다른 업무집행조합원의 이의가 있는 경우에는 그 행위를 중지하고 업무집행조합원 과반수의 결의에 따라야 한다.
[본조신설 2011. 4. 14.]

제86조의6(유한책임조합원의 책임) ① 유한책임조합원은 조합계약에서 정한 출자가액에서 이미 이행한 부분을 뺀 가액을 한도로 하여 조합채무를 변제할 책임이 있다.
② 제1항의 경우 합자조합에 이익이 없음에도 불구하고 배당을 받은 금액은 변제책임을 정할 때에 변제책임의 한도액에 더한다.
[본조신설 2011. 4. 14.]

제86조의7(조합원의 지분의 양도) ① 업무집행조합원은 다른 조합원 전원의 동의를 받지 아니하면 그 지분의 전부 또는 일부를 타인에게 양도(讓渡)하지 못한다.
② 유한책임조합원의 지분은 조합계약에서 정하는 바에 따라 양도할 수 있다.
③ 유한책임조합원의 지분을 양수(讓受)한 자는 양도인의 조합에 대한 권리·의무를 승계한다.
[본조신설 2011. 4. 14.]

제86조의8(준용규정) ① 합자조합에 대하여는 제182조제1항, 제228조, 제253조, 제264조 및 제285조를 준용한다.
② 업무집행조합원에 대하여는 제183조의2, 제198조, 제199조, 제200조의2, 제208조제2항, 제209조, 제212조 및 제287조를 준용한다. 다만, 제198조와 제199조는 조합계약에 다른 규정이 있으면 그러하지 아니하다.
③ 조합계약에 다른 규정이 없으면 유한책임조합원에 대하여는 제199조, 제272조, 제275조, 제277조, 제278조, 제283조 및 제284조를 준용한다.
④ 합자조합에 관하여는 이 법 또는 조합계약에 다른 규정이 없으면 「민법」 중 조합에 관한 규정을 준용한다. 다만, 유한책임조합원에 대하여는 「민법」 제712조 및 제713조는 준용하지 아니한다.

[본조신설 2011. 4. 14.]

제86조의9(과태료) 합자조합의 업무집행조합원, 제86조의8에 따라 준용되는 제183조의2 또는 제253조에 따른 직무대행자 또는 청산인이 이 장(章)에서 정한 등기를 게을리한 경우에는 500만원 이하의 과태료를 부과한다.
[본조신설 2011. 4. 14.]

제5장 대리상

제87조(의의) 일정한 상인을 위하여 상업사용인이 아니면서 상시 그 영업부류에 속하는 거래의 대리 또는 중개를 영업으로 하는 자를 대리상이라 한다.

제88조(통지의무) 대리상이 거래의 대리 또는 중개를 한 때에는 지체없이 본인에게 그 통지를 발송하여야 한다.

제89조(경업금지) ① 대리상은 본인의 허락없이 자기나 제3자의 계산으로 본인의 영업부류에 속한 거래를 하거나 동종영업을 목적으로 하는 회사의 무한책임사원 또는 이사가 되지 못한다.
② 제17조제2항 내지 제4항의 규정은 대리상이 전항의 규정에 위반한 경우에 준용한다.

제90조(통지를 받을 권한) 물건의 판매나 그 중개의 위탁을 받은 대리상은 매매의 목적물의 하자 또는 수량부족 기타 매매의 이행에 관한 통지를 받을 권한이 있다.

제91조(대리상의 유치권) 대리상은 거래의 대리 또는 중개로 인한 채권이 변제기에 있는 때에는 그 변제를 받을 때까지 본인을 위하여 점유하는 물건 또는 유가증권을 유치할 수 있다. 그러나 당사자간에 다른 약정이 있으면 그러하지 아니하다.

제92조(계약의 해지) ① 당사자가 계약의 존속기간을 약정하지 아니한 때에는 각 당사자는 2월전에 예고하고 계약을 해지할 수 있다.
② 제83조제2항의 규정은 대리상에 준용한다.

제92조의2(대리상의 보상청구권) ① 대리상의 활동으로 본인이 새로운 고객을 획득하거나 영업상의 거래가 현저하게 증가하고 이로 인하여 계약의 종료후에도 본인이 이익을 얻고 있는 경우에는 대리상은 본인에 대하여 상당한 보상을 청구할 수 있다. 다만, 계약의 종료가 대리상의 책임있는 사유로 인한 경우에는 그러하지 아니하다.
② 제1항의 규정에 의한 보상금액은 계약의 종료전 5년간의 평균년보수액을 초과할 수 없다. 계약의 존속기간이 5년 미만인 경우에는 그 기간의 평균년보수액을 기준으로 한다.

③ 제1항의 규정에 의한 보상청구권은 계약이 종료한 날부터 6월을 경과하면 소멸한다.

[본조신설 1995. 12. 29.]

제92조의3(대리상의 영업비밀준수의무) 대리상은 계약의 종료후에도 계약과 관련하여 알게 된 본인의 영업상의 비밀을 준수하여야 한다.

[본조신설 1995. 12. 29.]

제6장 중개업

제93조(의의) 타인간의 상행위의 중개를 영업으로 하는 자를 중개인이라 한다.

제94조(중개인의 급여수령대리권) 중개인은 그 중개한 행위에 관하여 당사자를 위하여 지급 기타의 이행을 받지 못한다. 그러나 다른 약정이나 관습이 있으면 그러하지 아니하다.

제95조(견품보관의무) 중개인이 그 중개한 행위에 관하여 견품을 받은 때에는 그 행위가 완료될 때까지 이를 보관하여야 한다.

제96조(결약서교부의무) ① 당사자간에 계약이 성립된 때에는 중개인은 지체없이 각 당사자의 성명 또는 상호, 계약년월일과 그 요령을 기재한 서면을 작성하여 기명날인 또는 서명한 후 각 당사자에게 교부하여야 한다. 〈개정 1995. 12. 29.〉
② 당사자가 즉시 이행을 하여야 하는 경우를 제외하고 중개인은 각 당사자로 하여금 제1항의 서면에 기명날인 또는 서명하게 한 후 그 상대방에게 교부하여야 한다. 〈개정 1995. 12. 29.〉
③ 제1항 및 제2항의 경우에 당사자의 일방이 서면의 수령을 거부하거나 기명날인 또는 서명하지 아니한 때에는 중개인은 지체없이 상대방에게 그 통지를 발송하여야 한다. 〈개정 1995. 12. 29.〉

제97조(중개인의 장부작성의무) ①중개인은 전조에 규정한 사항을 장부에 기재하여야 한다.
② 당사자는 언제든지 자기를 위하여 중개한 행위에 관한 장부의 등본의 교부를 청구할 수 있다.

제98조(성명, 상호 묵비의 의무) 당사자가 그 성명 또는 상호를 상대방에게 표시하지 아니할 것을 중개인에게 요구한 때에는 중개인은 그 상대방에게 교부할 제96조제1항의 서면과 전조 제2항의 등본에 이를 기재하지 못한다.

제99조(중개인의 이행책임) 중개인이 임의로 또는 전조의 규정에 의하여 당사자의 일

방의 성명 또는 상호를 상대방에게 표시하지 아니한 때에는 상대방은 중개인에 대하여 이행을 청구할 수 있다.

제100조(보수청구권) ① 중개인은 제96조의 절차를 종료하지 아니하면 보수를 청구하지 못한다.

② 중개인의 보수는 당사자쌍방이 균분하여 부담한다.

제7장 위탁매매업

제101조(의의) 자기명의로써 타인의 계산으로 물건 또는 유가증권의 매매를 영업으로 하는 자를 위탁매매인이라 한다.

제102조(위탁매매인의 지위) 위탁매매인은 위탁자를 위한 매매로 인하여 상대방에 대하여 직접 권리를 취득하고 의무를 부담한다.

제103조(위탁물의 귀속) 위탁매매인이 위탁자로부터 받은 물건 또는 유가증권이나 위탁매매로 인하여 취득한 물건, 유가증권 또는 채권은 위탁자와 위탁매매인 또는 위탁매매인의 채권자간의 관계에서는 이를 위탁자의 소유 또는 채권으로 본다.

제104조(통지의무, 계산서제출의무) 위탁매매인이 위탁받은 매매를 한 때에는 지체없이 위탁자에 대하여 그 계약의 요령과 상대방의 주소, 성명의 통지를 발송하여야 하며 계산서를 제출하여야 한다.

제105조(위탁매매인의 이행담보책임) 위탁매매인은 위탁자를 위한 매매에 관하여 상대방이 채무를 이행하지 아니하는 경우에는 위탁자에 대하여 이를 이행할 책임이 있다. 그러나 다른 약정이나 관습이 있으면 그러하지 아니하다.

제106조(지정가액준수의무) ① 위탁자가 지정한 가액보다 염가로 매도하거나 고가로 매수한 경우에도 위탁매매인이 그 차액을 부담한 때에는 그 매매는 위탁자에 대하여 효력이 있다.

② 위탁자가 지정한 가액보다 고가로 매도하거나 염가로 매수한 경우에는 그 차액은 다른 약정이 없으면 위탁자의 이익으로 한다.

제107조(위탁매매인의 개입권) ① 위탁매매인이 거래소의 시세가 있는 물건 또는 유가증권의 매매를 위탁받은 경우에는 직접 그 매도인이나 매수인이 될 수 있다. 이 경우의 매매대가는 위탁매매인이 매매의 통지를 발송할 때의 거래소의 시세에 따른다.

② 제1항의 경우에 위탁매매인은 위탁자에게 보수를 청구할 수 있다.

[전문개정 2010. 5. 14.]

제108조(위탁물의 훼손, 하자 등의 효과) ① 위탁매매인이 위탁매매의 목적물을 인도받은 후에 그 물건의 훼손 또는 하자를 발견하거나 그 물건이 부패할 염려가 있는 때 또는 가격저락의 상황을 안 때에는 지체없이 위탁자에게 그 통지를 발송하여야 한다.

② 전항의 경우에 위탁자의 지시를 받을 수 없거나 그 지시가 지연되는 때에는 위탁매매인은 위탁자의 이익을 위하여 적당한 처분을 할 수 있다.

제109조(매수물의 공탁, 경매권) 제67조의 규정은 위탁매매인이 매수의 위탁을 받은 경우에 위탁자가 매수한 물건의 수령을 거부하거나 이를 수령할 수 없는 때에 준용한다.

제110조(매수위탁자가 상인인 경우) 상인인 위탁자가 그 영업에 관하여 물건의 매수를 위탁한 경우에는 위탁자와 위탁매매인간의 관계에는 제68조 내지 제71조의 규정을 준용한다.

제111조(준용규정) 제91조의 규정은 위탁매매인에 준용한다.

제112조(위임에 관한 규정의 적용) 위탁자와 위탁매매인간의 관계에는 본장의 규정 외에 위임에 관한 규정을 적용한다.

제113조(준위탁매매인) 본장의 규정은 자기명의로써 타인의 계산으로 매매아닌 행위를 영업으로 하는 자에 준용한다.

제8장 운송주선업

제114조(의의) 자기의 명의로 물건운송의 주선을 영업으로 하는 자를 운송주선인이라 한다.

제115조(손해배상책임) 운송주선인은 자기나 그 사용인이 운송물의 수령, 인도, 보관, 운송인이나 다른 운송주선인의 선택 기타 운송에 관하여 주의를 해태하지 아니하였음을 증명하지 아니하면 운송물의 멸실, 훼손 또는 연착으로 인한 손해를 배상할 책임을 면하지 못한다.

제116조(개입권) ①운송주선인은 다른 약정이 없으면 직접운송할 수 있다. 이 경우에는 운송주선인은 운송인과 동일한 권리의무가 있다.

② 운송주선인이 위탁자의 청구에 의하여 화물상환증을 작성한 때에는 직접운송하는 것으로 본다.

제117조(중간운송주선인의 대위) ① 수인이 순차로 운송주선을 하는 경우에는 후자

는 전자에 갈음하여 그 권리를 행사할 의무를 부담한다.

② 전항의 경우에 후자가 전자에게 변제한 때에는 전자의 권리를 취득한다.

제118조(운송인의 권리의 취득) 전조의 경우에 운송주선인이 운송인에게 변제한 때에는 운송인의 권리를 취득한다.

제119조(보수청구권) ① 운송주선인은 운송물을 운송인에게 인도한 때에는 즉시 보수를 청구할 수 있다.

② 운송주선계약으로 운임의 액을 정한 경우에는 다른 약정이 없으면 따로 보수를 청구하지 못한다.

제120조(유치권) 운송주선인은 운송물에 관하여 받을 보수, 운임, 기타 위탁자를 위한 체당금이나 선대금에 관하여서만 그 운송물을 유치할 수 있다.

제121조(운송주선인의 책임의 시효) ① 운송주선인의 책임은 수하인이 운송물을 수령한 날로부터 1년을 경과하면 소멸시효가 완성한다.

② 전항의 기간은 운송물이 전부멸실한 경우에는 그 운송물을 인도할 날로부터 기산한다.〈개정 1962. 12. 12.〉

③ 전2항의 규정은 운송주선인이나 그 사용인이 악의인 경우에는 적용하지 아니한다.

제122조(운송주선인의 채권의 시효) 운송주선인의 위탁자 또는 수하인에 대한 채권은 1 년간 행사하지 아니하면 소멸시효가 완성한다.

제123조(준용규정) 운송주선인에 관하여는 본장의 규정외에 위탁매매인에 관한 규정을 준용한다.

제124조(동전) 제136조, 제140조와 제141조의 규정은 운송주선업에 준용한다.

제9장 운송업

제125조(의의) 육상 또는 호천, 항만에서 물건 또는 여객의 운송을 영업으로 하는 자를 운송인이라 한다.

제1절 물건운송

제126조(화물명세서) ① 송하인은 운송인의 청구에 의하여 화물명세서를 교부하여야 한다.〈개정 2007. 8. 3.〉

② 화물명세서에는 다음의 사항을 기재하고 송하인이 기명날인 또는 서명하여야 한다.
〈개정 1995. 12. 29., 2007. 8. 3.〉

1. 운송물의 종류, 중량 또는 용적, 포장의 종별, 개수와 기호
2. 도착지
3. 수하인과 운송인의 성명 또는 상호, 영업소 또는 주소
4. 운임과 그 선급 또는 착급의 구별
5. 화물명세서의 작성지와 작성년월일

[제목개정 2007. 8. 3.]

제127조(화물명세서의 허위기재에 대한 책임) ① 송하인이 화물명세서에 허위 또는 부정확한 기재를 한 때에는 운송인에 대하여 이로 인한 손해를 배상할 책임이 있다. *⟨개정 2007. 8. 3.⟩*
② 전항의 규정은 운송인이 악의인 경우에는 적용하지 아니한다.

[제목개정 2007. 8. 3.]

제128조(화물상환증의 발행) ①운송인은 송하인의 청구에 의하여 화물상환증을 교부하여야 한다.
② 화물상환증에는 다음의 사항을 기재하고 운송인이 기명날인 또는 서명하여야 한다. *⟨개정 1995. 12. 29.⟩*
  1. 제126조제2항제1호 내지 제3호의 사항
  2. 송하인의 성명 또는 상호, 영업소 또는 주소
  3. 운임 기타 운송물에 관한 비용과 그 선급 또는 착급의 구별
  4. 화물상환증의 작성지와 작성년월일

제129조(화물상환증의 상환증권성) 화물상환증을 작성한 경우에는 이와 상환하지 아니하면 운송물의 인도를 청구할 수 없다.

제130조(화물상환증의 당연한 지시증권성) 화물상환증은 기명식인 경우에도 배서에 의하여 양도할 수 있다. 그러나 화물상환증에 배서를 금지하는 뜻을 기재한 때에는 그러하지 아니하다.

제131조(화물상환증 기재의 효력) ① 제128조에 따라 화물상환증이 발행된 경우에는 운송인과 송하인 사이에 화물상환증에 적힌 대로 운송계약이 체결되고 운송물을 수령한 것으로 추정한다.
② 화물상환증을 선의로 취득한 소지인에 대하여 운송인은 화물상환증에 적힌 대로 운송물을 수령한 것으로 보고 화물상환증에 적힌 바에 따라 운송인으로서 책임을 진다.

[전문개정 2010. 5. 14.]

제132조(화물상환증의 처분증권성) 화물상환증을 작성한 경우에는 운송물에 관한 처분은 화물상환증으로써 하여야 한다.

제133조(화물상환증교부의 물권적 효력) 화물상환증에 의하여 운송물을 받을 수 있는 자에게 화물상환증을 교부한 때에는 운송물 위에 행사하는 권리의 취득에 관하여 운송물을 인도한 것과 동일한 효력이 있다.

제134조(운송물멸실과 운임) ①운송물의 전부 또는 일부가 송하인의 책임없는 사유로 인하여 멸실한 때에는 운송인은 그 운임을 청구하지 못한다. 운송인이 이미 그 운임의 전부 또는 일부를 받은 때에는 이를 반환하여야 한다.

② 운송물의 전부 또는 일부가 그 성질이나 하자 또는 송하인의 과실로 인하여 멸실한 때에는 운송인은 운임의 전액을 청구할 수 있다.

제135조(손해배상책임) 운송인은 자기 또는 운송주선인이나 사용인, 그 밖에 운송을 위하여 사용한 자가 운송물의 수령, 인도, 보관 및 운송에 관하여 주의를 게을리하지 아니하였음을 증명하지 아니하면 운송물의 멸실, 훼손 또는 연착으로 인한 손해를 배상할 책임이 있다.

[전문개정 2010. 5. 14.]

제136조(고가물에 대한 책임) 화폐, 유가증권 기타의 고가물에 대하여는 송하인이 운송을 위탁할 때에 그 종류와 가액을 명시한 경우에 한하여 운송인이 손해를 배상할 책임이 있다.

제137조(손해배상의 액) ① 운송물이 전부멸실 또는 연착된 경우의 손해배상액은 인도할 날의 도착지의 가격에 따른다. *〈개정 2011. 4. 14.〉*

② 운송물이 일부 멸실 또는 훼손된 경우의 손해배상액은 인도한 날의 도착지의 가격에 의한다.

③ 운송물의 멸실, 훼손 또는 연착이 운송인의 고의나 중대한 과실로 인한 때에는 운송인은 모든 손해를 배상하여야 한다.

④ 운송물의 멸실 또는 훼손으로 인하여 지급을 요하지 아니하는 운임 기타 비용은 전3항의 배상액에서 공제하여야 한다.

제138조(순차운송인의 연대책임, 구상권) ① 수인이 순차로 운송할 경우에는 각 운송인은 운송물의 멸실, 훼손 또는 연착으로 인한 손해를 연대하여 배상할 책임이 있다.

② 운송인중 1인이 전항의 규정에 의하여 손해를 배상한 때에는 그 손해의 원인이 된 행위를 한 운송인에 대하여 구상권이 있다.

③ 전항의 경우에 그 손해의 원인이 된 행위를 한 운송인을 알 수 없는 때에는 각 운송인은 그 운임액의 비율로 손해를 분담한다. 그러나 그 손해가 자기의 운송 구간내에서 발생하지 아니하였음을 증명한 때에는 손해분담의 책임이 없다.

제139조(운송물의 처분청구권) ① 송하인 또는 화물상환증이 발행된 때에는 그 소지인이 운송인에 대하여 운송의 중지, 운송물의 반환 기타의 처분을 청구할 수 있다. 이 경우에 운송인은 이미 운송한 비율에 따른 운임, 체당금과 처분으로 인한 비용의 지급을 청구할 수 있다.

② 삭제〈1995. 12. 29.〉

제140조(수하인의 지위) ① 운송물이 도착지에 도착한 때에는 수하인은 송하인과 동일한 권리를 취득한다.

② 운송물이 도착지에 도착한 후 수하인이 그 인도를 청구한 때에는 수하인의 권리가 송하인의 권리에 우선한다.〈신설 1995. 12. 29.〉

제141조(수하인의 의무) 수하인이 운송물을 수령한 때에는 운송인에 대하여 운임기타 운송에 관한 비용과 체당금을 지급할 의무를 부담한다.

제142조(수하인불명의 경우의 공탁, 경매권) ① 수하인을 알 수 없는 때에는 운송인은 운송물을 공탁할 수 있다.

② 제1항의 경우에 운송인은 송하인에 대하여 상당한 기간을 정하여 운송물의 처분에 대한 지시를 최고하여도 그 기간내에 지시를 하지 아니한 때에는 운송물을 경매할 수 있다.〈개정 1995. 12. 29.〉

③ 운송인이 제1항 및 제2항의 규정에 의하여 운송물의 공탁 또는 경매를 한 때에는 지체없이 송하인에게 그 통지를 발송하여야 한다.〈개정 1995. 12. 29.〉

제143조(운송물의 수령거부, 수령불능의 경우) ①전조의 규정은 수하인이 운송물의 수령을 거부하거나 수령할 수 없는 경우에 준용한다.

② 운송인이 경매를 함에는 송하인에 대한 최고를 하기 전에 수하인에 대하여 상당한 기간을 정하여 운송물의 수령을 최고하여야 한다.〈개정 1995. 12. 29.〉

제144조(공시최고) ①송하인, 화물상환증소지인과 수하인을 알 수 없는 때에는 운송인은 권리자에 대하여 6월 이상의 기간을 정하여 그 기간 내에 권리를 주장할 것을 공고하여야 한다.

② 제1항의 공고는 관보나 일간신문에 2회 이상 하여야 한다.〈개정 1984. 4. 10.〉

③ 운송인이 제1항 및 제2항의 규정에 의한 공고를 하여도 그 기간내에 권리를 주장하는 자가 없는 때에는 운송물을 경매할 수 있다.〈개정 1984. 4. 10.〉

제145조(준용규정) 제67조제2항과 제3항의 규정은 전3조의 경매에 준용한다.

제146조(운송인의 책임소멸) ①운송인의 책임은 수하인 또는 화물상환증소지인이 유보없이 운송물을 수령하고 운임 기타의 비용을 지급한 때에는 소멸한다. 그러나

운송물에 즉시 발견할 수 없는 훼손 또는 일부 멸실이 있는 경우에 운송물을 수령한 날로부터 2주간내에 운송인에게 그 통지를 발송한 때에는 그러하지 아니하다.
② 전항의 규정은 운송인 또는 그 사용인이 악의인 경우에는 적용하지 아니한다.

제147조(준용규정) 제117조, 제120조 내지 제122조의 규정은 운송인에 준용한다.

제2절 여객운송

제148조(여객이 받은 손해의 배상책임) ① 운송인은 자기 또는 사용인이 운송에 관한 주의를 해태하지 아니하였음을 증명하지 아니하면 여객이 운송으로 인하여 받은 손해를 배상할 책임을 면하지 못한다.
② 손해배상의 액을 정함에는 법원은 피해자와 그 가족의 정상을 참작하여야 한다.

손해배상(기)

[대전지법 2009. 6. 26., 선고, 2007가합3098, 판결 : 확정]

【판시사항】
확정된 운행 일정에 따라 이륙하였던 항공기가 엔진 고장으로 회항함으로써 운항 스케줄이 당초 예정보다 15시간 늦어진 사안에서, 항공사가 운송인으로서 손해 방지에 필요한 모든 조치를 취하였다고 인정되어 승객들에 대하여 연착으로 인한 손해배상책임을 지지 않는다고 한 사례

【판결요지】
확정된 운행 일정에 따라 이륙하였던 항공기가 엔진 고장으로 회항함으로써 운항 스케줄이 당초 예정보다 15시간 늦어진 사안에서, 항공사가 운송인으로서 손해를 방지하기 위하여 필요한 모든 조치를 취하였으므로 '국제항공운송에 있어서의 일부규칙의 통일에 관한 협약(개정 바르샤바 협약)' 제20조에 따라 승객들에 대하여 연착으로 인한 손해배상책임을 지지 않는다고 한 사례.

제149조(인도를 받은 수하물에 대한 책임) ① 운송인은 여객으로부터 인도를 받은 수하물에 관하여는 운임을 받지 아니한 경우에도 물건운송인과 동일한 책임이 있다.
② 수하물이 도착지에 도착한 날로부터 10일내에 여객이 그 인도를 청구하지 아니한 때에는 제67조의 규정을 준용한다. 그러나 주소 또는 거소를 알지 못하는 여객에 대하여는 최고와 통지를 요하지 아니한다.

제150조(인도를 받지 아니한 수하물에 대한 책임) 운송인은 여객으로부터 인도를 받지 아니한 수하물의 멸실 또는 훼손에 대하여는 자기 또는 사용인의 과실이 없으면 손해를 배상할 책임이 없다.

제10장 공중접객업

〈개정 2010. 5. 14.〉

제151조(의의) 극장, 여관, 음식점, 그 밖의 공중이 이용하는 시설에 의한 거래를 영업으로 하는 자를 공중접객업자(公衆接客業者)라 한다.

[전문개정 2010. 5. 14.]

제152조(공중접객업자의 책임) ① 공중접객업자는 자기 또는 그 사용인이 고객으로부터 임치(任置)받은 물건의 보관에 관하여 주의를 게을리하지 아니하였음을 증명하지 아니하면 그 물건의 멸실 또는 훼손으로 인한 손해를 배상할 책임이 있다.

② 공중접객업자는 고객으로부터 임치받지 아니한 경우에도 그 시설 내에 휴대한 물건이 자기 또는 그 사용인의 과실로 인하여 멸실 또는 훼손되었을 때에는 그 손해를 배상할 책임이 있다.

③ 고객의 휴대물에 대하여 책임이 없음을 알린 경우에도 공중접객업자는 제1항과 제2항의 책임을 면하지 못한다.

[전문개정 2010. 5. 14.]

제153조(고가물에 대한 책임) 화폐, 유가증권, 그 밖의 고가물(高價物)에 대하여는 고객이 그 종류와 가액(價額)을 명시하여 임치하지 아니하면 공중접객업자는 그 물건의 멸실 또는 훼손으로 인한 손해를 배상할 책임이 없다.

[전문개정 2010. 5. 14.]

제154조(공중접객업자의 책임의 시효) ① 제152조와 제153조의 책임은 공중접객업자가 임치물을 반환하거나 고객이 휴대물을 가져간 후 6개월이 지나면 소멸시효가 완성된다.

② 물건이 전부 멸실된 경우에는 제1항의 기간은 고객이 그 시설에서 퇴거한 날부터 기산한다.

③ 제1항과 제2항은 공중접객업자나 그 사용인이 악의인 경우에는 적용하지 아니한다.

[전문개정 2010. 5. 14.]

제11장 창고업

제155조(의의) 타인을 위하여 창고에 물건을 보관함을 영업으로 하는 자를 창고업자라 한다.

제156조(창고증권의 발행) ① 창고업자는 임치인의 청구에 의하여 창고증권을 교

부하여야 한다.

② 창고증권에는 다음의 사항을 기재하고 창고업자가 기명날인 또는 서명하여야 한다. 〈개정 1995. 12. 29.〉

1. 임치물의 종류, 품질, 수량, 포장의 종별, 개수와 기호
2. 임치인의 성명 또는 상호, 영업소 또는 주소
3. 보관장소
4. 보관료
5. 보관기간을 정한 때에는 그 기간
6. 임치물을 보험에 붙인 때에는 보험금액, 보험기간과 보험자의 성명 또는 상호, 영업소 또는 주소
7. 창고증권의 작성지와 작성년월일

제157조(준용규정) 제129조 내지 제133조의 규정은 창고증권에 준용한다.

제158조(분할부분에 대한 창고증권의 청구) ①창고증권소지인은 창고업자에 대하여 그 증권을 반환하고 임치물을 분할하여 각부분에 대한 창고증권의 교부를 청구할 수 있다.

② 전항의 규정에 의한 임치물의 분할과 증권교부의 비용은 증권소지인이 부담한다.

제159조(창고증권에 의한 입질과 일부출고) 창고증권으로 임치물을 입질한 경우에도 질권자의 승낙이 있으면 임치인은 채권의 변제기전이라도 임치물의 일부반환을 청구할 수 있다. 이 경우에는 창고업자는 반환한 임치물의 종류, 품질과 수량을 창고증권에 기재하여야 한다.

제160조(손해배상책임) 창고업자는 자기 또는 사용인이 임치물의 보관에 관하여 주의를 해태하지 아니하였음을 증명하지 아니하면 임치물의 멸실 또는 훼손에 대하여 손해를 배상할 책임을 면하지 못한다.

제161조(임치물의 검사, 견품적취, 보존처분권) 임치인 또는 창고증권소지인은 영업시간 내에 언제든지 창고업자에 대하여 임치물의 검사 또는 견품의 적취를 요구하거나 그 보존에 필요한 처분을 할 수 있다.

제162조(보관료청구권) ① 창고업자는 임치물을 출고할 때가 아니면 보관료 기타의 비용과 체당금의 지급을 청구하지 못한다. 그러나 보관기간 경과후에는 출고전이라도 이를 청구할 수 있다.

② 임치물의 일부출고의 경우에는 창고업자는 그 비율에 따른 보관료 기타의 비용과 체당금의 지급을 청구할 수 있다.

제163조(임치기간) ① 당사자가 임치기간을 정하지 아니한 때에는 창고업자는 임

치물을 받은 날로부터 6월을 경과한 후에는 언제든지 이를 반환할 수 있다.

② 전항의 경우에 임치물을 반환함에는 2주간전에 예고하여야 한다.

제164조(동전-부득이한 사유가 있는 경우) 부득이한 사유가 있는 경우에는 창고업자는 전조의 규정에 불구하고 언제든지 임치물을 반환할 수 있다.

제165조(준용규정) 제67조제1항과 제2항의 규정은 임치인 또는 창고증권소지인이 임치물의 수령을 거부하거나 이를 수령할 수 없는 경우에 준용한다.

제166조(창고업자의 책임의 시효) ① 임치물의 멸실 또는 훼손으로 인하여 생긴 창고업자의 책임은 그 물건을 출고한 날로부터 1년이 경과하면 소멸시효가 완성한다.

② 전항의 기간은 임치물이 전부 멸실한 경우에는 임치인과 알고 있는 창고증권소지인에게 그 멸실의 통지를 발송한 날로부터 기산한다.

③ 전2항의 규정은 창고업자 또는 그 사용인이 악의인 경우에는 적용하지 아니한다.

제167조(창고업자의 채권의 시효) 창고업자의 임치인 또는 창고증권소지인에 대한 채권은 그 물건을 출고한 날로부터 1년간 행사하지 아니하면 소멸시효가 완성한다.

제168조(준용규정) 제108조와 제146조의 규정은 창고업자에 준용한다. 〈개정 1962. 12. 12.〉

제12장 금융리스업

〈신설 2010. 5. 14.〉

제168조의2(의의) 금융리스이용자가 선정한 기계, 시설, 그 밖의 재산(이하 이 장에서 "금융리스물건"이라 한다)을 제3자(이하 이 장에서 "공급자"라 한다)로부터 취득하거나 대여받아 금융리스이용자에게 이용하게 하는 것을 영업으로 하는 자를 금융리스업자라 한다.

[본조신설 2010. 5. 14.]

제168조의3(금융리스업자와 금융리스이용자의 의무) ① 금융리스업자는 금융리스이용자가 금융리스계약에서 정한 시기에 금융리스계약에 적합한 금융리스물건을 수령할 수 있도록 하여야 한다.

② 금융리스이용자는 제1항에 따라 금융리스물건을 수령함과 동시에 금융리스료를 지급하여야 한다.

③ 금융리스물건수령증을 발급한 경우에는 제1항의 금융리스계약 당사자 사이에 적합한 금융리스물건이 수령된 것으로 추정한다.

④ 금융리스이용자는 금융리스물건을 수령한 이후에는 선량한 관리자의 주의로 금

융리스물건을 유지 및 관리하여야 한다.

[본조신설 2010. 5. 14.]

채무부존재확인·규정손해금·규정손해금

[대법원 2019. 2. 14., 선고, 2016다245418, 245425, 245432, 판결]

【판시사항】

금융리스업자가 상법 제168조의3 제1항에 따라 금융리스이용자가 공급자로부터 적합한 금융리스물건을 수령할 수 있도록 협력할 의무를 부담하는 외에 이와 별도로 독자적인 금융리스물건 인도의무 또는 검사·확인의무를 부담하는지 여부(원칙적 소극)

【판결요지】

금융리스계약은 금융리스업자가 금융리스이용자가 선정한 기계, 시설 등 금융리스물건을 공급자로부터 취득하거나 대여받아 금융리스이용자에게 일정 기간 이용하게 하고 그 기간 종료 후 물건의 처분에 관하여는 당사자 사이의 약정으로 정하는 계약이다(상법 제168조의2). 금융리스계약은 금융리스업자가 금융리스이용자에게 금융리스물건을 취득 또는 대여하는 데 소요되는 자금에 관한 금융의 편의를 제공하는 것을 본질적 내용으로 한다. 금융리스업자는 금융리스이용자가 금융리스계약에서 정한 시기에 금융리스계약에 적합한 금융리스물건을 수령할 수 있도록 하여야 하고(상법 제168조의3 제1항), 금융리스이용자가 금융리스물건수령증을 발급한 경우에는 금융리스업자와 사이에 적합한 금융리스물건이 수령된 것으로 추정한다(상법 제168조의3 제3항).

이러한 금융리스계약의 법적 성격에 비추어 보면, 금융리스계약 당사자 사이에 금융리스업자가 직접 물건의 공급을 담보하기로 약정하는 등의 특별한 사정이 없는 한, 금융리스업자는 금융리스이용자가 공급자로부터 상법 제168조의3 제1항에 따라 적합한 금융리스물건을 수령할 수 있도록 협력할 의무를 부담할 뿐이고, 이와 별도로 독자적인 금융리스물건 인도의무 또는 검사·확인의무를 부담한다고 볼 수는 없다.

제168조의4(공급자의 의무) ① 금융리스물건의 공급자는 공급계약에서 정한 시기에 그 물건을 금융리스이용자에게 인도하여야 한다.

② 금융리스물건이 공급계약에서 정한 시기와 내용에 따라 공급되지 아니한 경우 금융리스이용자는 공급자에게 직접 손해배상을 청구하거나 공급계약의 내용에 적합한 금융리스물건의 인도를 청구할 수 있다.

③ 금융리스업자는 금융리스이용자가 제2항의 권리를 행사하는 데 필요한 협력을 하여야 한다.

[본조신설 2010. 5. 14.]

제168조의5(금융리스계약의 해지) ① 금융리스이용자의 책임 있는 사유로 금융리스계약을 해지하는 경우에는 금융리스업자는 잔존 금융리스료 상당액의 일시 지급 또는 금융리스물건의 반환을 청구할 수 있다.

② 제1항에 따른 금융리스업자의 청구는 금융리스업자의 금융리스이용자에 대한 손해배상청구에 영향을 미치지 아니한다.

③ 금융리스이용자는 중대한 사정변경으로 인하여 금융리스물건을 계속 사용할 수 없는 경우에는 3개월 전에 예고하고 금융리스계약을 해지할 수 있다. 이 경우 금융리스이용자는 계약의 해지로 인하여 금융리스업자에게 발생한 손해를 배상하여야 한다.

[본조신설 2010. 5. 14.]

제13장 가맹업

〈신설 2010. 5. 14.〉

제168조의6(의의) 자신의 상호·상표 등(이하 이 장에서 "상호등"이라 한다)을 제공하는 것을 영업으로 하는 자[이하 "가맹업자"(加盟業者)라 한다]로부터 그의 상호등을 사용할 것을 허락받아 가맹업자가 지정하는 품질기준이나 영업방식에 따라 영업을 하는 자를 가맹상(加盟商)이라 한다.

[본조신설 2010. 5. 14.]

제168조의7(가맹업자의 의무) ① 가맹업자는 가맹상의 영업을 위하여 필요한 지원을 하여야 한다.

② 가맹업자는 다른 약정이 없으면 가맹상의 영업지역 내에서 동일 또는 유사한 업종의 영업을 하거나, 동일 또는 유사한 업종의 가맹계약을 체결할 수 없다.

[본조신설 2010. 5. 14.]

제168조의8(가맹상의 의무) ① 가맹상은 가맹업자의 영업에 관한 권리가 침해되지 아니하도록 하여야 한다.

② 가맹상은 계약이 종료한 후에도 가맹계약과 관련하여 알게 된 가맹업자의 영업상의 비밀을 준수하여야 한다.

[본조신설 2010. 5. 14.]

제168조의9(가맹상의 영업양도) ① 가맹상은 가맹업자의 동의를 받아 그 영업을 양도할 수 있다.

② 가맹업자는 특별한 사유가 없으면 제1항의 영업양도에 동의하여야 한다.

[본조신설 2010. 5. 14.]

제168조의10(계약의 해지) 가맹계약상 존속기간에 대한 약정의 유무와 관계없이 부득이한 사정이 있으면 각 당사자는 상당한 기간을 정하여 예고한 후 가맹계약을 해지할 수 있다.

[본조신설 2010. 5. 14.]

제14장 채권매입업

〈신설 2010. 5. 14.〉

제168조의11(의의) 타인이 물건·유가증권의 판매, 용역의 제공 등에 의하여 취득하였거나 취득할 영업상의 채권(이하 이 장에서 "영업채권"이라 한다)을 매입하여 회수하는 것을 영업으로 하는 자를 채권매입업자라 한다.

[본조신설 2010. 5. 14.]

제168조의12(채권매입업자의 상환청구) 영업채권의 채무자가 그 채무를 이행하지 아니하는 경우 채권매입업자는 채권매입계약의 채무자에게 그 영업채권액의 상환을 청구할 수 있다. 다만, 채권매입계약에서 다르게 정한 경우에는 그러하지 아니하다.

[본조신설 2010. 5. 14.]

제3편 회사

제1장 통칙

제169조(회사의 의의) 이 법에서 "회사"란 상행위나 그 밖의 영리를 목적으로 하여 설립한 법인을 말한다.

[전문개정 2011. 4. 14.]

제170조(회사의 종류) 회사는 합명회사, 합자회사, 유한책임회사, 주식회사와 유한회사의 5종으로 한다.

[전문개정 2011. 4. 14.]

제171조(회사의 주소) 회사의 주소는 본점소재지에 있는 것으로 한다.

[전문개정 2011. 4. 14.]

제172조(회사의 성립) 회사는 본점소재지에서 설립등기를 함으로써 성립한다.

제173조(권리능력의 제한) 회사는 다른 회사의 무한책임사원이 되지 못한다.

제174조(회사의 합병) ① 회사는 합병을 할 수 있다.

② 합병을 하는 회사의 일방 또는 쌍방이 주식회사, 유한회사 또는 유한책임회사인 경우에는 합병 후 존속하는 회사나 합병으로 설립되는 회사는 주식회사, 유한회사 또는 유한책임회사이어야 한다.〈개정 2011. 4. 14.〉

③ 해산후의 회사는 존립 중의 회사를 존속하는 회사로 하는 경우에 한하여 합병을 할 수 있다.

제175조(동전-설립위원) ① 회사의 합병으로 인하여 신회사를 설립하는 경우에는 정관의 작성 기타 설립에 관한 행위는 각 회사에서 선임한 설립위원이 공동으로 하여야 한다.

② 제230조, 제434조와 제585조의 규정은 전항의 선임에 준용한다.

제176조(회사의 해산명령) ①법원은 다음의 사유가 있는 경우에는 이해관계인이나 검사의 청구에 의하여 또는 직권으로 회사의 해산을 명할 수 있다.

1. 회사의 설립목적이 불법한 것인 때
2. 회사가 정당한 사유없이 설립후 1년내에 영업을 개시하지 아니하거나 1년 이상 영업을 휴지하는 때
3. 이사 또는 회사의 업무를 집행하는 사원이 법령 또는 정관에 위반하여 회사의 존속을 허용할 수 없는 행위를 한 때

② 전항의 청구가 있는 때에는 법원은 해산을 명하기 전일지라도 이해관계인이나 검사의 청구에 의하여 또는 직권으로 관리인의 선임 기타 회사재산의 보전에 필요한 처분을 할 수 있다.

③ 이해관계인이 제1항의 청구를 한 때에는 법원은 회사의 청구에 의하여 상당한 담보를 제공할 것을 명할 수 있다.

④ 회사가 전항의 청구를 함에는 이해관계인의 청구가 악의임을 소명하여야 한다.

제177조(등기기간의 기산점) 본편의 규정에 의하여 등기할 사항으로서 관청의 허가 또는 인가를 요하는 것에 관하여는 그 서류가 도달한 날로부터 등기기간을 기산한다.

제2장 합명회사

제1절 설립

제178조(정관의 작성) 합명회사의 설립에는 2인 이상의 사원이 공동으로 정관을 작성하여야 한다.

제179조(정관의 절대적 기재사항) 정관에는 다음의 사항을 기재하고 총사원이 기명날인 또는 서명하여야 한다. 〈개정 1995. 12. 29.〉

1. 목적
2. 상호
3. 사원의 성명·주민등록번호 및 주소
4. 사원의 출자의 목적과 그 가격 또는 평가의 표준
5. 본점의 소재지
6. 정관의 작성년월일

제180조(설립의 등기) 합명회사의 설립등기에 있어서는 다음의 사항을 등기하여야 한다. 〈개정 1995. 12. 29., 2011. 4. 14.〉

1. 제179조제1호 내지 제3호 및 제5호의 사항과 지점을 둔 때에는 그 소재지. 다만, 회사를 대표할 사원을 정한 때에는 그 외의 사원의 주소를 제외한다.
2. 사원의 출자의 목적, 재산출자에는 그 가격과 이행한 부분
3. 존립기간 기타 해산사유를 정한 때에는 그 기간 또는 사유
4. 회사를 대표할 사원을 정한 경우에는 그 성명·주소 및 주민등록번호
5. 수인의 사원이 공동으로 회사를 대표할 것을 정한 때에는 그 규정

제181조(지점 설치의 등기) ① 회사의 설립과 동시에 지점을 설치하는 경우에는 설립등기를 한 후 2주 내에 지점소재지에서 제180조제1호 본문(다른 지점의 소재지는 제외한다) 및 제3호부터 제5호까지의 사항을 등기하여야 한다. 다만, 회사를 대표할 사원을 정한 경우에는 그 외의 사원은 등기하지 아니한다.

② 회사의 성립 후에 지점을 설치하는 경우에는 본점소재지에서는 2주 내에 그 지점소재지와 설치 연월일을 등기하고, 그 지점소재지에서는 3주 내에 제180조제1호 본문(다른 지점의 소재지는 제외한다) 및 제3호부터 제5호까지의 사항을 등기하여야 한다. 다만, 회사를 대표할 사원을 정한 경우에는 그 밖의 사원은 등기하지 아니한다.

[전문개정 2011. 4. 14.]

제182조(본점, 지점의 이전등기) ① 회사가 본점을 이전하는 경우에는 2주간내에 구소재지에서는 신소재지와 이전년월일을, 신소재지에서는 제180조 각호의 사항을 등기하여야 한다. 〈개정 1995. 12. 29.〉

② 회사가 지점을 이전하는 경우에는 2주 내에 본점과 구지점소재지에서는 신지점소재지와 이전 연월일을 등기하고, 신지점소재지에서는 제180조제1호 본문(다른 지점의 소재지는 제외한다) 및 제3호부터 제5호까지의 사항을 등기하여야 한다. 다만, 회사를 대표할 사원을 정한 경우에는 그 밖의 사원은 등기하지 아니한다. 〈개정 2011. 4. 14.〉

③ 삭제 〈1995. 12. 29.〉

제183조(변경등기) 제180조에 게기한 사항에 변경이 있는 때에는 본점소재지에서는 2주간 내, 지점소재지에서는 3주간 내에 변경등기를 하여야 한다.

상법위반이의

[대법원 2009. 4. 23., 자, 2009마120, 결정]

【판시사항】

[1] 회사 본점소재지와 지점소재지의 관할 등기소가 같지 않은 경우 등기 해태에 따른

[2] 회사의 등기 해태에 따른 과태료 부과 대상자 및 등기해태 기간 중 대표자의 지위를 상실한 경우 과태료의 책임 범위

【판결요지】

[1] 회사의 등기사항에 변경이 있는 때에는 본점소재지에서는 2주간 내, 지점소재지에서는 3주간 내에 변경등기를 하여야 하는바(상법 제183조), 본점소재지와 지점소재지의 관할 등기소가 동일하지 아니한 때에는 그 등기도 각각 신청하여야 하는 것이므로, 그 등기 해태에 따른 과태료도 본점소재지와 지점소재지의 등기 해태에 따라 각각 부과되는 것이다.

[2] 회사의 등기는 법령에 다른 규정이 있는 경우를 제외하고는 그 대표자가 신청 의무를 부담하므로(상업등기법 제17조), 회사의 등기를 해태한 때에는 등기 해태 당시 회사의 대표자가 과태료 부과 대상자가 되고, 등기 해태 기간이 지속되는 중에 대표자의 지위를 상실한 경우에는 대표자의 지위에 있으면서 등기를 해태한 기간에 대하여만 과태료 책임을 부담한다.

제183조의2(업무집행정지가처분 등의 등기) 사원의 업무집행을 정지하거나 직무대행자를 선임하는 가처분을 하거나 그 가처분을 변경·취소하는 경우에는 본점 및 지점이 있는 곳의 등기소에서 이를 등기하여야 한다.

[본조신설 2001. 12. 29.]

제184조(설립무효, 취소의 소) ①회사의 설립의 무효는 그 사원에 한하여, 설립의 취소는 그 취소권있는 자에 한하여 회사성립의 날로부터 2년내에 소만으로 이를 주장할 수 있다.

② 민법 제140조의 규정은 전항의 설립의 취소에 준용한다.

제185조(채권자에 의한 설립취소의 소) 사원이 그 채권자를 해할 것을 알고 회사를 설립한 때에는 채권자는 그 사원과 회사에 대한 소로 회사의 설립취소를 청구할 수 있다.

제186조(전속관할) 전2조의 소는 본점소재지의 지방법원의 관할에 전속한다.

제187조(소제기의 공고) 설립무효의 소 또는 설립취소의 소가 제기된 때에는 회사는 지체없이 공고하여야 한다.

제188조(소의 병합심리) 수개의 설립무효의 소 또는 설립취소의 소가 제기된 때에는 법원은 이를 병합심리하여야 한다.

제189조(하자의 보완 등과 청구의 기각) 설립무효의 소 또는 설립취소의 소가 그 심리중에 원인이 된 하자가 보완되고 회사의 현황과 제반사정을 참작하여 설립을

무효 또는 취소하는 것이 부적당하다고 인정한 때에는 법원은 그 청구를 기각할 수 있다.

제190조(판결의 효력) 설립무효의 판결 또는 설립취소의 판결은 제3자에 대하여도 그 효력이 있다. 그러나 판결확정전에 생긴 회사와 사원 및 제3자간의 권리의무에 영향을 미치지 아니한다.

제191조(패소원고의 책임) 설립무효의 소 또는 설립취소의 소를 제기한 자가 패소한 경우에 악의 또는 중대한 과실이 있는 때에는 회사에 대하여 연대하여 손해를 배상할 책임이 있다.

제192조(설립무효, 취소의 등기) 설립무효의 판결 또는 설립취소의 판결이 확정된 때에는 본점과 지점의 소재지에서 등기하여야 한다.

제193조(설립무효, 취소판결의 효과) ① 설립무효의 판결 또는 설립취소의 판결이 확정된 때에는 해산의 경우에 준하여 청산하여야 한다.
② 전항의 경우에는 법원은 사원 기타의 이해관계인의 청구에 의하여 청산인을 선임할 수 있다.

제194조(설립무효, 취소와 회사계속) ① 설립무효의 판결 또는 설립취소의 판결이 확정된 경우에 그 무효나 취소의 원인이 특정한 사원에 한한 것인 때에는 다른 사원 전원의 동의로써 회사를 계속할 수 있다.
② 전항의 경우에는 그 무효 또는 취소의 원인이 있는 사원은 퇴사한 것으로 본다.
③ 제229조제2항과 제3항의 규정은 전2항의 경우에 준용한다.

제2절 회사의 내부관계

제195조(준용법규) 합명회사의 내부관계에 관하여는 정관 또는 본법에 다른 규정이 없으면 조합에 관한 민법의 규정을 준용한다.

제196조(채권출자) 채권을 출자의 목적으로 한 사원은 그 채권이 변제기에 변제되지 아니한 때에는 그 채권액을 변제할 책임을 진다. 이 경우에는 이자를 지급하는 외에 이로 인하여 생긴 손해를 배상하여야 한다.

제197조(지분의 양도) 사원은 다른 사원의 동의를 얻지 아니하면 그 지분의 전부 또는 일부를 타인에게 양도하지 못한다.

제198조(사원의 경업의 금지) ①사원은 다른 사원의 동의가 없으면 자기 또는 제3자의 계산으로 회사의 영업부류에 속하는 거래를 하지 못하며 동종영업을 목적으로 하는 다른 회사의 무한책임사원 또는 이사가 되지 못한다.

② 사원이 전항의 규정에 위반하여 거래를 한 경우에 그 거래가 자기의 계산으로 한 것인 때에는 회사는 이를 회사의 계산으로 한 것으로 볼 수 있고 제3자의 계산으로 한것인 때에는 그 사원에 대하여 회사는 이로 인한 이득의 양도를 청구할 수 있다.*(개정 1962. 12. 12.)*

③ 전항의 규정은 회사의 그 사원에 대한 손해배상의 청구에 영향을 미치지 아니한다.

④ 제2항의 권리는 다른 사원 과반수의 결의에 의하여 행사하여야 하며 다른 사원의 1인이 그 거래를 안 날로부터 2주간을 경과하거나 그 거래가 있은 날로부터 1년을 경과하면 소멸한다.

제199조(사원의 자기거래) 사원은 다른 사원 과반수의 결의가 있는 때에 한하여 자기 또는 제삼자의 계산으로 회사와 거래를 할 수 있다. 이 경우에는 민법 제124조의 규정을 적용하지 아니한다.

제200조(업무집행의 권리의무) ①각 사원은 정관에 다른 규정이 없는 때에는 회사의 업무를 집행할 권리와 의무가 있다.

② 각 사원의 업무집행에 관한 행위에 대하여 다른 사원의 이의가 있는 때에는 곧 행위를 중지하고 총사원과반수의 결의에 의하여야 한다.

제200조의2(직무대행자의 권한) ① 제183조의2의 직무대행자는 가처분명령에 다른 정함이 있는 경우 외에는 법인의 통상업무에 속하지 아니한 행위를 하지 못한다. 다만, 법원의 허가를 얻은 경우에는 그러하지 아니하다.

② 직무대행자가 제1항의 규정에 위반한 행위를 한 경우에도 회사는 선의의 제3자에 대하여 책임을 진다.

[본조신설 2001. 12. 29.]

제201조(업무집행사원) ① 정관으로 사원의 1인 또는 수인을 업무집행사원으로 정한 때에는 그 사원이 회사의 업무를 집행할 권리와 의무가 있다.

② 수인의 업무집행사원이 있는 경우에 그 각 사원의 업무집행에 관한 행위에 대하여 다른 업무집행사원의 이의가 있는 때에는 곧 그 행위를 중지하고 업무집행사원 과반수의 결의에 의하여야 한다.

제202조(공동업무집행사원) 정관으로 수인의 사원을 공동업무집행사원으로 정한 때에 그 전원의 동의가 없으면 업무집행에 관한 행위를 하지 못한다. 그러나 지체할 염려가 있는 때에는 그러하지 아니하다.

제203조(지배인의 선임과 해임) 지배인의 선임과 해임은 정관에 다른 정함이 없으면 업무집행사원이 있는 경우에도 총사원 과반수의 결의에 의하여야 한다.

제204조(정관의 변경) 정관을 변경함에는 총사원의 동의가 있어야 한다.

제205조(업무집행사원의 권한상실선고) ① 사원이 업무를 집행함에 현저하게 부적임하거나 중대한 의무에 위반한 행위가 있는 때에는 법원은 사원의 청구에 의하여 업무집행권한의 상실을 선고할 수 있다.

② 전항의 판결이 확정된 때에는 본점과 지점의 소재지에서 등기하여야 한다.

제206조(준용규정) 제186조의 규정은 전조의 소에 준용한다.

제3절 회사의 외부관계

제207조(회사대표) 정관으로 업무집행사원을 정하지 아니한 때에는 각 사원은 회사를 대표한다. 수인의 업무집행사원을 정한 경우에 각 업무집행사원은 회사를 대표한다. 그러나 정관 또는 총사원의 동의로 업무집행사원중 특히 회사를 대표할 자를 정할 수 있다.

업무집행사원및대표사원지위확인

[대법원 2021. 7. 8., 선고, 2018다225289, 판결]

【판시사항】

[1] 합자회사의 무한책임사원이 업무집행권한의 상실을 선고하는 판결로 업무집행권 및 대표권을 상실한 이후 어떠한 사유 등으로 합자회사의 유일한 무한책임사원이 된 경우, 업무집행권 및 대표권이 부활하는지 여부(소극)

[2] 합자회사에서 무한책임사원들만으로 업무집행사원이나 대표사원을 선임하도록 정한 정관 규정의 효력(유효) / 업무집행권한의 상실을 선고하는 판결로 업무집행권 및 대표권을 상실한 무한책임사원이 이후 다른 무한책임사원의 사망 등으로 유일한 무한책임사원이 된 경우, 위 정관을 근거로 단독으로 의결권을 행사하여 자신을 업무집행사원이나 대표사원으로 선임할 수 있는지 여부(소극) 및 이 경우 해당 무한책임사원이 업무집행사원 등에 선임될 수 있는 방법(=유한책임사원을 포함한 총사원의 동의)

【판결요지】

[1] 합자회사에서 업무집행권한 상실선고제도(상법 제269조, 제205조)의 목적은 업무를 집행함에 현저하게 부적임하거나 중대한 의무위반행위가 있는 업무집행사원의 권한을 박탈함으로써 그 회사의 운영에 장애사유를 제거하려는 데 있다. 업무집행사원의 권한상실을 선고하는 판결은 형성판결로서 그 판결 확정에 의하여 업무집행권이 상실되면 그 결과 대표권도 함께 상실된다. 합자회사에서 무한책임사원이 업무집행권한의 상실을 선고하는 판결로 인해 업무집행권 및 대표권을 상실하였다면, 그 후 어떠한 사유 등으로 그 무한책임사원이 합자회사의 유일한 무한책임사원이 되었다는 사정만으로는 형성판결인 업무집행권한의 상실을 선고하는 판결의 효력이 당연히 상실되고 해당 무한책임사원의 업무집행권 및 대표권이 부활한다고 볼 수 없다.

[2] 합자회사에서 업무집행권한의 상실을 선고받은 무한책임사원이 다시 업무집행권이나 대표권을 갖기 위해서는 정관이나 총사원의 동의로 새로 그러한 권한을 부여받아야 한다(상법 제273조, 제269조, 제201조 제1항, 제207조). 합자회사에서 무한책임사원들만으로 업무집행사원이나 대표사원을 선임하도록 정한 정관의 규정은 유효하고, 그 후의 사정으로 무한책임사원이 1인이 된 경우에도 특별한 사정이 없는 한 여전히 유효하다. 다만 유한책임사원의 청구에 따른 법원의 판결로 업무집행권한의 상실을 선고받아 업무집행권 및 대표권을 상실한 무한책임사원이 이후 다른 무한책임사원이 사망하여 퇴사하는 등으로 유일한 무한책임사원이 된 경우에는 업무집행권한을 상실한 무한책임사원이 위 정관을 근거로 단독으로 의결권을 행사하여 자신을 업무집행사원이나 대표사원으로 선임할 수는 없다고 봄이 옳다. 이렇게 해석하는 것이 판결에 의한 업무집행권한 상실선고제도의 취지와 유한책임사원의 업무감시권의 보장 및 신의칙 등에 부합한다. 결국 이러한 경우에는 유한책임사원을 포함한 총사원의 동의에 의해서만 해당 무한책임사원이 업무집행사원이나 대표사원으로 선임될 수 있을 뿐이다.

제208조(공동대표) ① 회사는 정관 또는 총사원의 동의로 수인의 사원이 공동으로 회사를 대표할 것을 정할 수 있다.

② 전항의 경우에도 제삼자의 회사에 대한 의사표시는 공동대표의 권한있는 사원 1인에 대하여 이를 함으로써 그 효력이 생긴다.

제209조(대표사원의 권한) ① 회사를 대표하는 사원은 회사의 영업에 관하여 재판상 또는 재판외의 모든 행위를 할 권한이 있다.

② 전항의 권한에 대한 제한은 선의의 제삼자에게 대항하지 못한다.

제210조(손해배상책임) 회사를 대표하는 사원이 그 업무집행으로 인하여 타인에게 손해를 가한 때에는 회사는 그 사원과 연대하여 배상할 책임이 있다.

제211조(회사와 사원간의 소에 관한 대표권) 회사가 사원에 대하여 또는 사원이 회사에 대하여 소를 제기하는 경우에 회사를 대표할 사원이 없을 때에는 다른 사원 과반수의 결의로 선정하여야 한다.

제212조(사원의 책임) ① 회사의 재산으로 회사의 채무를 완제할 수 없는 때에는 각 사원은 연대하여 변제할 책임이 있다.

② 회사재산에 대한 강제집행이 주효하지 못한 때에도 전항과 같다.

③ 전항의 규정은 사원이 회사에 변제의 자력이 있으며 집행이 용이한 것을 증명한 때에는 적용하지 아니한다.

제213조(신입사원의 책임) 회사성립후에 가입한 사원은 그 가입전에 생긴 회사채무에 대하여 다른 사원과 동일한 책임을 진다.

제214조(사원의 항변) ① 사원이 회사채무에 관하여 변제의 청구를 받은 때에는 회사가 주장할 수 있는 항변으로 그 채권자에게 대항할 수 있다.

② 회사가 그 채권자에 대하여 상계, 취소 또는 해제할 권리가 있는 경우에는 사원은 전항의 청구에 대하여 변제를 거부할 수 있다.

제215조(자칭사원의 책임) 사원이 아닌 자가 타인에게 자기를 사원이라고 오인시키는 행위를 하였을 때에는 오인으로 인하여 회사와 거래한 자에 대하여 사원과 동일한 책임을 진다.

제216조(준용규정) 제205조와 제206조의 규정은 회사의 대표사원에 준용한다.

제4절 사원의 퇴사

제217조(사원의 퇴사권) ① 정관으로 회사의 존립기간을 정하지 아니하거나 어느 사원의 종신까지 존속할 것을 정한 때에는 사원은 영업년도말에 한하여 퇴사할 수 있다. 그러나 6월전에 이를 예고하여야 한다.

② 사원이 부득이한 사유가 있을 때에는 언제든지 퇴사할 수 있다.

제218조(퇴사원인) 사원은 전조의 경우 외에 다음의 사유로 인하여 퇴사한다.
  1. 정관에 정한 사유의 발생
  2. 총사원의 동의
  3. 사망
  4. 성년후견개시
  5. 파산
  6. 제명
[전문개정 2018. 9. 18.]

제219조(사원사망 시 권리승계의 통지) ① 정관으로 사원이 사망한 경우에 그 상속인이 회사에 대한 피상속인의 권리의무를 승계하여 사원이 될 수 있음을 정한 때에는 상속인은 상속의 개시를 안 날로부터 3월내에 회사에 대하여 승계 또는 포기의 통지를 발송하여야 한다.

② 상속인이 전항의 통지 없이 3월을 경과한 때에는 사원이 될 권리를 포기한 것으로 본다.

제220조(제명의 선고) ① 사원에게 다음의 사유가 있는 때에는 회사는 다른 사원 과반수의 결의에 의하여 그 사원의 제명의 선고를 법원에 청구할 수 있다.
  1. 출자의 의무를 이행하지 아니한 때
  2. 제198조제1항의 규정에 위반한 행위가 있는 때
  3. 회사의 업무집행 또는 대표에 관하여 부정한 행위가 있는 때, 권한없이 업무를 집행하

거나 회사를 대표한 때

4. 기타 중요한 사유가 있는 때

② 제205조제2항과 제206조의 규정은 전항의 경우에 준용한다.

제221조(제명사원과 회사간의 계산) 제명된 사원과 회사와의 계산은 제명의 소를 제기한 때의 회사재산의 상태에 따라서 하며 그 때부터 법정이자를 붙여야 한다.

제222조(지분의 환급) 퇴사한 사원은 노무 또는 신용으로 출자의 목적으로 한 경우에도 그 지분의 환급을 받을 수 있다. 그러나 정관에 다른 규정이 있는 때에는 그러하지 아니하다.

제223조(지분의 압류) 사원의 지분의 압류는 사원이 장래이익의 배당과 지분의 환급을 청구하는 권리에 대하여도 그 효력이 있다.

제224조(지분 압류채권자에 의한 퇴사청구) ① 사원의 지분을 압류한 채권자는 영업연도말에 그 사원을 퇴사시킬 수 있다. 그러나 회사와 그 사원에 대하여 6월전에 그 예고를 하여야 한다.

② 전항 단서의 예고는 사원이 변제를 하거나 상당한 담보를 제공한 때에는 그 효력을 잃는다.

제225조(퇴사원의 책임) ① 퇴사한 사원은 본점소재지에서 퇴사등기를 하기 전에 생긴 회사채무에 대하여는 등기후 2년내에는 다른 사원과 동일한 책임이 있다.

② 전항의 규정은 지분을 양도한 사원에 준용한다.

제226조(퇴사원의 상호변경청구권) 퇴사한 사원의 성명이 회사의 상호 중에 사용된 경우에는 그 사원은 회사에 대하여 그 사용의 폐지를 청구할 수 있다.

제5절 회사의 해산

제227조(해산원인) 회사는 다음의 사유로 인하여 해산한다.

1. 존립기간의 만료 기타 정관으로 정한 사유의 발생
2. 총사원의 동의
3. 사원이 1인으로 된 때
4. 합병
5. 파산
6. 법원의 명령 또는 판결

제228조(해산등기) 회사가 해산된 때에는 합병과 파산의 경우 외에는 그 해산사유가 있는 날로부터 본점소재지에서는 2주간내, 지점소재지에서는 3주간내에 해산등기를 하여야 한다.

제229조(회사의 계속) ① 제227조제1호와 제2호의 경우에는 사원의 전부 또는 일부의 동의로 회사를 계속할 수 있다. 그러나 동의를 하지 아니한 사원은 퇴사한 것으로 본다.

② 제227조제3호의 경우에는 새로 사원을 가입시켜서 회사를 계속할 수 있다.

③ 전2항의 경우에 이미 회사의 해산등기를 하였을 때에는 본점소재지에서는 2주 간내, 지점소재지에서는 3주간내에 회사의 계속등기를 하여야 한다.

④ 제213조의 규정은 제2항의 신입사원의 책임에 준용한다.

제230조(합병의 결의) 회사가 합병을 함에는 총사원의 동의가 있어야 한다.

제231조 삭제 〈1984. 4. 10.〉

제232조(채권자의 이의) ① 회사는 합병의 결의가 있은 날부터 2주내에 회사채권자에 대하여 합병에 이의가 있으면 일정한 기간내에 이를 제출할 것을 공고하고 알고 있는 채권자에 대하여는 따로따로 이를 최고하여야 한다. 이 경우 그 기간은 1월 이상이어야 한다. 〈개정 1984. 4. 10., 1998. 12. 28.〉

② 채권자가 제1항의 기간내에 이의를 제출하지 아니한 때에는 합병을 승인한 것으로 본다. 〈개정 1984. 4. 10.〉

③ 이의를 제출한 채권자가 있는 때에는 회사는 그 채권자에 대하여 변제 또는 상당한 담보를 제공하거나 이를 목적으로 하여 상당한 재산을 신탁회사에 신탁하여야 한다.

제233조(합병의 등기) 회사가 합병을 한 때에는 본점소재지에서는 2주간 내, 지점소재지에서는 3주간 내에 합병후 존속하는 회사의 변경등기, 합병으로 인하여 소멸하는 회사의 해산등기, 합병으로 인하여 설립되는 회사의 설립등기를 하여야 한다.

제234조(합병의 효력발생) 회사의 합병은 합병후 존속하는 회사 또는 합병으로 인하여 설립되는 회사가 그 본점소재지에서 전조의 등기를 함으로써 그 효력이 생긴다.

제235조(합병의 효과) 합병후 존속한 회사 또는 합병으로 인하여 설립된 회사는 합병으로 인하여 소멸된 회사의 권리의무를 승계한다.

제236조(합병무효의 소의 제기) ① 회사의 합병의 무효는 각 회사의 사원, 청산인, 파산관재인 또는 합병을 승인하지 아니한 회사채권자에 한하여 소만으로 이를 주장할 수 있다.

② 전항의 소는 제233조의 등기가 있은 날로부터 6월내에 제기하여야 한다.

제237조(준용규정) 제176조제3항과 제4항의 규정은 회사채권자가 전조의 소를 제기한 때에 준용한다.

제238조(합병무효의 등기) 합병을 무효로 한 판결이 확정된 때에는 본점과 지점의 소재지에서 합병후 존속한 회사의 변경등기, 합병으로 인하여 소멸된 회사의 회복등기, 합병으로 인하여 설립된 회사의 해산등기를 하여야 한다.

제239조(무효판결확정과 회사의 권리의무의 귀속) ① 합병을 무효로 한 판결이 확정된 때에는 합병을 한 회사는 합병후 존속한 회사 또는 합병으로 인하여 설립된 회사의 합병후 부담한 채무에 대하여 연대하여 변제할 책임이 있다.
② 합병후 존속한 회사 또는 합병으로 인하여 설립한 회사의 합병후 취득한 재산은 합병을 한 회사의 공유로 한다.
③ 전2항의 경우에 각 회사의 협의로 그 부담부분 또는 지분을 정하지 못한 때에는 법원은 그 청구에 의하여 합병당시의 각 회사의 재산상태 기타의 사정을 참작하여 이를 정한다.

제240조(준용규정) 제186조 내지 제191조의 규정은 합병무효의 소에 준용한다.

제241조(사원에 의한 해산청구) ① 부득이한 사유가 있는 때에는 각 사원은 회사의 해산을 법원에 청구할 수 있다.
② 제186조와 제191조의 규정은 전항의 경우에 준용한다.

제242조(조직변경) ① 합명회사는 총사원의 동의로 일부사원을 유한책임사원으로 하거나 유한책임사원을 새로 가입시켜서 합자회사로 변경할 수 있다.
② 전항의 규정은 제229조제2항의 규정에 의하여 회사를 계속하는 경우에 준용한다.

제243조(조직변경의 등기) 합명회사를 합자회사로 변경한 때에는 본점소재지에서는 2주간내, 지점소재지에서는 3주간내에 합명회사에 있어서는 해산등기, 합자회사에 있어서는 설립등기를 하여야 한다.

제244조(조직변경에 의하여 유한책임사원이 된 자의 책임) 합명회사사원으로서 제242조제1항의 규정에 의하여 유한책임사원이 된 자는 전조의 규정에 의한 본점등기를 하기 전에 생긴 회사채무에 대하여는 등기 후 2년내에는 무한책임사원의 책임을 면하지 못한다.

제6절 청산

제245조(청산 중의 회사) 회사는 해산된 후에도 청산의 목적범위내에서 존속하는 것으로 본다.

제246조(수인의 지분상속인이 있는 경우) 회사의 해산후 사원이 사망한 경우에 그 상속인이 수인인 때에는 청산에 관한 사원의 권리를 행사할 자 1인을 정하여야

한다. 이를 정하지 아니한 때에는 회사의 통지 또는 최고는 그 중의 1인에 대하여 하면 전원에 대하여 그 효력이 있다.

제247조(임의청산) ① 해산된 회사의 재산처분방법은 정관 또는 총사원의 동의로 이를 정할 수 있다. 이 경우에는 해산사유가 있는 날로부터 2주간내에 재산목록과 대차대조표를 작성하여야 한다.

② 전항의 규정은 회사가 제227조제3호 또는 제6호의 사유로 인하여 해산한 경우에는 이를 적용하지 아니한다.

③ 제232조의 규정은 제1항의 경우에 준용한다.

④ 제1항의 경우에 사원의 지분을 압류한 자가 있는 때에는 그 동의를 얻어야 한다.

⑤ 제1항의 회사는 그 재산의 처분을 완료한 날부터 본점소재지에서는 2주간내에, 지점소재지에서는 3주간내에 청산종결의 등기를 하여야 한다. 〈신설 1995. 12. 29.〉

제248조(임의청산과 채권자보호) ① 회사가 전조제3항의 규정에 위반하여 그 재산을 처분함으로써 회사채권자를 해한 때에는 회사채권자는 그 처분의 취소를 법원에 청구할 수 있다.

② 제186조와 민법제406조제1항 단서, 제2항 및 제407조의 규정은 전항의 취소의 청구에 준용한다.

제249조(지분압류채권자의 보호) 회사가 제247조제4항의 규정에 위반하여 그 재산을 처분한 때에는 사원의 지분을 압류한 자는 회사에 대하여 그 지분에 상당하는 금액의 지급을 청구할 수 있다. 이 경우에는 전조의 규정을 준용한다.

제250조(법정청산) 제247조제1항의 규정에 의하여 회사재산의 처분방법을 정하지 아니한 때에는 합병과 파산의 경우를 제외하고 제251조 내지 제265조의 규정에 따라서 청산을 하여야 한다.

제251조(청산인) ① 회사가 해산된 때에는 총사원 과반수의 결의로 청산인을 선임한다.

② 청산인의 선임이 없는 때에는 업무집행사원이 청산인이 된다.

제252조(법원선임에 의한 청산인) 회사가 제227조제3호 또는 제6호의 사유로 인하여 해산된 때에는 법원은 사원 기타의 이해관계인이나 검사의 청구에 의하여 또는 직권으로 청산인을 선임한다.

제253조(청산인의 등기) ① 청산인이 선임된 때에는 그 선임된 날로부터, 업무집행사원이 청산인이 된 때에는 해산된 날로부터 본점소재지에서는 2주간내, 지점소재지에서는 3주간내에 다음의 사항을 등기하여야 한다. 〈개정 1995. 12. 29.〉

1. 청산인의 성명·주민등록번호 및 주소. 다만, 회사를 대표할 청산인을 정한 때에는 그

외의 청산인의 주소를 제외한다.
2. 회사를 대표할 청산인을 정한 때에는 그 성명
3. 수인의 청산인이 공동으로 회사를 대표할 것을 정한 때에는 그 규정
② 제183조의 규정은 제1항의 등기에 준용한다.〈개정 1995. 12. 29.〉

제254조(청산인의 직무권한) ① 청산인의 직무는 다음과 같다.
1. 현존사무의 종결
2. 채권의 추심과 채무의 변제
3. 재산의 환가처분
4. 잔여재산의 분배
② 청산인이 수인인 때에는 청산의 직무에 관한 행위는 그 과반수의 결의로 정한다.
③ 회사를 대표할 청산인은 제1항의 직무에 관하여 재판상 또는 재판외의 모든 행위를 할 권한이 있다.
④ 민법 제93조의 규정은 합명회사에 준용한다.

제255조(청산인의 회사대표) ① 업무집행사원이 청산인으로 된 경우에는 종전의 정함에 따라 회사를 대표한다.
② 법원이 수인의 청산인을 선임하는 경우에는 회사를 대표할 자를 정하거나 수인이 공동하여 회사를 대표할 것을 정할 수 있다.

제256조(청산인의 의무) ① 청산인은 취임한 후 지체없이 회사의 재산상태를 조사하고 재산목록과 대차대조표를 작성하여 각 사원에게 교부하여야 한다.
② 청산인은 사원의 청구가 있는 때에는 언제든지 청산의 상황을 보고하여야 한다.

제257조(영업의 양도) 청산인이 회사의 영업의 전부 또는 일부를 양도함에는 총사원 과반수의 결의가 있어야 한다.

제258조(채무완제불능과 출자청구) ① 회사의 현존재산이 그 채무를 변제함에 부족한 때에는 청산인은 변제기에 불구하고 각 사원에 대하여 출자를 청구할 수 있다.
② 전항의 출자액은 각 사원의 출자의 비율로 이를 정한다.

제259조(채무의 변제) ① 청산인은 변제기에 이르지 아니한 회사채무에 대하여도 이를 변제할 수 있다.
② 전항의 경우에 이자없는 채권에 관하여는 변제기에 이르기까지의 법정이자를 가산하여 그 채권액에 달할 금액을 변제하여야 한다.
③ 전항의 규정은 이자있는 채권으로서 그 이율이 법정이율에 달하지 못하는 것에 이를 준용한다.
④ 제1항의 경우에는 조건부채권, 존속기간이 불확정한 채권 기타 가액이 불확정

한 채권에 대하여는 법원이 선임한 감정인의 평가에 의하여 변제하여야 한다.

제260조(잔여재산의 분배) 청산인은 회사의 채무를 완제한 후가 아니면 회사재산을 사원에게 분배하지 못한다. 그러나 다툼이 있는 채무에 대하여는 그 변제에 필요한 재산을 보류하고 잔여재산을 분배할 수 있다.

제261조(청산인의 해임) 사원이 선임한 청산인은 총사원 과반수의 결의로 해임할 수 있다.

제262조(동전) 청산인이 그 직무를 집행함에 현저하게 부적임하거나 중대한 임무에 위반한 행위가 있는 때에는 법원은 사원 기타의 이해관계인의 청구에 의하여 청산인을 해임할 수 있다.

제263조(청산인의 임무종료) ① 청산인은 그 임무가 종료한 때에는 지체없이 계산서를 작성하여 각 사원에게 교부하고 그 승인을 얻어야 한다.
② 전항의 계산서를 받은 사원이 1월내에 이의를 하지 아니한 때에는 그 계산을 승인한 것으로 본다. 그러나 청산인에게 부정행위가 있는 경우에는 그러하지 아니하다.

제264조(청산종결의 등기) 청산이 종결된 때에는 청산인은 전조의 규정에 의한 총사원의 승인이 있는 날로부터 본점소재지에서는 2주간내, 지점소재지에서는 3주간내에 청산종결의 등기를 하여야 한다.

제265조(준용규정) 제183조의2 · 제199조 · 제200조의2 · 제207조 · 제208조 · 제209조제2항 · 제210조 · 제382조제2항 · 제399조 및 제401조의 규정은 청산인에 준용한다.

[전문개정 2001. 12. 29.]

제266조(장부, 서류의 보존) ① 회사의 장부와 영업 및 청산에 관한 중요서류는 본점소재지에서 청산종결의 등기를 한 후 10년간 이를 보존하여야 한다. 다만, 전표 또는 이와 유사한 서류는 5년간 이를 보존하여야 한다. *⟨개정 1995. 12. 29.⟩*
② 제1항의 경우에는 총사원 과반수의 결의로 보존인과 보존방법을 정하여야 한다. *⟨개정 1995. 12. 29.⟩*

제267조(사원의 책임의 소멸시기) ① 제212조의 규정에 의한 사원의 책임은 본점소재지에서 해산등기를 한 후 5년을 경과하면 소멸한다.
② 전항의 기간경과후에도 분배하지 아니한 잔여재산이 있는 때에는 회사채권자는 이에 대하여 변제를 청구할 수 있다.

제3장 합자회사

제268조(회사의 조직) 합자회사는 무한책임사원과 유한책임사원으로 조직한다.

제269조(준용규정) 합자회사에는 본장에 다른 규정이 없는 사항은 합명회사에 관한 규정을 준용한다.

제270조(정관의 절대적 기재사항) 합자회사의 정관에는 제179조에 게기한 사항외에 각 사원의 무한책임 또는 유한책임인 것을 기재하여야 한다.

제271조(등기사항) ① 합자회사의 설립등기를 할 때에는 제180조 각 호의 사항외에 각 사원의 무한책임 또는 유한책임인 것을 등기하여야 한다.
② 합자회사가 지점을 설치하거나 이전할 때에는 지점소재지 또는 신지점소재지에서 제180조제1호 본문(다른 지점의 소재지는 제외한다) 및 제3호부터 제5호까지의 사항을 등기하여야 한다. 다만, 무한책임사원만을 등기하되, 회사를 대표할 사원을 정한 경우에는 다른 사원은 등기하지 아니한다.
[전문개정 2011. 4. 14.]

제272조(유한책임사원의 출자) 유한책임사원은 신용 또는 노무를 출자의 목적으로 하지 못한다.

제273조(업무집행의 권리의무) 무한책임사원은 정관에 다른 규정이 없는 때에는 각자가 회사의 업무를 집행할 권리와 의무가 있다.

제274조(지배인의 선임, 해임) 지배인의 선임과 해임은 업무집행사원이 있는 경우에도 무한책임사원 과반수의 결의에 의하여야 한다.

제275조(유한책임사원의 경업의 자유) 유한책임사원은 다른 사원의 동의없이 자기 또는 제삼자의 계산으로 회사의 영업부류에 속하는 거래를 할 수 있고 동종영업을 목적으로 하는 다른 회사의 무한책임사원 또는 이사가 될 수 있다.

제276조(유한책임사원의 지분양도) 유한책임사원은 무한책임사원 전원의 동의가 있으면 그 지분의 전부 또는 일부를 타인에게 양도할 수 있다. 지분의 양도에 따라 정관을 변경하여야 할 경우에도 같다.

제277조(유한책임사원의 감시권) ① 유한책임사원은 영업년도말에 있어서 영업시간 내에 한하여 회사의 회계장부·대차대조표 기타의 서류를 열람할 수 있고 회사의 업무와 재산상태를 검사할 수 있다. *〈개정 1984. 4. 10.〉*
② 중요한 사유가 있는 때에는 유한책임사원은 언제든지 법원의 허가를 얻어 제1항의 열람과 검사를 할 수 있다. *〈개정 1984. 4. 10.〉*

제278조(유한책임사원의 업무집행, 회사대표의 금지) 유한책임사원은 회사의 업무집행이나 대표행위를 하지 못한다.

제279조(유한책임사원의 책임) ① 유한책임사원은 그 출자가액에서 이미 이행한 부분을 공제한 가액을 한도로 하여 회사채무를 변제할 책임이 있다.

② 회사에 이익이 없음에도 불구하고 배당을 받은 금액은 변제책임을 정함에 있어서 이를 가산한다.

제280조(출자감소의 경우의 책임) 유한책임사원은 그 출자를 감소한 후에도 본점소재지에서 등기를 하기 전에 생긴 회사채무에 대하여는 등기후 2년내에는 전조의 책임을 면하지 못한다.

제281조(자칭 무한책임사원의 책임) ① 유한책임사원이 타인에게 자기를 무한책임사원이라고 오인시키는 행위를 한 때에는 오인으로 인하여 회사와 거래를 한 자에 대하여 무한책임사원과 동일한 책임이 있다.

② 전항의 규정은 유한책임사원이 그 책임의 한도를 오인시키는 행위를 한 경우에 준용한다.

제282조(책임을 변경한 사원의 책임) 제213조의 규정은 유한책임사원이 무한책임사원으로 된 경우에, 제225조의 규정은 무한책임사원이 유한책임사원으로 된 경우에 준용한다.

제283조(유한책임사원의 사망) ①유한책임사원이 사망한 때에는 그 상속인이 그 지분을 승계하여 사원이 된다.

② 전항의 경우에 상속인이 수인인 때에는 사원의 권리를 행사할 자 1인을 정하여야 한다. 이를 정하지 아니한 때에는 회사의 통지 또는 최고는 그 중의 1인에 대하여 하면 전원에 대하여 그 효력이 있다.

제284조(유한책임사원의 성년후견개시) 유한책임사원은 성년후견개시 심판을 받은 경우에도 퇴사되지 아니한다.

[전문개정 2018. 9. 18.]

제285조(해산, 계속) ① 합자회사는 무한책임사원 또는 유한책임사원의 전원이 퇴사한 때에는 해산된다.

② 전항의 경우에 잔존한 무한책임사원 또는 유한책임사원은 전원의 동의로 새로 유한책임사원 또는 무한책임사원을 가입시켜서 회사를 계속할 수 있다.

③ 제213조와 제229조제3항의 규정은 전항의 경우에 준용한다.

제286조(조직변경) ① 합자회사는 사원전원의 동의로 그 조직을 합명회사로 변경하여 계속할 수 있다.

② 유한책임사원전원이 퇴사한 경우에도 무한책임사원은 그 전원의 동의로 합명회

사로 변경하여 계속할 수 있다.

③ 전2항의 경우에는 본점소재지에서는 2주간내, 지점소재지에서는 3주간내에 합자회사에 있어서는 해산등기를, 합명회사에 있어서는 설립등기를 하여야 한다.

제287조(청산인) 합자회사의 청산인은 무한책임사원 과반수의 의결로 선임한다. 이를 선임하지 아니한 때에는 업무집행사원이 청산인이 된다.

제3장의2 유한책임회사

〈신설 2011. 4. 14.〉

제1절 설립

〈신설 2011. 4. 14.〉

제287조의2(정관의 작성) 유한책임회사를 설립할 때에는 사원은 정관을 작성하여야 한다.

[본조신설 2011. 4. 14.]

제287조의3(정관의 기재사항) 정관에는 다음 각 호의 사항을 적고 각 사원이 기명날인하거나 서명하여야 한다.

1. 제179조제1호부터 제3호까지, 제5호 및 제6호에서 정한 사항
2. 사원의 출자의 목적 및 가액
3. 자본금의 액
4. 업무집행자의 성명(법인인 경우에는 명칭) 및 주소

[본조신설 2011. 4. 14.]

제287조의4(설립 시의 출자의 이행) ① 사원은 신용이나 노무를 출자의 목적으로 하지 못한다.

② 사원은 정관의 작성 후 설립등기를 하는 때까지 금전이나 그 밖의 재산의 출자를 전부 이행하여야 한다.

③ 현물출자를 하는 사원은 납입기일에 지체 없이 유한책임회사에 출자의 목적인 재산을 인도하고, 등기, 등록, 그 밖의 권리의 설정 또는 이전이 필요한 경우에는 이에 관한 서류를 모두 갖추어 교부하여야 한다.

[본조신설 2011. 4. 14.]

제287조의5(설립의 등기 등) ① 유한책임회사는 본점의 소재지에서 다음 각 호의 사항을 등기함으로써 성립한다.

1. 제179조제1호·제2호 및 제5호에서 정한 사항과 지점을 둔 경우에는 그 소재지
2. 제180조제3호에서 정한 사항

3. 자본금의 액
4. 업무집행자의 성명, 주소 및 주민등록번호(법인인 경우에는 명칭, 주소 및 법인등록번호). 다만, 유한책임회사를 대표할 업무집행자를 정한 경우에는 그 외의 업무집행자의 주소는 제외한다.
5. 유한책임회사를 대표할 자를 정한 경우에는 그 성명 또는 명칭과 주소
6. 정관으로 공고방법을 정한 경우에는 그 공고방법
7. 둘 이상의 업무집행자가 공동으로 회사를 대표할 것을 정한 경우에는 그 규정
② 유한책임회사가 지점을 설치하는 경우에는 제181조를 준용한다.
③ 유한책임회사가 본점이나 지점을 이전하는 경우에는 제182조를 준용한다.
④ 제1항 각 호의 사항이 변경된 경우에는 본점소재지에서는 2주 내에 변경등기를 하고, 지점소재지에서는 3주 내에 변경등기를 하여야 한다.
⑤ 유한책임회사의 업무집행자의 업무집행을 정지하거나 직무대행자를 선임하는 가처분을 하거나 그 가처분을 변경 또는 취소하는 경우에는 본점 및 지점이 있는 곳의 등기소에서 등기하여야 한다.

[본조신설 2011. 4. 14.]

제287조의6(준용규정) 유한책임회사의 설립의 무효와 취소에 관하여는 제184조부터 제194조까지의 규정을 준용한다. 이 경우 제184조 중 "사원"은 "사원 및 업무집행자"로 본다.

[본조신설 2011. 4. 14.]

제2절 유한책임회사의 내부관계

〈신설 2011. 4. 14.〉

제287조의7(사원의 책임) 사원의 책임은 이 법에 다른 규정이 있는 경우 외에는 그 출자금액을 한도로 한다.

[본조신설 2011. 4. 14.]

제287조의8(지분의 양도) ① 사원은 다른 사원의 동의를 받지 아니하면 그 지분의 전부 또는 일부를 타인에게 양도하지 못한다.
② 제1항에도 불구하고 업무를 집행하지 아니한 사원은 업무를 집행하는 사원 전원의 동의가 있으면 지분의 전부 또는 일부를 타인에게 양도할 수 있다. 다만, 업무를 집행하는 사원이 없는 경우에는 사원 전원의 동의를 받아야 한다.
③ 제1항과 제2항에도 불구하고 정관으로 그에 관한 사항을 달리 정할 수 있다.

[본조신설 2011. 4. 14.]

제287조의9(유한책임회사에 의한 지분양수의 금지) ① 유한책임회사는 그 지분의 전부 또는 일부를 양수할 수 없다.

② 유한책임회사가 지분을 취득하는 경우에 그 지분은 취득한 때에 소멸한다.

[본조신설 2011. 4. 14.]

제287조의10(업무집행자의 경업 금지) ① 업무집행자는 사원 전원의 동의를 받지 아니하고는 자기 또는 제3자의 계산으로 회사의 영업부류(營業部類)에 속한 거래를 하지 못하며, 같은 종류의 영업을 목적으로 하는 다른 회사의 업무집행자·이사 또는 집행임원이 되지 못한다.
② 업무집행자가 제1항을 위반하여 거래를 한 경우에는 제198조제2항부터 제4항까지의 규정을 준용한다.

[본조신설 2011. 4. 14.]

제287조의11(업무집행자와 유한책임회사 간의 거래) 업무집행자는 다른 사원 과반수의 결의가 있는 경우에만 자기 또는 제3자의 계산으로 회사와 거래를 할 수 있다. 이 경우에는 「민법」 제124조를 적용하지 아니한다.

[본조신설 2011. 4. 14.]

제287조의12(업무의 집행) ① 유한책임회사는 정관으로 사원 또는 사원이 아닌 자를 업무집행자로 정하여야 한다.
② 1명 또는 둘 이상의 업무집행자를 정한 경우에는 업무집행자 각자가 회사의 업무를 집행할 권리와 의무가 있다. 이 경우에는 제201조제2항을 준용한다.
③ 정관으로 둘 이상을 공동업무집행자로 정한 경우에는 그 전원의 동의가 없으면 업무집행에 관한 행위를 하지 못한다.

[본조신설 2011. 4. 14.]

제287조의13(직무대행자의 권한 등) 제287조의5제5항에 따라 선임된 직무대행자의 권한에 대하여는 제200조의2를 준용한다.

[본조신설 2011. 4. 14.]

제287조의14(사원의 감시권) 업무집행자가 아닌 사원의 감시권에 대하여는 제277조를 준용한다.

[본조신설 2011. 4. 14.]

제287조의15(법인이 업무집행자인 경우의 특칙) ① 법인이 업무집행자인 경우에는 그 법인은 해당 업무집행자의 직무를 행할 자를 선임하고, 그 자의 성명과 주소를 다른 사원에게 통지하여야 한다.
② 제1항에 따라 선임된 직무수행자에 대하여는 제287조의11과 제287조의12를 준용한다.

[본조신설 2011. 4. 14.]

제287조의16(정관의 변경) 정관에 다른 규정이 없는 경우 정관을 변경하려면 총사원의 동의가 있어야 한다.

[본조신설 2011. 4. 14.]

제287조의17(업무집행자 등의 권한상실 선고) ① 업무집행자의 업무집행권한의 상실에 관하여는 제205조를 준용한다.

② 제1항의 소(訴)는 본점소재지의 지방법원의 관할에 전속한다.

[본조신설 2011. 4. 14.]

제287조의18(준용규정) 유한책임회사의 내부관계에 관하여는 정관이나 이 법에 다른 규정이 없으면 합명회사에 관한 규정을 준용한다.

[본조신설 2011. 4. 14.]

제3절 유한책임회사의 외부관계

〈신설 2011. 4. 14.〉

제287조의19(유한책임회사의 대표) ① 업무집행자는 유한책임회사를 대표한다.

② 업무집행자가 둘 이상인 경우 정관 또는 총사원의 동의로 유한책임회사를 대표할 업무집행자를 정할 수 있다.

③ 유한책임회사는 정관 또는 총사원의 동의로 둘 이상의 업무집행자가 공동으로 회사를 대표할 것을 정할 수 있다.

④ 제3항의 경우에 제3자의 유한책임회사에 대한 의사표시는 공동대표의 권한이 있는 자 1인에 대하여 함으로써 그 효력이 생긴다.

⑤ 유한책임회사를 대표하는 업무집행자에 대하여는 제209조를 준용한다.

[본조신설 2011. 4. 14.]

제287조의20(손해배상책임) 유한책임회사를 대표하는 업무집행자가 그 업무집행으로 타인에게 손해를 입힌 경우에는 회사는 그 업무집행자와 연대하여 배상할 책임이 있다.

[본조신설 2011. 4. 14.]

제287조의21(유한책임회사와 사원 간의 소) 유한책임회사가 사원(사원이 아닌 업무집행자를 포함한다. 이하 이 조에서 같다)에 대하여 또는 사원이 유한책임회사에 대하여 소를 제기하는 경우에 유한책임회사를 대표할 사원이 없을 때에는 다른 사원 과반수의 결의로 대표할 사원을 선정하여야 한다.

[본조신설 2011. 4. 14.]

제287조의22(대표소송) ① 사원은 회사에 대하여 업무집행자의 책임을 추궁하는 소의 제기를 청구할 수 있다.

② 제1항의 소에 관하여는 제403조제2항부터 제4항까지, 제6항, 제7항 및 제404 조부터 제406조까지의 규정을 준용한다.

[본조신설 2011. 4. 14.]

제4절 사원의 가입 및 탈퇴

⟨신설 2011. 4. 14.⟩

제287조의23(사원의 가입) ① 유한책임회사는 정관을 변경함으로써 새로운 사원을 가입시킬 수 있다.

② 제1항에 따른 사원의 가입은 정관을 변경한 때에 효력이 발생한다. 다만, 정관 을 변경한 때에 해당 사원이 출자에 관한 납입 또는 재산의 전부 또는 일부의 출자를 이행하지 아니한 경우에는 그 납입 또는 이행을 마친 때에 사원이 된다.

③ 사원 가입 시 현물출자를 하는 사원에 대하여는 제287조의4제3항을 준용한다.

[본조신설 2011. 4. 14.]

제287조의24(사원의 퇴사권) 사원의 퇴사에 관하여는 정관으로 달리 정하지 아니 하는 경우에는 제217조제1항을 준용한다.

[본조신설 2011. 4. 14.]

제287조의25(퇴사 원인) 사원의 퇴사 원인에 관하여는 제218조를 준용한다.

[본조신설 2011. 4. 14.]

제287조의26(사원사망 시 권리승계의 통지) 사원이 사망한 경우에는 제219조를 준 용한다.

[본조신설 2011. 4. 14.]

제287조의27(제명의 선고) 사원의 제명에 관하여는 제220조를 준용한다. 다만, 사 원의 제명에 필요한 결의는 정관으로 달리 정할 수 있다.

[본조신설 2011. 4. 14.]

제287조의28(퇴사 사원 지분의 환급) ① 퇴사 사원은 그 지분의 환급을 금전으로 받을 수 있다.

② 퇴사 사원에 대한 환급금액은 퇴사 시의 회사의 재산 상황에 따라 정한다.

③ 퇴사 사원의 지분 환급에 대하여는 정관으로 달리 정할 수 있다.

[본조신설 2011. 4. 14.]

제287조의29(지분압류채권자에 의한 퇴사) 사원의 지분을 압류한 채권자가 그 사원 을 퇴사시키는 경우에는 제224조를 준용한다.

[본조신설 2011. 4. 14.]

제287조의30(퇴사 사원의 지분 환급과 채권자의 이의) ① 유한책임회사의 채권자는 퇴사하는 사원에게 환급하는 금액이 제287조의37에 따른 잉여금을 초과한 경우에는 그 환급에 대하여 회사에 이의를 제기할 수 있다.

② 제1항의 이의제기에 관하여는 제232조를 준용한다. 다만, 제232조제3항은 지분을 환급하더라도 채권자에게 손해를 끼칠 우려가 없는 경우에는 준용하지 아니한다.

[본조신설 2011. 4. 14.]

제287조의31(퇴사 사원의 상호변경 청구권) 퇴사한 사원의 성명이 유한책임회사의 상호 중에 사용된 경우에는 그 사원은 유한책임회사에 대하여 그 사용의 폐지를 청구할 수 있다.

[본조신설 2011. 4. 14.]

제5절 회계 등

⟨신설 2011. 4. 14.⟩

제287조의32(회계 원칙) 유한책임회사의 회계는 이 법과 대통령령으로 규정한 것 외에는 일반적으로 공정하고 타당한 회계관행에 따른다.

[본조신설 2011. 4. 14.]

제287조의33(재무제표의 작성 및 보존) 업무집행자는 결산기마다 대차대조표, 손익계산서, 그 밖에 유한책임회사의 재무상태와 경영성과를 표시하는 것으로서 대통령령으로 정하는 서류를 작성하여야 한다.

[본조신설 2011. 4. 14.]

제287조의34(재무제표의 비치·공시) ① 업무집행자는 제287조의33에 규정된 서류를 본점에 5년간 갖추어 두어야 하고, 그 등본을 지점에 3년간 갖추어 두어야 한다.

② 사원과 유한책임회사의 채권자는 회사의 영업시간 내에는 언제든지 제287조의33에 따라 작성된 재무제표(財務諸表)의 열람과 등사를 청구할 수 있다.

[본조신설 2011. 4. 14.]

제287조의35(자본금의 액) 사원이 출자한 금전이나 그 밖의 재산의 가액을 유한책임회사의 자본금으로 한다.

[본조신설 2011. 4. 14.]

제287조의36(자본금의 감소) ① 유한책임회사는 정관 변경의 방법으로 자본금을 감소할 수 있다.

② 제1항의 경우에는 제232조를 준용한다. 다만, 감소 후의 자본금의 액이 순자

산액 이상인 경우에는 그러하지 아니하다.
[본조신설 2011. 4. 14.]

제287조의37(잉여금의 분배) ① 유한책임회사는 대차대조표상의 순자산액으로부터 자본금의 액을 뺀 액(이하 이 조에서 "잉여금"이라 한다)을 한도로 하여 잉여금을 분배할 수 있다.

② 제1항을 위반하여 잉여금을 분배한 경우에는 유한책임회사의 채권자는 그 잉여금을 분배받은 자에 대하여 회사에 반환할 것을 청구할 수 있다.

③ 제2항의 청구에 관한 소는 본점소재지의 지방법원의 관할에 전속한다.

④ 잉여금은 정관에 다른 규정이 없으면 각 사원이 출자한 가액에 비례하여 분배한다.

⑤ 잉여금의 분배를 청구하는 방법이나 그 밖에 잉여금의 분배에 관한 사항은 정관으로 정할 수 있다.

⑥ 사원의 지분의 압류는 잉여금의 배당을 청구하는 권리에 대하여도 그 효력이 있다.

[본조신설 2011. 4. 14.]

제6절 해산

〈신설 2011. 4. 14.〉

제287조의38(해산 원인) 유한책임회사는 다음 각 호의 어느 하나에 해당하는 사유로 해산한다.

  1. 제227조제1호·제2호 및 제4호부터 제6호까지에서 규정한 사항에 해당하는 경우
  2. 사원이 없게 된 경우

[본조신설 2011. 4. 14.]

제287조의39(해산등기) 유한책임회사가 해산된 경우에는 합병과 파산의 경우 외에는 그 해산사유가 있었던 날부터 본점소재지에서는 2주 내에 해산등기를 하고, 지점소재지에서는 3주 내에 해산등기를 하여야 한다.

[본조신설 2011. 4. 14.]

제287조의40(유한책임회사의 계속) 제287조의38의 해산 원인 중 제227조제1호 및 제2호의 경우에는 제229조제1항 및 제3항을 준용한다.

[본조신설 2011. 4. 14.]

제287조의41(유한책임회사의 합병) 유한책임회사의 합병에 관하여는 제230조, 제232조부터 제240조까지의 규정을 준용한다.

[본조신설 2011. 4. 14.]

제287조의42(해산청구) 유한책임회사의 사원이 해산을 청구하는 경우에는 제241조를 준용한다.

[본조신설 2011. 4. 14.]

제7절 조직변경

〈신설 2011. 4. 14.〉

제287조의43(조직의 변경) ① 주식회사는 총회에서 총주주의 동의로 결의한 경우에는 그 조직을 변경하여 이 장에 따른 유한책임회사로 할 수 있다.
② 유한책임회사는 총사원의 동의에 의하여 주식회사로 변경할 수 있다.

[본조신설 2011. 4. 14.]

제287조의44(준용규정) 유한책임회사의 조직의 변경에 관하여는 제232조 및 제604조부터 제607조까지의 규정을 준용한다.

[본조신설 2011. 4. 14.]

제8절 청산

〈신설 2011. 4. 14.〉

제287조의45(청산) 유한책임회사의 청산(淸算)에 관하여는 제245조, 제246조, 제251조부터 제257조까지 및 제259조부터 제267조까지의 규정을 준용한다.

[본조신설 2011. 4. 14.]

제4장 주식회사

제1절 설립

제288조(발기인) 주식회사를 설립함에는 발기인이 정관을 작성하여야 한다.

[전문개정 2001. 7. 24.]

제289조(정관의 작성, 절대적 기재사항) ① 발기인은 정관을 작성하여 다음의 사항을 적고 각 발기인이 기명날인 또는 서명하여야 한다. 〈개정 1984. 4. 10., 1995. 12. 29., 2001. 7. 24., 2011. 4. 14.〉
　1. 목적
　2. 상호
　3. 회사가 발행할 주식의 총수
　4. 액면주식을 발행하는 경우 1주의 금액
　5. 회사의 설립 시에 발행하는 주식의 총수
　6. 본점의 소재지

7. 회사가 공고를 하는 방법

8. 발기인의 성명·주민등록번호 및 주소

9. 삭제〈1984. 4. 10.〉

② 삭제〈2011. 4. 14.〉

③ 회사의 공고는 관보 또는 시사에 관한 사항을 게재하는 일간신문에 하여야 한다. 다만, 회사는 그 공고를 정관으로 정하는 바에 따라 전자적 방법으로 할 수 있다.〈개정 2009. 5. 28.〉

④ 회사는 제3항에 따라 전자적 방법으로 공고할 경우 대통령령으로 정하는 기간까지 계속 공고하고, 재무제표를 전자적 방법으로 공고할 경우에는 제450조에서 정한 기간까지 계속 공고하여야 한다. 다만, 공고기간 이후에도 누구나 그 내용을 열람할 수 있도록 하여야 한다.〈신설 2009. 5. 28.〉

⑤ 회사가 전자적 방법으로 공고를 할 경우에는 게시 기간과 게시 내용에 대하여 증명하여야 한다.〈신설 2009. 5. 28.〉

⑥ 회사의 전자적 방법으로 하는 공고에 관하여 필요한 사항은 대통령령으로 정한다.〈신설 2009. 5. 28.〉

제290조(변태설립사항) 다음의 사항은 정관에 기재함으로써 그 효력이 있다.

1. 발기인이 받을 특별이익과 이를 받을 자의 성명

2. 현물출자를 하는 자의 성명과 그 목적인 재산의 종류, 수량, 가격과 이에 대하여 부여할 주식의 종류와 수

3. 회사성립후에 양수할 것을 약정한 재산의 종류, 수량, 가격과 그 양도인의 성명

4. 회사가 부담할 설립비용과 발기인이 받을 보수액

제291조(설립 당시의 주식발행사항의 결정) 회사설립 시에 발행하는 주식에 관하여 다음의 사항은 정관으로 달리 정하지 아니하면 발기인 전원의 동의로 이를 정한다.

1. 주식의 종류와 수

2. 액면주식의 경우에 액면 이상의 주식을 발행할 때에는 그 수와 금액

3. 무액면주식을 발행하는 경우에는 주식의 발행가액과 주식의 발행가액 중 자본금으로 계상하는 금액

[전문개정 2011. 4. 14.]

제292조(정관의 효력발생) 정관은 공증인의 인증을 받음으로써 효력이 생긴다. 다만, 자본금 총액이 10억원 미만인 회사를 제295조제1항에 따라 발기설립(發起設立)하는 경우에는 제289조제1항에 따라 각 발기인이 정관에 기명날인 또는 서명함으로써 효력이 생긴다.

[전문개정 2009. 5. 28.]

제293조(발기인의 주식인수) 각 발기인은 서면에 의하여 주식을 인수하여야 한다.

제294조 삭제 〈1995. 12. 29.〉

제295조(발기설립의 경우의 납입과 현물출자의 이행) ①발기인이 회사의 설립 시에 발행하는 주식의 총수를 인수한 때에는 지체없이 각 주식에 대하여 그 인수가액의 전액을 납입하여야 한다. 이 경우 발기인은 납입을 맡을 은행 기타 금융기관과 납입장소를 지정하여야 한다. 〈개정 1995. 12. 29.〉

② 현물출자를 하는 발기인은 납입기일에 지체없이 출자의 목적인 재산을 인도하고 등기, 등록 기타 권리의 설정 또는 이전을 요할 경우에는 이에 관한 서류를 완비하여 교부하여야 한다.

제296조(발기설립의 경우의 임원선임) ① 전조의 규정에 의한 납입과 현물출자의 이행이 완료된 때에는 발기인은 지체없이 의결권의 과반수로 이사와 감사를 선임하여야 한다.

② 발기인의 의결권은 그 인수주식의 1주에 대하여 1개로 한다.

제297조(발기인의 의사록작성) 발기인은 의사록을 작성하여 의사의 경과와 그 결과를 기재하고 기명날인 또는 서명하여야 한다. 〈개정 1995. 12. 29.〉

제298조(이사 · 감사의 조사 · 보고와 검사인의 선임청구) ①이사와 감사는 취임후 지체없이 회사의 설립에 관한 모든 사항이 법령 또는 정관의 규정에 위반되지 아니하는지의 여부를 조사하여 발기인에게 보고하여야 한다.

② 이사와 감사중 발기인이었던 자 · 현물출자자 또는 회사성립후 양수할 재산의 계약당사자인 자는 제1항의 조사 · 보고에 참가하지 못한다.

③ 이사와 감사의 전원이 제2항에 해당하는 때에는 이사는 공증인으로 하여금 제1항의 조사 · 보고를 하게 하여야 한다.

④ 정관으로 제290조 각호의 사항을 정한 때에는 이사는 이에 관한 조사를 하게 하기 위하여 검사인의 선임을 법원에 청구하여야 한다. 다만, 제299조의2의 경우에는 그러하지 아니하다.

[전문개정 1995. 12. 29.]

제299조(검사인의 조사, 보고) ① 검사인은 제290조 각 호의 사항과 제295조에 따른 현물출자의 이행을 조사하여 법원에 보고하여야 한다.

② 제1항은 다음 각 호의 어느 하나에 해당할 경우에는 적용하지 아니한다.
   1. 제290조제2호 및 제3호의 재산총액이 자본금의 5분의 1을 초과하지 아니하고 대통령령으로 정한 금액을 초과하지 아니하는 경우
   2. 제290조제2호 또는 제3호의 재산이 거래소에서 시세가 있는 유가증권인 경우로서 정관에 적힌 가격이 대통령령으로 정한 방법으로 산정된 시세를 초과하지 아니하는 경우

3. 그 밖에 제1호 및 제2호에 준하는 경우로서 대통령령으로 정하는 경우

③ 검사인은 제1항의 조사보고서를 작성한 후 지체 없이 그 등본을 각 발기인에게 교부하여야 한다.

④ 검사인의 조사보고서에 사실과 다른 사항이 있는 경우에는 발기인은 이에 대한 설명서를 법원에 제출할 수 있다.

[전문개정 2011. 4. 14.]

제299조의2(현물출자 등의 증명) 제290조제1호 및 제4호에 기재한 사항에 관하여는 공증인의 조사·보고로, 제290조제2호 및 제3호의 규정에 의한 사항과 제295조의 규정에 의한 현물출자의 이행에 관하여는 공인된 감정인의 감정으로 제299조제1항의 규정에 의한 검사인의 조사에 갈음할 수 있다. 이 경우 공증인 또는 감정인은 조사 또는 감정결과를 법원에 보고하여야 한다. *〈개정 1998. 12. 28.〉*

[본조신설 1995. 12. 29.]

제300조(법원의 변경처분) ① 법원은 검사인 또는 공증인의 조사보고서 또는 감정인의 감정결과와 발기인의 설명서를 심사하여 제290조의 규정에 의한 사항을 부당하다고 인정한 때에는 이를 변경하여 각 발기인에게 통고할 수 있다. *〈개정 1998. 12. 28.〉*

② 제1항의 변경에 불복하는 발기인은 그 주식의 인수를 취소할 수 있다. 이 경우에는 정관을 변경하여 설립에 관한 절차를 속행할 수 있다. *〈개정 1998. 12. 28.〉*

③ 법원의 통고가 있은 후 2주내에 주식의 인수를 취소한 발기인이 없는 때에는 정관은 통고에 따라서 변경된 것으로 본다. *〈개정 1998. 12. 28.〉*

제301조(모집설립의 경우의 주주모집) 발기인이 회사의 설립시에 발행하는 주식의 총수를 인수하지 아니하는 때에는 주주를 모집하여야 한다.

제302조(주식인수의 청약, 주식청약서의 기재사항) ① 주식인수의 청약을 하고자 하는 자는 주식청약서 2통에 인수할 주식의 종류 및 수와 주소를 기재하고 기명날인 또는 서명하여야 한다. *〈개정 1995. 12. 29.〉*

② 주식청약서는 발기인이 작성하고 다음의 사항을 적어야 한다. *〈개정 1962. 12. 12., 1984. 4. 10., 1995. 12. 29., 2011. 4. 14.〉*

1. 정관의 인증년월일과 공증인의 성명
2. 제289조제1항과 제290조에 게기한 사항
3. 회사의 존립기간 또는 해산사유를 정한 때에는 그 규정
4. 각 발기인이 인수한 주식의 종류와 수
5. 제291조에 게기한 사항
5의2. 주식의 양도에 관하여 이사회의 승인을 얻도록 정한 때에는 그 규정

6. 삭제〈2011. 4. 14.〉
7. 주주에게 배당할 이익으로 주식을 소각할 것을 정한 때에는 그 규정
8. 일정한 시기까지 창립총회를 종결하지 아니한 때에는 주식의 인수를 취소할 수 있다는 뜻
9. 납입을 맡을 은행 기타 금융기관과 납입장소
10. 명의개서대리인을 둔 때에는 그 성명·주소 및 영업소
③ 민법 제107조제1항 단서의 규정은 주식인수의 청약에는 적용하지 아니한다.〈개정 1962. 12. 12.〉

제303조(주식인수인의 의무) 주식인수를 청약한 자는 발기인이 배정한 주식의 수에 따라서 인수가액을 납입할 의무를 부담한다.

제304조(주식인수인 등에 대한 통지, 최고) ① 주식인수인 또는 주식청약인에 대한 통지나 최고는 주식인수증 또는 주식청약서에 기재한 주소 또는 그 자로부터 회사에 통지한 주소로 하면 된다.
② 전항의 통지 또는 최고는 보통 그 도달할 시기에 도달한 것으로 본다.

제305조(주식에 대한 납입) ① 회사설립시에 발행하는 주식의 총수가 인수된 때에는 발기인은 지체없이 주식인수인에 대하여 각 주식에 대한 인수가액의 전액을 납입시켜야 한다.
② 전항의 납입은 주식청약서에 기재한 납입장소에서 하여야 한다.
③ 제295조제2항의 규정은 제1항의 경우에 준용한다.

제306조(납입금의 보관자 등의 변경) 납입금의 보관자 또는 납입장소를 변경할 때에는 법원의 허가를 얻어야 한다.

제307조(주식인수인의 실권절차) ① 주식인수인이 제305조의 규정에 의한 납입을 하지 아니한 때에는 발기인은 일정한 기일을 정하여 그 기일내에 납입을 하지 아니하면 그 권리를 잃는다는 뜻을 기일의 2주간전에 그 주식인수인에게 통지하여야 한다.
② 전항의 통지를 받은 주식인수인이 그 기일내에 납입의 이행을 하지 아니한 때에는 그 권리를 잃는다. 이 경우에는 발기인은 다시 그 주식에 대한 주주를 모집할 수 있다.
③ 전2항의 규정은 그 주식인수인에 대한 손해배상의 청구에 영향을 미치지 아니한다.

제308조(창립총회) ① 제305조의 규정에 의한 납입과 현물출자의 이행을 완료한 때에는 발기인은 지체없이 창립총회를 소집하여야 한다.
② 제363조제1항·제2항, 제364조, 제368조제2항·제3항, 제368조의2, 제369조

제1항, 제371조제2항, 제372조, 제373조, 제376조 내지 제381조와 제435조의 규정은 창립총회에 준용한다. 〈개정 1984. 4. 10., 2014. 5. 20.〉

제309조(창립총회의 결의) 창립총회의 결의는 출석한 주식인수인의 의결권의 3분의 2 이상이며 인수된 주식의 총수의 과반수에 해당하는 다수로 하여야 한다.

제310조(변태설립의 경우의 조사) ①정관으로 제290조에 게기한 사항을 정한 때에는 발기인은 이에 관한 조사를 하게 하기 위하여 검사인의 선임을 법원에 청구하여야 한다.
② 전항의 검사인의 보고서는 이를 창립총회에 제출하여야 한다.
③ 제298조제4항 단서 및 제299조의2의 규정은 제1항의 조사에 관하여 이를 준용한다. 〈신설 1995. 12. 29.〉

제311조(발기인의 보고) ① 발기인은 회사의 창립에 관한 사항을 서면에 의하여 창립총회에 보고하여야 한다.
② 전항의 보고서에는 다음의 사항을 명확히 기재하여야 한다.
  1. 주식인수와 납입에 관한 제반상황
  2. 제290조에 게기한 사항에 관한 실태

제312조(임원의 선임) 창립총회에서는 이사와 감사를 선임하여야 한다.

제313조(이사, 감사의 조사, 보고) ①이사와 감사는 취임후 지체없이 회사의 설립에 관한 모든 사항이 법령 또는 정관의 규정에 위반되지 아니하는지의 여부를 조사하여 창립총회에 보고하여야 한다. 〈개정 1962. 12. 12., 1995. 12. 29.〉
② 제298조제2항 및 제3항의 규정은 제1항의 조사와 보고에 관하여 이를 준용한다. 〈개정 1995. 12. 29.〉
③ 삭제 〈1995. 12. 29.〉

제314조(변태설립사항의 변경) ①창립총회에서는 제290조에 게기한 사항이 부당하다고 인정한 때에는 이를 변경할 수 있다.
② 제300조제2항과 제3항의 규정은 전항의 경우에 준용한다.

제315조(발기인에 대한 손해배상청구) 전조의 규정은 발기인에 대한 손해배상의 청구에 영향을 미치지 아니한다.

제316조(정관변경, 설립폐지의 결의) ①창립총회에서는 정관의 변경 또는 설립의 폐지를 결의할 수 있다.
② 전항의 결의는 소집통지서에 그 뜻의 기재가 없는 경우에도 이를 할 수 있다.

제317조(설립의 등기) ① 주식회사의 설립등기는 발기인이 회사설립시에 발행한

주식의 총수를 인수한 경우에는 제299조와 제300조의 규정에 의한 절차가 종료한 날로부터, 발기인이 주주를 모집한 경우에는 창립총회가 종결한 날 또는 제314조의 규정에 의한 절차가 종료한 날로부터 2주간내에 이를 하여야 한다.

② 제1항의 설립등기에 있어서는 다음의 사항을 등기하여야 한다.〈개정 1962. 12. 12., 1984. 4. 10., 1995. 12. 29., 1999. 12. 31., 2009. 1. 30., 2011. 4. 14.〉

1. 제289조제1항제1호 내지 제4호, 제6호와 제7호에 게기한 사항
2. 자본금의 액
3. 발행주식의 총수, 그 종류와 각종주식의 내용과 수
3의2. 주식의 양도에 관하여 이사회의 승인을 얻도록 정한 때에는 그 규정
3의3. 주식매수선택권을 부여하도록 정한 때에는 그 규정
3의4. 지점의 소재지
4. 회사의 존립기간 또는 해산사유를 정한 때에는 그 기간 또는 사유
5. 삭제〈2011. 4. 14.〉
6. 주주에게 배당할 이익으로 주식을 소각할 것을 정한 때에는 그 규정
7. 전환주식을 발행하는 경우에는 제347조에 게기한 사항
8. 사내이사, 사외이사, 그 밖에 상무에 종사하지 아니하는 이사, 감사 및 집행임원의 성명과 주민등록번호
9. 회사를 대표할 이사 또는 집행임원의 성명 · 주민등록번호 및 주소
10. 둘 이상의 대표이사 또는 대표집행임원이 공동으로 회사를 대표할 것을 정한 경우에는 그 규정
11. 명의개서대리인을 둔 때에는 그 상호 및 본점소재지
12. 감사위원회를 설치한 때에는 감사위원회 위원의 성명 및 주민등록번호

③ 주식회사의 지점 설치 및 이전 시 지점소재지 또는 신지점소재지에서 등기를 할 때에는 제289조제1항제1호 · 제2호 · 제6호 및 제7호와 이 조 제2항제4호 · 제9호 및 제10호에 따른 사항을 등기하여야 한다.〈개정 2011. 4. 14.〉

④ 제181조 내지 제183조의 규정은 주식회사의 등기에 준용한다.

제318조(납입금 보관자의 증명과 책임) ① 납입금을 보관한 은행이나 그 밖의 금융기관은 발기인 또는 이사의 청구를 받으면 그 보관금액에 관하여 증명서를 발급하여야 한다.

② 제1항의 은행이나 그 밖의 금융기관은 증명한 보관금액에 대하여는 납입이 부실하거나 그 금액의 반환에 제한이 있다는 것을 이유로 회사에 대항하지 못한다.

③ 자본금 총액이 10억원 미만인 회사를 제295조제1항에 따라 발기설립하는 경우에는 제1항의 증명서를 은행이나 그 밖의 금융기관의 잔고증명서로 대체할 수 있다.

[전문개정 2009. 5. 28.]

제319조(권리주의 양도) 주식의 인수로 인한 권리의 양도는 회사에 대하여 효력이 없다.

제320조(주식인수의 무효 주장, 취소의 제한) ① 회사성립후에는 주식을 인수한 자는 주식청약서의 요건의 흠결을 이유로 하여 그 인수의 무효를 주장하거나 사기, 강박 또는 착오를 이유로 하여 그 인수를 취소하지 못한다.

② 창립총회에 출석하여 그 권리를 행사한 자는 회사의 성립전에도 전항과 같다.

제321조(발기인의 인수, 납입담보책임) ① 회사설립시에 발행한 주식으로서 회사성립후에 아직 인수되지 아니한 주식이 있거나 주식인수의 청약이 취소된 때에는 발기인이 이를 공동으로 인수한 것으로 본다.

② 회사성립후 제295조제1항 또는 제305조제1항의 규정에 의한 납입을 완료하지 아니한 주식이 있는 때에는 발기인은 연대하여 그 납입을 하여야 한다.

③ 제315조의 규정은 전2항의 경우에 준용한다.

제322조(발기인의 손해배상책임) ① 발기인이 회사의 설립에 관하여 그 임무를 해태한 때에는 그 발기인은 회사에 대하여 연대하여 손해를 배상할 책임이 있다.

② 발기인이 악의 또는 중대한 과실로 인하여 그 임무를 해태한 때에는 그 발기인은 제삼자에 대하여도 연대하여 손해를 배상할 책임이 있다.

제323조(발기인, 임원의 연대책임) 이사 또는 감사가 제313조제1항의 규정에 의한 임무를 해태하여 회사 또는 제삼자에 대하여 손해를 배상할 책임을 지는 경우에 발기인도 책임을 질때에는 그 이사, 감사와 발기인은 연대하여 손해를 배상할 책임이 있다.

제324조(발기인의 책임면제, 주주의 대표소송) 제400조, 제403조부터 제406조까지 및 제406조의2는 발기인에 준용한다. 〈개정 2020. 12. 29.〉

제325조(검사인의 손해배상책임) 법원이 선임한 검사인이 악의 또는 중대한 과실로 인하여 그 임무를 해태한 때에는 회사 또는 제삼자에 대하여 손해를 배상할 책임이 있다.

제326조(회사불성립의 경우의 발기인의 책임) ①회사가 성립하지 못한 경우에는 발기인은 그 설립에 관한 행위에 대하여 연대하여 책임을 진다.

② 전항의 경우에 회사의 설립에 관하여 지급한 비용은 발기인이 부담한다.

제327조(유사발기인의 책임) 주식청약서 기타 주식모집에 관한 서면에 성명과 회사의 설립에 찬조하는 뜻을 기재할 것을 승낙한 자는 발기인과 동일한 책임이 있다.

제328조(설립무효의 소) ①회사설립의 무효는 주주·이사 또는 감사에 한하여 회사성립의 날로부터 2년내에 소만으로 이를 주장할 수 있다. 〈개정 1984. 4. 10.〉

② 제186조 내지 제193조의 규정은 제1항의 소에 준용한다. 〈개정 1984. 4. 10.〉

제2절 주식

제1관 주식과 주권

〈신설 2001. 7. 24.〉

제329조(자본금의 구성) ① 회사는 정관으로 정한 경우에는 주식의 전부를 무액면주식으로 발행할 수 있다. 다만, 무액면주식을 발행하는 경우에는 액면주식을 발행할 수 없다.

② 액면주식의 금액은 균일하여야 한다.

③ 액면주식 1주의 금액은 100원 이상으로 하여야 한다.

④ 회사는 정관으로 정하는 바에 따라 발행된 액면주식을 무액면주식으로 전환하거나 무액면주식을 액면주식으로 전환할 수 있다.

⑤ 제4항의 경우에는 제440조, 제441조 본문 및 제442조를 준용한다.

[전문개정 2011. 4. 14.]

제329조의2(주식의 분할) ① 회사는 제434조의 규정에 의한 주주총회의 결의로 주식을 분할할 수 있다.

② 제1항의 경우에 분할 후의 액면주식 1주의 금액은 제329조제3항에 따른 금액 미만으로 하지 못한다.〈개정 2011. 4. 14.〉

③ 제440조부터 제443조까지의 규정은 제1항의 규정에 의한 주식분할의 경우에 이를 준용한다.〈개정 2014. 5. 20.〉

[본조신설 1998. 12. 28.]

제330조(액면미달발행의 제한) 주식은 액면미달의 가액으로 발행하지 못한다. 그러나 제417조의 경우에는 그러하지 아니하다. 〈개정 1962. 12. 12.〉

제331조(주주의 책임) 주주의 책임은 그가 가진 주식의 인수가액을 한도로 한다.

제332조(가설인, 타인의 명의에 의한 인수인의 책임) ①가설인의 명의로 주식을 인수하거나 타인의 승락없이 그 명의로 주식을 인수한 자는 주식인수인으로서의 책임이 있다.

② 타인의 승락을 얻어 그 명의로 주식을 인수한 자는 그 타인과 연대하여 납입할 책임이 있다.

제333조(주식의 공유) ①수인이 공동으로 주식을 인수한 자는 연대하여 납입할 책임이 있다.

② 주식이 수인의 공유에 속하는 때에는 공유자는 주주의 권리를 행사할 자 1인을 정하여야 한다.

③ 주주의 권리를 행사할 자가 없는 때에는 공유자에 대한 통지나 최고는 그 1인에 대하여 하면 된다.

제334조 삭제 〈2011. 4. 14.〉

제335조(주식의 양도성) ① 주식은 타인에게 양도할 수 있다. 다만, 회사는 정관으로 정하는 바에 따라 그 발행하는 주식의 양도에 관하여 이사회의 승인을 받도록 할 수 있다. 〈개정 2011. 4. 14.〉

② 제1항 단서의 규정에 위반하여 이사회의 승인을 얻지 아니한 주식의 양도는 회사에 대하여 효력이 없다. 〈신설 1995. 12. 29.〉

③ 주권발행전에 한 주식의 양도는 회사에 대하여 효력이 없다. 그러나 회사성립후 또는 신주의 납입기일후 6월이 경과한 때에는 그러하지 아니하다. 〈개정 1984. 4. 10.〉

제335조의2(양도승인의 청구) ① 주식의 양도에 관하여 이사회의 승인을 얻어야 하는 경우에는 주식을 양도하고자 하는 주주는 회사에 대하여 양도의 상대방 및 양도하고자 하는 주식의 종류와 수를 기재한 서면으로 양도의 승인을 청구할 수 있다.

② 회사는 제1항의 청구가 있는 날부터 1월 이내에 주주에게 그 승인여부를 서면으로 통지하여야 한다.

③ 회사가 제2항의 기간내에 주주에게 거부의 통지를 하지 아니한 때에는 주식의 양도에 관하여 이사회의 승인이 있는 것으로 본다.

④ 제2항의 양도승인거부의 통지를 받은 주주는 통지를 받은 날부터 20일내에 회사에 대하여 양도의 상대방의 지정 또는 그 주식의 매수를 청구할 수 있다.

[본조신설 1995. 12. 29.]

제335조의3(양도상대방의 지정청구) ① 주주가 양도의 상대방을 지정하여 줄 것을 청구한 경우에는 이사회는 이를 지정하고, 그 청구가 있은 날부터 2주간내에 주주 및 지정된 상대방에게 서면으로 이를 통지하여야 한다.

② 제1항의 기간내에 주주에게 상대방지정의 통지를 하지 아니한 때에는 주식의 양도에 관하여 이사회의 승인이 있는 것으로 본다.

[본조신설 1995. 12. 29.]

제335조의4(지정된 자의 매도청구권) ①제335조의3제1항의 규정에 의하여 상대방으로 지정된 자는 지정통지를 받은 날부터 10일 이내에 지정청구를 한 주주에 대하여 서면으로 그 주식을 자기에게 매도할 것을 청구할 수 있다.

② 제335조의3제2항의 규정은 주식의 양도상대방으로 지정된 자가 제1항의 기간내에 매도의 청구를 하지 아니한 때에 이를 준용한다.

[본조신설 1995. 12. 29.] [제목개정 2001. 7. 24.]

제335조의5(매도가액의 결정) ①제335조의4의 경우에 그 주식의 매도가액은 주주와 매도청구인간의 협의로 이를 결정한다. 〈개정 2001. 7. 24.〉

② 제374조의2제4항 및 제5항의 규정은 제335조의4제1항의 규정에 의한 청구를 받은 날부터 30일 이내에 제1항의 규정에 의한 협의가 이루어지지 아니하는 경우에 이를 준용한다.〈개정 2001. 7. 24.〉

[본조신설 1995. 12. 29.] [제목개정 2001. 7. 24.]

제335조의6(주식의 매수청구) 제374조의2제2항 내지 제5항의 규정은 제335조의2제4항의 규정에 의하여 주주가 회사에 대하여 주식의 매수를 청구한 경우에 이를 준용한다. 〈개정 2001. 7. 24.〉

[본조신설 1995. 12. 29.]

제335조의7(주식의 양수인에 의한 승인청구) ① 주식의 양도에 관하여 이사회의 승인을 얻어야 하는 경우에 주식을 취득한 자는 회사에 대하여 그 주식의 종류와 수를 기재한 서면으로 그 취득의 승인을 청구할 수 있다.

② 제335조의2제2항 내지 제4항, 제335조의3 내지 제335조의6의 규정은 제1항의 경우에 이를 준용한다.

[본조신설 1995. 12. 29.]

제336조(주식의 양도방법) ① 주식의 양도에 있어서는 주권을 교부하여야 한다.

② 주권의 점유자는 이를 적법한 소지인으로 추정한다.

[전문개정 1984. 4. 10.]

주식인도 · 매매대금

[대법원 2021. 7. 29., 선고, 2017다3222, 3239, 판결]

【판시사항】

[1] 매매계약에서 매도인의 소유권이전의무와 매수인의 대금지급의무 중 어느 하나를 선이행의무로 약정하였더라도 이행기가 지난 후에는 쌍방의 의무가 동시이행관계에 놓이게 되는지 여부(원칙적 적극)

[2] 발행주식 전부 또는 지배주식의 양도와 함께 경영권이 이전되는 경우, 주식의 양도의무와 독립적으로 경영권 양도의무를 인정할 수 있는지 여부(소극)

[3] 주식양도청구권이 압류 또는 가압류된 경우, 채무자가 제3채무자를 상대로 주식의 양도를 구하는 소를 제기할 수 있는지 여부(적극) 및 법원이 가압류를 이유로 이를 배척할 수 있는지 여부(소극) / 위 주식이 지명채권의 양도방법으로 양도할 수 있는 주권발행 전 주식인 경우, 법원이 위 청구를 인용하려면 가압류의 해제를 조건으로 하여야 하는지 여부(적극) 및 이는 가압류의 제3채무자가 채권자의 지위를 겸

하는 경우에도 마찬가지인지 여부(적극)

【판결요지】

[1] 매매계약에서 대가적 의미가 있는 매도인의 소유권이전의무와 매수인의 대금지급의 무는 다른 약정이 없는 한 동시이행의 관계에 있다. 설령 어느 의무가 선이행의무 라고 하더라도 이행기가 지난 때에는 이행기가 지난 후에도 여전히 선이행하기로 약정하는 등의 특별한 사정이 없는 한 그 의무를 포함하여 매도인과 매수인 쌍방 의 의무는 동시이행관계에 놓이게 된다.

[2] 발행주식 전부 또는 지배주식의 양도와 함께 경영권이 주식 양도인으로부터 주식 양수인에게 이전하는 경우 경영권의 이전은 발행주식 전부 또는 지배주식의 양도에 따른 부수적인 효과에 지나지 않아 주식 양도의무와 독립적으로 경영권 양도의무를 인정하기 어렵다.

[3] 일반적으로 주식양도청구권의 압류나 가압류는 주식 자체의 처분을 금지하는 대물 적 효력은 없고 채무자가 제3채무자에게 현실로 급부를 추심하는 것을 금지할 뿐 이다. 따라서 채무자는 제3채무자를 상대로 그 주식의 양도를 구하는 소를 제기할 수 있고 법원은 가압류가 되어 있음을 이유로 이를 배척할 수 없다. 다만 주권발행 전이라도 회사성립 후 또는 신주의 납입기일 후 6개월이 지나면 주권의 교부 없이 지명채권의 양도에 관한 일반원칙에 따라 당사자의 의사표시만으로 주식을 양도할 수 있으므로, 주권발행 전 주식의 양도를 명하는 판결은 의사의 진술을 명하는 판 결에 해당한다. 이러한 주식의 양도를 명하는 판결이 확정되면 채무자는 일방적으 로 주식 양수인의 지위를 갖게 되고, 제3채무자는 이를 저지할 방법이 없으므로, 가압류의 해제를 조건으로 하지 않는 한 법원은 이를 인용해서는 안 된다. 이는 가 압류의 제3채무자가 채권자의 지위를 겸하는 경우에도 동일하다.

제337조(주식의 이전의 대항요건) ① 주식의 이전은 취득자의 성명과 주소를 주주 명부에 기재하지 아니하면 회사에 대항하지 못한다. 〈개정 2014. 5. 20.〉

② 회사는 정관이 정하는 바에 의하여 명의개서대리인을 둘 수 있다. 이 경우 명 의개서대리인이 취득자의 성명과 주소를 주주명부의 복본에 기재한 때에는 제 1항의 명의개서가 있는 것으로 본다.〈신설 1984. 4. 10.〉

[제목개정 2014. 5. 20.]

제338조(주식의 입질) ① 주식을 질권의 목적으로 하는 때에는 주권을 질권자에게 교부하여야 한다. 〈개정 2014. 5. 20.〉

② 질권자는 계속하여 주권을 점유하지 아니하면 그 질권으로써 제삼자에게 대항 하지 못한다.

[제목개정 2014. 5. 20.]

제339조(질권의 물상대위) 주식의 소각, 병합, 분할 또는 전환이 있는 때에는 이로

인하여 종전의 주주가 받을 금전이나 주식에 대하여도 종전의 주식을 목적으로한 질권을 행사할 수 있다. 〈개정 1998. 12. 28.〉

제340조(주식의 등록질) ① 주식을 질권(質權)의 목적으로 한 경우에 회사가 질권 설정자의 청구에 따라 그 성명과 주소를 주주명부에 덧붙여 쓰고 그 성명을 주권(株券)에 적은 경우에는 질권자는 회사로부터 이익배당, 잔여재산의 분배 또는 제 339조에 따른 금전의 지급을 받아 다른 채권자에 우선하여 자기채권의 변제에 충당할 수 있다. 〈개정 2011. 4. 14., 2014. 5. 20.〉
② 민법 제353조제3항의 규정은 전항의 경우에 준용한다.
③ 제1항의 질권자는 회사에 대하여 전조의 주식에 대한 주권의 교부를 청구할 수 있다.
[제목개정 2014. 5. 20.]

제340조의2(주식매수선택권) ① 회사는 정관으로 정하는 바에 따라 제434조의 주주총회의 결의로 회사의 설립·경영 및 기술혁신 등에 기여하거나 기여할 수 있는 회사의 이사, 집행임원, 감사 또는 피용자(被用者)에게 미리 정한 가액(이하 "주식매수선택권의 행사가액"이라 한다)으로 신주를 인수하거나 자기의 주식을 매수할 수 있는 권리(이하 "주식매수선택권"이라 한다)를 부여할 수 있다. 다만, 주식매수선택권의 행사가액이 주식의 실질가액보다 낮은 경우에 회사는 그 차액을 금전으로 지급하거나 그 차액에 상당하는 자기의 주식을 양도할 수 있다. 이 경우 주식의 실질가액은 주식매수선택권의 행사일을 기준으로 평가한다.
② 다음 각 호의 어느 하나에 해당하는 자에게는 제1항의 주식매수선택권을 부여할 수 없다.
　1. 의결권 없는 주식을 제외한 발행주식총수의 100분의 10 이상의 주식을 가진 주주
　2. 이사·집행임원·감사의 선임과 해임 등 회사의 주요 경영사항에 대하여 사실상 영향력을 행사하는 자
　3. 제1호와 제2호에 규정된 자의 배우자와 직계존비속
③ 제1항에 따라 발행할 신주 또는 양도할 자기의 주식은 회사의 발행주식총수의 100분의 10을 초과할 수 없다.
④ 제1항의 주식매수선택권의 행사가액은 다음 각 호의 가액 이상이어야 한다.
　1. 신주를 발행하는 경우에는 주식매수선택권의 부여일을 기준으로 한 주식의 실질가액과 주식의 권면액(券面額) 중 높은 금액. 다만, 무액면주식을 발행한 경우에는 자본으로 계상되는 금액 중 1주에 해당하는 금액을 권면액으로 본다.
　2. 자기의 주식을 양도하는 경우에는 주식매수선택권의 부여일을 기준으로 한 주식의 실질가액
[전문개정 2011. 4. 14.]

제340조의3(주식매수선택권의 부여) ①제340조의2제1항의 주식매수선택권에 관한 정관의 규정에는 다음 각호의 사항을 기재하여야 한다.

1. 일정한 경우 주식매수선택권을 부여할 수 있다는 뜻
2. 주식매수선택권의 행사로 발행하거나 양도할 주식의 종류와 수
3. 주식매수선택권을 부여받을 자의 자격요건
4. 주식매수선택권의 행사기간
5. 일정한 경우 이사회결의로 주식매수선택권의 부여를 취소할 수 있다는 뜻

② 제340조의2제1항의 주식매수선택권에 관한 주주총회의 결의에 있어서는 다음 각호의 사항을 정하여야 한다.

1. 주식매수선택권을 부여받을 자의 성명
2. 주식매수선택권의 부여방법
3. 주식매수선택권의 행사가액과 그 조정에 관한 사항
4. 주식매수선택권의 행사기간
5. 주식매수선택권을 부여받을 자 각각에 대하여 주식매수선택권의 행사로 발행하거나 양도할 주식의 종류와 수

③ 회사는 제2항의 주주총회결의에 의하여 주식매수선택권을 부여받은 자와 계약을 체결하고 상당한 기간내에 그에 관한 계약서를 작성하여야 한다.

④ 회사는 제3항의 계약서를 주식매수선택권의 행사기간이 종료할 때까지 본점에 비치하고 주주로 하여금 영업시간내에 이를 열람할 수 있도록 하여야 한다.

[본조신설 1999. 12. 31.]

제340조의4(주식매수선택권의 행사) ① 제340조의2제1항의 주식매수선택권은 제340조의3제2항 각호의 사항을 정하는 주주총회결의일부터 2년 이상 재임 또는 재직하여야 이를 행사할 수 있다.

② 제340조의2제1항의 주식매수선택권은 이를 양도할 수 없다. 다만, 동조제2항의 규정에 의하여 주식매수선택권을 행사할 수 있는 자가 사망한 경우에는 그 상속인이 이를 행사할 수 있다.

[본조신설 1999. 12. 31.]

제340조의5(준용규정) 제350조제2항, 제351조, 제516조의9제1항·제3항·제4항 및 제516조의10 전단은 주식매수선택권의 행사로 신주를 발행하는 경우에 이를 준용한다. 〈개정 2011. 4. 14., 2020. 12. 29.〉

[본조신설 1999. 12. 31.]

제341조(자기주식의 취득) ① 회사는 다음의 방법에 따라 자기의 명의와 계산으로 자기의 주식을 취득할 수 있다. 다만, 그 취득가액의 총액은 직전 결산기의 대차대

조표상의 순자산액에서 제462조제1항 각 호의 금액을 뺀 금액을 초과하지 못한다.
  1. 거래소에서 시세(時勢)가 있는 주식의 경우에는 거래소에서 취득하는 방법
  2. 제345조제1항의 주식의 상환에 관한 종류주식의 경우 외에 각 주주가 가진 주식 수
     에 따라 균등한 조건으로 취득하는 것으로서 대통령령으로 정하는 방법
② 제1항에 따라 자기주식을 취득하려는 회사는 미리 주주총회의 결의로 다음 각
  호의 사항을 결정하여야 한다. 다만, 이사회의 결의로 이익배당을 할 수 있다
  고 정관으로 정하고 있는 경우에는 이사회의 결의로써 주주총회의 결의를 갈
  음할 수 있다.
  1. 취득할 수 있는 주식의 종류 및 수
  2. 취득가액의 총액의 한도
  3. 1년을 초과하지 아니하는 범위에서 자기주식을 취득할 수 있는 기간
③ 회사는 해당 영업연도의 결산기에 대차대조표상의 순자산액이 제462조제1항
  각 호의 금액의 합계액에 미치지 못할 우려가 있는 경우에는 제1항에 따른 주
  식의 취득을 하여서는 아니 된다.
④ 해당 영업연도의 결산기에 대차대조표상의 순자산액이 제462조제1항 각 호의
  금액의 합계액에 미치지 못함에도 불구하고 회사가 제1항에 따라 주식을 취득
  한 경우 이사는 회사에 대하여 연대하여 그 미치지 못한 금액을 배상할 책임
  이 있다. 다만, 이사가 제3항의 우려가 없다고 판단하는 때에 주의를 게을리하
  지 아니하였음을 증명한 경우에는 그러하지 아니하다.
[전문개정 2011. 4. 14.]

제341조의2(특정목적에 의한 자기주식의 취득) 회사는 다음 각 호의 어느 하나에
해당하는 경우에는 제341조에도 불구하고 자기의 주식을 취득할 수 있다.
  1. 회사의 합병 또는 다른 회사의 영업전부의 양수로 인한 경우
  2. 회사의 권리를 실행함에 있어 그 목적을 달성하기 위하여 필요한 경우
  3. 단주(端株)의 처리를 위하여 필요한 경우
  4. 주주가 주식매수청구권을 행사한 경우
[전문개정 2011. 4. 14.]

제341조의3(자기주식의 질취) 회사는 발행주식총수의 20분의 1을 초과하여 자기의
주식을 질권의 목적으로 받지 못한다. 다만, 제341조의2제1호 및 제2호의 경우에
는 그 한도를 초과하여 질권의 목적으로 할 수 있다.
[전문개정 2011. 4. 14.]

제342조(자기주식의 처분) 회사가 보유하는 자기의 주식을 처분하는 경우에 다음
각 호의 사항으로서 정관에 규정이 없는 것은 이사회가 결정한다.
  1. 처분할 주식의 종류와 수

2. 처분할 주식의 처분가액과 납입기일
3. 주식을 처분할 상대방 및 처분방법
[전문개정 2011. 4. 14.]

제342조의2(자회사에 의한 모회사주식의 취득) ① 다른 회사의 발행주식의 총수의 100분의 50을 초과하는 주식을 가진 회사(이하 "母會社"라 한다)의 주식은 다음의 경우를 제외하고는 그 다른 회사(이하 "子會社"라 한다)가 이를 취득할 수 없다. 〈개정 2001. 7. 24.〉
1. 주식의 포괄적 교환, 주식의 포괄적 이전, 회사의 합병 또는 다른 회사의 영업전부의 양수로 인한 때
2. 회사의 권리를 실행함에 있어 그 목적을 달성하기 위하여 필요한 때
② 제1항 각호의 경우 자회사는 그 주식을 취득한 날로부터 6월 이내에 모회사의 주식을 처분하여야 한다.
③ 다른 회사의 발행주식의 총수의 100분의 50을 초과하는 주식을 모회사 및 자회사 또는 자회사가 가지고 있는 경우 그 다른 회사는 이 법의 적용에 있어 그 모회사의 자회사로 본다.〈개정 2001. 7. 24.〉
[본조신설 1984. 4. 10.]

제342조의3(다른 회사의 주식취득) 회사가 다른 회사의 발행주식총수의 10분의 1을 초과하여 취득한 때에는 그 다른 회사에 대하여 지체없이 이를 통지하여야 한다.
[본조신설 1995. 12. 29.]

제343조(주식의 소각) ① 주식은 자본금 감소에 관한 규정에 따라서만 소각(消却)할 수 있다. 다만, 이사회의 결의에 의하여 회사가 보유하는 자기주식을 소각하는 경우에는 그러하지 아니하다.
② 자본금감소에 관한 규정에 따라 주식을 소각하는 경우에는 제440조 및 제441조를 준용한다.
[전문개정 2011. 4. 14.]

제343조의2 삭제 〈2011. 4. 14.〉

제344조(종류주식) ① 회사는 이익의 배당, 잔여재산의 분배, 주주총회에서의 의결권의 행사, 상환 및 전환 등에 관하여 내용이 다른 종류의 주식(이하 "종류주식"이라 한다)을 발행할 수 있다.
② 제1항의 경우에는 정관으로 각 종류주식의 내용과 수를 정하여야 한다.
③ 회사가 종류주식을 발행하는 때에는 정관에 다른 정함이 없는 경우에도 주식의 종류에 따라 신주의 인수, 주식의 병합·분할·소각 또는 회사의 합병·분

할로 인한 주식의 배정에 관하여 특수하게 정할 수 있다.

④ 종류주식 주주의 종류주주총회의 결의에 관하여는 제435조제2항을 준용한다.

[전문개정 2011. 4. 14.]

제344조의2(이익배당, 잔여재산분배에 관한 종류주식) ① 회사가 이익의 배당에 관하여 내용이 다른 종류주식을 발행하는 경우에는 정관에 그 종류주식의 주주에게 교부하는 배당재산의 종류, 배당재산의 가액의 결정방법, 이익을 배당하는 조건 등 이익배당에 관한 내용을 정하여야 한다.

② 회사가 잔여재산의 분배에 관하여 내용이 다른 종류주식을 발행하는 경우에는 정관에 잔여재산의 종류, 잔여재산의 가액의 결정방법, 그 밖에 잔여재산분배에 관한 내용을 정하여야 한다.

[본조신설 2011. 4. 14.]

제344조의3(의결권의 배제·제한에 관한 종류주식) ① 회사가 의결권이 없는 종류주식이나 의결권이 제한되는 종류주식을 발행하는 경우에는 정관에 의결권을 행사할 수 없는 사항과, 의결권행사 또는 부활의 조건을 정한 경우에는 그 조건 등을 정하여야 한다.

② 제1항에 따른 종류주식의 총수는 발행주식총수의 4분의 1을 초과하지 못한다. 이 경우 의결권이 없거나 제한되는 종류주식이 발행주식총수의 4분의 1을 초과하여 발행된 경우에는 회사는 지체 없이 그 제한을 초과하지 아니하도록 하기 위하여 필요한 조치를 하여야 한다.

[본조신설 2011. 4. 14.]

제345조(주식의 상환에 관한 종류주식) ① 회사는 정관으로 정하는 바에 따라 회사의 이익으로써 소각할 수 있는 종류주식을 발행할 수 있다. 이 경우 회사는 정관에 상환가액, 상환기간, 상환의 방법과 상환할 주식의 수를 정하여야 한다.

② 제1항의 경우 회사는 상환대상인 주식의 취득일부터 2주 전에 그 사실을 그 주식의 주주 및 주주명부에 적힌 권리자에게 따로 통지하여야 한다. 다만, 통지는 공고로 갈음할 수 있다.

③ 회사는 정관으로 정하는 바에 따라 주주가 회사에 대하여 상환을 청구할 수 있는 종류주식을 발행할 수 있다. 이 경우 회사는 정관에 주주가 회사에 대하여 상환을 청구할 수 있다는 뜻, 상환가액, 상환청구기간, 상환의 방법을 정하여야 한다.

④ 제1항 및 제3항의 경우 회사는 주식의 취득의 대가로 현금 외에 유가증권(다른 종류주식은 제외한다)이나 그 밖의 자산을 교부할 수 있다. 다만, 이 경우에는 그 자산의 장부가액이 제462조에 따른 배당가능이익을 초과하여서는 아니 된다.

⑤ 제1항과 제3항에서 규정한 주식은 종류주식(상환과 전환에 관한 것은 제외한다)에 한정하여 발행할 수 있다.

[전문개정 2011. 4. 14.]

제346조(주식의 전환에 관한 종류주식) ① 회사가 종류주식을 발행하는 경우에는 정관으로 정하는 바에 따라 주주는 인수한 주식을 다른 종류주식으로 전환할 것을 청구할 수 있다. 이 경우 전환의 조건, 전환의 청구기간, 전환으로 인하여 발행할 주식의 수와 내용을 정하여야 한다.

② 회사가 종류주식을 발행하는 경우에는 정관에 일정한 사유가 발생할 때 회사가 주주의 인수 주식을 다른 종류주식으로 전환할 수 있음을 정할 수 있다. 이 경우 회사는 전환의 사유, 전환의 조건, 전환의 기간, 전환으로 인하여 발행할 주식의 수와 내용을 정하여야 한다.

③ 제2항의 경우에 이사회는 다음 각 호의 사항을 그 주식의 주주 및 주주명부에 적힌 권리자에게 따로 통지하여야 한다. 다만, 통지는 공고로 갈음할 수 있다.
  1. 전환할 주식
  2. 2주 이상의 일정한 기간 내에 그 주권을 회사에 제출하여야 한다는 뜻
  3. 그 기간 내에 주권을 제출하지 아니할 때에는 그 주권이 무효로 된다는 뜻

④ 제344조제2항에 따른 종류주식의 수 중 새로 발행할 주식의 수는 전환청구기간 또는 전환의 기간 내에는 그 발행을 유보(留保)하여야 한다.

[전문개정 2011. 4. 14.]

제347조(전환주식발행의 절차) 제346조의 경우에는 주식청약서 또는 신주인수권증서에 다음의 사항을 적어야 한다. 〈개정 1984. 4. 10., 2011. 4. 14.〉
  1. 주식을 다른 종류의 주식으로 전환할 수 있다는 뜻
  2. 전환의 조건
  3. 전환으로 인하여 발행할 주식의 내용
  4. 전환청구기간 또는 전환의 기간

제348조(전환으로 인하여 발행하는 주식의 발행가액) 전환으로 인하여 신주식을 발행하는 경우에는 전환전의 주식의 발행가액을 신주식의 발행가액으로 한다.

제349조(전환의 청구) ① 주식의 전환을 청구하는 자는 청구서 2통에 주권을 첨부하여 회사에 제출하여야 한다.

② 제1항의 청구서에는 전환하고자 하는 주식의 종류, 수와 청구년월일을 기재하고 기명날인 또는 서명하여야 한다. 〈개정 1995. 12. 29.〉

③ 삭제〈1995. 12. 29.〉

제350조(전환의 효력발생) ① 주식의 전환은 주주가 전환을 청구한 경우에는 그

청구한 때에, 회사가 전환을 한 경우에는 제346조제3항제2호의 기간이 끝난 때에 그 효력이 발생한다. 〈개정 2011. 4. 14.〉

② 제354조제1항의 기간 중에 전환된 주식의 주주는 그 기간 중의 총회의 결의에 관하여는 의결권을 행사할 수 없다.

③ 삭제〈2020. 12. 29.〉

[전문개정 1995. 12. 29.]

제351조(전환의 등기) 주식의 전환으로 인한 변경등기는 전환을 청구한 날 또는 제346조제3항제2호의 기간이 끝난 날이 속하는 달의 마지막 날부터 2주 내에 본점소재지에서 하여야 한다.

[전문개정 2011. 4. 14.]

제352조(주주명부의 기재사항) ① 주식을 발행한 때에는 주주명부에 다음의 사항을 기재하여야 한다. 〈개정 1984. 4. 10., 2014. 5. 20.〉

　1. 주주의 성명과 주소

　2. 각 주주가 가진 주식의 종류와 그 수

　2의2. 각 주주가 가진 주식의 주권을 발행한 때에는 그 주권의 번호

　3. 각주식의 취득년월일

② 제1항의 경우에 전환주식을 발행한 때에는 제347조에 게기한 사항도 주주명부에 기재하여야 한다.〈개정 1984. 4. 10., 2014. 5. 20.〉

제352조의2(전자주주명부) ① 회사는 정관으로 정하는 바에 따라 전자문서로 주주명부(이하 "전자주주명부"라 한다)를 작성할 수 있다.

② 전자주주명부에는 제352조제1항의 기재사항 외에 전자우편주소를 적어야 한다.

③ 전자주주명부의 비치·공시 및 열람의 방법에 관하여 필요한 사항은 대통령령으로 정한다.

[본조신설 2009. 5. 28.]

제353조(주주명부의 효력) ① 주주 또는 질권자에 대한 회사의 통지 또는 최고는 주주명부에 기재한 주소 또는 그 자로부터 회사에 통지한 주소로 하면 된다.

② 제304조제2항의 규정은 전항의 통지 또는 최고에 준용한다.

제354조(주주명부의 폐쇄, 기준일) ① 회사는 의결권을 행사하거나 배당을 받을 자 기타 주주 또는 질권자로서 권리를 행사할 자를 정하기 위하여 일정한 기간을 정하여 주주명부의 기재변경을 정지하거나 일정한 날에 주주명부에 기재된 주주 또는 는 질권자를 그 권리를 행사할 주주 또는 질권자로 볼 수 있다. 〈개정 1984. 4. 10.〉

② 제1항의 기간은 3월을 초과하지 못한다.〈개정 1984. 4. 10.〉

③ 제1항의 날은 주주 또는 질권자로서 권리를 행사할 날에 앞선 3월내의 날로 정하여야 한다.〈개정 1984. 4. 10.〉

④ 회사가 제1항의 기간 또는 날을 정한 때에는 그 기간 또는 날의 2주간전에 이를 공고하여야 한다. 그러나 정관으로 그 기간 또는 날을 지정한 때에는 그러하지 아니하다.

제355조(주권발행의 시기) ① 회사는 성립후 또는 신주의 납입기일후 지체없이 주권을 발행하여야 한다.

② 주권은 회사의 성립후 또는 신주의 납입기일후가 아니면 발행하지 못한다.

③ 전항의 규정에 위반하여 발행한 주권은 무효로 한다. 그러나 발행한 자에 대한 손해배상의 청구에 영향을 미치지 아니한다.

제356조(주권의 기재사항) 주권에는 다음의 사항과 번호를 기재하고 대표이사가 기명날인 또는 서명하여야 한다. 〈개정 1995. 12. 29., 2011. 4. 14.〉

  1. 회사의 상호
  2. 회사의 성립년월일
  3. 회사가 발행할 주식의 총수
  4. 액면주식을 발행하는 경우 1주의 금액
  5. 회사의 성립후 발행된 주식에 관하여는 그 발행 연월일
  6. 종류주식이 있는 경우에는 그 주식의 종류와 내용
  6의2. 주식의 양도에 관하여 이사회의 승인을 얻도록 정한 때에는 그 규정
  7. 삭제〈2011. 4. 14.〉
  8. 삭제〈2011. 4. 14.〉

제356조의2(주식의 전자등록) ① 회사는 주권을 발행하는 대신 정관으로 정하는 바에 따라 전자등록기관(유가증권 등의 전자등록 업무를 취급하는 기관을 말한다. 이하 같다)의 전자등록부에 주식을 등록할 수 있다. 〈개정 2016. 3. 22.〉

② 전자등록부에 등록된 주식의 양도나 입질(入質)은 전자등록부에 등록하여야 효력이 발생한다.

③ 전자등록부에 주식을 등록한 자는 그 등록된 주식에 대한 권리를 적법하게 보유한 것으로 추정하며, 이러한 전자등록부를 선의(善意)로, 그리고 중대한 과실 없이 신뢰하고 제2항의 등록에 따라 권리를 취득한 자는 그 권리를 적법하게 취득한다.

④ 전자등록의 절차·방법 및 효과, 전자등록기관에 대한 감독, 그 밖에 주식의 전자등록 등에 필요한 사항은 따로 법률로 정한다.〈개정 2016. 3. 22.〉

[본조신설 2011. 4. 14.]

제357조 삭제 〈2014. 5. 20.〉

제358조 삭제 〈2014. 5. 20.〉

제358조의2(주권의 불소지) ①주주는 정관에 다른 정함이 있는 경우를 제외하고는 그 주식에 대하여 주권의 소지를 하지 아니하겠다는 뜻을 회사에 신고할 수 있다. 〈개정 2014. 5. 20.〉

② 제1항의 신고가 있는 때에는 회사는 지체없이 주권을 발행하지 아니한다는 뜻을 주주명부와 그 복본에 기재하고, 그 사실을 주주에게 통지하여야 한다. 이 경우 회사는 그 주권을 발행할 수 없다.

③ 제1항의 경우 이미 발행된 주권이 있는 때에는 이를 회사에 제출하여야 하며, 회사는 제출된 주권을 무효로 하거나 명의개서대리인에게 임치하여야 한다.

④ 제1항 내지 제3항의 규정에 불구하고 주주는 언제든지 회사에 대하여 주권의 발행 또는 반환을 청구할 수 있다.

[전문개정 1995. 12. 29.]

제359조(주권의 선의취득) 수표법 제21조의 규정은 주권에 관하여 이를 준용한다.

[전문개정 1984. 4. 10.]

제360조(주권의 제권판결, 재발행) ① 주권은 공시최고의 절차에 의하여 이를 무효로 할 수 있다.

② 주권을 상실한 자는 제권판결을 얻지 아니하면 회사에 대하여 주권의 재발행을 청구하지 못한다.

제2관 주식의 포괄적 교환

〈신설 2001. 7. 24.〉

제360조의2(주식의 포괄적 교환에 의한 완전모회사의 설립) ①회사는 이 관의 규정에 의한 주식의 포괄적 교환에 의하여 다른 회사의 발행주식의 총수를 소유하는 회사(이하 "완전모회사"라 한다)가 될 수 있다. 이 경우 그 다른 회사를 "완전자회사"라 한다.

② 주식의 포괄적 교환(이하 이 관에서 "주식교환"이라 한다)에 의하여 완전자회사가 되는 회사의 주주가 가지는 그 회사의 주식은 주식을 교환하는 날에 주식교환에 의하여 완전모회사가 되는 회사에 이전하고, 그 완전자회사가 되는 회사의 주주는 그 완전모회사가 되는 회사가 주식교환을 위하여 발행하는 신주의 배정을 받거나 그 회사 자기주식의 이전을 받음으로써 그 회사의 주주가 된다. 〈개정 2015. 12. 1.〉

[본조신설 2001. 7. 24.]

제360조의3(주식교환계약서의 작성과 주주총회의 승인 및 주식교환대가가 모회사 주식인 경우의 특칙) ① 주식교환을 하고자 하는 회사는 주식교환계약서를 작성하여 주주총회의 승인을 얻어야 한다.

② 제1항의 승인결의는 제434조의 규정에 의하여야 한다.

③ 주식교환계약서에는 다음 각호의 사항을 적어야 한다.〈개정 2011. 4. 14., 2015. 12. 1.〉

1. 완전모회사가 되는 회사가 주식교환으로 인하여 정관을 변경하는 경우에는 그 규정
2. 완전모회사가 되는 회사가 주식교환을 위하여 신주를 발행하거나 자기주식을 이전하는 경우에는 발행하는 신주 또는 이전하는 자기주식의 총수·종류, 종류별 주식의 수 및 완전자회사가 되는 회사의 주주에 대한 신주의 배정 또는 자기주식의 이전에 관한 사항
3. 완전모회사가 되는 회사의 자본금 또는 준비금이 증가하는 경우에는 증가할 자본금 또는 준비금에 관한 사항
4. 완전자회사가 되는 회사의 주주에게 제2호에도 불구하고 그 대가의 전부 또는 일부로서 금전이나 그 밖의 재산을 제공하는 경우에는 그 내용 및 배정에 관한 사항
5. 각 회사가 제1항의 결의를 할 주주총회의 기일
6. 주식교환을 할 날
7. 각 회사가 주식교환을 할 날까지 이익배당을 할 때에는 그 한도액
8. 삭제〈2015. 12. 1.〉
9. 완전모회사가 되는 회사에 취임할 이사와 감사 또는 감사위원회의 위원을 정한 때에는 그 성명 및 주민등록번호

④ 회사는 제363조의 규정에 의한 통지에 다음 각호의 사항을 기재하여야 한다.〈개정 2014. 5. 20.〉

1. 주식교환계약서의 주요내용
2. 제360조의5제1항의 규정에 의한 주식매수청구권의 내용 및 행사방법
3. 일방회사의 정관에 주식의 양도에 관하여 이사회의 승인을 요한다는 뜻의 규정이 있고 다른 회사의 정관에 그 규정이 없는 경우 그 뜻

⑤ 주식교환으로 인하여 주식교환에 관련되는 각 회사의 주주의 부담이 가중되는 경우에는 제1항 및 제436조의 결의 외에 그 주주 전원의 동의가 있어야 한다.〈신설 2011. 4. 14.〉

⑥ 제342조의2제1항에도 불구하고 제3항제4호에 따라 완전자회사가 되는 회사의 주주에게 제공하는 재산이 완전모회사가 되는 회사의 모회사 주식을 포함하는 경우에는 완전모회사가 되는 회사는 그 지급을 위하여 그 모회사의 주식을 취득할 수 있다.〈신설 2015. 12. 1.〉

⑦ 완전모회사가 되는 회사는 제6항에 따라 취득한 그 회사의 모회사 주식을 주식교환 후에도 계속 보유하고 있는 경우 주식교환의 효력이 발생하는 날부터

6개월 이내에 그 주식을 처분하여야 한다.⟨신설 2015. 12. 1.⟩

[본조신설 2001. 7. 24.] [제목개정 2015. 12. 1.]

제360조의4(주식교환계약서 등의 공시) ①이사는 제360조의3제1항의 주주총회의 회일의 2주전부터 주식교환의 날 이후 6월이 경과하는 날까지 다음 각호의 서류를 본점에 비치하여야 한다. ⟨개정 2015. 12. 1.⟩

1. 주식교환계약서
2. 완전모회사가 되는 회사가 주식교환을 위하여 신주를 발행하거나 자기주식을 이전하는 경우에는 완전자회사가 되는 회사의 주주에 대한 신주의 배정 또는 자기주식의 이전에 관하여 그 이유를 기재한 서면
3. 제360조의3제1항의 주주총회의 회일(제360조의9의 규정에 의한 간이주식교환의 경우에는 동조제2항의 규정에 의하여 공고 또는 통지를 한 날)전 6월 이내의 날에 작성한 주식교환을 하는 각 회사의 최종 대차대조표 및 손익계산서

② 제1항의 서류에 관하여는 제391조의3제3항의 규정을 준용한다.

[본조신설 2001. 7. 24.]

제360조의5(반대주주의 주식매수청구권) ① 제360조의3제1항의 규정에 의한 승인사항에 관하여 이사회의 결의가 있는 때에 그 결의에 반대하는 주주(의결권이 없거나 제한되는 주주를 포함한다. 이하 이 조에서 같다)는 주주총회전에 회사에 대하여 서면으로 그 결의에 반대하는 의사를 통지한 경우에는 그 총회의 결의일부터 20일 이내에 주식의 종류와 수를 기재한 서면으로 회사에 대하여 자기가 소유하고 있는 주식의 매수를 청구할 수 있다. ⟨개정 2015. 12. 1.⟩

② 제360조의9제2항의 공고 또는 통지를 한 날부터 2주내에 회사에 대하여 서면으로 주식교환에 반대하는 의사를 통지한 주주는 그 기간이 경과한 날부터 20일 이내에 주식의 종류와 수를 기재한 서면으로 회사에 대하여 자기가 소유하고 있는 주식의 매수를 청구할 수 있다.

③ 제1항 및 제2항의 매수청구에 관하여는 제374조의2제2항 내지 제5항의 규정을 준용한다.

[본조신설 2001. 7. 24.]

제360조의6 삭제 ⟨2015. 12. 1.⟩

제360조의7(완전모회사의 자본금 증가의 한도액) ① 완전모회사가 되는 회사의 자본금은 주식교환의 날에 완전자회사가 되는 회사에 현존하는 순자산액에서 다음 각호의 금액을 뺀 금액을 초과하여 증가시킬 수 없다. ⟨개정 2011. 4. 14., 2015. 12. 1.⟩

1. 완전자회사가 되는 회사의 주주에게 제공할 금전이나 그 밖의 재산의 가액
2. 제360조의3제3항제2호에 따라 완전자회사가 되는 회사의 주주에게 이전하는 자기주

식의 장부가액의 합계액

② 완전모회사가 되는 회사가 주식교환 이전에 완전자회사가 되는 회사의 주식을 이미 소유하고 있는 경우에는 완전모회사가 되는 회사의 자본금은 주식교환의 날에 완전자회사가 되는 회사에 현존하는 순자산액에 그 회사의 발행주식총수에 대한 주식교환으로 인하여 완전모회사가 되는 회사에 이전하는 주식의 수의 비율을 곱한 금액에서 제1항 각호의 금액을 뺀 금액의 한도를 초과하여 이를 증가시킬 수 없다.⟨개정 2011. 4. 14.⟩

[본조신설 2001. 7. 24.] [제목개정 2011. 4. 14.]

제360조의8(주권의 실효절차) ① 주식교환에 의하여 완전자회사가 되는 회사는 주주총회에서 제360조의3제1항의 규정에 의한 승인을 한 때에는 다음 각호의 사항을 주식교환의 날 1월전에 공고하고, 주주명부에 기재된 주주와 질권자에 대하여 따로 따로 그 통지를 하여야 한다.

1. 제360조의3제1항의 규정에 의한 승인을 한 뜻
2. 주식교환의 날의 전날까지 주권을 회사에 제출하여야 한다는 뜻
3. 주식교환의 날에 주권이 무효가 된다는 뜻

② 제442조의 규정은 제360조의3제1항의 규정에 의한 승인을 한 경우에 이를 준용한다.⟨개정 2014. 5. 20.⟩

[본조신설 2001. 7. 24.]

제360조의9(간이주식교환) ① 완전자회사가 되는 회사의 총주주의 동의가 있거나 그 회사의 발행주식총수의 100분의 90 이상을 완전모회사가 되는 회사가 소유하고 있는 때에는 완전자회사가 되는 회사의 주주총회의 승인은 이를 이사회의 승인으로 갈음할 수 있다.

② 제1항의 경우에 완전자회사가 되는 회사는 주식교환계약서를 작성한 날부터 2주 내에 주주총회의 승인을 얻지 아니하고 주식교환을 한다는 뜻을 공고하거나 주주에게 통지하여야 한다. 다만, 총주주의 동의가 있는 때에는 그러하지 아니하다.

[본조신설 2001. 7. 24.]

제360조의10(소규모 주식교환) ① 완전모회사가 되는 회사가 주식교환을 위하여 발행하는 신주 및 이전하는 자기주식의 총수가 그 회사의 발행주식총수의 100분의 10을 초과하지 아니하는 경우에는 그 회사에서의 제360조의3제1항의 규정에 의한 주주총회의 승인은 이를 이사회의 승인으로 갈음할 수 있다. 다만, 완전자회사가 되는 회사의 주주에게 제공할 금전이나 그 밖의 재산을 정한 경우에 그 금액 및 그 밖의 재산의 가액이 제360조의4제1항제3호에서 규정한 최종 대차대조표에 의하여 완전모회사가 되는 회사에 현존하는 순자산액의 100분의 5를 초과하는 때에

는 그러하지 아니하다. 〈개정 2015. 12. 1.〉

② 삭제〈2015. 12. 1.〉

③ 제1항 본문의 경우에는 주식교환계약서에 완전모회사가 되는 회사에 관하여는 제360조의3제1항의 규정에 의한 주주총회의 승인을 얻지 아니하고 주식교환을 할 수 있는 뜻을 기재하여야 하며, 동조제3항제1호의 사항은 이를 기재하지 못한다.

④ 완전모회사가 되는 회사는 주식교환계약서를 작성한 날부터 2주내에 완전자회사가 되는 회사의 상호와 본점, 주식교환을 할 날 및 제360조의3제1항의 승인을 얻지 아니하고 주식교환을 한다는 뜻을 공고하거나 주주에게 통지하여야 한다.

⑤ 완전모회사가 되는 회사의 발행주식총수의 100분의 20 이상에 해당하는 주식을 가지는 주주가 제4항에 따른 공고 또는 통지를 한 날부터 2주 내에 회사에 대하여 서면으로 제1항 본문에 따른 주식교환에 반대하는 의사를 통지한 경우에는 이 조에 따른 주식교환을 할 수 없다. 〈개정 2011. 4. 14.〉

⑥ 제1항 본문의 경우에 완전모회사가 되는 회사에 관하여 제360조의4제1항의 규정을 적용함에 있어서는 동조동항 각호외의 부분중 "제360조의3제1항의 주주총회의 회일의 2주전" 및 동조동항제3호중 "제360조의3제1항의 주주총회의 회일"은 각각 "이 조제4항의 규정에 의한 공고 또는 통지의 날"로 한다.

⑦ 제1항 본문의 경우에는 제360조의5의 규정은 이를 적용하지 아니한다.

[본조신설 2001. 7. 24.]

제360조의11(단주처리 등에 관한 규정의 준용) ① 제443조의 규정은 회사의 주식교환의 경우에 이를 준용한다.

② 제339조 및 제340조제3항의 규정은 주식교환의 경우에 완전자회사가 되는 회사의 주식을 목적으로 하는 질권에 이를 준용한다.

[본조신설 2001. 7. 24.]

제360조의12(주식교환사항을 기재한 서면의 사후공시) ①이사는 다음 각호의 사항을 기재한 서면을 주식교환의 날부터 6월간 본점에 비치하여야 한다.

　1. 주식교환의 날

　2. 주식교환의 날에 완전자회사가 되는 회사에 현존하는 순자산액

　3. 주식교환으로 인하여 완전모회사에 이전한 완전자회사의 주식의 수

　4. 그 밖의 주식교환에 관한 사항

② 제1항의 서면에 관하여는 제391조의3제3항의 규정을 준용한다.

[본조신설 2001. 7. 24.]

제360조의13(완전모회사의 이사·감사의 임기) 주식교환에 의하여 완전모회사가 되는 회사의 이사 및 감사로서 주식교환전에 취임한 자는 주식교환계약서에 다른

정함이 있는 경우를 제외하고는 주식교환후 최초로 도래하는 결산기에 관한 정기총회가 종료하는 때에 퇴임한다.

[본조신설 2001. 7. 24.]

제360조의14(주식교환무효의 소) ① 주식교환의 무효는 각 회사의 주주·이사·감사·감사위원회의 위원 또는 청산인에 한하여 주식교환의 날부터 6월내에 소만으로 이를 주장할 수 있다.

② 제1항의 소는 완전모회사가 되는 회사의 본점소재지의 지방법원의 관할에 전속한다.

③ 주식교환을 무효로 하는 판결이 확정된 때에는 완전모회사가 된 회사는 주식교환을 위하여 발행한 신주 또는 이전한 자기주식의 주주에 대하여 그가 소유하였던 완전자회사가 된 회사의 주식을 이전하여야 한다. 〈개정 2015. 12. 1.〉

④ 제187조 내지 제189조, 제190조 본문, 제191조, 제192조, 제377조 및 제431조의 규정은 제1항의 소에, 제339조 및 제340조제3항의 규정은 제3항의 경우에 각각 이를 준용한다.

[본조신설 2001. 7. 24.]

제3관 주식의 포괄적 이전

〈신설 2001. 7. 24.〉

제360조의15(주식의 포괄적 이전에 의한 완전모회사의 설립) ①회사는 이 관의 규정에 의한 주식의 포괄적 이전(이하 이 관에서 "주식이전"이라 한다)에 의하여 완전모회사를 설립하고 완전자회사가 될 수 있다.

② 주식이전에 의하여 완전자회사가 되는 회사의 주주가 소유하는 그 회사의 주식은 주식이전에 의하여 설립하는 완전모회사에 이전하고, 그 완전자회사가 되는 회사의 주주는 그 완전모회사가 주식이전을 위하여 발행하는 주식의 배정을 받음으로써 그 완전모회사의 주주가 된다.

[본조신설 2001. 7. 24.]

제360조의16(주주총회에 의한 주식이전의 승인) ①주식이전을 하고자 하는 회사는 다음 각호의 사항을 적은 주식이전계획서를 작성하여 주주총회의 승인을 받아야 한다. 〈개정 2011. 4. 14., 2015. 12. 1.〉

　1. 설립하는 완전모회사의 정관의 규정
　2. 설립하는 완전모회사가 주식이전에 있어서 발행하는 주식의 종류와 수 및 완전자회사가 되는 회사의 주주에 대한 주식의 배정에 관한 사항
　3. 설립하는 완전모회사의 자본금 및 자본준비금에 관한 사항
　4. 완전자회사가 되는 회사의 주주에게 제2호에도 불구하고 금전이나 그 밖의 재산을 제

공하는 경우에는 그 내용 및 배정에 관한 사항
5. 주식이전을 할 시기
6. 완전자회사가 되는 회사가 주식이전의 날까지 이익배당을 할 때에는 그 한도액
7. 설립하는 완전모회사의 이사와 감사 또는 감사위원회의 위원의 성명 및 주민등록번호
8. 회사가 공동으로 주식이전에 의하여 완전모회사를 설립하는 때에는 그 뜻
② 제1항의 승인결의는 제434조의 규정에 의하여야 한다.
③ 제360조의3제4항의 규정은 제1항의 경우의 주주총회의 승인에 이를 준용한다.
④ 주식이전으로 인하여 주식이전에 관련되는 각 회사의 주주의 부담이 가중되는 경우에는 제1항 및 제436조의 결의 외에 그 주주 전원의 동의가 있어야 한 다.〈신설 2011. 4. 14.〉

[본조신설 2001. 7. 24.]

제360조의17(주식이전계획서 등의 서류의 공시) ① 이사는 제360조의16제1항의 규정에 의한 주주총회의 회일의 2주전부터 주식이전의 날 이후 6월을 경과하는 날까지 다음 각호의 서류를 본점에 비치하여야 한다.
1. 제360조의16제1항의 규정에 의한 주식이전계획서
2. 완전자회사가 되는 회사의 주주에 대한 주식의 배정에 관하여 그 이유를 기재한 서면
3. 제360조의16제1항의 주주총회의 회일전 6월 이내의 날에 작성한 완전자회사가 되는 회사의 최종 대차대조표 및 손익계산서
② 제1항의 서류에 관하여는 제391조의3제3항의 규정을 준용한다.

[본조신설 2001. 7. 24.]

제360조의18(완전모회사의 자본금의 한도액) 설립하는 완전모회사의 자본금은 주식이전의 날에 완전자회사가 되는 회사에 현존하는 순자산액에서 그 회사의 주주에게 제공할 금전 및 그 밖의 재산의 가액을 뺀 액을 초과하지 못한다. 〈개정 2011. 4. 14., 2015. 12. 1.〉

[본조신설 2001. 7. 24.] [제목개정 2011. 4. 14.]

제360조의19(주권의 실효절차) ①주식이전에 의하여 완전자회사가 되는 회사는 제360조의16제1항의 규정에 의한 결의를 한 때에는 다음 각호의 사항을 공고하고, 주주명부에 기재된 주주와 질권자에 대하여 따로 따로 그 통지를 하여야 한다.
1. 제360조의16제1항의 규정에 의한 결의를 한 뜻
2. 1월을 초과하여 정한 기간내에 주권을 회사에 제출하여야 한다는 뜻
3. 주식이전의 날에 주권이 무효가 된다는 뜻
② 제442조의 규정은 제360조의16제1항의 규정에 의한 결의를 한 경우에 이를 준용한다.〈개정 2014. 5. 20.〉

[본조신설 2001. 7. 24.]

제360조의20(주식이전에 의한 등기) 주식이전을 한 때에는 설립한 완전모회사의 본점의 소재지에서는 2주내에, 지점의 소재지에서는 3주내에 제317조제2항에서 정하는 사항을 등기하여야 한다.

[본조신설 2001. 7. 24.]

제360조의21(주식이전의 효력발생시기) 주식이전은 이로 인하여 설립한 완전모회사가 그 본점소재지에서 제360조의20의 규정에 의한 등기를 함으로써 그 효력이 발생한다.

[본조신설 2001. 7. 24.]

제360조의22(주식교환 규정의 준용) 제360조의5, 제360조의11 및 제360조의12의 규정은 주식이전의 경우에 이를 준용한다.

[본조신설 2001. 7. 24.]

제360조의23(주식이전무효의 소) ①주식이전의 무효는 각 회사의 주주·이사·감사·감사위원회의 위원 또는 청산인에 한하여 주식이전의 날부터 6월내에 소만으로 이를 주장할 수 있다.

② 제1항의 소는 완전모회사가 되는 회사의 본점소재지의 지방법원의 관할에 전속한다.

③ 주식이전을 무효로 하는 판결이 확정된 때에는 완전모회사가 된 회사는 주식이전을 위하여 발행한 주식의 주주에 대하여 그가 소유하였던 완전자회사가 된 회사의 주식을 이전하여야 한다.

④ 제187조 내지 제193조 및 제377조의 규정은 제1항의 소에, 제339조 및 제340조제3항의 규정은 제3항의 경우에 각각 이를 준용한다.

[본조신설 2001. 7. 24.]

제4관 지배주주에 의한 소수주식의 전부 취득

〈신설 2011. 4. 14.〉

제360조의24(지배주주의 매도청구권) ① 회사의 발행주식총수의 100분의 95 이상을 자기의 계산으로 보유하고 있는 주주(이하 이 관에서 "지배주주"라 한다)는 회사의 경영상 목적을 달성하기 위하여 필요한 경우에는 회사의 다른 주주(이하 이 관에서 "소수주주"라 한다)에게 그 보유하는 주식의 매도를 청구할 수 있다.

② 제1항의 보유주식의 수를 산정할 때에는 모회사와 자회사가 보유한 주식을 합산한다. 이 경우 회사가 아닌 주주가 발행주식총수의 100분의 50을 초과하는 주식을 가진 회사가 보유하는 주식도 그 주주가 보유하는 주식과 합산한다.

③ 제1항의 매도청구를 할 때에는 미리 주주총회의 승인을 받아야 한다.

④ 제3항의 주주총회의 소집을 통지할 때에는 다음 각 호에 관한 사항을 적어야

하고, 매도를 청구하는 지배주주는 주주총회에서 그 내용을 설명하여야 한다.

1. 지배주주의 회사 주식의 보유 현황
2. 매도청구의 목적
3. 매매가액의 산정 근거와 적정성에 관한 공인된 감정인의 평가
4. 매매가액의 지급보증

⑤ 지배주주는 매도청구의 날 1개월 전까지 다음 각 호의 사실을 공고하고, 주주명부에 적힌 주주와 질권자에게 따로 그 통지를 하여야 한다.

1. 소수주주는 매매가액의 수령과 동시에 주권을 지배주주에게 교부하여야 한다는 뜻
2. 교부하지 아니할 경우 매매가액을 수령하거나 지배주주가 매매가액을 공탁(供託)한 날에 주권은 무효가 된다는 뜻

⑥ 제1항의 매도청구를 받은 소수주주는 매도청구를 받은 날부터 2개월 내에 지배주주에게 그 주식을 매도하여야 한다.

⑦ 제6항의 경우 그 매매가액은 매도청구를 받은 소수주주와 매도를 청구한 지배주주 간의 협의로 결정한다.

⑧ 제1항의 매도청구를 받은 날부터 30일 내에 제7항의 매매가액에 대한 협의가 이루어지지 아니한 경우에는 매도청구를 받은 소수주주 또는 매도청구를 한 지배주주는 법원에 매매가액의 결정을 청구할 수 있다.

⑨ 법원이 제8항에 따라 주식의 매매가액을 결정하는 경우에는 회사의 재산상태와 그 밖의 사정을 고려하여 공정한 가액으로 산정하여야 한다.

[본조신설 2011. 4. 14.]

제360조의25(소수주주의 매수청구권) ① 지배주주가 있는 회사의 소수주주는 언제든지 지배주주에게 그 보유주식의 매수를 청구할 수 있다.

② 제1항의 매수청구를 받은 지배주주는 매수를 청구한 날을 기준으로 2개월 내에 매수를 청구한 주주로부터 그 주식을 매수하여야 한다.

③ 제2항의 경우 그 매매가액은 매수를 청구한 주주와 매수청구를 받은 지배주주 간의 협의로 결정한다.

④ 제2항의 매수청구를 받은 날부터 30일 내에 제3항의 매매가액에 대한 협의가 이루어지지 아니한 경우에는 매수청구를 받은 지배주주 또는 매수청구를 한 소수주주는 법원에 대하여 매매가액의 결정을 청구할 수 있다.

⑤ 법원이 제4항에 따라 주식의 매매가액을 결정하는 경우에는 회사의 재산상태와 그 밖의 사정을 고려하여 공정한 가액으로 산정하여야 한다.

[본조신설 2011. 4. 14.]

제360조의26(주식의 이전 등) ① 제360조의24와 제360조의25에 따라 주식을 취득하는 지배주주가 매매가액을 소수주주에게 지급한 때에 주식이 이전된 것으로 본다.

② 제1항의 매매가액을 지급할 소수주주를 알 수 없거나 소수주주가 수령을 거부할 경우에는 지배주주는 그 가액을 공탁할 수 있다. 이 경우 주식은 공탁한 날에 지배주주에게 이전된 것으로 본다.

[본조신설 2011. 4. 14.]

제3절 회사의 기관

제1관 주주총회

제361조(총회의 권한) 주주총회는 본법 또는 정관에 정하는 사항에 한하여 결의할 수 있다.

제362조(소집의 결정) 총회의 소집은 본법에 다른 규정이 있는 경우 외에는 이사회가 이를 결정한다.

제363조(소집의 통지) ① 주주총회를 소집할 때에는 주주총회일의 2주 전에 각 주주에게 서면으로 통지를 발송하거나 각 주주의 동의를 받아 전자문서로 통지를 발송하여야 한다. 다만, 그 통지가 주주명부상 주주의 주소에 계속 3년간 도달하지 아니한 경우에는 회사는 해당 주주에게 총회의 소집을 통지하지 아니할 수 있다.

② 제1항의 통지서에는 회의의 목적사항을 적어야 한다.

③ 제1항에도 불구하고 자본금 총액이 10억원 미만인 회사가 주주총회를 소집하는 경우에는 주주총회일의 10일 전에 각 주주에게 서면으로 통지를 발송하거나 각 주주의 동의를 받아 전자문서로 통지를 발송할 수 있다.〈개정 2014. 5. 20.〉

④ 자본금 총액이 10억원 미만인 회사는 주주 전원의 동의가 있을 경우에는 소집절차 없이 주주총회를 개최할 수 있고, 서면에 의한 결의로써 주주총회의 결의를 갈음할 수 있다. 결의의 목적사항에 대하여 주주 전원이 서면으로 동의를 한 때에는 서면에 의한 결의가 있는 것으로 본다.〈개정 2014. 5. 20.〉

⑤ 제4항의 서면에 의한 결의는 주주총회의 결의와 같은 효력이 있다.〈개정 2014. 5. 20.〉

⑥ 서면에 의한 결의에 대하여는 주주총회에 관한 규정을 준용한다.〈개정 2014. 5. 20.〉

⑦ 제1항부터 제4항까지의 규정은 의결권 없는 주주에게는 적용하지 아니한다. 다만, 제1항의 통지서에 적은 회의의 목적사항에 제360조의5, 제360조의22, 제374조의2, 제522조의3 또는 제530조의11에 따라 반대주주의 주식매수청구권이 인정되는 사항이 포함된 경우에는 그러하지 아니하다.〈개정 2014. 5. 20., 2015. 12. 1.〉

[전문개정 2009. 5. 28.] [제목개정 2014. 5. 20.]

제363조의2(주주제안권) ① 의결권없는 주식을 제외한 발행주식총수의 100분의 3 이상에 해당하는 주식을 가진 주주는 이사에게 주주총회일(정기주주총회의 경우

직전 연도의 정기주주총회일에 해당하는 그 해의 해당일. 이하 이 조에서 같다)의 6주 전에 서면 또는 전자문서로 일정한 사항을 주주총회의 목적사항으로 할 것을 제안(이하 '株主提案'이라 한다)할 수 있다. 〈개정 2009. 1. 30.〉

② 제1항의 주주는 이사에게 주주총회일의 6주 전에 서면 또는 전자문서로 회의의 목적으로 할 사항에 추가하여 당해 주주가 제출하는 의안의 요령을 제363조에서 정하는 통지에 기재할 것을 청구할 수 있다. 〈개정 2009. 1. 30., 2014. 5. 20.〉

③ 이사는 제1항에 의한 주주제안이 있는 경우에는 이를 이사회에 보고하고, 이사회는 주주제안의 내용이 법령 또는 정관을 위반하는 경우와 그 밖에 대통령령으로 정하는 경우를 제외하고는 이를 주주총회의 목적사항으로 하여야 한다. 이 경우 주주제안을 한 자의 청구가 있는 때에는 주주총회에서 당해 의안을 설명할 기회를 주어야 한다. 〈개정 2009. 1. 30.〉

[본조신설 1998. 12. 28.]

제364조(소집지) 총회는 정관에 다른 정함이 없으면 본점소재지 또는 이에 인접한 지에 소집하여야 한다.

제365조(총회의 소집) ① 정기총회는 매년 1회 일정한 시기에 이를 소집하여야 한다.

② 연 2회 이상의 결산기를 정한 회사는 매기에 총회를 소집하여야 한다.

③ 임시총회는 필요있는 경우에 수시 이를 소집한다.

제366조(소수주주에 의한 소집청구) ① 발행주식총수의 100분의 3 이상에 해당하는 주식을 가진 주주는 회의의 목적사항과 소집의 이유를 적은 서면 또는 전자문서를 이사회에 제출하여 임시총회의 소집을 청구할 수 있다. 〈개정 2009. 5. 28.〉

② 제1항의 청구가 있은 후 지체 없이 총회소집의 절차를 밟지 아니한 때에는 청구한 주주는 법원의 허가를 받아 총회를 소집할 수 있다. 이 경우 주주총회의 의장은 법원이 이해관계인의 청구나 직권으로 선임할 수 있다. 〈개정 2011. 4. 14.〉

③ 제1항 및 제2항의 규정에 의한 총회는 회사의 업무와 재산상태를 조사하게 하기 위하여 검사인을 선임할 수 있다. 〈개정 1998. 12. 28.〉

제366조의2(총회의 질서유지) ① 총회의 의장은 정관에서 정함이 없는 때에는 총회에서 선임한다.

② 총회의 의장은 총회의 질서를 유지하고 의사를 정리한다.

③ 총회의 의장은 고의로 의사진행을 방해하기 위한 발언·행동을 하는 등 현저히 질서를 문란하게 하는 자에 대하여 그 발언의 정지 또는 퇴장을 명할 수 있다.

[본조신설 1999. 12. 31.]

제367조(검사인의 선임) ① 총회는 이사가 제출한 서류와 감사의 보고서를 조사하

게 하기 위하여 검사인(檢査人)을 선임할 수 있다.

② 회사 또는 발행주식총수의 100분의 1 이상에 해당하는 주식을 가진 주주는 총회의 소집절차나 결의방법의 적법성을 조사하기 위하여 총회 전에 법원에 검사인의 선임을 청구할 수 있다.

[전문개정 2011. 4. 14.]

제368조(총회의 결의방법과 의결권의 행사) ①총회의 결의는 이 법 또는 정관에 다른 정함이 있는 경우를 제외하고는 출석한 주주의 의결권의 과반수와 발행주식총수의 4분의 1 이상의 수로써 하여야 한다. *〈개정 1995. 12. 29.〉*

② 주주는 대리인으로 하여금 그 의결권을 행사하게 할 수 있다. 이 경우에는 그 대리인은 대리권을 증명하는 서면을 총회에 제출하여야 한다. *〈개정 2014. 5. 20.〉*

③ 총회의 결의에 관하여 특별한 이해관계가 있는 자는 의결권을 행사하지 못한다. *〈개정 2014. 5. 20.〉*

제368조의2(의결권의 불통일행사) ① 주주가 2 이상의 의결권을 가지고 있는 때에는 이를 통일하지 아니하고 행사할 수 있다. 이 경우 주주총회일의 3일전에 회사에 대하여 서면 또는 전자문서로 그 뜻과 이유를 통지하여야 한다. *〈개정 2009. 5. 28.〉*

② 주주가 주식의 신탁을 인수하였거나 기타 타인을 위하여 주식을 가지고 있는 경우외에는 회사는 주주의 의결권의 불통일행사를 거부할 수 있다.

[본조신설 1984. 4. 10.]

제368조의3(서면에 의한 의결권의 행사) ①주주는 정관이 정한 바에 따라 총회에 출석하지 아니하고 서면에 의하여 의결권을 행사할 수 있다.

② 회사는 총회의 소집통지서에 주주가 제1항의 규정에 의한 의결권을 행사하는 데 필요한 서면과 참고자료를 첨부하여야 한다.

[본조신설 1999. 12. 31.]

제368조의4(전자적 방법에 의한 의결권의 행사) ① 회사는 이사회의 결의로 주주가 총회에 출석하지 아니하고 전자적 방법으로 의결권을 행사할 수 있음을 정할 수 있다.

② 회사는 제363조에 따라 소집통지를 할 때에는 주주가 제1항에 따른 방법으로 의결권을 행사할 수 있다는 내용을 통지하여야 한다. *〈개정 2014. 5. 20.〉*

③ 회사가 제1항에 따라 전자적 방법에 의한 의결권행사를 정한 경우에 주주는 주주 확인절차 등 대통령령으로 정하는 바에 따라 의결권을 행사하여야 한다. 이 경우 회사는 의결권행사에 필요한 양식과 참고자료를 주주에게 전자적 방법으로 제공하여야 한다.

④ 동일한 주식에 관하여 제1항 또는 제368조의3제1항에 따라 의결권을 행사하

는 경우 전자적 방법 또는 서면 중 어느 하나의 방법을 선택하여야 한다.

⑤ 회사는 의결권행사에 관한 전자적 기록을 총회가 끝난 날부터 3개월간 본점에 갖추어 두어 열람하게 하고 총회가 끝난 날부터 5년간 보존하여야 한다.

⑥ 주주 확인절차 등 전자적 방법에 의한 의결권행사의 절차와 그 밖에 필요한 사항은 대통령령으로 정한다.

[본조신설 2009. 5. 28.]

제369조(의결권) ① 의결권은 1주마다 1개로 한다.

② 회사가 가진 자기주식은 의결권이 없다.

③ 회사, 모회사 및 자회사 또는 자회사가 다른 회사의 발행주식의 총수의 10분의 1을 초과하는 주식을 가지고 있는 경우 그 다른 회사가 가지고 있는 회사 또는 모회사의 주식은 의결권이 없다.*⟨신설 1984. 4. 10.⟩*

제370조 삭제 *⟨2011. 4. 14.⟩*

제371조(정족수, 의결권수의 계산) ① 총회의 결의에 관하여는 제344조의3제1항과 제369조제2항 및 제3항의 의결권 없는 주식의 수는 발행주식총수에 산입하지 아니한다.

② 총회의 결의에 관하여는 제368조제3항에 따라 행사할 수 없는 주식의 의결권 수와 제409조제2항 및 제542조의12제4항에 따라 그 비율을 초과하는 주식으로서 행사할 수 없는 주식의 의결권 수는 출석한 주주의 의결권의 수에 산입하지 아니한다.*⟨개정 2014. 5. 20., 2020. 12. 29.⟩*

[전문개정 2011. 4. 14.]

제372조(총회의 연기, 속행의 결의) ① 총회에서는 회의의 속행 또는 연기의 결의를 할 수 있다.

② 전항의 경우에는 제363조의 규정을 적용하지 아니한다.

제373조(총회의 의사록) ① 총회의 의사에는 의사록을 작성하여야 한다.

② 의사록에는 의사의 경과요령과 그 결과를 기재하고 의장과 출석한 이사가 기명날인 또는 서명하여야 한다.*⟨개정 1995. 12. 29.⟩*

제374조(영업양도, 양수, 임대등) ① 회사가 다음 각 호의 어느 하나에 해당하는 행위를 할 때에는 제434조에 따른 결의가 있어야 한다. *⟨개정 2011. 4. 14.⟩*

　1. 영업의 전부 또는 중요한 일부의 양도

　2. 영업 전부의 임대 또는 경영위임, 타인과 영업의 손익 전부를 같이 하는 계약, 그 밖에 이에 준하는 계약의 체결·변경 또는 해약

　3. 회사의 영업에 중대한 영향을 미치는 다른 회사의 영업 전부 또는 일부의 양수

② 제1항의 행위에 관한 주주총회의 소집의 통지를 하는 때에는 제374조의2제1항 및 제2항의 규정에 의한 주식매수청구권의 내용 및 행사방법을 명시하여야 한다. 〈신설 1995. 12. 29., 2014. 5. 20.〉

제374조의2(반대주주의 주식매수청구권) ① 제374조에 따른 결의사항에 반대하는 주주(의결권이 없거나 제한되는 주주를 포함한다. 이하 이 조에서 같다)는 주주총회 전에 회사에 대하여 서면으로 그 결의에 반대하는 의사를 통지한 경우에는 그 총회의 결의일부터 20일 이내에 주식의 종류와 수를 기재한 서면으로 회사에 대하여 자기가 소유하고 있는 주식의 매수를 청구할 수 있다. 〈개정 2015. 12. 1.〉

② 제1항의 청구를 받으면 해당 회사는 같은 항의 매수 청구 기간(이하 이 조에서 "매수청구기간"이라 한다)이 종료하는 날부터 2개월 이내에 그 주식을 매수하여야 한다. 〈개정 2015. 12. 1.〉

③ 제2항의 규정에 의한 주식의 매수가액은 주주와 회사간의 협의에 의하여 결정한다. 〈개정 2001. 7. 24.〉

④ 매수청구기간이 종료하는 날부터 30일 이내에 제3항의 규정에 의한 협의가 이루어지지 아니한 경우에는 회사 또는 주식의 매수를 청구한 주주는 법원에 대하여 매수가액의 결정을 청구할 수 있다. 〈개정 2001. 7. 24., 2015. 12. 1.〉

⑤ 법원이 제4항의 규정에 의하여 주식의 매수가액을 결정하는 경우에는 회사의 재산상태 그 밖의 사정을 참작하여 공정한 가액으로 이를 산정하여야 한다. 〈신설 2001. 7. 24.〉

[본조신설 1995. 12. 29.] [제목개정 2015. 12. 1.]

제374조의3(간이영업양도, 양수, 임대 등) ① 제374조제1항 각 호의 어느 하나에 해당하는 행위를 하는 회사의 총주주의 동의가 있거나 그 회사의 발행주식총수의 100분의 90 이상을 해당 행위의 상대방이 소유하고 있는 경우에는 그 회사의 주주총회의 승인은 이를 이사회의 승인으로 갈음할 수 있다.

② 제1항의 경우에 회사는 영업양도, 양수, 임대 등의 계약서 작성일부터 2주 이내에 주주총회의 승인을 받지 아니하고 영업양도, 양수, 임대 등을 한다는 뜻을 공고하거나 주주에게 통지하여야 한다. 다만, 총주주의 동의가 있는 경우에는 그러하지 아니하다.

③ 제2항의 공고 또는 통지를 한 날부터 2주 이내에 회사에 대하여 서면으로 영업양도, 양수, 임대 등에 반대하는 의사를 통지한 주주는 그 기간이 경과한 날부터 20일 이내에 주식의 종류와 수를 기재한 서면으로 회사에 대하여 자기가 소유하고 있는 주식의 매수를 청구할 수 있다. 이 경우 제374조의2제2항부터 제5항까지의 규정을 준용한다.

[본조신설 2015. 12. 1.]

제375조(사후설립) 회사가 그 성립 후 2년 내에 그 성립 전부터 존재하는 재산으로서 영업을 위하여 계속하여 사용하여야 할 것을 자본금의 100분의 5 이상에 해당하는 대가로 취득하는 계약을 하는 경우에는 제374조를 준용한다.
[전문개정 2011. 4. 14.]

제376조(결의취소의 소) ① 총회의 소집절차 또는 결의방법이 법령 또는 정관에 위반하거나 현저하게 불공정한 때 또는 그 결의의 내용이 정관에 위반한 때에는 주주·이사 또는 감사는 결의의 날로부터 2월내에 결의취소의 소를 제기할 수 있다. 〈개정 1984. 4. 10., 1995. 12. 29.〉
② 제186조 내지 제188조, 제190조 본문과 제191조의 규정은 제1항의 소에 준용한다. 〈개정 1984. 4. 10., 1995. 12. 29.〉

제377조(제소주주의 담보제공의무) ① 주주가 결의취소의 소를 제기한 때에는 법원은 회사의 청구에 의하여 상당한 담보를 제공할 것을 명할 수 있다. 그러나 그 주주가 이사 또는 감사인 때에는 그러하지 아니하다. 〈개정 1984. 4. 10.〉
② 제176조제4항의 규정은 제1항의 청구에 준용한다. 〈개정 1984. 4. 10.〉

제378조(결의취소의 등기) 결의한 사항이 등기된 경우에 결의취소의 판결이 확정된 때에는 본점과 지점의 소재지에서 등기하여야 한다.

제379조(법원의 재량에 의한 청구기각) 결의취소의 소가 제기된 경우에 결의의 내용, 회사의 현황과 제반사정을 참작하여 그 취소가 부적당하다고 인정한 때에는 법원은 그 청구를 기각할 수 있다.

제380조(결의무효 및 부존재확인의 소) 제186조 내지 제188조, 제190조 본문, 제191조, 제377조와 제378조의 규정은 총회의 결의의 내용이 법령에 위반한 것을 이유로 하여 결의무효의 확인을 청구하는 소와 총회의 소집절차 또는 결의방법에 총회결의가 존재한다고 볼 수 없을 정도의 중대한 하자가 있는 것을 이유로 하여 결의부존재의 확인을 청구하는 소에 이를 준용한다. 〈개정 1984. 4. 10., 1995. 12. 29.〉

제381조(부당결의의 취소, 변경의 소) ①주주가 제368조제3항의 규정에 의하여 의결권을 행사할 수 없었던 경우에 결의가 현저하게 부당하고 그 주주가 의결권을 행사하였더라면 이를 저지할 수 있었을 때에는 그 주주는 그 결의의 날로부터 2월내에 결의의 취소의 소 또는 변경의 소를 제기할 수 있다. 〈개정 2014. 5. 20.〉
② 제186조 내지 제188조, 제190조 본문, 제191조, 제377조와 제378조의 규정은 제1항의 소에 준용한다. 〈개정 1998. 12. 28.〉

제2관 이사와 이사회

제382조(이사의 선임, 회사와의 관계 및 사외이사) ① 이사는 주주총회에서 선임한다.

② 회사와 이사의 관계는 「민법」의 위임에 관한 규정을 준용한다.

③ 사외이사(社外理事)는 해당 회사의 상무(常務)에 종사하지 아니하는 이사로서 다음 각 호의 어느 하나에 해당하지 아니하는 자를 말한다. 사외이사가 다음 각 호의 어느 하나에 해당하는 경우에는 그 직을 상실한다. 〈개정 2011. 4. 14.〉

1. 회사의 상무에 종사하는 이사·집행임원 및 피용자 또는 최근 2년 이내에 회사의 상무에 종사한 이사·감사·집행임원 및 피용자
2. 최대주주가 자연인인 경우 본인과 그 배우자 및 직계 존속·비속
3. 최대주주가 법인인 경우 그 법인의 이사·감사·집행임원 및 피용자
4. 이사·감사·집행임원의 배우자 및 직계 존속·비속
5. 회사의 모회사 또는 자회사의 이사·감사·집행임원 및 피용자
6. 회사와 거래관계 등 중요한 이해관계에 있는 법인의 이사·감사·집행임원 및 피용자
7. 회사의 이사·집행임원 및 피용자가 이사·집행임원으로 있는 다른 회사의 이사·감사·집행임원 및 피용자

[전문개정 2009. 1. 30.]

제382조의2(집중투표) ① 2인 이상의 이사의 선임을 목적으로 하는 총회의 소집이 있는 때에는 의결권없는 주식을 제외한 발행주식총수의 100분의 3 이상에 해당하는 주식을 가진 주주는 정관에서 달리 정하는 경우를 제외하고는 회사에 대하여 집중투표의 방법으로 이사를 선임할 것을 청구할 수 있다.

② 제1항의 청구는 주주총회일의 7일 전까지 서면 또는 전자문서로 하여야 한다. 〈개정 2009. 5. 28.〉

③ 제1항의 청구가 있는 경우에 이사의 선임결의에 관하여 각 주주는 1주마다 선임할 이사의 수와 동일한 수의 의결권을 가지며, 그 의결권은 이사 후보자 1인 또는 수인에게 집중하여 투표하는 방법으로 행사할 수 있다.

④ 제3항의 규정에 의한 투표의 방법으로 이사를 선임하는 경우에는 투표의 최다수를 얻은 자부터 순차적으로 이사에 선임되는 것으로 한다.

⑤ 제1항의 청구가 있는 경우에는 의장은 의결에 앞서 그러한 청구가 있다는 취지를 알려야 한다.

⑥ 제2항의 서면은 총회가 종결될 때까지 이를 본점에 비치하고 주주로 하여금 영업시간내에 열람할 수 있게 하여야 한다.

[본조신설 1998. 12. 28.]

제382조의3(이사의 충실의무) 이사는 법령과 정관의 규정에 따라 회사를 위하여

그 직무를 충실하게 수행하여야 한다.

[본조신설 1998. 12. 28.]

제382조의4(이사의 비밀유지의무) 이사는 재임중 뿐만 아니라 퇴임후에도 직무상 알게된 회사의 영업상 비밀을 누설하여서는 아니된다.

[본조신설 2001. 7. 24.]

제383조(원수, 임기) ① 이사는 3명 이상이어야 한다. 다만, 자본금 총액이 10억원 미만인 회사는 1명 또는 2명으로 할 수 있다. *〈개정 2009. 5. 28.〉*

② 이사의 임기는 3년을 초과하지 못한다. *〈개정 1984. 4. 10.〉*

③ 제2항의 임기는 정관으로 그 임기 중의 최종의 결산기에 관한 정기주주총회의 종결에 이르기까지 연장할 수 있다. *〈개정 1984. 4. 10.〉*

④ 제1항 단서의 경우에는 제302조제2항제5호의2, 제317조제2항제3호의2, 제335조제1항 단서 및 제2항, 제335조의2제1항·제3항, 제335조의3제1항·제2항, 제335조의7제1항, 제340조의3제1항제5호, 제356조제6호의2, 제397조제1항·제2항, 제397조의2제1항, 제398조, 제416조 본문, 제451조제2항, 제461조제1항 본문 및 제3항, 제462조의3제1항, 제464조의2제1항, 제469조, 제513조제2항 본문 및 제516조의2제2항 본문(준용되는 경우를 포함한다) 중 "이사회"는 각각 "주주총회"로 보며, 제360조의5제1항 및 제522조의3제1항 중 "이사회의 결의가 있는 때"는 "제363조제1항에 따른 주주총회의 소집통지가 있는 때"로 본다. *〈개정 2009. 5. 28., 2011. 4. 14.〉*

⑤ 제1항 단서의 경우에는 제341조제2항 단서, 제390조, 제391조, 제391조의2, 제391조의3, 제392조, 제393조제2항부터 제4항까지, 제399조제2항, 제408조의2제3항·제4항, 제408조의3제2항, 제408조의4제2호, 제408조의5제1항, 제408조의6, 제408조의7, 제412조의4, 제449조의2, 제462조제2항 단서, 제526조제3항, 제527조제4항, 제527조의2, 제527조의3제1항 및 제527조의5제2항은 적용하지 아니한다. *〈개정 2009. 5. 28., 2011. 4. 14.〉*

⑥ 제1항 단서의 경우에는 각 이사(정관에 따라 대표이사를 정한 경우에는 그 대표이사를 말한다)가 회사를 대표하며 제343조제1항 단서, 제346조제3항, 제362조, 제363조의2제3항, 제366조제1항, 제368조의4제1항, 제393조제1항, 제412조의3제1항 및 제462조의3제1항에 따른 이사회의 기능을 담당한다. *〈개정 2009. 5. 28., 2011. 4. 14.〉*

제384조 삭제 *〈1995. 12. 29.〉*

제385조(해임) ① 이사는 언제든지 제434조의 규정에 의한 주주총회의 결의로 이

를 해임할 수 있다. 그러나 이사의 임기를 정한 경우에 정당한 이유없이 그 임기 만료전에 이를 해임한 때에는 그 이사는 회사에 대하여 해임으로 인한 손해의 배상을 청구할 수 있다.

② 이사가 그 직무에 관하여 부정행위 또는 법령이나 정관에 위반한 중대한 사실이 있음에도 불구하고 주주총회에서 그 해임을 부결한 때에는 발행주식의 총수의 100분의 3 이상에 해당하는 주식을 가진 주주는 총회의 결의가 있은 날부터 1월내에 그 이사의 해임을 법원에 청구할 수 있다.〈개정 1998. 12. 28.〉

③ 제186조의 규정은 전항의 경우에 준용한다.

제386조(결원의 경우) ① 법률 또는 정관에 정한 이사의 원수를 결한 경우에는 임기의 만료 또는 사임으로 인하여 퇴임한 이사는 새로 선임된 이사가 취임할 때까지 이사의 권리의무가 있다.

② 제1항의 경우에 필요하다고 인정할 때에는 법원은 이사, 감사 기타의 이해관계인의 청구에 의하여 일시 이사의 직무를 행할 자를 선임할 수 있다. 이 경우에는 본점의 소재지에서 그 등기를 하여야 한다.〈개정 1995. 12. 29.〉

제387조(자격주) 정관으로 이사가 가질 주식의 수를 정한 경우에 다른 규정이 없는 때에는 이사는 그 수의 주권을 감사에게 공탁하여야 한다.

제388조(이사의 보수) 이사의 보수는 정관에 그 액을 정하지 아니한 때에는 주주총회의 결의로 이를 정한다.

제389조(대표이사) ① 회사는 이사회의 결의로 회사를 대표할 이사를 선정하여야 한다. 그러나 정관으로 주주총회에서 이를 선정할 것을 정할 수 있다.

② 전항의 경우에는 수인의 대표이사가 공동으로 회사를 대표할 것을 정할 수 있다.

③ 제208조제2항, 제209조, 제210조와 제386조의 규정은 대표이사에 준용한다. 〈개정 1962. 12. 12.〉

제390조(이사회의 소집) ① 이사회는 각 이사가 소집한다. 그러나 이사회의 결의로 소집할 이사를 정한 때에는 그러하지 아니하다.

② 제1항 단서의 규정에 의하여 소집권자로 지정되지 않은 다른 이사는 소집권자인 이사에게 이사회 소집을 요구할 수 있다. 소집권자인 이사가 정당한 이유없이 이사회 소집을 거절하는 경우에는 다른 이사가 이사회를 소집할 수 있다. 〈신설 2001. 7. 24.〉

③ 이사회를 소집함에는 회일을 정하고 그 1주간전에 각 이사 및 감사에 대하여 통지를 발송하여야 한다. 그러나 그 기간은 정관으로 단축할 수 있다.〈개정 1984. 4. 10.〉

④ 이사회는 이사 및 감사 전원의 동의가 있는 때에는 제3항의 절차없이 언제든 지 회의할 수 있다.⟨개정 1984. 4. 10., 2001. 7. 24.⟩

제391조(이사회의 결의방법) ① 이사회의 결의는 이사과반수의 출석과 출석이사의 과반수로 하여야 한다. 그러나 정관으로 그 비율을 높게 정할 수 있다.

② 정관에서 달리 정하는 경우를 제외하고 이사회는 이사의 전부 또는 일부가 직접 회의에 출석하지 아니하고 모든 이사가 음성을 동시에 송수신하는 원격통신수단에 의하여 결의에 참가하는 것을 허용할 수 있다. 이 경우 당해 이사는 이사회에 직접 출석한 것으로 본다.⟨신설 1999. 12. 31., 2011. 4. 14.⟩

③ 제368조제3항 및 제371조제2항의 규정은 제1항의 경우에 이를 준용한다.⟨개정 2014. 5. 20.⟩

[전문개정 1984. 4. 10.]

제391조의2(감사의 이사회출석·의견진술권) ①감사는 이사회에 출석하여 의견을 진술할 수 있다.

② 감사는 이사가 법령 또는 정관에 위반한 행위를 하거나 그 행위를 할 염려가 있다고 인정한 때에는 이사회에 이를 보고하여야 한다.

[본조신설 1984. 4. 10.]

제391조의3(이사회의 의사록) ① 이사회의 의사에 관하여는 의사록을 작성하여야 한다.

② 의사록에는 의사의 안건, 경과요령, 그 결과, 반대하는 자와 그 반대이유를 기재하고 출석한 이사 및 감사가 기명날인 또는 서명하여야 한다.⟨개정 1995. 12. 29., 1999. 12. 31.⟩

③ 주주는 영업시간내에 이사회의사록의 열람 또는 등사를 청구할 수 있다.⟨신설 1999. 12. 31.⟩

④ 회사는 제3항의 청구에 대하여 이유를 붙여 이를 거절할 수 있다. 이 경우 주주는 법원의 허가를 얻어 이사회의사록을 열람 또는 등사할 수 있다.⟨신설 1999. 12. 31.⟩

[본조신설 1984. 4. 10.]

제392조(이사회의 연기·속행) 제372조의 규정은 이사회에 관하여 이를 준용한다.

[전문개정 1984. 4. 10.]

제393조(이사회의 권한) ① 중요한 자산의 처분 및 양도, 대규모 재산의 차입, 지배인의 선임 또는 해임과 지점의 설치·이전 또는 폐지 등 회사의 업무집행은 이사회의 결의로 한다. ⟨개정 2001. 7. 24.⟩

② 이사회는 이사의 직무의 집행을 감독한다.

③ 이사는 대표이사로 하여금 다른 이사 또는 피용자의 업무에 관하여 이사회에 보고할 것을 요구할 수 있다.〈신설 2001. 7. 24.〉

④ 이사는 3월에 1회 이상 업무의 집행상황을 이사회에 보고하여야 한다.〈신설 2001. 7. 24.〉

[전문개정 1984. 4. 10.]

제393조의2(이사회내 위원회) ① 이사회는 정관이 정한 바에 따라 위원회를 설치할 수 있다.

② 이사회는 다음 각호의 사항을 제외하고는 그 권한을 위원회에 위임할 수 있다.

　1. 주주총회의 승인을 요하는 사항의 제안

　2. 대표이사의 선임 및 해임

　3. 위원회의 설치와 그 위원의 선임 및 해임

　4. 정관에서 정하는 사항

③ 위원회는 2인 이상의 이사로 구성한다.

④ 위원회는 결의된 사항을 각 이사에게 통지하여야 한다. 이 경우 이를 통지받은 각 이사는 이사회의 소집을 요구할 수 있으며, 이사회는 위원회가 결의한 사항에 대하여 다시 결의할 수 있다.

⑤ 제386조제1항·제390조·제391조·제391조의3 및 제392조의 규정은 위원회에 관하여 이를 준용한다.

[본조신설 1999. 12. 31.]

제394조(이사와 회사간의 소에 관한 대표) ① 회사가 이사에 대하여 또는 이사가 회사에 대하여 소를 제기하는 경우에 감사는 그 소에 관하여 회사를 대표한다. 회사가 제403조제1항 또는 제406조의2제1항의 청구를 받은 경우에도 또한 같다. 〈개정 2020. 12. 29.〉

② 제415조의2의 규정에 의한 감사위원회의 위원이 소의 당사자인 경우에는 감사위원회 또는 이사는 법원에 회사를 대표할 자를 선임하여 줄 것을 신청하여야 한다.〈신설 1999. 12. 31.〉

[전문개정 1984. 4. 10.]

제395조(표현대표이사의 행위와 회사의 책임) 사장, 부사장, 전무, 상무 기타 회사를 대표할 권한이 있는 것으로 인정될 만한 명칭을 사용한 이사의 행위에 대하여는 그 이사가 회사를 대표할 권한이 없는 경우에도 회사는 선의의 제삼자에 대하여 그 책임을 진다.

제396조(정관 등의 비치, 공시의무) ① 이사는 회사의 정관, 주주총회의 의사록을

본점과 지점에, 주주명부, 사채원부를 본점에 비치하여야 한다. 이 경우 명의개서대리인을 둔 때에는 주주명부나 사채원부 또는 그 복본을 명의개서대리인의 영업소에 비치할 수 있다. 〈개정 1984. 4. 10., 1999. 12. 31.〉

② 주주와 회사채권자는 영업시간 내에 언제든지 제1항의 서류의 열람 또는 등사를 청구할 수 있다.〈개정 1984. 4. 10.〉

제397조(경업금지) ① 이사는 이사회의 승인이 없으면 자기 또는 제삼자의 계산으로 회사의 영업부류에 속한 거래를 하거나 동종영업을 목적으로 하는 다른 회사의 무한책임사원이나 이사가 되지 못한다. 〈개정 1995. 12. 29.〉

② 이사가 제1항의 규정에 위반하여 거래를 한 경우에 회사는 이사회의 결의로 그 이사의 거래가 자기의 계산으로 한 것인 때에는 이를 회사의 계산으로 한 것으로 볼 수 있고 제삼자의 계산으로 한 것인 때에는 그 이사에 대하여 이로 인한 이득의 양도를 청구할 수 있다.〈개정 1962. 12. 12., 1995. 12. 29.〉

③ 제2항의 권리는 거래가 있은 날로부터 1년을 경과하면 소멸한다.〈개정 1995. 12. 29.〉

제397조의2(회사의 기회 및 자산의 유용 금지) ① 이사는 이사회의 승인 없이 현재 또는 장래에 회사의 이익이 될 수 있는 다음 각 호의 어느 하나에 해당하는 회사의 사업기회를 자기 또는 제3자의 이익을 위하여 이용하여서는 아니 된다. 이 경우 이사회의 승인은 이사 3분의 2 이상의 수로써 하여야 한다.

   1. 직무를 수행하는 과정에서 알게 되거나 회사의 정보를 이용한 사업기회

   2. 회사가 수행하고 있거나 수행할 사업과 밀접한 관계가 있는 사업기회

② 제1항을 위반하여 회사에 손해를 발생시킨 이사 및 승인한 이사는 연대하여 손해를 배상할 책임이 있으며 이로 인하여 이사 또는 제3자가 얻은 이익은 손해로 추정한다.

[본조신설 2011. 4. 14.]

제398조(이사 등과 회사 간의 거래) 다음 각 호의 어느 하나에 해당하는 자가 자기 또는 제3자의 계산으로 회사와 거래를 하기 위하여는 미리 이사회에서 해당 거래에 관한 중요사실을 밝히고 이사회의 승인을 받아야 한다. 이 경우 이사회의 승인은 이사 3분의 2 이상의 수로써 하여야 하고, 그 거래의 내용과 절차는 공정하여야 한다.

   1. 이사 또는 제542조의8제2항제6호에 따른 주요주주

   2. 제1호의 자의 배우자 및 직계존비속

   3. 제1호의 자의 배우자의 직계존비속

   4. 제1호부터 제3호까지의 자가 단독 또는 공동으로 의결권 있는 발행주식 총수의 100분의 50 이상을 가진 회사 및 그 자회사

5. 제1호부터 제3호까지의 자가 제4호의 회사와 합하여 의결권 있는 발행주식총수의
100분의 50 이상을 가진 회사
[전문개정 2011. 4. 14.]

배당이의

[대법원 2021. 4. 29., 선고, 2017다261943, 판결]

【판시사항】

[1] 사법상의 계약 기타 법률행위가 일정한 행위를 금지하는 구체적 법규정을 위반하여
행하여진 경우, 법률행위가 무효인지 또는 법원이 법률행위 내용의 실현에 대한 조
력을 거부하거나 기타 다른 내용으로 효력이 제한되는지 판단하는 기준

[2] 상법 제542조의9 제1항을 위반하여 이루어진 신용공여가 사법상 무효인지 여부(적
극) 및 이는 이사회의 사전 승인이나 사후 추인이 있어도 마찬가지인지 여부(적극)
/ 제3자가 상법 제542조의9 제1항을 위반한 신용공여인지 알지 못하였고 알지 못
한 데에 중대한 과실이 없는 경우, 제3자에게 무효를 주장할 수 있는지 여부(소극)

【판결요지】

[1] 사법상의 계약 기타 법률행위가 일정한 행위를 금지하는 구체적 법규정을 위반하여
행하여진 경우에 그 법률행위가 무효인가 또는 법원이 법률행위 내용의 실현에 대
한 조력을 거부하거나 기타 다른 내용으로 그 효력이 제한되는가의 여부는 당해
법규정이 가지는 넓은 의미에서의 법률효과에 관한 문제의 일환으로서, 그 법규정
의 해석 여하에 의하여 정하여진다. 따라서 그 점에 관한 명문의 정함이 있다면 당
연히 이에 따라야 할 것이고, 그러한 정함이 없는 때에는 종국적으로 그 금지규정
의 목적과 의미에 비추어 그에 반하는 법률행위의 무효 기타 효력 제한이 요구되
는지를 검토하여 이를 정할 것이다.

[2] 상법 제542조의9 제1항의 입법 목적과 내용, 위반행위에 대해 형사처벌이 이루어
지는 점 등을 살펴보면, 위 조항은 강행규정에 해당하므로 위 조항에 위반하여 이
루어진 신용공여는 허용될 수 없는 것으로서 사법상 무효이고, 누구나 그 무효를
주장할 수 있다. 그리고 위 조항의 문언상 상법 제542조의9 제1항을 위반하여 이
루어진 신용공여는, 상법 제398조가 규율하는 이사의 자기거래와 달리, 이사회의
승인 유무와 관계없이 금지되는 것이므로, 이사회의 사전 승인이나 사후 추인이 있
어도 유효로 될 수 없다.

다만 상법 제542조의9는 제1항에서 신용공여를 원칙적으로 금지하면서도 제2항에
서는 일부 신용공여를 허용하고 있는데, 회사의 외부에 있는 제3자로서는 구체적
사안에서 어떠한 신용공여가 금지대상인지 여부를 알거나 판단하기 어려운 경우가
생길 수 있다. 상장회사와의 상거래가 빈번한 거래현실을 감안하면 제3자로 하여금
상장회사와 거래를 할 때마다 일일이 상법 제542조의9 위반 여부를 조사·확인할
의무를 부담시키는 것은 상거래의 신속성이나 거래의 안전을 해친다. 따라서 상법
제542조의9 제1항을 위반한 신용공여라고 하더라도 제3자가 그에 대해 알지 못하

였고 알지 못한 데에 중대한 과실이 없는 경우에는 그 제3자에 대하여는 무효를 주장할 수 없다고 보아야 한다.

제399조(회사에 대한 책임) ① 이사가 고의 또는 과실로 법령 또는 정관에 위반한 행위를 하거나 그 임무를 게을리한 경우에는 그 이사는 회사에 대하여 연대하여 손해를 배상할 책임이 있다. 〈개정 2011. 4. 14.〉

② 전항의 행위가 이사회의 결의에 의한 것인 때에는 그 결의에 찬성한 이사도 전항의 책임이 있다.

③ 전항의 결의에 참가한 이사로서 이의를 한 기재가 의사록에 없는 자는 그 결의에 찬성한 것으로 추정한다.

제400조(회사에 대한 책임의 감면) ① 제399조에 따른 이사의 책임은 주주 전원의 동의로 면제할 수 있다.

② 회사는 정관으로 정하는 바에 따라 제399조에 따른 이사의 책임을 이사가 그 행위를 한 날 이전 최근 1년간의 보수액(상여금과 주식매수선택권의 행사로 인한 이익 등을 포함한다)의 6배(사외이사의 경우는 3배)를 초과하는 금액에 대하여 면제할 수 있다. 다만, 이사가 고의 또는 중대한 과실로 손해를 발생시킨 경우와 제397조 제397조의2 및 제398조에 해당하는 경우에는 그러하지 아니하다.

[전문개정 2011. 4. 14.]

제401조(제삼자에 대한 책임) ① 이사가 고의 또는 중대한 과실로 그 임무를 게을리한 때에는 그 이사는 제3자에 대하여 연대하여 손해를 배상할 책임이 있다. 〈개정 2011. 4. 14.〉

② 제399조제2항, 제3항의 규정은 전항의 경우에 준용한다.

제401조의2(업무집행지시자 등의 책임) ①다음 각 호의 어느 하나에 해당하는 자가 그 지시하거나 집행한 업무에 관하여 제399조, 제401조, 제403조 및 제406조의2를 적용하는 경우에는 그 자를 "이사"로 본다. 〈개정 2020. 12. 29.〉

　1. 회사에 대한 자신의 영향력을 이용하여 이사에게 업무집행을 지시한 자

　2. 이사의 이름으로 직접 업무를 집행한 자

　3. 이사가 아니면서 명예회장·회장·사장·부사장·전무·상무·이사 기타 회사의 업무를 집행할 권한이 있는 것으로 인정될 만한 명칭을 사용하여 회사의 업무를 집행한 자

② 제1항의 경우에 회사 또는 제3자에 대하여 손해를 배상할 책임이 있는 이사는 제1항에 규정된 자와 연대하여 그 책임을 진다.

[본조신설 1998. 12. 28.]

제402조(유지청구권) 이사가 법령 또는 정관에 위반한 행위를 하여 이로 인하여 회사에 회복할 수 없는 손해가 생길 염려가 있는 경우에는 감사 또는 발행주식의

총수의 100분의 1 이상에 해당하는 주식을 가진 주주는 회사를 위하여 이사에 대하여 그 행위를 유지할 것을 청구할 수 있다. 〈개정 1984. 4. 10., 1998. 12. 28.〉

제403조(주주의 대표소송) ① 발행주식의 총수의 100분의 1 이상에 해당하는 주식을 가진 주주는 회사에 대하여 이사의 책임을 추궁할 소의 제기를 청구할 수 있다. 〈개정 1998. 12. 28.〉

② 제1항의 청구는 그 이유를 기재한 서면으로 하여야 한다. 〈개정 1998. 12. 28.〉

③ 회사가 전항의 청구를 받은 날로부터 30일내에 소를 제기하지 아니한 때에는 제1항의 주주는 즉시 회사를 위하여 소를 제기할 수 있다.

④ 제3항의 기간의 경과로 인하여 회사에 회복할 수 없는 손해가 생길 염려가 있는 경우에는 전항의 규정에 불구하고 제1항의 주주는 즉시 소를 제기할 수 있다. 〈개정 1998. 12. 28.〉

⑤ 제3항과 제4항의 소를 제기한 주주의 보유주식이 제소후 발행주식총수의 100분의 1 미만으로 감소한 경우(發行株式을 보유하지 아니하게 된 경우를 제외한다)에도 제소의 효력에는 영향이 없다. 〈신설 1998. 12. 28.〉

⑥ 회사가 제1항의 청구에 따라 소를 제기하거나 주주가 제3항과 제4항의 소를 제기한 경우 당사자는 법원의 허가를 얻지 아니하고는 소의 취하, 청구의 포기·인락·화해를 할 수 없다. 〈신설 1998. 12. 28., 2011. 4. 14.〉

⑦ 제176조제3항, 제4항과 제186조의 규정은 본조의 소에 준용한다.

제404조(대표소송과 소송참가, 소송고지) ① 회사는 전조제3항과 제4항의 소송에 참가할 수 있다.

② 전조제3항과 제4항의 소를 제기한 주주는 소를 제기한 후 지체없이 회사에 대하여 그 소송의 고지를 하여야 한다.

제405조(제소주주의 권리의무) ① 제403조제3항과 제4항의 규정에 의하여 소를 제기한 주주가 승소한 때에는 그 주주는 회사에 대하여 소송비용 및 그 밖에 소송으로 인하여 지출한 비용중 상당한 금액의 지급을 청구할 수 있다. 이 경우 소송비용을 지급한 회사는 이사 또는 감사에 대하여 구상권이 있다. 〈개정 1962. 12. 12., 2001. 7. 24.〉

② 제403조제3항과 제4항의 규정에 의하여 소를 제기한 주주가 패소한 때에는 악의인 경우 외에는 회사에 대하여 손해를 배상할 책임이 없다.

제406조(대표소송과 재심의 소) ① 제403조의 소가 제기된 경우에 원고와 피고의 공모로 인하여 소송의 목적인 회사의 권리를 사해할 목적으로써 판결을 하게 한 때에는 회사 또는 주주는 확정한 종국판결에 대하여 재심의 소를 제기할 수 있다.

② 전조의 규정은 전항의 소에 준용한다.

제406조의2(다중대표소송) ① 모회사 발행주식총수의 100분의 1 이상에 해당하는 주식을 가진 주주는 자회사에 대하여 자회사 이사의 책임을 추궁할 소의 제기를 청구할 수 있다.

② 제1항의 주주는 자회사가 제1항의 청구를 받은 날부터 30일 내에 소를 제기하지 아니한 때에는 즉시 자회사를 위하여 소를 제기할 수 있다.

③ 제1항 및 제2항의 소에 관하여는 제176조제3항·제4항, 제403조제2항, 같은 조 제4항부터 제6항까지 및 제404조부터 제406조까지의 규정을 준용한다.

④ 제1항의 청구를 한 후 모회사가 보유한 자회사의 주식이 자회사 발행주식총수의 100분의 50 이하로 감소한 경우(발행주식을 보유하지 아니하게 된 경우를 제외한다)에도 제1항 및 제2항에 따른 제소의 효력에는 영향이 없다.

⑤ 제1항 및 제2항의 소는 자회사의 본점소재지의 지방법원의 관할에 전속한다.

[본조신설 2020. 12. 29.]

제407조(직무집행정지, 직무대행자선임) ① 이사선임결의의 무효나 취소 또는 이사해임의 소가 제기된 경우에는 법원은 당사자의 신청에 의하여 가처분으로써 이사의 직무집행을 정지할 수 있고 또는 직무대행자를 선임할 수 있다. 급박한 사정이 있는 때에는 본안소송의 제기전에도 그 처분을 할 수 있다.

② 법원은 당사자의 신청에 의하여 전항의 가처분을 변경 또는 취소할 수 있다.

③ 전2항의 처분이 있는 때에는 본점과 지점의 소재지에서 그 등기를 하여야 한다.

제408조(직무대행자의 권한) ① 전조의 직무대행자는 가처분명령에 다른 정함이 있는 경우 외에는 회사의 상무에 속하지 아니한 행위를 하지 못한다. 그러나 법원의 허가를 얻은 경우에는 그러하지 아니하다.

② 직무대행자가 전항의 규정에 위반한 행위를 한 경우에도 회사는 선의의 제삼자에 대하여 책임을 진다.

제408조의2(집행임원 설치회사, 집행임원과 회사의 관계) ① 회사는 집행임원을 둘 수 있다. 이 경우 집행임원을 둔 회사(이하 "집행임원 설치회사"라 한다)는 대표이사를 두지 못한다.

② 집행임원 설치회사와 집행임원의 관계는 「민법」 중 위임에 관한 규정을 준용한다.

③ 집행임원 설치회사의 이사회는 다음의 권한을 갖는다.

  1. 집행임원과 대표집행임원의 선임·해임

  2. 집행임원의 업무집행 감독

  3. 집행임원과 집행임원 설치회사의 소송에서 집행임원 설치회사를 대표할 자의 선임

  4. 집행임원에게 업무집행에 관한 의사결정의 위임(이 법에서 이사회 권한사항으로 정한

경우는 제외한다)
5. 집행임원이 여러 명인 경우 집행임원의 직무 분담 및 지휘·명령관계, 그 밖에 집행임원의 상호관계에 관한 사항의 결정
6. 정관에 규정이 없거나 주주총회의 승인이 없는 경우 집행임원의 보수 결정
④ 집행임원 설치회사는 이사회의 회의를 주관하기 위하여 이사회 의장을 두어야 한다. 이 경우 이사회 의장은 정관의 규정이 없으면 이사회 결의로 선임한다.
[본조신설 2011. 4. 14.]

제408조의3(집행임원의 임기) ① 집행임원의 임기는 정관에 다른 규정이 없으면 2년을 초과하지 못한다.
② 제1항의 임기는 정관에 그 임기 중의 최종 결산기에 관한 정기주주총회가 종결한 후 가장 먼저 소집하는 이사회의 종결 시까지로 정할 수 있다.
[본조신설 2011. 4. 14.]

제408조의4(집행임원의 권한) 집행임원의 권한은 다음 각 호의 사항으로 한다.
1. 집행임원 설치회사의 업무집행
2. 정관이나 이사회의 결의에 의하여 위임받은 업무집행에 관한 의사결정
[본조신설 2011. 4. 14.]

제408조의5(대표집행임원) ① 2명 이상의 집행임원이 선임된 경우에는 이사회 결의로 집행임원 설치회사를 대표할 대표집행임원을 선임하여야 한다. 다만, 집행임원이 1명인 경우에는 그 집행임원이 대표집행임원이 된다.
② 대표집행임원에 관하여는 이 법에 다른 규정이 없으면 주식회사의 대표이사에 관한 규정을 준용한다.
③ 집행임원 설치회사에 대하여는 제395조를 준용한다.
[본조신설 2011. 4. 14.]

제408조의6(집행임원의 이사회에 대한 보고) ① 집행임원은 3개월에 1회 이상 업무의 집행상황을 이사회에 보고하여야 한다.
② 집행임원은 제1항의 경우 외에도 이사회의 요구가 있으면 언제든지 이사회에 출석하여 요구한 사항을 보고하여야 한다.
③ 이사는 대표집행임원으로 하여금 다른 집행임원 또는 피용자의 업무에 관하여 이사회에 보고할 것을 요구할 수 있다.
[본조신설 2011. 4. 14.]

제408조의7(집행임원의 이사회 소집 청구) ① 집행임원은 필요하면 회의의 목적사항과 소집이유를 적은 서면을 이사(소집권자가 있는 경우에는 소집권자를 말한다. 이하 이 조에서 같다)에게 제출하여 이사회 소집을 청구할 수 있다.

② 제1항의 청구를 한 후 이사가 지체 없이 이사회 소집의 절차를 밟지 아니하면 소집을 청구한 집행임원은 법원의 허가를 받아 이사회를 소집할 수 있다. 이 경우 이사회 의장은 법원이 이해관계자의 청구에 의하여 또는 직권으로 선임할 수 있다.

[본조신설 2011. 4. 14.]

제408조의8(집행임원의 책임) ① 집행임원이 고의 또는 과실로 법령이나 정관을 위반한 행위를 하거나 그 임무를 게을리한 경우에는 그 집행임원은 집행임원 설치회사에 손해를 배상할 책임이 있다.

② 집행임원이 고의 또는 중대한 과실로 그 임무를 게을리한 경우에는 그 집행임원은 제3자에게 손해를 배상할 책임이 있다.

③ 집행임원이 집행임원 설치회사 또는 제3자에게 손해를 배상할 책임이 있는 경우에 다른 집행임원·이사 또는 감사도 그 책임이 있으면 다른 집행임원·이사 또는 감사와 연대하여 배상할 책임이 있다.

[본조신설 2011. 4. 14.]

제408조의9(준용규정) 집행임원에 대해서는 제382조의3, 제382조의4, 제396조, 제397조, 제397조의2, 제398조, 제400조, 제401조의2, 제402조부터 제406조까지, 제406조의2, 제407조, 제408조, 제412조 및 제412조의2를 준용한다. *〈개정 2020. 12. 29.〉*

[본조신설 2011. 4. 14.]

제3관 감사 및 감사위원회
〈개정 1999. 12. 31.〉

제409조(선임) ① 감사는 주주총회에서 선임한다.

② 의결권없는 주식을 제외한 발행주식의 총수의 100분의 3(정관에서 더 낮은 주식 보유비율을 정할 수 있으며, 정관에서 더 낮은 주식 보유비율을 정한 경우에는 그 비율로 한다)을 초과하는 수의 주식을 가진 주주는 그 초과하는 주식에 관하여 제1항의 감사의 선임에 있어서는 의결권을 행사하지 못한다.*〈개정 1984. 4. 10., 2020. 12. 29.〉*

③ 회사가 제368조의4제1항에 따라 전자적 방법으로 의결권을 행사할 수 있도록 한 경우에는 제368조제1항에도 불구하고 출석한 주주의 의결권의 과반수로써 제1항에 따른 감사의 선임을 결의할 수 있다. *〈개정 2020. 12. 29.〉*

④ 제1항, 제296조제1항 및 제312조에도 불구하고 자본금의 총액이 10억원 미만인 회사의 경우에는 감사를 선임하지 아니할 수 있다. *〈신설 2009. 5. 28.〉*

⑤ 제4항에 따라 감사를 선임하지 아니한 회사가 이사에 대하여 또는 이사가 그 회사에 대하여 소를 제기하는 경우에 회사, 이사 또는 이해관계인은 법원에 회

사를 대표할 자를 선임하여 줄 것을 신청하여야 한다.⟨신설 2009. 5. 28.⟩

⑥ 제4항에 따라 감사를 선임하지 아니한 경우에는 제412조, 제412조의2 및 제412조의5제1항·제2항 중 "감사"는 각각 "주주총회"로 본다.⟨신설 2009. 5. 28., 2011. 4. 14.⟩

제409조의2(감사의 해임에 관한 의견진술의 권리) 감사는 주주총회에서 감사의 해임에 관하여 의견을 진술할 수 있다.
[본조신설 1995. 12. 29.]

제410조(임기) 감사의 임기는 취임후 3년내의 최종의 결산기에 관한 정기총회의 종결시까지로 한다. ⟨개정 1995. 12. 29.⟩
[전문개정 1984. 4. 10.]

제411조(겸임금지) 감사는 회사 및 자회사의 이사 또는 지배인 기타의 사용인의 직무를 겸하지 못한다. ⟨개정 1995. 12. 29.⟩

제412조(감사의 직무와 보고요구, 조사의 권한) ① 감사는 이사의 직무의 집행을 감사한다.
② 감사는 언제든지 이사에 대하여 영업에 관한 보고를 요구하거나 회사의 업무와 재산상태를 조사할 수 있다.
③ 감사는 회사의 비용으로 전문가의 도움을 구할 수 있다.⟨신설 2011. 4. 14.⟩
[전문개정 1984. 4. 10.] [제목개정 2011. 4. 14.]

제412조의2(이사의 보고의무) 이사는 회사에 현저하게 손해를 미칠 염려가 있는 사실을 발견한 때에는 즉시 감사에게 이를 보고하여야 한다.
[본조신설 1995. 12. 29.]

제412조의3(총회의 소집청구) ① 감사는 회의의 목적사항과 소집의 이유를 기재한 서면을 이사회에 제출하여 임시총회의 소집을 청구할 수 있다.
② 제366조제2항의 규정은 감사가 총회를 소집하는 경우에 이를 준용한다.
[본조신설 1995. 12. 29.]

제412조의4(감사의 이사회 소집 청구) ① 감사는 필요하면 회의의 목적사항과 소집이유를 서면에 적어 이사(소집권자가 있는 경우에는 소집권자를 말한다. 이하 이 조에서 같다)에게 제출하여 이사회 소집을 청구할 수 있다.
② 제1항의 청구를 하였는데도 이사가 지체 없이 이사회를 소집하지 아니하면 그 청구한 감사가 이사회를 소집할 수 있다.
[본조신설 2011. 4. 14.] [종전 제412조의4는 제412조의5로 이동 ⟨2011. 4. 14.⟩]

제412조의5(자회사의 조사권) ① 모회사의 감사는 그 직무를 수행하기 위하여 필요한 때에는 자회사에 대하여 영업의 보고를 요구할 수 있다.

② 모회사의 감사는 제1항의 경우에 자회사가 지체없이 보고를 하지 아니할 때 또는 그 보고의 내용을 확인할 필요가 있는 때에는 자회사의 업무와 재산상태를 조사할 수 있다.

③ 자회사는 정당한 이유가 없는 한 제1항의 규정에 의한 보고 또는 제2항의 규정에 의한 조사를 거부하지 못한다.

[본조신설 1995. 12. 29.] [제412조의4에서 이동 〈2011. 4. 14.〉]

제413조(조사·보고의 의무) 감사는 이사가 주주총회에 제출할 의안 및 서류를 조사하여 법령 또는 정관에 위반하거나 현저하게 부당한 사항이 있는지의 여부에 관하여 주주총회에 그 의견을 진술하여야 한다.

[전문개정 1984. 4. 10.]

제413조의2(감사록의 작성) ①감사는 감사에 관하여 감사록을 작성하여야 한다.

② 감사록에는 감사의 실시요령과 그 결과를 기재하고 감사를 실시한 감사가 기명날인 또는 서명하여야 한다.〈개정 1995. 12. 29.〉

[본조신설 1984. 4. 10.]

제414조(감사의 책임) ①감사가 그 임무를 해태한 때에는 그 감사는 회사에 대하여 연대하여 손해를 배상할 책임이 있다.

② 감사가 악의 또는 중대한 과실로 인하여 그 임무를 해태한 때에는 그 감사는 제삼자에 대하여 연대하여 손해를 배상할 책임이 있다.

③ 감사가 회사 또는 제삼자에 대하여 손해를 배상할 책임이 있는 경우에 이사도 그 책임이 있는 때에는 그 감사와 이사는 연대하여 배상할 책임이 있다.

제415조(준용규정) 제382조제2항, 제382조의4, 제385조, 제386조, 제388조, 제400조, 제401조, 제403조부터 제406조까지, 제406조의2 및 제407조는 감사에 준용한다. 〈개정 1984. 4. 10., 2001. 7. 24., 2020. 12. 29.〉

제415조의2(감사위원회) ① 회사는 정관이 정한 바에 따라 감사에 갈음하여 제393조의2의 규정에 의한 위원회로서 감사위원회를 설치할 수 있다. 감사위원회를 설치한 경우에는 감사를 둘 수 없다.

② 감사위원회는 제393조의2제3항에도 불구하고 3명 이상의 이사로 구성한다. 다만, 사외이사가 위원의 3분의 2 이상이어야 한다.〈개정 2009. 1. 30.〉

③ 감사위원회의 위원의 해임에 관한 이사회의 결의는 이사 총수의 3분의 2 이상의 결의로 하여야 한다.

④ 감사위원회는 그 결의로 위원회를 대표할 자를 선정하여야 한다. 이 경우 수인의 위원이 공동으로 위원회를 대표할 것을 정할 수 있다.

⑤ 감사위원회는 회사의 비용으로 전문가의 조력을 구할 수 있다.

⑥ 감사위원회에 대하여는 제393조의2제4항 후단을 적용하지 아니 한다.〈신설 2009. 1. 30.〉

⑦ 제296조 · 제312조 · 제367조 · 제387조 · 제391조의2제2항 · 제394조제1항 · 제400조 · 제402조 내지 제407조 · 제412조 내지 제414조 · 제447조의3 · 제447조의4 · 제450조 · 제527조의4 · 제530조의5제1항제9호 · 제530조의6제1항제10호 및 제534조의 규정은 감사위원회에 관하여 이를 준용한다. 이 경우 제530조의5제1항제9호 및 제530조의6제1항제10호중 "감사"는 "감사위원회 위원"으로 본다.〈개정 2009. 1. 30.〉

[본조신설 1999. 12. 31.]

제4절 신주의 발행

제416조(발행사항의 결정) 회사가 그 성립 후에 주식을 발행하는 경우에는 다음의 사항으로서 정관에 규정이 없는 것은 이사회가 결정한다. 다만, 이 법에 다른 규정이 있거나 정관으로 주주총회에서 결정하기로 정한 경우에는 그러하지 아니하다. 〈개정 1984. 4. 10., 2011. 4. 14.〉

1. 신주의 종류와 수
2. 신주의 발행가액과 납입기일
2의2. 무액면주식의 경우에는 신주의 발행가액 중 자본금으로 계상하는 금액
3. 신주의 인수방법
4. 현물출자를 하는 자의 성명과 그 목적인 재산의 종류, 수량, 가액과 이에 대하여 부여할 주식의 종류와 수
5. 주주가 가지는 신주인수권을 양도할 수 있는 것에 관한 사항
6. 주주의 청구가 있는 때에만 신주인수권증서를 발행한다는 것과 그 청구기간

제417조(액면미달의 발행) ① 회사가 성립한 날로부터 2년을 경과한 후에 주식을 발행하는 경우에는 회사는 제434조의 규정에 의한 주주총회의 결의와 법원의 인가를 얻어서 주식을 액면미달의 가액으로 발행할 수 있다. 〈개정 1962. 12. 12.〉

② 전항의 주주총회의 결의에서는 주식의 최저발행가액을 정하여야 한다.

③ 법원은 회사의 현황과 제반사정을 참작하여 최저발행가액을 변경하여 인가할 수 있다. 이 경우에 법원은 회사의 재산상태 기타 필요한 사항을 조사하게 하기 위하여 검사인을 선임할 수 있다.

④ 제1항의 주식은 법원의 인가를 얻은 날로부터 1월내에 발행하여야 한다. 법원

은 이 기간을 연장하여 인가할 수 있다.

제418조(신주인수권의 내용 및 배정일의 지정·공고) ① 주주는 그가 가진 주식 수에 따라서 신주의 배정을 받을 권리가 있다. 〈개정 2001. 7. 24.〉

② 회사는 제1항의 규정에 불구하고 정관에 정하는 바에 따라 주주 외의 자에게 신주를 배정할 수 있다. 다만, 이 경우에는 신기술의 도입, 재무구조의 개선 등 회사의 경영상 목적을 달성하기 위하여 필요한 경우에 한한다.〈신설 2001. 7. 24.〉

③ 회사는 일정한 날을 정하여 그 날에 주주명부에 기재된 주주가 제1항의 권리를 가진다는 뜻과 신주인수권을 양도할 수 있을 경우에는 그 뜻을 그 날의 2주간전에 공고하여야 한다. 그러나 그 날이 제354조제1항의 기간 중인 때에는 그 기간의 초일의 2주간전에 이를 공고하여야 한다.〈신설 1984. 4. 10.〉

④ 제2항에 따라 주주 외의 자에게 신주를 배정하는 경우 회사는 제416조제1호, 제2호, 제2호의2, 제3호 및 제4호에서 정하는 사항을 그 납입기일의 2주 전까지 주주에게 통지하거나 공고하여야 한다.〈신설 2011. 4. 14.〉

제419조(신주인수권자에 대한 최고) ① 회사는 신주의 인수권을 가진 자에 대하여 그 인수권을 가지는 주식의 종류 및 수와 일정한 기일까지 주식인수의 청약을 하지 아니하면 그 권리를 잃는다는 뜻을 통지하여야 한다. 이 경우 제416조제5호 및 제6호에 규정한 사항의 정함이 있는 때에는 그 내용도 통지하여야 한다.

② 제1항의 통지는 제1항의 기일의 2주간전에 이를 하여야 한다.〈개정 2014. 5. 20.〉

③ 제1항의 통지에도 불구하고 그 기일까지 주식인수의 청약을 하지 아니한 때에는 신주의 인수권을 가진 자는 그 권리를 잃는다.〈개정 2014. 5. 20.〉

[전문개정 1984. 4. 10.]

제420조(주식청약서) 이사는 주식청약서를 작성하여 다음의 사항을 적어야 한다. 〈개정 1984. 4. 10., 2011. 4. 14.〉

  1. 제289조제1항제2호 내지 제4호에 게기한 사항
  2. 제302조제2항제7호·제9호 및 제10호에 게기한 사항
  3. 제416조제1호 내지 제4호에 게기한 사항
  4. 제417조에 따른 주식을 발행한 경우에는 그 발행조건과 미상각액(未償却額)
  5. 주주에 대한 신주인수권의 제한에 관한 사항 또는 특정한 제삼자에게 이를 부여할 것을 정한 때에는 그 사항
  6. 주식발행의 결의연월일

제420조의2(신주인수권증서의 발행) ① 제416조제5호에 규정한 사항을 정한 경우에 회사는 동조제6호의 정함이 있는 때에는 그 정함에 따라, 그 정함이 없는 때에는 제419조제1항의 기일의 2주간전에 신주인수권증서를 발행하여야 한다.

② 신주인수권증서에는 다음 사항과 번호를 기재하고 이사가 기명날인 또는 서명하여야 한다. 〈개정 1995. 12. 29.〉
  1. 신주인수권증서라는 뜻의 표시
  2. 제420조에 규정한 사항
  3. 신주인수권의 목적인 주식의 종류와 수
  4. 일정기일까지 주식의 청약을 하지 아니할 때에는 그 권리를 잃는다는 뜻
[본조신설 1984. 4. 10.]

제420조의3(신주인수권의 양도) ① 신주인수권의 양도는 신주인수권증서의 교부에 의하여서만 이를 행한다.
② 제336조제2항 및 수표법 제21조의 규정은 신주인수권증서에 관하여 이를 준용한다.
[본조신설 1984. 4. 10.]

제420조의4(신주인수권의 전자등록) 회사는 신주인수권증서를 발행하는 대신 정관으로 정하는 바에 따라 전자등록기관의 전자등록부에 신주인수권을 등록할 수 있다. 이 경우 제356조의2제2항부터 제4항까지의 규정을 준용한다.
[본조신설 2011. 4. 14.] [종전 제420조의4는 제420조의5로 이동 〈2011. 4. 14.〉]

제420조의5(신주인수권증서에 의한 청약) ①신주인수권증서를 발행한 경우에는 신주인수권증서에 의하여 주식의 청약을 한다. 이 경우에는 제302조제1항의 규정을 준용한다.
② 신주인수권증서를 상실한 자는 주식청약서에 의하여 주식의 청약을 할 수 있다. 그러나 그 청약은 신주인수권증서에 의한 청약이 있는 때에는 그 효력을 잃는다.
[본조신설 1984. 4. 10.] [제420조의4에서 이동 〈2011. 4. 14.〉]

제421조(주식에 대한 납입) ① 이사는 신주의 인수인으로 하여금 그 배정한 주수(株數)에 따라 납입기일에 그 인수한 주식에 대한 인수가액의 전액을 납입시켜야 한다.
② 신주의 인수인은 회사의 동의 없이 제1항의 납입채무와 주식회사에 대한 채권을 상계할 수 없다.
[전문개정 2011. 4. 14.]

제422조(현물출자의 검사) ① 현물출자를 하는 자가 있는 경우에는 이사는 제416조제4호의 사항을 조사하게 하기 위하여 검사인의 선임을 법원에 청구하여야 한다. 이 경우 공인된 감정인의 감정으로 검사인의 조사에 갈음할 수 있다. 〈개정 1998. 12. 28.〉
② 다음 각 호의 어느 하나에 해당할 경우에는 제1항을 적용하지 아니한다. 〈신설

2011. 4. 14.>

1. 제416조제4호의 현물출자의 목적인 재산의 가액이 자본금의 5분의 1을 초과하지 아니하고 대통령령으로 정한 금액을 초과하지 아니하는 경우
2. 제416조제4호의 현물출자의 목적인 재산이 거래소의 시세 있는 유가증권인 경우 제416조 본문에 따라 결정된 가격이 대통령령으로 정한 방법으로 산정된 시세를 초과하지 아니하는 경우
3. 변제기가 돌아온 회사에 대한 금전채권을 출자의 목적으로 하는 경우로서 그 가액이 회사장부에 적혀 있는 가액을 초과하지 아니하는 경우
4. 그 밖에 제1호부터 제3호까지의 규정에 준하는 경우로서 대통령령으로 정하는 경우

③ 법원은 검사인의 조사보고서 또는 감정인 감정결과를 심사하여 제1항의 사항을 부당하다고 인정한 때에는 이를 변경하여 이사와 현물출자를 한 자에게 통고할 수 있다.*<개정 1998. 12. 28., 2011. 4. 14.>*

④ 전항의 변경에 불복하는 현물출자를 한 자는 그 주식의 인수를 취소할 수 있다.*<개정 2011. 4. 14.>*

⑤ 법원의 통고가 있은 후 2주내에 주식의 인수를 취소한 현물출자를 한 자가 없는 때에는 제1항의 사항은 통고에 따라 변경된 것으로 본다.*<개정 1998. 12. 28., 2011. 4. 14.>*

제423조(주주가 되는 시기, 납입해태의 효과) ① 신주의 인수인은 납입 또는 현물출자의 이행을 한 때에는 납입기일의 다음 날로부터 주주의 권리의무가 있다. *<개정 1984. 4. 10., 1995. 12. 29., 2020. 12. 29.>*

② 신주의 인수인이 납입기일에 납입 또는 현물출자의 이행을 하지 아니한 때에는 그 권리를 잃는다.

③ 제2항의 규정은 신주의 인수인에 대한 손해배상의 청구에 영향을 미치지 아니한다.*<개정 1984. 4. 10.>*

제424조(유지청구권) 회사가 법령 또는 정관에 위반하거나 현저하게 불공정한 방법에 의하여 주식을 발행함으로써 주주가 불이익을 받을 염려가 있는 경우에는 그 주주는 회사에 대하여 그 발행을 유지할 것을 청구할 수 있다.

제424조의2(불공정한 가액으로 주식을 인수한 자의 책임) ①이사와 통모하여 현저하게 불공정한 발행가액으로 주식을 인수한 자는 회사에 대하여 공정한 발행가액과의 차액에 상당한 금액을 지급할 의무가 있다.

② 제403조 내지 제406조의 규정은 제1항의 지급을 청구하는 소에 관하여 이를 준용한다.

③ 제1항 및 제2항의 규정은 이사의 회사 또는 주주에 대한 손해배상의 책임에

영향을 미치지 아니한다.

[본조신설 1984. 4. 10.]

제425조(준용규정) ① 제302조제1항, 제3항, 제303조, 제305조제2항, 제3항, 제306조, 제318조와 제319조의 규정은 신주의 발행에 준용한다.

② 제305조제2항의 규정은 신주인수권증서를 발행하는 경우에 이를 준용한다.〈신설 1984. 4. 10.〉

제426조(미상각액의 등기) 제417조에 따른 주식을 발행한 경우에 주식의 발행에 따른 변경등기에는 미상각액을 등기하여야 한다.

[전문개정 2011. 4. 14.]

제427조(인수의 무효주장, 취소의 제한) 신주의 발행으로 인한 변경등기를 한 날로부터 1년을 경과한 후에는 신주를 인수한 자는 주식청약서 또는 신주인수권증서의 요건의 흠결을 이유로 하여 그 인수의 무효를 주장하거나 사기, 강박 또는 착오를 이유로 하여 그 인수를 취소하지 못한다. 그 주식에 대하여 주주의 권리를 행사한 때에도 같다. 〈개정 1962. 12. 12., 1984. 4. 10.〉

제428조(이사의 인수담보책임) ①신주의 발행으로 인한 변경등기가 있은 후에 아직 인수하지 아니한 주식이 있거나 주식인수의 청약이 취소된 때에는 이사가 이를 공동으로 인수한 것으로 본다.

② 전항의 규정은 이사에 대한 손해배상의 청구에 영향을 미치지 아니한다.

제429조(신주발행무효의 소) 신주발행의 무효는 주주·이사 또는 감사에 한하여 신주를 발행한 날로부터 6월내에 소만으로 이를 주장할 수 있다. 〈개정 1984. 4. 10.〉

제430조(준용규정) 제186조 내지 제189조·제190조 본문·제191조·제192조 및 제377조의 규정은 제429조의 소에 관하여 이를 준용한다.

[전문개정 1995. 12. 29.]

제431조(신주발행무효판결의 효력) ① 신주발행무효의 판결이 확정된 때에는 신주는 장래에 대하여 그 효력을 잃는다.

② 전항의 경우에는 회사는 지체없이 그 뜻과 일정한 기간내에 신주의 주권을 회사에 제출할 것을 공고하고 주주명부에 기재된 주주와 질권자에 대하여는 각별로 그 통지를 하여야 한다. 그러나 그 기간은 3월 이상으로 하여야 한다.

제432조(무효판결과 주주에의 환급) ①신주발행무효의 판결이 확정된 때에는 회사는 신주의 주주에 대하여 그 납입한 금액을 반환하여야 한다.

② 전항의 금액이 전조제1항의 판결확정시의 회사의 재산상태에 비추어 현저하게

부당한 때에는 법원은 회사 또는 전항의 주주의 청구에 의하여 그 금액의 증감을 명할 수 있다.

③ 제339조와 제340조제1항, 제2항의 규정은 제1항의 경우에 준용한다.

제5절 정관의 변경

제433조(정관변경의 방법) ① 정관의 변경은 주주총회의 결의에 의하여야 한다.

② 정관의 변경에 관한 의안의 요령은 제363조에 따른 통지에 기재하여야 한다. 〈개정 2014. 5. 20.〉

제434조(정관변경의 특별결의) 제433조제1항의 결의는 출석한 주주의 의결권의 3분의 2 이상의 수와 발행주식총수의 3분의 1 이상의 수로써 하여야 한다.

[전문개정 1995. 12. 29.]

제435조(종류주주총회) ① 회사가 종류주식을 발행한 경우에 정관을 변경함으로써 어느 종류주식의 주주에게 손해를 미치게 될 때에는 주주총회의 결의 외에 그 종류주식의 주주의 총회의 결의가 있어야 한다. 〈개정 2011. 4. 14.〉

② 제1항의 결의는 출석한 주주의 의결권의 3분의 2 이상의 수와 그 종류의 발행주식총수의 3분의 1 이상의 수로써 하여야 한다. 〈개정 1995. 12. 29.〉

③ 주주총회에 관한 규정은 의결권없는 종류의 주식에 관한 것을 제외하고 제1항의 총회에 준용한다.

제436조(준용규정) 제344조제3항에 따라 주식의 종류에 따라 특수하게 정하는 경우와 회사의 분할 또는 분할합병, 주식교환, 주식이전 및 회사의 합병으로 인하여 어느 종류의 주주에게 손해를 미치게 될 경우에는 제435조를 준용한다.

[전문개정 2011. 4. 14.]

제437조 삭제 〈1995. 12. 29.〉

제6절 자본금의 감소

〈개정 2011. 4. 14.〉

제438조(자본금 감소의 결의) ① 자본금의 감소에는 제434조에 따른 결의가 있어야 한다.

② 제1항에도 불구하고 결손의 보전(補塡)을 위한 자본금의 감소는 제368조제1항의 결의에 의한다.

③ 자본금의 감소에 관한 의안의 주요내용은 제363조에 따른 통지에 적어야 한다. 〈개정 2014. 5. 20.〉

[전문개정 2011. 4. 14.]

제439조(자본금 감소의 방법, 절차) ① 자본금 감소의 결의에서는 그 감소의 방법을 정하여야 한다.

② 자본금 감소의 경우에는 제232조를 준용한다. 다만, 결손의 보전을 위하여 자본금을 감소하는 경우에는 그러하지 아니하다.

③ 사채권자가 이의를 제기하려면 사채권자집회의 결의가 있어야 한다. 이 경우에는 법원은 이해관계인의 청구에 의하여 사채권자를 위하여 이의 제기 기간을 연장할 수 있다.

[전문개정 2011. 4. 14.]

제440조(주식병합의 절차) 주식을 병합할 경우에는 회사는 1월 이상의 기간을 정하여 그 뜻과 그 기간 내에 주권을 회사에 제출할 것을 공고하고 주주명부에 기재된 주주와 질권자에 대하여는 각별로 그 통지를 하여야 한다. 〈개정 1995. 12. 29.〉

제441조(동전) 주식의 병합은 전조의 기간이 만료한 때에 그 효력이 생긴다. 그러나 제232조의 규정에 의한 절차가 종료하지 아니한 때에는 그 종료한 때에 효력이 생긴다.

제442조(신주권의 교부) ①주식을 병합하는 경우에 구주권을 회사에 제출할 수 없는 자가 있는 때에는 회사는 그 자의 청구에 의하여 3월 이상의 기간을 정하고 이해관계인에 대하여 그 주권에 대한 이의가 있으면 그 기간 내에 제출할 뜻을 공고하고 그 기간이 경과한 후에 신주권을 청구자에게 교부할 수 있다.

② 전항의 공고의 비용은 청구자의 부담으로 한다.

제443조(단주의 처리) ①병합에 적당하지 아니한 수의 주식이 있는 때에는 그 병합에 적당하지 아니한 부분에 대하여 발행한 신주를 경매하여 각 주수에 따라 그 대금을 종전의 주주에게 지급하여야 한다. 그러나 거래소의 시세있는 주식은 거래소를 통하여 매각하고, 거래소의 시세없는 주식은 법원의 허가를 받아 경매외의 방법으로 매각할 수 있다. 〈개정 1984. 4. 10.〉

② 제442조의 규정은 제1항의 경우에 준용한다.〈개정 1984. 4. 10.〉

제444조 삭제 〈2014. 5. 20.〉

제445조(감자무효의 소) 자본금 감소의 무효는 주주·이사·감사·청산인·파산관재인 또는 자본금의 감소를 승인하지 아니한 채권자만이 자본금 감소로 인한 변경등기가 된 날부터 6개월 내에 소(訴)만으로 주장할 수 있다.

[전문개정 2011. 4. 14.]

제446조(준용규정) 제186조 내지 제189조·제190조 본문·제191조·제192조 및

제377조의 규정은 제445조의 소에 관하여 이를 준용한다.

[전문개정 1995. 12. 29.]

제7절 회사의 회계

〈개정 2011. 4. 14.〉

제446조의2(회계의 원칙) 회사의 회계는 이 법과 대통령령으로 규정한 것을 제외하고는 일반적으로 공정하고 타당한 회계관행에 따른다.

[본조신설 2011. 4. 14.]

제447조(재무제표의 작성) ① 이사는 결산기마다 다음 각 호의 서류와 그 부속명세서를 작성하여 이사회의 승인을 받아야 한다.

  1. 대차대조표
  2. 손익계산서
  3. 그 밖에 회사의 재무상태와 경영성과를 표시하는 것으로서 대통령령으로 정하는 서류
② 대통령령으로 정하는 회사의 이사는 연결재무제표(聯結財務諸表)를 작성하여 이사회의 승인을 받아야 한다.

[전문개정 2011. 4. 14.]

제447조의2(영업보고서의 작성) ①이사는 매결산기에 영업보고서를 작성하여 이사회의 승인을 얻어야 한다.
② 영업보고서에는 대통령령이 정하는 바에 의하여 영업에 관한 중요한 사항을 기재하여야 한다.

[본조신설 1984. 4. 10.]

제447조의3(재무제표등의 제출) 이사는 정기총회회일의 6주간전에 제447조 및 제447조의2의 서류를 감사에게 제출하여야 한다.

[본조신설 1984. 4. 10.]

제447조의4(감사보고서) ① 감사는 제447조의3의 서류를 받은 날부터 4주 내에 감사보고서를 이사에게 제출하여야 한다.
② 제1항의 감사보고서에는 다음 각 호의 사항을 적어야 한다.

  1. 감사방법의 개요
  2. 회계장부에 기재될 사항이 기재되지 아니하거나 부실기재된 경우 또는 대차대조표나 손익계산서의 기재 내용이 회계장부와 맞지 아니하는 경우에는 그 뜻
  3. 대차대조표 및 손익계산서가 법령과 정관에 따라 회사의 재무상태와 경영성과를 적정하게 표시하고 있는 경우에는 그 뜻
  4. 대차대조표 또는 손익계산서가 법령이나 정관을 위반하여 회사의 재무상태와 경영성과를 적정하게 표시하지 아니하는 경우에는 그 뜻과 이유

5. 대차대조표 또는 손익계산서의 작성에 관한 회계방침의 변경이 타당한지 여부와 그 이유
6. 영업보고서가 법령과 정관에 따라 회사의 상황을 적정하게 표시하고 있는지 여부
7. 이익잉여금의 처분 또는 결손금의 처리가 법령 또는 정관에 맞는지 여부
8. 이익잉여금의 처분 또는 결손금의 처리가 회사의 재무상태나 그 밖의 사정에 비추어 현저하게 부당한 경우에는 그 뜻
9. 제447조의 부속명세서에 기재할 사항이 기재되지 아니하거나 부실기재된 경우 또는 회계장부·대차대조표·손익계산서나 영업보고서의 기재 내용과 맞지 아니하게 기재된 경우에는 그 뜻
10. 이사의 직무수행에 관하여 부정한 행위 또는 법령이나 정관의 규정을 위반하는 중대한 사실이 있는 경우에는 그 사실
③ 감사가 감사를 하기 위하여 필요한 조사를 할 수 없었던 경우에는 감사보고서에 그 뜻과 이유를 적어야 한다.
[전문개정 2011. 4. 14.]

제448조(재무제표 등의 비치·공시) ①이사는 정기총회회일의 1주간전부터 제447조 및 제447조의2의 서류와 감사보고서를 본점에 5년간, 그 등본을 지점에 3년간 비치하여야 한다. *⟨개정 1962. 12. 12., 1984. 4. 10.⟩*
② 주주와 회사채권자는 영업시간내에 언제든지 제1항의 비치서류를 열람할 수 있으며 회사가 정한 비용을 지급하고 그 서류의 등본이나 초본의 교부를 청구할 수 있다. *⟨개정 1984. 4. 10.⟩*

제449조(재무제표 등의 승인·공고) ① 이사는 제447조의 각 서류를 정기총회에 제출하여 그 승인을 요구하여야 한다. *⟨개정 2011. 4. 14.⟩*
② 이사는 제447조의2의 서류를 정기총회에 제출하여 그 내용을 보고하여야 한다. *⟨신설 1984. 4. 10.⟩*
③ 이사는 제1항의 서류에 대한 총회의 승인을 얻은 때에는 지체없이 대차대조표를 공고하여야 한다. *⟨개정 1984. 4. 10.⟩*

제449조의2(재무제표 등의 승인에 대한 특칙) ① 제449조에도 불구하고 회사는 정관으로 정하는 바에 따라 제447조의 각 서류를 이사회의 결의로 승인할 수 있다. 다만, 이 경우에는 다음 각 호의 요건을 모두 충족하여야 한다.
1. 제447조의 각 서류가 법령 및 정관에 따라 회사의 재무상태 및 경영성과를 적정하게 표시하고 있다는 외부감사인의 의견이 있을 것
2. 감사(감사위원회 설치회사의 경우에는 감사위원을 말한다) 전원의 동의가 있을 것
② 제1항에 따라 이사회가 승인한 경우에는 이사는 제447조의 각 서류의 내용을 주주총회에 보고하여야 한다.
[본조신설 2011. 4. 14.]

제450조(이사, 감사의 책임해제) 정기총회에서 전조제1항의 승인을 한 후 2년내에 다른 결의가 없으면 회사는 이사와 감사의 책임을 해제한 것으로 본다. 그러나 이사 또는 감사의 부정행위에 대하여는 그러하지 아니하다.

제451조(자본금) ① 회사의 자본금은 이 법에서 달리 규정한 경우 외에는 발행주식의 액면총액으로 한다.

② 회사가 무액면주식을 발행하는 경우 회사의 자본금은 주식 발행가액의 2분의 1 이상의 금액으로서 이사회(제416조 단서에서 정한 주식발행의 경우에는 주주총회를 말한다)에서 자본금으로 계상하기로 한 금액의 총액으로 한다. 이 경우 주식의 발행가액 중 자본금으로 계상하지 아니하는 금액은 자본준비금으로 계상하여야 한다.

③ 회사의 자본금은 액면주식을 무액면주식으로 전환하거나 무액면주식을 액면주식으로 전환함으로써 변경할 수 없다.

[전문개정 2011. 4. 14.]

제452조 삭제 〈2011. 4. 14.〉

제453조 삭제 〈2011. 4. 14.〉

제453조의2 삭제 〈2011. 4. 14.〉

제454조 삭제 〈2011. 4. 14.〉

제455조 삭제 〈2011. 4. 14.〉

제456조 삭제 〈2011. 4. 14.〉

제457조 삭제 〈2011. 4. 14.〉

제457조의2 삭제 〈2011. 4. 14.〉

제458조(이익준비금) 회사는 그 자본금의 2분의 1이 될 때까지 매 결산기 이익배당액의 10분의 1 이상을 이익준비금으로 적립하여야 한다. 다만, 주식배당의 경우에는 그러하지 아니하다.

[전문개정 2011. 4. 14.]

제459조(자본준비금) ① 회사는 자본거래에서 발생한 잉여금을 대통령령으로 정하는 바에 따라 자본준비금으로 적립하여야 한다.

② 합병이나 제530조의2에 따른 분할 또는 분할합병의 경우 소멸 또는 분할되는 회사의 이익준비금이나 그 밖의 법정준비금은 합병·분할·분할합병 후 존속되거나 새로 설립되는 회사가 승계할 수 있다.

[전문개정 2011. 4. 14.]

제460조(법정준비금의 사용) 제458조 및 제459조의 준비금은 자본금의 결손 보전에 충당하는 경우 외에는 처분하지 못한다.

[전문개정 2011. 4. 14.]

제461조(준비금의 자본금 전입) ① 회사는 이사회의 결의에 의하여 준비금의 전부 또는 일부를 자본금에 전입할 수 있다. 그러나 정관으로 주주총회에서 결정하기로 정한 경우에는 그러하지 아니하다. 〈개정 2011. 4. 14.〉

② 제1항의 경우에는 주주에 대하여 그가 가진 주식의 수에 따라 주식을 발행하여야 한다. 이 경우 1주에 미달하는 단수에 대하여는 제443조제1항의 규정을 준용한다.

③ 제1항의 이사회의 결의가 있은 때에는 회사는 일정한 날을 정하여 그 날에 주주명부에 기재된 주주가 제2항의 신주의 주주가 된다는 뜻을 그 날의 2주간전에 공고하여야 한다. 그러나 그 날이 제354조제1항의 기간 중인 때에는 그 기간의 초일의 2주간전에 이를 공고하여야 한다.

④ 제1항 단서의 경우에 주주는 주주총회의 결의가 있은 때로부터 제2항의 신주의 주주가 된다.

⑤ 제3항 또는 제4항의 규정에 의하여 신주의 주주가 된 때에는 이사는 지체없이 신주를 받은 주주와 주주명부에 기재된 질권자에 대하여 그 주주가 받은 주식의 종류와 수를 통지하여야 한다. 〈개정 2014. 5. 20.〉

⑥ 제339조의 규정은 제2항의 규정에 의하여 주식의 발행이 있는 경우에 이를 준용한다. 〈개정2020. 12. 29.〉

[전문개정 1984. 4. 10.] [제목개정 2011. 4. 14.]

제461조의2(준비금의 감소) 회사는 적립된 자본준비금 및 이익준비금의 총액이 자본금의 1.5배를 초과하는 경우에 주주총회의 결의에 따라 그 초과한 금액 범위에서 자본준비금과 이익준비금을 감액할 수 있다.

[본조신설 2011. 4. 14.]

제462조(이익의 배당) ① 회사는 대차대조표의 순자산액으로부터 다음의 금액을 공제한 액을 한도로 하여 이익배당을 할 수 있다.

　1. 자본금의 액
　2. 그 결산기까지 적립된 자본준비금과 이익준비금의 합계액
　3. 그 결산기에 적립하여야 할 이익준비금의 액
　4. 대통령령으로 정하는 미실현이익

② 이익배당은 주주총회의 결의로 정한다. 다만, 제449조의2제1항에 따라 재무제표를 이사회가 승인하는 경우에는 이사회의 결의로 정한다.

③ 제1항을 위반하여 이익을 배당한 경우에 회사채권자는 배당한 이익을 회사에 반환할 것을 청구할 수 있다.

④ 제3항의 청구에 관한 소에 대하여는 제186조를 준용한다.

[전문개정 2011. 4. 14.]

제462조의2(주식배당) ① 회사는 주주총회의 결의에 의하여 이익의 배당을 새로이 발행하는 주식으로써 할 수 있다. 그러나 주식에 의한 배당은 이익배당총액의 2분의 1에 상당하는 금액을 초과하지 못한다.

② 제1항의 배당은 주식의 권면액으로 하며, 회사가 종류주식을 발행한 때에는 각각 그와 같은 종류의 주식으로 할 수 있다.⟨개정 1995. 12. 29., 2011. 4. 14.⟩

③ 주식으로 배당할 이익의 금액중 주식의 권면액에 미달하는 단수가 있는 때에는 그 부분에 대하여는 제443조제1항의 규정을 준용한다.⟨개정 1995. 12. 29.⟩

④ 주식으로 배당을 받은 주주는 제1항의 결의가 있는 주주총회가 종결한 때부터 신주의 주주가 된다.⟨개정 1995. 12. 29., 2020. 12. 29.⟩

⑤ 이사는 제1항의 결의가 있는 때에는 지체없이 배당을 받을 주주와 주주명부에 기재된 질권자에게 그 주주가 받을 주식의 종류와 수를 통지하여야 한다.⟨개정 2014. 5. 20.⟩

⑥ 제340조제1항의 질권자의 권리는 제1항의 규정에 의한 주주가 받을 주식에 미친다. 이 경우 제340조제3항의 규정을 준용한다.

[본조신설 1984. 4. 10.]

제462조의3(중간배당) ① 년 1회의 결산기를 정한 회사는 영업년도중 1회에 한하여 이사회의 결의로 일정한 날을 정하여 그 날의 주주에 대하여 이익을 배당(이하 이 條에서 "中間配當"이라 한다)할 수 있음을 정관으로 정할 수 있다. ⟨개정 2011. 4. 14.⟩

② 중간배당은 직전 결산기의 대차대조표상의 순자산액에서 다음 각호의 금액을 공제한 액을 한도로 한다.⟨개정 2001. 7. 24., 2011. 4. 14.⟩

1. 직전 결산기의 자본금의 액
2. 직전 결산기까지 적립된 자본준비금과 이익준비금의 합계액
3. 직전 결산기의 정기총회에서 이익으로 배당하거나 또는 지급하기로 정한 금액
4. 중간배당에 따라 당해 결산기에 적립하여야 할 이익준비금

③ 회사는 당해 결산기의 대차대조표상의 순자산액이 제462조제1항 각호의 금액의 합계액에 미치지 못할 우려가 있는 때에는 중간배당을 하여서는 아니된다. ⟨개정 2001. 7. 24.⟩

④ 당해 결산기 대차대조표상의 순자산액이 제462조제1항 각호의 금액의 합계액에 미치지 못함에도 불구하고 중간배당을 한 경우 이사는 회사에 대하여 연대

하여 그 차액(配當額이 그 差額보다 적을 경우에는 配當額)을 배상할 책임이 있다. 다만, 이사가 제3항의 우려가 없다고 판단함에 있어 주의를 게을리하지 아니하였음을 증명한 때에는 그러하지 아니하다. 〈개정 2001. 7. 24.〉

⑤ 제340조제1항, 제344조제1항, 제354조제1항, 제458조, 제464조 및 제625조 제3호의 규정의 적용에 관하여는 중간배당을 제462조제1항의 규정에 의한 이익의 배당으로 본다. 〈개정 2011. 4. 14., 2020. 12. 29.〉

⑥ 제399조제2항·제3항 및 제400조의 규정은 제4항의 이사의 책임에 관하여, 제462조제3항 및 제4항은 제3항의 규정에 위반하여 중간배당을 한 경우에 이를 준용한다. 〈개정 2011. 4. 14.〉

[본조신설 1998. 12. 28.]

제462조의4(현물배당) ① 회사는 정관으로 금전 외의 재산으로 배당을 할 수 있음을 정할 수 있다.

② 제1항에 따라 배당을 결정한 회사는 다음 사항을 정할 수 있다.

1. 주주가 배당되는 금전 외의 재산 대신 금전의 지급을 회사에 청구할 수 있도록 한 경우에는 그 금액 및 청구할 수 있는 기간
2. 일정 수 미만의 주식을 보유한 주주에게 금전 외의 재산 대신 금전을 지급하기로 한 경우에는 그 일정 수 및 금액

[본조신설 2011. 4. 14.]

제463조 삭제 〈2011. 4. 14.〉

제464조(이익배당의 기준) 이익배당은 각 주주가 가진 주식의 수에 따라 한다. 다만, 제344조제1항을 적용하는 경우에는 그러하지 아니하다.

[전문개정 2011. 4. 14.]

제464조의2(이익배당의 지급시기) ① 회사는 제464조에 따른 이익배당을 제462조제2항의 주주총회나 이사회의 결의 또는 제462조의3제1항의 결의를 한 날부터 1개월 내에 하여야 한다. 다만, 주주총회 또는 이사회에서 배당금의 지급시기를 따로 정한 경우에는 그러하지 아니하다. 〈개정 2011. 4. 14.〉

② 제1항의 배당금의 지급청구권은 5년간 이를 행사하지 아니하면 소멸시효가 완성한다.

[본조신설 1984. 4. 10.] [제목개정 2011. 4. 14.]

제465조 삭제 〈1984. 4. 10.〉

제466조(주주의 회계장부열람권) ① 발행주식의 총수의 100분의 3 이상에 해당하는 주식을 가진 주주는 이유를 붙인 서면으로 회계의 장부와 서류의 열람 또는 등사를 청구할 수 있다. 〈개정 1998. 12. 28.〉

② 회사는 제1항의 주주의 청구가 부당함을 증명하지 아니하면 이를 거부하지 못한다.⟨개정 1998. 12. 28.⟩

제467조(회사의 업무, 재산상태의 검사) ① 회사의 업무집행에 관하여 부정행위 또는 법령이나 정관에 위반한 중대한 사실이 있음을 의심할 사유가 있는 때에는 발행주식의 총수의 100분의 3 이상에 해당하는 주식을 가진 주주는 회사의 업무와 재산상태를 조사하게 하기 위하여 법원에 검사인의 선임을 청구할 수 있다. ⟨개정 1998. 12. 28.⟩
② 검사인은 그 조사의 결과를 법원에 보고하여야 한다.
③ 법원은 제2항의 보고에 의하여 필요하다고 인정한 때에는 대표이사에게 주주총회의 소집을 명할 수 있다. 제310조제2항의 규정은 이 경우에 준용한다.⟨개정 1962. 12. 12., 1995. 12. 29.⟩
④ 이사와 감사는 지체없이 제3항의 규정에 의한 검사인의 보고서의 정확여부를 조사하여 이를 주주총회에 보고하여야 한다.⟨신설 1995. 12. 29.⟩

제467조의2(이익공여의 금지) ① 회사는 누구에게든지 주주의 권리행사와 관련하여 재산상의 이익을 공여할 수 없다.
② 회사가 특정의 주주에 대하여 무상으로 재산상의 이익을 공여한 경우에는 주주의 권리행사와 관련하여 이를 공여한 것으로 추정한다. 회사가 특정의 주주에 대하여 유상으로 재산상의 이익을 공여한 경우에 있어서 회사가 얻은 이익이 공여한 이익에 비하여 현저하게 적은 때에도 또한 같다.
③ 회사가 제1항의 규정에 위반하여 재산상의 이익을 공여한 때에는 그 이익을 공여받은 자는 이를 회사에 반환하여야 한다. 이 경우 회사에 대하여 대가를 지급한 것이 있는 때에는 그 반환을 받을 수 있다.
④ 제403조 내지 제406조의 규정은 제3항의 이익의 반환을 청구하는 소에 대하여 이를 준용한다.
[본조신설 1984. 4. 10.]

제468조(사용인의 우선변제권) 신원보증금의 반환을 받을 채권 기타 회사와 사용인 간의 고용관계로 인한 채권이 있는 자는 회사의 총재산에 대하여 우선변제를 받을 권리가 있다. 그러나 질권·저당권이나 「동산·채권 등의 담보에 관한 법률」에 따른 담보권에 우선하지 못한다. ⟨개정 2010. 6. 10.⟩

제8절 사채

제1관 통칙

제469조(사채의 발행) ① 회사는 이사회의 결의에 의하여 사채(社債)를 발행할 수 있다.

② 제1항의 사채에는 다음 각 호의 사채를 포함한다.
1. 이익배당에 참가할 수 있는 사채
2. 주식이나 그 밖의 다른 유가증권으로 교환 또는 상환할 수 있는 사채
3. 유가증권이나 통화 또는 그 밖에 대통령령으로 정하는 자산이나 지표 등의 변동과 연계하여 미리 정하여진 방법에 따라 상환 또는 지급금액이 결정되는 사채
③ 제2항에 따라 발행하는 사채의 내용 및 발행 방법 등 발행에 필요한 구체적인 사항은 대통령령으로 정한다.
④ 제1항에도 불구하고 정관으로 정하는 바에 따라 이사회는 대표이사에게 사채의 금액 및 종류를 정하여 1년을 초과하지 아니하는 기간 내에 사채를 발행할 것을 위임할 수 있다.

[전문개정 2011. 4. 14.]

제470조 삭제 ⟨*2011. 4. 14.*⟩

제471조 삭제 ⟨*2011. 4. 14.*⟩

제472조 삭제 ⟨*2011. 4. 14.*⟩

제473조 삭제 ⟨*2011. 4. 14.*⟩

제474조(공모발행, 사채청약서) ① 사채의 모집에 응하고자 하는 자는 사채청약서 2통에 그 인수할 사채의 수와 주소를 기재하고 기명날인 또는 서명하여야 한다. ⟨*개정 1995. 12. 29.*⟩
② 사채청약서는 이사가 작성하고 다음의 사항을 적어야 한다.⟨*개정 1984. 4. 10., 1995. 12. 29., 2011. 4. 14.*⟩
1. 회사의 상호
2. 자본금과 준비금의 총액
3. 최종의 대차대조표에 의하여 회사에 현존하는 순재산액
4. 사채의 총액
5. 각 사채의 금액
6. 사채발행의 가액 또는 그 최저가액
7. 사채의 이율
8. 사채의 상환과 이자지급의 방법과 기한
9. 사채를 수회에 분납할 것을 정한 때에는 그 분납금액과 시기
10. 채권을 기명식 또는 무기명식에 한한 때에는 그 뜻
10의2. 채권을 발행하는 대신 전자등록기관의 전자등록부에 사채권자의 권리를 등록하는 때에는 그 뜻
11. 전에 모집한 사채가 있는 때에는 그 상환하지 아니한 금액
12. 삭제⟨*2011. 4. 14.*⟩

13. 사채모집의 위탁을 받은 회사가 있는 때에는 그 상호와 주소

13의2. 사채관리회사가 있는 때에는 그 상호와 주소

13의3. 사채관리회사가 사채권자집회결의에 의하지 아니하고 제484조제4항제2호의 행위를 할 수 있도록 정한 때에는 그 뜻

14. 제13호의 위탁을 받은 회사가 그 모집액이 총액에 달하지 못한 경우에 그 잔액을 인수할 것을 약정한 때에는 그 뜻

15. 명의개서대리인을 둔 때에는 그 성명·주소 및 영업소

③ 사채발행의 최저가액을 정한 경우에는 응모자는 사채청약서에 응모가액을 기재하여야 한다.

제475조(총액인수의 방법) 전조의 규정은 계약에 의하여 사채의 총액을 인수하는 경우에는 이를 적용하지 아니한다. 사채모집의 위탁을 받은 회사가 사채의 일부를 인수하는 경우에는 그 일부에 대하여도 같다.

제476조(납입) ① 사채의 모집이 완료한 때에는 이사는 지체없이 인수인에 대하여 각 사채의 전액 또는 제1회의 납입을 시켜야 한다.

② 사채모집의 위탁을 받은 회사는 그 명의로 위탁회사를 위하여 제474조제2항과 전항의 행위를 할 수 있다.

제477조 삭제 〈*1984. 4. 10.*〉

제478조(채권의 발행) ① 채권은 사채전액의 납입이 완료한 후가 아니면 이를 발행하지 못한다.

② 채권에는 다음의 사항을 적고 대표이사가 기명날인 또는 서명하여야 한다.〈*개정 2011. 4. 14.*〉

1. 채권의 번호

2. 제474조제2항제1호·제4호·제5호·제7호·제8호·제10호·제13호·제13호의2 및 제13호의3에 규정된 사항

③ 회사는 제1항의 채권(債券)을 발행하는 대신 정관으로 정하는 바에 따라 전자등록기관의 전자등록부에 채권(債權)을 등록할 수 있다. 이 경우 제356조의2제2항부터 제4항까지의 규정을 준용한다.〈*신설 2011. 4. 14.*〉

제479조(기명사채의 이전) ① 기명사채의 이전은 취득자의 성명과 주소를 사채원부에 기재하고 그 성명을 채권에 기재하지 아니하면 회사 기타의 제3자에게 대항하지 못한다.

② 제337조제2항의 규정은 기명사채의 이전에 대하여 이를 준용한다.〈*신설 1984. 4. 10.*〉

제480조(기명식, 무기명식간의 전환) 사채권자는 언제든지 기명식의 채권을 무기명

식으로, 무기명식의 채권을 기명식으로 할 것을 회사에 청구할 수 있다. 그러나 채권을 기명식 또는 무기명식에 한할 것으로 정한 때에는 그러하지 아니하다.

제480조의2(사채관리회사의 지정·위탁) 회사는 사채를 발행하는 경우에 사채관리회사를 정하여 변제의 수령, 채권의 보전, 그 밖에 사채의 관리를 위탁할 수 있다.

[본조신설 2011. 4. 14.]

제480조의3(사채관리회사의 자격) ① 은행, 신탁회사, 그 밖에 대통령령으로 정하는 자가 아니면 사채관리회사가 될 수 없다.

② 사채의 인수인은 그 사채의 사채관리회사가 될 수 없다.

③ 사채를 발행한 회사와 특수한 이해관계가 있는 자로서 대통령령으로 정하는 자는 사채관리회사가 될 수 없다.

[본조신설 2011. 4. 14.]

제481조(사채관리회사의 사임) 사채관리회사는 사채를 발행한 회사와 사채권자집회의 동의를 받아 사임할 수 있다. 부득이한 사유가 있어 법원의 허가를 받은 경우에도 같다.

[전문개정 2011. 4. 14.]

제482조(사채관리회사의 해임) 사채관리회사가 그 사무를 처리하기에 적임이 아니거나 그 밖에 정당한 사유가 있을 때에는 법원은 사채를 발행하는 회사 또는 사채권자집회의 청구에 의하여 사채관리회사를 해임할 수 있다.

[전문개정 2011. 4. 14.]

제483조(사채관리회사의 사무승계자) ① 사채관리회사의 사임 또는 해임으로 인하여 사채관리회사가 없게 된 경우에는 사채를 발행한 회사는 그 사무를 승계할 사채관리회사를 정하여 사채권자를 위하여 사채 관리를 위탁하여야 한다. 이 경우 회사는 지체 없이 사채권자집회를 소집하여 동의를 받아야 한다. *⟨개정 2011. 4. 14.⟩*

② 부득이한 사유가 있는 때에는 이해관계인은 사무승계자의 선임을 법원에 청구할 수 있다.

[제목개정 2011. 4. 14.]

제484조(사채관리회사의 권한) ① 사채관리회사는 사채권자를 위하여 사채에 관한 채권을 변제받거나 채권의 실현을 보전하기 위하여 필요한 재판상 또는 재판 외의 모든 행위를 할 수 있다.

② 사채관리회사는 제1항의 변제를 받으면 지체 없이 그 뜻을 공고하고, 알고 있는 사채권자에게 통지하여야 한다.

③ 제2항의 경우에 사채권자는 사채관리회사에 사채 상환액 및 이자 지급을 청구

할 수 있다. 이 경우 사채권이 발행된 때에는 사채권과 상환하여 상환액지급청구를 하고, 이권(利券)과 상환하여 이자지급청구를 하여야 한다.

④ 사채관리회사가 다음 각 호의 어느 하나에 해당하는 행위(사채에 관한 채권을 변제받거나 채권의 실현을 보전하기 위한 행위는 제외한다)를 하는 경우에는 사채권자집회의 결의에 의하여야 한다. 다만, 사채를 발행하는 회사는 제2호의 행위를 사채관리회사가 사채권자집회결의에 의하지 아니하고 할 수 있음을 정할 수 있다.

1. 해당 사채 전부에 대한 지급의 유예, 그 채무의 불이행으로 발생한 책임의 면제 또는 화해
2. 해당 사채 전부에 관한 소송행위 또는 채무자회생 및 파산에 관한 절차에 속하는 행위

⑤ 사채관리회사가 제4항 단서에 따라 사채권자집회의 결의에 의하지 아니하고 제4항제2호의 행위를 한 때에는 지체 없이 그 뜻을 공고하고, 알고 있는 사채권자에게는 따로 통지하여야 한다.

⑥ 제2항과 제5항의 공고는 사채를 발행한 회사가 하는 공고와 같은 방법으로 하여야 한다.

⑦ 사채관리회사는 그 관리를 위탁받은 사채에 관하여 제1항 또는 제4항 각 호에서 정한 행위를 위하여 필요하면 법원의 허가를 받아 사채를 발행한 회사의 업무와 재산상태를 조사할 수 있다.

[전문개정 2011. 4. 14.]

제484조의2(사채관리회사의 의무 및 책임) ① 사채관리회사는 사채권자를 위하여 공평하고 성실하게 사채를 관리하여야 한다.

② 사채관리회사는 사채권자에 대하여 선량한 관리자의 주의로 사채를 관리하여야 한다.

③ 사채관리회사가 이 법이나 사채권자집회결의를 위반한 행위를 한 때에는 사채권자에 대하여 연대하여 이로 인하여 발생한 손해를 배상할 책임이 있다.

[본조신설 2011. 4. 14.]

제485조(둘 이상의 사채관리회사가 있는 경우의 권한과 의무) ① 사채관리회사가 둘 이상 있을 때에는 그 권한에 속하는 행위는 공동으로 하여야 한다.

② 제1항의 경우에 사채관리회사가 제484조제1항의 변제를 받은 때에는 사채관리회사는 사채권자에 대하여 연대하여 변제액을 지급할 의무가 있다.

[전문개정 2011. 4. 14.]

제486조(이권흠결의 경우) ① 이권있는 무기명식의 사채를 상환하는 경우에 이권이 흠결된 때에는 그 이권에 상당한 금액을 상환액으로부터 공제한다.

② 전항의 이권소지인은 언제든지 그 이권과 상환하여 공제액의 지급을 청구할 수 있다.

제487조(원리청구권의 시효) ①사채의 상환청구권은 10년간 행사하지 아니하면 소멸시효가 완성한다.

② 제484조제3항의 청구권도 전항과 같다.

③ 사채의 이자와 전조제2항의 청구권은 5년간 행사하지 아니하면 소멸시효가 완성한다.

제488조(사채원부) 회사는 사채원부를 작성하고 다음 각 호의 사항을 적어야 한다.

1. 사채권자(무기명식 채권이 발행되어 있는 사채의 사채권자는 제외한다)의 성명과 주소
2. 채권의 번호
3. 제474조제2항제4호, 제5호, 제7호부터 제9호까지, 제13호, 제13호의2 및 제13호의3에 규정된 사항
4. 각 사채의 납입금액과 납입연월일
5. 채권의 발행연월일 또는 채권을 발행하는 대신 전자등록기관의 전자등록부에 사채권자의 권리를 등록하는 때에는 그 뜻
6. 각 사채의 취득연월일
7. 무기명식 채권을 발행한 때에는 그 종류, 수, 번호와 발행연월일

[전문개정 2011. 4. 14.]

제489조(준용규정) ① 제353조의 규정은 사채응모자 또는 사채권자에 대한 통지와 최고에 준용한다.

② 제333조의 규정은 사채가 수인의 공유에 속하는 경우에 준용한다.

제2관 사채권자집회

제490조(결의사항) 사채권자집회는 이 법에서 규정하고 있는 사항 및 사채권자의 이해관계가 있는 사항에 관하여 결의를 할 수 있다.

[전문개정 2011. 4. 14.]

제491조(소집권자) ① 사채권자집회는 사채를 발행한 회사 또는 사채관리회사가 소집한다. *〈개정 2011. 4. 14.〉*

② 사채의 종류별로 해당 종류의 사채 총액(상환받은 액은 제외한다)의 10분의 1 이상에 해당하는 사채를 가진 사채권자는 회의 목적인 사항과 소집 이유를 적은 서면 또는 전자문서를 사채를 발행한 회사 또는 사채관리회사에 제출하여 사채권자집회의 소집을 청구할 수 있다. *〈개정 2011. 4. 14.〉*

③ 제366조제2항의 규정은 전항의 경우에 준용한다.

④ 무기명식의 채권을 가진 자는 그 채권을 공탁하지 아니하면 전2항의 권리를 행사하지 못한다.

제491조의2(소집의 통지, 공고) ① 제363조제1항 및 제2항은 사채권자집회를 소집할 경우에 이를 준용한다.

② 제1항에도 불구하고 회사가 무기명식의 채권을 발행한 경우에는 주주총회일의 3주(자본금 총액이 10억원 미만인 회사는 2주) 전에 사채권자집회를 소집하는 뜻과 회의의 목적사항을 공고하여야 한다.

[본조신설 2014. 5. 20.]

제492조(의결권) ① 각 사채권자는 그가 가지는 해당 종류의 사채 금액의 합계액 (상환받은 액은 제외한다)에 따라 의결권을 가진다. *〈개정 2011. 4. 14.〉*

② 무기명식의 채권을 가진 자는 회일로부터 1주간전에 채권을 공탁하지 아니하면 그 의결권을 행사하지 못한다.

제493조(사채발행회사 또는 사채관리회사 대표자의 출석 등) ① 사채를 발행한 회사 또는 사채관리회사는 그 대표자를 사채권자집회에 출석하게 하거나 서면으로 의견을 제출할 수 있다. *〈개정 2011. 4. 14.〉*

② 사채권자집회의 소집은 전항의 회사에 통지하여야 한다.

③ 제363조제1항과 제2항의 규정은 전항의 통지에 준용한다.

[제목개정 2011. 4. 14.]

제494조(사채발행회사의 대표자의 출석청구) 사채권자집회 또는 그 소집자는 필요 있다고 인정하는 때에는 사채를 발행한 회사에 대하여 그 대표자의 출석을 청구할 수 있다.

제495조(결의의 방법) ①제434조의 규정은 사채권자집회의 결의에 준용한다.

② 제481조부터 제483조까지 및 제494조의 동의 또는 청구는 제1항에도 불구하고 출석한 사채권자 의결권의 과반수로 결정할 수 있다. *〈개정 2011. 4. 14.〉*

③ 사채권자집회에 출석하지 아니한 사채권자는 서면에 의하여 의결권을 행사할 수 있다. *〈신설 2011. 4. 14.〉*

④ 서면에 의한 의결권행사는 의결권행사서면에 필요한 사항을 적어 사채권자집회 전일까지 의결권행사서면을 소집자에게 제출하여야 한다. *〈신설 2011. 4. 14.〉*

⑤ 제4항에 따라 서면에 의하여 행사한 의결권의 수는 출석한 의결권자의 의결권 수에 포함한다. *〈신설 2011. 4. 14.〉*

⑥ 사채권자집회에 대하여는 제368조의4를 준용한다. *〈신설 2011. 4. 14.〉*

제496조(결의의 인가의 청구) 사채권자집회의 소집자는 결의한 날로부터 1주간내에 결의의 인가를 법원에 청구하여야 한다.

제497조(결의의 불인가의 사유) ①법원은 다음의 경우에는 사채권자집회의 결의를 인가하지 못한다.

1. 사채권자집회소집의 절차 또는 그 결의방법이 법령이나 사채모집의 계획서의 기재에 위반한 때
2. 결의가 부당한 방법에 의하여 성립하게 된 때
3. 결의가 현저하게 불공정한 때
4. 결의가 사채권자의 일반의 이익에 반하는 때

② 전항제1호와 제2호의 경우에는 법원은 결의의 내용 기타 모든 사정을 참작하여 결의를 인가할 수 있다.

제498조(결의의 효력) ① 사채권자집회의 결의는 법원의 인가를 받음으로써 그 효력이 생긴다. 다만, 그 종류의 사채권자 전원이 동의한 결의는 법원의 인가가 필요하지 아니하다.

② 사채권자집회의 결의는 그 종류의 사채를 가진 모든 사채권자에게 그 효력이 있다.

[전문개정 2011. 4. 14.]

제499조(결의의 인가, 불인가의 공고) 사채권자집회의 결의에 대하여 인가 또는 불인가의 결정이 있은 때에는 사채를 발행한 회사는 지체없이 그 뜻을 공고하여야 한다.

제500조(사채권자집회의 대표자) ① 사채권자집회는 해당 종류의 사채 총액(상환받은 금액은 제외한다)의 500분의 1 이상을 가진 사채권자 중에서 1명 또는 여러 명의 대표자를 선임하여 그 결의할 사항의 결정을 위임할 수 있다. *〈개정 2011. 4. 14.〉*

② 대표자가 수인인 때에는 전항의 결정은 그 과반수로 한다.

제501조(결의의 집행) 사채권자집회의 결의는 사채관리회사가 집행하고, 사채관리회사가 없는 때에는 제500조의 대표자가 집행한다. 다만, 사채권자집회의 결의로써 따로 집행자를 정한 때에는 그러하지 아니하다.

[전문개정 2011. 4. 14.]

제502조(수인의 대표자, 집행자가 있는 경우) 제485조제1항의 규정은 대표자나 집행자가 수인인 경우에 준용한다.

제503조(사채상환에 관한 결의의 집행) 제484조, 제485조제2항과 제487조제2항의 규정은 대표자나 집행자가 사채의 상환에 관한 결의를 집행하는 경우에 준용한다.

제504조(대표자, 집행자의 해임 등) 사채권자집회는 언제든지 대표자나 집행자를 해임하거나 위임한 사항을 변경할 수 있다.

제505조 삭제 〈2011. 4. 14.〉

제506조 삭제 〈2011. 4. 14.〉

제507조(사채관리회사 등의 보수, 비용) ① 사채관리회사, 대표자 또는 집행자에게 줄 보수와 그 사무 처리에 필요한 비용은 사채를 발행한 회사와의 계약에 약정된 경우 외에는 법원의 허가를 받아 사채를 발행한 회사로 하여금 부담하게 할 수 있다.
② 사채관리회사, 대표자 또는 집행자는 사채에 관한 채권을 변제받은 금액에서 사채권자보다 우선하여 제1항의 보수와 비용을 변제받을 수 있다.
[전문개정 2011. 4. 14.]

제508조(사채권자집회의 비용) ①사채권자집회에 관한 비용은 사채를 발행한 회사가 부담한다.
② 제496조의 청구에 관한 비용은 회사가 부담한다. 그러나 법원은 이해관계인의 신청에 의하여 또는 직권으로 그 전부 또는 일부에 관하여 따로 부담자를 정할 수 있다.

제509조(수종의 사채있는 경우의 사채권자집회) 수종의 사채를 발행한 경우에는 사채권자집회는 각종의 사채에 관하여 이를 소집하여야 한다.

제510조(준용규정) ① 제368조제2항·제3항, 제369조제2항 및 제371조부터 제373조까지의 규정은 사채권자집회에 준용한다. 〈개정 2014. 5. 20.〉
② 사채권자집회의 의사록은 사채를 발행한 회사가 그 본점에 비치하여야 한다.
③ 사채관리회사와 사채권자는 영업시간 내에 언제든지 제2항의 의사록 열람을 청구할 수 있다.〈개정 2011. 4. 14.〉

제511조(사채관리회사에 의한 취소의 소) ① 회사가 어느 사채권자에게 한 변제, 화해, 그 밖의 행위가 현저하게 불공정한 때에는 사채관리회사는 소(訴)만으로 그 행위의 취소를 청구할 수 있다. 〈개정 2011. 4. 14.〉
② 제1항의 소는 사채관리회사가 취소의 원인인 사실을 안 때부터 6개월, 행위가 있은 때부터 1년 내에 제기하여야 한다.〈개정 2011. 4. 14.〉
③ 제186조와 민법 제406조제1항 단서 및 제407조의 규정은 제1항의 소에 준용한다.
[제목개정 2011. 4. 14.]

제512조(대표자등에 의한 취소의 소) 사채권자집회의 결의가 있는 때에는 대표자 또는 집행자도 전조제1항의 소를 제기할 수 있다. 그러나 행위가 있은 때로부터 1년내에 한한다.

제3관 전환사채

제513조(전환사채의 발행) ① 회사는 전환사채를 발행할 수 있다.

② 제1항의 경우에 다음의 사항으로서 정관에 규정이 없는 것은 이사회가 이를 결정한다. 그러나 정관으로 주주총회에서 이를 결정하기로 정한 경우에는 그러하지 아니하다.

  1. 전환사채의 총액
  2. 전환의 조건
  3. 전환으로 인하여 발행할 주식의 내용
  4. 전환을 청구할 수 있는 기간
  5. 주주에게 전환사채의 인수권을 준다는 뜻과 인수권의 목적인 전환사채의 액
  6. 주주외의 자에게 전환사채를 발행하는 것과 이에 대하여 발행할 전환사채의 액

③ 주주외의 자에 대하여 전환사채를 발행하는 경우에 그 발행할 수 있는 전환사채의 액, 전환의 조건, 전환으로 인하여 발행할 주식의 내용과 전환을 청구할 수 있는 기간에 관하여 정관에 규정이 없으면 제434조의 결의로써 이를 정하여야 한다. 이 경우 제418조제2항 단서의 규정을 준용한다.〈개정 2001. 7. 24.〉

④ 제3항의 결의에 있어서 전환사채의 발행에 관한 의안의 요령은 제363조의 규정에 의한 통지에 기재하여야 한다.〈개정 2014. 5. 20.〉

[전문개정 1984. 4. 10.]

제513조의2(전환사채의 인수권을 가진 주주의 권리) ① 전환사채의 인수권을 가진 주주는 그가 가진 주식의 수에 따라서 전환사채의 배정을 받을 권리가 있다. 그러나 각 전환사채의 금액중 최저액에 미달하는 단수에 대하여는 그러하지 아니하다.

② 제418조제3항은 주주가 전환사채의 인수권을 가진 경우에 이를 준용한다.〈개정 2011. 4. 14.〉

[본조신설 1984. 4. 10.]

제513조의3(전환사채의 인수권을 가진 주주에 대한 최고) ① 주주가 전환사채의 인수권을 가진 경우에는 각 주주에 대하여 그 인수권을 가지는 전환사채의 액, 발행가액, 전환의 조건, 전환으로 인하여 발행할 주식의 내용, 전환을 청구할 수 있는 기간과 일정한 기일까지 전환사채의 청약을 하지 아니하면 그 권리를 잃는다는 뜻을 통지하여야 한다.

② 제419조제2항 및 제3항의 규정은 제1항의 경우에 이를 준용한다.〈개정 2014. 5. 20.〉

[본조신설 1984. 4. 10.]

제514조(전환사채발행의 절차) ①전환사채에 관하여는 사채청약서, 채권과 사채원부에 다음의 사항을 기재하여야 한다.〈개정 1995. 12. 29.〉

1. 사채를 주식으로 전환할 수 있다는 뜻
2. 전환의 조건
3. 전환으로 인하여 발행할 주식의 내용
4. 전환을 청구할 수 있는 기간
5. 주식의 양도에 관하여 이사회의 승인을 얻도록 정한 때에는 그 규정

② 삭제〈1984. 4. 10.〉

제514조의2(전환사채의 등기) ① 회사가 전환사채를 발행한 때에는 제476조의 규정에 의한 납입이 완료된 날로부터 2주간내에 본점의 소재지에서 전환사채의 등기를 하여야 한다. 〈개정 1995. 12. 29.〉

② 제1항의 규정에 의하여 등기할 사항은 다음 각호와 같다.
1. 전환사채의 총액
2. 각 전환사채의 금액
3. 각 전환사채의 납입금액
4. 제514조제1호 내지 제4호에 정한 사항

③ 제183조의 규정은 제2항의 등기에 대하여 이를 준용한다.

④ 외국에서 전환사채를 모집한 경우에 등기할 사항이 외국에서 생긴 때에는 등기기간은 그 통지가 도달한 날로부터 기산한다.

[본조신설 1984. 4. 10.]

제515조(전환의 청구) ① 전환을 청구하는 자는 청구서 2통에 채권을 첨부하여 회사에 제출하여야 한다. 다만, 제478조제3항에 따라 채권(債券)을 발행하는 대신 전자등록기관의 전자등록부에 채권(債權)을 등록한 경우에는 그 채권을 증명할 수 있는 자료를 첨부하여 회사에 제출하여야 한다. 〈개정 2011. 4. 14.〉

② 제1항의 청구서에는 전환하고자 하는 사채와 청구의 연월일을 기재하고 기명날인 또는 서명하여야 한다.〈개정 1995. 12. 29.〉

제516조(준용규정) ①제346조제4항, 제424조 및 제424조의2의 규정은 전환사채의 발행의 경우에 이를 준용한다. 〈개정 2011. 4. 14.〉

② 제339조, 제348조, 제350조 및 제351조의 규정은 사채의 전환의 경우에 이를 준용한다.〈개정 1995. 12. 29.〉

[전문개정 1984. 4. 10.]

제4관 신주인수권부사채

제516조의2(신주인수권부사채의 발행) ① 회사는 신주인수권부사채를 발행할 수 있다.

② 제1항의 경우에 다음의 사항으로서 정관에 규정이 없는 것은 이사회가 이를 결정한다. 그러나 정관으로 주주총회에서 이를 결정하도록 정한 경우에는 그러

하지 아니하다.〈개정 2011. 4. 14.〉
1. 신주인수권부사채의 총액
2. 각 신주인수권부사채에 부여된 신주인수권의 내용
3. 신주인수권을 행사할 수 있는 기간
4. 신주인수권만을 양도할 수 있는 것에 관한 사항
5. 신주인수권을 행사하려는 자의 청구가 있는 때에는 신주인수권부사채의 상환에 갈음하여 그 발행가액으로 제516조의9제1항의 납입이 있는 것으로 본다는 뜻
6. 삭제〈1995. 12. 29.〉
7. 주주에게 신주인수권부사채의 인수권을 준다는 뜻과 인수권의 목적인 신주인수권부사채의 액
8. 주주외의 자에게 신주인수권부사채를 발행하는 것과 이에 대하여 발행할 신주인수권부사채의 액
③ 각 신주인수권부사채에 부여된 신주인수권의 행사로 인하여 발행할 주식의 발행가액의 합계액은 각 신주인수권부사채의 금액을 초과할 수 없다.
④ 주주외의 자에 대하여 신주인수권부사채를 발행하는 경우에 그 발행할 수 있는 신주인수권부사채의 액, 신주인수권의 내용과 신주인수권을 행사할 수 있는 기간에 관하여 정관에 규정이 없으면 제434조의 결의로써 이를 정하여야 한다. 이 경우 제418조제2항 단서의 규정을 준용한다.〈개정 2001. 7. 24.〉
⑤ 제513조제4항의 규정은 제4항의 경우에 이를 준용한다.
[본조신설 1984. 4. 10.]

제516조의3(신주인수권부사채의 인수권을 가진 주주에 대한 최고) ①주주가 신주인수권부사채의 인수권을 가진 경우에는 각 주주에 대하여 인수권을 가지는 신주인수권부사채의 액, 발행가액, 신주인수권의 내용, 신주인수권을 행사할 수 있는 기간과 일정한 기일까지 신주인수권부사채의 청약을 하지 아니하면 그 권리를 잃는다는 뜻을 통지하여야 한다. 이 경우 제516조의2제2항제4호 또는 제5호에 규정한 사항의 정함이 있는 때에는 그 내용도 통지하여야 한다.
② 제419조제2항 및 제3항의 규정은 제1항의 경우에 이를 준용한다.〈개정 2014. 5. 20.〉
[본조신설 1984. 4. 10.]

제516조의4(사채청약서 · 채권 · 사채원부의 기재사항) 신주인수권부사채에 있어서는 사채청약서 · 채권 및 사채원부에 다음의 사항을 기재하여야 한다. 그러나 제516조의5제1항의 신주인수권증권을 발행할 때에는 채권에는 이를 기재하지 아니한다. 〈개정 1995. 12. 29., 2011. 4. 14.〉
1. 신주인수권부사채라는 뜻
2. 제516조의2제2항제2호 내지 제5호에 정한 사항

3. 제516조의9에 따라 납입을 맡을 은행이나 그 밖의 금융기관 및 납입장소

4. 주식의 양도에 관하여 이사회의 승인을 얻도록 정한 때에는 그 규정

[본조신설 1984. 4. 10.]

제516조의5(신주인수권증권의 발행) ① 제516조의2제2항제4호에 규정한 사항을 정한 경우에는 회사는 채권과 함께 신주인수권증권을 발행하여야 한다.

② 신주인수권증권에는 다음의 사항과 번호를 기재하고 이사가 기명날인 또는 서명하여야 한다. *⟨개정 1995. 12. 29.⟩*

1. 신주인수권증권이라는 뜻의 표시

2. 회사의 상호

3. 제516조의2제2항제2호·제3호 및 제5호에 정한 사항

4. 제516조의4제3호에 정한 사항

5. 주식의 양도에 관하여 이사회의 승인을 얻도록 정한 때에는 그 규정

[본조신설 1984. 4. 10.]

제516조의6(신주인수권의 양도) ① 신주인수권증권이 발행된 경우에 신주인수권의 양도는 신주인수권증권의 교부에 의하여서만 이를 행한다.

② 제336조제2항, 제360조 및 수표법 제21조의 규정은 신주인수권증권에 관하여 이를 준용한다.

[본조신설 1984. 4. 10.]

제516조의7(신주인수권의 전자등록) 회사는 신주인수권증권을 발행하는 대신 정관으로 정하는 바에 따라 전자등록기관의 전자등록부에 신주인수권을 등록할 수 있다. 이 경우 제356조의2제2항부터 제4항까지의 규정을 준용한다.

[본조신설 2011. 4. 14.] [종전 제516조의7은 제516조의8로 이동 ⟨2011. 4. 14.⟩]

제516조의8(신주인수권부사채의 등기) ① 회사가 신주인수권부사채를 발행한 때에는 다음의 사항을 등기하여야 한다.

1. 신주인수권부사채라는 뜻

2. 신주인수권의 행사로 인하여 발행할 주식의 발행가액의 총액

3. 각 신주인수권부사채의 금액

4. 각 신주인수권부사채의 납입금액

5. 제516조의2제2항제1호 내지 제3호에 정한 사항

② 제514조의2제1항·제3항 및 제4항의 규정은 제1항의 등기에 관하여 이를 준용한다.

[본조신설 1984. 4. 10.] [제516조의7에서 이동, 종전 제516조의8은 제516조의9로 이동 ⟨2011. 4. 14.⟩]

제516조의9(신주인수권의 행사) ① 신주인수권을 행사하려는 자는 청구서 2통을

회사에 제출하고, 신주의 발행가액의 전액을 납입하여야 한다.

② 제1항의 규정에 의하여 청구서를 제출하는 경우에 신주인수권증권이 발행된 때에는 신주인수권증권을 첨부하고, 이를 발행하지 아니한 때에는 채권을 제시하여야 한다. 다만, 제478조제3항 또는 제516조의7에 따라 채권(債券)이나 신주인수권증권을 발행하는 대신 전자등록기관의 전자등록부에 채권(債權)이나 신주인수권을 등록한 경우에는 그 채권이나 신주인수권을 증명할 수 있는 자료를 첨부하여 회사에 제출하여야 한다.〈개정 2011. 4. 14.〉

③ 제1항의 납입은 채권 또는 신주인수권증권에 기재한 은행 기타 금융기관의 납입장소에서 하여야 한다.

④ 제302조제1항의 규정은 제1항의 청구서에, 제306조 및 제318조의 규정은 제3항의 납입을 맡은 은행 기타 금융기관에 이를 준용한다.

[본조신설 1984. 4. 10.] [제516조의8에서 이동, 종전 제516조의9는 제516조의10으로 이동 〈2011. 4. 14.〉]

제516조의10(주주가 되는 시기) 제516조의9제1항에 따라 신주인수권을 행사한 자는 동항의 납입을 한 때에 주주가 된다. 이 경우 제350조제2항을 준용한다.

〈개정 1995. 12. 29., 2011. 4. 14., 2020. 12. 29.〉

[본조신설 1984. 4. 10.] [제516조의9에서 이동, 종전 제516조의10은 제516조의11로 이동 〈2011. 4. 14.〉]

제516조의11(준용규정) 제351조의 규정은 신주인수권의 행사가 있는 경우에, 제513조의2 및 제516조제1항의 규정은 신주인수권부사채에 관하여 이를 준용한다.

〈개정 1995. 12. 29.〉

[본조신설 1984. 4. 10.] [제516조의10에서 이동 〈2011. 4. 14.〉]

제9절 해산

제517조(해산사유) 주식회사는 다음의 사유로 인하여 해산한다. 〈개정 1998. 12. 28.〉

1. 제227조제1호, 제4호 내지 제6호에 정한 사유
1의2. 제530조의2의 규정에 의한 회사의 분할 또는 분할합병
2. 주주총회의 결의

제518조(해산의 결의) 해산의 결의는 제434조의 규정에 의하여야 한다.

제519조(회사의 계속) 회사가 존립기간의 만료 기타 정관에 정한 사유의 발생 또는 주주총회의 결의에 의하여 해산한 경우에는 제434조의 규정에 의한 결의로 회사를 계속할 수 있다.

제520조(해산판결) ① 다음의 경우에 부득이한 사유가 있는 때에는 발행주식의 총수의 100분의 10 이상에 해당하는 주식을 가진 주주는 회사의 해산을 법원에 청

구할 수 있다.

1. 회사의 업무가 현저한 정돈상태를 계속하여 회복할 수 없는 손해가 생긴 때 또는 생길 염려가 있는 때
2. 회사재산의 관리 또는 처분의 현저한 실당으로 인하여 회사의 존립을 위태롭게 한 때

② 제186조와 제191조의 규정은 전항의 청구에 준용한다.

제520조의2(휴면회사의 해산) ① 법원행정처장이 최후의 등기후 5년을 경과한 회사는 본점의 소재지를 관할하는 법원에 아직 영업을 폐지하지 아니하였다는 뜻의 신고를 할 것을 관보로써 공고한 경우에, 그 공고한 날에 이미 최후의 등기후 5년을 경과한 회사로써 공고한 날로부터 2월 이내에 대통령령이 정하는 바에 의하여 신고를 하지 아니한 때에는 그 회사는 그 신고기간이 만료된 때에 해산한 것으로 본다. 그러나 그 기간내에 등기를 한 회사에 대하여는 그러하지 아니하다.

② 제1항의 공고가 있는 때에는 법원은 해당 회사에 대하여 그 공고가 있었다는 뜻의 통지를 발송하여야 한다.

③ 제1항의 규정에 의하여 해산한 것으로 본 회사는 그 후 3년 이내에는 제434조의 결의에 의하여 회사를 계속할 수 있다.

④ 제1항의 규정에 의하여 해산한 것으로 본 회사가 제3항의 규정에 의하여 회사를 계속하지 아니한 경우에는 그 회사는 그 3년이 경과한 때에 청산이 종결된 것으로 본다.

[본조신설 1984. 4. 10.]

제521조(해산의 통지, 공고) 회사가 해산한 때에는 파산의 경우 외에는 이사는 지체없이 주주에 대하여 그 통지를 하여야 한다. 〈개정 2014. 5. 20.〉

제521조의2(준용규정) 제228조와 제229조제3항의 규정은 주식회사의 해산에 관하여 이를 준용한다.

[본조신설 1998. 12. 28.]

제10절 합병

제522조(합병계약서와 그 승인결의) ① 회사가 합병을 함에는 합병계약서를 작성하여 주주총회의 승인을 얻어야 한다. 〈개정 1995. 12. 29., 1998 · 12 · 28〉

② 합병계약의 요령은 제363조에 정한 통지에 기재하여야 한다. 〈개정 2014. 5. 20.〉

③ 제1항의 승인결의는 제434조의 규정에 의하여야 한다. 〈개정 1998. 12. 28.〉

제522조의2(합병계약서 등의 공시) ① 이사는 제522조제1항의 주주총회 회일의 2주 전부터 합병을 한 날 이후 6개월이 경과하는 날까지 다음 각 호의 서류를 본점에 비치하여야 한다. 〈개정 1998. 12. 28., 2015. 12. 1.〉

1. 합병계약서
2. 합병을 위하여 신주를 발행하거나 자기주식을 이전하는 경우에는 합병으로 인하여 소멸하는 회사의 주주에 대한 신주의 배정 또는 자기주식의 이전에 관하여 그 이유를 기재한 서면
3. 각 회사의 최종의 대차대조표와 손익계산서
② 주주 및 회사채권자는 영업시간내에는 언제든지 제1항 각호의 서류의 열람을 청구하거나, 회사가 정한 비용을 지급하고 그 등본 또는 초본의 교부를 청구할 수 있다. 〈개정 1998. 12. 28.〉
[본조신설 1984. 4. 10.] [제목개정 2015. 12. 1.]

제522조의3(합병반대주주의 주식매수청구권) ① 제522조제1항에 따른 결의사항에 관하여 이사회의 결의가 있는 때에 그 결의에 반대하는 주주(의결권이 없거나 제한되는 주주를 포함한다. 이하 이 조에서 같다)는 주주총회 전에 회사에 대하여 서면으로 그 결의에 반대하는 의사를 통지한 경우에는 그 총회의 결의일부터 20일 이내에 주식의 종류와 수를 기재한 서면으로 회사에 대하여 자기가 소유하고 있는 주식의 매수를 청구할 수 있다. 〈개정 2015. 12. 1.〉
② 제527조의2제2항의 공고 또는 통지를 한 날부터 2주내에 회사에 대하여 서면으로 합병에 반대하는 의사를 통지한 주주는 그 기간이 경과한 날부터 20일 이내에 주식의 종류와 수를 기재한 서면으로 회사에 대하여 자기가 소유하고 있는 주식의 매수를 청구할 수 있다. 〈신설 1998. 12. 28.〉
[본조신설 1995. 12. 29.] [제목개정 2015. 12. 1.]

제523조(흡수합병의 합병계약서) 합병할 회사의 일방이 합병 후 존속하는 경우에는 합병계약서에 다음의 사항을 적어야 한다. 〈개정 1998. 12. 28., 2001. 7. 24., 2011. 4. 14., 2015. 12. 1.〉
1. 존속하는 회사가 합병으로 인하여 그 발행할 주식의 총수를 증가하는 때에는 그 증가할 주식의 총수, 종류와 수
2. 존속하는 회사의 자본금 또는 준비금이 증가하는 경우에는 증가할 자본금 또는 준비금에 관한 사항
3. 존속하는 회사가 합병을 하면서 신주를 발행하거나 자기주식을 이전하는 경우에는 발행하는 신주 또는 이전하는 자기주식의 총수, 종류와 수 및 합병으로 인하여 소멸하는 회사의 주주에 대한 신주의 배정 또는 자기주식의 이전에 관한 사항
4. 존속하는 회사가 합병으로 소멸하는 회사의 주주에게 제3호에도 불구하고 그 대가의 전부 또는 일부로서 금전이나 그 밖의 재산을 제공하는 경우에는 그 내용 및 배정에 관한 사항
5. 각 회사에서 합병의 승인결의를 할 사원 또는 주주의 총회의 기일
6. 합병을 할 날

7. 존속하는 회사가 합병으로 인하여 정관을 변경하기로 정한 때에는 그 규정
8. 각 회사가 합병으로 이익배당을 할 때에는 그 한도액
9. 합병으로 인하여 존속하는 회사에 취임할 이사와 감사 또는 감사위원회의 위원을 정한 때에는 그 성명 및 주민등록번호

[제목개정 2015. 12. 1.]

제523조의2(합병대가가 모회사주식인 경우의 특칙) ① 제342조의2에도 불구하고 제523조제4호에 따라 소멸하는 회사의 주주에게 제공하는 재산이 존속하는 회사의 모회사주식을 포함하는 경우에는 존속하는 회사는 그 지급을 위하여 모회사주식을 취득할 수 있다. 〈개정 2015. 12. 1.〉

② 존속하는 회사는 제1항에 따라 취득한 모회사의 주식을 합병 후에도 계속 보유하고 있는 경우 합병의 효력이 발생하는 날부터 6개월 이내에 그 주식을 처분하여야 한다.〈신설 2015. 12. 1.〉

[본조신설 2011. 4. 14.]

제524조(신설합병의 합병계약서) 합병으로 회사를 설립하는 경우에는 합병계약서에 다음의 사항을 적어야 한다. 〈개정 2001. 7. 24., 2011. 4. 14., 2015. 12. 1.〉
1. 설립되는 회사에 대하여 제289조제1항제1호부터 제4호까지에 규정된 사항과 종류주식을 발행할 때에는 그 종류, 수와 본점소재지
2. 설립되는 회사가 합병당시에 발행하는 주식의 총수와 종류, 수 및 각 회사의 주주에 대한 주식의 배정에 관한 사항
3. 설립되는 회사의 자본금과 준비금의 총액
4. 각 회사의 주주에게 제2호에도 불구하고 금전이나 그 밖의 재산을 제공하는 경우에는 그 내용 및 배정에 관한 사항
5. 제523조제5호 및 제6호에 규정된 사항
6. 합병으로 인하여 설립되는 회사의 이사와 감사 또는 감사위원회의 위원을 정한 때에는 그 성명 및 주민등록번호

[제목개정 2015. 12. 1.]

제525조(합명회사, 합자회사의 합병계약서) ① 합병후 존속하는 회사 또는 합병으로 인하여 설립되는 회사가 주식회사인 경우에 합병할 회사의 일방 또는 쌍방이 합명회사 또는 합자회사인 때에는 총사원의 동의를 얻어 합병계약서를 작성하여야 한다.

② 전2조의 규정은 전항의 합병계약서에 준용한다.

제526조(흡수합병의 보고총회) ①합병을 하는 회사의 일방이 합병후 존속하는 경우에는 그 이사는 제527조의5의 절차의 종료후, 합병으로 인한 주식의 병합이 있을 때에는 그 효력이 생긴 후, 병합에 적당하지 아니한 주식이 있을 때에는 합병후, 존속하는 회사에 있어서는 제443조의 처분을 한 후, 소규모합병의 경우에는 제

527조의3제3항 및 제4항의 절차를 종료한 후 지체없이 주주총회를 소집하고 합병에 관한 사항을 보고하여야 한다. 〈개정 1998. 12. 28.〉

② 합병당시에 발행하는 신주의 인수인은 제1항의 주주총회에서 주주와 동일한 권리가 있다. 〈개정 1998. 12. 28.〉

③ 제1항의 경우에 이사회는 공고로써 주주총회에 대한 보고에 갈음할 수 있다. 〈신설 1995. 12. 29.〉

제527조(신설합병의 창립총회) ① 합병으로 인하여 회사를 설립하는 경우에는 설립위원은 제527조의5의 절차의 종료후, 합병으로 인한 주식의 병합이 있을 때에는 그 효력이 생긴 후, 병합에 적당하지 아니한 주식이 있을 때에는 제443조의 처분을 한 후 지체없이 창립총회를 소집하여야 한다. 〈개정 1998. 12. 28.〉

② 창립총회에서는 정관변경의 결의를 할 수 있다. 그러나 합병계약의 취지에 위반하는 결의는 하지 못한다.

③ 제308조제2항, 제309조, 제311조, 제312조와 제316조제2항의 규정은 제1항의 창립총회에 준용한다.

④ 제1항의 경우에 이사회는 공고로써 주주총회에 대한 보고에 갈음할 수 있다. 〈신설 1998. 12. 28.〉

제527조의2(간이합병) ① 합병할 회사의 일방이 합병후 존속하는 경우에 합병으로 인하여 소멸하는 회사의 총주주의 동의가 있거나 그 회사의 발행주식총수의 100분의 90이상을 합병후 존속하는 회사가 소유하고 있는 때에는 합병으로 인하여 소멸하는 회사의 주주총회의 승인은 이를 이사회의 승인으로 갈음할 수 있다.

② 제1항의 경우에 합병으로 인하여 소멸하는 회사는 합병계약서를 작성한 날부터 2주내에 주주총회의 승인을 얻지 아니하고 합병을 한다는 뜻을 공고하거나 주주에게 통지하여야 한다. 다만, 총주주의 동의가 있는 때에는 그러하지 아니하다.

[본조신설 1998. 12. 28.]

제527조의3(소규모합병) ① 합병 후 존속하는 회사가 합병으로 인하여 발행하는 신주 및 이전하는 자기주식의 총수가 그 회사의 발행주식총수의 100분의 10을 초과하지 아니하는 경우에는 그 존속하는 회사의 주주총회의 승인은 이를 이사회의 승인으로 갈음할 수 있다. 다만, 합병으로 인하여 소멸하는 회사의 주주에게 제공할 금전이나 그 밖의 재산을 정한 경우에 그 금액 및 그 밖의 재산의 가액이 존속하는 회사의 최종 대차대조표상으로 현존하는 순자산액의 100분의 5를 초과하는 경우에는 그러하지 아니하다. 〈개정 2015. 12. 1.〉

② 제1항의 경우에 존속하는 회사의 합병계약서에는 주주총회의 승인을 얻지 아

니하고 합병을 한다는 뜻을 기재하여야 한다.

③ 제1항의 경우에 존속하는 회사는 합병계약서를 작성한 날부터 2주내에 소멸하는 회사의 상호 및 본점의 소재지, 합병을 할 날, 주주총회의 승인을 얻지 아니하고 합병을 한다는 뜻을 공고하거나 주주에게 통지하여야 한다.

④ 합병후 존속하는 회사의 발행주식총수의 100분의 20 이상에 해당하는 주식을 소유한 주주가 제3항의 규정에 의한 공고 또는 통지를 한 날부터 2주내에 회사에 대하여 서면으로 제1항의 합병에 반대하는 의사를 통지한 때에는 제1항 본문의 규정에 의한 합병을 할 수 없다.

⑤ 제1항 본문의 경우에는 제522조의3의 규정은 이를 적용하지 아니한다.

[본조신설 1998. 12. 28.] [제목개정 2015. 12. 1.]

제527조의4(이사·감사의 임기) ① 합병을 하는 회사의 일방이 합병후 존속하는 경우에 존속하는 회사의 이사 및 감사로서 합병전에 취임한 자는 합병계약서에 다른 정함이 있는 경우를 제외하고는 합병후 최초로 도래하는 결산기의 정기총회가 종료하는 때에 퇴임한다.

② 삭제〈2001. 7. 24.〉

[본조신설 1998. 12. 28.]

제527조의5(채권자보호절차) ① 회사는 제522조의 주주총회의 승인결의가 있은 날부터 2주내에 채권자에 대하여 합병에 이의가 있으면 1월이상의 기간내에 이를 제출할 것을 공고하고 알고 있는 채권자에 대하여는 따로따로 이를 최고하여야 한다.

② 제1항의 규정을 적용함에 있어서 제527조의2 및 제527조의3의 경우에는 이사회의 승인결의를 주주총회의 승인결의로 본다.

③ 제232조제2항 및 제3항의 규정은 제1항 및 제2항의 경우에 이를 준용한다.

[본조신설 1998. 12. 28.]

제527조의6(합병에 관한 서류의 사후공시) ①이사는 제527조의5에 규정한 절차의 경과, 합병을 한 날, 합병으로 인하여 소멸하는 회사로부터 승계한 재산의 가액과 채무액 기타 합병에 관한 사항을 기재한 서면을 합병을 한 날부터 6월간 본점에 비치하여야 한다.

② 제522조의2제2항의 규정은 제1항의 서면에 관하여 이를 준용한다.

[본조신설 1998. 12. 28.]

제528조(합병의 등기) ① 회사가 합병을 한 때에는 제526조의 주주총회가 종결한 날 또는 보고에 갈음하는 공고일, 제527조의 창립총회가 종결한 날 또는 보고에 갈음하는 공고일부터 본점소재지에서는 2주내, 지점소재지에서는 3주내에 합병후

존속하는 회사에 있어서는 변경의 등기, 합병으로 인하여 소멸하는 회사에 있어서는 해산의 등기, 합병으로 인하여 설립된 회사에 있어서는 제317조에 정하는 등기를 하여야 한다. 〈개정 1998. 12. 28.〉

② 합병후 존속하는 회사 또는 합병으로 인하여 설립된 회사가 합병으로 인하여 전환사채 또는 신주인수권부사채를 승계한 때에는 제1항의 등기와 동시에 사채의 등기를 하여야 한다.〈개정 1984. 4. 10.〉

제529조(합병무효의 소) ① 합병무효는 각 회사의 주주·이사·감사·청산인·파산관재인 또는 합병을 승인하지 아니한 채권자에 한하여 소만으로 이를 주장할 수 있다. 〈개정 1984. 4. 10.〉

② 제1항의 소는 제528조의 등기가 있은 날로부터 6月내에 제기하여야 한다.〈개정 1984. 4. 10.〉

제530조(준용규정) ① 삭제 〈1998. 12. 28.〉

② 제234조, 제235조, 제237조 내지 제240조, 제329조의2, 제374조제2항, 제374조의2제2항 내지 제5항 및 제439조제3항의 규정은 주식회사의 합병에 관하여 이를 준용한다.〈개정 1995. 12. 29., 1998. 12. 28., 2001. 7. 24.〉

③ 제440조부터 제443조까지의 규정은 회사의 합병으로 인한 주식병합 또는 주식분할의 경우에 준용한다.〈개정 1998. 12. 28., 2014. 5. 20.〉

④ 제339조와 제340조제3항의 규정은 주식을 병합하지 아니하는 경우에 합병으로 인하여 소멸하는 회사의 주식을 목적으로 하는 질권에 준용한다.

제11절 회사의 분할

제530조의2(회사의 분할·분할합병) ① 회사는 분할에 의하여 1개 또는 수개의 회사를 설립할 수 있다.

② 회사는 분할에 의하여 1개 또는 수개의 존립 중의 회사와 합병(이하 "分割合倂"이라 한다)할 수 있다.

③ 회사는 분할에 의하여 1개 또는 수개의 회사를 설립함과 동시에 분할합병할 수 있다.

④ 해산후의 회사는 존립중의 회사를 존속하는 회사로 하거나 새로 회사를 설립하는 경우에 한하여 분할 또는 분할합병할 수 있다.

[본조신설 1998. 12. 28.]

제530조의3(분할계획서·분할합병계약서의 승인) ①회사가 분할 또는 분할합병을 하는 때에는 분할계획서 또는 분할합병계약서를 작성하여 주주총회의 승인을 얻어야 한다.

② 제1항의 승인결의는 제434조의 규정에 의하여야 한다.

③ 제2항의 결의에 관하여는 제344조의3제1항에 따라 의결권이 배제되는 주주도 의결권이 있다.〈개정 2011. 4. 14.〉

④ 분할계획 또는 분할합병계약의 요령은 제363조에 정한 통지에 기재하여야 한다.〈개정 2014. 5. 20.〉

⑤ 삭제〈2011. 4. 14.〉

⑥ 회사의 분할 또는 분할합병으로 인하여 분할 또는 분할합병에 관련되는 각 회사의 주주의 부담이 가중되는 경우에는 제1항 및 제436조의 결의외에 그 주주 전원의 동의가 있어야 한다.〈개정 2011. 4. 14.〉

[본조신설 1998. 12. 28.]

제530조의4(분할에 의한 회사의 설립) 제530조의2에 따른 회사의 설립에 관하여는 이 장 제1절의 회사설립에 관한 규정을 준용한다. 다만, 분할되는 회사(이하 "분할회사"라 한다)의 출자만으로 회사가 설립되는 경우에는 제299조를 적용하지 아니한다.

[전문개정 2015. 12. 1.]

제530조의5(분할계획서의 기재사항) ① 분할에 의하여 회사를 설립하는 경우에는 분할계획서에 다음 각 호의 사항을 기재하여야 한다. 〈개정 2011. 4. 14., 2015. 12. 1.〉

　1. 분할에 의하여 설립되는 회사(이하 "단순분할신설회사"라 한다)의 상호, 목적, 본점의 소재지 및 공고의 방법

　2. 단순분할신설회사가 발행할 주식의 총수 및 액면주식·무액면주식의 구분

　3. 단순분할신설회사가 분할 당시에 발행하는 주식의 총수, 종류 및 종류주식의 수, 액면주식·무액면주식의 구분

　4. 분할회사의 주주에 대한 단순분할신설회사의 주식의 배정에 관한 사항 및 배정에 따른 주식의 병합 또는 분할을 하는 경우에는 그에 관한 사항

　5. 분할회사의 주주에게 제4호에도 불구하고 금전이나 그 밖의 재산을 제공하는 경우에는 그 내용 및 배정에 관한 사항

　6. 단순분할신설회사의 자본금과 준비금에 관한 사항

　7. 단순분할신설회사에 이전될 재산과 그 가액

　8. 제530조의9제2항의 정함이 있는 경우에는 그 내용

　8의2. 분할을 할 날

　9. 단순분할신설회사의 이사와 감사를 정한 경우에는 그 성명과 주민등록번호

　10. 단순분할신설회사의 정관에 기재할 그 밖의 사항

② 분할후 회사가 존속하는 경우에는 존속하는 회사에 관하여 분할계획서에 다음 각호의 사항을 기재하여야 한다. 〈개정 2011. 4. 14.〉

　1. 감소할 자본금과 준비금의 액

　2. 자본감소의 방법

3. 분할로 인하여 이전할 재산과 그 가액

4. 분할후의 발행주식의 총수

5. 회사가 발행할 주식의 총수를 감소하는 경우에는 그 감소할 주식의 총수, 종류 및 종류별 주식의 수

6. 정관변경을 가져오게 하는 그 밖의 사항

[본조신설 1998. 12. 28.] [제목개정 2015. 12. 1.]

제530조의6(분할합병계약서의 기재사항 및 분할합병대가가 모회사주식인 경우의 특칙)

① 분할회사의 일부가 다른 회사와 합병하여 그 다른 회사(이하 "분할합병의 상대방 회사"라 한다)가 존속하는 경우에는 분할합병계약서에 다음 각 호의 사항을 기재하여야 한다. 〈개정 2015. 12. 1.〉

1. 분할합병의 상대방 회사로서 존속하는 회사(이하 "분할승계회사"라 한다)가 분할합병으로 인하여 발행할 주식의 총수를 증가하는 경우에는 증가할 주식의 총수, 종류 및 종류별 주식의 수

2. 분할승계회사가 분할합병을 하면서 신주를 발행하거나 자기주식을 이전하는 경우에는 그 발행하는 신주 또는 이전하는 자기주식의 총수, 종류 및 종류별 주식의 수

3. 분할승계회사가 분할합병을 하면서 신주를 발행하거나 자기주식을 이전하는 경우에는 분할회사의 주주에 대한 분할승계회사의 신주의 배정 또는 자기주식의 이전에 관한 사항 및 주식의 병합 또는 분할을 하는 경우에는 그에 관한 사항

4. 분할승계회사가 분할회사의 주주에게 제3호에도 불구하고 그 대가의 전부 또는 일부로서 금전이나 그 밖의 재산을 제공하는 경우에는 그 내용 및 배정에 관한 사항

5. 분할승계회사의 자본금 또는 준비금이 증가하는 경우에는 증가할 자본금 또는 준비금에 관한 사항

6. 분할회사가 분할승계회사에 이전할 재산과 그 가액

7. 제530조의9제3항의 정함이 있는 경우에는 그 내용

8. 각 회사에서 제530조의3제2항의 결의를 할 주주총회의 기일

9. 분할합병을 할 날

10. 분할승계회사의 이사와 감사를 정한 경우에는 그 성명과 주민등록번호

11. 분할승계회사의 정관변경을 가져오게 하는 그 밖의 사항

② 분할회사의 일부가 다른 분할회사의 일부 또는 다른 회사와 분할합병을 하여 회사를 설립하는 경우에는 분할합병계약서에 다음 각 호의 사항을 기재하여야 한다. 〈개정 2015. 12. 1.〉

1. 제530조의5제1항제1호 · 제2호 · 제6호 · 제7호 · 제8호 · 제8호의2 · 제9호 · 제10호에 규정된 사항

2. 분할합병을 하여 설립되는 회사(이하 "분할합병신설회사"라 한다)가 분할합병을 하면서 발행하는 주식의 총수, 종류 및 종류별 주식의 수

3. 각 회사의 주주에 대한 주식의 배정에 관한 사항과 배정에 따른 주식의 병합 또는 분

할을 하는 경우에는 그 규정

4. 각 회사가 분할합병신설회사에 이전할 재산과 그 가액

5. 각 회사의 주주에게 지급할 금액을 정한 때에는 그 규정

6. 각 회사에서 제530조의3제2항의 결의를 할 주주총회의 기일

7. 분할합병을 할 날

③ 제530조의5의 규정은 제1항 및 제2항의 경우에 각 회사의 분할합병을 하지 아니하는 부분의 기재에 관하여 이를 준용한다.

④ 제342조의2제1항에도 불구하고 제1항제4호에 따라 분할회사의 주주에게 제공하는 재산이 분할승계회사의 모회사 주식을 포함하는 경우에는 분할승계회사는 그 지급을 위하여 모회사 주식을 취득할 수 있다.〈신설 2015. 12. 1.〉

⑤ 분할승계회사는 제4항에 따라 취득한 모회사의 주식을 분할합병 후에도 계속 보유하고 있는 경우 분할합병의 효력이 발생하는 날부터 6개월 이내에 그 주식을 처분하여야 한다.〈신설 2015. 12. 1.〉

[본조신설 1998. 12. 28.] [제목개정 2015. 12. 1.]

제530조의7(분할대차대조표 등의 공시) ① 분할회사의 이사는 제530조의3제1항에 따른 주주총회 회일의 2주 전부터 분할의 등기를 한 날 또는 분할합병을 한 날 이후 6개월 간 다음 각 호의 서류를 본점에 비치하여야 한다. 〈개정 2015. 12. 1.〉

1. 분할계획서 또는 분할합병계약서

2. 분할되는 부분의 대차대조표

3. 분할합병의 경우 분할합병의 상대방 회사의 대차대조표

4. 분할 또는 분할합병을 하면서 신주가 발행되거나 자기주식이 이전되는 경우에는 분할회사의 주주에 대한 신주의 배정 또는 자기주식의 이전에 관하여 그 이유를 기재한 서면

② 제530조의6제1항의 분할승계회사의 이사는 분할합병을 승인하는 주주총회 회일의 2주 전부터 분할합병의 등기를 한 후 6개월 간 다음 각 호의 서류를 본점에 비치하여야 한다.〈개정 2015. 12. 1.〉

1. 분할합병계약서

2. 분할회사의 분할되는 부분의 대차대조표

3. 분할합병을 하면서 신주를 발행하거나 자기주식을 이전하는 경우에는 분할회사의 주주에 대한 신주의 배정 또는 자기주식의 이전에 관하여 그 이유를 기재한 서면

③ 제522조의2제2항의 규정은 제1항 및 제2항의 서류에 관하여 이를 준용한다.

[본조신설 1998. 12. 28.] [제목개정 2015. 12. 1.]

제530조의8 삭제 〈2015. 12. 1.〉

제530조의9(분할 및 분할합병 후의 회사의 책임) ① 분할회사, 단순분할신설회사, 분할승계회사 또는 분할합병신설회사는 분할 또는 분할합병 전의 분할회사 채무

에 관하여 연대하여 변제할 책임이 있다.

② 제1항에도 불구하고 분할회사가 제530조의3제2항에 따른 결의로 분할에 의하여 회사를 설립하는 경우에는 단순분할신설회사는 분할회사의 채무 중에서 분할계획서에 승계하기로 정한 채무에 대한 책임만을 부담하는 것으로 정할 수 있다. 이 경우 분할회사가 분할 후에 존속하는 경우에는 단순분할신설회사가 부담하지 아니하는 채무에 대한 책임만을 부담한다.

③ 분할합병의 경우에 분할회사는 제530조의3제2항에 따른 결의로 분할합병에 따른 출자를 받는 분할승계회사 또는 분할합병신설회사가 분할회사의 채무 중에서 분할합병계약서에 승계하기로 정한 채무에 대한 책임만을 부담하는 것으로 정할 수 있다. 이 경우 제2항 후단을 준용한다.

④ 제2항의 경우에는 제439조제3항 및 제527조의5를 준용한다.

[전문개정 2015. 12. 1.]

제530조의10(분할 또는 분할합병의 효과) 단순분할신설회사, 분할승계회사 또는 분할합병신설회사는 분할회사의 권리와 의무를 분할계획서 또는 분할합병계약서에서 정하는 바에 따라 승계한다.

[전문개정 2015. 12. 1.]

제530조의11(준용규정) ① 분할 또는 분할합병의 경우에는 제234조, 제237조부터 제240조까지, 제329조의2, 제440조부터 제443조까지, 제526조, 제527조, 제527조의6, 제528조 및 제529조를 준용한다. 다만, 제527조의 설립위원은 대표이사로 한다. 〈개정 2011. 4. 14., 2014. 5. 20.〉

② 제374조제2항, 제439조제3항, 제522조의3, 제527조의2, 제527조의3 및 제527조의5의 규정은 분할합병의 경우에 이를 준용한다.〈개정 1999. 12. 31.〉

[본조신설 1998. 12. 28.]

제530조의12(물적 분할) 이 절의 규정은 분할되는 회사가 분할 또는 분할합병으로 인하여 설립되는 회사의 주식의 총수를 취득하는 경우에 이를 준용한다.

[본조신설 1998. 12. 28.]

제12절 청산

제531조(청산인의 결정) ① 회사가 해산한 때에는 합병·분할·분할합병 또는 파산의 경우 외에는 이사가 청산인이 된다. 다만, 정관에 다른 정함이 있거나 주주총회에서 타인을 선임한 때에는 그러하지 아니하다. 〈개정 1998. 12. 28.〉

② 전항의 규정에 의한 청산인이 없는 때에는 법원은 이해관계인의 청구에 의하여 청산인을 선임한다.

제532조(청산인의 신고) 청산인은 취임한 날로부터 2주간내에 다음의 사항을 법원에 신고하여야 한다. 〈개정 1995. 12. 29.〉

1. 해산의 사유와 그 연월일
2. 청산인의 성명 · 주민등록번호 및 주소

제533조(회사재산조사보고의무) ①청산인은 취임한 후 지체없이 회사의 재산상태를 조사하여 재산목록과 대차대조표를 작성하고 이를 주주총회에 제출하여 그 승인을 얻어야 한다.

② 청산인은 전항의 승인을 얻은 후 지체없이 재산목록과 대차대조표를 법원에 제출하여야 한다.

제534조(대차대조표 · 사무보고서 · 부속명세서의 제출 · 감사 · 공시 · 승인) ①청산인은 정기총회회일로부터 4주간전에 대차대조표 및 그 부속명세서와 사무보고서를 작성하여 감사에게 제출하여야 한다.

② 감사는 정기총회회일로부터 1주간전에 제1항의 서류에 관한 감사보고서를 청산인에게 제출하여야 한다.

③ 청산인은 정기총회회일의 1주간전부터 제1항의 서류와 제2항의 감사보고서를 본점에 비치하여야 한다.

④ 제448조제2항의 규정은 제3항의 서류에 관하여 이를 준용한다.

⑤ 청산인은 대차대조표 및 사무보고서를 정기총회에 제출하여 그 승인을 요구하여야 한다.

[전문개정 1984. 4. 10.]

제535조(회사채권자에의 최고) ① 청산인은 취임한 날로부터 2월내에 회사채권자에 대하여 일정한 기간내에 그 채권을 신고할 것과 그 기간내에 신고하지 아니하면 청산에서 제외될 뜻을 2회 이상 공고로써 최고하여야 한다. 그러나 그 기간은 2월 이상이어야 한다.

② 청산인은 알고 있는 채권자에 대하여는 각별로 그 채권의 신고를 최고하여야 하며 그 채권자가 신고하지 아니한 경우에도 이를 청산에서 제외하지 못한다.

제536조(채권신고기간내의 변제) ①청산인은 전조제1항의 신고기간내에는 채권자에 대하여 변제를 하지 못한다. 그러나 회사는 그 변제의 지연으로 인한 손해배상의 책임을 면하지 못한다.

② 청산인은 전항의 규정에 불구하고 소액의 채권, 담보있는 채권 기타 변제로 인하여 다른 채권자를 해할 염려가 없는 채권에 대하여는 법원의 허가를 얻어 이를 변제할 수 있다.

제537조(제외된 채권자에 대한 변제) ① 청산에서 제외된 채권자는 분배되지 아니한 잔여재산에 대하여서만 변제를 청구할 수 있다.

② 일부의 주주에 대하여 재산의 분배를 한 경우에는 그와 동일한 비율로 다른 주주에게 분배할 재산은 전항의 잔여재산에서 공제한다.

제538조(잔여재산의 분배) 잔여재산은 각 주주가 가진 주식의 수에 따라 주주에게 분배하여야 한다. 그러나 제344조제1항의 규정을 적용하는 경우에는 그러하지 아니하다.

상환금청구의소

[서울고법 2021. 10. 28., 선고, 2020나2049059, 판결 : 상고]

【판시사항】

甲 주식회사가 乙 주식회사와, 甲 회사가 乙 회사의 상환주식을 인수하는 내용의 신주인수계약을 체결하면서 '乙 회사는 위 주식 발행 이후 신주 또는 주식 관련 사채를 발행하는 경우 甲 회사에 사전 서면동의를 받아야 하고, 이를 위반한 때에는 甲 회사가 위 주식의 조기상환 및 위약벌을 청구할 수 있다.'는 취지의 약정을 하였는데, 위 주식 발행 이후 乙 회사가 甲 회사의 사전 서면동의 없이 신주를 발행하자, 甲 회사가 乙 회사를 상대로 위 주식의 조기상환 및 위약벌을 청구한 사안에서, 위 사전 서면동의 약정과 그 위반 시 제재로서의 조기상환 및 위약벌 약정은 주주평등의 원칙에 반하여 무효라고 본 사례

【판결요지】

甲 주식회사가 乙 주식회사와, 甲 회사가 乙 회사의 상환주식을 인수하는 내용의 신주인수계약을 체결하면서 '乙 회사는 위 주식 발행 이후 신주 또는 주식 관련 사채를 발행하는 경우 甲 회사에 사전 서면동의를 받아야 하고, 이를 위반한 때에는 甲 회사가 위 주식의 조기상환 및 위약벌을 청구할 수 있다.'는 취지의 약정을 하였는데, 위 주식 발행 이후 乙 회사가 甲 회사의 사전 서면동의 없이 신주를 발행하자, 甲 회사가 乙 회사를 상대로 위 주식의 조기상환 및 위약벌을 청구한 사안이다.

위 사전 서면동의 약정과 그 위반 시 제재로서의 조기상환 및 위약벌 약정은, 신주를 인수하여 乙 회사의 주주 지위만을 갖게 된 甲 회사에 대해 다른 주주들에게는 인정되지 않는 우월한 권리인 '乙 회사의 주요 경영사항들에 대한 사전 동의권'이라는 권한을 부여함으로써 甲 회사가 乙 회사의 경영에 대하여 다른 주주들과는 비교할 수 없을 정도로 강력하고 절대적인 영향력을 행사할 수 있도록 하는 것일 뿐 아니라, 위반 시에는 조기상환 및 위약벌이라는 제재를 통하여 배당가능이익의 존부와 상관없이 언제든지 출자금의 배액을 초과하는 금액의 반환을 받을 수 있는 권리를 부여함으로써 실질적으로 회사의 주주에 대하여 투하자본의 회수를 절대적으로 보장하는 기능을 하는 것이므로, 주주평등의 원칙에 반하여 무효라고 본 사례이다.

제539조(청산인의 해임) ①청산인은 법원이 선임한 경우 외에는 언제든지 주주총회의 결의로 이를 해임할 수 있다.

② 청산인이 그 업무를 집행함에 현저하게 부적임하거나 중대한 임무에 위반한 행위가 있는 때에는 발행주식의 총수의 100분의 3 이상에 해당하는 주식을 가진 주주는 법원에 그 청산인의 해임을 청구할 수 있다.⟨개정 1998. 12. 28.⟩

③ 제186조의 규정은 제2항의 청구에 관한 소에 준용한다.⟨개정 1998. 12. 28.⟩

제540조(청산의 종결) ① 청산사무가 종결한 때에는 청산인은 지체없이 결산보고서를 작성하고 이를 주주총회에 제출하여 승인을 얻어야 한다.

② 전항의 승인이 있는 때에는 회사는 청산인에 대하여 그 책임을 해제한 것으로 본다. 그러나 청산인의 부정행위에 대하여는 그러하지 아니하다.

제541조(서류의 보존) ①회사의 장부 기타 영업과 청산에 관한 중요한 서류는 본점소재지에서 청산종결의 등기를 한 후 10년간 이를 보존하여야 한다. 다만, 전표 또는 이와 유사한 서류는 5년간 이를 보존하여야 한다. ⟨개정 1995. 12. 29.⟩

② 전항의 보존에 관하여는 청산인 기타의 이해관계인의 청구에 의하여 법원이 보존인과 보존방법을 정한다.

제542조(준용규정) ① 제245조, 제252조 내지 제255조, 제259조, 제260조와 제264조의 규정은 주식회사에 준용한다.

② 제362조, 제363조의2, 제366조, 제367조, 제373조, 제376조, 제377조, 제382조제2항, 제386조, 제388조 내지 제394조, 제396조, 제398조부터 제406조까지, 제406조의2, 제407조, 제408조, 제411조 내지 제413조, 제414조제3항, 제449조제3항, 제450조와 제466조는 청산인에 준용한다.⟨개정 1962. 12. 12., 1984. 4. 10., 1998. 12. 28., 2020. 12. 29.⟩

제13절 상장회사에 대한 특례
⟨신설 2009. 1. 30.⟩

제542조의2(적용범위) ① 이 절은 대통령령으로 정하는 증권시장(증권의 매매를 위하여 개설된 시장을 말한다)에 상장된 주권을 발행한 주식회사(이하 "상장회사"라 한다)에 대하여 적용한다. 다만, 집합투자(2인 이상에게 투자권유를 하여 모은 금전이나 그 밖의 재산적 가치가 있는 재산을 취득·처분, 그 밖의 방법으로 운용하고 그 결과를 투자자에게 배분하여 귀속시키는 것을 말한다)를 수행하기 위한 기구로서 대통령령으로 정하는 주식회사는 제외한다.

② 이 절은 이 장 다른 절에 우선하여 적용한다.

[본조신설 2009. 1. 30.]

제542조의3(주식매수선택권) ① 상장회사는 제340조의2제1항 본문에 규정된 자 외에도 대통령령으로 정하는 관계 회사의 이사, 집행임원, 감사 또는 피용자에게 주식매수선택권을 부여할 수 있다. 다만, 제542조의8제2항제5호의 최대주주 등 대통령령으로 정하는 자에게는 주식매수선택권을 부여할 수 없다. 〈개정 2011. 4. 14.〉

② 상장회사는 제340조의2제3항에도 불구하고 발행주식총수의 100분의 20의 범위에서 대통령령으로 정하는 한도까지 주식매수선택권을 부여할 수 있다.

③ 상장회사는 제340조의2제1항 본문에도 불구하고 정관으로 정하는 바에 따라 발행주식총수의 100분의 10의 범위에서 대통령령으로 정하는 한도까지 이사회가 제340조의3제2항 각 호의 사항을 결의함으로써 해당 회사의 집행임원·감사 또는 피용자 및 제1항에 따른 관계 회사의 이사·집행임원·감사 또는 피용자에게 주식매수선택권을 부여할 수 있다. 이 경우 주식매수선택권을 부여한 후 처음으로 소집되는 주주총회의 승인을 받아야 한다. 〈개정 2011. 4. 14.〉

④ 상장회사의 주식매수선택권을 부여받은 자는 제340조의4제1항에도 불구하고 대통령령으로 정하는 경우를 제외하고는 주식매수선택권을 부여하기로 한 주주총회 또는 이사회의 결의일부터 2년 이상 재임하거나 재직하여야 주식매수선택권을 행사할 수 있다.

⑤ 제1항부터 제4항까지에서 규정한 사항 외에 상장회사의 주식매수선택권 부여, 취소, 그 밖에 필요한 사항은 대통령령으로 정한다.

[본조신설 2009. 1. 30.]

제542조의4(주주총회 소집공고 등) ① 상장회사가 주주총회를 소집하는 경우 대통령령으로 정하는 수 이하의 주식을 소유하는 주주에게는 정관으로 정하는 바에 따라 주주총회일의 2주 전에 주주총회를 소집하는 뜻과 회의의 목적사항을 둘 이상의 일간신문에 각각 2회 이상 공고하거나 대통령령으로 정하는 바에 따라 전자적 방법으로 공고함으로써 제363조제1항의 소집통지를 갈음할 수 있다.

② 상장회사가 이사·감사의 선임에 관한 사항을 목적으로 하는 주주총회를 소집통지 또는 공고하는 경우에는 이사·감사 후보자의 성명, 약력, 추천인, 그 밖에 대통령령으로 정하는 후보자에 관한 사항을 통지하거나 공고하여야 한다.

③ 상장회사가 주주총회 소집의 통지 또는 공고를 하는 경우에는 사외이사 등의 활동내역과 보수에 관한 사항, 사업개요 등 대통령령으로 정하는 사항을 통지 또는 공고하여야 한다. 다만, 상장회사가 그 사항을 대통령령으로 정하는 방법으로 일반인이 열람할 수 있도록 하는 경우에는 그러하지 아니하다.

[본조신설 2009. 1. 30.]

제542조의5(이사·감사의 선임방법) 상장회사가 주주총회에서 이사 또는 감사를 선임하려는 경우에는 제542조의4제2항에 따라 통지하거나 공고한 후보자 중에서 선임하여야 한다.

[본조신설 2009. 1. 30.]

제542조의6(소수주주권) ① 6개월 전부터 계속하여 상장회사 발행주식총수의 1천분의 15 이상에 해당하는 주식을 보유한 자는 제366조(제542조에서 준용하는 경우를 포함한다) 및 제467조에 따른 주주의 권리를 행사할 수 있다.

② 6개월 전부터 계속하여 상장회사의 의결권 없는 주식을 제외한 발행주식총수의 1천분의 10(대통령령으로 정하는 상장회사의 경우에는 1천분의 5) 이상에 해당하는 주식을 보유한 자는 제363조의2(제542조에서 준용하는 경우를 포함한다)에 따른 주주의 권리를 행사할 수 있다.

③ 6개월 전부터 계속하여 상장회사 발행주식총수의 1만분의 50(대통령령으로 정하는 상장회사의 경우에는 1만분의 25) 이상에 해당하는 주식을 보유한 자는 제385조(제415조에서 준용하는 경우를 포함한다) 및 제539조에 따른 주주의 권리를 행사할 수 있다.

④ 6개월 전부터 계속하여 상장회사 발행주식총수의 1만분의 10(대통령령으로 정하는 상장회사의 경우에는 1만분의 5) 이상에 해당하는 주식을 보유한 자는 제466조(제542조에서 준용하는 경우를 포함한다)에 따른 주주의 권리를 행사할 수 있다.

⑤ 6개월 전부터 계속하여 상장회사 발행주식총수의 10만분의 50(대통령령으로 정하는 상장회사의 경우에는 10만분의 25) 이상에 해당하는 주식을 보유한 자는 제402조(제408조의9 및 제542조에서 준용하는 경우를 포함한다)에 따른 주주의 권리를 행사할 수 있다. *〈개정 2011. 4. 14.〉*

⑥ 6개월 전부터 계속하여 상장회사 발행주식총수의 1만분의 1 이상에 해당하는 주식을 보유한 자는 제403조(제324조, 제408조의9, 제415조, 제424조의2, 제467조의2 및 제542조에서 준용하는 경우를 포함한다)에 따른 주주의 권리를 행사할 수 있다. *〈개정 2011. 4. 14.〉*

⑦ 6개월 전부터 계속하여 상장회사 발행주식총수의 1만분의 50 이상에 해당하는 주식을 보유한 자는 제406조의2(제324조, 제408조의9, 제415조 및 제542조에서 준용하는 경우를 포함한다)에 따른 주주의 권리를 행사할 수 있다. *〈신설 2020. 12. 29.〉*

⑧ 상장회사는 정관에서 제1항부터 제6항까지 규정된 것보다 단기의 주식 보유기간을 정하거나 낮은 주식 보유비율을 정할 수 있다. *〈개정 2020. 12. 29.〉*

⑨ 제1항부터 제6항까지 및 제542조의7제2항에서 "주식을 보유한 자"란 주식을 소유한 자, 주주권 행사에 관한 위임을 받은 자, 2명 이상 주주의 주주권을 공동으로 행사하는 자를 말한다.〈개정 2020. 12. 29.〉

⑩ 제1항부터 제7항까지는 제542조의2제2항에도 불구하고 이 장의 다른 절에 따른 소수주주권의 행사에 영향을 미치지 아니한다.〈신설 2020. 12. 29.〉

[본조신설 2009. 1. 30.]

제542조의7(집중투표에 관한 특례) ① 상장회사에 대하여 제382조의2에 따라 집중투표의 방법으로 이사를 선임할 것을 청구하는 경우 주주총회일(정기주주총회의 경우에는 직전 연도의 정기주주총회일에 해당하는 그 해의 해당일. 이하 제542조의8 제5항에서 같다)의 6주 전까지 서면 또는 전자문서로 회사에 청구하여야 한다.

② 자산 규모 등을 고려하여 대통령령으로 정하는 상장회사의 의결권 없는 주식을 제외한 발행주식총수의 100분의 1 이상에 해당하는 주식을 보유한 자는 제382조의2에 따라 집중투표의 방법으로 이사를 선임할 것을 청구할 수 있다.

③ 제2항의 상장회사가 정관으로 집중투표를 배제하거나 그 배제된 정관을 변경하려는 경우에는 의결권 없는 주식을 제외한 발행주식총수의 100분의 3을 초과하는 수의 주식을 가진 주주는 그 초과하는 주식에 관하여 의결권을 행사하지 못한다. 다만, 정관에서 이보다 낮은 주식 보유비율을 정할 수 있다.

④ 제2항의 상장회사가 주주총회의 목적사항으로 제3항에 따른 집중투표 배제에 관한 정관 변경에 관한 의안을 상정하려는 경우에는 그 밖의 사항의 정관 변경에 관한 의안과 별도로 상정하여 의결하여야 한다.

[본조신설 2009. 1. 30.]

제542조의8(사외이사의 선임) ① 상장회사는 자산 규모 등을 고려하여 대통령령으로 정하는 경우를 제외하고는 이사 총수의 4분의 1 이상을 사외이사로 하여야 한다. 다만, 자산 규모 등을 고려하여 대통령령으로 정하는 상장회사의 사외이사는 3명 이상으로 하되, 이사 총수의 과반수가 되도록 하여야 한다.

② 상장회사의 사외이사는 제382조제3항 각 호 뿐만 아니라 다음 각 호의 어느 하나에 해당되지 아니하여야 하며, 이에 해당하게 된 경우에는 그 직을 상실한다.〈개정 2011. 4. 14., 2018. 9. 18.〉

1. 미성년자, 피성년후견인 또는 피한정후견인
2. 파산선고를 받고 복권되지 아니한 자
3. 금고 이상의 형을 선고받고 그 집행이 끝나거나 집행이 면제된 후 2년이 지나지 아니한 자
4. 대통령령으로 별도로 정하는 법률을 위반하여 해임되거나 면직된 후 2년이 지나지 아

니한 자

5. 상장회사의 주주로서 의결권 없는 주식을 제외한 발행주식총수를 기준으로 본인 및 그와 대통령령으로 정하는 특수한 관계에 있는 자(이하 "특수관계인"이라 한다)가 소유하는 주식의 수가 가장 많은 경우 그 본인(이하 "최대주주"라 한다) 및 그의 특수관계인

6. 누구의 명의로 하든지 자기의 계산으로 의결권 없는 주식을 제외한 발행주식총수의 100분의 10 이상의 주식을 소유하거나 이사 · 집행임원 · 감사의 선임과 해임 등 상장회사의 주요 경영사항에 대하여 사실상의 영향력을 행사하는 주주(이하 "주요주주"라 한다) 및 그의 배우자와 직계 존속 · 비속

7. 그 밖에 사외이사로서의 직무를 충실하게 수행하기 곤란하거나 상장회사의 경영에 영향을 미칠 수 있는 자로서 대통령령으로 정하는 자

③ 제1항의 상장회사는 사외이사의 사임 · 사망 등의 사유로 인하여 사외이사의 수가 제1항의 이사회의 구성요건에 미달하게 되면 그 사유가 발생한 후 처음으로 소집되는 주주총회에서 제1항의 요건에 합치되도록 사외이사를 선임하여야 한다.

④ 제1항 단서의 상장회사는 사외이사 후보를 추천하기 위하여 제393조의2의 위원회(이하 이 조에서 "사외이사 후보추천위원회"라 한다)를 설치하여야 한다. 이 경우 사외이사 후보추천위원회는 사외이사가 총위원의 과반수가 되도록 구성하여야 한다.〈개정 2011. 4. 14.〉

⑤ 제1항 단서에서 규정하는 상장회사가 주주총회에서 사외이사를 선임하려는 때에는 사외이사 후보추천위원회의 추천을 받은 자 중에서 선임하여야 한다. 이 경우 사외이사 후보추천위원회가 사외이사 후보를 추천할 때에는 제363조의2 제1항, 제542조의6제1항 · 제2항의 권리를 행사할 수 있는 요건을 갖춘 주주가 주주총회일(정기주주총회의 경우 직전연도의 정기주주총회일에 해당하는 해당 연도의 해당일)의 6주 전에 추천한 사외이사 후보를 포함시켜야 한다.〈개정 2011. 4. 14.〉

[본조신설 2009. 1. 30.]

제542조의9(주요주주 등 이해관계자와의 거래) ① 상장회사는 다음 각 호의 어느 하나에 해당하는 자를 상대방으로 하거나 그를 위하여 신용공여(금전 등 경제적 가치가 있는 재산의 대여, 채무이행의 보증, 자금 지원적 성격의 증권 매입, 그 밖에 거래상의 신용위험이 따르는 직접적 · 간접적 거래로서 대통령령으로 정하는 거래를 말한다. 이하 이 조에서 같다)를 하여서는 아니 된다. 〈개정 2011. 4. 14.〉

1. 주요주주 및 그의 특수관계인
2. 이사(제401조의2제1항 각 호의 어느 하나에 해당하는 자를 포함한다. 이하 이 조에서 같다) 및 집행임원

3. 감사

② 제1항에도 불구하고 다음 각 호의 어느 하나에 해당하는 경우에는 신용공여를 할 수 있다. 〈개정 2011. 4. 14.〉

1. 복리후생을 위한 이사·집행임원 또는 감사에 대한 금전대여 등으로서 대통령령으로 정하는 신용공여

2. 다른 법령에서 허용하는 신용공여

3. 그 밖에 상장회사의 경영건전성을 해칠 우려가 없는 금전대여 등으로서 대통령령으로 정하는 신용공여

③ 자산 규모 등을 고려하여 대통령령으로 정하는 상장회사는 최대주주, 그의 특수관계인 및 그 상장회사의 특수관계인으로서 대통령령으로 정하는 자를 상대방으로 하거나 그를 위하여 다음 각 호의 어느 하나에 해당하는 거래(제1항에 따라 금지되는 거래는 제외한다)를 하려는 경우에는 이사회의 승인을 받아야 한다.

1. 단일 거래규모가 대통령령으로 정하는 규모 이상인 거래

2. 해당 사업연도 중에 특정인과의 해당 거래를 포함한 거래총액이 대통령령으로 정하는 규모 이상이 되는 경우의 해당 거래

④ 제3항의 경우 상장회사는 이사회의 승인 결의 후 처음으로 소집되는 정기주주총회에 해당 거래의 목적, 상대방, 그 밖에 대통령령으로 정하는 사항을 보고하여야 한다.

⑤ 제3항에도 불구하고 상장회사가 경영하는 업종에 따른 일상적인 거래로서 다음 각 호의 어느 하나에 해당하는 거래는 이사회의 승인을 받지 아니하고 할 수 있으며, 제2호에 해당하는 거래에 대하여는 그 거래내용을 주주총회에 보고하지 아니할 수 있다.

1. 약관에 따라 정형화된 거래로서 대통령령으로 정하는 거래

2. 이사회에서 승인한 거래총액의 범위 안에서 이행하는 거래

[본조신설 2009. 1. 30.]

제542조의10(상근감사) ① 대통령령으로 정하는 상장회사는 주주총회 결의에 의하여 회사에 상근하면서 감사업무를 수행하는 감사(이하 "상근감사"라고 한다)를 1명 이상 두어야 한다. 다만, 이 절 및 다른 법률에 따라 감사위원회를 설치한 경우(감사위원회 설치 의무가 없는 상장회사가 이 절의 요건을 갖춘 감사위원회를 설치한 경우를 포함한다)에는 그러하지 아니하다. 〈개정 2011. 4. 14.〉

② 다음 각 호의 어느 하나에 해당하는 자는 제1항 본문의 상장회사의 상근감사가 되지 못하며, 이에 해당하게 되는 경우에는 그 직을 상실한다. 〈개정 2011. 4. 14.〉

1. 제542조의8제2항제1호부터 제4호까지 및 제6호에 해당하는 자

2. 회사의 상무(常務)에 종사하는 이사·집행임원 및 피용자 또는 최근 2년 이내에 회사의 상무에 종사한 이사·집행임원 및 피용자. 다만, 이 절에 따른 감사위원회위원으로

재임 중이거나 재임하였던 이사는 제외한다.
3. 제1호 및 제2호 외에 회사의 경영에 영향을 미칠 수 있는 자로서 대통령령으로 정하는 자
[본조신설 2009. 1. 30.]

제542조의11(감사위원회) ① 자산 규모 등을 고려하여 대통령령으로 정하는 상장회사는 감사위원회를 설치하여야 한다.

② 제1항의 상장회사의 감사위원회는 제415조의2제2항의 요건 및 다음 각 호의 요건을 모두 갖추어야 한다.

1. 위원 중 1명 이상은 대통령령으로 정하는 회계 또는 재무 전문가일 것
2. 감사위원회의 대표는 사외이사일 것

③ 제542조의10제2항 각 호의 어느 하나에 해당하는 자는 제1항의 상장회사의 사외이사가 아닌 감사위원회위원이 될 수 없고, 이에 해당하게 된 경우에는 그 직을 상실한다.

④ 상장회사는 감사위원회위원인 사외이사의 사임·사망 등의 사유로 인하여 사외이사의 수가 다음 각 호의 감사위원회의 구성요건에 미달하게 되면 그 사유가 발생한 후 처음으로 소집되는 주주총회에서 그 요건에 합치되도록 하여야 한다.

1. 제1항에 따라 감사위원회를 설치한 상장회사는 제2항 각 호 및 제415조의2제2항의 요건
2. 제415조의2제1항에 따라 감사위원회를 설치한 상장회사는 제415조의2제2항의 요건

[본조신설 2009. 1. 30.]

제542조의12(감사위원회의 구성 등) ① 제542조의11제1항의 상장회사의 경우 제393조의2에도 불구하고 감사위원회위원을 선임하거나 해임하는 권한은 주주총회에 있다.

② 제542조의11제1항의 상장회사는 주주총회에서 이사를 선임한 후 선임된 이사 중에서 감사위원회위원을 선임하여야 한다. 다만, 감사위원회위원 중 1명(정관에서 2명 이상으로 정할 수 있으며, 정관으로 정한 경우에는 그에 따른 인원으로 한다)은 주주총회 결의로 다른 이사들과 분리하여 감사위원회위원이 되는 이사로 선임하여야 한다.〈개정 2020. 12. 29.〉

③ 제1항에 따른 감사위원회위원은 제434조에 따른 주주총회의 결의로 해임할 수 있다. 이 경우 제2항 단서에 따른 감사위원회위원은 이사와 감사위원회위원의 지위를 모두 상실한다.〈개정 2020. 12. 29.〉

④ 제1항에 따른 감사위원회위원을 선임 또는 해임할 때에는 상장회사의 의결권 없는 주식을 제외한 발행주식총수의 100분의 3(정관에서 더 낮은 주식 보유비율을 정할 수 있으며, 정관에서 더 낮은 주식 보유비율을 정한 경우에는 그 비

율로 한다)을 초과하는 수의 주식을 가진 주주(최대주주인 경우에는 사외이사가 아닌 감사위원회위원을 선임 또는 해임할 때에 그의 특수관계인, 그 밖에 대통령령으로 정하는 자가 소유하는 주식을 합산한다)는 그 초과하는 주식에 관하여 의결권을 행사하지 못한다. ⟨개정 2020. 12. 29.⟩

⑤ 상장회사가 주주총회의 목적사항으로 감사의 선임 또는 감사의 보수결정을 위한 의안을 상정하려는 경우에는 이사의 선임 또는 이사의 보수결정을 위한 의안과는 별도로 상정하여 의결하여야 한다.

⑥ 상장회사의 감사 또는 감사위원회는 제447조의4제1항에도 불구하고 이사에게 감사보고서를 주주총회일의 1주 전까지 제출할 수 있다.

⑦ 제4항은 상장회사가 감사를 선임하거나 해임할 때에 준용한다. 이 경우 주주가 최대주주인 경우에는 그의 특수관계인, 그 밖에 대통령령으로 정하는 자가 소유하는 주식을 합산한다. ⟨신설 2020. 12. 29.⟩

⑧ 회사가 제368조의4제1항에 따라 전자적 방법으로 의결권을 행사할 수 있도록 한 경우에는 제368조제1항에도 불구하고 출석한 주주의 의결권의 과반수로써 제1항에 따른 감사위원회위원의 선임을 결의할 수 있다. ⟨신설 2020. 12. 29.⟩

[본조신설 2009. 1. 30.]

제542조의13(준법통제기준 및 준법지원인) ① 자산 규모 등을 고려하여 대통령령으로 정하는 상장회사는 법령을 준수하고 회사경영을 적정하게 하기 위하여 임직원이 그 직무를 수행할 때 따라야 할 준법통제에 관한 기준 및 절차(이하 "준법통제기준"이라 한다)를 마련하여야 한다.

② 제1항의 상장회사는 준법통제기준의 준수에 관한 업무를 담당하는 사람(이하 "준법지원인"이라 한다)을 1명 이상 두어야 한다.

③ 준법지원인은 준법통제기준의 준수여부를 점검하여 그 결과를 이사회에 보고하여야 한다.

④ 제1항의 상장회사는 준법지원인을 임면하려면 이사회 결의를 거쳐야 한다.

⑤ 준법지원인은 다음 각 호의 사람 중에서 임명하여야 한다.

　1. 변호사 자격을 가진 사람

　2. 「고등교육법」 제2조에 따른 학교에서 법률학을 가르치는 조교수 이상의 직에 5년 이상 근무한 사람

　3. 그 밖에 법률적 지식과 경험이 풍부한 사람으로서 대통령령으로 정하는 사람

⑥ 준법지원인의 임기는 3년으로 하고, 준법지원인은 상근으로 한다.

⑦ 준법지원인은 선량한 관리자의 주의로 그 직무를 수행하여야 한다.

⑧ 준법지원인은 재임 중뿐만 아니라 퇴임 후에도 직무상 알게 된 회사의 영업상 비밀을 누설하여서는 아니 된다.

⑨ 제1항의 상장회사는 준법지원인이 그 직무를 독립적으로 수행할 수 있도록 하여야 하고, 제1항의 상장회사의 임직원은 준법지원인이 그 직무를 수행할 때 자료나 정보의 제출을 요구하는 경우 이에 성실하게 응하여야 한다.

⑩ 제1항의 상장회사는 준법지원인이었던 사람에 대하여 그 직무수행과 관련된 사유로 부당한 인사상의 불이익을 주어서는 아니 된다.

⑪ 준법지원인에 관하여 다른 법률에 특별한 규정이 있는 경우를 제외하고는 이 법에서 정하는 바에 따른다. 다만, 다른 법률의 규정이 준법지원인의 임기를 제6항보다 단기로 정하고 있는 경우에는 제6항을 다른 법률에 우선하여 적용한다.

⑫ 그 밖의 준법통제기준 및 준법지원인에 관하여 필요한 사항은 대통령령으로 정한다.

[본조신설 2011. 4. 14.]

제5장 유한회사

제1절 설립

제543조(정관의 작성, 절대적 기재사항) ①유한회사를 설립함에는 사원이 정관을 작성하여야 한다. 〈개정 2001. 7. 24.〉

② 정관에는 다음의 사항을 기재하고 각 사원이 기명날인 또는 서명하여야 한다.

〈개정 1984. 4. 10., 1995. 12. 29., 2001. 7. 24., 2011. 4. 14.〉

  1. 제179조제1호 내지 제3호에 정한 사항
  2. 자본금의 총액
  3. 출자1좌의 금액
  4. 각 사원의 출자좌수
  5. 본점의 소재지

③ 제292조의 규정은 유한회사에 준용한다.

제544조(변태설립사항) 다음의 사항은 정관에 기재함으로써 그 효력이 있다.

  1. 현물출자를 하는 자의 성명과 그 목적인 재산의 종류, 수량, 가격과 이에 대하여 부여하는 출자좌수
  2. 회사의 설립후에 양수할 것을 약정한 재산의 종류, 수량, 가격과 그 양도인의 성명
  3. 회사가 부담할 설립비용

제545조 삭제 〈2011. 4. 14.〉

제546조(출자 1좌의 금액의 제한) 출자 1좌의 금액은 100원 이상으로 균일하게 하여야 한다.

[전문개정 2011. 4. 14.]

제547조(초대이사의 선임) ① 정관으로 이사를 정하지 아니한 때에는 회사성립전에 사원총회를 열어 이를 선임하여야 한다.
② 전항의 사원총회는 각 사원이 소집할 수 있다.

제548조(출자의 납입) ①이사는 사원으로 하여금 출자전액의 납입 또는 현물출자의 목적인 재산전부의 급여를 시켜야 한다.
② 제295조제2항의 규정은 사원이 현물출자를 하는 경우에 준용한다.

제549조(설립의 등기) ①유한회사의 설립등기는 제548조의 납입 또는 현물출자의 이행이 있은 날로부터 2주간 내에 하여야 한다. 〈개정 1995. 12. 29.〉
② 제1항의 등기에서 다음 각 호의 사항을 등기하여야 한다.〈개정 1995. 12. 29., 2011. 4. 14.〉
  1. 제179조제1호·제2호 및 제5호에 규정된 사항과 지점을 둔 때에는 그 소재지
  2. 제543조제2항제2호와 제3호에 게기한 사항
  3. 이사의 성명·주민등록번호 및 주소. 다만, 회사를 대표할 이사를 정한 때에는 그 외의 이사의 주소를 제외한다.
  4. 회사를 대표할 이사를 정한 때에는 그 성명, 주소와 주민등록번호
  5. 수인의 이사가 공동으로 회사를 대표할 것을 정한 때에는 그 규정
  6. 존립기간 기타의 해산사유를 정한 때에는 그 기간과 사유
  7. 감사가 있는 때에는 그 성명 및 주민등록번호
③ 유한회사의 지점 설치 및 이전 시 지점소재지 또는 신지점소재지에서 등기를 하는 때에는 제2항제3호부터 제6호까지에 규정된 사항과 제179조제1호·제2호 및 제5호에 규정된 사항을 등기하여야 한다. 다만, 회사를 대표할 이사를 정한 때에는 그 외의 이사는 등기하지 아니한다.〈개정 2011. 4. 14.〉
④ 제181조 내지 제183조의 규정은 유한회사의 등기에 준용한다.〈개정 1962. 12. 12.〉

손해배상및부당이득금반환
[대법원 2022. 5. 26., 선고, 2017다238141, 판결]

【판시사항】
법무법인이 소송의 당사자인 경우, 등기된 법무법인의 대표자만이 법무법인을 대표하여 소송행위 등 업무를 수행할 수 있는지 여부(적극) 및 이러한 법리는 법무법인(유한)의 경우에도 마찬가지인지 여부(적극)

【판결요지】
변호사법 제50조 제1항에 따라 법무법인이 법인 명의로 수행하는 '업무'는 법무법인이 제3자의 위임이나 위촉 등에 의하여 소송행위 등 법률 사무를 처리하는 경우를 의미하고, 법무법인이 당사자로서 소송행위 등 법률 사무를 처리하는 경우는 포함되지 않는다

고 해석함이 타당하다. 따라서 법무법인이 당사자인 경우에는 상법 중 합명회사에 관한 규정에 따라 등기된 법무법인의 대표자만이 법무법인을 대표하여 업무를 수행할 수 있을 뿐 담당변호사가 법무법인을 대표하여 해당 업무를 수행할 수 없다. 이러한 법리는 변호사법 제50조가 준용되는 법무법인(유한)의 경우에도 마찬가지이다(변호사법 제58조의16).

제550조(현물출자 등에 관한 회사성립시의 사원의 책임) ①제544조제1호와 제2호의 재산의 회사성립당시의 실가가 정관에 정한 가격에 현저하게 부족한 때에는 회사성립당시의 사원은 회사에 대하여 그 부족액을 연대하여 지급할 책임이 있다.

②전항의 사원의 책임은 면제하지 못한다.⟨신설 1962. 12. 12.⟩

제551조(출자미필액에 대한 회사성립시의 사원 등의 책임) ①회사성립후에 출자금액의 납입 또는 현물출자의 이행이 완료되지 아니하였음이 발견된 때에는 회사성립당시의 사원, 이사와 감사는 회사에 대하여 그 납입되지 아니한 금액 또는 이행되지 아니한 현물의 가액을 연대하여 지급할 책임이 있다. ⟨개정 1962. 12. 12.⟩

② 전항의 사원의 책임은 면제하지 못한다.⟨신설 1962. 12. 12.⟩

③ 제1항의 이사와 감사의 책임은 총사원의 동의가 없으면 면제하지 못한다.⟨신설 1962. 12. 12.⟩

제552조(설립무효, 취소의 소) ①회사의 설립의 무효는 그 사원, 이사와 감사에 한하여 설립의 취소는 그 취소권있는 자에 한하여 회사설립의 날로부터 2년내에 소만으로 이를 주장할 수 있다.

②제184조제2항과 제185조 내지 제193조의 규정은 전항의 소에 준용한다.

[전문개정 1962. 12. 12.]

제2절 사원의 권리의무

제553조(사원의 책임) 사원의 책임은 본법에 다른 규정이 있는 경우 외에는 그 출자금액을 한도로 한다.

제554조(사원의 지분) 각 사원은 그 출자좌수에 따라 지분을 가진다.

제555조(지분에 관한 증권) 유한회사는 사원의 지분에 관하여 지시식 또는 무기명식의 증권을 발행하지 못한다.

제556조(지분의 양도) 사원은 그 지분의 전부 또는 일부를 양도하거나 상속할 수 있다. 다만, 정관으로 지분의 양도를 제한할 수 있다.

[전문개정 2011. 4. 14.]

제557조(지분이전의 대항요건) 지분의 이전은 취득자의 성명, 주소와 그 목적이 되는 출자좌수를 사원명부에 기재하지 아니하면 이로써 회사와 제삼자에게 대항하

지 못한다.

제558조(지분의 공유) 제333조의 규정은 지분이 수인의 공유에 속하는 경우에 준용한다.

제559조(지분의 입질) ①지분은 질권의 목적으로 할 수 있다.

② 제556조와 제557조의 규정은 지분의 입질에 준용한다.

제560조(준용규정) ① 사원의 지분에 대하여는 제339조, 제340조제1항·제2항, 제341조의2, 제341조의3, 제342조 및 제343조제1항을 준용한다. 〈개정 2011. 4. 14.〉

② 제353조의 규정은 사원에 대한 통지 또는 최고에 준용한다.

제3절 회사의 관리

제561조(이사) 유한회사에는 1인 또는 수인의 이사를 두어야 한다.

제562조(회사대표) ①이사는 회사를 대표한다.

② 이사가 수인인 경우에 정관에 다른 정함이 없으면 사원총회에서 회사를 대표할 이사를 선정하여야 한다.

③ 정관 또는 사원총회는 수인의 이사가 공동으로 회사를 대표할 것을 정할 수 있다.

④ 제208조제2항의 규정은 전항의 경우에 준용한다.

제563조(이사, 회사간의 소에 관한 대표) 회사가 이사에 대하여 또는 이사가 회사에 대하여 소를 제기하는 경우에는 사원총회는 그 소에 관하여 회사를 대표할 자를 선정하여야 한다.

제564조(업무집행의 결정, 이사와 회사간의 거래) ①이사가 수인인 경우에 정관에 다른 정함이 없으면 회사의 업무집행, 지배인의 선임 또는 해임과 지점의 설치·이전 또는 폐지는 이사 과반수의 결의에 의하여야 한다. 〈개정 1984. 4. 10.〉

② 사원총회는 제1항의 규정에 불구하고 지배인의 선임 또는 해임을 할 수 있다. 〈개정 1984. 4. 10.〉

③ 이사는 감사가 있는 때에는 그 승인이, 감사가 없는 때에는 사원총회의 승인이 있는 때에 한하여 자기 또는 제삼자의 계산으로 회사와 거래를 할 수 있다. 이 경우에는 민법 제124조의 규정을 적용하지 아니한다.〈신설 1962. 12. 12.〉

제564조의2(유지청구권) 이사가 법령 또는 정관에 위반한 행위를 하여 이로 인하여 회사에 회복할 수 없는 손해가 생길 염려가 있는 경우에는 감사 또는 자본금 총액의 100분의 3 이상에 해당하는 출자좌수를 가진 사원은 회사를 위하여 이사

에 대하여 그 행위를 유지할 것을 청구할 수 있다. 〈개정 2011. 4. 14.〉
[본조신설 1999. 12. 31.]

제565조(사원의 대표소송) ①자본금 총액의 100분의 3 이상에 해당하는 출자좌수를 가진 사원은 회사에 대하여 이사의 책임을 추궁할 소의 제기를 청구할 수 있다. 〈개정 1999. 12. 31., 2011. 4. 14.〉
② 제403조제2항 내지 제7항과 제404조 내지 제406조의 규정은 제1항의 경우에 준용한다. 〈개정 1998. 12. 28.〉

제566조(서류의 비치, 열람) ①이사는 정관과 사원총회의 의사록을 본점과 지점에, 사원명부를 본점에 비치하여야 한다.
② 사원명부에는 사원의 성명, 주소와 그 출자좌수를 기재하여야 한다.
③ 사원과 회사채권자는 영업시간 내에 언제든지 제1항에 게기한 서류의 열람 또는 등사를 청구할 수 있다.

제567조(준용규정) 제209조, 제210조, 제382조, 제385조, 제386조, 제388조, 제395조, 제397조, 제399조 내지 제401조, 제407조와 제408조의 규정은 유한회사의 이사에 준용한다. 이 경우 제397조의 "이사회"는 이를 "사원총회"로 한다. 〈개정 1962. 12. 12., 1998. 12. 28., 1999. 12. 31.〉

제568조(감사) ① 유한회사는 정관에 의하여 1인 또는 수인의 감사를 둘 수 있다.
② 제547조의 규정은 정관에서 감사를 두기로 정한 경우에 준용한다.

제569조(감사의 권한) 감사는 언제든지 회사의 업무와 재산상태를 조사할 수 있고 이사에 대하여 영업에 관한 보고를 요구할 수 있다.

제570조(준용규정) 제382조, 제385조제1항, 제386조, 제388조, 제400조, 제407조, 제411조, 제413조, 제414조와 제565조의 규정은 감사에 준용한다.

제571조(사원총회의 소집) ① 사원총회는 이 법에서 달리 규정하는 경우 외에는 이사가 소집한다. 그러나 임시총회는 감사도 소집할 수 있다.
② 사원총회를 소집할 때에는 사원총회일의 1주 전에 각 사원에게 서면으로 통지서를 발송하거나 각 사원의 동의를 받아 전자문서로 통지서를 발송하여야 한다.
③ 사원총회의 소집에 관하여는 제363조제2항 및 제364조를 준용한다.
[전문개정 2011. 4. 14.]

제572조(소수사원에 의한 총회소집청구) ① 자본금 총액의 100분의 3 이상에 해당하는 출자좌수를 가진 사원은 회의의 목적사항과 소집의 이유를 기재한 서면을 이사에게 제출하여 총회의 소집을 청구할 수 있다. 〈개정 1999. 12. 31., 2011. 4. 14.〉

② 전항의 규정은 정관으로 다른 정함을 할 수 있다.

③ 제366조제2항과 제3항의 규정은 제1항의 경우에 준용한다.

제573조(소집절차의 생략) 총사원의 동의가 있을 때에는 소집절차없이 총회를 열 수 있다.

제574조(총회의 정족수, 결의방법) 사원총회의 결의는 정관 또는 본법에 다른 규정이 있는 경우 외에는 총사원의 의결권의 과반수를 가지는 사원이 출석하고 그 의결권의 과반수로써 하여야 한다.

제575조(사원의 의결권) 각 사원은 출자1좌마다 1개의 의결권을 가진다. 그러나 정관으로 의결권의 수에 관하여 다른 정함을 할 수 있다.

제576조(유한회사의 영업양도 등에 특별결의를 받아야 할 사항) ① 유한회사가 제374조제1항제1호부터 제3호까지의 규정에 해당되는 행위를 하려면 제585조에 따른 총회의 결의가 있어야 한다. 〈개정 2011. 4. 14.〉

② 전항의 규정은 유한회사가 그 성립후 2년내에 성립전으로부터 존재하는 재산으로서 영업을 위하여 계속하여 사용할 것을 자본금의 20분의 1 이상에 상당한 대가로 취득하는 계약을 체결하는 경우에 준용한다.〈개정 2011. 4. 14.〉

[제목개정 2011. 4. 14.]

제577조(서면에 의한 결의) ① 총회의 결의를 하여야 할 경우에 총사원의 동의가 있는 때에는 서면에 의한 결의를 할 수 있다.

② 결의의 목적사항에 대하여 총사원이 서면으로 동의를 한 때에는 서면에 의한 결의가 있은 것으로 본다.

③ 서면에 의한 결의는 총회의 결의와 동일한 효력이 있다.

④ 총회에 관한 규정은 서면에 의한 결의에 준용한다.

제578조(준용규정) 제365조, 제367조, 제368조제2항·제3항, 제369조제2항, 제371조제2항, 제372조, 제373조와 제376조 내지 제381조의 규정은 사원총회에 준용한다. 〈개정 2014. 5. 20.〉

제579조(재무제표의 작성) ① 이사는 매결산기에 다음의 서류와 그 부속명세서를 작성하여야 한다. 〈개정 2011. 4. 14.〉

  1. 대차대조표
  2. 손익계산서
  3. 그 밖에 회사의 재무상태와 경영성과를 표시하는 것으로서 제447조제1항제3호에 따른 서류

② 감사가 있는 때에는 이사는 정기총회회일로부터 4주간전에 제1항의 서류를 감

사에게 제출하여야 한다.

③ 감사는 제2항의 서류를 받은 날로부터 3주간내에 감사보고서를 이사에게 제출하여야 한다.

[전문개정 1984. 4. 10.]

제579조의2(영업보고서의 작성) ① 이사는 매결산기에 영업보고서를 작성하여야 한다.

② 제579조제2항 및 제3항의 규정은 제1항의 영업보고서에 관하여 이를 준용한다.

[본조신설 1984. 4. 10.]

제579조의3(재무제표등의 비치·공시) ① 이사는 정기총회회일의 1주간전부터 5년간 제579조 및 제579조의2의 서류와 감사보고서를 본점에 비치하여야 한다.

② 제448조제2항의 규정은 제1항의 서류에 관하여 이를 준용한다.

[본조신설 1984. 4. 10.]

제580조(이익배당의 기준) 이익의 배당은 정관에 다른 정함이 있는 경우 외에는 각사원의 출자좌수에 따라 하여야 한다.

제581조(사원의 회계장부열람권) ① 자본금의 100분의 3 이상에 해당하는 출자좌수를 가진 사원은 회계의 장부와 서류의 열람 또는 등사를 청구할 수 있다. *〈개정 1999. 12. 31., 2011. 4. 14.〉*

② 회사는 정관으로 각 사원이 제1항의 청구를 할 수 있다는 뜻을 정할 수 있다. 이 경우 제579조제1항의 규정에 불구하고 부속명세서는 이를 작성하지 아니한다. *〈개정 1984. 4. 10.〉*

제582조(업무, 재산상태의 검사) ① 회사의 업무집행에 관하여 부정행위 또는 법령이나 정관에 위반한 중대한 사유가 있는 때에는 자본금 총액의 100분의 3 이상에 해당하는 출자좌수를 가진 사원은 회사의 업무와 재산상태를 조사하게 하기 위하여 법원에 검사인의 선임을 청구할 수 있다. *〈개정 1999. 12. 31., 2011. 4. 14.〉*

② 검사인은 그 조사의 결과를 서면으로 법원에 보고하여야 한다.

③ 법원은 전항의 보고서에 의하여 필요하다고 인정한 경우에는 감사가 있는 때에는 감사에게, 감사가 없는 때에는 이사에게 사원총회의 소집을 명할 수 있다. 제310조제2항의 규정은 이 경우에 준용한다. *〈개정 1962. 12. 12.〉*

제583조(준용규정) ① 유한회사의 계산에 대하여는 제449조제1항·제2항, 제450조, 제458조부터 제460조까지, 제462조, 제462조의3 및 제466조를 준용한다. *〈개정 2011. 4. 14.〉*

② 제468조의 규정은 유한회사와 피용자간에 고용관계로 인하여 생긴 채권에 준용한다. *〈개정 1999. 12. 31.〉*

제4절 정관의 변경

제584조(정관변경의 방법) 정관을 변경함에는 사원총회의 결의가 있어야 한다.

제585조(정관변경의 특별결의) ① 전조의 결의는 총사원의 반수 이상이며 총사원의 의결권의 4분의 3 이상을 가지는 자의 동의로 한다.
② 전항의 규정을 적용함에 있어서는 의결권을 행사할 수 없는 사원은 이를 총사원의 수에, 그 행사할 수 없는 의결권은 이를 의결권의 수에 산입하지 아니한다.

제586조(자본금 증가의 결의) 다음 각 호의 사항은 정관에 다른 정함이 없더라도 자본금 증가의 결의에서 정할 수 있다.
   1. 현물출자를 하는 자의 성명과 그 목적인 재산의 종류, 수량, 가격과 이에 대하여 부여할 출자좌수
   2. 자본금 증가 후에 양수할 것을 약정한 재산의 종류, 수량, 가격과 그 양도인의 성명
   3. 증가할 자본금에 대한 출자의 인수권을 부여할 자의 성명과 그 권리의 내용
[전문개정 2011. 4. 14.]

제587조(자본금 증가의 경우의 출자인수권의 부여) 유한회사가 특정한 자에 대하여 장래 그 자본금을 증가할 때 출자의 인수권을 부여할 것을 약속하는 경우에는 제585조에서 정하는 결의에 의하여야 한다.
[전문개정 2011. 4. 14.]

제588조(사원의 출자인수권) 사원은 증가할 자본금에 대하여 그 지분에 따라 출자를 인수할 권리가 있다. 그러나 전2조의 결의에서 출자의 인수자를 정한 때에는 그러하지 아니하다. 〈개정 2011. 4. 14.〉

제589조(출자인수의 방법) ① 자본금 증가의 경우에 출자의 인수를 하고자 하는 자는 인수를 증명하는 서면에 그 인수할 출자의 좌수와 주소를 기재하고 기명날인 또는 서명하여야 한다. 〈개정 1995. 12. 29., 2011. 4. 14.〉
② 유한회사는 광고 기타의 방법에 의하여 인수인을 공모하지 못한다.

제590조(출자인수인의 지위) 자본금 증가의 경우에 출자의 인수를 한 자는 출자의 납입의 기일 또는 현물출자의 목적인 재산의 급여의 기일로부터 이익배당에 관하여 사원과 동일한 권리를 가진다. 〈개정 2011. 4. 14.〉

제591조(자본금 증가의 등기) 유한회사는 자본금 증가로 인한 출자 전액의 납입 또는 현물출자의 이행이 완료된 날부터 2주 내에 본점소재지에서 자본금 증가로 인한 변경등기를 하여야 한다.
[전문개정 2011. 4. 14.]

제592조(자본금 증가의 효력발생) 자본금의 증가는 본점소재지에서 제591조의 등기를 함으로써 효력이 생긴다.

[전문개정 2011. 4. 14.]

제593조(현물출자등에 관한 사원의 책임) ① 제586조제1호와 제2호의 재산의 자본금 증가당시의 실가가 자본금 증가의 결의에 의하여 정한 가격에 현저하게 부족한 때에는 그 결의에 동의한 사원은 회사에 대하여 그 부족액을 연대하여 지급할 책임이 있다. 〈개정 2011. 4. 14.〉

② 제550조제2항과 제551조제2항의 규정은 전항의 경우에 준용한다.〈개정 1962. 12. 12.〉

제594조(미인수출자 등에 관한 이사 등의 책임) ① 자본금 증가후에 아직 인수되지 아니한 출자가 있는 때에는 이사와 감사가 공동으로 이를 인수한 것으로 본다. 〈개정 1962. 12. 12., 2011. 4. 14.〉

② 자본금 증가후에 아직 출자전액의 납입 또는 현물출자의 목적인 재산의 급여가 미필된 출자가 있는 때에는 이사와 감사는 연대하여 그 납입 또는 급여미필재산의 가액을 지급할 책임이 있다.〈개정 1962. 12. 12., 2011. 4. 14.〉

③ 제551조제3항의 규정은 전항의 경우에 준용한다.〈개정 1962. 12. 12.〉

제595조(증자무효의 소) ① 자본금 증가의 무효는 사원, 이사 또는 감사에 한하여 제591조의 규정에 의한 본점소재지에서의 등기를 한 날로부터 6월내에 소만으로 이를 주장할 수 있다. 〈개정 1962. 12. 12., 2011. 4. 14.〉

② 제430조 내지 제432조의 규정은 전항의 경우에 준용한다.

제596조(준용규정) 제421조제2항, 제548조와 제576조제2항의 규정은 자본금 증가의 경우에 준용한다. 〈개정 1962. 12. 12., 2011. 4. 14.〉

제597조(동전) 제439조제1항, 제2항, 제443조, 제445조와 제446조의 규정은 자본금감소의 경우에 준용한다. 〈개정 2011. 4. 14.〉

제5절 합병과 조직변경

제598조(합병의 방법) 유한회사가 다른 회사와 합병을 함에는 제585조의 규정에 의한 사원총회의 결의가 있어야 한다.

제599조(설립위원의 선임) 제175조의 규정에 의한 설립위원의 선임은 제585조의 규정에 의한 사원총회의 결의에 의하여야 한다.

제600조(유한회사와 주식회사의 합병) ①유한회사가 주식회사와 합병하는 경우에

합병후 존속하는 회사 또는 합병으로 인하여 설립되는 회사가 주식회사인 때에는 법원의 인가를 얻지 아니하면 합병의 효력이 없다.

② 합병을 하는 회사의 일방이 사채의 상환을 완료하지 아니한 주식회사인 때에는 합병후 존속하는 회사 또는 합병으로 인하여 설립되는 회사는 유한회사로 하지 못한다.

제601조(물상대위) ① 유한회사가 주식회사와 합병하는 경우에 합병후 존속하는 회사 또는 합병으로 인하여 설립되는 회사가 유한회사인 때에는 제339조의 규정은 종전의 주식을 목적으로 하는 질권에 준용한다.

② 전항의 경우에 질권의 목적인 지분에 관하여 출자좌수와 질권자의 성명 및 주소를 사원명부에 기재하지 아니하면 그 질권으로써 회사 기타의 제삼자에 대항하지 못한다.

제602조(합병의 등기) 유한회사가 합병을 한 때에는 제603조에서 준용하는 제526조 또는 제527조의 규정에 의한 사원총회가 종결한 날로부터 본점소재지에서는 2주간, 지점소재지에서는 3주간내에 합병후 존속하는 유한회사에 있어서는 변경등기, 합병으로 인하여 소멸되는 유한회사에 있어서는 해산등기, 합병으로 인하여 설립되는 유한회사에 있어서는 제549조제2항에 정한 등기를 하여야 한다.

제603조(준용규정) 제232조, 제234조, 제235조, 제237조 내지 제240조, 제443조, 제522조제1항·제2항, 제522조의2, 제523조, 제524조, 제526조제1항·제2항, 제527조제1항 내지 제3항 및 제529조의 규정은 유한회사의 합병의 경우에 준용한다. 〈개정 1962. 12. 12., 1984. 4. 10., 1998. 12. 28.〉

제604조(주식회사의 유한회사에의 조직변경) ① 주식회사는 총주주의 일치에 의한 총회의 결의로 그 조직을 변경하여 이를 유한회사로 할 수 있다. 그러나 사채의 상환을 완료하지 아니한 경우에는 그러하지 아니하다.

② 전항의 조직변경의 경우에는 회사에 현존하는 순재산액보다 많은 금액을 자본금의 총액으로 하지 못한다. 〈개정 2011. 4. 14.〉

③ 제1항의 결의에 있어서는 정관 기타 조직변경에 필요한 사항을 정하여야 한다.

④ 제601조의 규정은 제1항의 조직변경의 경우에 준용한다.

제605조(이사, 주주의 순재산액전보책임) ① 전조의 조직변경의 경우에 회사에 현존하는 순재산액이 자본금의 총액에 부족하는 때에는 전조제1항의 결의당시의 이사와 주주는 회사에 대하여 연대하여 그 부족액을 지급할 책임이 있다. 〈개정 2011. 4. 14.〉

② 제550조제2항과 제551조제2항, 제3항의 규정은 전항의 경우에 준용한다. 〈개정 1962. 12. 12.〉

제606조(조직변경의 등기) 주식회사가 제604조의 규정에 의하여 그 조직을 변경한 때에는 본점소재지에서는 2주간, 지점소재지에서는 3주간내에 주식회사에 있어서는 해산등기, 유한회사에 있어서는 제549조제2항에 정하는 등기를 하여야 한다.

제607조(유한회사의 주식회사로의 조직변경) ① 유한회사는 총사원의 일치에 의한 총회의 결의로 주식회사로 조직을 변경할 수 있다. 다만, 회사는 그 결의를 정관으로 정하는 바에 따라 제585조의 사원총회의 결의로 할 수 있다.

② 제1항에 따라 조직을 변경할 때 발행하는 주식의 발행가액의 총액은 회사에 현존하는 순재산액을 초과하지 못한다.

③ 제1항의 조직변경은 법원의 인가를 받지 아니하면 효력이 없다.

④ 제1항에 따라 조직을 변경하는 경우 회사에 현존하는 순재산액이 조직변경으로 발행하는 주식의 발행가액 총액에 부족할 때에는 제1항의 결의 당시의 이사, 감사 및 사원은 연대하여 회사에 그 부족액을 지급할 책임이 있다. 이 경우에 제550조제2항 및 제551조제2항·제3항을 준용한다.

⑤ 제1항에 따라 조직을 변경하는 경우 제340조제3항, 제601조제1항, 제604조제3항 및 제606조를 준용한다.

[전문개정 2011. 4. 14.]

제608조(준용규정) 제232조의 규정은 제604조와 제607조의 조직변경의 경우에 준용한다. 〈개정 1984. 4. 10.〉

제6절 해산과 청산

제609조(해산사유) ①유한회사는 다음의 사유로 인하여 해산한다. 〈개정 2001. 7. 24.〉

  1. 제227조제1호·제4호 내지 제6호에 규정된 사유
  2. 사원총회의 결의

②전항제2호의 결의는 제585조의 규정에 의하여야 한다.

제610조(회사의 계속) ①제227조제1호 또는 전조제1항제2호의 사유로 인하여 회사가 해산한 경우에는 제585조의 규정에 의한 사원총회의 결의로써 회사를 계속할 수 있다.

② 삭제〈2001. 7. 24.〉

제611조(준용규정) 제229조제3항의 규정은 전조의 회사 계속의 경우에 준용한다.

제612조(잔여재산의 분배) 잔여재산은 정관에 다른 정함이 있는 경우 외에는 각사원의 출자좌수에 따라 사원에게 분배하여야 한다.

제613조(준용규정) ① 제228조, 제245조, 제252조 내지 제255조, 제259조, 제260조, 제264조, 제520조, 제531조 내지 제537조, 제540조와 제541조의 규정은 유한회사에 준용한다. 〈개정 1962. 12. 12.〉

② 제209조, 제210조, 제366조제2항·제3항, 제367조, 제373조제2항, 제376조, 제377조, 제382조제2항, 제386조, 제388조, 제399조 내지 제402조, 제407조, 제408조, 제411조 내지 제413조, 제414조제3항, 제450조, 제466조제2항, 제539조, 제562조, 제563조, 제564조제3항, 제565조, 제566조, 제571조, 제572조제1항과 제581조의 규정은 유한회사의 청산인에 준용한다. 〈개정 1962. 12. 12., 1984. 4. 10.〉

제6장 외국회사

제614조(대표자, 영업소의 설정과 등기) ① 외국회사가 대한민국에서 영업을 하려면 대한민국에서의 대표자를 정하고 대한민국 내에 영업소를 설치하거나 대표자 중 1명 이상이 대한민국에 그 주소를 두어야 한다. 〈개정 2011. 4. 14.〉

② 전항의 경우에는 외국회사는 그 영업소의 설치에 관하여 대한민국에서 설립되는 동종의 회사 또는 가장 유사한 회사의 지점과 동일한 등기를 하여야 한다.

③ 전항의 등기에서는 회사설립의 준거법과 대한민국에서의 대표자의 성명과 그 주소를 등기하여야 한다.

④ 제209조와 제210조의 규정은 외국회사의 대표자에게 준용한다. 〈개정 1962. 12. 12.〉

제615조(등기기간의 기산점) 전조제2항과 제3항의 규정에 의한 등기사항이 외국에서 생긴 때에는 등기기간은 그 통지가 도달한 날로부터 기산한다.

제616조(등기전의 계속거래의 금지) ① 외국회사는 그 영업소의 소재지에서 제614조의 규정에 의한 등기를 하기 전에는 계속하여 거래를 하지 못한다.

② 전항의 규정에 위반하여 거래를 한 자는 그 거래에 대하여 회사와 연대하여 책임을 진다.

제616조의2(대차대조표 또는 이에 상당하는 것의 공고) ① 외국회사로서 이 법에 따라 등기를 한 외국회사(대한민국에서의 같은 종류의 회사 또는 가장 비슷한 회사가 주식회사인 것만 해당한다)는 제449조에 따른 승인과 같은 종류의 절차 또는 이와 비슷한 절차가 종결된 후 지체 없이 대차대조표 또는 이에 상당하는 것으로서 대통령령으로 정하는 것을 대한민국에서 공고하여야 한다.

② 제1항의 공고에 대하여는 제289조제3항부터 제6항까지의 규정을 준용한다.

[본조신설 2011. 4. 14.]

제617조(유사외국회사) 외국에서 설립된 회사라도 대한민국에 그 본점을 설치하거나 대한민국에서 영업할 것을 주된 목적으로 하는 때에는 대한민국에서 설립된 회사와 같은 규정에 따라야 한다.

[전문개정 2011. 4. 14.]

제618조(준용규정) ① 제335조, 제335조의2부터 제335조의7까지, 제336조부터 제338조까지, 제340조제1항, 제355조, 제356조, 제356조의2, 제478조제1항, 제479조 및 제480조의 규정은 대한민국에서의 외국회사의 주권 또는 채권의 발행과 그 주식의 이전이나 입질 또는 사채의 이전에 준용한다. 〈개정 2014. 5. 20.〉
② 전항의 경우에는 처음 대한민국에 설치한 영업소를 본점으로 본다.

제619조(영업소폐쇄명령) ①외국회사가 대한민국에 영업소를 설치한 경우에 다음의 사유가 있는 때에는 법원은 이해관계인 또는 검사의 청구에 의하여 그 영업소의 폐쇄를 명할 수 있다. 〈개정 1962. 12. 12.〉
   1. 영업소의 설치목적이 불법한 것인 때
   2. 영업소의 설치등기를 한 후 정당한 사유없이 1년내에 영업을 개시하지 아니하거나 1년 이상 영업을 휴지한 때 또는 정당한 사유없이 지급을 정지한 때
   3. 회사의 대표자 기타 업무를 집행하는 자가 법령 또는 선량한 풍속 기타 사회질서에 위반한 행위를 한 때
② 제176조제2항 내지 제4항의 규정은 전항의 경우에 준용한다.

제620조(한국에 있는 재산의 청산) ① 전조제1항의 규정에 의하여 영업소의 폐쇄를 명한 경우에는 법원은 이해관계인의 신청에 의하여 또는 직권으로 대한민국에 있는 그 회사재산의 전부에 대한 청산의 개시를 명할 수 있다. 이 경우에는 법원은 청산인을 선임하여야 한다.
② 제535조 내지 제537조와 제542조의 규정은 그 성질이 허하지 아니하는 경우 외에는 전항의 청산에 준용한다.
③ 전2항의 규정은 외국회사가 스스로 영업소를 폐쇄한 경우에 준용한다.

제621조(외국회사의 지위) 외국회사는 다른 법률의 적용에 있어서는 법률에 다른 규정이 있는 경우 외에는 대한민국에서 성립된 동종 또는 가장 유사한 회사로 본다.

제7장 벌칙

제622조(발기인, 이사 기타의 임원등의 특별배임죄) ①회사의 발기인, 업무집행사원, 이사, 집행임원, 감사위원회 위원, 감사 또는 제386조제2항, 제407조제1항, 제415조 또는 제567조의 직무대행자, 지배인 기타 회사영업에 관한 어느 종류 또

는 특정한 사항의 위임을 받은 사용인이 그 임무에 위배한 행위로써 재산상의 이익을 취하거나 제삼자로 하여금 이를 취득하게 하여 회사에 손해를 가한 때에는 10년 이하의 징역 또는 3천만원 이하의 벌금에 처한다. 〈개정 1984. 4. 10., 1995. 12. 29., 1999. 12. 31., 2011. 4. 14.〉

② 회사의 청산인 또는 제542조제2항의 직무대행자, 제175조의 설립위원이 제1항의 행위를 한 때에도 제1항과 같다. 〈개정 1984. 4. 10.〉

제623조(사채권자집회의 대표자 등의 특별배임죄) 사채권자집회의 대표자 또는 그 결의를 집행하는 자가 그 임무에 위배한 행위로써 재산상의 이익을 취하거나 제삼자로 하여금 이를 취득하게 하여 사채권자에게 손해를 가한 때에는 7년 이하의 징역 또는 2천만원 이하의 벌금에 처한다. 〈개정 1984. 4. 10., 1995. 12. 29.〉

제624조(특별배임죄의 미수) 전2조의 미수범은 처벌한다.

제624조의2(주요주주 등 이해관계자와의 거래 위반의 죄) 제542조의9제1항을 위반하여 신용공여를 한 자는 5년 이하의 징역 또는 2억원 이하의 벌금에 처한다. [본조신설 2009. 1. 30.]

제625조(회사재산을 위태롭게 하는 죄) 제622조제1항에 규정된 자, 검사인, 제298조제3항·제299조의2·제310조제3항 또는 제313조제2항의 공증인(인가공증인의 공증담당변호사를 포함한다. 이하 이 章에서 같다)이나 제299조의2, 제310조제3항 또는 제422조제1항의 감정인이 다음의 행위를 한 때에는 5년 이하의 징역 또는 1천500만 원 이하의 벌금에 처한다. 〈개정 2009. 2. 6., 2011. 4. 14.〉

  1. 주식 또는 출자의 인수나 납입, 현물출자의 이행, 제290조, 제416조제4호 또는 제544조에 규정된 사항에 관하여 법원·총회 또는 발기인에게 부실한 보고를 하거나 사실을 은폐한 때
  2. 누구의 명의로 하거나를 불문하고 회사의 계산으로 부정하게 그 주식 또는 지분을 취득하거나 질권의 목적으로 이를 받은 때
  3. 법령 또는 정관에 위반하여 이익배당을 한 때
  4. 회사의 영업범위외에서 투기행위를 하기 위하여 회사재산을 처분한 때

제625조의2(주식의 취득제한 등에 위반한 죄) 다음 각 호의 어느 하나에 해당하는 자는 2천만원 이하의 벌금에 처한다.

  1. 제342조의2제1항 또는 제2항을 위반한 자
  2. 제360조의3제7항을 위반한 자
  3. 제523조의2제2항을 위반한 자
  4. 제530조의6제5항을 위반한 자
[전문개정 2015. 12. 1.]

제626조(부실보고죄) 회사의 이사, 집행임원, 감사위원회 위원, 감사 또는 제386조 제2항, 제407조제1항, 제415조 또는 제567조의 직무대행자가 제604조 또는 제607조의 조직변경의 경우에 제604조제2항 또는 제607조제2항의 순재산액에 관하여 법원 또는 총회에 부실한 보고를 하거나 사실을 은폐한 경우에는 5년 이하의 징역 또는 1천500만원 이하의 벌금에 처한다.
[전문개정 2011. 4. 14.]

제627조(부실문서행사죄) ① 제622조제1항에 게기한 자, 외국회사의 대표자, 주식 또는 사채의 모집의 위탁을 받은 자가 주식 또는 사채를 모집함에 있어서 중요한 사항에 관하여 부실한 기재가 있는 주식청약서, 사채청약서, 사업계획서, 주식 또는 사채의 모집에 관한 광고 기타의 문서를 행사한 때에는 5년 이하의 징역 또는 1천500만원 이하의 벌금에 처한다. *〈개정 1984. 4. 10., 1995. 12. 29.〉*
② 주식 또는 사채를 매출하는 자가 그 매출에 관한 문서로서 중요한 사항에 관하여 부실한 기재가 있는 것을 행사한 때에도 제1항과 같다. *〈개정 1984. 4. 10.〉*

상법위반

[대법원 2003. 3. 25., 선고, 2000도5712, 판결]

【판시사항】
상법 제627조 제1항 소정의 부실문서행사죄의 입법 취지
【판결요지】
상법 제627조 제1항의 부실문서행사죄는 주식 또는 사채의 모집에 있어 일반 투자자에게 중요한 투자판단의 자료로 제공되는 사항에 대하여 정확을 기하고, 오류를 방지하여 회사의 주식과 사채 등의 모집에 공정성과 투명성을 보장하기 위한 것이다.

제628조(납입가장죄등) ① 제622조제1항에 게기한 자가 납입 또는 현물출자의 이행을 가장하는 행위를 한 때에는 5년 이하의 징역 또는 1천500만원 이하의 벌금에 처한다. *〈개정 1984. 4. 10., 1995. 12. 29.〉*
② 제1항의 행위에 응하거나 이를 중개한 자도 제1항과 같다. *〈개정 1984. 4. 10.〉*

제629조(초과발행의 죄) 회사의 발기인, 이사, 집행임원 또는 제386조제2항 또는 제407조제1항의 직무대행자가 회사가 발행할 주식의 총수를 초과하여 주식을 발행한 경우에는 5년 이하의 징역 또는 1천500만원 이하의 벌금에 처한다.
[전문개정 2011. 4. 14.]

제630조(발기인, 이사 기타의 임원의 독직죄) ① 제622조와 제623조에 규정된 자, 검사인, 제298조제3항 · 제299조의2 · 제310조제3항 또는 제313조제2항의 공증인이나 제299조의2, 제310조제3항 또는 제422조제1항의 감정인이 그 직무에 관하

여 부정한 청탁을 받고 재산상의 이익을 수수, 요구 또는 약속한 때에는 5년 이하의 징역 또는 1천500만원 이하의 벌금에 처한다. 〈개정 1984. 4. 10., 1995. 12. 29., 1998. 12. 28.〉

② 제1항의 이익을 약속, 공여 또는 공여의 의사를 표시한 자도 제1항과 같다.〈개정 1984. 4. 10.〉

제631조(권리행사방해 등에 관한 증수뢰죄) ① 다음의 사항에 관하여 부정한 청탁을 받고 재산상의 이익을 수수, 요구 또는 약속한 자는 1년 이하의 징역 또는 300만원 이하의 벌금에 처한다. 〈개정 1962. 12. 12., 1984. 4. 10., 1995. 12. 29., 1998. 12. 28., 1999. 12. 31., 2011. 4. 14.〉

1. 창립총회, 사원총회, 주주총회 또는 사채권자집회에서의 발언 또는 의결권의 행사
2. 제3편에 정하는 소의 제기, 발행주식의 총수의 100분의 1 또는 100분의 3 이상에 해당하는 주주, 사채총액의 100분의 10 이상에 해당하는 사채권자 또는 자본금의 100분의 3 이상에 해당하는 출자좌수를 가진 사원의 권리의 행사
3. 제402조 또는 제424조에 정하는 권리의 행사

② 제1항의 이익을 약속, 공여 또는 공여의 의사를 표시한 자도 제1항과 같다.〈개정 1984. 4. 10.〉

제632조(징역과 벌금의 병과) 제622조 내지 전조의 징역과 벌금은 이를 병과할 수 있다.

제633조(몰수, 추징) 제630조제1항 또는 제631조제1항의 경우에는 범인이 수수한 이익은 이를 몰수한다. 그 전부 또는 일부를 몰수하기 불능한 때에는 그 가액을 추징한다.

제634조(납입책임면탈의 죄) 납입의 책임을 면하기 위하여 타인 또는 가설인의 명의로 주식 또는 출자를 인수한 자는 1년 이하의 징역 또는 300만원 이하의 벌금에 처한다. 〈개정 1984. 4. 10., 1995. 12. 29.〉

제634조의2(주주의 권리행사에 관한 이익공여의 죄) ① 주식회사의 이사, 집행임원, 감사위원회 위원, 감사, 제386조제2항·제407조제1항 또는 제415조의 직무대행자, 지배인, 그 밖의 사용인이 주주의 권리 행사와 관련하여 회사의 계산으로 재산상의 이익을 공여(供與)한 경우에는 1년 이하의 징역 또는 300만원 이하의 벌금에 처한다. 〈개정 2011. 4. 14.〉

② 제1항의 이익을 수수하거나, 제3자에게 이를 공여하게 한 자도 제1항과 같다.
[본조신설 1984. 4. 10.]

제634조의3(양벌규정) 회사의 대표자나 대리인, 사용인, 그 밖의 종업원이 그 회사의 업무에 관하여 제624조의2의 위반행위를 하면 그 행위자를 벌하는 외에 그

회사에도 해당 조문의 벌금형을 과(科)한다. 다만, 회사가 제542조의13에 따른 의무를 성실히 이행한 경우 등 회사가 그 위반행위를 방지하기 위하여 해당 업무에 관하여 상당한 주의와 감독을 게을리하지 아니한 경우에는 그러하지 아니하다. 〈개정 2011. 4. 14.〉

[본조신설 2009. 1. 30.]

제635조(과태료에 처할 행위) ① 회사의 발기인, 설립위원, 업무집행사원, 업무집행자, 이사, 집행임원, 감사, 감사위원회 위원, 외국회사의 대표자, 검사인, 제298조제3항·제299조의2·제310조제3항 또는 제313조제2항의 공증인, 제299조의2·제310조제3항 또는 제422조제1항의 감정인, 지배인, 청산인, 명의개서대리인, 사채모집을 위탁받은 회사와 그 사무승계자 또는 제386조제2항·제407조제1항·제415조·제542조제2항 또는 제567조의 직무대행자가 다음 각 호의 어느 하나에 해당하는 행위를 한 경우에는 500만원 이하의 과태료를 부과한다. 다만, 그 행위에 대하여 형(刑)을 과(科)할 때에는 그러하지 아니하다. 〈개정 2011. 4. 14.〉

1. 이 편(編)에서 정한 등기를 게을리한 경우
2. 이 편에서 정한 공고 또는 통지를 게을리하거나 부정(不正)한 공고 또는 통지를 한 경우
3. 이 편에서 정한 검사 또는 조사를 방해한 경우
4. 이 편의 규정을 위반하여 정당한 사유 없이 서류의 열람 또는 등사, 등본 또는 초본의 발급을 거부한 경우
5. 관청, 총회, 사채권자집회 또는 발기인에게 부실한 보고를 하거나 사실을 은폐한 경우
6. 주권, 채권 또는 신주인수권증권에 적을 사항을 적지 아니하거나 부실하게 적은 경우
7. 정당한 사유 없이 주권의 명의개서를 하지 아니한 경우
8. 법률 또는 정관에서 정한 이사 또는 감사의 인원수를 궐(闕)한 경우에 그 선임절차를 게을리한 경우
9. 정관·주주명부 또는 그 복본(複本), 사원명부·사채원부 또는 그 복본, 의사록, 감사록, 재산목록, 대차대조표, 영업보고서, 사무보고서, 손익계산서, 그 밖에 회사의 재무상태와 경영성과를 표시하는 것으로서 제287조의33 및 제447조제1항제3호에 따라 대통령령으로 정하는 서류, 결산보고서, 회계장부, 제447조·제534조·제579조제1항 또는 제613조제1항의 부속명세서 또는 감사보고서에 적을 사항을 적지 아니하거나 부실하게 적은 경우
10. 법원이 선임한 청산인에 대한 사무의 인계(引繼)를 게을리하거나 거부한 경우
11. 청산의 종결을 늦출 목적으로 제247조제3항, 제535조제1항 또는 제613조제1항의 기간을 부당하게 장기간으로 정한 경우
12. 제254조제4항, 제542조제1항 또는 제613조제1항을 위반하여 파산선고 청구를 게을리한 경우
13. 제589조제2항을 위반하여 출자의 인수인을 공모한 경우
14. 제232조, 제247조제3항, 제439조제2항, 제527조의5, 제530조제2항, 제530조의9제

4항, 제530조의11제2항, 제597조, 제603조 또는 제608조를 위반하여 회사의 합병·분할·분할합병 또는 조직변경, 회사재산의 처분 또는 자본금의 감소를 한 경우

15. 제260조, 제542조제1항 또는 제613조제1항을 위반하여 회사재산을 분배한 경우
16. 제302조제2항, 제347조, 제420조, 제420조의2, 제474조제2항 또는 제514조을 위반하여 주식청약서, 신주인수권증서 또는 사채청약서를 작성하지 아니하거나 이에 적을 사항을 적지 아니하거나 또는 부실하게 적은 경우
17. 제342조 또는 제560조제1항을 위반하여 주식 또는 지분의 실효 절차, 주식 또는 지분의 질권 처분을 게을리한 경우
18. 제343조제1항 또는 제560조제1항을 위반하여 주식 또는 출자를 소각한 경우
19. 제355조제1항·제2항 또는 제618조를 위반하여 주권을 발행한 경우
20. 제358조의2제2항을 위반하여 주주명부에 기재를 하지 아니한 경우
21. 제363조의2제1항, 제542조제2항 또는 제542조의6제2항을 위반하여 주주가 제안한 사항을 주주총회의 목적사항으로 하지 아니한 경우
22. 제365조제1항·제2항, 제578조, 제467조제3항, 제582조제3항에 따른 법원의 명령을 위반하여 주주총회를 소집하지 아니하거나, 정관으로 정한 곳 외의 장소에서 주주총회를 소집하거나, 제363조, 제364조, 제571조제2항·제3항을 위반하여 주주총회를 소집한 경우
23. 제374조제2항, 제530조제2항 또는 제530조의11제2항을 위반하여 주식매수청구권의 내용과 행사방법을 통지 또는 공고하지 아니하거나 부실한 통지 또는 공고를 한 경우
24. 제287조의34제1항, 제396조제1항, 제448조제1항, 제510조제2항, 제522조의2제1항, 제527조의6제1항, 제530조의7, 제534조제3항, 제542조제2항, 제566조제1항, 제579조의3, 제603조 또는 제613조를 위반하여 장부 또는 서류를 갖추어 두지 아니한 경우
25. 제412조의5제3항을 위반하여 정당한 이유 없이 감사 또는 감사위원회의 조사를 거부한 경우
26. 제458조부터 제460조까지 또는 제583조를 위반하여 준비금을 적립하지 아니하거나 이를 사용한 경우
27. 제464조의2제1항의 기간에 배당금을 지급하지 아니한 경우
28. 제478조제1항 또는 제618조를 위반하여 채권을 발행한 경우
29. 제536조 또는 제613조제1항을 위반하여 채무 변제를 한 경우
30. 제542조의5를 위반하여 이사 또는 감사를 선임한 경우
31. 제555조를 위반하여 지분에 대한 지시식 또는 무기명식의 증권을 발행한 경우
32. 제619조제1항에 따른 법원의 명령을 위반한 경우

② 발기인, 이사 또는 집행임원이 주권의 인수로 인한 권리를 양도한 경우에도 제1항과 같다. 〈개정 2011. 4. 14.〉

③ 제1항 각 호 외의 부분에 규정된 자가 다음 각 호의 어느 하나에 해당하는 행위를 한 경우에는 5천만원 이하의 과태료를 부과한다. 〈신설 2009. 1. 30.〉

1. 제542조의8제1항을 위반하여 사외이사 선임의무를 이행하지 아니한 경우
2. 제542조의8제4항을 위반하여 사외이사 후보추천위원회를 설치하지 아니하거나 사외이사가 총위원의 2분의 1 이상이 되도록 사외이사 후보추천위원회를 구성하지 아니한 경우
3. 제542조의8제5항에 따라 사외이사를 선임하지 아니한 경우
4. 제542조의9제3항을 위반하여 이사회 승인 없이 거래한 경우
5. 제542조의11제1항을 위반하여 감사위원회를 설치하지 아니한 경우
6. 제542조의11제2항을 위반하여 제415조의2제2항 및 제542조의11제2항 각 호의 감사위원회의 구성요건에 적합한 감사위원회를 설치하지 아니한 경우
7. 제542조의11제4항제1호 및 제2호를 위반하여 감사위원회가 제415조의2제2항 및 제542조의11제2항 각 호의 감사위원회의 구성요건에 적합하도록 하지 아니한 경우
8. 제542조의12제2항을 위반하여 감사위원회위원의 선임절차를 준수하지 아니한 경우
④ 제1항 각 호 외의 부분에 규정된 자가 다음 각 호의 어느 하나에 해당하는 행위를 한 경우에는 1천만원 이하의 과태료를 부과한다.〈신설 2009. 1. 30.〉
1. 제542조의4에 따른 주주총회 소집의 통지·공고를 게을리하거나 부정한 통지 또는 공고를 한 경우
2. 제542조의7제4항 또는 제542조의12제5항을 위반하여 의안을 별도로 상정하여 의결하지 아니한 경우

제636조(등기전의 회사명의의 영업 등) ①회사의 성립전에 회사의 명의로 영업을 한 자는 회사설립의 등록세의 배액에 상당한 과태료에 처한다.
② 전항의 규정은 제616조제1항의 규정에 위반한 자에 준용한다.

제637조(법인에 대한 벌칙의 적용) 제622조, 제623조, 제625조, 제627조, 제628조 또는 제630조제1항에 규정된 자가 법인인 경우에는 이 장의 벌칙은 그 행위를 한 이사, 집행임원, 감사, 그 밖에 업무를 집행한 사원 또는 지배인에게 적용한다.
[전문개정 2011. 4. 14.]

제637조의2(과태료의 부과·징수) ① 제635조(제1항제1호는 제외한다) 또는 제636조에 따른 과태료는 대통령령으로 정하는 바에 따라 법무부장관이 부과·징수한다.
② 제1항에 따른 과태료 처분에 불복하는 자는 그 처분을 고지받은 날부터 60일 이내에 법무부장관에게 이의를 제기할 수 있다.
③ 제1항에 따른 과태료 처분을 받은 자가 제2항에 따라 이의를 제기한 때에는 법무부장관은 지체 없이 관할 법원에 그 사실을 통보하여야 하며, 그 통보를 받은 관할 법원은 「비송사건절차법」에 따른 과태료 재판을 한다.
④ 제2항에서 규정하는 기간 내에 이의를 제기하지 아니하고 과태료를 납부하지 아니한 때에는 국세 체납처분의 예에 따라 징수한다.
[본조신설 2009. 1. 30.]

제4편 보험

제1장 통칙

제638조(보험계약의 의의) 보험계약은 당사자 일방이 약정한 보험료를 지급하고 재산 또는 생명이나 신체에 불확정한 사고가 발생할 경우에 상대방이 일정한 보험금이나 그 밖의 급여를 지급할 것을 약정함으로써 효력이 생긴다.

[전문개정 2014. 3. 11.]

제638조의2(보험계약의 성립) ①보험자가 보험계약자로부터 보험계약의 청약과 함께 보험료 상당액의 전부 또는 일부의 지급을 받은 때에는 다른 약정이 없으면 30일내에 그 상대방에 대하여 낙부의 통지를 발송하여야 한다. 그러나 인보험계약의 피보험자가 신체검사를 받아야 하는 경우에는 그 기간은 신체검사를 받은 날부터 기산한다.

② 보험자가 제1항의 규정에 의한 기간내에 낙부의 통지를 해태한 때에는 승낙한 것으로 본다.

③ 보험자가 보험계약자로부터 보험계약의 청약과 함께 보험료 상당액의 전부 또는 일부를 받은 경우에 그 청약을 승낙하기 전에 보험계약에서 정한 보험사고가 생긴 때에는 그 청약을 거절할 사유가 없는 한 보험자는 보험계약상의 책임을 진다. 그러나 인보험계약의 피보험자가 신체검사를 받아야 하는 경우에 그 검사를 받지 아니한 때에는 그러하지 아니하다.

[본조신설 1991. 12. 31.]

제638조의3(보험약관의 교부 · 설명 의무) ① 보험자는 보험계약을 체결할 때에 보험계약자에게 보험약관을 교부하고 그 약관의 중요한 내용을 설명하여야 한다.

② 보험자가 제1항을 위반한 경우 보험계약자는 보험계약이 성립한 날부터 3개월 이내에 그 계약을 취소할 수 있다.

[전문개정 2014. 3. 11.]

제639조(타인을 위한 보험) ① 보험계약자는 위임을 받거나 위임을 받지 아니하고 특정 또는 불특정의 타인을 위하여 보험계약을 체결할 수 있다. 그러나 손해보험계약의 경우에 그 타인의 위임이 없는 때에는 보험계약자는 이를 보험자에게 고지하여야 하고, 그 고지가 없는 때에는 타인이 그 보험계약이 체결된 사실을 알지 못하였다는 사유로 보험자에게 대항하지 못한다. 〈개정 1991. 12. 31.〉

② 제1항의 경우에는 그 타인은 당연히 그 계약의 이익을 받는다. 그러나 손해보

험계약의 경우에 보험계약자가 그 타인에게 보험사고의 발생으로 생긴 손해의 배상을 한 때에는 보험계약자는 그 타인의 권리를 해하지 아니하는 범위안에서 보험자에게 보험금액의 지급을 청구할 수 있다.⟨신설 1991. 12. 31.⟩

③ 제1항의 경우에는 보험계약자는 보험자에 대하여 보험료를 지급할 의무가 있다. 그러나 보험계약자가 파산선고를 받거나 보험료의 지급을 지체한 때에는 그 타인이 그 권리를 포기하지 아니하는 한 그 타인도 보험료를 지급할 의무가 있다.⟨개정 1991. 12. 31.⟩

제640조(보험증권의 교부) ① 보험자는 보험계약이 성립한 때에는 지체없이 보험증권을 작성하여 보험계약자에게 교부하여야 한다. 그러나 보험계약자가 보험료의 전부 또는 최초의 보험료를 지급하지 아니한 때에는 그러하지 아니하다. ⟨개정 1991. 12. 31.⟩

② 기존의 보험계약을 연장하거나 변경한 경우에는 보험자는 그 보험증권에 그 사실을 기재함으로써 보험증권의 교부에 갈음할 수 있다.⟨신설 1991. 12. 31.⟩

제641조(증권에 관한 이의약관의 효력) 보험계약의 당사자는 보험증권의 교부가 있은 날로부터 일정한 기간내에 한하여 그 증권내용의 정부에 관한 이의를 할 수 있음을 약정할 수 있다. 이 기간은 1월을 내리지 못한다.

제642조(증권의 재교부청구) 보험증권을 멸실 또는 현저하게 훼손한 때에는 보험계약자는 보험자에 대하여 증권의 재교부를 청구할 수 있다. 그 증권작성의 비용은 보험계약자의 부담으로 한다.

제643조(소급보험) 보험계약은 그 계약전의 어느 시기를 보험기간의 시기로 할 수 있다.

제644조(보험사고의 객관적 확정의 효과) 보험계약당시에 보험사고가 이미 발생하였거나 또는 발생할 수 없는 것인 때에는 그 계약은 무효로 한다. 그러나 당사자 쌍방과 피보험자가 이를 알지 못한 때에는 그러하지 아니하다.

제645조 삭제 ⟨1991. 12. 31.⟩

제646조(대리인이 안 것의 효과) 대리인에 의하여 보험계약을 체결한 경우에 대리인이 안 사유는 그 본인이 안 것과 동일한 것으로 한다.

제646조의2(보험대리상 등의 권한) ① 보험대리상은 다음 각 호의 권한이 있다.

1. 보험계약자로부터 보험료를 수령할 수 있는 권한
2. 보험자가 작성한 보험증권을 보험계약자에게 교부할 수 있는 권한
3. 보험계약자로부터 청약, 고지, 통지, 해지, 취소 등 보험계약에 관한 의사표시를 수령

할 수 있는 권한

4. 보험계약자에게 보험계약의 체결, 변경, 해지 등 보험계약에 관한 의사표시를 할 수 있는 권한

② 제1항에도 불구하고 보험자는 보험대리상의 제1항 각 호의 권한 중 일부를 제한할 수 있다. 다만, 보험자는 그러한 권한 제한을 이유로 선의의 보험계약자에게 대항하지 못한다.

③ 보험대리상이 아니면서 특정한 보험자를 위하여 계속적으로 보험계약의 체결을 중개하는 자는 제1항제1호(보험자가 작성한 영수증을 보험계약자에게 교부하는 경우만 해당한다) 및 제2호의 권한이 있다.

④ 피보험자나 보험수익자가 보험료를 지급하거나 보험계약에 관한 의사표시를 할 의무가 있는 경우에는 제1항부터 제3항까지의 규정을 그 피보험자나 보험수익자에게도 적용한다.

[본조신설 2014. 3. 11.]

제647조(특별위험의 소멸로 인한 보험료의 감액청구) 보험계약의 당사자가 특별한 위험을 예기하여 보험료의 액을 정한 경우에 보험기간중 그 예기한 위험이 소멸한 때에는 보험계약자는 그 후의 보험료의 감액을 청구할 수 있다.

제648조(보험계약의 무효로 인한 보험료반환청구) 보험계약의 전부 또는 일부가 무효인 경우에 보험계약자와 피보험자가 선의이며 중대한 과실이 없는 때에는 보험자에 대하여 보험료의 전부 또는 일부의 반환을 청구할 수 있다. 보험계약자와 보험수익자가 선의이며 중대한 과실이 없는 때에도 같다.

제649조(사고발생전의 임의해지) ①보험사고가 발생하기 전에는 보험계약자는 언제든지 계약의 전부 또는 일부를 해지할 수 있다. 그러나 제639조의 보험계약의 경우에는 보험계약자는 그 타인의 동의를 얻지 아니하거나 보험증권을 소지하지 아니하면 그 계약을 해지하지 못한다. *〈개정 1991. 12. 31.〉*

② 보험사고의 발생으로 보험자가 보험금액을 지급한 때에도 보험금액이 감액되지 아니하는 보험의 경우에는 보험계약자는 그 사고발생후에도 보험계약을 해지할 수 있다.*〈신설 1991. 12. 31.〉*

③ 제1항의 경우에는 보험계약자는 당사자간에 다른 약정이 없으면 미경과보험료의 반환을 청구할 수 있다.*〈개정 1991. 12. 31.〉*

제650조(보험료의 지급과 지체의 효과) ①보험계약자는 계약체결후 지체없이 보험료의 전부 또는 제1회 보험료를 지급하여야 하며, 보험계약자가 이를 지급하지 아니하는 경우에는 다른 약정이 없는 한 계약성립후 2월이 경과하면 그 계약은 해제된 것으로 본다.

② 계속보험료가 약정한 시기에 지급되지 아니한 때에는 보험자는 상당한 기간을 정하여 보험계약자에게 최고하고 그 기간내에 지급되지 아니한 때에는 그 계약을 해지할 수 있다.

③ 특정한 타인을 위한 보험의 경우에 보험계약자가 보험료의 지급을 지체한 때에는 보험자는 그 타인에게도 상당한 기간을 정하여 보험료의 지급을 최고한 후가 아니면 그 계약을 해제 또는 해지하지 못한다.

[전문개정 1991. 12. 31.]

제650조의2(보험계약의 부활) 제650조제2항에 따라 보험계약이 해지되고 해지환급금이 지급되지 아니한 경우에 보험계약자는 일정한 기간내에 연체보험료에 약정이자를 붙여 보험자에게 지급하고 그 계약의 부활을 청구할 수 있다. 제638조의2의 규정은 이 경우에 준용한다.

[본조신설 1991. 12. 31.]

제651조(고지의무위반으로 인한 계약해지) 보험계약당시에 보험계약자 또는 피보험자가 고의 또는 중대한 과실로 인하여 중요한 사항을 고지하지 아니하거나 부실의 고지를 한 때에는 보험자는 그 사실을 안 날로부터 1월내에, 계약을 체결한 날로부터 3년내에 한하여 계약을 해지할 수 있다. 그러나 보험자가 계약당시에 그 사실을 알았거나 중대한 과실로 인하여 알지 못한 때에는 그러하지 아니하다. ⟨개정 1991. 12. 31.⟩

제651조의2(서면에 의한 질문의 효력) 보험자가 서면으로 질문한 사항은 중요한 사항으로 추정한다.

[본조신설 1991. 12. 31.]

제652조(위험변경증가의 통지와 계약해지) ① 보험기간 중에 보험계약자 또는 피보험자가 사고발생의 위험이 현저하게 변경 또는 증가된 사실을 안 때에는 지체없이 보험자에게 통지하여야 한다. 이를 해태한 때에는 보험자는 그 사실을 안 날로부터 1월내에 한하여 계약을 해지할 수 있다.

② 보험자가 제1항의 위험변경증가의 통지를 받은 때에는 1월내에 보험료의 증액을 청구하거나 계약을 해지할 수 있다. ⟨신설 1991. 12. 31.⟩

제653조(보험계약자 등의 고의나 중과실로 인한 위험증가와 계약해지) 보험기간중에 보험계약자, 피보험자 또는 보험수익자의 고의 또는 중대한 과실로 인하여 사고발생의 위험이 현저하게 변경 또는 증가된 때에는 보험자는 그 사실을 안 날부터 1월내에 보험료의 증액을 청구하거나 계약을 해지할 수 있다. ⟨개정 1991. 12. 31.⟩

제654조(보험자의 파산선고와 계약해지) ①보험자가 파산의 선고를 받은 때에는 보

험계약자는 계약을 해지할 수 있다.

② 제1항의 규정에 의하여 해지하지 아니한 보험계약은 파산선고 후 3월을 경과한 때에는 그 효력을 잃는다.〈개정 1991. 12. 31.〉

제655조(계약해지와 보험금청구권) 보험사고가 발생한 후라도 보험자가 제650조, 제651조, 제652조 및 제653조에 따라 계약을 해지하였을 때에는 보험금을 지급할 책임이 없고 이미 지급한 보험금의 반환을 청구할 수 있다. 다만, 고지의무(告知義務)를 위반한 사실 또는 위험이 현저하게 변경되거나 증가된 사실이 보험사고 발생에 영향을 미치지 아니하였음이 증명된 경우에는 보험금을 지급할 책임이 있다.

[전문개정 2014. 3. 11.]

제656조(보험료의 지급과 보험자의 책임개시) 보험자의 책임은 당사자간에 다른 약정이 없으면 최초의 보험료의 지급을 받은 때로부터 개시한다.

제657조(보험사고발생의 통지의무) ①보험계약자 또는 피보험자나 보험수익자는 보험사고의 발생을 안 때에는 지체없이 보험자에게 그 통지를 발송하여야 한다.

② 보험계약자 또는 피보험자나 보험수익자가 제1항의 통지의무를 해태함으로 인하여 손해가 증가된 때에는 보험자는 그 증가된 손해를 보상할 책임이 없다.〈신설 1991. 12. 31.〉

제658조(보험금액의 지급) 보험자는 보험금액의 지급에 관하여 약정기간이 있는 경우에는 그 기간내에 약정기간이 없는 경우에는 제657조제1항의 통지를 받은 후 지체없이 지급할 보험금액을 정하고 그 정하여진 날부터 10일내에 피보험자 또는 보험수익자에게 보험금액을 지급하여야 한다.

[전문개정 1991. 12. 31.]

제659조(보험자의 면책사유) ① 보험사고가 보험계약자 또는 피보험자나 보험수익자의 고의 또는 중대한 과실로 인하여 생긴 때에는 보험자는 보험금액을 지급할 책임이 없다.

② 삭제〈1991. 12. 31.〉

제660조(전쟁위험 등으로 인한 면책) 보험사고가 전쟁 기타의 변란으로 인하여 생긴 때에는 당사자간에 다른 약정이 없으면 보험자는 보험금액을 지급할 책임이 없다.

제661조(재보험) 보험자는 보험사고로 인하여 부담할 책임에 대하여 다른 보험자와 재보험계약을 체결할 수 있다. 이 재보험계약은 원보험계약의 효력에 영향을 미치지 아니한다.

제662조(소멸시효) 보험금청구권은 3년간, 보험료 또는 적립금의 반환청구권은 3

년간, 보험료청구권은 2년간 행사하지 아니하면 시효의 완성으로 소멸한다.

[전문개정 2014. 3. 11.]

제663조(보험계약자 등의 불이익변경금지) 이 편의 규정은 당사자간의 특약으로 보험계약자 또는 피보험자나 보험수익자의 불이익으로 변경하지 못한다. 그러나 재보험 및 해상보험 기타 이와 유사한 보험의 경우에는 그러하지 아니하다. 〈개정 1991. 12. 31.〉

제664조(상호보험, 공제 등에의 준용) 이 편(編)의 규정은 그 성질에 반하지 아니하는 범위에서 상호보험(相互保險), 공제(共濟), 그 밖에 이에 준하는 계약에 준용한다.

[전문개정 2014. 3. 11.]

제2장 손해보험

제1절 통칙

제665조(손해보험자의 책임) 손해보험계약의 보험자는 보험사고로 인하여 생길 피보험자의 재산상의 손해를 보상할 책임이 있다.

제666조(손해보험증권) 손해보험증권에는 다음의 사항을 기재하고 보험자가 기명날인 또는 서명하여야 한다. 〈개정 1991. 12. 31., 2014. 3. 11.〉

1. 보험의 목적
2. 보험사고의 성질
3. 보험금액
4. 보험료와 그 지급방법
5. 보험기간을 정한 때에는 그 시기와 종기
6. 무효와 실권의 사유
7. 보험계약자의 주소와 성명 또는 상호
7의2. 피보험자의 주소, 성명 또는 상호
8. 보험계약의 연월일
9. 보험증권의 작성지와 그 작성년월일

제667조(상실이익 등의 불산입) 보험사고로 인하여 상실된 피보험자가 얻을 이익이나 보수는 당사자간에 다른 약정이 없으면 보험자가 보상할 손해액에 산입하지 아니한다.

제668조(보험계약의 목적) 보험계약은 금전으로 산정할 수 있는 이익에 한하여 보험계약의 목적으로 할 수 있다.

제669조(초과보험) ① 보험금액이 보험계약의 목적의 가액을 현저하게 초과한 때

에는 보험자 또는 보험계약자는 보험료와 보험금액의 감액을 청구할 수 있다. 그러나 보험료의 감액은 장래에 대하여서만 그 효력이 있다.

② 제1항의 가액은 계약당시의 가액에 의하여 정한다.〈개정 1991. 12. 31.〉

③ 보험가액이 보험기간 중에 현저하게 감소된 때에도 제1항과 같다.

④ 제1항의 경우에 계약이 보험계약자의 사기로 인하여 체결된 때에는 그 계약은 무효로 한다. 그러나 보험자는 그 사실을 안 때까지의 보험료를 청구할 수 있다.

제670조(기평가보험) 당사자간에 보험가액을 정한 때에는 그 가액은 사고발생시의 가액으로 정한 것으로 추정한다. 그러나 그 가액이 사고발생시의 가액을 현저하게 초과할 때에는 사고발생시의 가액을 보험가액으로 한다.

제671조(미평가보험) 당사자간에 보험가액을 정하지 아니한 때에는 사고발생시의 가액을 보험가액으로 한다.

제672조(중복보험) ①동일한 보험계약의 목적과 동일한 사고에 관하여 수개의 보험계약이 동시에 또는 순차로 체결된 경우에 그 보험금액의 총액이 보험가액을 초과한 때에는 보험자는 각자의 보험금액의 한도에서 연대책임을 진다. 이 경우에는 각 보험자의 보상책임은 각자의 보험금액의 비율에 따른다. 〈개정 1991. 12. 31.〉

② 동일한 보험계약의 목적과 동일한 사고에 관하여 수개의 보험계약을 체결하는 경우에는 보험계약자는 각 보험자에 대하여 각 보험계약의 내용을 통지하여야 한다.〈개정 1991. 12. 31.〉

③ 제669조제4항의 규정은 제1항의 보험계약에 준용한다.

제673조(중복보험과 보험자 1인에 대한 권리포기) 제672조의 규정에 의한 수개의 보험계약을 체결한 경우에 보험자 1인에 대한 권리의 포기는 다른 보험자의 권리의무에 영향을 미치지 아니한다. 〈개정 1991. 12. 31.〉

제674조(일부보험) 보험가액의 일부를 보험에 붙인 경우에는 보험자는 보험금액의 보험가액에 대한 비율에 따라 보상할 책임을 진다. 그러나 당사자간에 다른 약정이 있는 때에는 보험자는 보험금액의 한도내에서 그 손해를 보상할 책임을 진다. 〈개정 1991. 12. 31.〉

제675조(사고발생 후의 목적멸실과 보상책임) 보험의 목적에 관하여 보험자가 부담할 손해가 생긴 경우에는 그 후 그 목적이 보험자가 부담하지 아니하는 보험사고의 발생으로 인하여 멸실된 때에도 보험자는 이미 생긴 손해를 보상할 책임을 면하지 못한다. 〈개정 1962. 12. 12.〉

제676조(손해액의 산정기준) ①보험자가 보상할 손해액은 그 손해가 발생한 때와

곳의 가액에 의하여 산정한다. 그러나 당사자간에 다른 약정이 있는 때에는 그 신품가액에 의하여 손해액을 산정할 수 있다. 〈개정 1991. 12. 31.〉

② 제1항의 손해액의 산정에 관한 비용은 보험자의 부담으로 한다.〈개정 1991. 12. 31.〉

제677조(보험료체납과 보상액의 공제) 보험자가 손해를 보상할 경우에 보험료의 지급을 받지 아니한 잔액이 있으면 그 지급기일이 도래하지 아니한 때라도 보상할 금액에서 이를 공제할 수 있다.

제678조(보험자의 면책사유) 보험의 목적의 성질, 하자 또는 자연소모로 인한 손해는 보험자가 이를 보상할 책임이 없다.

제679조(보험목적의 양도) ①피보험자가 보험의 목적을 양도한 때에는 양수인은 보험계약상의 권리와 의무를 승계한 것으로 추정한다. 〈개정 1991. 12. 31.〉

② 제1항의 경우에 보험의 목적의 양도인 또는 양수인은 보험자에 대하여 지체없이 그 사실을 통지하여야 한다.〈신설 1991. 12. 31.〉

제680조(손해방지의무) ①보험계약자와 피보험자는 손해의 방지와 경감을 위하여 노력하여야 한다. 그러나 이를 위하여 필요 또는 유익하였던 비용과 보상액이 보험금액을 초과한 경우라도 보험자가 이를 부담한다. 〈개정 1991. 12. 31.〉

② 삭제〈1991. 12. 31.〉

제681조(보험목적에 관한 보험대위) 보험의 목적의 전부가 멸실한 경우에 보험금액의 전부를 지급한 보험자는 그 목적에 대한 피보험자의 권리를 취득한다. 그러나 보험가액의 일부를 보험에 붙인 경우에는 보험자가 취득할 권리는 보험금액의 보험가액에 대한 비율에 따라 이를 정한다.

제682조(제3자에 대한 보험대위) ① 손해가 제3자의 행위로 인하여 발생한 경우에 보험금을 지급한 보험자는 그 지급한 금액의 한도에서 그 제3자에 대한 보험계약자 또는 피보험자의 권리를 취득한다. 다만, 보험자가 보상할 보험금의 일부를 지급한 경우에는 피보험자의 권리를 침해하지 아니하는 범위에서 그 권리를 행사할 수 있다.

② 보험계약자나 피보험자의 제1항에 따른 권리가 그와 생계를 같이 하는 가족에 대한 것인 경우 보험자는 그 권리를 취득하지 못한다. 다만, 손해가 그 가족의 고의로 인하여 발생한 경우에는 그러하지 아니하다.

[전문개정 2014. 3. 11.]

제2절 화재보험

제683조(화재보험자의 책임) 화재보험계약의 보험자는 화재로 인하여 생길 손해를

보상할 책임이 있다.

제684조(소방 등의 조치로 인한 손해의 보상) 보험자는 화재의 소방 또는 손해의 감소에 필요한 조치로 인하여 생긴 손해를 보상할 책임이 있다.

제685조(화재보험증권) 화재보험증권에는 제666조에 게기한 사항외에 다음의 사항을 기재하여야 한다.

1. 건물을 보험의 목적으로 한 때에는 그 소재지, 구조와 용도
2. 동산을 보험의 목적으로 한 때에는 그 존치한 장소의 상태와 용도
3. 보험가액을 정한 때에는 그 가액

제686조(집합보험의 목적) 집합된 물건을 일괄하여 보험의 목적으로 한 때에는 피보험자의 가족과 사용인의 물건도 보험의 목적에 포함된 것으로 한다. 이 경우에는 그 보험은 그 가족 또는 사용인을 위하여서도 체결한 것으로 본다.

제687조(동전) 집합된 물건을 일괄하여 보험의 목적으로 한 때에는 그 목적에 속한 물건이 보험기간중에 수시로 교체된 경우에도 보험사고의 발생 시에 현존한 물건은 보험의 목적에 포함된 것으로 한다.

제3절 운송보험

제688조(운송보험자의 책임) 운송보험계약의 보험자는 다른 약정이 없으면 운송인이 운송물을 수령한 때로부터 수하인에게 인도할 때까지 생길 손해를 보상할 책임이 있다.

제689조(운송보험의 보험가액) ①운송물의 보험에 있어서는 발송한 때와 곳의 가액과 도착지까지의 운임 기타의 비용을 보험가액으로 한다.

② 운송물의 도착으로 인하여 얻을 이익은 약정이 있는 때에 한하여 보험가액 중에 산입한다.

제690조(운송보험증권) 운송보험증권에는 제666조에 게기한 사항외에 다음의 사항을 기재하여야 한다.

1. 운송의 노순과 방법
2. 운송인의 주소와 성명 또는 상호
3. 운송물의 수령과 인도의 장소
4. 운송기간을 정한 때에는 그 기간
5. 보험가액을 정한 때에는 그 가액

제691조(운송의 중지나 변경과 계약효력) 보험계약은 다른 약정이 없으면 운송의 필요에 의하여 일시운송을 중지하거나 운송의 노순 또는 방법을 변경한 경우에도

그 효력을 잃지 아니한다.

제692조(운송보조자의 고의, 중과실과 보험자의 면책) 보험사고가 송하인 또는 수하인의 고의 또는 중대한 과실로 인하여 발생한 때에는 보험자는 이로 인하여 생긴 손해를 보상할 책임이 없다.

제4절 해상보험

제693조(해상보험자의 책임) 해상보험계약의 보험자는 해상사업에 관한 사고로 인하여 생길 손해를 보상할 책임이 있다. 〈개정 1991. 12. 31.〉

제694조(공동해손분담액의 보상) 보험자는 피보험자가 지급할 공동해손의 분담액을 보상할 책임이 있다. 그러나 보험의 목적의 공동해손분담가액이 보험가액을 초과할 때에는 그 초과액에 대한 분담액은 보상하지 아니한다. 〈개정 1991. 12. 31.〉

제694조의2(구조료의 보상) 보험자는 피보험자가 보험사고로 인하여 발생하는 손해를 방지하기 위하여 지급할 구조료를 보상할 책임이 있다. 그러나 보험의 목적물의 구조료분담가액이 보험가액을 초과할 때에는 그 초과액에 대한 분담액은 보상하지 아니한다.

[본조신설 1991. 12. 31.]

제694조의3(특별비용의 보상) 보험자는 보험의 목적의 안전이나 보존을 위하여 지급할 특별비용을 보험금액의 한도내에서 보상할 책임이 있다.

[본조신설 1991. 12. 31.]

제695조(해상보험증권) 해상보험증권에는 제666조에 게기한 사항외에 다음의 사항을 기재하여야 한다. 〈개정 1991. 12. 31.〉
  1. 선박을 보험에 붙인 경우에는 그 선박의 명칭, 국적과 종류 및 항해의 범위
  2. 적하를 보험에 붙인 경우에는 선박의 명칭, 국적과 종류, 선적항, 양륙항 및 출하지와 도착지를 정한 때에는 그 지명
  3. 보험가액을 정한 때에는 그 가액

제696조(선박보험의 보험가액과 보험목적) ①선박의 보험에 있어서는 보험자의 책임이 개시될 때의 선박가액을 보험가액으로 한다.
② 제1항의 경우에는 선박의 속구, 연료, 양식 기타 항해에 필요한 모든 물건은 보험의 목적에 포함된 것으로 한다. 〈개정 1991. 12. 31.〉

제697조(적하보험의 보험가액) 적하의 보험에 있어서는 선적한 때와 곳의 적하의 가액과 선적 및 보험에 관한 비용을 보험가액으로 한다. 〈개정 1962. 12. 12.〉

제698조(희망이익보험의 보험가액) 적하의 도착으로 인하여 얻을 이익 또는 보수의

보험에 있어서는 계약으로 보험가액을 정하지 아니한 때에는 보험금액을 보험가액으로 한 것으로 추정한다.

제699조(해상보험의 보험기간의 개시) ①항해단위로 선박을 보험에 붙인 경우에는 보험기간은 하물 또는 저하의 선적에 착수한 때에 개시한다.

② 적하를 보험에 붙인 경우에는 보험기간은 하물의 선적에 착수한 때에 개시한다. 그러나 출하지를 정한 경우에는 그 곳에서 운송에 착수한 때에 개시한다.

③ 하물 또는 저하의 선적에 착수한 후에 제1항 또는 제2항의 규정에 의한 보험계약이 체결된 경우에는 보험기간은 계약이 성립한 때에 개시한다.

[전문개정 1991. 12. 31.]

제700조(해상보험의 보험기간의 종료) 보험기간은 제699조제1항의 경우에는 도착항에서 하물 또는 저하를 양륙한 때에, 동조제2항의 경우에는 양륙항 또는 도착지에서 하물을 인도한 때에 종료한다. 그러나 불가항력으로 인하지 아니하고 양륙이 지연된 때에는 그 양륙이 보통종료될 때에 종료된 것으로 한다. *⟨개정 1991. 12. 31.⟩*

제701조(항해변경의 효과) ①선박이 보험계약에서 정하여진 발항항이 아닌 다른 항에서 출항한 때에는 보험자는 책임을 지지 아니한다.

② 선박이 보험계약에서 정하여진 도착항이 아닌 다른 항을 향하여 출항한 때에도 제1항의 경우와 같다.

③ 보험자의 책임이 개시된 후에 보험계약에서 정하여진 도착항이 변경된 경우에는 보험자는 그 항해의 변경이 결정된 때부터 책임을 지지 아니한다.

[전문개정 1991. 12. 31.]

제701조의2(이로) 선박이 정당한 사유없이 보험계약에서 정하여진 항로를 이탈한 경우에는 보험자는 그때부터 책임을 지지 아니한다. 선박이 손해발생전에 원항로로 돌아온 경우에도 같다.

[본조신설 1991. 12. 31.]

제702조(발항 또는 항해의 지연의 효과) 피보험자가 정당한 사유없이 발항 또는 항해를 지연한 때에는 보험자는 발항 또는 항해를 지체한 이후의 사고에 대하여 책임을 지지 아니한다.

[전문개정 1991. 12. 31.]

제703조(선박변경의 효과) 적하를 보험에 붙인 경우에 보험계약자 또는 피보험자의 책임있는 사유로 인하여 선박을 변경한 때에는 그 변경후의 사고에 대하여 책임을 지지 아니한다. *⟨개정 1991. 12. 31.⟩*

제703조의2(선박의 양도 등의 효과) 선박을 보험에 붙인 경우에 다음의 사유가 있을 때에는 보험계약은 종료한다. 그러나 보험자의 동의가 있는 때에는 그러하지 아니하다.

1. 선박을 양도할 때
2. 선박의 선급을 변경한 때
3. 선박을 새로운 관리로 옮긴 때

[본조신설 1991. 12. 31.]

채무부존재확인

[대법원 2004. 11. 11., 선고, 2003다30807, 판결]

【판시사항】

[1] 일반거래약관의 구속력의 근거

[2] 선박의 양도를 선박보험계약 종료사유로 한 상법 제703조의2 제1호의 규정 취지 및 조업허가를 목적으로 허위의 선박매매계약서를 작성하였다는 사정이 이에 해당하는지 여부(소극)

【판결요지】

[1] 보통보험약관을 포함한 이른바 일반거래약관이 계약의 내용으로 되어 계약당사자에게 구속력을 갖게 되는 근거는 그 자체가 법규범 또는 법규범적 성질을 갖기 때문은 아니며 계약당사자가 이를 계약의 내용으로 하기로 하는 명시적 또는 묵시적 합의를 하였기 때문이다.

[2] 상법 제703조의2는 제1호에서 "선박을 양도할 때"를 자동종료사유의 하나로 규정하고 있는바, 이처럼 선박의 양도를 보험계약의 자동종료사유의 하나로 규정하는 것은 선박보험계약을 체결함에 있어서 선박소유자가 누구인가 하는 점은 인수 여부의 결정 및 보험료율의 산정에 있어서 매우 중요한 요소이고, 따라서 소유자의 변경은 보험계약에 있어서 중대한 위험의 변경에 해당하기 때문이라고 할 수 있는데, 특별한 사정이 없는 한 조업허가를 얻기 위한 목적으로 허위의 매매계약서를 작성하였다는 점만으로는 보험계약상 중대한 위험의 변경이 발생한다고 보기는 어렵다는 점에 비추어 그와 같은 경우를 상법 제703조의2 제1호의 "선박을 양도할 때"에 해당한다고 새길 수는 없다.

제704조(선박미확정의 적하예정보험) ①보험계약의 체결당시에 하물을 적재할 선박을 지정하지 아니한 경우에 보험계약자 또는 피보험자가 그 하물이 선적되었음을 안 때에는 지체없이 보험자에 대하여 그 선박의 명칭, 국적과 하물의 종류, 수량과 가액의 통지를 발송하여야 한다. *〈개정 1991. 12. 31.〉*

② 제1항의 통지를 해태한 때에는 보험자는 그 사실을 안 날부터 1월내에 계약을 해지할 수 있다. *〈개정 1991. 12. 31.〉*

제705조 삭제 *〈1991. 12. 31.〉*

제706조(해상보험자의 면책사유) 보험자는 다음의 손해와 비용을 보상할 책임이 없다. 〈개정 1991. 12. 31.〉

1. 선박 또는 운임을 보험에 붙인 경우에는 발항당시 안전하게 항해를 하기에 필요한 준비를 하지 아니하거나 필요한 서류를 비치하지 아니함으로 인하여 생긴 손해
2. 적하를 보험에 붙인 경우에는 용선자, 송하인 또는 수하인의 고의 또는 중대한 과실로 인하여 생긴 손해
3. 도선료, 입항료, 등대료, 검역료, 기타 선박 또는 적하에 관한 항해 중의 통상비용

제707조 삭제 〈1991. 12. 31.〉

제707조의2(선박의 일부손해의 보상) ① 선박의 일부가 훼손되어 그 훼손된 부분의 전부를 수선한 경우에는 보험자는 수선에 따른 비용을 1회의 사고에 대하여 보험금액을 한도로 보상할 책임이 있다.

② 선박의 일부가 훼손되어 그 훼손된 부분의 일부를 수선한 경우에는 보험자는 수선에 따른 비용과 수선을 하지 아니함으로써 생긴 감가액을 보상할 책임이 있다.

③ 선박의 일부가 훼손되었으나 이를 수선하지 아니한 경우에는 보험자는 그로 인한 감가액을 보상할 책임이 있다.

[본조신설 1991. 12. 31.]

제708조(적하의 일부손해의 보상) 보험의 목적인 적하가 훼손되어 양륙항에 도착한 때에는 보험자는 그 훼손된 상태의 가액과 훼손되지 아니한 상태의 가액과의 비율에 따라 보험가액의 일부에 대한 손해를 보상할 책임이 있다.

제709조(적하매각으로 인한 손해의 보상) ① 항해도중에 불가항력으로 보험의 목적인 적하를 매각한 때에는 보험자는 그 대금에서 운임 기타 필요한 비용을 공제한 금액과 보험가액과의 차액을 보상하여야 한다.

② 제1항의 경우에 매수인이 대금을 지급하지 아니한 때에는 보험자는 그 금액을 지급하여야 한다. 보험자가 그 금액을 지급한 때에는 피보험자의 매수인에 대한 권리를 취득한다.〈개정 1991. 12. 31.〉

제710조(보험위부의 원인) 다음의 경우에는 피보험자는 보험의 목적을 보험자에게 위부하고 보험금액의 전부를 청구할 수 있다. 〈개정 1991. 12. 31.〉

1. 피보험자가 보험사고로 인하여 자기의 선박 또는 적하의 점유를 상실하여 이를 회복할 가능성이 없거나 회복하기 위한 비용이 회복하였을 때의 가액을 초과하리라고 예상될 경우
2. 선박이 보험사고로 인하여 심하게 훼손되어 이를 수선하기 위한 비용이 수선하였을 때의 가액을 초과하리라고 예상될 경우
3. 적하가 보험사고로 인하여 심하게 훼손되어서 이를 수선하기 위한 비용과 그 적하

를 목적지까지 운송하기 위한 비용과의 합계액이 도착하는 때의 적하의 가액을 초과하리라고 예상될 경우

제711조(선박의 행방불명) ① 선박의 존부가 2월간 분명하지 아니한 때에는 그 선박의 행방이 불명한 것으로 한다. 〈개정 1991. 12. 31.〉

② 제1항의 경우에는 전손으로 추정한다. 〈개정 1991. 12. 31.〉

제712조(대선에 의한 운송의 계속과 위부권의 소멸) 제710조제2호의 경우에 선장이 지체없이 다른 선박으로 적하의 운송을 계속한 때에는 피보험자는 그 적하를 위부할 수 없다. 〈개정 1991. 12. 31.〉

제713조(위부의 통지) ① 피보험자가 위부를 하고자 할 때에는 상당한 기간내에 보험자에 대하여 그 통지를 발송하여야 한다. 〈개정 1991. 12. 31.〉

② 삭제〈1991. 12. 31.〉

제714조(위부권행사의 요건) ① 위부는 무조건이어야 한다.

② 위부는 보험의 목적의 전부에 대하여 이를 하여야 한다. 그러나 위부의 원인이 그 일부에 대하여 생긴 때에는 그 부분에 대하여서만 이를 할 수 있다.

③ 보험가액의 일부를 보험에 붙인 경우에는 위부는 보험금액의 보험가액에 대한 비율에 따라서만 이를 할 수 있다.

제715조(다른 보험계약등에 관한 통지) ① 피보험자가 위부를 함에 있어서는 보험자에 대하여 보험의 목적에 관한 다른 보험계약과 그 부담에 속한 채무의 유무와 그 종류 및 내용을 통지하여야 한다.

② 보험자는 제1항의 통지를 받을 때까지 보험금액의 지급을 거부할 수 있다. 〈개정 1991. 12. 31.〉

③ 보험금액의 지급에 관한 기간의 약정이 있는 때에는 그 기간은 제1항의 통지를 받은 날로부터 기산한다.

제716조(위부의 승인) 보험자가 위부를 승인한 후에는 그 위부에 대하여 이의를 하지 못한다.

제717조(위부의 불승인) 보험자가 위부를 승인하지 아니한 때에는 피보험자는 위부의 원인을 증명하지 아니하면 보험금액의 지급을 청구하지 못한다.

제718조(위부의 효과) ① 보험자는 위부로 인하여 그 보험의 목적에 관한 피보험자의 모든 권리를 취득한다.

② 피보험자가 위부를 한 때에는 보험의 목적에 관한 모든 서류를 보험자에게 교부하여야 한다.

제5절 책임보험

제719조(책임보험자의 책임) 책임보험계약의 보험자는 피보험자가 보험기간 중의 사고로 인하여 제3자에게 배상할 책임을 진 경우에 이를 보상할 책임이 있다.

제720조(피보험자가 지출한 방어비용의 부담) ① 피보험자가 제3자의 청구를 방어하기 위하여 지출한 재판상 또는 재판외의 필요비용은 보험의 목적에 포함된 것으로 한다. 피보험자는 보험자에 대하여 그 비용의 선급을 청구할 수 있다.

② 피보험자가 담보의 제공 또는 공탁으로써 재판의 집행을 면할 수 있는 경우에는 보험자에 대하여 보험금액의 한도내에서 그 담보의 제공 또는 공탁을 청구할 수 있다.

③ 제1항 또는 제2항의 행위가 보험자의 지시에 의한 것인 경우에는 그 금액에 손해액을 가산한 금액이 보험금액을 초과하는 때에도 보험자가 이를 부담하여야 한다.〈개정 1991. 12. 31.〉

제721조(영업책임보험의 목적) 피보험자가 경영하는 사업에 관한 책임을 보험의 목적으로 한 때에는 피보험자의 대리인 또는 그 사업감독자의 제3자에 대한 책임도 보험의 목적에 포함된 것으로 한다.

제722조(피보험자의 배상청구 사실 통지의무) ① 피보험자가 제3자로부터 배상청구를 받았을 때에는 지체 없이 보험자에게 그 통지를 발송하여야 한다.

② 피보험자가 제1항의 통지를 게을리하여 손해가 증가된 경우 보험자는 그 증가된 손해를 보상할 책임이 없다. 다만, 피보험자가 제657조제1항의 통지를 발송한 경우에는 그러하지 아니하다.

[전문개정 2014. 3. 11.]

제723조(피보험자의 변제 등의 통지와 보험금액의 지급) ①피보험자가 제3자에 대하여 변제, 승인, 화해 또는 재판으로 인하여 채무가 확정된 때에는 지체없이 보험자에게 그 통지를 발송하여야 한다.

② 보험자는 특별한 기간의 약정이 없으면 전항의 통지를 받은 날로부터 10일내에 보험금액을 지급하여야 한다.

③ 피보험자가 보험자의 동의없이 제3자에 대하여 변제, 승인 또는 화해를 한 경우에는 보험자가 그 책임을 면하게 되는 합의가 있는 때에도 그 행위가 현저하게 부당한 것이 아니면 보험자는 보상할 책임을 면하지 못한다.

제724조(보험자와 제3자와의 관계) ①보험자는 피보험자가 책임을 질 사고로 인하여 생긴 손해에 대하여 제3자가 그 배상을 받기 전에는 보험금액의 전부 또는 일부를 피보험자에게 지급하지 못한다.

② 제3자는 피보험자가 책임을 질 사고로 입은 손해에 대하여 보험금액의 한도내에서 보험자에게 직접 보상을 청구할 수 있다. 그러나 보험자는 피보험자가 그 사고에 관하여 가지는 항변으로써 제3자에게 대항할 수 있다.〈개정 1991. 12. 31.〉

③ 보험자가 제2항의 규정에 의한 청구를 받은 때에는 지체없이 피보험자에게 이를 통지하여야 한다.〈신설 1991. 12. 31.〉

④ 제2항의 경우에 피보험자는 보험자의 요구가 있을 때에는 필요한 서류·증거의 제출, 증언 또는 증인의 출석에 협조하여야 한다.〈신설 1991. 12. 31.〉

제725조(보관자의 책임보험) 임차인 기타 타인의 물건을 보관하는 자가 그 지급할 손해배상을 위하여 그 물건을 보험에 붙인 경우에는 그 물건의 소유자는 보험자에 대하여 직접 그 손해의 보상을 청구할 수 있다.

제725조의2(수개의 책임보험) 피보험자가 동일한 사고로 제3자에게 배상책임을 짐으로써 입은 손해를 보상하는 수개의 책임보험계약이 동시 또는 순차로 체결된 경우에 그 보험금액의 총액이 피보험자의 제3자에 대한 손해배상액을 초과하는 때에는 제672조와 제673조의 규정을 준용한다.

[본조신설 1991. 12. 31.]

제726조(재보험에의 준용) 이 절(節)의 규정은 그 성질에 반하지 아니하는 범위에서 재보험계약에 준용한다.

[전문개정 2014. 3. 11.]

제6절 자동차보험

제726조의2(자동차보험자의 책임) 자동차보험계약의 보험자는 피보험자가 자동차를 소유, 사용 또는 관리하는 동안에 발생한 사고로 인하여 생긴 손해를 보상할 책임이 있다.

[본조신설 1991. 12. 31.]

손해배상(자)

[대구지법 2022. 4. 28., 선고, 2021가합209861, 판결 : 확정]

【판시사항】

甲이 운전하던 甲 소유 피해차량의 뒷부분을 가해차량이 충격하여 피해차량의 트렁크리드, 쿼터패널, 트렁크플로어, 리어패널 등이 손괴되는 사고가 발생하자, 甲이 피해차량을 수리하면서 수리기간 51일 중 29일은 국산차량을, 나머지 22일은 외제차량을 대차하였는데, 가해차량의 보험자인 乙 보험회사가 수리비용과 국산차량 대차료만 보험금으로 지급하자, 甲이 피해차량의 교환가치 하락에 따른 손해, 외제차량 대차료 손해 등에 대한 보험금의 지급을 구한 사안에서, 乙 회사는 甲에게 피해차량의 교환가치 하락으로 인한 손해로 감정인이 평가한 손해액의 70%와 외제차량 대차료 상당 손해로 甲이 청구

하는 금액 전부를 배상할 의무가 있다고 한 사례

【판결요지】

甲이 운전하던 甲 소유 피해차량의 뒷부분을 가해차량이 충격하여 피해차량의 트렁크리드, 쿼터패널, 트렁크플로어, 리어패널 등이 손괴되는 사고가 발생하자, 甲이 피해차량을 수리하면서 수리기간 51일 중 29일은 국산차량을, 나머지 22일은 외제차량을 대차하였는데, 가해차량의 보험자인 乙 보험회사가 수리비용과 국산차량 대차료만 보험금으로 지급하자, 甲이 피해차량의 교환가치 하락에 따른 손해, 외제차량 대차료 손해 등에 대한 보험금의 지급을 구한 사안이다.

위 사고로 차량 가액의 46%에 이르는 수리비가 발생하고 수리기간 51일이 소요될 정도로 피해차량이 크게 파손되었던 점, 수리내역 중 주요골격 및 쿼터패널에 대한 절단·용접·판금작업은 자동차의 주요 골격부위에 대한 수리로서 중고자동차 성능·상태점검기록부의 표기 및 고지의무 사항에 해당하는 점 및 감정인에 대한 감정촉탁 결과 등을 종합하면, 피해차량은 위 사고로 인한 수리를 마쳤더라도 완벽하게 원상복구를 하는 것이 불가능할 정도로 중대한 손상을 입었다고 봄이 타당하고, 이러한 복구불능의 손상에 따른 교환가치 하락의 손해는 통상의 손해에 해당하므로, 가해차량의 보험자인 乙 회사는 甲에게 자동차 교환가치 하락으로 인한 손해를 배상할 의무가 있고, 다만 감정인이 산출한 손해액은 주요 골격부위에 대한 수리비를 넘어 전체 수리비가 반영된 점 등에 비추어, 그 손해액의 70%를 피해차량의 교환가치 하락으로 인한 손해액으로 인정함이 타당하다고 한 다음, 피해차량의 파손정도 및 수리비용에 비추어 수리기간이 부당히 과하다고 볼 수 없는 점, 甲은 피해차량에 대한 수리가 완료되자 바로 외제차량을 반납하여 대차계약을 종료시킨 점, 대차한 외제차량과 피해차량은 연식, 배기량, 엔진 등이 유사하여 동급의 차량이라고 할 수 있는 점, 대형 자동차대여사업자가 고시한 대차료보다 위 외제차량의 대차료가 훨씬 낮은 가격이므로 甲이 손해확대방지 의무를 위반하여 부당하게 대차료를 증가시켰다고 볼 수 없는 점 등을 종합하면, 乙 회사는 甲에게 피해차량의 교환가치 하락으로 인한 손해로 감정인이 평가한 손해액의 70%와 외제차량 관련 대차료 상당 손해로 甲이 청구하는 금액 전부를 배상할 의무가 있다고 한 사례이다.

제726조의3(자동차 보험증권) 자동차 보험증권에는 제666조에 게기한 사항외에 다음의 사항을 기재하여야 한다.
1. 자동차소유자와 그 밖의 보유자의 성명과 생년월일 또는 상호
2. 피보험자동차의 등록번호, 차대번호, 차형년식과 기계장치
3. 차량가액을 정한 때에는 그 가액

[본조신설 1991. 12. 31.]

제726조의4(자동차의 양도) ①피보험자가 보험기간 중에 자동차를 양도한 때에는 양수인은 보험자의 승낙을 얻은 경우에 한하여 보험계약으로 인하여 생긴 권리와 의무를 승계한다.
② 보험자가 양수인으로부터 양수사실을 통지받은 때에는 지체없이 낙부를 통지하

여야 하고 통지받은 날부터 10일내에 낙부의 통지가 없을 때에는 승낙한 것으로 본다.

[본조신설 1991. 12. 31.]

제7절 보증보험

〈*신설 2014. 3. 11.*〉

제726조의5(보증보험자의 책임) 보증보험계약의 보험자는 보험계약자가 피보험자에게 계약상의 채무불이행 또는 법령상의 의무불이행으로 입힌 손해를 보상할 책임이 있다.

[본조신설 2014. 3. 11.]

제726조의6(적용 제외) ① 보증보험계약에 관하여는 제639조제2항 단서를 적용하지 아니한다.

② 보증보험계약에 관하여는 보험계약자의 사기, 고의 또는 중대한 과실이 있는 경우에도 이에 대하여 피보험자에게 책임이 있는 사유가 없으면 제651조, 제652조, 제653조 및 제659조제1항을 적용하지 아니한다.

[본조신설 2014. 3. 11.]

제726조의7(준용규정) 보증보험계약에 관하여는 그 성질에 반하지 아니하는 범위에서 보증채무에 관한 「민법」의 규정을 준용한다.

[본조신설 2014. 3. 11.]

제3장 인보험

제1절 통칙

제727조(인보험자의 책임) ①인보험계약의 보험자는 피보험자의 생명이나 신체에 관하여 보험사고가 발생할 경우에 보험계약으로 정하는 바에 따라 보험금이나 그 밖의 급여를 지급할 책임이 있다. 〈*개정 2014. 3. 11.*〉

② 제1항의 보험금은 당사자 간의 약정에 따라 분할하여 지급할 수 있다.〈*신설 2014. 3. 11.*〉

[제목개정 2014. 3. 11.]

제728조(인보험증권) 인보험증권에는 제666조에 게기한 사항외에 다음의 사항을 기재하여야 한다. 〈*개정 1991. 12. 31.*〉

1. 보험계약의 종류
2. 피보험자의 주소·성명 및 생년월일

3. 보험수익자를 정한 때에는 그 주소·성명 및 생년월일

제729조(제3자에 대한 보험대위의 금지) 보험자는 보험사고로 인하여 생긴 보험계약자 또는 보험수익자의 제3자에 대한 권리를 대위하여 행사하지 못한다. 그러나 상해보험계약의 경우에 당사자간에 다른 약정이 있는 때에는 보험자는 피보험자의 권리를 해하지 아니하는 범위안에서 그 권리를 대위하여 행사할 수 있다. 〈개정 1991. 12. 31.〉

제2절 생명보험

제730조(생명보험자의 책임) 생명보험계약의 보험자는 피보험자의 사망, 생존, 사망과 생존에 관한 보험사고가 발생할 경우에 약정한 보험금을 지급할 책임이 있다. 〈개정 2014. 3. 11.〉
[제목개정 2014. 3. 11.]

제731조(타인의 생명의 보험) ①타인의 사망을 보험사고로 하는 보험계약에는 보험계약 체결시에 그 타인의 서면(「전자서명법」 제2조제2호에 따른 전자서명이 있는 경우로서 대통령령으로 정하는 바에 따라 본인 확인 및 위조·변조 방지에 대한 신뢰성을 갖춘 전자문서를 포함한다)에 의한 동의를 얻어야 한다. 〈개정 1991. 12. 31., 2017. 10. 31., 2020. 6. 9.〉
② 보험계약으로 인하여 생긴 권리를 피보험자가 아닌 자에게 양도하는 경우에도 제1항과 같다. 〈개정 1991. 12. 31.〉

제732조(15세미만자등에 대한 계약의 금지) 15세미만자, 심신상실자 또는 심신박약자의 사망을 보험사고로 한 보험계약은 무효로 한다. 다만, 심신박약자가 보험계약을 체결하거나 제735조의3에 따른 단체보험의 피보험자가 될 때에 의사능력이 있는 경우에는 그러하지 아니하다. 〈개정 1962. 12. 12., 1991. 12. 31., 2014. 3. 11.〉

제732조의2(중과실로 인한 보험사고 등) ① 사망을 보험사고로 한 보험계약에서는 사고가 보험계약자 또는 피보험자나 보험수익자의 중대한 과실로 인하여 발생한 경우에도 보험자는 보험금을 지급할 책임을 면하지 못한다.
② 둘 이상의 보험수익자 중 일부가 고의로 피보험자를 사망하게 한 경우 보험자는 다른 보험수익자에 대한 보험금 지급 책임을 면하지 못한다.
[전문개정 2014. 3. 11.]

제733조(보험수익자의 지정 또는 변경의 권리) ① 보험계약자는 보험수익자를 지정 또는 변경할 권리가 있다.
② 보험계약자가 제1항의 지정권을 행사하지 아니하고 사망한 때에는 피보험자를

보험수익자로 하고 보험계약자가 제1항의 변경권을 행사하지 아니하고 사망한 때에는 보험수익자의 권리가 확정된다. 그러나 보험계약자가 사망한 경우에는 그 승계인이 제1항의 권리를 행사할 수 있다는 약정이 있는 때에는 그러하지 아니하다.⟨개정 1991. 12. 31.⟩

③ 보험수익자가 보험존속 중에 사망한 때에는 보험계약자는 다시 보험수익자를 지정할 수 있다. 이 경우에 보험계약자가 지정권을 행사하지 아니하고 사망한 때에는 보험수익자의 상속인을 보험수익자로 한다.

④ 보험계약자가 제2항과 제3항의 지정권을 행사하기 전에 보험사고가 생긴 경우에는 피보험자 또는 보험수익자의 상속인을 보험수익자로 한다.⟨신설 1991. 12. 31.⟩

제734조(보험수익자지정권 등의 통지) ① 보험계약자가 계약체결후에 보험수익자를 지정 또는 변경할 때에는 보험자에 대하여 그 통지를 하지 아니하면 이로써 보험자에게 대항하지 못한다.

② 제731조제1항의 규정은 제1항의 지정 또는 변경에 준용한다.⟨개정 1962. 12. 12., 1991. 12. 31.⟩

제735조 삭제 ⟨2014. 3. 11.⟩

제735조의2 삭제 ⟨2014. 3. 11.⟩

제735조의3(단체보험) ① 단체가 규약에 따라 구성원의 전부 또는 일부를 피보험자로 하는 생명보험계약을 체결하는 경우에는 제731조를 적용하지 아니한다.

② 제1항의 보험계약이 체결된 때에는 보험자는 보험계약자에 대하여서만 보험증권을 교부한다.

③ 제1항의 보험계약에서 보험계약자가 피보험자 또는 그 상속인이 아닌 자를 보험수익자로 지정할 때에는 단체의 규약에서 명시적으로 정하는 경우 외에는 그 피보험자의 제731조제1항에 따른 서면 동의를 받아야 한다.⟨신설 2014. 3. 11., 2017. 10. 31.⟩

[본조신설 1991. 12. 31.]

제736조(보험적립금반환의무 등) ① 제649조, 제650조, 제651조 및 제652조 내지 제655조의 규정에 의하여 보험계약이 해지된 때, 제659조와 제660조의 규정에 의하여 보험금액의 지급책임이 면제된 때에는 보험자는 보험수익자를 위하여 적립한 금액을 보험계약자에게 지급하여야 한다. 그러나 다른 약정이 없으면 제659조제1항의 보험사고가 보험계약자에 의하여 생긴 경우에는 그러하지 아니하다. ⟨개정 1991. 12. 31.⟩

② 삭제⟨1991. 12. 31.⟩

제3절 상해보험

제737조(상해보험자의 책임) 상해보험계약의 보험자는 신체의 상해에 관한 보험사고가 생길 경우에 보험금액 기타의 급여를 할 책임이 있다.

제738조(상해보험증권) 상해보험의 경우에 피보험자와 보험계약자가 동일인이 아닐 때에는 그 보험증권기재사항중 제728조제2호에 게기한 사항에 갈음하여 피보험자의 직무 또는 직위만을 기재할 수 있다.

제739조(준용규정) 상해보험에 관하여는 제732조를 제외하고 생명보험에 관한 규정을 준용한다.

제4절 질병보험

〈신설 2014. 3. 11.〉

제739조의2(질병보험자의 책임) 질병보험계약의 보험자는 피보험자의 질병에 관한 보험사고가 발생할 경우 보험금이나 그 밖의 급여를 지급할 책임이 있다.

[본조신설 2014. 3. 11.]

제739조의3(질병보험에 대한 준용규정) 질병보험에 관하여는 그 성질에 반하지 아니하는 범위에서 생명보험 및 상해보험에 관한 규정을 준용한다.
[본조신설 2014. 3. 11.]

제5편 해상

〈개정 2007. 8. 3.〉

제1장 해상기업

〈개정 2007. 8. 3.〉

제1절 선박

〈개정 2007. 8. 3.〉

제740조(선박의 의의) 이 법에서 "선박"이란 상행위나 그 밖의 영리를 목적으로 항해에 사용하는 선박을 말한다.
[전문개정 2007. 8. 3.]

제741조(적용범위) ① 항해용 선박에 대하여는 상행위나 그 밖의 영리를 목적으로 하지 아니하더라도 이 편의 규정을 준용한다. 다만, 국유 또는 공유의 선박에 대하여는 「선박법」 제29조 단서에도 불구하고 항해의 목적·성질 등을 고려하여 이

편의 규정을 준용하는 것이 적합하지 아니한 경우로서 대통령령으로 정하는 경우에는 그러하지 아니하다.

② 이 편의 규정은 단정(短艇) 또는 주로 노 또는 상앗대로 운전하는 선박에는 적용하지 아니한다.

[전문개정 2007. 8. 3.]

제742조(선박의 종물) 선박의 속구목록(屬具目錄)에 기재한 물건은 선박의 종물로 추정한다.

[전문개정 2007. 8. 3.]

제743조(선박소유권의 이전) 등기 및 등록할 수 있는 선박의 경우 그 소유권의 이전은 당사자 사이의 합의만으로 그 효력이 생긴다. 다만, 이를 등기하고 선박국적증서에 기재하지 아니하면 제3자에게 대항하지 못한다.

[전문개정 2007. 8. 3.]

제744조(선박의 압류·가압류) ① 항해의 준비를 완료한 선박과 그 속구는 압류 또는 가압류를 하지 못한다. 다만, 항해를 준비하기 위하여 생긴 채무에 대하여는 그러하지 아니하다.

② 제1항은 총톤수 20톤 미만의 선박에는 적용하지 아니한다.

[전문개정 2007. 8. 3.]

제2절 선장

〈개정 2007. 8. 3.〉

제745조(선장의 선임·해임) 선장은 선박소유자가 선임 또는 해임한다.

[전문개정 2007. 8. 3.]

취득세부과처분취소

[대법원 1995. 2. 28., 선고, 94누12241, 판결]

【판시사항】

시설대여계약에 의하여 리스회사가 매수한 20t 이상 선박의 소유권에 관한 등기가 편의상 대여시설이용자 명의로 경료된 경우, 그 대여시설이용자가 구지방세법 제105조 제1항에 의하여 취득세 납부의무를 부담하는지 여부

【판결요지】

구 지방세법(1993.6.11. 법률 제4561호로 개정되기 전의 것) 제105조 제1항, 제104조 제1호, 상법 제743조, 제745조의 규정을 종합하여 보면, 20t 이상의 선박에 대하여는 선박법의 규정에 의한 등기를 하지 아니한 경우라도 매매계약을 체결한 자가 그 소유권을 취득하며 그 취득에 따른 지방세법상의 취득세를 납부할 의무를 부담한다고 할

것인데, 시설대여계약에 의하여 20t 이상의 선박을 취득하는 경우 공급자와 그 선박에 대하여 매매계약을 체결하고대금을 지급하는 자는 시설대여회사이므로 시설대여회사가 자기 앞으로 그 소유권에 관한 등기를 하지 아니한 경우라도 그 소유권을 취득하고 그 취득에 따른 취득세를 납부할 의무를 부담한다고 할 것이고, 그 소유권에 관한 등기가 편의상 대여시설이용자 명의로 경료된다고 하더라도 시설대여계약의 성질상 이는 구 지방세법 제105조 제1항에서 말하는 부동산의 취득에 해당하지 아니한다고 할 것이며, 대여시설이용자는 시설대여계약에 따라 시설대여기간 종료 후 시설대여회사에게 약정된 취득금액을 지급하는 경우 그때 비로소 위 선박을 취득한다고 봄이 상당하다.

제746조(선장의 부당한 해임에 대한 손해배상청구권) 선박소유자가 정당한 사유 없이 선장을 해임한 때에는 선장은 이로 인하여 생긴 손해의 배상을 청구할 수 있다.

[전문개정 2007. 8. 3.]

제747조(선장의 계속직무집행의 책임) 선장은 항해 중에 해임 또는 임기가 만료된 경우에도 다른 선장이 그 업무를 처리할 수 있는 때 또는 그 선박이 선적항에 도착할 때까지 그 직무를 집행할 책임이 있다.

[전문개정 2007. 8. 3.]

제748조(선장의 대선장 선임의 권한 및 책임) 선장은 불가항력으로 인하여 그 직무를 집행하기가 불능한 때에 법령에 다른 규정이 있는 경우를 제외하고는 자기의 책임으로 타인을 선정하여 선장의 직무를 집행하게 할 수 있다.

[전문개정 2007. 8. 3.]

제749조(대리권의 범위) ①선적항 외에서는 선장은 항해에 필요한 재판상 또는 재판 외의 모든 행위를 할 권한이 있다.
② 선적항에서는 선장은 특히 위임을 받은 경우 외에는 해원의 고용과 해고를 할 권한만을 가진다.

[전문개정 2007. 8. 3.]

제750조(특수한 행위에 대한 권한) ①선장은 선박수선료·해난구조료, 그 밖에 항해의 계속에 필요한 비용을 지급하여야 할 경우 외에는 다음의 행위를 하지 못한다.
  1. 선박 또는 속구를 담보에 제공하는 일
  2. 차재(借財)하는 일
  3. 적하의 전부나 일부를 처분하는 일
② 적하를 처분할 경우의 손해배상액은 그 적하가 도달할 시기의 양륙항의 가격에 의하여 정한다. 다만, 그 가격 중에서 지급을 요하지 아니하는 비용을 공제하여야 한다.

[전문개정 2007. 8. 3.]

제751조(대리권에 대한 제한) 선장의 대리권에 대한 제한은 선의의 제3자에게 대항하지 못한다.

[전문개정 2007. 8. 3.]

제752조(이해관계인을 위한 적하의 처분) ① 선장이 항해 중에 적하를 처분하는 경우에는 이해관계인의 이익을 위하여 가장 적당한 방법으로 하여야 한다.

② 제1항의 경우에 이해관계인은 선장의 처분으로 인하여 생긴 채권자에게 적하의 가액을 한도로 하여 그 책임을 진다. 다만, 그 이해관계인에게 과실이 있는 때에는 그러하지 아니하다.

[전문개정 2007. 8. 3.]

제753조(선박경매권) 선적항 외에서 선박이 수선하기 불가능하게 된 때에는 선장은 해무관청의 인가를 받아 이를 경매할 수 있다.

[전문개정 2007. 8. 3.]

제754조(선박의 수선불능) ① 다음 각 호의 경우에는 선박은 수선하기 불가능하게 된 것으로 본다.

　　1. 선박이 그 현재지에서 수선을 받을 수 없으며 또 그 수선을 할 수 있는 곳에 도달하기 불가능한 때
　　2. 수선비가 선박의 가액의 4분의 3을 초과할 때

② 제1항제2호의 가액은 선박이 항해 중 훼손된 경우에는 그 발항한 때의 가액으로 하고 그 밖의 경우에는 그 훼손 전의 가액으로 한다.

[전문개정 2007. 8. 3.]

제755조(보고 · 계산의 의무) ① 선장은 항해에 관한 중요한 사항을 지체 없이 선박소유자에게 보고하여야 한다.

② 선장은 매 항해를 종료한 때에는 그 항해에 관한 계산서를 지체 없이 선박소유자에게 제출하여 그 승인을 받아야 한다.

③ 선장은 선박소유자의 청구가 있을 때에는 언제든지 항해에 관한 사항과 계산의 보고를 하여야 한다.

[전문개정 2007. 8. 3.]

제3절 선박공유

〈개정 2007. 8. 3.〉

제756조(선박공유자의 업무결정) ① 공유선박의 이용에 관한 사항은 공유자의 지분의 가격에 따라 그 과반수로 결정한다.

② 선박공유에 관한 계약을 변경하는 사항은 공유자의 전원일치로 결정하여야 한다.

[전문개정 2007. 8. 3.]

제757조(선박공유와 비용의 부담) 선박공유자는 그 지분의 가격에 따라 선박의 이용에 관한 비용과 이용에 관하여 생긴 채무를 부담한다.

[전문개정 2007. 8. 3.]

제758조(손익분배) 손익의 분배는 매 항해의 종료 후에 있어서 선박공유자의 지분의 가격에 따라서 한다.

[전문개정 2007. 8. 3.]

제759조(지분의 양도) 선박공유자 사이에 조합관계가 있는 경우에도 각 공유자는 다른 공유자의 승낙 없이 그 지분을 타인에게 양도할 수 있다. 다만, 선박관리인의 경우에는 그러하지 아니하다.

[전문개정 2007. 8. 3.]

제760조(공유선박의 국적상실과 지분의 매수 또는 경매청구) 선박공유자의 지분의 이전 또는 그 국적상실로 인하여 선박이 대한민국의 국적을 상실할 때에는 다른 공유자는 상당한 대가로 그 지분을 매수하거나 그 경매를 법원에 청구할 수 있다.

[전문개정 2007. 8. 3.]

제761조(결의반대자의 지분매수청구권) ① 선박공유자가 신항해를 개시하거나 선박을 대수선할 것을 결의한 때에는 그 결의에 이의가 있는 공유자는 다른 공유자에 대하여 상당한 가액으로 자기의 지분을 매수할 것을 청구할 수 있다.

② 제1항의 청구를 하고자 하는 자는 그 결의가 있은 날부터, 결의에 참가하지 아니한 경우에는 결의통지를 받은 날부터 3일 이내에 다른 공유자 또는 선박관리인에 대하여 그 통지를 발송하여야 한다.

[전문개정 2007. 8. 3.]

제762조(해임선장의 지분매수청구권) ① 선박공유자인 선장이 그 의사에 반하여 해임된 때에는 다른 공유자에 대하여 상당한 가액으로 그 지분을 매수할 것을 청구할 수 있다.

② 선박공유자가 제1항의 청구를 하고자 하는 때에는 지체 없이 다른 공유자 또는 선박관리인에 대하여 그 통지를 발송하여야 한다.

[전문개정 2007. 8. 3.]

제763조(항해 중 선박 등의 양도) 항해 중에 있는 선박이나 그 지분을 양도한 경우에 당사자 사이에 다른 약정이 없으면 양수인이 그 항해로부터 생긴 이익을 얻고 손실을 부담한다.

[전문개정 2007. 8. 3.]

제764조(선박관리인의 선임 · 등기) ① 선박공유자는 선박관리인을 선임하여야 한다. 이 경우 선박공유자가 아닌 자를 선박관리인으로 선임함에는 공유자 전원의 동의가 있어야 한다.

② 선박관리인의 선임과 그 대리권의 소멸은 등기하여야 한다.

[전문개정 2007. 8. 3.]

제765조(선박관리인의 권한) ①선박관리인은 선박의 이용에 관한 재판상 또는 재판 외의 모든 행위를 할 권한이 있다.

②선박관리인의 대리권에 대한 제한은 선의의 제3자에게 대항하지 못한다.

[전문개정 2007. 8. 3.]

제766조(선박관리인의 권한의 제한) 선박관리인은 선박공유자의 서면에 의한 위임이 없으면 다음 각 호의 행위를 하지 못한다.

1. 선박을 양도 · 임대 또는 담보에 제공하는 일
2. 신항해를 개시하는 일
3. 선박을 보험에 붙이는 일
4. 선박을 대수선하는 일
5. 차재하는 일

[전문개정 2007. 8. 3.]

제767조(장부의 기재 · 비치) 선박관리인은 업무집행에 관한 장부를 비치하고 그 선박의 이용에 관한 모든 사항을 기재하여야 한다.

[전문개정 2007. 8. 3.]

제768조(선박관리인의 보고 · 승인) 선박관리인은 매 항해의 종료 후에 지체 없이 그 항해의 경과상황과 계산에 관한 서면을 작성하여 선박공유자에게 보고하고 그 승인을 받아야 한다.

[전문개정 2007. 8. 3.]

제4절 선박소유자 등의 책임제한

〈개정 2007. 8. 3.〉

제769조(선박소유자의 유한책임) 선박소유자는 청구원인의 여하에 불구하고 다음 각 호의 채권에 대하여 제770조에 따른 금액의 한도로 그 책임을 제한할 수 있다. 다만, 그 채권이 선박소유자 자신의 고의 또는 손해발생의 염려가 있음을 인식하면서 무모하게 한 작위 또는 부작위로 인하여 생긴 손해에 관한 것인 때에는 그러하지 아니하다.

1. 선박에서 또는 선박의 운항에 직접 관련하여 발생한 사람의 사망, 신체의 상해 또는

그 선박 외의 물건의 멸실 또는 훼손으로 인하여 생긴 손해에 관한 채권

2. 운송물, 여객 또는 수하물의 운송의 지연으로 인하여 생긴 손해에 관한 채권
3. 제1호 및 제2호 외에 선박의 운항에 직접 관련하여 발생한 계약상의 권리 외의 타인의 권리의 침해로 인하여 생긴 손해에 관한 채권
4. 제1호부터 제3호까지의 채권의 원인이 된 손해를 방지 또는 경감하기 위한 조치에 관한 채권 또는 그 조치의 결과로 인하여 생긴 손해에 관한 채권

[전문개정 2007. 8. 3.]

제770조(책임의 한도액) ①선박소유자가 제한할 수 있는 책임의 한도액은 다음 각 호의 금액으로 한다.

1. 여객의 사망 또는 신체의 상해로 인한 손해에 관한 채권에 대한 책임의 한도액은 그 선박의 선박검사증서에 기재된 여객의 정원에 17만5천 계산단위(국제통화기금의 1 특별인출권에 상당하는 금액을 말한다. 이하 같다)를 곱하여 얻은 금액으로 한다.
2. 여객 외의 사람의 사망 또는 신체의 상해로 인한 손해에 관한 채권에 대한 책임의 한도액은 그 선박의 톤수에 따라서 다음 각 목에 정하는 바에 따라 계산된 금액으로 한다. 다만, 300톤 미만의 선박의 경우에는 16만7천 계산단위에 상당하는 금액으로 한다.
   가. 500톤 이하의 선박의 경우에는 33만3천 계산단위에 상당하는 금액
   나. 500톤을 초과하는 선박의 경우에는 가목의 금액에 500톤을 초과하여 3천톤까지의 부분에 대하여는 매 톤당 500 계산단위, 3천톤을 초과하여 3만톤까지의 부분에 대하여는 매 톤당 333 계산단위, 3만톤을 초과하여 7만톤까지의 부분에 대하여는 매 톤당 250 계산단위 및 7만톤을 초과한 부분에 대하여는 매 톤당 167 계산단위를 각 곱하여 얻은 금액을 순차로 가산한 금액
3. 제1호 및 제2호 외의 채권에 대한 책임의 한도액은 그 선박의 톤수에 따라서 다음 각 목에 정하는 바에 따라 계산된 금액으로 한다. 다만, 300톤 미만의 선박의 경우에는 8만3천 계산단위에 상당하는 금액으로 한다.
   가. 500톤 이하의 선박의 경우에는 16만7천 계산단위에 상당하는 금액
   나. 500톤을 초과하는 선박의 경우에는 가목의 금액에 500톤을 초과하여 3만톤까지의 부분에 대하여는 매 톤당 167 계산단위, 3만톤을 초과하여 7만톤까지의 부분에 대하여는 매 톤당 125 계산단위 및 7만톤을 초과한 부분에 대하여는 매 톤당 83 계산단위를 각 곱하여 얻은 금액을 순차로 가산한 금액

② 제1항 각 호에 따른 각 책임한도액은 선박마다 동일한 사고에서 생긴 각 책임한도액에 대응하는 선박소유자에 대한 모든 채권에 미친다.
③ 제769조에 따라 책임이 제한되는 채권은 제1항 각 호에 따른 각 책임한도액에 대하여 각 채권액의 비율로 경합한다.
④ 제1항제2호에 따른 책임한도액이 같은 호의 채권의 변제에 부족한 때에는 제3호에 따른 책임한도액을 그 잔액채권의 변제에 충당한다. 이 경우 동일한 사고

에서 제3호의 채권도 발생한 때에는 이 채권과 제2호의 잔액채권은 제3호에 따른 책임한도액에 대하여 각 채권액의 비율로 경합한다.

[전문개정 2007. 8. 3.]

제771조(동일한 사고로 인한 반대채권액의 공제) 선박소유자가 책임의 제한을 받는 채권자에 대하여 동일한 사고로 인하여 생긴 손해에 관한 채권을 가지는 경우에는 그 채권액을 공제한 잔액에 한하여 책임의 제한을 받는 채권으로 한다.

[전문개정 2007. 8. 3.]

제772조(책임제한을 위한 선박톤수) 제770조제1항에서 규정하는 선박의 톤수는 국제항해에 종사하는 선박의 경우에는 「선박법」에서 규정하는 국제총톤수로 하고 그 밖의 선박의 경우에는 같은 법에서 규정하는 총톤수로 한다.

[전문개정 2007. 8. 3.]

제773조(유한책임의 배제) 선박소유자는 다음 각 호의 채권에 대하여는 그 책임을 제한하지 못한다.

1. 선장·해원, 그 밖의 사용인으로서 그 직무가 선박의 업무에 관련된 자 또는 그 상속인, 피부양자, 그 밖의 이해관계인의 선박소유자에 대한 채권
2. 해난구조로 인한 구조료 채권 및 공동해손의 분담에 관한 채권
3. 1969년 11월 29일 성립한 「유류오염손해에 대한 민사책임에 관한 국제조약」 또는 그 조약의 개정조항이 적용되는 유류오염손해에 관한 채권
4. 침몰·난파·좌초·유기, 그 밖의 해양사고를 당한 선박 및 그 선박 안에 있거나 있었던 적하와 그 밖의 물건의 인양·제거·파괴 또는 무해조치에 관한 채권
5. 원자력손해에 관한 채권

[전문개정 2007. 8. 3.]

채무부존재확인

[대법원 1991. 12. 24., 선고, 91다30880, 판결]

【판시사항】

가. 상법 제773조 소정의 '선적항'의 의미 및 선박소유자인 건조업자가 발주자에게 인도하기 위하여 계선관리중인 미등록 선박의 선적항

나. 위 '가'항의 미등록 선박이 계선관리중에 좌초된 경우에 있어 선장이 체결한 구조계약의 효력을 계약체결대리권이 없다 하여 부인한 사례

【판결요지】

가. 상법 제773조 소정의 '선적항'은 선박의 등기 또는 등록을 한 등록항의 뜻 외에 해상기업의 본거항의 뜻도 갖는 것이므로 선박소유자인 건조업자가 발주자에게 인도하기 위하여 계선관리중인 미등록 선박은 계선관리하고 있는 항구를 본거항으로 보

아야 할 것이다.

나. 위 "가"항의 미등록 선박이 계선관리중에 좌초된 경우에 있어 선장이 체결한 구조
계약의 효력을 계약체결대리권이 없다 하여 부인한 사례.

제774조(책임제한을 할 수 있는 자의 범위) ①다음 각 호의 어느 하나에 해당하는
자는 이 절의 규정에 따라 선박소유자의 경우와 동일하게 책임을 제한할 수 있다.

1. 용선자 · 선박관리인 및 선박운항자
2. 법인인 선박소유자 및 제1호에 규정된 자의 무한책임사원
3. 자기의 행위로 인하여 선박소유자 또는 제1호에 규정된 자에 대하여 제769조 각 호
   에 따른 채권이 성립하게 한 선장 · 해원 · 도선사, 그 밖의 선박소유자 또는 제1호에
   규정된 자의 사용인 또는 대리인

② 동일한 사고에서 발생한 모든 채권에 대한 선박소유자 및 제1항에 규정된 자
에 의한 책임제한의 총액은 선박마다 제770조에 따른 책임한도액을 초과하지
못한다.

③ 선박소유자 또는 제1항 각 호에 규정된 자의 1인이 책임제한절차개시의 결정
을 받은 때에는 책임제한을 할 수 있는 다른 자도 이를 원용할 수 있다.

[전문개정 2007. 8. 3.]

제775조(구조자의 책임제한) ①구조자 또는 그 피용자의 구조활동과 직접 관련하여
발생한 사람의 사망 · 신체의 상해, 재산의 멸실이나 훼손, 계약상 권리 외의 타인
의 권리의 침해로 인하여 생긴 손해에 관한 채권 및 그러한 손해를 방지 혹은 경
감하기 위한 조치에 관한 채권 또는 그 조치의 결과로 인하여 생긴 손해에 관한
채권에 대하여는 제769조부터 제774조(제769조제2호 및 제770조제1항제1호를
제외한다)까지의 규정에 따라 구조자도 책임을 제한할 수 있다.

② 구조활동을 선박으로부터 행하지 아니한 구조자 또는 구조를 받는 선박에서만
행한 구조자는 제770조에 따른 책임의 한도액에 관하여 1천500톤의 선박에
의한 구조자로 본다.

③ 구조자의 책임의 한도액은 구조선마다 또는 제2항의 경우에는 구조자마다 동
일한 사고로 인하여 생긴 모든 채권에 미친다.

④ 제1항에서 "구조자"란 구조활동에 직접 관련된 용역을 제공한 자를 말하며,
"구조활동"이란 해난구조 시의 구조활동은 물론 침몰 · 난파 · 좌초 · 유기, 그
밖의 해양사고를 당한 선박 및 그 선박 안에 있거나 있었던 적하와 그 밖의
물건의 인양 · 제거 · 파괴 또는 무해조치 및 이와 관련된 손해를 방지 또는 경
감하기 위한 모든 조치를 말한다.

[전문개정 2007. 8. 3.]

제776조(책임제한의 절차) ① 이 절의 규정에 따라 책임을 제한하고자 하는 자는 채권자로부터 책임한도액을 초과하는 청구금액을 명시한 서면에 의한 청구를 받은 날부터 1년 이내에 법원에 책임제한절차개시의 신청을 하여야 한다.

② 책임제한절차 개시의 신청, 책임제한의 기금의 형성·공고·참가·배당, 그 밖에 필요한 사항은 별도로 법률로 정한다.

[전문개정 2007. 8. 3.]

제5절 선박담보

〈개정 2007. 8. 3.〉

제777조(선박우선특권 있는 채권) ①다음의 채권을 가진 자는 선박·그 속구, 그 채권이 생긴 항해의 운임, 그 선박과 운임에 부수한 채권에 대하여 우선특권이 있다.
 1. 채권자의 공동이익을 위한 소송비용, 항해에 관하여 선박에 과한 제세금, 도선료·예선료, 최후 입항 후의 선박과 그 속구의 보존비·검사비
 2. 선원과 그 밖의 선박사용인의 고용계약으로 인한 채권
 3. 해난구조로 인한 선박에 대한 구조료 채권과 공동해손의 분담에 대한 채권
 4. 선박의 충돌과 그 밖의 항해사고로 인한 손해, 항해시설·항만시설 및 항로에 대한 손해와 선원이나 여객의 생명·신체에 대한 손해의 배상채권

② 제1항의 우선특권을 가진 선박채권자는 이 법과 그 밖의 법률의 규정에 따라 제1항의 재산에 대하여 다른 채권자보다 자기채권의 우선변제를 받을 권리가 있다. 이 경우 그 성질에 반하지 아니하는 한 「민법」의 저당권에 관한 규정을 준용한다.

[전문개정 2007. 8. 3.]

제778조(선박·운임에 부수한 채권) 제777조에 따른 선박과 운임에 부수한 채권은 다음과 같다.
 1. 선박 또는 운임의 손실로 인하여 선박소유자에게 지급할 손해배상
 2. 공동해손으로 인한 선박 또는 운임의 손실에 대하여 선박소유자에게 지급할 상금
 3. 해난구조로 인하여 선박소유자에게 지급할 구조료

[전문개정 2007. 8. 3.]

제779조(운임에 대한 우선특권) 운임에 대한 우선특권은 지급을 받지 아니한 운임 및 지급을 받은 운임 중 선박소유자나 그 대리인이 소지한 금액에 한하여 행사할 수 있다.

[전문개정 2007. 8. 3.]

제780조(보험금 등의 제외) 보험계약에 의하여 선박소유자에게 지급할 보험금과 그 밖의 장려금이나 보조금에 대하여는 제778조를 적용하지 아니한다.

[전문개정 2007. 8. 3.]

제781조(선박사용인의 고용계약으로 인한 채권) 제777조제1항제2호에 따른 채권은 고용계약 존속 중의 모든 항해로 인한 운임의 전부에 대하여 우선특권이 있다.
[전문개정 2007. 8. 3.]

제782조(동일항해로 인한 채권에 대한 우선특권의 순위) ① 동일항해로 인한 채권의 우선특권이 경합하는 때에는 그 우선의 순위는 제777조제1항 각 호의 순서에 따른다.
② 제777조제1항제3호에 따른 채권의 우선특권이 경합하는 때에는 후에 생긴 채권이 전에 생긴 채권에 우선한다. 동일한 사고로 인한 채권은 동시에 생긴 것으로 본다.
[전문개정 2007. 8. 3.]

제783조(수회항해에 관한 채권에 대한 우선특권의 순위) ①수회의 항해에 관한 채권의 우선특권이 경합하는 때에는 후의 항해에 관한 채권이 전의 항해에 관한 채권에 우선한다.
② 제781조에 따른 우선특권은 그 최후의 항해에 관한 다른 채권과 동일한 순위로 한다.
[전문개정 2007. 8. 3.]

제784조(동일순위의 우선특권이 경합한 경우) 제781조부터 제783조까지의 규정에 따른 동일순위의 우선특권이 경합하는 때에는 각 채권액의 비율에 따라 변제한다.
[전문개정 2007. 8. 3.]

제785조(우선특권의 추급권) 선박채권자의 우선특권은 그 선박소유권의 이전으로 인하여 영향을 받지 아니한다.
[전문개정 2007. 8. 3.]

제786조(우선특권의 소멸) 선박채권자의 우선특권은 그 채권이 생긴 날부터 1년 이내에 실행하지 아니하면 소멸한다.
[전문개정 2007. 8. 3.]

제787조(선박저당권) ① 등기한 선박은 저당권의 목적으로 할 수 있다.
② 선박의 저당권은 그 속구에 미친다.
③ 선박의 저당권에는 「민법」의 저당권에 관한 규정을 준용한다.
[전문개정 2007. 8. 3.]

제788조(선박저당권 등과 우선특권의 경합) 선박채권자의 우선특권은 질권과 저당권에 우선한다.
[전문개정 2007. 8. 3.]

제789조(등기선박의 입질불허) 등기한 선박은 질권의 목적으로 하지 못한다.
[전문개정 2007. 8. 3.]

제790조(건조 중의 선박에의 준용) 이 절의 규정은 건조 중의 선박에 준용한다.
[전문개정 2007. 8. 3.]

제2장 운송과 용선

⟨개정 2007. 8. 3.⟩

제1절 개품운송

⟨개정 2007. 8. 3.⟩

제791조(개품운송계약의 의의) 개품운송계약은 운송인이 개개의 물건을 해상에서 선박으로 운송할 것을 인수하고, 송하인이 이에 대하여 운임을 지급하기로 약정함으로써 그 효력이 생긴다.
[전문개정 2007. 8. 3.]

제792조(운송물의 제공) ①송하인은 당사자 사이의 합의 또는 선적항의 관습에 의한 때와 곳에서 운송인에게 운송물을 제공하여야 한다.
② 제1항에 따른 때와 곳에서 송하인이 운송물을 제공하지 아니한 경우에는 계약을 해제한 것으로 본다. 이 경우 선장은 즉시 발항할 수 있고, 송하인은 운임의 전액을 지급하여야 한다.
[전문개정 2007. 8. 3.]

제793조(운송에 필요한 서류의 교부) 송하인은 선적기간 이내에 운송에 필요한 서류를 선장에게 교부하여야 한다.
[전문개정 2007. 8. 3.]

제794조(감항능력 주의의무) 운송인은 자기 또는 선원이나 그 밖의 선박사용인이 발항 당시 다음의 사항에 관하여 주의를 해태하지 아니하였음을 증명하지 아니하면 운송물의 멸실·훼손 또는 연착으로 인한 손해를 배상할 책임이 있다.
  1. 선박이 안전하게 항해를 할 수 있게 할 것
  2. 필요한 선원의 승선, 선박의장(艤裝)과 필요품의 보급
  3. 선창·냉장실, 그 밖에 운송물을 적재할 선박의 부분을 운송물의 수령·운송과 보존을 위하여 적합한 상태에 둘 것
[전문개정 2007. 8. 3.]

제795조(운송물에 관한 주의의무) ①운송인은 자기 또는 선원이나 그 밖의 선박사

용인이 운송물의 수령·선적·적부(積付)·운송·보관·양륙과 인도에 관하여 주의를 해태하지 아니하였음을 증명하지 아니하면 운송물의 멸실·훼손 또는 연착으로 인한 손해를 배상할 책임이 있다.

② 운송인은 선장·해원·도선사, 그 밖의 선박사용인의 항해 또는 선박의 관리에 관한 행위 또는 화재로 인하여 생긴 운송물에 관한 손해를 배상할 책임을 면한다. 다만, 운송인의 고의 또는 과실로 인한 화재의 경우에는 그러하지 아니하다.

[전문개정 2007. 8. 3.]

제796조(운송인의 면책사유) 운송인은 다음 각 호의 사실이 있었다는 것과 운송물에 관한 손해가 그 사실로 인하여 보통 생길 수 있는 것임을 증명한 때에는 이를 배상할 책임을 면한다. 다만, 제794조 및 제795조제1항에 따른 주의를 다하였더라면 그 손해를 피할 수 있었음에도 불구하고 그 주의를 다하지 아니하였음을 증명한 때에는 그러하지 아니하다.

1. 해상이나 그 밖에 항행할 수 있는 수면에서의 위험 또는 사고
2. 불가항력
3. 전쟁·폭동 또는 내란
4. 해적행위나 그 밖에 이에 준한 행위
5. 재판상의 압류, 검역상의 제한, 그 밖에 공권에 의한 제한
6. 송하인 또는 운송물의 소유자나 그 사용인의 행위
7. 동맹파업이나 그 밖의 쟁의행위 또는 선박폐쇄
8. 해상에서의 인명이나 재산의 구조행위 또는 이로 인한 항로이탈이나 그 밖의 정당한 사유로 인한 항로이탈
9. 운송물의 포장의 불충분 또는 기호의 표시의 불완전
10. 운송물의 특수한 성질 또는 숨은 하자
11. 선박의 숨은 하자

[전문개정 2007. 8. 3.]

제797조(책임의 한도) ① 제794조부터 제796조까지의 규정에 따른 운송인의 손해배상의 책임은 당해 운송물의 매 포장당 또는 선적단위당 666과 100분의 67 계산단위의 금액과 중량 1킬로그램당 2 계산단위의 금액 중 큰 금액을 한도로 제한할 수 있다. 다만, 운송물에 관한 손해가 운송인 자신의 고의 또는 손해발생의 염려가 있음을 인식하면서 무모하게 한 작위 또는 부작위로 인하여 생긴 것인 때에는 그러하지 아니하다.

② 제1항의 적용에 있어서 운송물의 포장 또는 선적단위의 수는 다음과 같이 정한다.

1. 컨테이너나 그 밖에 이와 유사한 운송용기가 운송물을 통합하기 위하여 사용되는 경우에 그러한 운송용기에 내장된 운송물의 포장 또는 선적단위의 수를 선하증권이나

그 밖에 운송계약을 증명하는 문서에 기재한 때에는 그 각 포장 또는 선적단위를 하나의 포장 또는 선적단위로 본다. 이 경우를 제외하고는 이러한 운송용기 내의 운송물 전부를 하나의 포장 또는 선적단위로 본다.

2. 운송인이 아닌 자가 공급한 운송용기 자체가 멸실 또는 훼손된 경우에는 그 용기를 별개의 포장 또는 선적단위로 본다.

③ 제1항 및 제2항은 송하인이 운송인에게 운송물을 인도할 때에 그 종류와 가액을 고지하고 선하증권이나 그 밖에 운송계약을 증명하는 문서에 이를 기재한 경우에는 적용하지 아니한다. 다만, 송하인이 운송물의 종류 또는 가액을 고의로 현저하게 부실의 고지를 한 때에는 운송인은 자기 또는 그 사용인이 악의인 경우를 제외하고 운송물의 손해에 대하여 책임을 면한다.

④ 제1항부터 제3항까지의 규정은 제769조부터 제774조까지 및 제776조의 적용에 영향을 미치지 아니한다.

[전문개정 2007. 8. 3.]

제798조(비계약적 청구에 대한 적용) ①이 절의 운송인의 책임에 관한 규정은 운송인의 불법행위로 인한 손해배상의 책임에도 적용한다.

② 운송물에 관한 손해배상청구가 운송인의 사용인 또는 대리인에 대하여 제기된 경우에 그 손해가 그 사용인 또는 대리인의 직무집행에 관하여 생긴 것인 때에는 그 사용인 또는 대리인은 운송인이 주장할 수 있는 항변과 책임제한을 원용할 수 있다. 다만, 그 손해가 그 사용인 또는 대리인의 고의 또는 운송물의 멸실·훼손 또는 연착이 생길 염려가 있음을 인식하면서 무모하게 한 작위 또는 부작위로 인하여 생긴 것인 때에는 그러하지 아니하다.

③ 제2항 본문의 경우에 운송인과 그 사용인 또는 대리인의 운송물에 대한 책임제한금액의 총액은 제797조제1항에 따른 한도를 초과하지 못한다.

④ 제1항부터 제3항까지의 규정은 운송물에 관한 손해배상청구가 운송인 외의 실제운송인 또는 그 사용인이나 대리인에 대하여 제기된 경우에도 적용한다.

[전문개정 2007. 8. 3.]

제799조(운송인의 책임경감금지) ①제794조부터 제798조까지의 규정에 반하여 운송인의 의무 또는 책임을 경감 또는 면제하는 당사자 사이의 특약은 효력이 없다. 운송물에 관한 보험의 이익을 운송인에게 양도하는 약정 또는 이와 유사한 약정도 또한 같다.

② 제1항은 산 동물의 운송 및 선하증권이나 그 밖에 운송계약을 증명하는 문서의 표면에 갑판적(甲板積)으로 운송할 취지를 기재하여 갑판적으로 행하는 운송에 대하여는 적용하지 아니한다.

[전문개정 2007. 8. 3.]

제800조(위법선적물의 처분) ①선장은 법령 또는 계약을 위반하여 선적된 운송물은 언제든지 이를 양륙할 수 있고, 그 운송물이 선박 또는 다른 운송물에 위해를 미칠 염려가 있는 때에는 이를 포기할 수 있다.

② 선장이 제1항의 물건을 운송하는 때에는 선적한 때와 곳에서의 동종 운송물의 최고운임의 지급을 청구할 수 있다.

③ 제1항 및 제2항은 운송인과 그 밖의 이해관계인의 손해배상청구에 영향을 미치지 아니한다.

[전문개정 2007. 8. 3.]

제801조(위험물의 처분) ①인화성·폭발성이나 그 밖의 위험성이 있는 운송물은 운송인이 그 성질을 알고 선적한 경우에도 그 운송물이 선박이나 다른 운송물에 위해를 미칠 위험이 있는 때에는 선장은 언제든지 이를 양륙·파괴 또는 무해조치할 수 있다.

② 운송인은 제1항의 처분에 의하여 그 운송물에 발생한 손해에 대하여는 공동해손분담책임을 제외하고 그 배상책임을 면한다.

[전문개정 2007. 8. 3.]

제802조(운송물의 수령) 운송물의 도착통지를 받은 수하인은 당사자 사이의 합의 또는 양륙항의 관습에 의한 때와 곳에서 지체 없이 운송물을 수령하여야 한다.

[전문개정 2007. 8. 3.]

제803조(운송물의 공탁 등) ① 수하인이 운송물의 수령을 게을리한 때에는 선장은 이를 공탁하거나 세관이나 그 밖에 법령으로 정한 관청의 허가를 받은 곳에 인도할 수 있다. 이 경우 지체 없이 수하인에게 그 통지를 발송하여야 한다.

② 수하인을 확실히 알 수 없거나 수하인이 운송물의 수령을 거부한 때에는 선장은 이를 공탁하거나 세관이나 그 밖에 법령으로 정한 관청의 허가를 받은 곳에 인도하고 지체 없이 용선자 또는 송하인 및 알고 있는 수하인에게 그 통지를 발송하여야 한다.

③ 제1항 및 제2항에 따라 운송물을 공탁하거나 세관이나 그 밖에 법령으로 정한 관청의 허가를 받은 곳에 인도한 때에는 선하증권소지인이나 그 밖의 수하인에게 운송물을 인도한 것으로 본다.

[전문개정 2007. 8. 3.]

제804조(운송물의 일부 멸실·훼손에 관한 통지) ① 수하인이 운송물의 일부 멸실 또는 훼손을 발견한 때에는 수령 후 지체 없이 그 개요에 관하여 운송인에게 서

면에 의한 통지를 발송하여야 한다. 다만, 그 멸실 또는 훼손이 즉시 발견할 수 없는 것인 때에는 수령한 날부터 3일 이내에 그 통지를 발송하여야 한다.

② 제1항의 통지가 없는 경우에는 운송물이 멸실 또는 훼손 없이 수하인에게 인도된 것으로 추정한다.

③ 제1항 및 제2항은 운송인 또는 그 사용인이 악의인 경우에는 적용하지 아니한다.

④ 운송물에 멸실 또는 훼손이 발생하였거나 그 의심이 있는 경우에는 운송인과 수하인은 서로 운송물의 검사를 위하여 필요한 편의를 제공하여야 한다.

⑤ 제1항부터 제4항까지의 규정에 반하여 수하인에게 불리한 당사자 사이의 특약은 효력이 없다.

[전문개정 2007. 8. 3.]

제805조(운송물의 중량ㆍ용적에 따른 운임) 운송물의 중량 또는 용적으로 운임을 정한 때에는 운송물을 인도하는 때의 중량 또는 용적에 의하여 그 액을 정한다.

[전문개정 2007. 8. 3.]

제806조(운송기간에 따른 운임) ① 기간으로 운임을 정한 때에는 운송물의 선적을 개시한 날부터 그 양륙을 종료한 날까지의 기간에 의하여 그 액을 정한다.

② 제1항의 기간에는 불가항력으로 인하여 선박이 선적항이나 항해도중에 정박한 기간 또는 항해 도중에 선박을 수선한 기간을 산입하지 아니한다.

[전문개정 2007. 8. 3.]

제807조(수하인의 의무, 선장의 유치권) ① 수하인이 운송물을 수령하는 때에는 운송계약 또는 선하증권의 취지에 따라 운임ㆍ부수비용ㆍ체당금ㆍ체선료, 운송물의 가액에 따른 공동해손 또는 해난구조로 인한 부담액을 지급하여야 한다.

② 선장은 제1항에 따른 금액의 지급과 상환하지 아니하면 운송물을 인도할 의무가 없다.

[전문개정 2007. 8. 3.]

제808조(운송인의 운송물경매권) ① 운송인은 제807조제1항에 따른 금액의 지급을 받기 위하여 법원의 허가를 받아 운송물을 경매하여 우선변제를 받을 권리가 있다.

② 선장이 수하인에게 운송물을 인도한 후에도 운송인은 그 운송물에 대하여 제1항의 권리를 행사할 수 있다. 다만, 인도한 날부터 30일을 경과하거나 제3자가 그 운송물에 점유를 취득한 때에는 그러하지 아니하다.

[전문개정 2007. 8. 3.]

제809조(항해용선자 등의 재운송계약시 선박소유자의 책임) 항해용선자 또는 정기용선자가 자기의 명의로 제3자와 운송계약을 체결한 경우에는 그 계약의 이행이 선

장의 직무에 속한 범위 안에서 선박소유자도 그 제3자에 대하여 제794조 및 제795조에 따른 책임을 진다.
[전문개정 2007. 8. 3.]

제810조(운송계약의 종료사유) ① 운송계약은 다음의 사유로 인하여 종료한다.
1. 선박이 침몰 또는 멸실한 때
2. 선박이 수선할 수 없게 된 때
3. 선박이 포획된 때
4. 운송물이 불가항력으로 인하여 멸실된 때
② 제1항제1호부터 제3호까지의 사유가 항해 도중에 생긴 때에는 송하인은 운송의 비율에 따라 현존하는 운송물의 가액의 한도에서 운임을 지급하여야 한다.
[전문개정 2007. 8. 3.]

제811조(법정사유로 인한 해제 등) ① 항해 또는 운송이 법령을 위반하게 되거나 그 밖에 불가항력으로 인하여 계약의 목적을 달할 수 없게 된 때에는 각 당사자는 계약을 해제할 수 있다.
② 제1항의 사유가 항해 도중에 생긴 경우에 계약을 해지한 때에는 송하인은 운송의 비율에 따라 운임을 지급하여야 한다.
[전문개정 2007. 8. 3.]

손해배상(기)등
[대법원 2009. 8. 20., 선고, 2008다58978, 판결]

【판시사항】
복합운송에서 손해발생구간이 육상운송구간임이 명백한 경우, 복합운송증권에서 정한 9개월의 제소기간의 효력(유효)

【판결요지】
해상운송의 경우에는

구 상법(2007. 8. 3 법률 제8581호로 개정되기 전의 것) 제811조에서 운송인의 송하인 또는 수하인에 대한 채무는 운송인이 수하인에게 운송물을 인도한 날 등으로부터 1년 내에 재판상 청구가 없으면 소멸하도록 하고 이를 당사자의 합의에 의하여 연장할 수 있으나 단축할 수는 없도록 규정하고 있는 반면에, 육상운송의 경우에는

상법 제147조,

제121조에 따라 운송인의 책임은 수하인이 운송물을 수령한 날로부터 1년을 경과하면 소멸시효가 완성하고 이는 당사자의 합의에 의하여 연장하거나 단축할 수 있다고 볼 것인 점, 복합운송의 손해발생구간이 육상운송구간임이 명백한 경우에도 해상운송에 관한 규정을 적용하면 복합운송인이 그 구간에 대하여 하수급운송인으로 하여금 운송하게 한 경우에 하수급운송인과 복합운송인 사이에는 육상운송에 관한 법률이 적용되는 것과 균

형이 맞지 않게 되는 점 등을 고려하면, 복합운송에서 손해발생구간이 육상운송구간임이 명백한 경우에는 복합운송증권에서 정하고 있는 9개월의 제소기간은 강행법규에 저촉되지 아니하는 것으로서 유효하다.

제812조(운송물의 일부에 관한 불가항력) ①제810조제1항제4호 및 제811조제1항의 사유가 운송물의 일부에 대하여 생긴 때에는 송하인은 운송인의 책임이 가중되지 아니하는 범위 안에서 다른 운송물을 선적할 수 있다.

② 송하인이 제1항의 권리를 행사하고자 하는 때에는 지체 없이 운송물의 양륙 또는 선적을 하여야 한다. 그 양륙 또는 선적을 게을리한 때에는 운임의 전액을 지급하여야 한다.

[전문개정 2007. 8. 3.]

제813조(선장의 적하처분과 운임) 운송인은 다음 각 호의 어느 하나에 해당하는 경우에는 운임의 전액을 청구할 수 있다.

1. 선장이 제750조제1항에 따라 적하를 처분하였을 때
2. 선장이 제865조에 따라 적하를 처분하였을 때

[전문개정 2007. 8. 3.]

제814조(운송인의 채권·채무의 소멸) ①운송인의 송하인 또는 수하인에 대한 채권 및 채무는 그 청구원인의 여하에 불구하고 운송인이 수하인에게 운송물을 인도한 날 또는 인도할 날부터 1년 이내에 재판상 청구가 없으면 소멸한다. 다만, 이 기간은 당사자의 합의에 의하여 연장할 수 있다.

② 운송인이 인수한 운송을 다시 제3자에게 위탁한 경우에 송하인 또는 수하인이 제1항의 기간 이내에 운송인과 배상 합의를 하거나 운송인에게 재판상 청구를 하였다면, 그 합의 또는 청구가 있은 날부터 3개월이 경과하기 이전에는 그 제3자에 대한 운송인의 채권·채무는 제1항에도 불구하고 소멸하지 아니한다. 운송인과 그 제3자 사이에 제1항 단서와 동일한 취지의 약정이 있는 경우에도 또한 같다.

③ 제2항의 경우에 있어서 재판상 청구를 받은 운송인이 그로부터 3개월 이내에 그 제3자에 대하여 소송고지를 하면 3개월의 기간은 그 재판이 확정되거나 그 밖에 종료된 때부터 기산한다.

[전문개정 2007. 8. 3.]

제815조(준용규정) 제134조, 제136조부터 제140조까지의 규정은 이 절에서 정한 운송인에 준용한다.

[전문개정 2007. 8. 3.]

제816조(복합운송인의 책임) ① 운송인이 인수한 운송에 해상 외의 운송구간이 포함된 경우 운송인은 손해가 발생한 운송구간에 적용될 법에 따라 책임을 진다.

② 어느 운송구간에서 손해가 발생하였는지 불분명한 경우 또는 손해의 발생이 성질상 특정한 지역으로 한정되지 아니하는 경우에는 운송인은 운송거리가 가장 긴 구간에 적용되는 법에 따라 책임을 진다. 다만, 운송거리가 같거나 가장 긴 구간을 정할 수 없는 경우에는 운임이 가장 비싼 구간에 적용되는 법에 따라 책임을 진다.

[전문개정 2007. 8. 3.]

제2절 해상여객운송

⟨개정 2007. 8. 3.⟩

제817조(해상여객운송계약의 의의) 해상여객운송계약은 운송인이 특정한 여객을 출발지에서 도착지까지 해상에서 선박으로 운송할 것을 인수하고, 이에 대하여 상대방이 운임을 지급하기로 약정함으로써 그 효력이 생긴다.

[전문개정 2007. 8. 3.]

제818조(기명식의 선표) 기명식의 선표는 타인에게 양도하지 못한다.

[전문개정 2007. 8. 3.]

제819조(식사·거처제공의무 등) ①여객의 항해 중의 식사는 다른 약정이 없으면 운송인의 부담으로 한다.

② 항해 도중에 선박을 수선하는 경우에는 운송인은 그 수선 중 여객에게 상당한 거처와 식사를 제공하여야 한다. 다만, 여객의 권리를 해하지 아니하는 범위 안에서 상륙항까지의 운송의 편의를 제공한 때에는 그러하지 아니하다.

③ 제2항의 경우에 여객은 항해의 비율에 따른 운임을 지급하고 계약을 해지할 수 있다.

[전문개정 2007. 8. 3.]

제820조(수하물 무임운송의무) 여객이 계약에 의하여 선내에서 휴대할 수 있는 수하물에 대하여는 운송인은 다른 약정이 없으면 별도로 운임을 청구하지 못한다.

[전문개정 2007. 8. 3.]

제821조(승선지체와 선장의 발항권) ①여객이 승선시기까지 승선하지 아니한 때에는 선장은 즉시 발항할 수 있다. 항해 도중의 정박항에서도 또한 같다.

② 제1항의 경우에는 여객은 운임의 전액을 지급하여야 한다.

[전문개정 2007. 8. 3.]

제822조(여객의 계약해제와 운임) 여객이 발항 전에 계약을 해제하는 경우에는 운임의 반액을 지급하고, 발항 후에 계약을 해제하는 경우에는 운임의 전액을 지급하여야 한다.

[전문개정 2007. 8. 3.]

제823조(법정사유에 의한 해제) 여객이 발항 전에 사망·질병이나 그 밖의 불가항력으로 인하여 항해할 수 없게 된 때에는 운송인은 운임의 10분의 3을 청구할 수 있고, 발항 후에 그 사유가 생긴 때에는 운송인의 선택으로 운임의 10분의 3 또는 운송의 비율에 따른 운임을 청구할 수 있다.

[전문개정 2007. 8. 3.]

제824조(사망한 여객의 수하물처분의무) 여객이 사망한 때에는 선장은 그 상속인에게 가장 이익이 되는 방법으로 사망자가 휴대한 수하물을 처분하여야 한다.

[전문개정 2007. 8. 3.]

제825조(법정종료사유) 운송계약은 제810조제1항제1호부터 제3호까지의 사유로 인하여 종료한다. 그 사유가 항해 도중에 생긴 때에는 여객은 운송의 비율에 따른 운임을 지급하여야 한다.

[전문개정 2007. 8. 3.]

제826조(준용규정) ①제148조·제794조·제799조제1항 및 제809조는 해상여객운송에 준용한다.

② 제134조·제136조·제149조제2항·제794조부터 제801조까지·제804조·제807조·제809조·제811조 및 제814조는 운송인이 위탁을 받은 여객의 수하물의 운송에 준용한다.

③ 제150조, 제797조제1항·제4항, 제798조, 제799조제1항, 제809조 및 제814조는 운송인이 위탁을 받지 아니한 여객의 수하물에 준용한다.

[전문개정 2007. 8. 3.]

제3절 항해용선

〈개정 2007. 8. 3.〉

제827조(항해용선계약의 의의) ① 항해용선계약은 특정한 항해를 할 목적으로 선박소유자가 용선자에게 선원이 승무하고 항해장비를 갖춘 선박의 전부 또는 일부를 물건의 운송에 제공하기로 약정하고 용선자가 이에 대하여 운임을 지급하기로 약정함으로써 그 효력이 생긴다.

② 이 절의 규정은 그 성질에 반하지 아니하는 한 여객운송을 목적으로 하는 항

해용선계약에도 준용한다.

③ 선박소유자가 일정한 기간 동안 용선자에게 선박을 제공할 의무를 지지만 항해를 단위로 운임을 계산하여 지급하기로 약정한 경우에도 그 성질에 반하지 아니하는 한 이 절의 규정을 준용한다.

[전문개정 2007. 8. 3.]

제828조(용선계약서) 용선계약의 당사자는 상대방의 청구에 의하여 용선계약서를 교부하여야 한다.

[전문개정 2007. 8. 3.]

제829조(선적준비완료의 통지, 선적기간) ①선박소유자는 운송물을 선적함에 필요한 준비가 완료된 때에는 지체 없이 용선자에게 그 통지를 발송하여야 한다.

② 운송물을 선적할 기간의 약정이 있는 경우에는 그 기간은 제1항의 통지가 오전에 있는 때에는 그 날의 오후 1시부터 기산하고, 오후에 있는 때에는 다음 날 오전 6시부터 기산한다. 이 기간에는 불가항력으로 인하여 선적할 수 없는 날과 그 항의 관습상 선적작업을 하지 아니하는 날을 산입하지 아니한다.

③ 제2항의 기간을 경과한 후 운송물을 선적한 때에는 선박소유자는 상당한 보수를 청구할 수 있다.

[전문개정 2007. 8. 3.]

제830조(제3자가 선적인인 경우의 통지·선적) 용선자 외의 제3자가 운송물을 선적할 경우에 선장이 그 제3자를 확실히 알 수 없거나 그 제3자가 운송물을 선적하지 아니한 때에는 선장은 지체 없이 용선자에게 그 통지를 발송하여야 한다. 이 경우 선적기간 이내에 한하여 용선자가 운송물을 선적할 수 있다.

[전문개정 2007. 8. 3.]

제831조(용선자의 발항청구권, 선장의 발항권) ①용선자는 운송물의 전부를 선적하지 아니한 경우에도 선장에게 발항을 청구할 수 있다.

② 선적기간의 경과 후에는 용선자가 운송물의 전부를 선적하지 아니한 경우에도 선장은 즉시 발항할 수 있다.

③ 제1항 및 제2항의 경우에 용선자는 운임의 전액과 운송물의 전부를 선적하지 아니함으로 인하여 생긴 비용을 지급하고, 또한 선박소유자의 청구가 있는 때에는 상당한 담보를 제공하여야 한다.

[전문개정 2007. 8. 3.]

제832조(전부용선의 발항 전의 계약해제 등) ①발항 전에는 전부용선자는 운임의 반액을 지급하고 계약을 해제할 수 있다.

② 왕복항해의 용선계약인 경우에 전부용선자가 그 회항 전에 계약을 해지하는 때에는 운임의 3분의 2를 지급하여야 한다.

③ 선박이 다른 항에서 선적항에 항행하여야 할 경우에 전부용선자가 선적항에서 발항하기 전에 계약을 해지하는 때에도 제2항과 같다.

[전문개정 2007. 8. 3.]

제833조(일부용선과 발항 전의 계약해제 등) ① 일부용선자나 송하인은 다른 용선자와 송하인 전원과 공동으로 하는 경우에 한하여 제832조의 해제 또는 해지를 할 수 있다.

② 제1항의 경우 외에는 일부용선자나 송하인이 발항 전에 계약을 해제 또는 해지한 때에도 운임의 전액을 지급하여야 한다.

③ 발항 전이라도 일부용선자나 송하인이 운송물의 전부 또는 일부를 선적한 경우에는 다른 용선자와 송하인의 동의를 받지 아니하면 계약을 해제 또는 해지하지 못한다.

[전문개정 2007. 8. 3.]

제834조(부수비용ㆍ체당금 등의 지급의무) ①용선자나 송하인이 제832조 및 제833조제1항에 따라 계약을 해제 또는 해지를 한 때에도 부수비용과 체당금을 지급할 책임을 면하지 못한다.

②제832조제2항 및 제3항의 경우에는 용선자나 송하인은 제1항에 규정된 것 외에도 운송물의 가액에 따라 공동해손 또는 해난구조로 인하여 부담할 금액을 지급하여야 한다.

[전문개정 2007. 8. 3.]

제835조(선적ㆍ양륙비용의 부담) 제833조 및 제834조의 경우에 운송물의 전부 또는 일부를 선적한 때에는 그 선적과 양륙의 비용은 용선자 또는 송하인이 부담한다.

[전문개정 2007. 8. 3.]

제836조(선적기간 내의 불선적의 효과) 용선자가 선적기간 내에 운송물의 선적을 하지 아니한 때에는 계약을 해제 또는 해지한 것으로 본다.

[전문개정 2007. 8. 3.]

제837조(발항 후의 계약해지) 발항 후에는 용선자나 송하인은 운임의 전액, 체당금ㆍ체선료와 공동해손 또는 해난구조의 부담액을 지급하고 그 양륙하기 위하여 생긴 손해를 배상하거나 이에 대한 상당한 담보를 제공하지 아니하면 계약을 해지하지 못한다.

[전문개정 2007. 8. 3.]

제838조(운송물의 양륙) ① 운송물을 양륙함에 필요한 준비가 완료된 때에는 선장

은 지체 없이 수하인에게 그 통지를 발송하여야 한다.

② 제829조제2항은 운송물의 양륙기간의 계산에 준용한다.

③ 제2항의 양륙기간을 경과한 후 운송물을 양륙한 때에는 선박소유자는 상당한 보수를 청구할 수 있다.

[전문개정 2007. 8. 3.]

제839조(선박소유자의 책임경감 금지) ①제794조에 반하여 이 절에서 정한 선박소유자의 의무 또는 책임을 경감 또는 면제하는 당사자 사이의 특약은 효력이 없다. 운송물에 관한 보험의 이익을 선박소유자에게 양도하는 약정 또는 이와 유사한 약정도 또한 같다.

②제799조제2항은 제1항의 경우에 준용한다.

[전문개정 2007. 8. 3.]

제840조(선박소유자의 채권·채무의 소멸) ①선박소유자의 용선자 또는 수하인에 대한 채권 및 채무는 그 청구원인의 여하에 불구하고 선박소유자가 운송물을 인도한 날 또는 인도할 날부터 2년 이내에 재판상 청구가 없으면 소멸한다. 이 경우 제814조제1항 단서를 준용한다.

②제1항의 기간을 단축하는 선박소유자와 용선자의 약정은 이를 운송계약에 명시적으로 기재하지 아니하면 그 효력이 없다.

[전문개정 2007. 8. 3.]

제841조(준용규정) ①제134조, 제136조, 제137조, 제140조, 제793조부터 제797조까지, 제798조제1항부터 제3항까지, 제800조, 제801조, 제803조, 제804조제1항부터 제4항까지, 제805조부터 제808조까지와 제810조부터 제813조까지의 규정은 항해용선계약에 준용한다.

②제1항에 따라 제806조의 운임을 계산함에 있어서 제829조제2항의 선적기간 또는 제838조제2항의 양륙기간이 경과한 후에 운송물을 선적 또는 양륙한 경우에는 그 기간경과 후의 선적 또는 양륙기간은 선적 또는 양륙기간에 산입하지 아니하고 제829조제3항 및 제838조제3항에 따라 별도로 보수를 정한다.

[전문개정 2007. 8. 3.]

제4절 정기용선

〈개정 2007. 8. 3.〉

제842조(정기용선계약의 의의) 정기용선계약은 선박소유자가 용선자에게 선원이 승무하고 항해장비를 갖춘 선박을 일정한 기간동안 항해에 사용하게 할 것을 약정하고 용선자가 이에 대하여 기간으로 정한 용선료를 지급하기로 약정함으로써 그

효력이 생긴다.

[전문개정 2007. 8. 3.]

제843조(정기용선자의 선장지휘권) ①정기용선자는 약정한 범위 안의 선박의 사용을 위하여 선장을 지휘할 권리가 있다.

② 선장·해원, 그 밖의 선박사용인이 정기용선자의 정당한 지시를 위반하여 정기용선자에게 손해가 발생한 경우에는 선박소유자가 이를 배상할 책임이 있다.

[전문개정 2007. 8. 3.]

제844조(선박소유자의 운송물유치권 및 경매권) ①제807조제2항 및 제808조는 정기용선자가 선박소유자에게 용선료·체당금, 그 밖에 이와 유사한 정기용선계약에 의한 채무를 이행하지 아니하는 경우에 준용한다. 다만, 선박소유자는 정기용선자가 발행한 선하증권을 선의로 취득한 제3자에게 대항하지 못한다.

② 제1항에 따른 선박소유자의 운송물에 대한 권리는 정기용선자가 운송물에 관하여 약정한 용선료 또는 운임의 범위를 넘어서 행사하지 못한다.

[전문개정 2007. 8. 3.]

제845조(용선료의 연체와 계약해지 등) ①정기용선자가 용선료를 약정기일에 지급하지 아니한 때에는 선박소유자는 계약을 해제 또는 해지할 수 있다.

② 정기용선자가 제3자와 운송계약을 체결하여 운송물을 선적한 후 선박의 항해 중에 선박소유자가 제1항에 따라 계약을 해제 또는 해지한 때에는 선박소유자는 적하이해관계인에 대하여 정기용선자와 동일한 운송의무가 있다.

③ 선박소유자가 제2항에 따른 계약의 해제 또는 해지 및 운송계속의 뜻을 적하이해관계인에게 서면으로 통지를 한 때에는 선박소유자의 정기용선자에 대한 용선료·체당금, 그 밖에 이와 유사한 정기용선계약상의 채권을 담보하기 위하여 정기용선자가 적하이해관계인에 대하여 가지는 용선료 또는 운임의 채권을 목적으로 질권을 설정한 것으로 본다.

④ 제1항부터 제3항까지의 규정은 선박소유자 또는 적하이해관계인의 정기용선자에 대한 손해배상청구에 영향을 미치지 아니한다.

[전문개정 2007. 8. 3.]

제846조(정기용선계약상의 채권의 소멸) ①정기용선계약에 관하여 발생한 당사자 사이의 채권은 선박이 선박소유자에게 반환된 날부터 2년 이내에 재판상 청구가 없으면 소멸한다. 이 경우 제814조제1항 단서를 준용한다.

②제840조제2항은 제1항의 경우에 준용한다.

[전문개정 2007. 8. 3.]

제5절 선체용선

〈개정 2007. 8. 3.〉

제847조(선체용선계약의 의의) ① 선체용선계약은 용선자의 관리·지배 하에 선박을 운항할 목적으로 선박소유자가 용선자에게 선박을 제공할 것을 약정하고 용선자가 이에 따른 용선료를 지급하기로 약정함으로써 그 효력이 생긴다.

② 선박소유자가 선장과 그 밖의 해원을 공급할 의무를 지는 경우에도 용선자의 관리·지배하에서 해원이 선박을 운항하는 것을 목적으로 하면 이를 선체용선계약으로 본다.

[전문개정 2007. 8. 3.]

제848조(법적 성질) ① 선체용선계약은 그 성질에 반하지 아니하는 한 「민법」상 임대차에 관한 규정을 준용한다.

② 용선기간이 종료된 후에 용선자가 선박을 매수 또는 인수할 권리를 가지는 경우 및 금융의 담보를 목적으로 채권자를 선박소유자로 하여 선체용선계약을 체결한 경우에도 용선기간 중에는 당사자 사이에서는 이 절의 규정에 따라 권리와 의무가 있다.

[전문개정 2007. 8. 3.]

제849조(선체용선자의 등기청구권, 등기의 효력) ① 선체용선자는 선박소유자에 대하여 선체용선등기에 협력할 것을 청구할 수 있다.

② 선체용선을 등기한 때에는 그 때부터 제3자에 대하여 효력이 생긴다.

[전문개정 2007. 8. 3.]

제850조(선체용선과 제3자에 대한 법률관계) ① 선체용선자가 상행위나 그 밖의 영리를 목적으로 선박을 항해에 사용하는 경우에는 그 이용에 관한 사항에는 제3자에 대하여 선박소유자와 동일한 권리의무가 있다.

② 제1항의 경우에 선박의 이용에 관하여 생긴 우선특권은 선박소유자에 대하여도 그 효력이 있다. 다만, 우선특권자가 그 이용의 계약에 반함을 안 때에는 그러하지 아니하다.

[전문개정 2007. 8. 3.]

제851조(선체용선계약상의 채권의 소멸) ① 선체용선계약에 관하여 발생한 당사자 사이의 채권은 선박이 선박소유자에게 반환된 날부터 2년 이내에 재판상 청구가 없으면 소멸한다. 이 경우 제814조제1항 단서를 준용한다.

② 제840조제2항은 제1항의 경우에 준용한다.

[전문개정 2007. 8. 3.]

제6절 운송증서

〈개정 2007. 8. 3.〉

제852조(선하증권의 발행) ① 운송인은 운송물을 수령한 후 송하인의 청구에 의하여 1통 또는 수통의 선하증권을 교부하여야 한다.

② 운송인은 운송물을 선적한 후 송하인의 청구에 의하여 1통 또는 수통의 선적선하증권을 교부하거나 제1항의 선하증권에 선적의 뜻을 표시하여야 한다.

③ 운송인은 선장 또는 그 밖의 대리인에게 선하증권의 교부 또는 제2항의 표시를 위임할 수 있다.

[전문개정 2007. 8. 3.]

제853조(선하증권의 기재사항) ① 선하증권에는 다음 각 호의 사항을 기재하고 운송인이 기명날인 또는 서명하여야 한다.

  1. 선박의 명칭·국적 및 톤수

  2. 송하인이 서면으로 통지한 운송물의 종류, 중량 또는 용적, 포장의 종별, 개수와 기호

  3. 운송물의 외관상태

  4. 용선자 또는 송하인의 성명·상호

  5. 수하인 또는 통지수령인의 성명·상호

  6. 선적항

  7. 양륙항

  8. 운임

  9. 발행지와 그 발행연월일

  10. 수통의 선하증권을 발행한 때에는 그 수

  11. 운송인의 성명 또는 상호

  12. 운송인의 주된 영업소 소재지

② 제1항제2호의 기재사항 중 운송물의 중량·용적·개수 또는 기호가 운송인이 실제로 수령한 운송물을 정확하게 표시하고 있지 아니하다고 의심할 만한 상당한 이유가 있는 때 또는 이를 확인할 적당한 방법이 없는 때에는 그 기재를 생략할 수 있다.

③ 송하인은 제1항제2호의 기재사항이 정확함을 운송인에게 담보한 것으로 본다.

④ 운송인이 선하증권에 기재된 통지수령인에게 운송물에 관한 통지를 한 때에는 송하인 및 선하증권소지인과 그 밖의 수하인에게 통지한 것으로 본다.

[전문개정 2007. 8. 3.]

제854조(선하증권 기재의 효력) ① 제853조제1항에 따라 선하증권이 발행된 경우 운송인과 송하인 사이에 선하증권에 기재된 대로 개품운송계약이 체결되고 운송

물을 수령 또는 선적한 것으로 추정한다.

② 제1항의 선하증권을 선의로 취득한 소지인에 대하여 운송인은 선하증권에 기재된 대로 운송물을 수령 혹은 선적한 것으로 보고 선하증권에 기재된 바에 따라 운송인으로서 책임을 진다.

[전문개정 2007. 8. 3.]

제855조(용선계약과 선하증권) ① 용선자의 청구가 있는 경우 선박소유자는 운송물을 수령한 후에 제852조 및 제853조에 따라 선하증권을 발행한다.

② 제1항에 따라 선하증권이 발행된 경우 선박소유자는 선하증권에 기재된 대로 운송물을 수령 또는 선적한 것으로 추정한다.

③ 제3자가 선의로 제1항의 선하증권을 취득한 경우 선박소유자는 제854조제2항에 따라 운송인으로서 권리와 의무가 있다. 용선자의 청구에 따라 선박소유자가 제3자에게 선하증권을 발행한 경우에도 또한 같다.

④ 제3항의 경우에 그 제3자는 제833조부터 제835조까지 및 제837조에 따른 송하인으로 본다.

⑤ 제3항의 경우 제799조를 위반하여 운송인으로서의 의무와 책임을 감경 또는 면제하는 특약을 하지 못한다.

[전문개정 2007. 8. 3.]

제856조(등본의 교부) 선하증권의 교부를 받은 용선자 또는 송하인은 발행자의 청구가 있는 때에는 선하증권의 등본에 기명날인 또는 서명하여 교부하여야 한다.

[전문개정 2007. 8. 3.]

제857조(수통의 선하증권과 양륙항에 있어서의 운송물의 인도) ① 양륙항에서 수통의 선하증권 중 1통을 소지한 자가 운송물의 인도를 청구하는 경우에도 선장은 그 인도를 거부하지 못한다.

② 제1항에 따라 수통의 선하증권 중 1통의 소지인이 운송물의 인도를 받은 때에는 다른 선하증권은 그 효력을 잃는다.

[전문개정 2007. 8. 3.]

제858조(수통의 선하증권과 양륙항 외에서의 운송물의 인도) 양륙항 외에서는 선장은 선하증권의 각 통의 반환을 받지 아니하면 운송물을 인도하지 못한다.

[전문개정 2007. 8. 3.]

제859조(2인 이상 소지인의 운송물인도청구와 공탁) ① 2인 이상의 선하증권소지인이 운송물의 인도를 청구한 때에는 선장은 지체 없이 운송물을 공탁하고 각 청구자에게 그 통지를 발송하여야 한다.

② 선장이 제857조제1항에 따라 운송물의 일부를 인도한 후 다른 소지인이 운송물의 인도를 청구한 경우에도 그 인도하지 아니한 운송물에 대하여는 제1항과 같다.

[전문개정 2007. 8. 3.]

제860조(수인의 선하증권소지인의 순위) ① 제859조에 따라 공탁한 운송물에 대하여는 수인의 선하증권소지인에게 공통되는 전 소지인으로부터 먼저 교부를 받은 증권소지인의 권리가 다른 소지인의 권리에 우선한다.

② 격지자에 대하여 발송한 선하증권은 그 발송한 때를 교부받은 때로 본다.

[전문개정 2007. 8. 3.]

제861조(준용규정) 제129조·제130조·제132조 및 제133조는 제852조 및 제855조의 선하증권에 준용한다.

[전문개정 2007. 8. 3.]

제862조(전자선하증권) ① 운송인은 제852조 또는 제855조의 선하증권을 발행하는 대신에 송하인 또는 용선자의 동의를 받아 법무부장관이 지정하는 등록기관에 등록을 하는 방식으로 전자선하증권을 발행할 수 있다. 이 경우 전자선하증권은 제852조 및 제855조의 선하증권과 동일한 법적 효력을 갖는다.

② 전자선하증권에는 제853조제1항 각 호의 정보가 포함되어야 하며, 운송인이 전자서명을 하여 송신하고 용선자 또는 송하인이 이를 수신하여야 그 효력이 생긴다.

③ 전자선하증권의 권리자는 배서의 뜻을 기재한 전자문서를 작성한 다음 전자선하증권을 첨부하여 지정된 등록기관을 통하여 상대방에게 송신하는 방식으로 그 권리를 양도할 수 있다.

④ 제3항에서 정한 방식에 따라 배서의 뜻을 기재한 전자문서를 상대방이 수신하면 제852조 및 제855조의 선하증권을 배서하여 교부한 것과 동일한 효력이 있고, 제2항 및 제3항의 전자문서를 수신한 권리자는 제852조 및 제855조의 선하증권을 교부받은 소지인과 동일한 권리를 취득한다.

⑤ 전자선하증권의 등록기관의 지정요건, 발행 및 배서의 전자적인 방식, 운송물의 구체적인 수령절차와 그 밖에 필요한 사항은 대통령령으로 정한다.

[전문개정 2007. 8. 3.]

제863조(해상화물운송장의 발행) ① 운송인은 용선자 또는 송하인의 청구가 있으면 제852조 또는 제855조의 선하증권을 발행하는 대신 해상화물운송장을 발행할 수 있다. 해상화물운송장은 당사자 사이의 합의에 따라 전자식으로도 발행할 수 있다.

② 해상화물운송장에는 해상화물운송장임을 표시하는 외에 제853조제1항 각 호

사항을 기재하고 운송인이 기명날인 또는 서명하여야 한다.

③ 제853조제2항 및 제4항은 해상화물운송장에 준용한다.

[전문개정 2007. 8. 3.]

제864조(해상화물운송장의 효력) ① 제863조제1항의 규정에 따라 해상화물운송장이 발행된 경우 운송인이 그 운송장에 기재된 대로 운송물을 수령 또는 선적한 것으로 추정한다.

② 운송인이 운송물을 인도함에 있어서 수령인이 해상화물운송장에 기재된 수하인 또는 그 대리인이라고 믿을만한 정당한 사유가 있는 때에는 수령인이 권리자가 아니라고 하더라도 운송인은 그 책임을 면한다.

[전문개정 2007. 8. 3.]

제3장 해상위험

⟨개정 2007. 8. 3.⟩

제1절 공동해손

⟨개정 2007. 8. 3.⟩

제865조(공동해손의 요건) 선박과 적하의 공동위험을 면하기 위한 선장의 선박 또는 적하에 대한 처분으로 인하여 생긴 손해 또는 비용은 공동해손으로 한다.

[전문개정 2007. 8. 3.]

제866조(공동해손의 분담) 공동해손은 그 위험을 면한 선박 또는 적하의 가액과 운임의 반액과 공동해손의 액과의 비율에 따라 각 이해관계인이 이를 분담한다.

[전문개정 2007. 8. 3.]

제867조(공동해손분담액의 산정) 공동해손의 분담액을 정함에 있어서는 선박의 가액은 도달의 때와 곳의 가액으로 하고, 적하의 가액은 양륙의 때와 곳의 가액으로 한다. 다만, 적하에 관하여는 그 가액 중에서 멸실로 인하여 지급을 면하게 된 운임과 그 밖의 비용을 공제하여야 한다.

[전문개정 2007. 8. 3.]

제868조(공동해손분담자의 유한책임) 제866조 및 제867조에 따라 공동해손의 분담책임이 있는 자는 선박이 도달하거나 적하를 인도한 때에 현존하는 가액의 한도에서 책임을 진다.

[전문개정 2007. 8. 3.]

제869조(공동해손의 손해액산정) 공동해손의 액을 정함에 있어서는 선박의 가액은

도달의 때와 곳의 가액으로 하고, 적하의 가액은 양륙의 때와 곳의 가액으로 한다. 다만, 적하에 관하여는 그 손실로 인하여 지급을 면하게 된 모든 비용을 공제하여야 한다.

[전문개정 2007. 8. 3.]

제870조(책임있는 자에 대한 구상권) 선박과 적하의 공동위험이 선박 또는 적하의 하자나 그 밖의 과실 있는 행위로 인하여 생긴 경우에는 공동해손의 분담자는 그 책임이 있는 자에 대하여 구상권을 행사할 수 있다.

[전문개정 2007. 8. 3.]

제871조(공동해손분담제외) 선박에 비치한 무기, 선원의 급료, 선원과 여객의 식량·의류는 보존된 경우에는 그 가액을 공동해손의 분담에 산입하지 아니하고, 손실된 경우에는 그 가액을 공동해손의 액에 산입한다.

[전문개정 2007. 8. 3.]

제872조(공동해손분담청구에서의 제외) ①속구목록에 기재하지 아니한 속구, 선하증권이나 그 밖에 적하의 가격을 정할 수 있는 서류 없이 선적한 화물 또는 종류와 가액을 명시하지 아니한 화폐나 유가증권과 그 밖의 고가물은 보존된 경우에는 그 가액을 공동해손의 분담에 산입하고, 손실된 경우에는 그 가액을 공동해손의 액에 산입하지 아니한다.

② 갑판에 적재한 화물에 대하여도 제1항과 같다. 다만, 갑판에 선적하는 것이 관습상 허용되는 경우와 그 항해가 연안항행에 해당되는 경우에는 그러하지 아니하다.

[전문개정 2007. 8. 3.]

제873조(적하가격의 부실기재와 공동해손) ① 선하증권이나 그 밖에 적하의 가격을 정할 수 있는 서류에 적하의 실가보다 고액을 기재한 경우에 그 화물이 보존된 때에는 그 기재액에 의하여 공동해손의 분담액을 정하고, 적하의 실가보다 저액을 기재한 경우에 그 화물이 손실된 때에는 그 기재액을 공동해손의 액으로 한다.

② 제1항은 적하의 가격에 영향을 미칠 사항에 관하여 거짓 기재를 한 경우에 준용한다.

[전문개정 2007. 8. 3.]

제874조(공동해손인 손해의 회복) 선박소유자·용선자·송하인, 그 밖의 이해관계인이 공동해손의 액을 분담한 후 선박·속구 또는 적하의 전부나 일부가 소유자에게 복귀된 때에는 그 소유자는 공동해손의 상금으로 받은 금액에서 구조료와 일부손실로 인한 손해액을 공제하고 그 잔액을 반환하여야 한다.

[전문개정 2007. 8. 3.]

제875조(공동해손 채권의 소멸) 공동해손으로 인하여 생긴 채권 및 제870조에 따른 구상채권은 그 계산이 종료한 날부터 1년 이내에 재판상 청구가 없으면 소멸한다. 이 경우 제814조제1항 단서를 준용한다.
[전문개정 2007. 8. 3.]

제2절 선박충돌

〈개정 2007. 8. 3.〉

제876조(선박충돌에의 적용법규) ① 항해선 상호 간 또는 항해선과 내수항행선 간의 충돌이 있은 경우에 선박 또는 선박 내에 있는 물건이나 사람에 관하여 생긴 손해의 배상에 대하여는 어떠한 수면에서 충돌한 때라도 이 절의 규정을 적용한다.

② 이 절에서 "선박의 충돌"이란 2척 이상의 선박이 그 운용상 작위 또는 부작위로 선박 상호 간에 다른 선박 또는 선박 내에 있는 사람 또는 물건에 손해를 생기게 하는 것을 말하며, 직접적인 접촉의 유무를 묻지 아니한다.
[전문개정 2007. 8. 3.]

손해배상(기)

[대법원 2010. 4. 29., 선고, 2009다99754, 판결]

【판시사항】

[1] 정기용선계약의 의미 및 선박임대차계약과의 차이점

[2] 구 상법 제845조에 정한 '선박 충돌'의 의미 및 그 의미가 예인선과 자력항행이 불가능한 부선인 피예인선 상호간에도 마찬가지로 적용되는지 여부(적극)

[3] 예인선이 철골구조물을 실은 무동력 부선을 예인하던 중 강한 조류에 떠밀리는 바람에 철골구조물이 다리 상판과 충돌한 후 해저로 추락하고 그 과정에서 부선이 파손된 사안에서, 위 예인선 용선계약은 정기용선계약으로 봄이 상당하므로, 예인선 소유자는 예인선 선장의 항행상 과실로 인하여 파손된 부선의 손해를 배상할 책임이 있다고 한 사례

【판결요지】

[1] 타인의 선박을 빌려 쓰는 용선계약에는 기본적으로 선박임대차계약, 정기용선계약 및 항해용선계약이 있는데, 이 중 정기용선계약은 선박소유자 또는 선박임차인(이하 통칭하여 '선주'라 한다)이 용선자에게 선원이 승무하고 항해장비를 갖춘 선박을 일정한 기간 동안 항해에 사용하게 할 것을 약정하고 용선자가 이에 대하여 기간으로 정한 용선료를 지급할 것을 약정하는 계약으로서 용선자가 선주에 의해 선임된 선장 및 선원의 행위를 통하여 선주가 제공하는 서비스를 받는 것을 요소로 하는바, 선박의 점유, 선장 및 선원에 대한 임면권, 그리고 선박에 대한 전반적인 지배관리권이 모두 선주에게 있는 점에서, 선박 자체의 이용이 계약의 목적이 되어

선주로부터 인도받은 선박에 통상 자기의 선장 및 선원을 탑승시켜 마치 그 선박을 자기 소유의 선박과 마찬가지로 이용할 수 있는 지배관리권을 가진 채 운항하는 선박임대차계약과는 본질적으로 차이가 있다.

[2] 정기용선된 선박의 선장이 항행상의 과실로 충돌사고를 일으켜 제3자에게 손해를 가한 경우 그 선박소유자가 구 상법(2007. 8. 3. 법률 제8581호로 개정되기 전의 것) 제845조에 의한 손해배상책임을 부담하는바, 여기에서의 선박의 충돌이란 2척 이상의 선박이 그 운용상 작위 또는 부작위로 선박 상호 간에 다른 선박 또는 선박 내에 있는 사람 또는 물건에 손해를 생기게 하는 것으로 직접적인 접촉의 유무를 묻지 아니하며, 예인선과 자력항행이 불가능한 부선인 피예인선 상호간의 경우에도 마찬가지로 적용된다.

[3] 예인선이 철골구조물을 실은 무동력 부선을 예인하던 중 강한 조류에 떠밀리는 바람에 철골구조물이 다리 상판과 충돌한 후 해저로 추락하고 그 과정에서 부선이 파손된 사안에서, 위 예인선 용선계약은 예인선 소유자가 영업의 일환으로 예인선을 용선자의 철골구조물 운반 작업에 제공하고 이를 위하여 자신의 피용자인 선장과 선원들로 하여금 예인선을 운항하도록 한 정기용선계약으로 봄이 상당하므로, 예인선 소유자는 예인선 선장의 항행상 과실로 인하여 파손된 부선의 손해를 배상할 책임이 있다고 한 사례.

제877조(불가항력으로 인한 충돌) 선박의 충돌이 불가항력으로 인하여 발생하거나 충돌의 원인이 명백하지 아니한 때에는 피해자는 충돌로 인한 손해의 배상을 청구하지 못한다.

[전문개정 2007. 8. 3.]

제878조(일방의 과실로 인한 충돌) 선박의 충돌이 일방의 선원의 과실로 인하여 발생한 때에는 그 일방의 선박소유자는 피해자에 대하여 충돌로 인한 손해를 배상할 책임이 있다.

[전문개정 2007. 8. 3.]

제879조(쌍방의 과실로 인한 충돌) ①선박의 충돌이 쌍방의 선원의 과실로 인하여 발생한 때에는 쌍방의 과실의 경중에 따라 각 선박소유자가 손해배상의 책임을 분담한다. 이 경우 그 과실의 경중을 판정할 수 없는 때에는 손해배상의 책임을 균분하여 부담한다.

② 제1항의 경우에 제3자의 사상에 대한 손해배상은 쌍방의 선박소유자가 연대하여 그 책임을 진다.

[전문개정 2007. 8. 3.]

제880조(도선사의 과실로 인한 충돌) 선박의 충돌이 도선사의 과실로 인하여 발생한 경우에도 선박소유자는 제878조 및 제879조를 준용하여 손해를 배상할 책임

이 있다.

[전문개정 2007. 8. 3.]

제881조(선박충돌채권의 소멸) 선박의 충돌로 인하여 생긴 손해배상의 청구권은 그 충돌이 있은 날부터 2년 이내에 재판상 청구가 없으면 소멸한다. 이 경우 제814조제1항 단서를 준용한다.

[전문개정 2007. 8. 3.]

제3절 해난구조

〈개정 2007. 8. 3.〉

제882조(해난구조의 요건) 항해선 또는 그 적하 그 밖의 물건이 어떠한 수면에서 위난에 조우한 경우에 의무 없이 이를 구조한 자는 그 결과에 대하여 상당한 보수를 청구할 수 있다. 항해선과 내수항행선 간의 구조의 경우에도 또한 같다.

[전문개정 2007. 8. 3.]

제883조(보수의 결정) 구조의 보수에 관한 약정이 없는 경우에 그 액에 대하여 당사자 사이에 합의가 성립하지 아니한 때에는 법원은 당사자의 청구에 의하여 구조된 선박·재산의 가액, 위난의 정도, 구조자의 노력과 비용, 구조자나 그 장비가 조우했던 위험의 정도, 구조의 효과, 환경손해방지를 위한 노력, 그 밖의 제반 사정을 참작하여 그 액을 정한다.

[전문개정 2007. 8. 3.]

제884조(보수의 한도) ①구조의 보수액은 다른 약정이 없으면 구조된 목적물의 가액을 초과하지 못한다.

② 선순위의 우선특권이 있는 때에는 구조의 보수액은 그 우선특권자의 채권액을 공제한 잔액을 초과하지 못한다.

[전문개정 2007. 8. 3.]

제885조(환경손해방지작업에 대한 특별보상) ①선박 또는 그 적하로 인하여 환경손해가 발생할 우려가 있는 경우에 손해의 경감 또는 방지의 효과를 수반하는 구조작업에 종사한 구조자는 구조의 성공 여부 및 제884조와 상관없이 구조에 소요된 비용을 특별보상으로 청구할 수 있다.

② 제1항에서 "비용"이란 구조작업에 실제로 지출한 합리적인 비용 및 사용된 장비와 인원에 대한 정당한 보수를 말한다.

③ 구조자는 발생할 환경손해가 구조작업으로 인하여 실제로 감경 또는 방지된 때에는 보상의 증액을 청구할 수 있고, 법원은 제883조의 사정을 참작하여 증

액 여부 및 그 금액을 정한다. 이 경우 증액된다 하더라도 구조료는 제1항의 비용의 배액을 초과할 수 없다.

④ 구조자의 고의 또는 과실로 인하여 손해의 감경 또는 방지에 지장을 가져 온 경우 법원은 제1항 및 제3항에서 정한 금액을 감액 혹은 부인할 수 있다.

⑤ 하나의 구조작업을 시행한 구조자가 제1항부터 제4항까지의 규정에서 정한 특별보상을 청구하는 것 외에 제882조에서 정한 보수도 청구할 수 있는 경우 그 중 큰 금액을 구조료로 청구할 수 있다.

[전문개정 2007. 8. 3.]

제886조(구조료의 지급의무) 선박소유자와 그 밖에 구조된 재산의 권리자는 그 구조된 선박 또는 재산의 가액에 비례하여 구조에 대한 보수를 지급하고 특별보상을 하는 등 구조료를 지급할 의무가 있다.

[전문개정 2007. 8. 3.]

제887조(구조에 관한 약정) ① 당사자가 미리 구조계약을 하고 그 계약에 따라 구조가 이루어진 경우에도 그 성질에 반하지 아니하는 한 구조계약에서 정하지 아니한 사항은 이 절에서 정한 바에 따른다.

② 해난 당시에 구조료의 금액에 대하여 약정을 한 경우에도 그 금액이 현저하게 부당한 때에는 법원은 제883조의 사정을 참작하여 그 금액을 증감할 수 있다.

[전문개정 2007. 8. 3.]

제888조(공동구조자 간의 구조료 분배) ①수인이 공동으로 구조에 종사한 경우에 그 구조료의 분배비율에 관하여는 제883조를 준용한다.

② 인명의 구조에 종사한 자도 제1항에 따라 구조료의 분배를 받을 수 있다.

[전문개정 2007. 8. 3.]

제889조(1선박 내부의 구조료 분배) ① 선박이 구조에 종사하여 그 구조료를 받은 경우에는 먼저 선박의 손해액과 구조에 들어간 비용을 선박소유자에게 지급하고 잔액을 절반하여 선장과 해원에게 지급하여야 한다.

② 제1항에 따라 해원에게 지급할 구조료의 분배는 선장이 각 해원의 노력, 그 효과와 사정을 참작하여 그 항해의 종료 전에 분배안을 작성하여 해원에게 고시하여야 한다.

[전문개정 2007. 8. 3.]

제890조(예선의 구조의 경우) 예선의 본선 또는 그 적하에 대한 구조에 관하여는 예선계약의 이행으로 볼 수 없는 특수한 노력을 제공한 경우가 아니면 구조료를 청구하지 못한다.

[전문개정 2007. 8. 3.]

제891조(동일소유자에 속한 선박 간의 보수) 동일소유자에 속한 선박의 상호 간에 있어서도 구조에 종사한 자는 상당한 구조료를 청구할 수 있다.

[전문개정 2007. 8. 3.]

제892조(구조료청구권 없는 자) 다음 각 호에 해당하는 자는 구조료를 청구하지 못한다.

1. 구조받은 선박에 종사하는 자
2. 고의 또는 과실로 인하여 해난사고를 야기한 자
3. 정당한 거부에도 불구하고 구조를 강행한 자
4. 구조된 물건을 은닉하거나 정당한 사유 없이 처분한 자

[전문개정 2007. 8. 3.]

제893조(구조자의 우선특권) ① 구조에 종사한 자의 구조료채권은 구조된 적하에 대하여 우선특권이 있다. 다만, 채무자가 그 적하를 제3취득자에게 인도한 후에는 그 적하에 대하여 이 권리를 행사하지 못한다.

② 제1항의 우선특권에는 그 성질에 반하지 아니하는 한 제777조의 우선특권에 관한 규정을 준용한다.

[전문개정 2007. 8. 3.]

제894조(구조료지급에 관한 선장의 권한) ① 선장은 구조료를 지급할 채무자에 갈음하여 그 지급에 관한 재판상 또는 재판 외의 모든 행위를 할 권한이 있다.

② 선장은 그 구조료에 관한 소송의 당사자가 될 수 있고, 그 확정판결은 구조료의 채무자에 대하여도 효력이 있다.

[전문개정 2007. 8. 3.]

제895조(구조료청구권의 소멸) 구조료청구권은 구조가 완료된 날부터 2년 이내에 재판상 청구가 없으면 소멸한다. 이 경우 제814조제1항 단서를 준용한다.

[전문개정 2007. 8. 3.]

제6편 항공운송

〈신설 2011. 5. 23.〉

제1장 통칙

〈신설 2011. 5. 23.〉

제896조(항공기의 의의) 이 법에서 "항공기"란 상행위나 그 밖의 영리를 목적으로

운항에 사용하는 항공기를 말한다. 다만, 대통령령으로 정하는 초경량 비행장치(超輕量 飛行裝置)는 제외한다.

[본조신설 2011. 5. 23.]

제897조(적용범위) 운항용 항공기에 대하여는 상행위나 그 밖의 영리를 목적으로 하지 아니하더라도 이 편의 규정을 준용한다. 다만, 국유(國有) 또는 공유(公有) 항공기에 대하여는 운항의 목적·성질 등을 고려하여 이 편의 규정을 준용하는 것이 적합하지 아니한 경우로서 대통령령으로 정하는 경우에는 그러하지 아니하다.

[본조신설 2011. 5. 23.]

제898조(운송인 등의 책임감면) 제905조제1항을 포함하여 이 편에서 정한 운송인이나 항공기 운항자의 손해배상책임과 관련하여 운송인이나 항공기 운항자가 손해배상청구권자의 과실 또는 그 밖의 불법한 작위나 부작위가 손해를 발생시켰거나 손해에 기여하였다는 것을 증명한 경우에는, 그 과실 또는 그 밖의 불법한 작위나 부작위가 손해를 발생시켰거나 손해에 기여한 정도에 따라 운송인이나 항공기 운항자의 책임을 감경하거나 면제할 수 있다.

[본조신설 2011. 5. 23.]

제2장 운송

〈신설 2011. 5. 23.〉

제1절 통칙

〈신설 2011. 5. 23.〉

제899조(비계약적 청구에 대한 적용 등) ① 이 장의 운송인의 책임에 관한 규정은 운송인의 불법행위로 인한 손해배상의 책임에도 적용한다.

② 여객, 수하물 또는 운송물에 관한 손해배상청구가 운송인의 사용인이나 대리인에 대하여 제기된 경우에 그 손해가 그 사용인이나 대리인의 직무집행에 관하여 생겼을 때에는 그 사용인이나 대리인은 운송인이 주장할 수 있는 항변과 책임제한을 원용할 수 있다.

③ 제2항에도 불구하고 여객 또는 수하물의 손해가 운송인의 사용인이나 대리인의 고의로 인하여 발생하였거나 또는 여객의 사망·상해·연착(수하물의 경우 멸실·훼손·연착)이 생길 염려가 있음을 인식하면서 무모하게 한 작위 또는 부작위로 인하여 발생하였을 때에는 그 사용인이나 대리인은 운송인이 주장할 수 있는 항변과 책임제한을 원용할 수 없다.

④ 제2항의 경우에 운송인과 그 사용인이나 대리인의 여객, 수하물 또는 운송물에

대한 책임제한금액의 총액은 각각 제905조 · 제907조 · 제910조 및 제915조에 따른 한도를 초과하지 못한다.

[본조신설 2011. 5. 23.]

제900조(실제운송인에 대한 청구) ① 운송계약을 체결한 운송인(이하 "계약운송인"이라 한다)의 위임을 받아 운송의 전부 또는 일부를 수행한 운송인(이하 "실제운송인"이라 한다)이 있을 경우 실제운송인이 수행한 운송에 관하여는 실제운송인에 대하여도 이 장의 운송인의 책임에 관한 규정을 적용한다. 다만, 제901조의 순차운송에 해당하는 경우는 그러하지 아니하다.

② 실제운송인이 여객 · 수하물 또는 운송물에 대한 손해배상책임을 지는 경우 계약운송인과 실제운송인은 연대하여 그 책임을 진다.

③ 제1항의 경우 제899조제2항부터 제4항까지를 준용한다. 이 경우 제899조제2항 · 제3항 중 "운송인"은 "실제운송인"으로, 같은 조 제4항 중 "운송인"은 "계약운송인과 실제운송인"으로 본다.

④ 이 장에서 정한 운송인의 책임과 의무 외에 운송인이 책임과 의무를 부담하기로 하는 특약 또는 이 장에서 정한 운송인의 권리나 항변의 포기는 실제운송인이 동의하지 아니하는 한 실제운송인에게 영향을 미치지 아니한다.

[본조신설 2011. 5. 23.]

제901조(순차운송) ① 둘 이상이 순차(順次)로 운송할 경우에는 각 운송인의 운송구간에 관하여 그 운송인도 운송계약의 당사자로 본다.

② 순차운송에서 여객의 사망, 상해 또는 연착으로 인한 손해배상은 그 사실이 발생한 구간의 운송인에게만 청구할 수 있다. 다만, 최초 운송인이 명시적으로 전 구간에 대한 책임을 인수하기로 약정한 경우에는 최초 운송인과 그 사실이 발생한 구간의 운송인이 연대하여 그 손해를 배상할 책임이 있다.

③ 순차운송에서 수하물의 멸실, 훼손 또는 연착으로 인한 손해배상은 최초 운송인, 최종 운송인 및 그 사실이 발생한 구간의 운송인에게 각각 청구할 수 있다.

④ 순차운송에서 운송물의 멸실, 훼손 또는 연착으로 인한 손해배상은 송하인이 최초 운송인 및 그 사실이 발생한 구간의 운송인에게 각각 청구할 수 있다. 다만, 제918조제1항에 따라 수하인이 운송물의 인도를 청구할 권리를 가지는 경우에는 수하인이 최종 운송인 및 그 사실이 발생한 구간의 운송인에게 그 손해배상을 각각 청구할 수 있다.

⑤ 제3항과 제4항의 경우 각 운송인은 연대하여 그 손해를 배상할 책임이 있다.

⑥ 최초 운송인 또는 최종 운송인이 제2항부터 제5항까지의 규정에 따라 손해를 배상한 경우에는 여객의 사망, 상해 또는 연착이나 수하물 · 운송물의 멸실, 훼

손 또는 연착이 발생한 구간의 운송인에 대하여 구상권을 가진다.

[본조신설 2011. 5. 23.]

제902조(운송인 책임의 소멸) 운송인의 여객, 송하인 또는 수하인에 대한 책임은 그 청구원인에 관계없이 여객 또는 운송물이 도착지에 도착한 날, 항공기가 도착할 날 또는 운송이 중지된 날 가운데 가장 늦게 도래한 날부터 2년 이내에 재판상 청구가 없으면 소멸한다.

[본조신설 2011. 5. 23.]

제903조(계약조항의 무효) 이 장의 규정에 반하여 운송인의 책임을 감면하거나 책임한도액을 낮게 정하는 특약은 효력이 없다.

[본조신설 2011. 5. 23.]

제2절 여객운송

⟨신설 2011. 5. 23.⟩

제904조(운송인의 책임) 운송인은 여객의 사망 또는 신체의 상해로 인한 손해에 관하여는 그 손해의 원인이 된 사고가 항공기상에서 또는 승강(乘降)을 위한 작업 중에 발생한 경우에만 책임을 진다.

[본조신설 2011. 5. 23.]

제905조(운송인의 책임한도액) ① 제904조의 손해 중 여객 1명당 11만3천100 계산단위의 금액까지는 운송인의 배상책임을 면제하거나 제한할 수 없다. ⟨개정 2014. 5. 20.⟩

② 운송인은 제904조의 손해 중 여객 1명당 11만3천100 계산단위의 금액을 초과하는 부분에 대하여는 다음 각 호의 어느 하나를 증명하면 배상책임을 지지 아니한다. ⟨개정 2014. 5. 20.⟩

1. 그 손해가 운송인 또는 그 사용인이나 대리인의 과실 또는 그 밖의 불법한 작위나 부작위에 의하여 발생하지 아니하였다는 것

2. 그 손해가 오로지 제3자의 과실 또는 그 밖의 불법한 작위나 부작위에 의하여만 발생하였다는 것

[본조신설 2011. 5. 23.]

제906조(선급금의 지급) ① 여객의 사망 또는 신체의 상해가 발생한 항공기사고의 경우에 운송인은 손해배상청구권자가 청구하면 지체 없이 선급금(先給金)을 지급하여야 한다. 이 경우 선급금의 지급만으로 운송인의 책임이 있는 것으로 보지 아니한다.

② 지급한 선급금은 운송인이 손해배상으로 지급하여야 할 금액에 충당할 수 있다.

③ 선급금의 지급액, 지급 절차 및 방법 등에 관하여는 대통령령으로 정한다.

[본조신설 2011. 5. 23.]

제907조(연착에 대한 책임) ① 운송인은 여객의 연착으로 인한 손해에 대하여 책임을 진다. 다만, 운송인이 자신과 그 사용인 및 대리인이 손해를 방지하기 위하여 합리적으로 요구되는 모든 조치를 하였다는 것 또는 그 조치를 하는 것이 불가능하였다는 것을 증명한 경우에는 그 책임을 면한다.

② 제1항에 따른 운송인의 책임은 여객 1명당 4천694 계산단위의 금액을 한도로 한다. 다만, 여객과의 운송계약상 그 출발지, 도착지 및 중간 착륙지가 대한민국 영토 내에 있는 운송의 경우에는 여객 1명당 1천 계산단위의 금액을 한도로 한다. 〈개정 2014. 5. 20.〉

③ 제2항은 운송인 또는 그 사용인이나 대리인의 고의로 또는 연착이 생길 염려가 있음을 인식하면서 무모하게 한 작위 또는 부작위에 의하여 손해가 발생한 것이 증명된 경우에는 적용하지 아니한다.

[본조신설 2011. 5. 23.]

제908조(수하물의 멸실·훼손에 대한 책임) ① 운송인은 위탁수하물의 멸실 또는 훼손으로 인한 손해에 대하여는 그 손해의 원인이 된 사실이 항공기상에서 또는 위탁수하물이 운송인의 관리하에 있는 기간 중에 발생한 경우에만 책임을 진다. 다만, 그 손해가 위탁수하물의 고유한 결함, 특수한 성질 또는 숨은 하자로 인하여 발생한 경우에는 그 범위에서 책임을 지지 아니한다.

② 운송인은 휴대수하물의 멸실 또는 훼손으로 인한 손해에 대하여는 그 손해가 자신 또는 그 사용인이나 대리인의 고의 또는 과실에 의하여 발생한 경우에만 책임을 진다.

[본조신설 2011. 5. 23.]

제909조(수하물의 연착에 대한 책임) 운송인은 수하물의 연착으로 인한 손해에 대하여 책임을 진다. 다만, 운송인이 자신과 그 사용인 및 대리인이 손해를 방지하기 위하여 합리적으로 요구되는 모든 조치를 하였다는 것 또는 그 조치를 하는 것이 불가능하였다는 것을 증명한 경우에는 그 책임을 면한다.

[본조신설 2011. 5. 23.]

제910조(수하물에 대한 책임한도액) ① 제908조와 제909조에 따른 운송인의 손해배상책임은 여객 1명당 1천131 계산단위의 금액을 한도로 한다. 다만, 여객이 운송인에게 위탁수하물을 인도할 때에 도착지에서 인도받을 때의 예정가액을 미리 신고한 경우에는 운송인은 신고 가액이 위탁수하물을 도착지에서 인도할 때의 실제가액을 초과한다는 것을 증명하지 아니하는 한 신고 가액을 한도로 책임을 진다. 〈개정 2014. 5. 20.〉

② 제1항은 운송인 또는 그 사용인이나 대리인의 고의로 또는 수하물의 멸실, 훼손 또는 연착이 생길 염려가 있음을 인식하면서 무모하게 한 작위 또는 부작위에 의하여 손해가 발생한 것이 증명된 경우에는 적용하지 아니한다.
[본조신설 2011. 5. 23.]

제911조(위탁수하물의 일부 멸실·훼손 등에 관한 통지) ① 여객이 위탁수하물의 일부 멸실 또는 훼손을 발견하였을 때에는 위탁수하물을 수령한 후 지체 없이 그 개요에 관하여 운송인에게 서면 또는 전자문서로 통지를 발송하여야 한다. 다만, 그 멸실 또는 훼손이 즉시 발견할 수 없는 것일 경우에는 위탁수하물을 수령한 날부터 7일 이내에 그 통지를 발송하여야 한다.
② 위탁수하물이 연착된 경우 여객은 위탁수하물을 처분할 수 있는 날부터 21일 이내에 이의를 제기하여야 한다.
③ 위탁수하물이 일부 멸실, 훼손 또는 연착된 경우에는 제916조제3항부터 제6항까지를 준용한다.
[본조신설 2011. 5. 23.]

제912조(휴대수하물의 무임운송의무) 운송인은 휴대수하물에 대하여는 다른 약정이 없으면 별도로 운임을 청구하지 못한다.
[본조신설 2011. 5. 23.]

제3절 물건운송

〈신설 2011. 5. 23.〉

제913조(운송물의 멸실·훼손에 대한 책임) ① 운송인은 운송물의 멸실 또는 훼손으로 인한 손해에 대하여 그 손해가 항공운송 중(운송인이 운송물을 관리하고 있는 기간을 포함한다. 이하 이 조에서 같다)에 발생한 경우에만 책임을 진다. 다만, 운송인이 운송물의 멸실 또는 훼손이 다음 각 호의 사유로 인하여 발생하였음을 증명하였을 경우에는 그 책임을 면한다.
  1. 운송물의 고유한 결함, 특수한 성질 또는 숨은 하자
  2. 운송인 또는 그 사용인이나 대리인 외의 자가 수행한 운송물의 부적절한 포장 또는 불완전한 기호 표시
  3. 전쟁, 폭동, 내란 또는 무력충돌
  4. 운송물의 출입국, 검역 또는 통관과 관련된 공공기관의 행위
  5. 불가항력
② 제1항에 따른 항공운송 중에는 공항 외부에서 한 육상, 해상 운송 또는 내륙수로운송은 포함되지 아니한다. 다만, 그러한 운송이 운송계약을 이행하면서 운송물의 적재(積載), 인도 또는 환적(換積)할 목적으로 이루어졌을 경우에는

항공운송 중인 것으로 추정한다.

③ 운송인이 송하인과의 합의에 따라 항공운송하기로 예정된 운송의 전부 또는 일부를 송하인의 동의 없이 다른 운송수단에 의한 운송으로 대체하였을 경우에는 그 다른 운송수단에 의한 운송은 항공운송으로 본다.

[본조신설 2011. 5. 23.]

제914조(운송물 연착에 대한 책임) 운송인은 운송물의 연착으로 인한 손해에 대하여 책임을 진다. 다만, 운송인이 자신과 그 사용인 및 대리인이 손해를 방지하기 위하여 합리적으로 요구되는 모든 조치를 하였다는 것 또는 그 조치를 하는 것이 불가능하였다는 것을 증명한 경우에는 그 책임을 면한다.

[본조신설 2011. 5. 23.]

제915조(운송물에 대한 책임한도액) ① 제913조와 제914조에 따른 운송인의 손해배상책임은 손해가 발생한 해당 운송물의 1킬로그램당 19 계산단위의 금액을 한도로 하되, 송하인과의 운송계약상 그 출발지, 도착지 및 중간 착륙지가 대한민국 영토 내에 있는 운송의 경우에는 손해가 발생한 해당 운송물의 1킬로그램당 15 계산단위의 금액을 한도로 한다. 다만, 송하인이 운송물을 운송인에게 인도할 때에 도착지에서 인도받을 때의 예정가액을 미리 신고한 경우에는 운송인은 신고 가액이 도착지에서 인도할 때의 실제가액을 초과한다는 것을 증명하지 아니하는 한 신고 가액을 한도로 책임을 진다. *〈개정 2014. 5. 20.〉*

② 제1항의 항공운송인의 책임한도를 결정할 때 고려하여야 할 중량은 해당 손해가 발생된 운송물의 중량을 말한다. 다만, 운송물의 일부 또는 운송물에 포함된 물건의 멸실, 훼손 또는 연착이 동일한 항공화물운송장(제924조에 따라 항공화물운송장의 교부에 대체되는 경우를 포함한다) 또는 화물수령증에 적힌 다른 운송물의 가치에 영향을 미칠 때에는 운송인의 책임한도를 결정할 때 그 다른 운송물의 중량도 고려하여야 한다.

[본조신설 2011. 5. 23.]

제916조(운송물의 일부 멸실·훼손 등에 관한 통지) ① 수하인은 운송물의 일부 멸실 또는 훼손을 발견하면 운송물을 수령한 후 지체 없이 그 개요에 관하여 운송인에게 서면 또는 전자문서로 통지를 발송하여야 한다. 다만, 그 멸실 또는 훼손이 즉시 발견할 수 없는 것일 경우에는 수령일부터 14일 이내에 그 통지를 발송하여야 한다.

② 운송물이 연착된 경우 수하인은 운송물을 처분할 수 있는 날부터 21일 이내에 이의를 제기하여야 한다.

③ 제1항의 통지가 없는 경우에는 운송물이 멸실 또는 훼손 없이 수하인에게 인도된 것으로 추정한다.

④ 운송물에 멸실 또는 훼손이 발생하였거나 그런 것으로 의심되는 경우에는 운송인과 수하인은 서로 운송물의 검사를 위하여 필요한 편의를 제공하여야 한다.

⑤ 제1항과 제2항의 기간 내에 통지나 이의제기가 없을 경우에는 수하인은 운송인에 대하여 제소할 수 없다. 다만, 운송인 또는 그 사용인이나 대리인이 악의인 경우에는 그러하지 아니하다.

⑥ 제1항부터 제5항까지의 규정에 반하여 수하인에게 불리한 당사자 사이의 특약은 효력이 없다.

[본조신설 2011. 5. 23.]

제917조(운송물의 처분청구권) ① 송하인은 운송인에게 운송의 중지, 운송물의 반환, 그 밖의 처분을 청구(이하 이 조에서 "처분청구권"이라 한다)할 수 있다. 이 경우에 운송인은 운송계약에서 정한 바에 따라 운임, 체당금과 처분으로 인한 비용의 지급을 청구할 수 있다.

② 송하인은 운송인 또는 다른 송하인의 권리를 침해하는 방법으로 처분청구권을 행사하여서는 아니 되며, 운송인이 송하인의 청구에 따르지 못할 경우에는 지체 없이 그 뜻을 송하인에게 통지하여야 한다.

③ 운송인이 송하인에게 교부한 항공화물운송장 또는 화물수령증을 확인하지 아니하고 송하인의 처분청구에 따른 경우, 운송인은 그로 인하여 항공화물운송장 또는 화물수령증의 소지인이 입은 손해를 배상할 책임을 진다.

④ 제918조제1항에 따라 수하인이 운송물의 인도를 청구할 권리를 취득하였을 때에는 송하인의 처분청구권은 소멸한다. 다만, 수하인이 운송물의 수령을 거부하거나 수하인을 알 수 없을 경우에는 그러하지 아니하다.

[본조신설 2011. 5. 23.]

제918조(운송물의 인도) ① 운송물이 도착지에 도착한 때에는 수하인은 운송인에게 운송물의 인도를 청구할 수 있다. 다만, 송하인이 제917조제1항에 따라 처분청구권을 행사한 경우에는 그러하지 아니하다.

② 운송물이 도착지에 도착하면 다른 약정이 없는 한 운송인은 지체 없이 수하인에게 통지하여야 한다.

[본조신설 2011. 5. 23.]

제919조(운송인의 채권의 시효) 운송인의 송하인 또는 수하인에 대한 채권은 2년간 행사하지 아니하면 소멸시효가 완성한다.

[본조신설 2011. 5. 23.]

제920조(준용규정) 항공화물 운송에 관하여는 제120조, 제134조, 제141조부터 제143조까지, 제792조, 제793조, 제801조, 제802조, 제811조 및 제812조를 준용한다. 이 경우 "선적항"은 "출발지 공항"으로, "선장"은 "운송인"으로, "양륙항"은 "도착지 공항"으로 본다.

[본조신설 2011. 5. 23.]

제4절 운송증서

〈신설 2011. 5. 23.〉

제921조(여객항공권) ① 운송인이 여객운송을 인수하면 여객에게 다음 각 호의 사항을 적은 개인용 또는 단체용 여객항공권을 교부하여야 한다.
  1. 여객의 성명 또는 단체의 명칭
  2. 출발지와 도착지
  3. 출발일시
  4. 운항할 항공편
  5. 발행지와 발행연월일
  6. 운송인의 성명 또는 상호
② 운송인은 제1항 각 호의 정보를 전산정보처리조직에 의하여 전자적 형태로 저장하거나 그 밖의 다른 방식으로 보존함으로써 제1항의 여객항공권 교부를 갈음할 수 있다. 이 경우 운송인은 여객이 청구하면 제1항 각 호의 정보를 적은 서면을 교부하여야 한다.

[본조신설 2011. 5. 23.]

제922조(수하물표) 운송인은 여객에게 개개의 위탁수하물마다 수하물표를 교부하여야 한다.

[본조신설 2011. 5. 23.]

제923조(항공화물운송장의 발행) ① 송하인은 운송인의 청구를 받아 다음 각 호의 사항을 적은 항공화물운송장 3부를 작성하여 운송인에게 교부하여야 한다.
  1. 송하인의 성명 또는 상호
  2. 수하인의 성명 또는 상호
  3. 출발지와 도착지
  4. 운송물의 종류, 중량, 포장의 종별·개수와 기호
  5. 출발일시
  6. 운송할 항공편
  7. 발행지와 발행연월일

8. 운송인의 성명 또는 상호

② 운송인이 송하인의 청구에 따라 항공화물운송장을 작성한 경우에는 송하인을 대신하여 작성한 것으로 추정한다.

③ 제1항의 항공화물운송장 중 제1원본에는 "운송인용"이라고 적고 송하인이 기명날인 또는 서명하여야 하고, 제2원본에는 "수하인용"이라고 적고 송하인과 운송인이 기명날인 또는 서명하여야 하며, 제3원본에는 "송하인용"이라고 적고 운송인이 기명날인 또는 서명하여야 한다.

④ 제3항의 서명은 인쇄 또는 그 밖의 다른 적절한 방법으로 할 수 있다.

⑤ 운송인은 송하인으로부터 운송물을 수령한 후 송하인에게 항공화물운송장 제3원본을 교부하여야 한다.

[본조신설 2011. 5. 23.]

제924조(항공화물운송장의 대체) ① 운송인은 제923조제1항 각 호의 정보를 전산정보처리조직에 의하여 전자적 형태로 저장하거나 그 밖의 다른 방식으로 보존함으로써 항공화물운송장의 교부에 대체할 수 있다.

② 제1항의 경우 운송인은 송하인의 청구에 따라 송하인에게 제923조제1항 각 호의 정보를 적은 화물수령증을 교부하여야 한다.

[본조신설 2011. 5. 23.]

제925조(복수의 운송물) ① 2개 이상의 운송물이 있는 경우에는 운송인은 송하인에 대하여 각 운송물마다 항공화물운송장의 교부를 청구할 수 있다.

② 항공화물운송장의 교부가 제924조제1항에 따른 저장·보존으로 대체되는 경우에는 송하인은 운송인에게 각 운송물마다 화물수령증의 교부를 청구할 수 있다.

[본조신설 2011. 5. 23.]

제926조(운송물의 성질에 관한 서류) ① 송하인은 세관, 경찰 등 행정기관이나 그 밖의 공공기관의 절차를 이행하기 위하여 필요한 경우 운송인의 요청을 받아 운송물의 성질을 명시한 서류를 운송인에게 교부하여야 한다.

② 운송인은 제1항과 관련하여 어떠한 의무나 책임을 부담하지 아니한다.

[본조신설 2011. 5. 23.]

제927조(항공운송증서에 관한 규정 위반의 효과) 운송인 또는 송하인이 제921조부터 제926조까지를 위반하는 경우에도 운송계약의 효력 및 이 법의 다른 규정의 적용에 영향을 미치지 아니한다.

[본조신설 2011. 5. 23.]

제928조(항공운송증서 등의 기재사항에 관한 책임) ① 송하인은 항공화물운송장에

적었거나 운송인에게 통지한 운송물의 명세 또는 운송물에 관한 진술이 정확하고 충분함을 운송인에게 담보한 것으로 본다.

② 송하인은 제1항의 운송물의 명세 또는 운송물에 관한 진술이 정확하지 아니하거나 불충분하여 운송인이 손해를 입은 경우에는 운송인에게 배상할 책임이 있다.

③ 운송인은 제924조제1항에 따라 저장·보존되는 운송에 관한 기록이나 화물수령증에 적은 운송물의 명세 또는 운송물에 관한 진술이 정확하지 아니하거나 불충분하여 송하인이 손해를 입은 경우 송하인에게 배상할 책임이 있다. 다만, 제1항에 따라 송하인이 그 정확하고 충분함을 담보한 것으로 보는 경우에는 그러하지 아니하다.

[본조신설 2011. 5. 23.]

제929조(항공운송증서 기재의 효력) ① 항공화물운송장 또는 화물수령증이 교부된 경우 그 운송증서에 적힌 대로 운송계약이 체결된 것으로 추정한다.

② 운송인은 항공화물운송장 또는 화물수령증에 적힌 운송물의 중량, 크기, 포장의 종별·개수·기호 및 외관상태대로 운송물을 수령한 것으로 추정한다.

③ 운송물의 종류, 외관상태 외의 상태, 포장 내부의 수량 및 부피에 관한 항공화물운송장 또는 화물수령증의 기재 내용은 송하인이 참여한 가운데 운송인이 그 기재 내용의 정확함을 확인하고 그 사실을 항공화물운송장이나 화물수령증에 적은 경우에만 그 기재 내용대로 운송물을 수령한 것으로 추정한다.

[본조신설 2011. 5. 23.]

제3장 지상 제3자의 손해에 대한 책임

〈신설 2011. 5. 23.〉

제930조(항공기 운항자의 배상책임) ① 항공기 운항자는 비행 중인 항공기 또는 항공기로부터 떨어진 사람이나 물건으로 인하여 사망하거나 상해 또는 재산상 손해를 입은 지상(지하, 수면 또는 수중을 포함한다)의 제3자에 대하여 손해배상책임을 진다.

② 이 편에서 "항공기 운항자"란 사고 발생 당시 항공기를 사용하는 자를 말한다. 다만, 항공기의 운항을 지배하는 자(이하 "운항지배자"라 한다)가 타인에게 항공기를 사용하게 한 경우에는 운항지배자를 항공기 운항자로 본다.

③ 이 편을 적용할 때에 항공기등록원부에 기재된 항공기 소유자는 항공기 운항자로 추정한다.

④ 제1항에서 "비행 중"이란 이륙을 목적으로 항공기에 동력이 켜지는 때부터 착륙이 끝나는 때까지를 말한다.

⑤ 2대 이상의 항공기가 관여하여 제1항의 사고가 발생한 경우 각 항공기 운항자

는 연대하여 제1항의 책임을 진다.

⑥ 운항지배자의 승낙 없이 항공기가 사용된 경우 운항지배자는 이를 막기 위하여 상당한 주의를 하였음을 증명하지 못하는 한 승낙 없이 항공기를 사용한 자와 연대하여 제932조에서 정한 한도 내의 책임을 진다.

[본조신설 2011. 5. 23.]

제931조(면책사유) 항공기 운항자는 제930조제1항에 따른 사망, 상해 또는 재산상 손해의 발생이 다음 각 호의 어느 하나에 해당함을 증명하면 책임을 지지 아니한다.

1. 전쟁, 폭동, 내란 또는 무력충돌의 직접적인 결과로 발생하였다는 것
2. 항공기 운항자가 공권력에 의하여 항공기 사용권을 박탈당한 중에 발생하였다는 것
3. 오로지 피해자 또는 피해자의 사용인이나 대리인의 과실 또는 그 밖의 불법한 작위나 부작위에 의하여서만 발생하였다는 것
4. 불가항력

[본조신설 2011. 5. 23.]

제932조(항공기 운항자의 유한책임) ① 항공기 운항자의 제930조에 따른 책임은 하나의 항공기가 관련된 하나의 사고에 대하여 항공기의 이륙을 위하여 법으로 허용된 최대중량(이하 이 조에서 "최대중량"이라 한다)에 따라 다음 각 호에서 정한 금액을 한도로 한다.

1. 최대중량이 2천킬로그램 이하의 항공기의 경우 30만 계산단위의 금액
2. 최대중량이 2천킬로그램을 초과하는 항공기의 경우 2천킬로그램까지는 30만 계산단위, 2천킬로그램 초과 6천킬로그램까지는 매 킬로그램당 175 계산단위, 6천킬로그램 초과 3만킬로그램까지는 매 킬로그램당 62.5 계산단위, 3만킬로그램을 초과하는 부분에는 매 킬로그램당 65 계산단위를 각각 곱하여 얻은 금액을 순차로 더한 금액

② 하나의 항공기가 관련된 하나의 사고로 인하여 사망 또는 상해가 발생한 경우 항공기 운항자의 제930조에 따른 책임은 제1항의 금액의 범위에서 사망하거나 상해를 입은 사람 1명당 12만5천 계산단위의 금액을 한도로 한다.

③ 하나의 항공기가 관련된 하나의 사고로 인하여 여러 사람에게 생긴 손해의 합계가 제1항의 한도액을 초과하는 경우, 각각의 손해는 제1항의 한도액에 대한 비율에 따라 배상한다.

④ 하나의 항공기가 관련된 하나의 사고로 인하여 사망, 상해 또는 재산상의 손해가 발생한 경우 제1항에서 정한 금액의 한도에서 사망 또는 상해로 인한 손해를 먼저 배상하고, 남는 금액이 있으면 재산상의 손해를 배상한다.

[본조신설 2011. 5. 23.]

제933조(유한책임의 배제) ① 항공기 운항자 또는 그 사용인이나 대리인이 손해를 발생시킬 의도로 제930조제1항의 사고를 발생시킨 경우에는 제932조를 적용하지

아니한다. 이 경우 항공기 운항자의 사용인이나 대리인의 행위로 인하여 사고가 발생한 경우에는 그가 권한 범위에서 행위하고 있었다는 사실이 증명되어야 한다.

② 항공기를 사용할 권한을 가진 자의 동의 없이 불법으로 항공기를 탈취(奪取)하여 사용하는 중 제930조제1항의 사고를 발생시킨 자에 대하여는 제932조를 적용하지 아니한다.

[본조신설 2011. 5. 23.]

제934조(항공기 운항자의 책임의 소멸) 항공기 운항자의 제930조의 책임은 사고가 발생한 날부터 3년 이내에 재판상 청구가 없으면 소멸한다.

[본조신설 2011. 5. 23.]

제935조(책임제한의 절차) ① 이 장의 규정에 따라 책임을 제한하려는 자는 채권자로부터 책임한도액을 초과하는 청구금액을 명시한 서면에 의한 청구를 받은 날부터 1년 이내에 법원에 책임제한절차 개시의 신청을 하여야 한다.

② 책임제한절차 개시의 신청, 책임제한 기금의 형성·공고·참가·배당, 그 밖에 필요한 사항에 관하여는 성질에 반하지 아니하는 범위에서 「선박소유자 등의 책임제한절차에 관한 법률」의 예를 따른다.

[본조신설 2011. 5. 23.]

부칙

〈제17764호,2020. 12. 29.〉

제1조(시행일) 이 법은 공포한 날부터 시행한다.

제2조(감사위원회위원이 되는 이사의 선임에 관한 적용례) 제542조의12제2항 단서, 같은 조 제4항(선임에 관한 부분으로 한정한다) 및 제8항의 개정규정은 이 법 시행 이후 새로 감사위원회위원을 선임하는 경우부터 적용한다.

제3조(상장회사의 감사위원회위원 및 감사의 해임에 관한 적용례) 제542조의12제3항, 제4항(해임에 관한 부분으로 한정한다) 및 제7항(해임에 관한 부분으로 한정한다)의 개정규정은 이 법 시행 당시 종전 규정에 따라 선임된 감사위원회위원 및 감사를 해임하는 경우에도 적용한다.

제4조(다른 법령의 개정) ① 근로복지기본법 일부를 다음과 같이 개정한다.

제39조제9항 중 "「상법」 제350조제2항, 제350조제3항 후단"을 "「상법」 제350조제2항"으로 한다.

② 벤처기업육성에 관한 특별조치법 일부를 다음과 같이 개정한다.

제16조의3제8항 중 "「상법」 제350조제2항, 제350조제3항 후단"을 "「상법」 제350조제2항"으로 한다.

③ 자본시장과 금융투자업에 관한 법률 일부를 다음과 같이 개정한다.

제165조의12제7항 중 "제344조제1항, 제350조제3항(같은 법 제423조제1항, 제516조제2항 및 제516조의9에서 준용하는 경우를 포함한다. 이하 이 항에서 같다)"을 "제344조제1항"으로, "같은 법 제350조제3항의 적용에 관하여는 제1항의 말일을 영업연도 말로 보며, 「상법」 제635조제1항제22호의2의 적용에 관하여는 제3항의 기간을 「상법」 제464조의2제1항의 기간으로 본다"를 "같은 법 제635조제1항제22호의2의 적용에 관하여는 제3항의 기간을 같은 법 제464조의2제1항의 기간으로 본다"로 한다.

상법 시행령

[시행 2022. 8. 23.] [대통령령 제32881호, 2022. 8. 23., 타법개정]

법무부(상사법무과) 02-2110-3635

제1편 총칙

제1조(목적) 이 영은 「상법」에서 위임된 사항과 그 시행에 필요한 사항을 정함을 목적으로 한다.

제2조(소상인의 범위) 「상법」(이하 "법"이라 한다) 제9조에 따른 소상인은 자본금액이 1천만원에 미치지 못하는 상인으로서 회사가 아닌 자로 한다.

제3조(전산정보처리조직에 의한 보존) 법 제33조제1항에 따른 상업장부와 영업에 관한 중요서류(이하 이 조에서 "장부와 서류"라 한다)를 같은 조 제3항에 따라 마이크로필름이나 그 밖의 전산정보처리조직(이하 이 조에서 "전산정보처리조직"이라 한다)에 의하여 보존하는 경우에는 다음 각 호의 어느 하나에 해당하는 방법으로 보존하여야 한다. 다만, 법에 따라 작성자가 기명날인 또는 서명하여야 하는 장부와 서류는 그 기명날인 또는 서명이 되어있는 원본을 보존하여야 한다. 〈개정 2012. 8. 31.〉

1. 「전자문서 및 전자거래 기본법」 제5조제2항에 따라 전자화문서로 보존하는 방법
2. 제1호 외의 경우에는 다음 각 목의 기준에 따라 보존하는 방법
   가. 전산정보처리조직에 장부와 서류를 보존하기 위한 프로그램의 개발·변경 및 운영에 관한 기록을 보관하여야 하며, 보존의 경위 및 절차를 알 수 있도록 할 것
   나. 법 및 일반적으로 공정·타당한 회계관행에 따라 그 내용을 파악할 수 있도록 보존할 것
   다. 필요한 경우 그 보존 내용을 영상 또는 출력된 문서로 열람할 수 있도록 할 것
   라. 전산정보처리조직에 보존된 자료의 멸실·훼손 등에 대비하는 조치를 마련할 것

제2편 상행위

제4조(호천·항만의 범위) 법 제125조에 따른 호천(湖川), 항만의 범위는 「선박안전법 시행령」 제2조제1항제3호가목에 따른 평수(平水)구역으로 한다.

제3편 회사

제5조(유한책임회사 재무제표의 범위) 법 제287조의33에서 "대통령령으로 정하는 서류"란 다음 각 호의 어느 하나에 해당하는 서류를 말한다.

1. 자본변동표
2. 이익잉여금 처분계산서 또는 결손금 처리계산서

제6조(전자적 방법을 통한 회사의 공고) ① 법 제289조제3항 단서에 따라 회사가 전자적 방법으로 공고하려는 경우에는 회사의 인터넷 홈페이지에 게재하는 방법으로 하여야 한다.

② 법 제289조제3항 단서에 따라 회사가 정관에서 전자적 방법으로 공고할 것을 정한 경우에는 회사의 인터넷 홈페이지 주소를 등기하여야 한다.

③ 법 제289조제3항 단서에 따라 회사가 전자적 방법으로 공고하려는 경우에는 그 정보를 회사의 인터넷 홈페이지 초기화면에서 쉽게 찾을 수 있도록 하는 등 이용자의 편의를 위한 조치를 하여야 한다.

④ 법 제289조제3항 단서에 따라 회사가 정관에서 전자적 방법으로 공고할 것을 정한 경우라도 전산장애 또는 그 밖의 부득이한 사유로 전자적 방법으로 공고할 수 없는 경우에는 법 제289조제3항 본문에 따라 미리 정관에서 정하여 둔 관보 또는 시사에 관한 사항을 게재하는 일간신문에 공고하여야 한다.

⑤ 법 제289조제4항 본문에서 "대통령령으로 정하는 기간"이란 다음 각 호에서 정하는 날까지의 기간(이하 이 조에서 "공고기간"이라 한다)을 말한다.
1. 법에서 특정한 날부터 일정한 기간 전에 공고하도록 한 경우: 그 특정한 날
2. 법에서 공고에서 정하는 기간 내에 이의를 제출하거나 일정한 행위를 할 수 있도록 한 경우: 그 기간이 지난 날
3. 제1호와 제2호 외의 경우: 해당 공고를 한 날부터 3개월이 지난 날

⑥ 제5항에 따른 공고기간에 공고가 중단(불특정 다수가 공고된 정보를 제공받을 수 없게 되거나 그 공고된 정보가 변경 또는 훼손된 경우를 말한다)되더라도, 그 중단된 기간의 합계가 공고기간의 5분의 1을 초과하지 않으면 공고의 중단은 해당 공고의 효력에 영향을 미치지 아니한다. 다만, 회사가 공고의 중단에 대하여 고의 또는 중대한 과실이 있는 경우에는 그러하지 아니하다.

제7조(검사인의 조사, 보고의 면제) ① 법 제299조제2항제1호에서 "대통령령으로 정한 금액"이란 5천만원을 말한다.

② 법 제299조제2항제2호에서 "대통령령으로 정한 방법으로 산정된 시세"란 다음 각 호의 금액 중 낮은 금액을 말한다.
1. 법 제292조에 따른 정관의 효력발생일(이하 이 항에서 "효력발생일"이라 한다)부터 소급하여 1개월간의 거래소에서의 평균 종가(終價), 효력발생일부터 소급하여 1주일간의 거래소에서의 평균 종가 및 효력발생일의 직전 거래일의 거래소에서의 종가를 산술평균하여 산정한 금액
2. 효력발생일 직전 거래일의 거래소에서의 종가

③ 제2항은 법 제290조제2호 및 제3호의 재산에 그 사용, 수익, 담보제공, 소유권 이전 등에 대한 물권적 또는 채권적 제한이나 부담이 설정된 경우에는 적용하지 아니한다.

제8조(명의개서대리인의 자격) 법 제337조제2항에 따른 명의개서대리인의 자격은 「자본시장과 금융투자업에 관한 법률」 제294조제1항에 따라 설립된 한국예탁결제원(이하 "한국예탁결제원"이라 한다) 및 같은 법 제365조제1항에 따라 금융위원회에 등록한 주식회사로 한다.

제9조(자기주식 취득 방법의 종류 등) ① 법 제341조제1항제2호에서 "대통령령으로 정하는 방법"이란 다음 각 호의 어느 하나에 해당하는 방법을 말한다.
 1. 회사가 모든 주주에게 자기주식 취득의 통지 또는 공고를 하여 주식을 취득하는 방법
 2. 「자본시장과 금융투자업에 관한 법률」 제133조부터 제146조까지의 규정에 따른 공개매수의 방법
② 자기주식을 취득한 회사는 지체 없이 취득 내용을 적은 자기주식 취득내역서를 본점에 6개월간 갖추어 두어야 한다. 이 경우 주주와 회사채권자는 영업시간 내에 언제든지 자기주식 취득내역서를 열람할 수 있으며, 회사가 정한 비용을 지급하고 그 서류의 등본이나 사본의 교부를 청구할 수 있다.

제10조(자기주식 취득의 방법) 회사가 제9조제1호에 따라 자기주식을 취득하는 경우에는 다음 각 호의 기준에 따라야 한다.
 1. 법 제341조제2항에 따른 결정을 한 회사가 자기주식을 취득하려는 경우에는 이사회의 결의로써 다음 각 목의 사항을 정할 것. 이 경우 주식 취득의 조건은 이사회가 결의할 때마다 균등하게 정하여야 한다.
 가. 자기주식 취득의 목적
 나. 취득할 주식의 종류 및 수
 다. 주식 1주를 취득하는 대가로 교부할 금전이나 그 밖의 재산(해당 회사의 주식은 제외한다. 이하 이 조에서 "금전등"이라 한다)의 내용 및 그 산정 방법
 라. 주식 취득의 대가로 교부할 금전등의 총액
 마. 20일 이상 60일 내의 범위에서 주식양도를 신청할 수 있는 기간(이하 이 조에서 "양도신청기간"이라 한다)
 바. 양도신청기간이 끝나는 날부터 1개월의 범위에서 양도의 대가로 금전등을 교부하는 시기와 그 밖에 주식 취득의 조건
 2. 회사는 양도신청기간이 시작하는 날의 2주 전까지 각 주주에게 회사의 재무 현황, 자기주식 보유 현황 및 제1호 각 목의 사항을 서면으로 또는 각 주주의 동의를 받아 전자문서로 통지할 것. 다만, 회사가 무기명식의 주권을 발행한 경우에는 양도신청기간이 시작하는 날의 3주 전에 공고하여야 한다.
 3. 회사에 주식을 양도하려는 주주는 양도신청기간이 끝나는 날까지 양도하려는 주식의

종류와 수를 적은 서면으로 주식양도를 신청할 것

4. 주주가 제3호에 따라 회사에 대하여 주식 양도를 신청한 경우 회사와 그 주주 사이의 주식 취득을 위한 계약 성립의 시기는 양도신청기간이 끝나는 날로 정하고, 주주가 신청한 주식의 총수가 제1호나목의 취득할 주식의 총수를 초과하는 경우 계약 성립의 범위는 취득할 주식의 총수를 신청한 주식의 총수로 나눈 수에 제3호에 따라 주주가 신청한 주식의 수를 곱한 수(이 경우 끝수는 버린다)로 정할 것

제11조(전자주주명부) ① 법 제352조의2에 따라 회사가 전자주주명부를 작성하는 경우에 회사의 본점 또는 명의개서대리인의 영업소에서 전자주주명부의 내용을 서면으로 인쇄할 수 있으면 법 제396조제1항에 따라 주주명부를 갖추어 둔 것으로 본다.

② 주주와 회사채권자는 영업시간 내에 언제든지 서면 또는 파일의 형태로 전자주주명부에 기록된 사항의 열람 또는 복사를 청구할 수 있다. 이 경우 회사는 법 제352조의2제2항에 따라 기재된 다른 주주의 전자우편주소를 열람 또는 복사의 대상에서 제외하는 조치를 하여야 한다.

제12조(주주제안의 거부) 법 제363조의2제3항 전단에서 "대통령령으로 정하는 경우"란 주주제안의 내용이 다음 각 호의 어느 하나에 해당하는 경우를 말한다.

1. 주주총회에서 의결권의 100분의 10 미만의 찬성밖에 얻지 못하여 부결된 내용과 같은 내용의 의안을 부결된 날부터 3년 내에 다시 제안하는 경우
2. 주주 개인의 고충에 관한 사항인 경우
3. 주주가 권리를 행사하기 위하여 일정 비율을 초과하는 주식을 보유해야 하는 소수주주권에 관한 사항인 경우
4. 임기 중에 있는 임원의 해임에 관한 사항[법 제542조의2제1항에 따른 상장회사(이하 "상장회사"라 한다)만 해당한다]인 경우
5. 회사가 실현할 수 없는 사항 또는 제안 이유가 명백히 거짓이거나 특정인의 명예를 훼손하는 사항인 경우

제13조(전자적 방법에 의한 의결권의 행사) ① 법 제368조의4에 따라 주주가 의결권을 전자적 방법으로 행사(이하 이 조에서 "전자투표"라 한다)하는 경우 주주는 다음 각 호의 어느 하나에 해당하는 방법으로 주주 본인임을 확인하고, 「전자서명법」 제2조제2호에 따른 전자서명을 통하여 전자투표를 하여야 한다. 〈개정 2020. 1. 29., 2020. 12. 8.〉

1. 「전자서명법」 제8조제2항에 따른 운영기준 준수사실의 인정을 받은 전자서명인증사업자가 제공하는 본인확인의 방법
2. 「정보통신망 이용촉진 및 정보보호 등에 관한 법률」 제23조의3에 따른 본인확인기관에서 제공하는 본인확인의 방법

② 법 제368조의4에 따라 전자적 방법으로 의결권을 행사할 수 있음을 정한 회사는 주주총회 소집의 통지나 공고에 다음 각 호의 사항을 포함하여야 한다.

1. 전자투표를 할 인터넷 주소
2. 전자투표를 할 기간(전자투표의 종료일은 주주총회 전날까지로 하여야 한다)
3. 그 밖에 주주의 전자투표에 필요한 기술적인 사항

③ 삭제 〈2020. 1. 29.〉

④ 회사는 전자투표의 효율성 및 공정성을 확보하기 위하여 전자투표를 관리하는 기관을 지정하여 주주 확인절차 등 의결권 행사절차의 운영을 위탁할 수 있다.

⑤ 회사, 제4항에 따라 지정된 전자투표를 관리하는 기관 및 전자투표의 운영을 담당하는 자는 주주총회에서 개표가 있을 때까지 전자투표의 결과를 누설하거나 직무상 목적 외로 사용해서는 아니 된다.

⑥ 회사 또는 제4항에 따라 지정된 전자투표를 관리하는 기관은 전자투표의 종료일 3일 전까지 주주에게 전자문서로 제2항 각 호의 사항을 한 번 더 통지할 수 있다. 이 경우 주주의 동의가 있으면 전화번호 등을 이용하여 통지할 수 있다.〈신설 2020. 1. 29.〉

제14조(현물출자 검사의 면제) ① 법 제422조제2항제1호에서 "대통령령으로 정한 금액"이란 5천만원을 말한다.

② 법 제422조제2항제2호에서 "대통령령으로 정한 방법으로 산정된 시세"란 다음 각 호의 금액 중 낮은 금액을 말한다.
1. 법 제416조에 따른 이사회 또는 주주총회의 결의가 있는 날(이하 이 조에서 "결의일"이라 한다)부터 소급하여 1개월간의 거래소에서의 평균 종가, 결의일부터 소급하여 1주일간의 거래소에서의 평균 종가 및 결의일 직전 거래일의 거래소에서의 종가를 산술평균하여 산정한 금액
2. 결의일 직전 거래일의 거래소에서의 종가

③ 제2항은 현물출자의 목적인 재산에 그 사용, 수익, 담보제공, 소유권 이전 등에 대한 물권적 또는 채권적 제한이나 부담이 설정된 경우에는 적용하지 아니한다.

제15조(회계 원칙) 법 제446조의2에서 "대통령령으로 규정한 것"이란 다음 각 호의 구분에 따른 회계기준을 말한다. 〈개정 2017. 7. 26., 2018. 10. 30.〉
1. 「주식회사 등의 외부감사에 관한 법률」 제4조에 따른 외부감사 대상 회사: 같은 법 제5조제1항에 따른 회계처리기준
2. 「공공기관의 운영에 관한 법률」 제2조에 따른 공공기관: 같은 법에 따른 공기업 · 준정부기관의 회계 원칙
3. 제1호 및 제2호에 해당하는 회사 외의 회사 등: 회사의 종류 및 규모 등을 고려하여 법무부장관이 중소벤처기업부장관 및 금융위원회와 협의하여 고시한 회계기준

제16조(주식회사 재무제표의 범위 등) ① 법 제447조제1항제3호에서 "대통령령으로

정하는 서류"란 다음 각 호의 어느 하나에 해당하는 서류를 말한다. 다만, 「주식회사 등의 외부감사에 관한 법률」 제4조에 따른 외부감사 대상 회사의 경우에는 다음 각 호의 모든 서류, 현금흐름표 및 주석(註釋)을 말한다. 〈개정 2018. 10. 30.〉

1. 자본변동표
2. 이익잉여금 처분계산서 또는 결손금 처리계산서

② 법 제447조제2항에서 "대통령령으로 정하는 회사"란 「주식회사 등의 외부감사에 관한 법률」 제4조에 따른 외부감사의 대상이 되는 회사 중 같은 법 제2조제3호에 규정된 지배회사를 말한다. 〈개정 2018. 10. 30.〉

제17조(영업보고서의 기재사항) 법 제447조의2제2항에 따라 영업보고서에 기재할 사항은 다음 각 호와 같다.

1. 회사의 목적 및 중요한 사업 내용, 영업소·공장 및 종업원의 상황과 주식·사채의 상황
2. 해당 영업연도의 영업의 경과 및 성과(자금조달 및 설비투자의 상황을 포함한다)
3. 모회사와의 관계, 자회사의 상황, 그 밖에 중요한 기업결합의 상황
4. 과거 3년간의 영업성적 및 재산상태의 변동상황
5. 회사가 대처할 과제
6. 해당 영업연도의 이사·감사의 성명, 회사에서의 지위 및 담당 업무 또는 주된 직업과 회사와의 거래관계
7. 상위 5인 이상의 대주주(주주가 회사인 경우에는 그 회사의 자회사가 보유하는 주식을 합산한다), 그 보유주식 수 및 회사와의 거래관계, 해당 대주주에 대한 회사의 출자 상황
8. 회사, 회사와 그 자회사 또는 회사의 자회사가 다른 회사의 발행주식총수의 10분의 1을 초과하는 주식을 가지고 있는 경우에는 그 주식 수, 그 다른 회사의 명칭 및 그 다른 회사가 가지고 있는 회사의 주식 수
9. 중요한 채권자 및 채권액, 해당 채권자가 가지고 있는 회사의 주식 수
10. 결산기 후에 생긴 중요한 사실
11. 그 밖에 영업에 관한 사항으로서 중요하다고 인정되는 사항

제18조(적립할 자본준비금의 범위) 법 제459조제1항에 따라 회사는 제15조에서 정한 회계기준에 따라 자본잉여금을 자본준비금으로 적립하여야 한다.

제19조(미실현이익의 범위) ① 법 제462조제1항제4호에서 "대통령령으로 정하는 미실현이익"이란 법 제446조의2의 회계 원칙에 따른 자산 및 부채에 대한 평가로 인하여 증가한 대차대조표상의 순자산액으로서, 미실현손실과 상계(相計)하지 아니한 금액을 말한다. 〈개정 2014. 2. 24.〉

② 제1항에도 불구하고 다음 각 호의 어느 하나에 해당하는 경우에는 각각의 미실현이익과 미실현손실을 상계할 수 있다. 〈신설 2014. 2. 24.〉

1. 「자본시장과 금융투자업에 관한 법률」 제4조제2항제5호에 따른 파생결합증권의 거래를 하고, 그 거래의 위험을 회피하기 위하여 해당 거래와 연계된 거래를 한 경우로서

각 거래로 미실현이익과 미실현손실이 발생한 경우

2. 「자본시장과 금융투자업에 관한 법률」 제5조에 따른 파생상품의 거래가 그 거래와 연계된 거래의 위험을 회피하기 위하여 한 경우로서 각 거래로 미실현이익과 미실현손실이 발생한 경우

제20조(사채의 발행) 법 제469조제2항제3호에서 "대통령령으로 정하는 자산이나 지표"란 「자본시장과 금융투자업에 관한 법률」 제4조제10항에 따른 기초자산의 가격·이자율·지표·단위 또는 이를 기초로 하는 지수를 말한다.

제21조(이익참가부사채의 발행) ① 법 제469조제2항제1호에 따라 사채권자가 그 사채 발행회사의 이익배당에 참가할 수 있는 사채(이하 "이익참가부사채"라 한다)를 발행하는 경우에 다음 각 호의 사항으로서 정관에 규정이 없는 사항은 이사회가 결정한다. 다만, 정관에서 주주총회에서 이를 결정하도록 정한 경우에는 그러하지 아니하다.

1. 이익참가부사채의 총액
2. 이익배당 참가의 조건 및 내용
3. 주주에게 이익참가부사채의 인수권을 준다는 뜻과 인수권의 목적인 이익참가부사채의 금액

② 주주 외의 자에게 이익참가부사채를 발행하는 경우에 그 발행할 수 있는 이익참가부사채의 가액(價額)과 이익배당 참가의 내용에 관하여 정관에 규정이 없으면 법 제434조에 따른 주주총회의 특별결의로 정하여야 한다.

③ 제2항에 따른 결의를 할 때 이익참가부사채 발행에 관한 의안의 요령은 법 제363조에 따른 통지와 공고에 적어야 한다.

④ 이익참가부사채의 인수권을 가진 주주는 그가 가진 주식의 수에 따라 이익참가부사채의 배정을 받을 권리가 있다. 다만, 각 이익참가부사채의 금액 중 최저액에 미달하는 끝수에 대해서는 그러하지 아니하다.

⑤ 회사는 일정한 날을 정하여, 그 날에 주주명부에 기재된 주주가 이익참가부사채의 배정을 받을 권리를 가진다는 뜻을 그 날의 2주일 전에 공고하여야 한다. 다만, 그 날이 법 제354조제1항의 기간 중일 때에는 그 기간의 초일의 2주일 전에 이를 공고하여야 한다.

⑥ 주주가 이익참가부사채의 인수권을 가진 경우에는 각 주주에게 그 인수권을 가진 이익참가부사채의 액, 발행가액, 이익참가의 조건과 일정한 기일까지 이익참가부사채 인수의 청약을 하지 아니하면 그 권리를 잃는다는 뜻을 통지하여야 한다.

⑦ 회사가 무기명식의 주권을 발행하였을 때에는 제6항의 사항을 공고하여야 한다.

⑧ 제6항에 따른 통지 또는 제7항에 따른 공고는 제5항에 따른 기일의 2주일 전까지 하여야 한다.

⑨ 제6항에 따른 통지 또는 제7항에 따른 공고에도 불구하고 그 기일까지 이익참 가부사채 인수의 청약을 하지 아니한 경우에는 이익참가부사채의 인수권을 가 진 자는 그 권리를 잃는다.

⑩ 회사가 이익참가부사채를 발행하였을 때에는 법 제476조에 따른 납입이 완료된 날부터 2주일 내에 본점 소재지에서 다음 각 호의 사항을 등기하여야 한다.

1. 이익참가부사채의 총액
2. 각 이익참가부사채의 금액
3. 각 이익참가부사채의 납입금액
4. 이익배당에 참가할 수 있다는 뜻과 이익배당 참가의 조건 및 내용

⑪ 제10항 각 호의 사항이 변경된 때에는 본점 소재지에서는 2주일 내, 지점 소 재지에서는 3주일 내에 변경등기를 하여야 한다.

⑫ 외국에서 이익참가부사채를 모집한 경우에 등기할 사항이 외국에서 생겼을 때 에는 그 등기기간은 그 통지가 도달한 날부터 기산(起算)한다.

제22조(교환사채의 발행) ① 법 제469조제2항제2호에 따라 사채권자가 회사 소유 의 주식이나 그 밖의 다른 유가증권으로 교환할 수 있는 사채(이하 "교환사채"라 한다)를 발행하는 경우에는 이사회가 다음 각 호의 사항을 결정한다.

1. 교환할 주식이나 유가증권의 종류 및 내용
2. 교환의 조건
3. 교환을 청구할 수 있는 기간

② 주주 외의 자에게 발행회사의 자기주식으로 교환할 수 있는 사채를 발행하는 경우에 사채를 발행할 상대방에 관하여 정관에 규정이 없으면 이사회가 이를 결정한다.

③ 교환사채를 발행하는 회사는 사채권자가 교환청구를 하는 때 또는 그 사채의 교환청구기간이 끝나는 때까지 교환에 필요한 주식 또는 유가증권을 한국예탁 결제원에 예탁하거나 「주식·사채 등의 전자등록에 관한 법률」 제2조제6호에 따른 전자등록기관(이하 "전자등록기관"이라 한다)에 전자등록해야 한다. 이 경 우 한국예탁결제원 또는 전자등록기관은 그 주식 또는 유가증권을 신탁재산임 을 표시하여 관리하여야 한다.〈개정 2019. 6. 25.〉

④ 사채의 교환을 청구하는 자는 청구서 2통에 사채권을 첨부하여 회사에 제출하 여야 한다.

⑤ 제4항의 청구서에는 교환하려는 주식이나 유가증권의 종류 및 내용, 수와 청구 연월일을 적고 기명날인 또는 서명하여야 한다.

제23조(상환사채의 발행) ① 법 제469조제2항제2호에 따라 회사가 그 소유의 주식 이나 그 밖의 다른 유가증권으로 상환할 수 있는 사채(이하 "상환사채"라 한다)를

발행하는 경우에는 이사회가 다음 각 호의 사항을 결정한다.
1. 상환할 주식이나 유가증권의 종류 및 내용
2. 상환의 조건
3. 회사의 선택 또는 일정한 조건의 성취나 기한의 도래에 따라 주식이나 그 밖의 다른 유가증권으로 상환한다는 뜻
② 주주 외의 자에게 발행회사의 자기주식으로 상환할 수 있는 사채를 발행하는 경우에 사채를 발행할 상대방에 관하여 정관에 규정이 없으면 이사회가 이를 결정한다.
③ 일정한 조건의 성취나 기한의 도래에 따라 상환할 수 있는 경우에는 상환사채를 발행하는 회사는 조건이 성취되는 때 또는 기한이 도래하는 때까지 상환에 필요한 주식 또는 유가증권을 한국예탁결제원에 예탁하거나 전자등록기관에 전자등록해야 한다. 이 경우 한국예탁결제원 또는 전자등록기관은 그 주식 또는 유가증권을 신탁재산임을 표시하여 관리하여야 한다.〈개정 2019. 6. 25.〉

제24조(파생결합사채의 발행) 법 제469조제2항제3호에 따라 유가증권이나 통화 또는 그 밖에 제20조에 따른 자산이나 지표 등의 변동과 연계하여 미리 정하여진 방법에 따라 상환 또는 지급금액이 결정되는 사채(이하 "파생결합사채"라 한다)를 발행하는 경우에는 이사회가 다음 각 호의 사항을 결정한다.
1. 상환 또는 지급 금액을 결정하는 데 연계할 유가증권이나 통화 또는 그 밖의 자산이나 지표
2. 제1호의 자산이나 지표와 연계하여 상환 또는 지급 금액을 결정하는 방법

제25조(사채청약서 등의 기재사항) 법 제469조제2항 각 호의 사채를 발행하는 경우 사채청약서, 채권 및 사채 원부에는 다음 각 호의 구분에 따른 사항이 포함되어야 한다.
1. 이익참가부사채를 발행하는 경우: 제21조제1항제1호부터 제3호까지의 사항
2. 교환사채를 발행하는 경우: 제22조제1항제1호부터 제3호까지의 사항
3. 상환사채를 발행하는 경우: 제23조제1항제1호부터 제3호까지의 사항
4. 파생결합사채를 발행하는 경우: 제24조제1호 및 제2호의 사항

제26조(사채관리회사의 자격) 법 제480조의3제1항에서 "은행, 신탁회사, 그 밖에 대통령령으로 정하는 자"란 다음 각 호의 어느 하나에 해당하는 자를 말한다. 〈개정 2016. 10. 25.〉
1. 「은행법」에 따른 은행
2. 「한국산업은행법」에 따른 한국산업은행
3. 「중소기업은행법」에 따른 중소기업은행
4. 「농업협동조합법」에 따른 농협은행

5. 「수산업협동조합법」에 따른 수협은행
6. 「자본시장과 금융투자업에 관한 법률」에 따라 신탁업 인가를 받은 자로서 일반투자자로부터 금전을 위탁받을 수 있는 자
7. 「자본시장과 금융투자업에 관한 법률」에 따라 투자매매업 인가를 받은 자로서 일반투자자를 상대로 증권의 인수업무를 할 수 있는 자
8. 한국예탁결제원
9. 「자본시장과 금융투자업에 관한 법률」에 따른 증권금융회사

제27조(사채발행회사와의 특수한 이해관계) 법 제480조의3제3항에서 "대통령령으로 정하는 자"란 사채관리회사가 되려는 자가 다음 각 호의 어느 하나에 해당하는 경우 그 회사(사채관리회사가 된 후에 해당하게 된 자를 포함한다)를 말한다. 〈개정 2021. 12. 28.〉

1. 사채관리회사가 사채발행회사에 대하여 법 제542조의8제2항제5호에 따른 최대주주 또는 같은 항 제6호에 따른 주요주주인 경우
2. 사채발행회사가 사채관리회사에 대하여 다음 각 목의 어느 하나에 해당하는 경우
   가. 사채관리회사가 제26조제1호의 은행인 경우: 「은행법」 제2조제1항제10호에 따른 대주주
   나. 사채관리회사가 제26조제6호 및 제7호의 자인 경우: 「자본시장과 금융투자업에 관한 법률」 제9조제1항에 따른 대주주
3. 사채발행회사와 사채관리회사가 「독점규제 및 공정거래에 관한 법률」 제2조제12호에 따른 계열회사(이하 "계열회사"라 한다)인 경우
4. 사채발행회사의 주식을 보유하거나 사채발행회사의 임원을 겸임하는 등으로 인하여 사채권자의 이익과 충돌하는 특수한 이해관계가 있어 공정한 사채관리를 하기 어려운 경우로서 법무부장관이 정하여 고시하는 기준에 해당하는 회사

제28조(휴면회사의 신고) ① 법 제520조의2제1항에 따른 영업을 폐지하지 아니하였다는 뜻의 신고는 서면으로 하여야 한다.
② 제1항의 서면에는 다음 각 호의 사항을 적고, 회사의 대표자 또는 그 대리인이 기명날인하여야 한다.
1. 회사의 상호, 본점의 소재지, 대표자의 성명 및 주소
2. 대리인이 제1항의 신고를 할 때에는 대리인의 성명 및 주소
3. 아직 영업을 폐지하지 아니하였다는 뜻
4. 법원의 표시
5. 신고 연월일
③ 대리인이 제1항의 신고를 할 경우 제1항의 서면에는 그 권한을 증명하는 서면을 첨부하여야 한다.
④ 제1항 또는 제3항의 서면에 찍을 회사 대표자의 인감은 「상업등기법」 제24조제1항에 따라 등기소에 제출된 것이어야 한다. 다만, 법 제520조의2제2항에

따라 법원으로부터 통지서를 받고 이를 첨부하여 신고하는 경우에는 그러하지 아니하다.

제29조(상장회사 특례의 적용범위) ① 법 제542조의2제1항 본문에서 "대통령령으로 정하는 증권시장"이란 「자본시장과 금융투자업에 관한 법률」 제8조의2제4항제1호에 따른 증권시장을 말한다. 〈개정 2013. 8. 27.〉

② 법 제542조의2제1항 단서에서 "대통령령으로 정하는 주식회사"란 「자본시장과 금융투자업에 관한 법률」 제6조제5항에 따른 집합투자를 수행하기 위한 기구인 주식회사를 말한다.

제30조(주식매수선택권) ① 법 제542조의3제1항 본문에서 "대통령령으로 정하는 관계 회사"란 다음 각 호의 어느 하나에 해당하는 법인을 말한다. 다만, 제1호 및 제2호의 법인은 주식매수선택권을 부여하는 회사의 수출실적에 영향을 미치는 생산 또는 판매 업무를 영위하거나 그 회사의 기술혁신을 위한 연구개발활동을 수행하는 경우로 한정한다.

1. 해당 회사가 총출자액의 100분의 30 이상을 출자하고 최대출자자로 있는 외국법인
2. 제1호의 외국법인이 총출자액의 100분의 30 이상을 출자하고 최대출자자로 있는 외국법인과 그 법인이 총출자액의 100분의 30 이상을 출자하고 최대출자자로 있는 외국법인
3. 해당 회사가 「금융지주회사법」에서 정하는 금융지주회사인 경우 그 자회사 또는 손자회사 가운데 상장회사가 아닌 법인

② 법 제542조의3제1항 단서에서 "제542조의8제2항제5호의 최대주주 등 대통령령으로 정하는 자"란 다음 각 호의 어느 하나에 해당하는 자를 말한다. 다만, 해당 회사 또는 제1항의 관계 회사의 임원이 됨으로써 특수관계인에 해당하게 된 자[그 임원이 계열회사의 상무(常務)에 종사하지 아니하는 이사·감사인 경우를 포함한다]는 제외한다.

1. 법 제542조의8제2항제5호에 따른 최대주주 및 그 특수관계인
2. 법 제542조의8제2항제6호에 따른 주요주주 및 그 특수관계인

③ 법 제542조의3제2항에서 "대통령령으로 정하는 한도"란 발행주식총수의 100분의 15에 해당하는 주식 수를 말한다. 이 경우 이를 산정할 때에는 법 제542조의3제3항에 따라 부여한 주식매수선택권을 포함하여 계산한다.

④ 법 제542조의3제3항 전단에서 "대통령령으로 정하는 한도"란 다음 각 호의 구분에 따른 주식 수를 말한다.

1. 최근 사업연도 말 현재의 자본금이 3천억원 이상인 법인: 발행주식총수의 100분의 1에 해당하는 주식 수
2. 최근 사업연도 말 현재의 자본금이 3천억원 미만인 법인: 발행주식총수의 100분의 3

에 해당하는 주식 수

⑤ 법 제542조의3제4항에서 "대통령령으로 정하는 경우"란 주식매수선택권을 부여받은 자가 사망하거나 그 밖에 본인의 책임이 아닌 사유로 퇴임하거나 퇴직한 경우를 말한다. 이 경우 정년에 따른 퇴임이나 퇴직은 본인의 책임이 아닌 사유에 포함되지 아니한다.

⑥ 상장회사는 다음 각 호의 어느 하나에 해당하는 경우에는 정관에서 정하는 바에 따라 이사회 결의에 의하여 주식매수선택권의 부여를 취소할 수 있다.
  1. 주식매수선택권을 부여받은 자가 본인의 의사에 따라 사임하거나 사직한 경우
  2. 주식매수선택권을 부여받은 자가 고의 또는 과실로 회사에 중대한 손해를 입힌 경우
  3. 해당 회사의 파산 등으로 주식매수선택권 행사에 응할 수 없는 경우
  4. 그 밖에 주식매수선택권을 부여받은 자와 체결한 주식매수선택권 부여계약에서 정한 취소사유가 발생한 경우

⑦ 주식매수선택권의 행사기한을 해당 이사·감사 또는 피용자의 퇴임일 또는 퇴직일로 정하는 경우 이들이 본인의 책임이 아닌 사유로 퇴임하거나 퇴직하였을 때에는 그 날부터 3개월 이상의 행사기간을 추가로 부여하여야 한다.

제31조(주주총회의 소집공고) ① 법 제542조의4제1항에서 "대통령령으로 정하는 수 이하의 주식"이란 의결권 있는 발행주식총수의 100분의 1 이하의 주식을 말한다.

② 상장회사는 「금융위원회의 설치 등에 관한 법률」 제24조에 따라 설립된 금융감독원 또는 「자본시장과 금융투자업에 관한 법률」 제373조의2에 따라 허가를 받은 거래소(이하 "거래소"라 한다)가 운용하는 전자공시시스템을 통하여 법 제542조의4제1항의 공고를 할 수 있다. 〈개정 2013. 8. 27.〉

③ 법 제542조의4제2항에서 "대통령령으로 정하는 후보자에 관한 사항"이란 다음 각 호의 사항을 말한다. 〈개정 2020. 1. 29.〉
  1. 후보자와 최대주주와의 관계
  2. 후보자와 해당 회사와의 최근 3년간의 거래 내역
  3. 주주총회 개최일 기준 최근 5년 이내에 후보자가 「국세징수법」 또는 「지방세징수법」에 따른 체납처분을 받은 사실이 있는지 여부
  4. 주주총회 개최일 기준 최근 5년 이내에 후보자가 임원으로 재직한 기업이 「채무자 회생 및 파산에 관한 법률」에 따른 회생절차 또는 파산절차를 진행한 사실이 있는지 여부
  5. 법령에서 정한 취업제한 사유 등 이사·감사 결격 사유의 유무

④ 법 제542조의4제3항 본문에서 "사외이사 등의 활동내역과 보수에 관한 사항, 사업개요 등 대통령령으로 정하는 사항"이란 다음 각 호의 사항을 말한다. 〈개정 2020. 1. 29.〉
  1. 사외이사, 그 밖에 해당 회사의 상무에 종사하지 아니하는 이사의 이사회 출석률, 이사회 의안에 대한 찬반 여부 등 활동내역과 보수에 관한 사항

2. 법 제542조의9제3항 각 호에 따른 거래의 내역
3. 영업 현황 등 사업개요와 주주총회의 목적사항별로 금융위원회가 정하는 방법에 따라 작성한 참고서류
4. 「자본시장과 금융투자업에 관한 법률」 제159조에 따른 사업보고서 및 「주식회사 등의 외부감사에 관한 법률」 제23조제1항 본문에 따른 감사보고서. 이 경우 해당 보고서는 주주총회 개최 1주 전까지 전자문서로 발송하거나 회사의 홈페이지에 게재하는 것으로 갈음할 수 있다.
⑤ 법 제542조의4제3항 단서에서 "대통령령으로 정하는 방법"이란 상장회사가 제4항 각 호에 따른 서류를 회사의 인터넷 홈페이지에 게재하고 다음 각 호의 장소에 갖추어 두어 일반인이 열람할 수 있도록 하는 방법을 말한다.⟨개정 2013. 8. 27.⟩
1. 상장회사의 본점 및 지점
2. 명의개서대행회사
3. 금융위원회
4. 거래소

제32조(소수주주권 행사요건 완화대상 회사) 법 제542조의6제2항부터 제5항까지의 규정에서 "대통령령으로 정하는 상장회사"란 최근 사업연도 말 현재의 자본금이 1천억원 이상인 상장회사를 말한다.

제33조(집중투표에 관한 특례의 대상 회사) 법 제542조의7제2항에서 "대통령령으로 정하는 상장회사"란 최근 사업연도 말 현재의 자산총액이 2조원 이상인 상장회사를 말한다.

제34조(상장회사의 사외이사 등) ① 법 제542조의8제1항 본문에서 "대통령령으로 정하는 경우"란 다음 각 호의 어느 하나에 해당하는 경우를 말한다. ⟨개정 2013. 8. 27.⟩
1. 「벤처기업육성에 관한 특별조치법」에 따른 벤처기업 중 최근 사업연도 말 현재의 자산총액이 1천억원 미만으로서 코스닥시장(대통령령 제24697호 자본시장과 금융투자업에 관한 법률 시행령 일부개정령 부칙 제8조에 따른 코스닥시장을 말한다. 이하 같다) 또는 코넥스시장(「자본시장과 금융투자업에 관한 법률 시행령」 제11조제2항에 따른 코넥스시장을 말한다. 이하 같다)에 상장된 주권을 발행한 벤처기업인 경우
2. 「채무자 회생 및 파산에 관한 법률」에 따른 회생절차가 개시되었거나 파산선고를 받은 상장회사인 경우
3. 유가증권시장(「자본시장과 금융투자업에 관한 법률 시행령」 제176조의9제1항에 따른 유가증권시장을 말한다. 이하 같다), 코스닥시장 또는 코넥스시장에 주권을 신규로 상장한 상장회사(신규상장 후 최초로 소집되는 정기주주총회 전날까지만 해당한다)인 경우. 다만, 유가증권시장에 상장된 주권을 발행한 회사로서 사외이사를 선임하여야 하는 회사가 코스닥시장 또는 코넥스시장에 상장된 주권을 발행한 회사로 되는 경우 또

는 코스닥시장 또는 코넥스시장에 상장된 주권을 발행한 회사로서 사외이사를 선임하
여야 하는 회사가 유가증권시장에 상장된 주권을 발행한 회사로 되는 경우에는 그러
하지 아니하다.

4. 「부동산투자회사법」에 따른 기업구조조정 부동산투자회사인 경우

5. 해산을 결의한 상장회사인 경우

② 법 제542조의8제1항 단서에서 "대통령령으로 정하는 상장회사"란 최근 사업연
도 말 현재의 자산총액이 2조원 이상인 상장회사를 말한다.

③ 법 제542조의8제2항제4호에서 "대통령령으로 별도로 정하는 법률"이란 다음
각 호의 금융 관련 법령(이에 상응하는 외국의 금융 관련 법령을 포함한다)을
말한다.⟨개정 2016. 5. 31., 2021. 2. 1., 2022. 8. 23.⟩

1. 「한국은행법」
2. 「은행법」
3. 「보험업법」
4. 「자본시장과 금융투자업에 관한 법률」
5. 「상호저축은행법」
6. 「금융실명거래 및 비밀보장에 관한 법률」
7. 「금융위원회의 설치 등에 관한 법률」
8. 「예금자보호법」
9. 「한국자산관리공사 설립 등에 관한 법률」
10. 「여신전문금융업법」
11. 「한국산업은행법」
12. 「중소기업은행법」
13. 「한국수출입은행법」
14. 「신용협동조합법」
15. 「신용보증기금법」
16. 「기술보증기금법」
17. 「새마을금고법」
18. 「벤처투자 촉진에 관한 법률」
19. 「신용정보의 이용 및 보호에 관한 법률」
20. 「외국환거래법」
21. 「외국인투자 촉진법」
22. 「자산유동화에 관한 법률」
23. 삭제⟨2021. 2. 1.⟩
24. 「금융산업의 구조개선에 관한 법률」
25. 「담보부사채신탁법」
26. 「금융지주회사법」
27. 「기업구조조정투자회사법」

28. 「한국주택금융공사법」
④ 법 제542조의8제2항제5호에서 "대통령령으로 정하는 특수한 관계에 있는 자"란 다음 각 호의 어느 하나에 해당하는 자(이하 "특수관계인"이라 한다)를 말한다.
1. 본인이 개인인 경우에는 다음 각 목의 어느 하나에 해당하는 사람
  가. 배우자(사실상의 혼인관계에 있는 사람을 포함한다)
  나. 6촌 이내의 혈족
  다. 4촌 이내의 인척
  라. 본인이 단독으로 또는 본인과 가목부터 다목까지의 관계에 있는 사람과 합하여 100분의 30 이상을 출자하거나 그 밖에 이사·집행임원·감사의 임면 등 법인 또는 단체의 주요 경영사항에 대하여 사실상 영향력을 행사하고 있는 경우에는 해당 법인 또는 단체와 그 이사·집행임원·감사
  마. 본인이 단독으로 또는 본인과 가목부터 라목까지의 관계에 있는 자와 합하여 100분의 30 이상을 출자하거나 그 밖에 이사·집행임원·감사의 임면 등 법인 또는 단체의 주요 경영사항에 대하여 사실상 영향력을 행사하고 있는 경우에는 해당 법인 또는 단체와 그 이사·집행임원·감사
2. 본인이 법인 또는 단체인 경우에는 다음 각 목의 어느 하나에 해당하는 자
  가. 이사·집행임원·감사
  나. 계열회사 및 그 이사·집행임원·감사
  다. 단독으로 또는 제1호 각 목의 관계에 있는 자와 합하여 본인에게 100분의 30 이상을 출자하거나 그 밖에 이사·집행임원·감사의 임면 등 본인의 주요 경영사항에 대하여 사실상 영향력을 행사하고 있는 개인 및 그와 제1호 각 목의 관계에 있는 자 또는 단체(계열회사는 제외한다. 이하 이 호에서 같다)와 그 이사·집행임원·감사
  라. 본인이 단독으로 또는 본인과 가목부터 다목까지의 관계에 있는 자와 합하여 100분의 30 이상을 출자하거나 그 밖에 이사·집행임원·감사의 임면 등 단체의 주요 경영사항에 대하여 사실상 영향력을 행사하고 있는 경우 해당 단체와 그 이사·집행임원·감사
⑤ 법 제542조의8제2항제7호에서 "대통령령으로 정하는 자"란 다음 각 호의 어느 하나에 해당하는 자를 말한다. 〈개정 2016. 6. 28., 2020. 1. 29.〉
1. 해당 상장회사의 계열회사의 상무에 종사하는 이사·집행임원·감사 및 피용자이거나 최근 3년 이내에 계열회사의 상무에 종사하는 이사·집행임원·감사 및 피용자였던 자
2. 다음 각 목의 법인 등의 이사·집행임원·감사 및 피용자[사목에 따른 법무법인, 법무법인(유한), 법무조합, 변호사 2명 이상이 사건의 수임·처리나 그 밖의 변호사 업무 수행 시 통일된 형태를 갖추고 수익을 분배하거나 비용을 분담하는 형태로 운영되는 법률사무소, 합작법무법인, 외국법자문법률사무소의 경우에는 해당 법무법인 등에 소속된 변호사, 외국법자문사를 말한다]이거나 최근 2년 이내에 이사·집행임원·감사 및 피용자였던 자
  가. 최근 3개 사업연도 중 해당 상장회사와의 거래실적의 합계액이 자산총액(해당 상

장회사의 최근 사업연도 말 현재의 대차대조표상의 자산총액을 말한다) 또는 매출총액(해당 상장회사의 최근 사업연도 말 현재의 손익계산서상의 매출총액을 말한다. 이하 이 조에서 같다)의 100분의 10 이상인 법인

나. 최근 사업연도 중에 해당 상장회사와 매출총액의 100분의 10 이상의 금액에 상당하는 단일의 거래계약을 체결한 법인

다. 최근 사업연도 중에 해당 상장회사가 금전, 유가증권, 그 밖의 증권 또는 증서를 대여하거나 차입한 금액과 담보제공 등 채무보증을 한 금액의 합계액이 자본금(해당 상장회사의 최근 사업연도 말 현재의 대차대조표상의 자본금을 말한다)의 100분의 10 이상인 법인

라. 해당 상장회사의 정기주주총회일 현재 그 회사가 자본금(해당 상장회사가 출자한 법인의 자본금을 말한다)의 100분의 5 이상을 출자한 법인

마. 해당 상장회사와 기술제휴계약을 체결하고 있는 법인

바. 해당 상장회사의 감사인으로 선임된 회계법인

사. 해당 상장회사와 주된 법률자문·경영자문 등의 자문계약을 체결하고 있는 법무법인, 법무법인(유한), 법무조합, 변호사 2명 이상이 사건의 수임·처리나 그 밖의 변호사 업무수행 시 통일된 형태를 갖추고 수익을 분배하거나 비용을 분담하는 형태로 운영되는 법률사무소, 합작법무법인, 외국법자문법률사무소, 회계법인, 세무법인, 그 밖에 자문용역을 제공하고 있는 법인

3. 해당 상장회사 외의 2개 이상의 다른 회사의 이사·집행임원·감사로 재임 중인 자

4. 해당 상장회사에 대한 회계감사 또는 세무대리를 하거나 그 상장회사와 법률자문·경영자문 등의 자문계약을 체결하고 있는 변호사(소속 외국법자문사를 포함한다), 공인회계사, 세무사, 그 밖에 자문용역을 제공하고 있는 자

5. 해당 상장회사의 발행주식총수의 100분의 1 이상에 해당하는 주식을 보유(「자본시장과 금융투자업에 관한 법률」 제133조제3항에 따른 보유를 말한다)하고 있는 자

6. 해당 상장회사와의 거래(「약관의 규제에 관한 법률」 제2조제1호의 약관에 따라 이루어지는 해당 상장회사와의 정형화된 거래는 제외한다) 잔액이 1억원 이상인 자

7. 해당 상장회사에서 6년을 초과하여 사외이사로 재직했거나 해당 상장회사 또는 그 계열회사에서 각각 재직한 기간을 더하면 9년을 초과하여 사외이사로 재직한 자

⑥ 제5항제2호에도 불구하고 다음 각 호의 어느 하나에 해당하는 법인인 기관투자자 및 이에 상당하는 외국금융회사는 제5항에 해당하는 자에서 제외한다. 〈개정 2016. 5. 31.〉

1. 「은행법」에 따른 은행
2. 「한국산업은행법」에 따른 한국산업은행
3. 「중소기업은행법」에 따른 중소기업은행
4. 「한국수출입은행법」에 따른 한국수출입은행
5. 「농업협동조합법」에 따른 농업협동조합중앙회 및 농협은행
6. 「수산업협동조합법」에 따른 수산업협동조합중앙회

7. 「상호저축은행법」에 따른 상호저축은행중앙회 및 상호저축은행
8. 「보험업법」에 따른 보험회사
9. 「여신전문금융업법」에 따른 여신전문금융회사
10. 「신용협동조합법」에 따른 신용협동조합중앙회
11. 「산림조합법」에 따른 산림조합중앙회
12. 「새마을금고법」에 따른 새마을금고중앙회
13. 「한국주택금융공사법」에 따른 한국주택금융공사
14. 「자본시장과 금융투자업에 관한 법률」에 따른 투자매매업자 및 투자중개업자
15. 「자본시장과 금융투자업에 관한 법률」에 따른 종합금융회사
16. 「자본시장과 금융투자업에 관한 법률」에 따른 집합투자업자
17. 「자본시장과 금융투자업에 관한 법률」에 따른 증권금융회사
18. 법률에 따라 설립된 기금을 관리·운용하는 법인으로서 다음 각 목의 법인
    가. 「공무원연금법」에 따른 공무원연금공단
    나. 「사립학교교직원 연금법」에 따른 사립학교교직원연금공단
    다. 「국민체육진흥법」에 따른 서울올림픽기념국민체육진흥공단
    라. 「신용보증기금법」에 따른 신용보증기금
    마. 「기술보증기금법」에 따른 기술보증기금
    바. 「무역보험법」에 따른 한국무역보험공사
    사. 「중소기업협동조합법」에 따른 중소기업중앙회
    아. 「문화예술진흥법」에 따른 한국문화예술위원회
19. 법률에 따라 공제사업을 영위하는 법인으로서 다음 각 목의 법인
    가. 「한국교직원공제회법」에 따른 한국교직원공제회
    나. 「군인공제회법」에 따른 군인공제회
    다. 「건설산업기본법」에 따라 설립된 건설공제조합 및 전문건설공제조합
    라. 「전기공사공제조합법」에 따른 전기공사공제조합
    마. 「정보통신공사업법」에 따른 정보통신공제조합
    바. 「대한지방행정공제회법」에 따른 대한지방행정공제회
    사. 「과학기술인공제회법」에 따른 과학기술인공제회

제35조(주요주주 등 이해관계자와의 거래) ① 법 제542조의9제1항 각 호 외의 부분에서 "대통령령으로 정하는 거래"란 다음 각 호의 어느 하나에 해당하는 거래를 말한다.
1. 담보를 제공하는 거래
2. 어음(「전자어음의 발행 및 유통에 관한 법률」에 따른 전자어음을 포함한다)을 배서(「어음법」 제15조제1항에 따른 담보적 효력이 없는 배서는 제외한다)하는 거래
3. 출자의 이행을 약정하는 거래
4. 법 제542조의9제1항 각 호의 자에 대한 신용공여의 제한(금전·증권 등 경제적 가치가 있는 재산의 대여, 채무이행의 보증, 자금 지원적 성격의 증권 매입, 제1호부터 제3호까지의 어느 하나에 해당하는 거래의 제한을 말한다)을 회피할 목적으로 하는 거

래로서 「자본시장과 금융투자업에 관한 법률 시행령」 제38조제1항제4호 각 목의 어느 하나에 해당하는 거래

5. 「자본시장과 금융투자업에 관한 법률 시행령」 제38조제1항제5호에 따른 거래

② 법 제542조의9제2항제1호에서 "대통령령으로 정하는 신용공여"란 학자금, 주택자금 또는 의료비 등 복리후생을 위하여 회사가 정하는 바에 따라 3억원의 범위에서 금전을 대여하는 행위를 말한다.

③ 법 제542조의9제2항제3호에서 "대통령령으로 정하는 신용공여"란 회사의 경영상 목적을 달성하기 위하여 필요한 경우로서 다음 각 호의 자를 상대로 하거나 그를 위하여 적법한 절차에 따라 이행하는 신용공여를 말한다.

1. 법인인 주요주주

2. 법인인 주요주주의 특수관계인 중 회사(자회사를 포함한다)의 출자지분과 해당 법인인 주요주주의 출자지분을 합한 것이 개인인 주요주주의 출자지분과 그의 특수관계인(해당 회사 및 자회사는 제외한다)의 출자지분을 합한 것보다 큰 법인

3. 개인인 주요주주의 특수관계인 중 회사(자회사를 포함한다)의 출자지분과 제1호 및 제2호에 따른 법인의 출자지분을 합한 것이 개인인 주요주주의 출자지분과 그의 특수관계인(해당 회사 및 자회사는 제외한다)의 출자지분을 합한 것보다 큰 법인

④ 법 제542조의9제3항 각 호 외의 부분에서 "대통령령으로 정하는 상장회사"란 최근 사업연도 말 현재의 자산총액이 2조원 이상인 상장회사를 말한다.

⑤ 법 제542조의9제3항 각 호 외의 부분에서 "대통령령으로 정하는 자"란 제34조제4항의 특수관계인을 말한다.

⑥ 법 제542조의9제3항제1호에서 "대통령령으로 정하는 규모"란 자산총액 또는 매출총액을 기준으로 다음 각 호의 구분에 따른 규모를 말한다.

1. 제4항의 회사가 「금융위원회의 설치 등에 관한 법률」 제38조에 따른 검사 대상 기관인 경우: 해당 회사의 최근 사업연도 말 현재의 자산총액의 100분의 1

2. 제4항의 회사가 「금융위원회의 설치 등에 관한 법률」 제38조에 따른 검사 대상 기관이 아닌 경우: 해당 회사의 최근 사업연도 말 현재의 자산총액 또는 매출총액의 100분의 1

⑦ 법 제542조의9제3항제2호에서 "대통령령으로 정하는 규모"란 다음 각 호의 구분에 따른 규모를 말한다.

1. 제4항의 회사가 「금융위원회의 설치 등에 관한 법률」 제38조에 따른 검사 대상 기관인 경우: 해당 회사의 최근 사업연도 말 현재의 자산총액의 100분의 5

2. 제4항의 회사가 「금융위원회의 설치 등에 관한 법률」 제38조에 따른 검사 대상 기관이 아닌 경우: 해당 회사의 최근 사업연도 말 현재의 자산총액 또는 매출총액의 100분의 5

⑧ 법 제542조의9제4항에서 "대통령령으로 정하는 사항"이란 다음 각 호의 사항을 말한다.

1. 거래의 내용, 날짜, 기간 및 조건

2. 해당 사업연도 중 거래상대방과의 거래유형별 총거래금액 및 거래잔액

⑨ 법 제542조의9제5항제1호에서 "대통령령으로 정하는 거래"란 「약관의 규제에 관한 법률」 제2조제1호의 약관에 따라 이루어지는 거래를 말한다.

제36조(상근감사) ① 법 제542조의10제1항 본문에서 "대통령령으로 정하는 상장회사"란 최근 사업연도 말 현재의 자산총액이 1천억원 이상인 상장회사를 말한다.

② 법 제542조의10제2항제3호에서 "대통령령으로 정하는 자"란 다음 각 호의 어느 하나에 해당하는 자를 말한다.

1. 해당 회사의 상무에 종사하는 이사·집행임원의 배우자 및 직계존속·비속
2. 계열회사의 상무에 종사하는 이사·집행임원 및 피용자이거나 최근 2년 이내에 상무에 종사한 이사·집행임원 및 피용자

제37조(감사위원회) ① 법 제542조의11제1항에서 "대통령령으로 정하는 상장회사"란 최근 사업연도 말 현재의 자산총액이 2조원 이상인 상장회사를 말한다. 다만, 다음 각 호의 어느 하나에 해당하는 상장회사는 제외한다.

1. 「부동산투자회사법」에 따른 부동산투자회사인 상장회사
2. 「공공기관의 운영에 관한 법률」 및 「공기업의 경영구조 개선 및 민영화에 관한 법률」을 적용받는 상장회사
3. 「채무자 회생 및 파산에 관한 법률」에 따른 회생절차가 개시된 상장회사
4. 유가증권시장 또는 코스닥시장에 주권을 신규로 상장한 상장회사(신규상장 후 최초로 소집되는 정기주주총회 전날까지만 해당한다). 다만, 유가증권시장에 상장된 주권을 발행한 회사로서 감사위원회를 설치하여야 하는 회사가 코스닥시장에 상장된 주권을 발행한 회사로 되는 경우 또는 코스닥시장에 상장된 주권을 발행한 회사로서 감사위원회를 설치하여야 하는 회사가 유가증권시장에 상장된 주권을 발행한 회사로 되는 경우는 제외한다.

② 법 제542조의11제2항제1호에서 "대통령령으로 정하는 회계 또는 재무 전문가"란 다음 각 호의 어느 하나에 해당하는 사람을 말한다.〈개정 2012. 2. 29., 2020. 4. 14., 2022. 8. 9.〉

1. 공인회계사의 자격을 가진 사람으로서 그 자격과 관련된 업무에 5년 이상 종사한 경력이 있는 사람
2. 회계 또는 재무 분야에서 석사 이상의 학위를 취득한 사람으로서 연구기관 또는 대학에서 회계 또는 재무 관련 분야의 연구원이나 조교수 이상으로 근무한 경력(학위 취득 전의 경력을 포함한다)이 합산하여 5년 이상인 사람
3. 상장회사에서 회계 또는 재무 관련 업무에 합산하여 임원으로 근무한 경력이 5년 이상 또는 임직원으로 근무한 경력이 10년 이상인 사람
4. 「금융회사의 지배구조에 관한 법률 시행령」 제16조제1항제4호·제5호의 기관 또는 「한국은행법」에 따른 한국은행에서 회계 또는 재무 관련 업무나 이에 대한 감독 업무

에 근무한 경력이 합산하여 5년 이상인 사람

5. 「금융회사의 지배구조에 관한 법률 시행령」 제16조제1항제6호에 따라 금융위원회가 정하여 고시하는 자격을 갖춘 사람

제38조(감사 등 선임·해임 시의 의결권 제한) ① 법 제542조의12제4항에서 "대통령령으로 정하는 자"란 다음 각 호의 어느 하나에 해당하는 자를 말한다. 〈개정 2021. 2. 1.〉

1. 최대주주 또는 그 특수관계인의 계산으로 주식을 보유하는 자
2. 최대주주 또는 그 특수관계인에게 의결권(의결권의 행사를 지시할 수 있는 권한을 포함한다)을 위임한 자(해당 위임분만 해당한다)

② 법 제542조의12제7항 후단에서 "대통령령으로 정하는 자"란 제1항 각 호의 어느 하나에 해당하는 자를 말한다.〈개정 2021. 2. 1.〉

제39조(준법통제기준 및 준법지원인 제도의 적용범위) 법 제542조의13제1항에서 "대통령령으로 정하는 상장회사"란 최근 사업연도 말 현재의 자산총액이 5천억원 이상인 회사를 말한다. 다만, 다른 법률에 따라 내부통제기준 및 준법감시인을 두어야 하는 상장회사는 제외한다.

제40조(준법통제기준 등) ① 법 제542조의13제1항에 따른 준법통제기준(이하 "준법통제기준"이라 한다)에는 다음 각 호의 사항이 포함되어야 한다.

1. 준법통제기준의 제정 및 변경의 절차에 관한 사항
2. 법 제542조의13제2항에 따른 준법지원인(이하 "준법지원인"이라 한다)의 임면절차에 관한 사항
3. 준법지원인의 독립적 직무수행의 보장에 관한 사항
4. 임직원이 업무수행과정에서 준수해야 할 법규 및 법적 절차에 관한 사항
5. 임직원에 대한 준법통제기준 교육에 관한 사항
6. 임직원의 준법통제기준 준수 여부를 확인할 수 있는 절차 및 방법에 관한 사항
7. 준법통제기준을 위반하여 업무를 집행한 임직원의 처리에 관한 사항
8. 준법통제에 필요한 정보가 준법지원인에게 전달될 수 있도록 하는 방법에 관한 사항
9. 준법통제기준의 유효성 평가에 관한 사항

② 준법통제기준을 정하거나 변경하는 경우에는 이사회의 결의를 거쳐야 한다.

제41조(준법지원인 자격요건 등) 법 제542조의13제5항제3호에서 "대통령령으로 정하는 사람"이란 다음 각 호의 어느 하나에 해당하는 사람을 말한다. 〈개정 2022. 8. 9.〉

1. 상장회사에서 감사·감사위원·준법감시인 또는 이와 관련된 법무부서에서 근무한 경력이 합산하여 10년 이상인 사람
2. 법률학 석사 이상의 학위를 취득한 사람으로서 상장회사에서 감사·감사위원·준법감시인 또는 이와 관련된 법무부서에서 근무한 경력(학위 취득 전의 경력을 포함한다)이 합산하여 5년 이상인 사람

제42조(준법지원인의 영업 업무 제한) 준법지원인은 자신의 업무수행에 영향을 줄 수 있는 영업 관련 업무를 담당해서는 아니 된다.

제43조(대차대조표에 상당하는 것의 범위) 법 제616조의2제1항에서 "대통령령으로 정하는 것"이란 복식부기의 원리에 의하여 해당 회사의 재무상태를 명확히 하기 위하여 회계연도 말 현재의 모든 자산·부채 및 자본의 현황을 표시한 서류로서 대차대조표에 상당하는 형식을 갖춘 것을 말한다.

제44조(과태료의 부과·징수 절차) ① 법무부장관은 법 제637조의2에 따라 과태료를 부과할 때에는 해당 위반행위를 조사·확인한 후 위반사실, 과태료 금액, 이의 제기방법, 이의제기기간 등을 구체적으로 밝혀 과태료를 낼 것을 과태료 처분 대상자에게 서면으로 통지하여야 한다.

② 법무부장관은 제1항에 따라 과태료를 부과하려는 경우에는 10일 이상의 기간을 정하여 과태료 처분 대상자에게 말 또는 서면(전자문서를 포함한다)으로 의견을 진술할 기회를 주어야 한다. 이 경우 지정된 기일까지 의견을 진술하지 아니하면 의견이 없는 것으로 본다.

③ 법무부장관은 과태료 금액을 정하는 경우 해당 위반행위의 동기와 그 결과, 위반기간 및 위반 정도 등을 고려하여야 한다.

④ 과태료는 국고금 관리법령의 수입금 징수에 관한 절차에 따라 징수한다. 이 경우 납입고지서에는 이의제기방법 및 이의제기기간 등을 함께 적어야 한다.

제3편의2 보험

〈신설 2018. 10. 30.〉

제44조의2(타인의 생명보험) 법 제731조제1항에 따른 본인 확인 및 위조·변조 방지에 대한 신뢰성을 갖춘 전자문서는 다음 각 호의 요건을 모두 갖춘 전자문서로 한다.

1. 전자문서에 보험금 지급사유, 보험금액, 보험계약자와 보험수익자의 신원, 보험기간이 적혀 있을 것
2. 전자문서에 법 제731조제1항에 따른 전자서명(이하 "전자서명"이라 한다)을 하기 전에 전자서명을 할 사람을 직접 만나서 전자서명을 하는 사람이 보험계약에 동의하는 본인임을 확인하는 절차를 거쳐 작성될 것
3. 전자문서에 전자서명을 한 후에 그 전자서명을 한 사람이 보험계약에 동의한 본인임을 확인할 수 있도록 지문정보를 이용하는 등 법무부장관이 고시하는 요건을 갖추어 작성될 것
4. 전자문서 및 전자서명의 위조·변조 여부를 확인할 수 있을 것

[본조신설 2018. 10. 30.]

제4편 해상

제45조(해상편 규정의 적용이 제외되는 선박의 범위) 법 제741조제1항 단서에서 "대통령령으로 정하는 경우"란 다음 각 호의 어느 하나에 해당하는 국유 또는 공유의 선박인 경우를 말한다.

1. 군함, 경찰용 선박
2. 어업지도선, 밀수감시선
3. 그 밖에 영리행위에 사용되지 아니하는 선박으로서 비상용·인명구조용 선박 등 사실상 공용(公用)으로 사용되는 선박

제46조(연안항행구역의 범위) 법 제872조제2항 단서에 따라 공동해손의 경우 분담 등에 특례가 인정되는 연안항행구역의 범위는 전라남도 영광군 불갑천구 북안에서 같은 군 가음도, 신안군 재원도·비금도·신도, 진도군 가사도·진도, 완도군 보길도·자지도·청산도, 여수시 초도·소리도와 경상남도 거제시 거제도 및 부산광역시 영도를 거쳐 같은 광역시 승두말에 이르는 선 안의 해면으로 한다.

제5편 항공운송

제47조(초경량 비행장치의 범위) 법 제896조 단서에서 "대통령령으로 정하는 초경량 비행장치"란 「항공안전법」 제2조제3호에 따른 초경량비행장치를 말한다. 〈개정 2017. 3. 29.〉

제48조(항공운송편 규정의 준용이 제외되는 항공기의 범위) 법 제897조 단서에서 "대통령령으로 정하는 경우"란 다음 각 호의 어느 하나에 해당하는 국유 또는 공유의 항공기인 경우를 말한다. 〈개정 2017. 3. 29.〉

1. 군용·경찰용·세관용 항공기
2. 「항공안전법」 제2조제1호 각 목의 용도로 사용되는 항공기
3. 그 밖에 영리행위에 사용되지 아니하는 항공기로서 비상용·인명구조용 항공기 등 사실상 공용(公用)으로 사용되는 항공기

제49조(항공기사고로 인한 선급금의 지급액 등) ① 법 제906조제1항 전단에 따라 운송인이 지급하여야 하는 선급금은 다음 각 호의 구분에 따른 금액으로 한다.

1. 여객이 사망한 경우: 1인당 1만6천계산단위의 금액
2. 여객이 신체에 상해를 입은 경우: 1인당 8천계산단위의 금액 범위에서 진찰·검사, 약제·치료재료의 지급, 처치·수술 및 그 밖의 치료, 예방·재활, 입원, 간호, 이송 등 명칭에 상관없이 그 상해의 치료에 드는 비용 중 법 제906조제1항에 따른 손해배상청구권자(이하 이 조에서 "손해배상청구권자"라 한다) 또는 「민법」에 따라 부양할 의

무가 있는 사람이 실제 부담한 금액
② 법 제906조제1항 전단에 따라 손해배상청구권자가 선급금을 청구할 때에는 운송인에 대하여 선급금을 청구한다는 취지와 청구금액을 분명히 밝힌 서면 또는 전자문서에 다음 각 호의 서류를 첨부하여 청구하여야 한다.
1. 가족관계등록부 또는 그 밖에 법률에 따른 권한이 있는 청구권자임을 증명할 수 있는 서류
2. 여객이 신체에 상해를 입은 경우에는 그 상해의 치료에 드는 비용을 실제 부담하였음을 증명할 수 있는 서류

부칙

〈제32881호, 2022. 8. 23.〉 (벤처투자 촉진에 관한 법률 시행령)

제1조(시행일) 이 영은 공포한 날부터 시행한다.

제2조 및 제3조 생략

제4조(다른 법령의 개정) ①부터 ⑨까지 생략

⑩ 상법 시행령 일부를 다음과 같이 개정한다.

제34조제3항제18호를 다음과 같이 한다.

18.「벤처투자 촉진에 관한 법률」

⑪ 및 ⑫ 생략

상법의 전자선하증권 규정의 시행에 관한 규정

(약칭: 전자선하증권시행규정)

[시행 2020. 12. 10.] [대통령령 제31222호, 2020. 12. 8., 타법개정]

법무부(상사법무과) 02-2110-3167

제1조(목적) 이 영은 「상법」 제862조에서 위임된 사항과 그 시행에 필요한 사항을 규정함을 목적으로 한다.

제2조(정의) 이 영에서 사용하는 용어의 뜻은 다음과 같다. 〈개정 2020. 12. 8.〉

1. "전자선하증권(電子船荷證券)"이란 전자문서로 작성되고 「상법」(이하 "법"이라 한다) 제862조제1항에 따라 전자선하증권의 등록기관에 등록된 선하증권을 말한다.
2. "전자선하증권 등록기관"(이하 "등록기관"이라 한다)이란 법무부장관의 지정을 받아 전자선하증권의 발행등록, 양도, 서면선하증권(書面船荷證券)으로의 전환 및 관련 전자기록의 보존 등의 업무를 처리하는 자를 말한다.
3. "전자선하증권 권리등록부"(이하 "전자등록부"라 한다)란 전자선하증권의 발행등록, 양도 및 서면선하증권으로의 전환에 관한 기재 등을 위하여 등록기관이 전자적 방식으로 관리하는 장부를 말한다.
4. "전자서명"이란 「전자서명법」 제2조제2호에 따른 전자서명을 말한다.
5. "전자선하증권의 권리자"란 등록기관으로부터 최초로 전자선하증권을 발행받은 자 또는 전자선하증권의 양수인(讓受人)을 말한다.
6. "전자선하증권의 발행등록"(이하 "발행등록"이라 한다)이란 등록기관이 운송인의 신청에 따라 전자선하증권의 발행을 목적으로 전자등록부에 등록하는 것을 말한다.
7. "전자등록부의 폐쇄"란 등록기관이 전자등록부의 기재사항을 삭제·변경·추가 등을 할 수 없도록 하는 조치를 말한다.

제3조(등록기관의 지정요건) ① 법 제862조제1항에 따른 전자선하증권 등록기관으로 지정받으려는 자는 다음 각 호의 요건을 모두 갖추어야 한다.

1. 법인일 것
2. 기술능력: 다음 각 목의 기술인력을 합한 수가 12명 이상일 것
   가. 「국가기술자격법」에 따른 정보통신기사, 정보처리기사 및 전자계산기조직응용기사 이상의 국가기술자격이나 이와 동등한 자격이 있다고 법무부장관이 정하여 고시하는 자격을 갖춘 사람 1명 이상
   나. 법무부장관이 정하여 고시하는 정보보호 또는 정보통신 운영·관리 분야에서 2년 이상 근무한 경력이 있는 사람 1명 이상
   다. 「정보통신망 이용촉진 및 정보보호 등에 관한 법률」 제52조의 한국정보보호진흥원에서 실시하는 인증업무에 관한 시설 및 장비의 운영·비상복구대책 및 침해사고의 대응 등에 관한 교육과정을 이수한 사람 1명 이상

라. 무역 관련 금융업무나 해운물류업무에 3년 이상 종사한 사람 1명 이상
　3. 재정능력: 다음 각 목의 재정능력을 모두 갖출 것
　　가. 200억원 이상의 순자산(총자산에서 부채(負債)를 뺀 가액(價額)을 말한다)을 보유할 것
　　나. 업무와 관련하여 고의 또는 과실로 이용자에게 손해를 발생시키는 경우에 그 손해를 배상하는 보험에 가입할 것
　4. 시설 및 장비: 다음 각 목의 시설 및 장비를 모두 갖출 것
　　가. 운송인, 송하인(送荷人) 또는 수하인(受荷人) 등 등록기관의 이용자가 전자선하증권의 등록, 배서, 양도, 제시 등 권리행사를 할 수 있는 시설 및 장비
　　나. 전자선하증권의 송수신 일시를 확인하고, 전자선하증권 관련 기록을 작성하고 보존할 수 있는 시설 및 장비
　　다. 전자선하증권의 발행·유통 관련 시설 및 장비를 안전하게 운영하기 위하여 필요한 보호시설 및 장비
　　라. 그 밖에 전자선하증권의 발행과 유통을 원활하고 안전하게 하기 위하여 필요한 시설 및 장비
　5. 제4호 각 목에 따른 시설 및 장비의 관리·운영 절차와 방법, 제13조에 따른 전자선하증권 및 관련 전자기록의 보존에 관한 사항 등 업무수행에 관련된 전반적인 사항을 규정한 등록기관의 업무준칙을 갖출 것
② 제1항을 적용함에 있어 기술적 이유나 권리 사용상의 이유로 필요한 경우에 제1항제4호에 따른 시설 또는 장비를 보유하고 있거나 그에 관한 권리를 가진 자와 3년 이상의 기간을 정하여 시설 및 장비 사용계약을 체결한 경우에는 제1항제4호에 따른 시설 및 장비를 갖춘 것으로 본다.

제4조(등록기관의 지정 절차) ① 등록기관으로 지정받으려는 자는 다음 각 호의 서류를 첨부하여 법무부장관에게 지정 신청을 하여야 한다. 이 경우 법무부장관은 「전자정부법」 제36조제1항에 따른 행정정보의 공동이용을 통하여 법인 등기사항증명서와 법인의 대표자 및 임원의 주민등록표 등본을 확인하여야 하며, 법인의 대표자 및 임원이 주민등록표 등본의 확인에 동의하지 아니하는 경우에는 이를 첨부하도록 하여야 한다. 〈개정 2010. 5. 4., 2010. 11. 2.〉
　1. 법인의 정관
　2. 제3조제1항 각 호에 따른 기술능력, 재정능력, 시설 및 장비, 업무준칙, 그 밖의 필요한 사항을 갖추었음을 확인할 수 있는 증빙서류
　3. 사업계획서
　4. 제3조제2항에 따라 시설 및 장비 사용에 관한 계약을 체결한 경우에는 계약사실 및 계약내용을 증명하는 서류
② 법무부장관은 등록기관 지정을 위한 심사에 필요한 경우에는 신청인에게 자료 제출을 요구하거나 신청인의 의견을 들을 수 있다.
③ 법무부장관은 제3조제1항제5호의 업무준칙을 심사하여 필요하다고 인정하는

경우에는 신청인에게 그 내용을 보완하도록 요구할 수 있고, 이 경우 신청인은 정당한 사유가 없으면 그 요구에 따라야 한다.

④ 법무부장관은 제1항의 지정 신청에 대하여 순자산, 기술인력, 시설 및 장비의 적정성 및 등록업무의 수행능력 등을 종합적으로 고려하여 등록기관을 지정하여야 한다.

⑤ 법무부장관은 등록기관을 지정한 경우에는 지정서를 발급하고, 등록기관 지정 사실, 지정받은 자의 명칭·주소, 지정일자, 그 밖에 필요한 사항을 관보에 게재하고 법무부 인터넷 홈페이지에 게시하는 방법으로 고시하여야 한다.

제5조(지정요건 변경) ① 등록기관은 등록기관으로 지정된 후 제3조제1항 각 호의 어느 하나에 해당하는 사항을 변경하려는 경우에는 변경될 내용을 증명하는 서류를 첨부하여 지체 없이 법무부장관에게 알려야 한다.

② 법무부장관이 제1항에 따른 통지를 받은 경우에는 등록기관의 기술능력, 재정능력, 시설 및 장비의 안전 운영 등을 점검한 후 보완을 요구할 수 있다.

제6조(전자선하증권의 발행) ① 운송인은 전자선하증권을 발행하려면 다음 각 호의 정보가 포함된 발행등록 신청 전자문서에 운송인의 전자서명과 송하인이 전자선하증권 발행에 동의했음을 확인할 수 있는 문서(전자문서를 포함한다)를 첨부하여 등록기관에 송신하여야 한다. *(개정 2020. 12. 8.)*
  1. 법 제853조제1항 각 호의 사항
  2. 운송물의 수령지 및 인도지
  3. 전자적 방식으로 재현된 운송인 또는 그 대리인의 서명

② 운송인은 제1항에 따라 발행등록을 신청하는 경우에 등록기관에 그 전자선하증권의 약관 내용을 송신하여야 한다. 다만, 약관이 사전에 등록기관에 등록되어 있는 경우에는 생략할 수 있다.

③ 등록기관은 제1항의 발행등록 신청을 수신하면 전자등록부에 제1항 각 호의 정보와 약관의 내용이 포함된 발행등록을 한 후 즉시 이를 송하인에게 전자문서로 송신하여야 한다.

④ 전자선하증권이 발행된 경우에는 법 제852조, 제855조 및 제863조의 운송증서를 발행할 수 없다.

제7조(용선계약과 전자선하증권) 법 제855조제1항에 따라 전자선하증권이 발행된 경우에는 운송인은 선박소유자로 보고, 송하인은 용선자로 본다.

제8조(전자선하증권의 양도) ① 전자선하증권의 권리자가 전자선하증권을 양도하는 경우에는 배서의 뜻을 기재한 전자문서를 작성한 후 전자선하증권을 첨부하여 등록기관에 대하여 양수인에게 송신하여 줄 것을 신청하여야 한다.

② 제1항의 양도 신청 전자문서에는 다음 각 호의 정보가 포함되어야 한다.〈개정 2020. 12. 8.〉

1. 전자선하증권의 동일성을 표시하는 정보
2. 양수인에 관한 정보
3. 양도인의 전자서명

③ 제1항의 양도 신청을 수신한 등록기관은 전자등록부에 제2항 각 호의 정보를 포함하여 양도에 관한 기재를 한 후 즉시 양수인에게 전자문서로 송신하여야 한다.

④ 등록기관은 양수인에게 제3항의 송신을 한 경우에는 그 사실을 즉시 양도인에게 전자문서로 통지하여야 한다.

⑤ 전자선하증권을 양수하려는 양수인은 미리 등록기관에 성명, 주민등록번호 또는 사업자등록번호, 주소 등 자신에 관한 정보를 등록하여야 한다.

제9조(전자선하증권 기재 내용의 변경) ① 전자선하증권의 권리자가 전자선하증권 기재 내용을 변경하려는 경우에는 등록기관에 전자문서로 변경 신청을 하여야 한다.

② 등록기관은 제1항의 변경 신청을 받으면 운송인에게 즉시 전자문서로 통지하여야 한다.

③ 운송인은 제2항의 통지를 받으면 등록기관에 그 승낙 여부를 전자문서로 통지하여야 한다.

④ 등록기관은 운송인으로부터 제3항의 승낙 여부에 관한 통지를 받으면 즉시 그 내용을 전자선하증권의 권리자에게 전자문서로 통지하여야 한다. 이 경우 운송인이 기재 내용의 변경을 승낙하였으면 전자등록부 기재사항을 변경한 후 통지하여야 한다.

제10조(전자선하증권에 의한 운송물 인도 청구) ① 전자선하증권의 권리자가 운송물을 인도받으려는 경우에는 운송물 인도 청구의 뜻이 기재된 전자문서를 작성한 후 전자선하증권을 첨부하여 등록기관에 송신하여야 하고, 등록기관은 이를 운송인에게 즉시 전자문서로 송신하여야 한다.

② 제1항의 운송물 인도 청구가 있으면 등록기관은 전자등록부에 해당 전자선하증권이 더 이상 양도될 수 없다는 뜻을 기재하여야 한다.

③ 제1항의 운송물 인도 청구를 받은 운송인이 인도를 거절하려는 경우에는 그 뜻과 사유를 기재한 전자문서를 등록기관에 송신하여야 하고, 등록기관은 이를 즉시 운송물 인도 청구를 한 전자선하증권의 권리자에게 송신하여야 한다.

제11조(운송물의 인도와 전자선하증권의 상환) ① 등록기관을 통하여 운송물 인도 청구를 받은 운송인은 청구인이 전자등록부상 전자선하증권의 권리자가 맞는지 확인한 후 운송물을 인도하여야 한다.

② 운송인은 운송물을 인도하면 수령인 및 인도 날짜를 등록기관에 전자문서로 통지하여야 하며, 통지를 받은 등록기관은 즉시 전자등록부에 기재한 후 전자등록부를 폐쇄하고 운송인과 수령인에게 전자문서로 통지하여야 한다.

③ 제1항과 제2항에 따라 운송물이 인도된 때에는 운송인에게 전자선하증권이 상환된 것으로 본다.

제12조(서면선하증권으로의 전환) ① 등록기관은 전자선하증권의 권리자로부터 전자선하증권을 서면선하증권으로 전환하여 줄 것을 요청받은 경우에는 그에게 서면선하증권을 교부하여야 한다. 이 경우 전자적 방식으로 재현된 기명날인 또는 서명은 법 제853조제1항의 기명날인 또는 서명으로 본다.

② 등록기관은 제1항의 서면선하증권의 뒷면에 전자선하증권의 양도에 관한 기록을 기재하여야 한다.

③ 제2항의 서면선하증권의 뒷면에 기재된 양도에 관한 기록은 배서와 동일한 효력이 있다.

④ 등록기관은 제1항에 따라 서면선하증권을 교부한 경우에는 전자등록부에 서면선하증권으로의 전환 사실을 기재하여야 하며, 그 전자선하증권의 전자등록부를 폐쇄하고 그 사실을 운송인에게 전자문서로 통지하여야 한다.

⑤ 제1항에 따라 전환·교부된 서면선하증권의 기재사항에 대하여는 등록기관이 그 정확성을 담보한 것으로 본다.

제13조(전자선하증권 등의 보존) 제3조제1항제5호에 따른 등록기관의 업무준칙에는 전자선하증권 및 그 발행·양도와 양수·전환·변경 등에 관련된 전자기록을 다음 각 호의 기간 이상 보존하는 내용을 규정하여야 한다.

1. 운송물의 인도가 이루어진 경우 인도한 날부터 10년
2. 운송물의 인도가 이루어지지 아니한 경우에는 전자선하증권기록이 작성된 날부터 10년
3. 서면선하증권으로 전환된 경우에는 해당 전자선하증권의 전자등록부를 폐쇄한 날부터 10년

제14조(감독 등) 법무부장관은 등록기관의 법 또는 이 영의 준수 여부를 감독하고, 제3조제1항에 따른 등록기관의 기술·재정 능력 및 시설과 장비의 안전 운영 등에 관하여 확인할 수 있다.

제15조(지정의 취소) ① 법무부장관은 등록기관이 다음 각 호의 어느 하나에 해당하는 경우에는 지정을 취소할 수 있다.

1. 거짓이나 그 밖의 부정한 방법으로 지정을 받은 경우
2. 제3조제1항 각 호의 지정요건을 중대하게 위반한 경우
3. 법인의 합병·파산·폐업 등으로 사실상 영업을 종료한 경우

② 법무부장관은 제1항에 따른 지정취소를 하려면 청문을 하여야 한다.

③ 법무부장관은 제1항에 따른 지정취소를 하면 지체 없이 그 내용을 관보에 게재하고 법무부 인터넷 홈페이지에 게시하는 방법으로 고시하여야 한다.

④ 법무부장관은 제1항에 따라 지정취소된 등록기관에 대하여 그 취소 전에 이미 발행등록된 전자선하증권의 양도 등 관련 업무를 계속하게 하거나, 관련 전자기록 보존 업무를 다른 등록기관 등에 이관하게 하거나, 제12조에 따른 서면선하증권으로 전환하게 하는 등 필요한 조치를 할 수 있다.

제16조(협력 요청) 법무부장관은 등록기관의 지정 등과 관련된 업무를 수행하기 위하여 필요한 경우 기획재정부장관, 산업통상자원부장관, 해양수산부장관 및 금융위원회 등에 협력을 요청할 수 있다. *〈개정 2013. 3. 23.〉*

부칙

〈제31222호,2020. 12. 8.〉 (전자서명법 시행령)

제1조(시행일) 이 영은 2020년 12월 10일부터 시행한다.

제2조(다른 법령의 개정) ①부터 ⑬까지 생략

⑭ 상법의 전자선하증권 규정의 시행에 관한 규정 일부를 다음과 같이 개정한다.

제2조제4호 중 "공인전자서명"을 "전자서명"으로, "「전자서명법」 제2조제3호"를 "「전자서명법」 제2조제2호"로 한다.

제6조제1항 각 호 외의 부분 중 "공인전자서명"을 "전자서명"으로 한다.

제8조제2항제3호 중 "공인전자서명"을 "전자서명"으로 한다.

⑮부터 ㊲까지 생략

제3조 생략

선박소유자 등의 책임제한절차에 관한 법률

(약칭: 선박소유자책임법)

[시행 2009. 12. 29.] [법률 제9833호, 2009. 12. 29., 일부개정]

법무부(상사법무과) 02-2110-3167

제1장 총칙

〈개정 2009. 12. 29.〉

제1조(목적) 이 법은 「상법」 제769조부터 제776조까지의 규정에 따른 선박소유자 등의 책임제한의 절차에 관하여 필요한 사항을 규정함을 목적으로 한다.

[전문개정 2009. 12. 29.]

제2조(책임제한사건의 관할) 책임제한사건은 책임을 제한할 수 있는 채권(이하 "제한채권"이라 한다)이 발생한 선박의 선적(船籍) 소재지, 신청인의 보통재판적(普通裁判籍) 소재지, 사고 발생지, 사고 후에 사고선박이 최초로 도달한 곳 또는 제한채권에 의하여 신청인의 재산에 대한 압류 또는 가압류가 집행된 곳을 관할하는 지방법원의 관할에 전속(專屬)한다.

[전문개정 2009. 12. 29.]

제3조(책임제한사건의 이송) 법원은 현저한 손해 또는 지연을 피하기 위하여 필요하다고 인정할 때에는 직권으로 책임제한사건을 다른 관할 법원이나 제한채권자의 보통재판적 소재지의 관할 법원 또는 동일한 사고로 인하여 생긴 유류오염손해에 관한 책임제한사건이 계속(係屬)하는 법원에 이송(移送)할 수 있다.

[전문개정 2009. 12. 29.]

제4조(「민사소송법」 등의 준용) 책임제한사건에 관하여는 이 법 외에 「민사소송법」 및 「민사집행법」을 준용한다.

[전문개정 2009. 12. 29.]

제5조(임의적 변론 및 직권조사) ① 책임제한절차에 관한 재판은 변론 없이 할 수 있다.

② 법원은 직권으로 책임제한사건에 관하여 필요한 조사를 할 수 있다.

[전문개정 2009. 12. 29.]

제6조(즉시항고) ① 책임제한절차에 관한 재판에 대하여는 이해관계인은 이 법에 특별한 규정이 있는 경우에만 즉시항고(卽時抗告)를 할 수 있다.

② 제1항에 따른 즉시항고는 재판의 고지를 받은 날부터 7일 내에 하여야 하며, 재

판의 고지를 받지 아니한 경우에는 재판의 공고일부터 30일 내에 하여야 한다.

③ 제2항의 기간은 불변기간(不變期間)으로 한다.

[전문개정 2009. 12. 29.]

제7조(공고) ① 이 법에 따른 공고는 법원이 지정하는 일간신문에 두 번 이상 게재함으로써 한다.

② 이 법에 따라 송달을 하여야 할 경우에도 송달을 받을 자의 주소, 거소(居所), 그 밖에 송달을 할 장소를 알기 어려울 때에는 법원은 제1항과 같은 방법으로 공고함으로써 그 송달을 갈음할 수 있다.

③ 공고는 마지막으로 게재된 날의 다음 날에 그 효력이 생긴다.

[전문개정 2009. 12. 29.]

제8조(공고와 송달) ① 이 법에 따라 공고와 송달을 하여야 할 경우 송달은 서류를 등기우편으로 발송하는 방법으로 할 수 있다.

② 제1항에 따른 공고는 모든 이해관계인에 대하여 송달의 효력이 있다.

③ 국내에 송달을 받을 장소가 없는 외국의 제한채권자 등에게 송달을 하는 경우에는, 그 제한채권자 등에게 국내에 송달을 받을 장소와 송달영수인(送達領收人)을 정하여 법원에 신고할 것을 명하여야 한다.

[전문개정 2009. 12. 29.]

제2장 책임제한절차 개시의 신청

〈개정 2009. 12. 29.〉

제9조(절차 개시의 신청) ① 책임제한절차 개시의 신청은 서면으로 하여야 한다.

② 제1항의 신청서에는 다음 각 호의 사항을 적어야 한다.

1. 신청인의 성명 또는 상호 및 주소
2. 신청의 취지 및 원인
3. 신청인과 사고선박·구조선박 또는 구조자와의 관계
4. 사고선박 또는 구조선박의 국제총톤수 또는 총톤수와 그 밖의 주요 명세
5. 책임한도액 및 그 산정의 기초
6. 제한채권의 원인 및 금액과 그 산정의 기초
7. 알고 있는 제한채권자의 성명 또는 상호 및 주소
8. 동일한 사고에 관하여 책임제한을 할 수 있는 신청인 외의 자(이하 "수익채무자"라 한다)로서 신청인이 알고 있는 자의 성명 또는 상호 및 주소와 사고선박·구조선박 또는 구조자와의 관계

[전문개정 2009. 12. 29.]

제10조(소명) 책임제한절차 개시의 신청을 할 때에는 사고를 특정하는 데에 필요한 신청의 원인사실과 이로 인하여 발생한 「상법」 제770조제1항 각 호의 구분에 따른 제한채권(그 원인사실이 발생한 이후의 이자나 지연손해금 또는 위약금 등의 청구권은 제외한다. 제18조제1호에서도 또한 같다)의 각 총액이 이에 대응하는 각 책임한도액을 초과함을 소명(疎明)하여야 한다.

[전문개정 2009. 12. 29.]

제11조(공탁명령) ① 법원은 책임제한절차 개시의 신청이 타당하다고 인정할 때에는 신청인에 대하여 14일을 넘지 아니하는 일정 기일(이하 "공탁지정일"이라 한다)에 「상법」 제770조제1항 각 호 및 같은 조 제4항에 따른 책임한도액에 상당하는 금전과 이에 대하여 사고발생일이나 그 밖에 법원이 정하는 기산일부터 공탁지정일까지 연 6퍼센트의 비율로 산정한 이자를 더하여 법원에 공탁(供託)할 것을 명하여야 한다.

② 제1항의 책임한도액에 상당하는 금전은 공탁지정일에 가장 가까운 날에 공표되어 있는 계산단위(국제통화기금의 1 특별인출권에 상당하는 금액을 말한다. 이하 같다)에 대한 원화 표시금액에 의하여 산정한다.

③ 제1항에 따른 공탁명령은 신청인에게 송달하여야 한다.

④ 제1항에 따른 결정에 대하여는 즉시항고를 할 수 있다.

[전문개정 2009. 12. 29.]

제12조(공탁서 정본의 제출) 신청인이 제11조에 따른 공탁명령에 따라 공탁을 하였을 때에는 지체 없이 그 공탁서 정본(正本)을 법원에 제출하여야 한다.

[전문개정 2009. 12. 29.]

제13조(현금 공탁을 갈음하는 공탁보증서) ① 신청인은 책임제한절차 개시의 신청을 할 때 공탁보증인이 작성한 공탁보증서를 제출함으로써 현금 공탁을 갈음하는 허가를 법원에 신청할 수 있다. 다만, 법원이 공탁명령을 한 후에는 그러하지 아니하다.

② 제1항의 신청을 할 때에는 보증인의 공탁 이행능력이 충분함을 소명하여야 한다.

③ 공탁보증서는 책임제한절차 개시의 결정이 있는 경우에 계산단위로 그 수치를 명시한 책임한도액에 상당하는 금전과 이에 대하여 사고발생일이나 그 밖에 법원이 정하는 기산일부터 법원이 정하는 공탁지정일까지 연 6퍼센트의 비율로 산정한 이자를 더하여 법원의 명에 따라 공탁의무를 이행한다는 것을 보증하는 인증증서여야 한다.

④ 법원은 제1항부터 제3항까지의 규정에 따른 신청이 타당하다고 인정할 때에는

제11조에 따른 공탁명령을 갈음하여 공탁보증을 허가하는 결정을 하여야 하고, 그 신청이 이유 없다고 인정할 때에는 제11조를 적용한다.

⑤ 공탁보증을 허가하는 결정에는 공탁보증인이 공탁할 책임한도액과 이자기산일을 정하고 법원의 명령이 있을 때에 공탁보증인은 그 책임한도액에 상당하는 금전과 이에 대한 이자기산일부터 법원이 정하는 공탁지정일까지 연 6퍼센트의 비율로 산정한 이자를 더하여 공탁하여야 한다는 내용을 적어야 한다.

⑥ 공탁보증에 대한 허가 또는 불허가의 결정은 신청인과 공탁보증인에게 송달하여야 한다.

⑦ 제4항에 따라 공탁보증을 허가하는 결정이 있은 후에는 공탁보증인은 법원의 허가 없이 이를 변경하거나 취소하지 못한다.

⑧ 외국의 보험사업자나 선주책임상호보험조합 또는 그 밖에 국내에 송달을 받을 장소가 없는 공탁보증인은 국내에 송달을 받을 장소와 송달영수인을 정하여 법원에 신고하여야 한다.

[전문개정 2009. 12. 29.]

제14조(공탁보증인에 대한 공탁명령) ① 법원은 제65조에 따른 배당을 할 때 또는 그 밖에 필요하다고 인정할 때에는 공탁보증인에 대하여 14일을 넘지 아니하는 공탁지정일을 정하여 책임한도액에 상당하는 금전과 이에 대한 공탁보증의 허가 결정에서 법원이 정한 기산일부터 공탁지정일까지 연 6퍼센트의 비율로 산정한 이자를 더하여 법원에 공탁할 것을 명하여야 한다.

② 제1항의 책임한도액에 상당하는 금전을 산정할 때에는 제11조제2항을 준용한다.

③ 제1항에 따른 공탁명령은 공탁보증인에게 송달하여야 한다.

④ 공탁보증인이 공탁을 한 경우에는 제12조를 준용한다.

⑤ 공탁보증인이 한 공탁은 신청인이 공탁자로서 한 공탁으로 본다.

[전문개정 2009. 12. 29.]

제15조(공탁보증인에 대한 공탁 이행강제) ① 공탁보증인이 제14조에 따른 법원의 공탁명령을 이행하지 아니한 경우 법원은 제20조에 따라 선임된 관리인의 신청에 의하여 공탁보증인에 대하여 공탁보증인이 법원의 공탁지정일에 공탁하였어야 할 금전과 그 중 책임한도액에 대하여 공탁지정일부터 완제일(完濟日)까지 「소송촉진 등에 관한 특례법」 제3조제1항에 따른 이율로 산정한 이자를 더한 금전을 관리인에게 지급할 것을 명하여야 한다.

② 제1항에 따른 결정은 관리인 및 공탁보증인에게 송달하여야 한다.

③ 제1항에 따른 결정은 집행력 있는 채무명의와 동일한 효력이 있다.

④ 제1항의 신청에 대한 재판에 대하여는 즉시항고를 할 수 있다.

⑤ 관리인이 제1항의 명령에 따라 공탁보증인으로부터 금전을 지급받았을 때에는 즉시 이를 공탁하고 그 결과를 법원에 보고하여야 한다. 이 경우에는 제12조를 준용한다.

⑥ 제5항에 따른 관리인의 공탁은 신청인이 공탁자로서 한 공탁으로 본다.

[전문개정 2009. 12. 29.]

제16조(다른 절차의 정지명령 등) ① 책임제한절차 개시의 신청이 있는 경우 법원은 신청인 또는 수익채무자의 신청에 의하여 책임제한절차 개시의 결정이 있을 때까지 제한채권에 의하여 신청인 또는 수익채무자의 재산에 대하여 진행 중인 강제집행, 가압류, 가처분 또는 담보권실행으로서의 경매절차의 정지를 명할 수 있다.

② 법원은 직권으로 또는 당사자의 신청에 의하여 제1항에 따른 결정을 변경하거나 취소할 수 있다.

[전문개정 2009. 12. 29.]

제17조(각하) 법원은 다음 각 호의 경우에는 책임제한절차 개시의 신청을 각하(却下)하여야 한다.

1. 「상법」 제776조제1항의 기간을 초과하여 책임제한절차 개시를 신청한 경우
2. 신청인이 파산선고를 받은 경우
3. 절차비용을 예납(豫納)하지 아니한 경우
4. 신청인이 제11조제1항에 따른 공탁명령을 이행하지 아니한 경우

[전문개정 2009. 12. 29.]

제18조(기각) 법원은 다음 각 호의 경우에는 책임제한절차 개시의 신청을 기각(棄却)하여야 한다.

1. 「상법」 제770조제1항 각 호의 구분에 따른 제한채권의 각 총액이 이에 대응하는 각 책임한도액을 초과하지 아니함이 명백한 경우
2. 「상법」 제769조 각 호 외의 부분 단서 또는 제773조 각 호의 사유에 해당하는 경우

[전문개정 2009. 12. 29.]

제3장 책임제한절차 개시의 결정

〈개정 2009. 12. 29.〉

제19조(책임제한절차의 효력 발생시기) 책임제한절차는 그 개시의 결정이 있는 때부터 그 효력이 생긴다.

[전문개정 2009. 12. 29.]

제20조(개시결정과 동시에 정하여야 할 사항) 법원은 책임제한절차의 개시결정과 동시에 관리인을 선임하고 다음 각 호의 사항을 정하여야 한다.

1. 제한채권의 신고기간. 다만, 그 기간은 결정일부터 30일 이상 90일 이내로 정하여야 한다.
2. 제한채권의 조사기일. 다만, 그 기일은 신고기간 만료 후 7일 이상 30일 이내로 정하여야 한다.
[전문개정 2009. 12. 29.]

제21조(개시결정의 공고 등) ① 법원은 책임제한절차 개시의 결정을 하였을 때에는 지체 없이 다음 각 호의 사항을 공고하여야 한다. 다만, 신청인이 알고 있는 제한채권자 및 수익채무자로서 법원에 신고한 자 외에는 이해관계인이 존재하지 아니함을 소명한 경우에는 법원은 공고를 생략할 수 있다.
1. 사건번호와 사건명칭
2. 신청인과 알고 있는 수익채무자의 성명 또는 상호 및 주소, 이들과 사고선박·구조선박 또는 구조자와의 관계
3. 주문(主文)
4. 관리인의 성명 및 주소
5. 책임한도액 및 공탁된 금액 또는 공탁보증인의 상호
6. 제한채권의 신고기간 및 조사기일
7. 신청인과 수익채무자에 대한 제한채권을 그 신고기간에 신고하여야 한다는 내용
8. 국내에 송달을 받을 장소가 없는 외국의 제한채권자가 채권을 신고하는 경우에는 국내에 송달영수인을 정하여 신고하여야 한다는 내용
9. 결정 연월일
② 제1항에 따른 공고 외에 법원은 제1항 각 호의 사항을 적은 서면을 관리인, 신청인 및 알고 있는 제한채권자와 수익채무자에게 송달하여야 한다.
③ 제1항제2호·제4호·제5호 또는 제6호의 사항이 변경된 경우에는 제1항과 제2항을 준용한다. 다만, 제한채권의 조사기일이 변경된 경우에는 공고가 필요하지 아니하다.
[전문개정 2009. 12. 29.]

제22조(신청서류의 열람) 책임제한절차 개시의 신청에 관한 서류는 이해관계인이 열람할 수 있도록 법원에 갖추어 두어야 한다.
[전문개정 2009. 12. 29.]

제23조(즉시항고) ① 책임제한절차 개시의 신청에 관한 재판에 대하여는 즉시항고를 할 수 있다.
② 책임제한절차 개시의 신청을 각하하거나 기각하는 결정에 대하여 즉시항고가 있는 경우에는 제16조를 준용한다.
[전문개정 2009. 12. 29.]

제24조(공탁보정명령 등) ① 책임제한절차 개시의 결정에 대한 즉시항고가 있는 경우에 제11조제1항에 따른 공탁명령에서 정하여진 책임한도액이나 사고발생일, 그 밖에 법원이 정한 이자기산일이 부당하여 공탁된 금액이 부족하다고 인정할 때에는 법원은 신청인에 대하여 14일을 넘지 아니하는 공탁지정일에 그 부족한 책임한도액에 상당하는 금전과 이에 대하여 사고발생일이나 그 밖에 법원이 정하는 기산일부터 공탁지정일까지 연 6퍼센트의 비율로 산정한 이자를 더한 금전이나 부족한 이자계산기간에 해당하는 이자를 책임제한법원에 공탁할 것을 명하여야 한다.

② 책임제한절차 개시의 결정에 대한 즉시항고가 있는 경우에 제13조제4항에 따른 공탁보증의 허가결정에서 정하여진 책임한도액이 부족하다고 인정할 때에는 법원은 신청인에 대하여 14일을 넘지 아니하는 일정한 기간에 그 부족한 책임한도액에 관하여 추가로 제13조제3항에 따른 공탁보증서를 책임제한법원에 제출할 것을 명하여야 한다. 그러나 그 부족한 책임한도액이 제13조제3항에 따른 공탁보증인의 보증한도액을 넘지 아니하는 경우에는 그러하지 아니하다.

③ 제1항 또는 제2항에 따른 결정은 항고인과 신청인에게 송달하여야 한다.

④ 제1항에 따른 명령에 따라 공탁을 한 경우에는 제12조를 준용한다.

[전문개정 2009. 12. 29.]

제25조(개시결정의 취소가 확정된 경우의 공고 등) ① 책임제한절차 개시의 결정을 취소하는 결정이 확정되었을 때에는 책임제한절차 개시의 결정을 한 법원은 지체 없이 그 사실을 공고하여야 한다. 다만, 이 경우에는 제21조제1항 단서를 준용한다.

② 제1항의 법원은 관리인, 신청인과 알고 있는 제한채권자 및 수익채무자에 대하여 제1항의 공고에 관한 사항을 적은 서면을 송달하여야 한다.

[전문개정 2009. 12. 29.]

제26조(개시결정이 취소된 경우의 공탁금 회수의 제한) 신청인은 제25조제1항의 결정이 확정된 날부터 30일이 지난 후가 아니면 이 법에 따른 공탁금을 회수(回收)하거나 그 회수청구권을 처분하지 못한다. 다만, 제한채권자 모두가 동의한 경우에는 그러하지 아니하다.

[전문개정 2009. 12. 29.]

제27조(절차 개시의 효과) ① 책임제한절차가 개시된 경우 제한채권자는 이 법에 따라 공탁된 금전과 이에 대한 이자의 합계액(이하 "기금"이라 한다)에서 이 법에 정하는 바에 따라 배당을 받을 수 있다.

② 제1항의 경우 제한채권자는 기금 외에 신청인 또는 수익채무자의 재산에 대하여 권리를 행사하지 못한다.

[전문개정 2009. 12. 29.]

제28조(상계 금지) 책임제한절차가 개시된 경우 제한채권자는 제한채권으로 신청인 또는 수익채무자의 책임제한절차와 관계없는 채권과 상계(相計)하지 못한다.

[전문개정 2009. 12. 29.]

제29조(강제집행에 대한 이의의 소) ① 신청인 또는 수익채무자가 제27조제2항의 사유를 주장하여 제한채권에 의한 강제집행의 불허(不許)를 청구하려면 강제집행에 대한 이의(異議)의 소(訴)를 제기하여야 한다.

② 제1항에 따른 소에 대하여는 「민사집행법」 제44조를 준용한다.

[전문개정 2009. 12. 29.]

제30조(담보권 실행에 대한 이의의 소) ① 신청인 또는 수익채무자가 제27조제2항의 사유를 주장하여 제한채권에 의한 담보권 실행의 불허를 청구하려면 담보권 실행에 대한 이의의 소를 제기하여야 한다.

② 제1항에 따른 소는 피고의 보통재판적 소재지를 관할하는 법원 또는 담보권의 목적이 되는 재산 소재지의 법원의 관할에 전속한다.

③ 제1항에 따른 소에 대하여는 「민사집행법」 제46조 및 제47조를 준용한다.

[전문개정 2009. 12. 29.]

제4장 책임제한절차의 확장

〈개정 2009. 12. 29.〉

제31조(절차 확장의 신청) ① 「상법」 제770조제1항 각 호의 어느 하나에 해당하는 제한채권에 대하여만 책임제한절차가 개시된 경우 신청인 또는 수익채무자는 같은 항의 다른 호에 해당하는 제한채권에 대하여도 책임을 제한하기 위하여 책임제한절차의 확장을 신청할 수 있다. 다만, 제한채권의 조사기일이 시작된 후에는 신청할 수 없다.

② 제1항에 따른 신청에 대하여는 제9조부터 제18조까지의 규정을 준용한다.

[전문개정 2009. 12. 29.]

제32조(절차 확장의 결정) ① 책임제한절차를 확장하는 결정에는 책임제한절차가 그 확장되는 제한채권에 대하여도 효력을 미친다는 취지를 적어야 한다.

② 제1항의 결정을 할 경우에는 제3장(제20조 중 관리인의 선임에 관한 부분은 제외한다)을 준용한다.

[전문개정 2009. 12. 29.]

제33조(수익채무자를 신청인으로 보는 경우) 수익채무자의 신청에 대하여 제32조제

1항의 결정이 있는 경우에 제80조부터 제82조까지와 제88조부터 제92조까지의 규정을 적용할 때에는 그 책임제한절차 확장의 신청을 한 수익채무자를 신청인으로 본다.

[전문개정 2009. 12. 29.]

제5장 관리인

〈개정 2009. 12. 29.〉

제34조(권한) ① 관리인은 제한채권의 조사기일 동안 의견의 진술, 배당, 그 밖에 이 법에서 규정한 직무를 수행할 권한을 가진다.

② 제1항에 따른 직무를 수행하기 위하여 관리인은 신청인 또는 수익채무자에게 필요한 사항의 보고나 장부 또는 그 밖의 서류의 제출을 요구할 수 있다.

[전문개정 2009. 12. 29.]

제35조(감독) 관리인은 법원의 감독을 받는다.

[전문개정 2009. 12. 29.]

제36조(주의의무) 관리인은 선량한 관리자의 주의로 그 직무를 수행하여야 한다.

[전문개정 2009. 12. 29.]

제37조(관리인대리) 관리인은 그 직무를 수행할 때 법원의 허가를 받아 관리인대리를 선임할 수 있다.

[전문개정 2009. 12. 29.]

제38조(보수 등) 관리인은 책임제한절차를 위하여 필요한 비용의 선급(先給) 및 법원이 정하는 보수를 받을 수 있다.

[전문개정 2009. 12. 29.]

제39조(자격증명서의 발급) ① 법원은 관리인에게 그의 선임을 증명하는 서면을 발급하여야 한다.

② 관리인은 그 직무를 수행함에 있어서 이해관계인이 요구할 경우에는 제1항의 서면을 제시하여야 한다.

[전문개정 2009. 12. 29.]

제40조(관리인의 사임 등) ① 관리인은 정당한 사유가 있으면 법원의 허가를 받아 사임(辭任)할 수 있다.

② 관리인의 직무 수행이 곤란하거나 공정한 직무 수행이 의심스러운 경우에는 법원은 직권으로 또는 이해관계인의 신청에 의하여 관리인을 해임할 수 있다.

③ 제1항과 제2항의 경우 법원은 지체 없이 관리인을 새로 선임하여야 한다.
[전문개정 2009. 12. 29.]

제41조(계산 보고의무와 긴급처분) ① 관리인의 임무가 끝났을 때에는 관리인 또는 그 승계인은 지체 없이 법원에 계산(計算)의 보고를 하여야 한다.
② 관리인의 임무가 끝났더라도 급박한 사정이 있는 경우에는 관리인 또는 그 상속인은 후임 관리인이 그 직무를 수행할 수 있을 때까지 필요한 처분을 하여야 한다.
[전문개정 2009. 12. 29.]

제6장 책임제한절차에의 참가

〈개정 2009. 12. 29.〉

제42조(참가) ① 제한채권자는 신청인에 대하여 가지는 제한채권(이자, 지연손해금 또는 위약금 등의 청구권은 제한채권의 최초 조사기일까지 발생한 것만 해당한다. 이하 이 장에서 같다)으로 책임제한절차에 참가할 수 있다.
② 제한채권을 변제한 신청인 또는 수익채무자는 그 변제의 한도에서 변제받은 제한채권자를 대위(代位)하여 책임제한절차에 참가할 수 있다.
③ 제한채권에 대하여 장래 제한채권자를 대위하게 되거나 신청인 또는 수익채무자에 대하여 구상권을 가지게 되는 자는 자기의 제한채권을 가지는 것으로 보고 이에 의하여 책임제한절차에 참가할 수 있다. 다만, 제한채권자가 이미 책임제한절차에 참가한 경우에는 그 참가한 한도에서 다시 참가하지 못한다.
④ 신청인 또는 수익채무자가 제한채권에 의하여 외국에서 강제집행을 당할 염려가 있음을 소명한 경우에는 그 강제집행에 따라 지급할 제한채권의 금액에 관하여 신청인 또는 수익채무자가 제한채권을 가지는 것으로 보고 이에 의하여 책임제한절차에 참가할 수 있다. 이 경우에는 제3항 단서를 준용한다.
[전문개정 2009. 12. 29.]

제43조(참가방법) ① 책임제한절차에 참가하기 위한 신고는 서면으로 하여야 한다.
② 제1항에 따른 제한채권 신고서에는 다음 각 호의 사항을 적어야 한다.
  1. 책임제한사건의 번호
  2. 참가인의 성명 또는 상호 및 주소(국내에 송달을 받을 장소가 없는 참가인의 경우에는 송달영수인의 성명과 주소)
  3. 제한채권의 원인 및 금액과 그 산정의 기초
  4. 「상법」 제770조제1항 각 호의 구분에 따른 제한채권의 분류
③ 제42조제2항부터 제4항까지의 규정에 따른 제한채권 신고서에는 제2항 각 호의 사항 외에 제한채권자의 성명 또는 상호 및 주소와 제한채권으로 보게 될

사유를 적어야 한다.

④ 제2항과 제3항의 신고서에는 각 증거서류 또는 그 등본이나 초본을 첨부하여야 한다.

[전문개정 2009. 12. 29.]

제44조(제한채권에 대하여 신청인 및 수익채무자 외의 자가 전부이행의무를 지는 경우) 제한채권에 대하여 신청인 또는 수익채무자 외에 그 채권 전액에 대한 이행의무를 부담하는 자가 있는 경우에 그 자를 위하여도 책임제한절차가 개시 또는 확장된 때에는 제한채권자는 각 책임제한절차가 개시 또는 확장된 때에 가지는 채권의 전액으로 각 책임제한절차에 참가할 수 있다.

[전문개정 2009. 12. 29.]

제45조(제한채권의 신고기간) ① 제43조에 따른 신고는 제20조(제32조제2항에서 준용되는 경우를 포함한다)에 따라 법원이 정한 신고기간에 하여야 한다.

② 제42조에 따라 책임제한절차에 참가할 수 있는 자가 그의 책임 없는 사유로 제1항의 기간에 제한채권의 신고를 할 수 없었음을 소명한 경우에는 그 신고기간이 지난 후에도 신고할 수 있다. 다만, 제한채권의 조사기일이 끝난 후에는 그러하지 아니하다.

[전문개정 2009. 12. 29.]

제46조(변경의 신고 등) ① 책임제한절차에 참가한 자는 그 신고한 사항이 변경된 경우 또는 신고한 사항을 변경하려는 경우에는 그 뜻을 법원에 신고하여야 한다. 이 경우에는 제43조를 준용한다.

② 다른 제한채권자의 이익을 침해할 변경신고에 대하여는 제45조를 준용한다.

③ 제42조제3항 또는 제4항에 따라 책임제한절차에 참가한 자가 다음 각 호의 어느 하나에 해당하는 경우에는 그 사실을 법원에 신고하여야 하고 그 신고 원인을 증명하여야 한다.

1. 제한채권에 대위한 경우
2. 신청인이나 수익채무자에 대하여 구상권을 취득한 경우
3. 제한채권금액을 지급한 경우

[전문개정 2009. 12. 29.]

제47조(참가인 지위의 승계) ① 책임제한절차에 참가한 자의 신고채권을 취득한 자는 그 참가한 자의 지위를 승계할 수 있다.

② 제1항의 승계를 하려는 자는 다음 각 호의 사항을 적은 서면으로 법원에 신고하여야 하고 그 취득 원인을 증명하여야 한다.

1. 책임제한사건의 번호

2. 승계하려는 자의 성명 또는 상호 및 주소

3. 취득한 채권 및 그 원인과 취득 연월일

③ 제42조제1항에 따라 책임제한절차에 참가한 자의 신고채권을 변제한 신청인 또는 수익채무자에 대하여는 제1항과 제2항을 준용한다.

[전문개정 2009. 12. 29.]

제48조(신고의 각하) ① 법원은 제한채권의 신고가 제42조제3항 단서 및 제4항, 제43조, 제45조, 제46조제3항, 제47조제2항 및 제3항에 위반된 경우에는 신고를 각하하여야 한다.

② 제1항에 따른 결정에 대하여는 즉시항고를 할 수 있다.

[전문개정 2009. 12. 29.]

제49조(시효의 중단 등) ① 책임제한절차에의 참가는 시효중단의 효력이 있다. 다만, 그 신고가 취하되거나 각하된 경우에는 그러하지 아니하다.

② 제척기간을 적용받는 제한채권자가 책임제한절차에 참가한 때에는 그 때부터 그 기간의 진행이 정지된다. 다만, 그 신고가 취하되거나 각하의 결정이 확정된 때에는 그 때부터 제척기간의 남은 기간이 다시 진행된다.

③ 제2항 본문의 경우에 책임제한절차 개시의 결정이 취소되거나 책임제한절차가 폐지된 경우에는 그 채권은 그 취소 또는 폐지가 확정된 날부터 180일 내에 재판상 청구가 없으면 소멸한다.

④ 제한채권자가 가지는 선박 우선특권의 존속기간에 대하여는 제2항과 제3항을 준용한다.

[전문개정 2009. 12. 29.]

제50조(알고 있는 제한채권자의 신고의무 등) ① 신청인 및 수익채무자는 제9조제2항제7호(제31조제2항에서 준용되는 경우를 포함한다)에 따라 신고한 제한채권자 외의 제한채권자로서 아직 책임제한절차에 참가하지 아니한 자의 성명 또는 상호 및 주소를 안 때에는 지체 없이 이를 법원에 신고하여야 한다. 다만, 제한채권의 조사기일이 끝난 경우에는 그러하지 아니하다.

② 제1항에 따라 신고된 제한채권자에 대하여는 제21조제2항 및 제3항(제32조제2항에서 준용되는 경우를 포함한다)을 준용한다.

[전문개정 2009. 12. 29.]

제51조(제한채권자표의 작성 등) ① 법원의 사무관 등은 법원에 신고된 제한채권에 관하여 제한채권자표를 작성하여 제한채권의 신고 내용과 이에 대한 조사의 결과, 사정(査定)의 재판의 요지 및 이에 대한 이의소송의 결과를 적어야 한다.

② 제한채권이 비금전채권(非金錢債權), 불확정채권 또는 외화표시채권인 경우에는 최초 조사기일 당시의 평가액에 따른다.

③ 법원의 사무관 등은 제한채권자표의 등본을 관리인에게 건네주어야 한다.

[전문개정 2009. 12. 29.]

제52조(제한채권 신고서류 및 제한채권자표의 비치) 제한채권의 신고에 관한 서류 및 제한채권자표는 이해관계인이 열람할 수 있도록 법원에 갖추어 두어야 한다.

[전문개정 2009. 12. 29.]

제7장 제한채권의 조사 및 확정

⟨개정 2009. 12. 29.⟩

제53조(제한채권의 조사) 제한채권의 조사기일에는 신고된 채권이 제한채권인지 여부를 조사하고, 제한채권인 경우에는 그 내용 및 「상법」 제770조제1항 각 호의 구분에 따른 제한채권의 분류를 조사한다.

[전문개정 2009. 12. 29.]

제54조(관계인의 출석과 이의진술권) ① 신청인, 수익채무자 및 책임제한절차에 참가한 자 또는 이들의 대리인은 제한채권의 조사기일에 출석하여 신고된 채권에 대하여 이의를 진술할 수 있다.

② 조사기일에 출석하는 대리인은 대리권을 증명하는 서면을 제출하여야 한다.

[전문개정 2009. 12. 29.]

제55조(관리인의 출석) 제한채권의 조사기일에는 관리인이 출석하여야 한다.

[전문개정 2009. 12. 29.]

제56조(이의 없는 제한채권의 확정) 제한채권의 조사기일에 관리인 및 제54조에 규정된 자의 이의가 없는 경우에는 신고된 채권이 제한채권이라는 것과 그 내용 및 「상법」 제770조제1항 각 호의 구분에 따른 제한채권의 분류가 확정된다.

[전문개정 2009. 12. 29.]

제57조(사정의 재판) ① 법원은 이의가 있는 채권에 대하여 사정의 재판을 하여야 한다.

② 제1항의 재판에서는 그 채권이 제한채권인지 여부를 정하고, 제한채권인 경우에는 그 내용 및 「상법」 제770조제1항 각 호의 구분에 따른 제한채권의 분류를 정한다.

③ 사정의 재판은 그 채권을 신고한 자와 이에 대하여 이의를 진술한 자에게 송달하여야 한다.

[전문개정 2009. 12. 29.]

제58조(관리인의 조사 등) 법원은 사정의 재판을 할 경우에는 관리인에게 필요한 사항에 관하여 조사를 명하거나 의견을 요구할 수 있다.

[전문개정 2009. 12. 29.]

제59조(사정의 재판에 대한 이의의 소) ① 사정의 재판에 불복하는 자(관리인은 제외한다)는 결정의 송달을 받은 날부터 14일 내에 이의의 소를 제기할 수 있다. 위 기간은 불변기간으로 한다.

② 제1항의 소를 제기하는 자가 이의 있는 채권을 신고한 자인 경우에는 이의를 진술한 자를 피고로 하고, 이의를 진술한 자인 경우에는 이의 있는 채권을 신고한 자를 피고로 하여야 한다.

③ 제1항의 소는 책임제한법원의 관할에 전속한다.

④ 동일한 채권에 관하여 여러 개의 소가 동시에 계속하는 경우에는 변론 및 재판은 병합(倂合)하여야 한다. 이 경우에는 「민사소송법」 제67조를 준용한다.

⑤ 제1항의 소에 관한 판결을 할 때에는 소가 부적법(不適法)하여 각하하는 경우를 제외하고는 사정의 재판을 인가하거나 변경한다.

[전문개정 2009. 12. 29.]

제60조(이의소송의 소송목적의 값) 사정의 재판에 대한 이의소송의 소송목적의 값은 배당의 예정액을 표준으로 하여 책임제한법원이 정한다.

[전문개정 2009. 12. 29.]

제61조(소송절차의 중지) ① 제42조와 제43조에 따라 책임제한절차에 참가한 제한채권자와 신청인 또는 수익채무자 간에 그 채권에 관한 소송(이하 "절차외소송"이라 한다)이 계속 중일 때에는 법원은 원고의 신청에 의하여 그 소송절차의 중지를 명할 수 있다.

② 법원은 원고의 신청에 의하여 제1항에 따른 중지의 결정을 취소할 수 있다.

[전문개정 2009. 12. 29.]

제62조(절차외소송의 관할) 사정의 재판에 대한 이의의 소가 계속 중일 때에는 그 소송의 목적인 채권을 가진 자와 신청인 또는 수익채무자 간의 그 채권에 관한 소는 책임제한법원에 제기할 수 있다.

[전문개정 2009. 12. 29.]

제63조(이송) ① 사정의 재판에 대한 이의의 소가 계속 중인 경우에 그 소송의 목적인 채권에 관하여 절차외소송이 다른 제1심법원에 계속 중일 때에는 책임제한법원은 당사자의 신청에 의하여 그 소송의 이송을 요구할 수 있다.

② 제1항에 따른 결정이 있는 경우 이송 요구를 받은 법원은 절차외소송을 그 책

임제한법원에 이송하여야 한다.

③ 제2항에 따른 이송은 소송절차의 중단 또는 중지 중에도 할 수 있다.

[전문개정 2009. 12. 29.]

제64조(병합) 책임제한법원에 사정의 재판에 대한 이의의 소와 절차외소송이 계속하는 경우에는 변론 및 재판은 병합하여야 한다.

[전문개정 2009. 12. 29.]

제8장 배당

〈개정 2009. 12. 29.〉

제65조(기금의 충당) 기금은 제91조제5항 및 제92조제4항에 따라 기금으로부터 지출되는 비용 등을 제외하고는 배당에 충당한다.

[전문개정 2009. 12. 29.]

제66조(배당표의 작성) ① 관리인은 조사기일이 끝난 후에 배당표를 작성하여 법원의 인가를 받아야 한다.

② 배당표에는 「상법」 제770조제1항 각 호에 따른 제한채권의 구분에 따라 다음 각 호의 사항을 적어야 한다.

  1. 배당을 받을 제한채권자의 성명 또는 상호 및 주소
  2. 배당을 받을 제한채권자의 채권 총액
  3. 배당할 금액
  4. 배당률
  5. 각 제한채권자에 대한 배당액
  6. 그 밖에 배당에 필요한 사항

[전문개정 2009. 12. 29.]

제67조(배당표의 공고 및 비치) ① 법원이 배당표를 인가하였을 때에는 지체 없이 그 내용을 공고하여야 한다. 다만, 배당을 받을 제한채권자가 소수(少數)인 경우에는 법원은 이들에게 배당표의 등본을 송달함으로써 공고를 갈음할 수 있다.

② 법원이 인가한 배당표는 이해관계인이 열람할 수 있도록 법원에 갖추어 두어야 한다.

[전문개정 2009. 12. 29.]

제68조(배당표에 대한 이의) ① 배당표에 불복하는 자는 제67조에 따른 공고일 또는 배당표 등본의 송달을 받은 날부터 14일 내에 법원에 이의를 신청할 수 있다. 위 기간은 불변기간으로 한다.

② 법원은 이의가 타당하다고 인정하는 경우에는 관리인에게 배당표를 경정(更正)

할 것을 명하여야 한다.

③ 제2항에 따른 결정서는 이해관계인이 열람할 수 있도록 법원에 갖추어 두어야
한다.

④ 이의에 대한 재판은 이의를 신청한 자에게 송달하여야 한다.

⑤ 이의에 대한 재판에 대하여는 즉시항고를 할 수 있다.

[전문개정 2009. 12. 29.]

제69조(배당) ① 관리인은 제68조제1항에 따른 이의기간이 지나면 지체 없이 배
당을 하여야 한다.

② 배당표에 대하여 이의신청이 있는 경우에는 이의에 대한 재판이 확정된 후가 아
니면 배당을 하지 못한다. 다만, 이의 없는 제한채권자에 대하여는 이의에 대한
재판이 확정되기 전이라도 법원의 허가를 받은 범위에서 배당을 할 수 있다.

③ 배당은 대법원규칙으로 정하는 바에 따라 관리인이 공탁관에게 기금으로부터의
지급을 위탁하는 방법으로 한다.

[전문개정 2009. 12. 29.]

제70조(배당 유보의 신청) ① 책임제한절차에 참가한 자는 배당표에 대한 이의신청
기간이 지나기 전에 관리인에게 자기의 신고채권에 관하여 절차외소송이 계속 중
인 사실 또는 그 채권에 의한 강제집행이나 담보권이 실행 중인 사실을 증명하여
배당의 유보를 신청할 수 있다.

② 제1항의 신청은 서면으로 하여야 한다.

[전문개정 2009. 12. 29.]

제71조(배당의 유보) 관리인은 다음 각 호의 채권에 대하여는 배당을 유보하여야
한다.

1. 제70조에 따라 배당의 유보가 신청된 채권
2. 제42조제3항 또는 제4항에 따라 책임제한절차에 참가한 자의 신고채권으로서 제46조
제3항에 따른 신고가 없는 채권
3. 책임제한절차에서 아직 확정되지 아니한 채권으로서 제1호와 제2호 외의 채권

[전문개정 2009. 12. 29.]

제72조(비용 등의 유보명령) ① 제90조제1항에 따라 체당(替當)된 비용 등으로서
그 금액이 확정되지 아니한 것이 있는 경우에는 법원은 관리인에게 기금 중 상당
한 금액을 유보할 것을 명하여야 한다.

② 법원은 제1항에 따른 결정을 변경하거나 취소할 수 있다.

[전문개정 2009. 12. 29.]

제73조(배당의 효과) 책임제한절차에 참가한 자가 공탁에 관한 법령에 따라 기금으로부터 배당액을 수령할 수 있게 된 경우 신청인 및 수익채무자는 책임제한절차 외에서 해당 제한채권에 대하여 그 책임을 면한다.

[전문개정 2009. 12. 29.]

제74조(절차로부터의 제척) ① 신고한 채권이 절차외소송에서 제한채권이 아닌 것으로 확정된 경우에는 그 채권은 책임제한절차로부터 제척(除斥)된다.

② 제1항의 경우에 절차외소송의 당사자는 그 확정을 증명하는 서면으로 책임제한법원에 이를 신고하여야 한다.

[전문개정 2009. 12. 29.]

제75조(유보된 배당의 실시) 제71조 각 호에 규정된 채권에 관하여 다음 각 호의 구분에 따른 사유가 발생하였을 때에는 관리인은 지체 없이 유보된 배당을 하여야 한다.

1. 제71조제1호의 채권: 그 내용이 확정되고 유보 신청을 한 자가 배당을 청구한 때
2. 제71조제2호의 채권: 그 내용이 확정되고 제46조제3항에 따른 신고가 있는 때
3. 제71조제3호의 채권: 그 내용이 확정된 때

[전문개정 2009. 12. 29.]

제76조(추가 배당) ① 기금에 새로 배당에 충당할 부분이 생긴 경우 관리인은 추가로 배당을 하여야 한다.

② 관리인은 법원의 허가를 받아 일정 기간 제1항의 배당을 하지 아니할 수 있다.

③ 제1항과 제2항에 따른 추가 배당의 경우에는 제66조부터 제75조까지의 규정을 준용한다.

[전문개정 2009. 12. 29.]

제77조(배당 실시 완료의 보고) 배당이 모두 끝났을 때에는 관리인은 지체 없이 그 사실을 법원에 보고하여야 한다.

[전문개정 2009. 12. 29.]

제78조(절차의 종결) 제77조에 따른 보고가 있는 경우 법원은 책임제한절차 종결의 결정을 하고 그 뜻을 공고하여야 한다. 다만, 제한채권자 및 수익채무자가 소수인 경우에는 법원은 이들과 신청인에게 책임제한절차 종결 결정의 정본을 송달함으로써 공고를 갈음할 수 있다.

[전문개정 2009. 12. 29.]

제79조(손해배상) 신청인 또는 수익채무자는 제9조제2항제7호, 제31조제2항 또는 제50조제1항을 위반하여 알고 있는 제한채권자를 법원에 신고하지 아니하여 그

채권이 책임제한절차에서 제척되었을 경우에는 이로 인하여 손해를 입은 자에게 배상을 할 책임이 있다.
[전문개정 2009. 12. 29.]

제9장 책임제한절차의 폐지

〈개정 2009. 12. 29.〉

제80조(절차의 폐지) 다음 각 호의 경우 법원은 직권으로 또는 당사자의 신청에 의하여 책임제한절차를 폐지하는 결정을 하여야 한다. 다만, 제2호의 경우에 제한채권자에게 현저한 손해를 입힐 염려가 있다고 인정되는 경우에는 그러하지 아니하다.

1. 신청인이 제24조제1항 또는 제2항(제32조제2항에 따라 준용되는 경우를 포함한다)에 따른 결정에 따르지 아니한 경우
2. 신청인이 제89조제2항에 따른 결정에 따르지 아니한 경우
3. 제15조에 따른 공탁보증인에 대한 공탁명령의 집행이 불가능한 경우

[전문개정 2009. 12. 29.]

제81조(동의에 의한 절차의 폐지) ① 신청인은 알고 있는 수익채무자 및 책임제한절차에 참가한 자 모두의 동의를 받아 책임제한절차의 폐지를 신청할 수 있다.
② 제1항의 신청이 있는 경우 법원은 책임제한절차를 폐지하는 결정을 하여야 한다.
[전문개정 2009. 12. 29.]

제82조(파산선고와 폐지) 신청인이 파산선고를 받은 경우에 책임제한절차를 계속하는 것이 파산채권자를 현저히 해칠 염려가 있다고 인정될 때에는 법원은 파산관재인(破産管財人)의 신청에 의하여 책임제한절차를 폐지하는 결정을 하여야 한다. 다만, 배당표를 인가하는 공고가 있는 경우 또는 파산절차에서 배당공고를 한 경우에는 그러하지 아니하다.
[전문개정 2009. 12. 29.]

제83조(폐지의 공고와 송달) ① 법원이 책임제한절차를 폐지하는 결정을 하였을 때에는 지체 없이 그 주문 및 이유의 요지를 공고하여야 한다. 다만, 이 경우에는 제21조제1항 단서를 준용한다.
② 제1항의 경우에는 제25조제2항을 준용한다.
[전문개정 2009. 12. 29.]

제84조(즉시항고) 책임제한절차의 폐지의 신청을 각하하거나 기각하는 결정 또는 책임제한절차를 폐지하는 결정에 대하여는 즉시항고를 할 수 있다.
[전문개정 2009. 12. 29.]

제85조(폐지결정의 취소의 공고와 송달) ① 책임제한절차를 폐지하는 결정을 취소하는 결정이 확정되었을 때에는 책임제한절차를 개시하는 결정을 한 법원은 지체 없이 그 사실을 공고하여야 한다. 다만, 이 경우에는 제21조제1항 단서를 준용한다.
② 제1항의 경우에는 제25조제2항을 준용한다.

[전문개정 2009. 12. 29.]

제86조(폐지결정의 효력 발생시기) 책임제한절차의 폐지의 결정은 확정됨으로써 그 효력이 생긴다.

[전문개정 2009. 12. 29.]

제87조(폐지결정이 확정된 경우의 공탁금 회수의 제한) 책임제한절차를 폐지하는 결정이 확정된 경우에는 제26조를 준용한다.

[전문개정 2009. 12. 29.]

제10장 비용

⟨개정 2009. 12. 29.⟩

제88조(비용 부담의 원칙) 책임제한절차를 위하여 필요한 비용 및 관리인의 보수(이하 "비용등"이라 한다)는 신청인의 부담으로 한다. 다만, 이 법에 달리 규정된 경우에는 그러하지 아니하다.

[전문개정 2009. 12. 29.]

제89조(예납의무) ① 신청인이 책임제한절차 개시의 신청을 할 때에는 비용등으로서 법원이 정한 금액을 예납하여야 한다.
② 예납한 비용등이 부족한 경우에 법원은 그 부족한 비용등을 예납할 것을 명하여야 한다.

[전문개정 2009. 12. 29.]

제90조(비용등의 기금으로부터의 체당) ① 다음 각 호의 경우에는 관리인은 법원의 허가를 받아 비용등의 추산액을 기금으로부터 체당할 수 있다.
　1. 제80조제2호에 해당하는 경우에 같은 조 단서에 규정된 사유가 있는 경우
　2. 관리인이 사정에 대한 이의의 소의 피고로서 소송을 수행하기 위하여 소송비용(법원이 허가하는 범위의 변호사비용을 포함한다. 이하 같다)이 필요한 경우
② 관리인은 제1항제1호에 따른 비용등을 받은 경우에는 지체 없이 이를 법원에 납부하여야 한다.

[전문개정 2009. 12. 29.]

제91조(체당 비용등의 회수) ① 관리인은 제90조제1항제1호에 따라 체당한 비용등

을 신청인으로부터 회수하여야 한다.

② 제1항의 경우에 법원은 관리인의 신청에 의하여 신청인에 대하여 관리인이 체당한 비용등과 같은 금액의 금전을 관리인에게 지급할 것을 명하여야 한다.

③ 제2항에 따른 결정은 관리인과 신청인에게 송달하여야 한다.

④ 제2항에 따른 결정에 대하여는 제15조제3항 및 제4항을 준용한다.

⑤ 제1항부터 제4항까지의 규정에 따른 비용등의 회수가 불가능한 경우 관리인은 법원의 허가를 받아 그 비용등을 기금에서 지출한다.

[전문개정 2009. 12. 29.]

제92조(관리인이 회수한 비용등의 공탁) ① 관리인은 다음 각 호에 따라 회수 또는 반환된 비용등을 신청인을 위하여 공탁하고, 그 결과를 법원에 보고하여야 한다.

1. 제91조에 따라 신청인으로부터 체당 비용등을 회수한 경우
2. 제90조제2항에 따라 법원에 납부한 체당 비용 중 비용등으로 지출할 필요가 없게 된 금액으로서 신청인으로부터 그 체당 비용등을 회수하지 못하였음을 이유로 관리인이 다시 법원으로부터 반환을 받은 경우
3. 관리인이 제90조제1항제2호에 따라 기금으로부터 체당한 소송비용 중 관리인이 이를 지출할 필요가 없게 되었거나 승소판결이 확정되어 상대방으로부터 이를 회수한 경우

② 제1항에 따른 공탁은 신청인이 공탁자로서 한 공탁으로 본다.

③ 제1항에 따른 관리인의 공탁에 대하여는 제12조를 준용한다.

④ 관리인이 사정에 대한 이의의 소의 피고가 된 경우 판결에 따라 관리인의 부담으로 확정된 소송비용과 상대방으로부터의 회수가 불가능한 소송비용에 대하여는 제91조제5항을 준용한다.

[전문개정 2009. 12. 29.]

제11장 벌칙

〈개정 2009. 12. 29.〉

제93조(관리인의 수뢰죄) ① 관리인 또는 관리인대리가 그 직무에 관하여 뇌물을 수수(收受), 요구 또는 약속한 경우에는 5년 이하의 징역 또는 500만원 이하의 벌금에 처한다.

② 제1항의 경우 수수된 뇌물은 몰수한다. 그 전부 또는 일부를 몰수할 수 없는 경우에는 그 가액(價額)을 추징한다.

[전문개정 2009. 12. 29.]

제94조(뇌물의 제공 등) 제93조제1항에 따른 뇌물을 약속 또는 제공하거나 제공의 의사를 표시한 자는 3년 이하의 징역 또는 200만원 이하의 벌금에 처한다.

[전문개정 2009. 12. 29.]

제95조(거짓 보고 등) ① 제34조제2항에 규정된 자가 같은 조에 따른 보고 또는 서류 제출을 요구받고 이를 이행하지 아니하거나 거짓으로 보고하거나 거짓 서류를 제출한 경우에는 1년 이하의 징역 또는 100만원 이하의 벌금에 처한다.

② 법인의 대표자나 법인 또는 개인의 대리인, 사용인, 그 밖의 종업원이 그 법인 또는 개인의 업무에 관하여 제1항의 위반행위를 하면 그 행위자를 벌하는 외에 그 법인 또는 개인에게도 제1항의 벌금형을 과(科)한다. 다만, 법인 또는 개인이 그 위반행위를 방지하기 위하여 해당 업무에 관하여 상당한 주의와 감독을 게을리하지 아니한 경우에는 그러하지 아니하다.

[전문개정 2009. 12. 29.]

부칙

⟨제9833호, 2009. 12. 29.⟩

이 법은 공포한 날부터 시행한다.

상업등기법

[시행 2020. 9. 10.] [법률 제17362호, 2020. 6. 9., 타법개정]

법무부(상사법무과) 02-2110-3167

제1장 총칙

제1조(목적) 이 법은 상업등기에 관한 사항을 규정함을 목적으로 한다.

제2조(정의) 이 법에서 사용하는 용어의 뜻은 다음과 같다. *〈개정 2018. 9. 18.〉*

1. "상업등기"란 「상법」 또는 다른 법령에 따라 상인 또는 합자조합에 관한 일정한 사항을 등기부에 기록하는 것 또는 그 기록 자체를 말한다.
2. "등기부"란 전산정보처리조직에 의하여 입력·처리된 등기정보자료를 대법원규칙으로 정하는 바에 따라 편성한 것을 말한다.
3. "등기부부본자료"(登記簿副本資料)란 등기부와 동일한 내용으로 보조기억장치에 기록된 자료를 말한다.
4. "등기기록"이란 하나의 회사·합자조합·상호, 한 사람의 미성년자·법정대리인·지배인에 관한 등기정보자료를 말한다.

제3조(등기신청의 접수시기 및 등기의 효력발생시기) ① 상업등기(이하 "등기"라 한다)의 신청은 대법원규칙으로 정하는 등기신청정보가 전산정보처리조직에 저장된 때 접수된 것으로 본다.

② 제8조제1항에 따른 등기관이 등기를 마친 경우 그 등기는 접수한 때부터 효력을 발생한다.

제2장 등기소와 등기관

제4조(관할 등기소) 등기사무는 등기 당사자의 영업소 소재지를 관할하는 등기사무를 담당하는 지방법원 또는 그 지원(支院) 또는 등기소(이하 "등기소"라 한다)에서 담당한다.

제5조(관할사무의 위임) 대법원장은 어느 등기소의 관할에 속하는 사무를 다른 등기소에 위임하게 할 수 있다.

제6조(관할변경에 따른 조치) 행정구역의 변경 등으로 인하여 어느 등기소의 관할구역의 전부 또는 일부가 다른 등기소의 관할로 바뀌었을 때에는 종전의 관할 등기소는 대법원규칙으로 정하는 바에 따라 등기기록의 처리권한을 다른 등기소로 넘겨주는 조치를 하여야 한다.

제7조(등기사무의 정지) 대법원장은 등기소에서 등기사무를 정지하여야 하는 사유

가 발생하면 기간을 정하여 등기사무의 정지를 명령할 수 있다.

제8조(등기사무의 처리) ① 등기사무는 등기소에 근무하는 법원서기관·등기사무관·등기주사 또는 등기주사보(법원사무관·법원주사 또는 법원주사보 중 2001년 12월 31일 이전에 시행한 채용시험에 합격하여 임용된 사람을 포함한다) 중에서 지방법원장(등기소의 사무를 지원장이 관장하는 경우에는 지원장을 말한다. 이하 같다)이 지정하는 사람(이하 "등기관"이라 한다)이 처리한다.

② 등기관은 등기사무를 전산정보처리조직을 이용하여 등기부에 등기사항을 기록하는 방식으로 처리하여야 한다.

③ 등기관은 접수번호의 순서에 따라 등기사무를 처리하여야 한다.

④ 등기관이 등기사무를 처리하였을 때에는 등기사무를 처리한 등기관이 누구인지 알 수 있는 조치를 하여야 한다.

제9조(등기관의 업무처리의 제한) ① 등기관은 자신, 배우자 또는 4촌 이내의 친족(이하 "배우자등"이라 한다)이 등기를 신청하였을 때에는 성년자로서 등기관의 배우자등이 아닌 사람 2명 이상의 참여가 없으면 등기를 할 수 없다. 배우자등의 관계가 끝난 후에도 같다.

② 등기관은 제1항의 경우에 조서를 작성하여 그 등기에 참여한 사람과 같이 기명날인 또는 서명을 하여야 한다.

제10조(재정보증) 법원행정처장은 등기관의 재정보증(財政保證)에 관한 사항을 정하여 운용할 수 있다.

제3장 등기부 등

제11조(등기부의 종류 등) ① 등기소에서 편성하여 관리하는 등기부는 다음 각 호와 같다. 〈개정 2018. 9. 18.〉

1. 상호등기부
2. 미성년자등기부
3. 법정대리인등기부
4. 지배인등기부
5. 합자조합등기부
6. 합명회사등기부
7. 합자회사등기부
8. 유한책임회사등기부
9. 주식회사등기부
10. 유한회사등기부

11. 외국회사등기부

② 등기부는 영구히 보존하여야 하며, 등기신청서나 그 밖의 부속서류는 대법원규칙으로 정하는 기간 동안 보존하여야 한다.

③ 등기부(부속서류를 포함한다)는 대법원규칙으로 정하는 장소에 보관·관리하여야 하며, 전쟁·천재지변이나 그 밖에 이에 준하는 사태를 피하기 위한 경우 외에는 그 장소 밖으로 옮기지 못한다. 다만, 등기신청서나 그 밖의 부속서류에 대하여 법원의 명령 또는 촉탁이 있거나 법관이 발부한 영장에 의하여 압수되는 경우에는 그러하지 아니하다.

제12조(등기부부본자료의 작성) 등기관은 등기를 마쳤을 때에는 등기부부본자료를 작성하여야 한다.

제13조(등기부의 손상방지와 복구) ① 대법원장은 등기부의 전부 또는 일부가 손상될 우려가 있거나 손상된 때에는 대법원규칙으로 정하는 바에 따라 등기부의 손상방지·복구 등 필요한 처분을 명령할 수 있다.

② 대법원장은 대법원규칙으로 정하는 바에 따라 제1항의 처분명령에 관한 권한을 법원행정처장 또는 지방법원장에게 위임할 수 있다.

제14조(부속서류의 손상 등 방지처분) ① 대법원장은 등기부의 부속서류가 손상되거나 멸실될 우려가 있을 때에는 이를 방지하기 위하여 필요한 처분을 명령할 수 있다.

② 대법원장은 대법원규칙으로 정하는 바에 따라 제1항의 처분명령에 관한 권한을 법원행정처장 또는 지방법원장에게 위임할 수 있다.

제15조(등기사항의 열람과 증명) ① 누구든지 수수료를 내고 대법원규칙으로 정하는 바에 따라 등기기록에 기록되어 있는 사항의 전부 또는 일부의 열람과 이를 증명하는 등기사항증명서의 발급을 신청할 수 있다. 다만, 등기기록의 부속서류에 대해서는 이해관계 있는 부분만 열람을 신청할 수 있다.

② 제1항에 따른 등기기록의 열람 및 등기사항증명서의 발급 신청은 관할 등기소가 아닌 다른 등기소에서도 할 수 있다.

제16조(인감증명) ① 다음 각 호의 어느 하나에 해당하는 사람은 수수료를 내고 대법원규칙으로 정하는 바에 따라 그 인감에 관한 증명서의 발급을 신청할 수 있다.

1. 제25조에 따라 인감을 등기소에 제출한 사람
2. 지배인, 「채무자 회생 및 파산에 관한 법률」에 따른 파산관재인·파산관재인대리·관리인·보전관리인·관리인대리·국제도산관리인 및 국제도산관리인대리로서 그 인감을 등기소에 제출한 사람

② 제1항에 따라 인감증명서의 발급을 신청하려면 대법원규칙으로 정하는 바에

따라 수수료를 내고 인감카드를 발급받거나 그 밖의 방법에 따라야 한다.

③ 제1항에 따른 인감증명서의 발급신청은 관할 등기소가 아닌 다른 등기소에서도 할 수 있다.

제17조(전자증명서 발급) ① 제16조제1항에 따라 등기소에 인감을 제출한 사람은 전자서명 및 자격에 관한 증명을 신청할 수 있다. 이 경우 그 증명은 대법원규칙으로 정하는 바에 따라 증명내용을 휴대용 저장매체에 저장하여 발급하거나 그 밖의 방법에 따른다.

② 제1항의 전자서명 및 자격에 관한 증명을 신청하는 사람은 수수료를 내야 한다.

③ 제1항에 따른 전자서명 및 자격에 관한 증명은 등기신청과 대법원규칙으로 정하는 용도 외에는 사용하지 못한다.

제18조(수수료의 금액 및 면제) 제15조부터 제17조까지의 규정에 따른 수수료의 금액과 면제의 범위는 대법원규칙으로 정한다.

제19조(등기기록의 폐쇄) 회사 또는 합자조합이 해산의 등기를 한 후 또는 해산된 것으로 된 후 10년이 지난 경우 등 대법원규칙으로 정하는 사유가 발생한 경우에는 등기기록을 폐쇄할 수 있다.

제20조(폐쇄한 등기기록) ① 폐쇄한 등기기록은 법률(이 법 또는 다른 법률을 말한다. 이하 같다)에 다른 규정이 없는 경우에는 보조기억장치에 따로 기록하여 보관한다.

② 폐쇄한 등기기록은 영구히 보존하여야 한다.

③ 폐쇄한 등기기록의 열람과 증명에 관하여는 제15조를 준용한다.

④ 종전의 「비송사건절차법」(법률 제8569호로 개정되기 전의 것을 말한다) 제145조에 따른 종이 폐쇄등기부에 기록되어 있는 사항의 전부 또는 일부의 열람과 이를 증명하는 폐쇄등기부 등본·초본의 발급에 관하여는 제15조제1항을 준용한다.

제21조(등기전산정보자료의 이용 등) ① 법원행정처장은 국가기관 또는 지방자치단체로부터 등기사무처리와 관련된 전산정보를 제공받을 수 있다.

② 제11조제1항에 따른 등기부 및 제20조제1항에 따른 폐쇄한 등기기록의 등기사항과 제17조에 따른 전자증명에 관한 전산정보자료(이하 "등기전산정보자료"라 한다)를 이용하거나 활용하려는 자는 관계 중앙행정기관의 장의 심사를 거쳐 법원행정처장의 승인을 받아야 한다. 다만, 중앙행정기관의 장이 등기전산정보자료를 이용하거나 활용하려는 경우에는 법원행정처장과 협의하여야 한다.

③ 등기전산정보자료의 이용 또는 활용과 그 사용료 등에 관하여 필요한 사항은 대법원규칙으로 정한다.

제4장 등기절차

제1절 총칙

제22조(신청주의) ① 등기는 당사자의 신청 또는 관공서의 촉탁에 따라 한다. 다만, 법률에 다른 규정이 있는 경우에는 그러하지 아니하다.

② 촉탁에 따른 등기절차에 관하여는 법률에 다른 규정이 없는 경우에는 신청에 따른 등기에 관한 규정을 준용한다.

③ 등기를 하려는 자는 대법원규칙으로 정하는 바에 따라 수수료를 내야 한다.

제23조(등기신청인) ① 회사의 등기는 법률에 다른 규정이 없는 경우에는 그 대표자가 신청한다.

② 합자조합의 등기는 법률에 다른 규정이 없는 경우에는 합자조합의 업무를 집행하고 대리할 권한이 있는 자(이하 "업무집행조합원등"이라 한다)가 신청한다.

③ 외국회사의 등기는 대한민국에서의 대표자가 외국회사를 대표하여 신청한다.

제24조(등기신청의 방법) ① 등기는 다음 각 호의 어느 하나에 해당하는 방법으로 신청한다. 〈개정 2016. 2. 3.〉

  1. 신청인 또는 그 대리인이 등기소에 출석하여 신청정보 및 첨부정보를 적은 서면을 제출하는 방법. 다만, 대리인이 변호사[법무법인, 법무법인(유한) 및 법무조합을 포함한다]나 법무사[법무사법인 및 법무사법인(유한)을 포함한다]인 경우에는 대법원규칙으로 정하는 사무원을 등기소에 출석하게 하여 그 서면을 제출할 수 있다.

  2. 대법원규칙으로 정하는 바에 따라 전산정보처리조직을 이용하여 신청정보 및 첨부정보를 등기소에 보내는 방법(법원행정처장이 지정하는 등기유형으로 한정한다)

② 제1항에도 불구하고 다음 각 호의 등기에 관하여는 우편을 이용하여 신청정보 및 첨부정보를 적은 서면을 등기소에 제출하는 방법으로 등기를 신청할 수 있다.

  1. 촉탁에 따른 등기

  2. 회사의 본점과 지점 소재지에서 공통으로 등기할 사항(이하 "본·지점 공통 등기사항"이라 한다)에 대한 지점 소재지에서의 등기

③ 신청인이 제공하여야 하는 신청정보 및 첨부정보는 대법원규칙으로 정한다.

④ 신청정보를 적은 서면(전자문서를 포함한다. 이하 "등기신청서"라 한다)에는 신청인 또는 그 대리인이 기명날인(대법원규칙으로 정하는 전자서명을 포함한다. 이하 같다)하여야 한다. 다만, 대법원규칙으로 정하는 경우에는 서명으로 이를 갈음할 수 있다.

제25조(인감의 제출) ① 등기신청서에 기명날인할 사람은 미리 그 인감을 등기소에 제출하여야 한다. 인감을 변경할 때에도 같다.

② 제1항은 대리인에 의하여 등기를 신청하는 경우에 그 위임을 한 사람에게도 적용한다.

③ 제1항은 다음 각 호의 어느 하나에 해당하는 등기에 대해서는 적용하지 아니한다. 〈개정 2018. 9. 18.〉

1. 촉탁에 따른 등기
2. 본·지점 공통 등기사항에 대한 지점 소재지에서의 등기
3. 제38조제1항에 따른 상호의 가등기
4. 제39조제1항에 따른 본점이전에 관계된 상호의 가등기
5. 제47조제2항·제3항에 따른 미성년자의 등기
6. 제49조제2항 본문·제3항·제4항에 따른 법정대리인의 등기
7. 제55조제1항에 따른 본점이전등기
8. 제63조제1항 또는 제71조제1항에 따른 본점 소재지에서 하는 해산등기

제26조(신청의 각하) 등기관은 다음 각 호의 어느 하나에 해당하는 경우에만 이유를 적은 결정으로 신청을 각하하여야 한다. 다만, 신청의 잘못된 부분이 보정될 수 있는 경우로서 등기관이 보정을 명한 날의 다음 날까지 신청인이 그 잘못된 부분을 보정하였을 때에는 그러하지 아니하다.

1. 사건이 그 등기소의 관할이 아닌 경우
2. 사건이 등기할 사항이 아닌 경우
3. 사건이 그 등기소에 이미 등기되어 있는 경우
4. 신청할 권한이 없는 사람이 신청한 경우
5. 제24조제1항제1호에 따라 등기를 신청할 때에 신청인 또는 그 대리인이 출석하지 아니한 경우
6. 신청정보의 제공이 이 법과 대법원규칙으로 정한 방식에 맞지 아니한 경우
7. 제25조에 따라 인감을 제출하지 아니하거나 등기신청서 등 인감을 날인하여야 하는 서면에 찍힌 인감이 같은 조에 따라 제출된 인감과 다른 경우
8. 등기에 필요한 첨부정보를 제공하지 아니한 경우
9. 신청정보와 첨부정보 및 이와 관련된 등기기록(폐쇄한 등기기록을 포함한다)의 각 내용이 일치하지 아니한 경우
10. 등기할 사항에 무효 또는 취소의 원인이 있는 경우
11. 거쳐야 할 등기소를 거치지 아니하고 신청한 경우
12. 동시에 신청하여야 하는 다른 등기를 동시에 신청하지 아니한 경우
13. 사건이 제29조에 따라 등기할 수 없는 상호의 등기 또는 가등기를 목적으로 하는 경우
14. 사건이 법령의 규정에 따라 사용이 금지된 상호의 등기 또는 가등기를 목적으로 하는 경우
15. 상호등기가 말소된 회사가 상호의 등기에 앞서 다른 등기를 신청한 경우
16. 사건이 제38조제3항·제39조제2항 또는 제40조제1항 단서를 위반한 경우

17. 등록에 대한 등록면허세 또는 제22조제3항에 따른 수수료를 내지 아니하거나 등기신청과 관련하여 다른 법률에 따라 부과된 의무를 이행하지 아니한 경우

제27조(제소기간이 지난 후의 등기의 신청) 등기할 사항에 소(訴)로써만 주장할 수 있는 무효 또는 취소의 원인이 있는 경우에 그 소가 제기기간 내에 제기되지 아니하였을 때에는 제26조제10호를 적용하지 아니한다.

제28조(행정구역의 변경) 행정구역 또는 그 명칭이 변경되었을 때에는 등기기록에 기록된 행정구역 또는 그 명칭에 대하여 변경등기가 있는 것으로 본다.

제2절 상호의 등기

제29조(등기할 수 없는 상호) 동일한 특별시, 광역시, 특별자치시, 시(행정시를 포함한다. 이하 같다) 또는 군(광역시의 군은 제외한다. 이하 같다)에서는 동종의 영업을 위하여 다른 상인이 등기한 상호(商號)와 동일한 상호를 등기할 수 없다.

제30조(등기사항) 상호의 등기를 할 때에는 다음 각 호의 사항을 등기하여야 한다.
1. 상호
2. 영업소의 소재지
3. 영업의 종류
4. 상호사용자의 성명·주민등록번호 및 주소

제31조(영업소의 이전등기) 상호를 등기한 사람이 영업소를 다른 등기소의 관할구역 내로 이전하였을 때에는 구영업소 소재지에서는 신영업소의 소재지와 이전 연월일을 등기하고, 신영업소 소재지에서는 제30조 각 호의 사항을 등기하여야 한다.

제32조(변경등기 등) 상호를 등기한 사람은 제30조 각 호의 사항이 변경되거나 상호를 폐지한 경우에는 변경 또는 상호 폐지의 등기를 신청하여야 한다.

제33조(상호의 상속 또는 양도의 등기) 등기된 상호를 상속하거나 양수한 사람은 그 상호를 계속 사용하려는 경우에는 상호의 상속 또는 양도의 등기를 신청할 수 있다.

제34조(영업양도인의 채무에 대한 양수인의 면책등기) 「상법」 제42조제2항의 등기는 양수인이 신청하여야 한다.

제35조(상속인에 의한 등기신청) 등기원인이 발생한 후에 상호를 등기한 사람이 사망한 경우에는 상속인이 제31조부터 제34조까지의 규정에 따른 등기를 신청할 수 있다.

제36조(이해관계인의 신청에 따른 상호등기의 말소) ① 상호등기의 말소에 이해관계가 있는 자는 「상법」 제27조에 따라 그 등기의 말소를 신청할 수 있다.
② 제1항의 신청이 있는 경우의 등기 직권말소 통지, 이의신청에 대한 결정 및 등기 직권말소 등에 관하여는 제78조부터 제80조까지의 규정을 준용한다.

③ 등기관은 제2항에서 준용하는 제79조에 따라 이의신청이 이유 있다고 결정을 하면 제1항의 신청을 각하하여야 한다.

제37조(회사의 상호등기) ① 회사의 상호는 상호등기부에 따로 등기하지 아니한다.
② 제30조부터 제33조까지 및 제35조는 회사에 대해서는 적용하지 아니한다.

제38조(유한책임회사, 주식회사 또는 유한회사의 설립에 관계된 상호의 가등기) ① 「상법」 제22조의2제1항에 따른 상호의 가등기는 발기인 또는 사원(이하 이 절에서 "발기인등"이라 한다)이 본점 소재지를 관할하는 등기소에 신청한다.
② 제1항에 따른 상호의 가등기를 할 때에는 다음 각 호의 사항을 등기하여야 한다.
  1. 상호
  2. 본점이 소재할 특별시·광역시·특별자치시·시 또는 군
  3. 목적
  4. 발기인등 전원의 성명·주민등록번호 및 주소
  5. 본등기를 할 때까지의 기간
③ 제2항제5호의 기간은 2년을 초과할 수 없다.

[제목개정 2020. 6. 9.]

제39조(본점이전 등에 관계된 상호의 가등기) ① 「상법」 제22조의2제2항 및 제3항에 따른 상호의 가등기를 할 때에는 다음 각 호의 사항을 등기하여야 한다.
  1. 상호
  2. 본점의 소재지
  3. 목적(제4호 또는 제5호에서 규정한 상호의 가등기만 해당한다)
  4. 본점이전에 관계된 상호의 가등기의 경우에는 본점을 이전할 특별시·광역시·특별자치시·시 또는 군
  5. 상호변경에 관계된 상호의 가등기의 경우에는 변경 후 새로 정하여질 상호
  6. 목적변경에 관계된 상호의 가등기의 경우에는 변경 후 새로 정하여질 목적
  7. 상호와 목적변경에 관계된 상호의 가등기의 경우에는 변경 후 새로 정하여질 상호와 목적
  8. 본등기를 할 때까지의 기간
② 제1항제8호의 기간은 본점이전에 관계된 상호의 가등기의 경우에는 2년을 초과할 수 없고, 상호나 목적 또는 상호와 목적변경에 관계된 상호의 가등기의 경우에는 1년을 초과할 수 없다.

제40조(상호의 가등기의 변경등기) ① 상호의 가등기를 한 발기인등이나 회사는 제38조제2항제5호 또는 제39조제1항제8호의 기간(이하 "예정기간"이라 한다)을 연장하는 등기를 신청할 수 있다. 다만, 종전의 예정기간과 그 연장된 기간을 합한 기간은 제38조제3항 또는 제39조제2항의 기간을 각각 초과할 수 없다.

② 발기인등은 제38조제2항제3호 또는 제4호의 등기사항이 변경된 경우에는 그 변경등기를 신청하여야 한다.

③ 회사는 제39조제1항제1호부터 제3호까지의 등기사항이 변경된 경우에는 그 변경등기를 신청하여야 한다. 다만, 제42조제1항제1호 또는 제2호에 해당하는 경우에는 그러하지 아니하다.

제41조(상호의 가등기를 위한 공탁) 상호의 가등기 또는 제40조제1항에 따라 예정기간을 연장하는 등기를 신청할 때에는 1천만원의 범위에서 대법원규칙으로 정하는 금액을 공탁하여야 한다.

제42조(상호의 가등기의 말소신청) ① 회사 또는 발기인등은 다음 각 호의 어느 하나에 해당할 때에는 상호의 가등기의 말소를 신청하여야 한다.

1. 주식회사 또는 유한회사의 설립, 본점이전, 목적변경에 관계된 상호의 가등기의 경우에 상호를 변경하였을 때
2. 상호나 목적 또는 상호와 목적변경에 관계된 상호의 가등기의 경우에 본점을 다른 특별시·광역시·특별자치시·시 또는 군으로 이전하였을 때
3. 그 밖에 상호의 가등기가 필요 없게 되었을 때

② 회사 또는 발기인등이 제1항에 따른 신청을 하지 아니하는 경우에는 제36조와 「상법」 제27조를 준용한다.

제43조(상호의 가등기의 직권말소) 등기관은 다음 각 호의 어느 하나에 해당할 때에는 상호의 가등기를 직권으로 말소하여야 한다.

1. 예정기간 내에 본등기를 하였을 때
2. 본등기를 하지 아니하고 예정기간을 지났을 때

제44조(공탁금의 회수 등) ① 예정기간 내에 본등기를 하였을 때에는 회사 또는 발기인등은 공탁금을 회수할 수 있다. 다만, 제42조제1항제1호 또는 제2호에 해당하는 경우에는 그러하지 아니하다.

② 상호의 가등기가 말소되면 공탁금은 국고에 귀속된다. 다만, 제1항에 따라 회사 또는 발기인등이 공탁금을 회수할 수 있는 경우에는 그러하지 아니하다.

제45조(상호의 가등기와 등기할 수 없는 상호와의 관계) 상호의 가등기는 제29조를 적용할 때에는 상호의 등기로 본다.

제3절 미성년자와 법정대리인의 등기
〈개정 2018. 9. 18.〉

제46조(미성년자등기의 등기사항 등) ① 「상법」 제6조에 따른 미성년자의 등기를 할 때에는 다음 각 호의 사항을 등기하여야 한다. 〈개정 2018. 9. 18.〉

1. 미성년자라는 사실
2. 미성년자의 성명 · 주민등록번호 및 주소
3. 영업소의 소재지
4. 영업의 종류

② 제1항 각 호의 등기사항에 변경이 생긴 때에는 제31조와 제32조를 준용한다.

[제목개정 2018. 9. 18.]

제47조(미성년자등기의 신청인) ① 미성년자의 등기는 그 미성년자가 신청한다. *⟨개정 2018. 9. 18.⟩*

② 영업 허락의 취소로 인한 소멸의 등기 또는 영업 허락의 제한으로 인한 변경의 등기는 법정대리인도 신청할 수 있다.

③ 미성년자의 사망으로 인한 소멸의 등기는 법정대리인이 신청한다. *⟨개정 2018. 9. 18.⟩*

④ 미성년자가 성년이 됨으로 인한 소멸의 등기는 등기관이 직권으로 할 수 있다.

[제목개정 2018. 9. 18.]

제48조(법정대리인등기의 등기사항 등) ① 「상법」 제8조에 따른 법정대리인의 등기를 할 때에는 다음 각 호의 사항을 등기하여야 한다. *⟨개정 2018. 9. 18.⟩*

1. 법정대리인의 성명 · 주민등록번호 및 주소
2. 제한능력자의 성명 · 주민등록번호 및 주소
3. 영업소의 소재지
4. 영업의 종류

② 제1항 각 호의 등기사항에 변경이 생긴 때에는 제31조와 제32조를 준용한다.

제49조(법정대리인등기의 신청인) ① 법정대리인의 등기는 그 법정대리인이 신청한다.

② 제한능력자가 능력자로 됨으로 인한 소멸의 등기는 제한능력자도 신청할 수 있다. 다만, 미성년자가 성년이 됨으로 인한 소멸의 등기는 등기관이 직권으로 할 수 있다. *⟨개정 2018. 9. 18.⟩*

③ 법정대리인의 퇴임으로 인한 소멸의 등기는 새로운 법정대리인도 신청할 수 있다.

④ 법정대리인의 사망으로 인한 소멸의 등기는 새로운 법정대리인이 신청한다.

제4절 지배인의 등기

제50조(등기사항 등) ① 지배인의 등기를 할 때에는 다음 각 호의 사항을 등기하여야 한다.

1. 지배인의 성명 · 주민등록번호 및 주소
2. 영업주의 성명 · 주민등록번호 및 주소
3. 영업주가 2개 이상의 상호로 2개 이상 종류의 영업을 하는 경우에는 지배인이 대리할

영업과 그 사용할 상호

4. 지배인을 둔 장소

5. 2명 이상의 지배인이 공동으로 대리권을 행사할 것을 정한 경우에는 그에 관한 규정

② 제1항 각 호의 등기사항에 변경이 생긴 때에는 제31조와 제32조를 준용한다.

제51조(회사 등의 지배인등기) ① 회사의 지배인등기는 회사의 등기부에 하고, 합자조합의 지배인등기는 합자조합의 등기부에 한다.

② 제1항의 등기를 할 때에는 제50조제1항제2호 및 제3호의 사항을 등기하지 아니한다.

③ 회사 또는 합자조합의 지배인을 둔 본점(합자조합의 경우에는 주된 영업소를 말한다. 이하 이 항에서 같다) 또는 지점이 이전·변경 또는 폐지된 경우에 본점 또는 지점의 이전·변경 또는 폐지의 등기신청과 지배인을 둔 장소의 이전·변경 또는 폐지의 등기신청은 동시에 하여야 한다.

제5절 합자조합의 등기

제52조(업무집행조합원등이 법인인 경우의 등기사항 등) ① 업무집행조합원등이 법인인 경우에는 「상법」제86조의4제1항 또는 같은 법 제253조제1항 각 호의 사항 외에 그 자의 직무를 행할 사람의 성명·주민등록번호 및 주소를 등기하여야 한다.

② 제1항의 직무를 행할 사람에 관한 사항이 변경된 경우에는 그 변경등기를 하여야 한다.

제53조(회사에 관한 규정의 준용) 합자조합의 등기에 관하여는 제54조부터 제56조까지, 제60조 및 제61조를 준용한다.

제6절 회사의 등기

제54조(본점이전등기의 등기사항) 신본점 소재지에서 본점이전의 등기를 할 때에는 회사성립의 연월일과 본점이전의 뜻 및 그 연월일도 등기하여야 한다.

제55조(본점이전등기의 신청) ① 본점을 다른 등기소의 관할구역 내로 이전한 경우에 신본점 소재지에서 하는 등기의 신청은 구본점 소재지를 관할하는 등기소를 거쳐야 한다.

② 제1항의 신본점 소재지에서 하는 등기의 신청과 구본점 소재지에서 하는 등기의 신청은 구본점 소재지를 관할하는 등기소에 동시에 하여야 한다.

제56조(본점이전등기신청의 처리) ① 등기관은 제55조제2항에 따른 등기의 신청 중 어느 하나에 관하여 제26조 각 호의 어느 하나에 해당하는 사유가 있을 때에는 이들 신청을 함께 각하하여야 한다.

② 구본점 소재지를 관할하는 등기소는 제1항의 경우를 제외하고는 지체 없이 제55조제1항에 따른 등기신청이 있었다는 뜻을 신본점 소재지를 관할하는 등기소에 전산정보처리조직을 이용하여 통지하여야 하고, 인감에 관한 기록을 신본점 소재지를 관할하는 등기소에 전산정보처리조직을 이용하여 보내야 한다.

③ 제2항에 따른 통지가 도달한 때에 신본점 소재지를 관할하는 등기소의 등기관이 제55조제1항의 등기신청을 접수한 것으로 본다.

④ 신본점 소재지를 관할하는 등기소는 제2항에 따른 통지를 받아 제55조제1항의 등기를 하였을 때 또는 그 등기의 신청을 각하하였을 때에는 지체 없이 그 뜻을 구본점 소재지를 관할하는 등기소에 전산정보처리조직을 이용하여 통지하여야 한다.

⑤ 구본점 소재지를 관할하는 등기소는 제4항에 따라 등기를 하였다는 뜻의 통지를 받을 때까지는 본점이전의 등기를 하여서는 아니 된다.

⑥ 신본점 소재지를 관할하는 등기소가 제55조제1항의 등기신청을 각하하였을 때에는 구본점 소재지에서 하는 등기의 신청도 각하된 것으로 본다.

제57조(지점설치 · 이전등기의 등기사항) 지점 소재지에서 지점설치의 등기를 하거나 신지점 소재지에서 지점이전의 등기를 할 때에는 회사성립의 연월일과 지점을 설치 또는 이전한 뜻 및 그 연월일도 등기하여야 한다.

제58조(지점 소재지에서 하는 등기의 신청) ① 회사의 본점과 지점 소재지를 관할하는 등기소가 다른 경우 본 · 지점 공통 등기사항에 관하여 지점 소재지에서 하는 등기의 신청은 대법원규칙으로 정하는 바에 따라 본점 소재지를 관할하는 등기소에 할 수 있다.

② 제1항의 등기의 신청과 본점 소재지에서 하는 등기의 신청은 동시에 하여야 한다.

제59조(지점 소재지에서 하는 등기신청의 처리) ① 본점 소재지를 관할하는 등기소의 등기관은 제58조제1항의 등기신청에 제26조 각 호의 어느 하나에 해당하는 사유가 있을 때에는 그 신청을 각하하여야 한다.

② 제58조제1항의 신청이 있는 경우 본점 소재지를 관할하는 등기소가 본점 소재지에서 등기할 사항을 등기하였을 때에는 지체 없이 같은 항에 따른 등기신청이 있었다는 뜻을 지점 소재지를 관할하는 등기소에 전산정보처리조직을 이용하여 통지하여야 한다. 다만, 제1항에 따라 그 신청을 각하한 경우에는 그러하지 아니하다.

③ 제2항 본문의 경우에 제58조제1항의 신청이 설립등기의 신청일 때에는 본점 소재지를 관할하는 등기소는 회사성립의 연월일도 통지하여야 한다.

④ 제2항 및 제3항에 따른 통지가 도달한 때에 지점 소재지를 관할하는 등기소의

등기관이 제58조제1항의 등기신청을 접수한 것으로 본다.

제60조(해산등기의 등기사항 등) ① 해산등기를 할 때에는 해산한 뜻과 그 사유 및 연월일을 등기하여야 한다.

② 해산등기의 신청과 해산으로 인한 청산인의 취임등기의 신청은 동시에 하여야 한다.

제61조(계속등기의 등기사항) 회사계속의 등기를 할 때에는 회사를 계속한 뜻과 그 연월일을 등기하여야 한다.

제62조(합병으로 인한 등기의 등기사항) ① 합병으로 인한 변경 또는 설립등기를 할 때에는 합병으로 소멸하는 회사(이하 "소멸회사"라 한다)의 상호·본점과 합병을 한 뜻도 함께 등기하여야 한다. 이 경우 지점 소재지에서 합병으로 인한 변경등기를 할 때에는 합병 연월일도 등기하여야 한다.

② 합병으로 인한 해산등기를 할 때에는 합병 후 존속하는 회사(이하 "존속회사"라 한다) 또는 합병으로 설립하는 회사(이하 "신설회사"라 한다) 및 소멸회사의 상호·본점과 합병을 한 뜻 및 그 연월일도 함께 등기하여야 한다.

제63조(합병으로 인한 해산등기의 신청) ① 합병으로 인한 해산등기는 존속회사 또는 신설회사의 대표자가 소멸회사를 대표하여 신청한다.

② 본점 소재지에서 하는 제1항의 등기신청은 그 등기소의 관할구역 내에 존속회사 또는 신설회사의 본점이 없을 때에는 그 본점 소재지를 관할하는 등기소를 거쳐야 한다.

③ 본점 소재지에서 하는 제62조제1항의 변경 또는 설립등기의 신청과 제1항의 해산등기의 신청은 존속회사 또는 신설회사의 본점 소재지를 관할하는 등기소에 동시에 하여야 한다.

제64조(합병으로 인한 해산등기신청의 처리) ① 등기관은 제63조제3항에 따른 등기의 신청 중 어느 하나에 관하여 제26조 각 호의 어느 하나에 해당하는 사유가 있을 때에는 이들 신청을 함께 각하하여야 한다.

② 존속회사 또는 신설회사의 본점 소재지를 관할하는 등기소에서 합병으로 인한 변경 또는 설립등기를 하였을 때에는 지체 없이 그 등기 연월일과 제63조제1항에 따른 등기신청이 있었다는 뜻을 소멸회사의 본점 소재지를 관할하는 등기소에 전산정보처리조직을 이용하여 통지하여야 한다.

③ 제2항에 따른 통지가 도달한 때에 소멸회사의 본점 소재지를 관할하는 등기소의 등기관이 제63조제1항의 등기신청을 접수한 것으로 본다.

제65조(조직변경으로 인한 등기의 등기사항) ① 조직변경으로 인한 변경 후의 회사

에 관한 설립등기를 할 때에는 변경 전의 회사의 성립 연월일, 변경 전의 회사의 상호·본점과 조직을 변경한 뜻도 함께 등기하여야 한다.

② 조직변경으로 인한 변경 전의 회사에 관한 해산등기를 할 때에는 변경 후의 회사의 상호·본점과 조직을 변경한 한 뜻 및 그 연월일도 함께 등기하여야 한다.

제66조(조직변경으로 인한 등기의 신청) 조직변경으로 인한 설립등기의 신청과 해산등기의 신청은 동시에 하여야 한다.

제67조(조직변경으로 인한 등기신청의 처리) 등기관은 제66조에 따른 등기의 신청 중 어느 하나에 관하여 제26조 각 호의 어느 하나에 해당하는 사유가 있을 때에는 이들 신청을 함께 각하하여야 한다.

제68조(유한책임회사의 대표자가 법인인 경우의 등기사항 등) ① 유한책임회사의 대표자가 법인인 경우에는 「상법」 제253조제1항 각 호의 사항 또는 같은 법 제287조의5제1항 각 호의 사항 외에 그 자의 직무를 행할 사람의 성명·주민등록번호 및 주소를 등기하여야 한다.

② 제1항의 직무를 행할 사람에 관한 사항이 변경된 경우에는 그 변경등기를 하여야 한다.

제69조(주식매수선택권의 등기사항) 「상법」 제340조의2제1항에 따라 이사 등에게 주식매수선택권을 부여하기로 정하였을 때에는 같은 법 제340조의3제1항 각 호의 사항을 등기하여야 한다.

제70조(분할 또는 분할합병으로 인한 등기의 등기사항) ① 분할 또는 분할합병으로 설립하는 회사(이하 "분할신설회사"라 한다)의 설립등기를 할 때에는 분할 또는 분할합병 후 존속하는 회사(이하 "분할존속회사"라 한다)나 소멸하는 회사(이하 "분할소멸회사"라 한다)의 상호·본점과 분할 또는 분할합병을 한 뜻도 함께 등기하여야 한다.

② 분할합병으로 분할되는 부분을 흡수하는 분할합병의 상대방 회사(이하 "흡수분할합병회사"라 한다)의 변경등기를 할 때에는 분할존속회사나 분할소멸회사의 상호·본점과 분할합병을 한 뜻도 함께 등기하여야 한다. 이 경우 지점 소재지에서 흡수분할합병회사의 변경등기를 할 때에는 분할합병의 연월일도 등기하여야 한다.

③ 분할존속회사의 변경등기 또는 분할소멸회사의 해산등기를 할 때에는 분할신설회사 또는 흡수분할합병회사의 상호·본점과 분할 또는 분할합병을 한 뜻 및 그 연월일도 함께 등기하여야 한다. 이 경우 분할되는 회사의 일부가 다른 회사 또는 다른 회사의 일부와 분할합병을 하여 회사를 설립하는 경우에는 그 다른 회사의 상호·본점도 함께 등기하여야 한다.

제71조(분할 또는 분할합병으로 인한 등기의 신청) ① 분할 또는 분할합병으로 인한 해산등기는 분할신설회사 또는 흡수분할합병회사의 대표자가 분할소멸회사를 대표하여 신청한다.

② 본점 소재지에서 하는 제70조제3항의 등기신청은 그 등기소의 관할구역 내에 분할신설회사 또는 흡수분할합병회사의 본점이 없을 때에는 그 본점 소재지를 관할하는 등기소를 거쳐야 한다.

③ 본점 소재지에서 하는 분할신설회사·흡수분할합병회사·분할존속회사·분할소멸회사의 설립등기·변경등기·해산등기의 신청은 분할신설회사 또는 흡수분할합병회사의 본점 소재지를 관할하는 등기소에 동시에 하여야 한다.

제72조(분할 또는 분할합병으로 인한 등기신청의 처리) ① 등기관은 제71조제3항에 따른 등기의 신청 중 어느 하나에 관하여 제26조 각 호의 어느 하나에 해당하는 사유가 있을 때에는 이들 신청을 함께 각하하여야 한다.

② 분할신설회사 또는 흡수분할합병회사의 본점 소재지를 관할하는 등기소에서 분할 또는 분할합병으로 인한 설립 또는 변경등기를 하였을 때에는 지체 없이 그 등기 연월일과 제70조제3항에 따른 등기신청이 있었다는 뜻을 분할존속회사 또는 분할소멸회사의 본점 소재지를 관할하는 등기소에 전산정보처리조직을 이용하여 통지하여야 한다.

③ 제2항에 따른 통지가 도달한 때에 분할존속회사 또는 분할소멸회사의 본점 소재지를 관할하는 등기소의 등기관이 제70조제3항의 등기신청을 접수한 것으로 본다.

제73조(휴면회사의 해산등기) ① 「상법」 제520조의2제1항에 따른 해산등기는 등기관이 직권으로 하여야 한다.

② 등기관은 제1항의 등기를 하였을 때에는 지체 없이 그 뜻을 지점 소재지를 관할하는 등기소에 전산정보처리조직을 이용하여 통지하여야 한다.

③ 제2항에 따른 통지를 받은 등기관은 지체 없이 해산등기를 하여야 한다.

④ 「상법」 제520조의2제4항에 따른 청산종결등기에 관하여는 제1항부터 제3항까지의 규정을 준용한다.

제74조(외국회사의 공고방법에 관한 등기사항) 대한민국에서의 같은 종류의 회사 또는 가장 비슷한 회사가 주식회사인 외국회사의 경우에는 「상법」 제616조의2에 따른 대한민국에서의 공고방법도 등기하여야 한다.

제7절 등기의 경정과 말소

제75조(경정등기의 신청) 등기 당사자는 등기에 착오나 빠진 부분이 있을 때에는

그 등기의 경정(更正)을 신청할 수 있다.

제76조(등기의 직권경정) ① 등기관은 등기를 마친 후 그 등기에 착오나 빠진 부분이 있음을 발견하였을 때에는 지체 없이 그 사실을 등기를 한 자에게 통지하여야 한다. 다만, 그 착오나 빠진 부분이 등기관의 잘못으로 인한 것이었을 때에는 그러하지 아니하다.

② 등기관은 등기의 착오나 빠진 부분이 등기관의 잘못으로 인한 것이었을 때에는 지체 없이 그 등기를 직권으로 경정하고 그 사실을 등기를 한 자에게 통지하여야 한다.

제77조(말소등기의 신청) 등기 당사자는 등기가 다음 각 호의 어느 하나에 해당하는 경우에는 그 등기의 말소를 신청할 수 있다.

1. 제26조제1호부터 제3호까지에 해당하는 사유가 있는 경우
2. 등기된 사항에 무효의 원인이 있는 경우(소로써만 그 무효를 주장할 수 있는 경우는 제외한다)

제78조(등기의 직권말소의 통지 등) ① 등기관은 등기를 마친 후 그 등기가 제77조 각 호의 어느 하나에 해당되는 것임을 발견하였을 때에는 등기를 한 자에게 1개월 이내의 기간을 정하여 그 기간 이내에 이의를 진술하지 아니하면 등기를 말소한다는 뜻을 통지하여야 한다.

② 등기관은 제1항에 따른 통지를 받을 자의 주소 또는 거소를 알 수 없으면 제1항에 따른 통지를 갈음하여 제1항에서 정한 기간 동안 등기소 게시장에 이를 게시하거나 대법원규칙으로 정하는 바에 따라 공고하여야 한다.

제79조(이의에 대한 결정) 등기관은 제78조제1항의 말소에 관하여 이의를 진술한 자가 있으면 그 이의에 대한 결정을 하여야 한다.

제80조(등기의 직권말소) 등기관은 제78조제1항의 기간 이내에 이의를 진술한 자가 없거나 이의를 각하한 경우에는 같은 항의 등기를 직권으로 말소하여야 한다.

제81조(지점 소재지에서의 등기의 직권말소) ① 본·지점 공통 등기사항의 등기에 관하여는 본점 소재지에서의 등기에 한정하여 제78조부터 제80조까지의 규정을 적용한다. 이 경우 등기관이 본점 소재지에서의 등기를 말소하였을 때에는 지체 없이 그 뜻을 지점 소재지를 관할하는 등기소에 통지하여야 한다.

② 제1항 후단에 따른 통지를 받은 등기관은 지체 없이 지점 소재지에서의 등기를 말소하여야 한다.

③ 지점 소재지를 관할하는 등기소에만 하는 등기에 말소의 사유가 있거나 본·지점 공통 등기사항의 등기에 관하여 지점 소재지에서의 등기에만 말소의 사유

가 있을 때에는, 그 지점 소재지를 관할하는 등기소의 등기관은 제78조부터 제80조까지의 규정에 따른 절차를 진행하여야 한다.

제5장 이의신청 등

제82조(이의신청과 그 관할) 등기관의 결정 또는 처분에 이의가 있는 자는 관할 지방법원에 이의신청을 할 수 있다.

제83조(이의신청 방법) 제82조에 따른 이의신청(이하 "이의신청"이라 한다)은 대법 원규칙으로 정하는 바에 따라 등기소에 이의신청서를 제출하는 방법으로 한다.

제84조(새로운 사실에 의한 이의신청 금지) 누구든지 새로운 사실이나 새로운 증거 방법을 근거로 이의신청을 할 수 없다.

제85조(등기관의 조치) ① 등기관은 이의신청이 이유 있다고 인정하면 그에 해당하 는 처분을 하여야 한다.
② 등기관은 이의신청이 이유 없다고 인정하면 이의신청일부터 3일 이내에 의견 을 붙여 이의신청서를 관할 지방법원에 보내야 한다.
③ 등기를 마친 후에 이의신청이 있는 경우 등기관은 3일 이내에 의견을 붙여 이 의신청서를 관할 지방법원에 보내고 등기를 한 자에게 이의신청 사실을 통지 하여야 한다. 다만, 이미 마친 등기에 대하여 제77조 각 호의 어느 하나에 해 당하는 사유로 이의신청을 한 경우, 등기관은 그 이의신청이 이유 있다고 인정 하면 제78조부터 제80조까지의 규정에 따른 절차를 거쳐 그 등기를 직권으로 말소한다.

제86조(집행 부정지) 이의신청에는 집행정지의 효력이 없다.

제87조(이의신청에 대한 결정과 항고) ① 관할 지방법원은 이의신청에 대하여 이유 를 붙여 결정을 하여야 한다. 이 경우 이의신청이 이유 있다고 인정하면 등기관에 게 그에 해당하는 처분을 명령하고, 그 뜻을 이의신청인과 등기를 한 자에게 통지 하여야 한다.
② 제1항의 결정에 대해서는 「비송사건절차법」에 따라 항고할 수 있다.

제88조(처분 전의 부기등기명령) 관할 지방법원은 제85조제3항의 이의신청에 대하여 결정하기 전에 등기관에게 이의신청이 있다는 뜻의 부기등기를 명령할 수 있다.

제89조(관할 법원의 명령에 따른 등기의 방법) 등기관이 제87조제1항에 따라 관할 지방법원의 명령에 따른 등기를 할 때에는 명령을 한 지방법원, 명령 연월일, 명 령에 따라 등기를 한다는 뜻과 등기 연월일을 기록하여야 한다.

제90조(송달 등) ① 송달에 관하여는 「민사소송법」의 규정을 준용한다.
② 이의신청의 비용에 관하여는 「비송사건절차법」의 규정을 준용한다.

제91조(대법원규칙에의 위임) 이 법의 시행에 필요한 사항은 대법원규칙으로 정한다.

부칙

〈제17362호,2020. 6. 9.〉 (상법)

제1조(시행일) 이 법은 공포 후 3개월이 경과한 날부터 시행한다.

제2조(다른 법률의 개정) 상업등기법 일부를 다음과 같이 개정한다.

제38조의 제목 중 "주식회사"를 "유한책임회사, 주식회사"로 한다.

상업등기규칙

[시행 2021. 12. 9.] [대법원규칙 제3007호, 2021. 11. 29., 일부개정]
법원행정처(사법등기심의관실) 02-3480-1888

제1장 총칙

제1조(목적) 이 규칙은 「상업등기법」(이하 "법"이라 한다)에서 위임한 사항과 그 시행에 필요한 사항을 규정함을 목적으로 한다.

제2조(등기기록 등에 사용할 문자 등) 등기를 하거나 신청서, 그 밖의 등기에 관한 서면(「전자서명법」 제2조제1호의 전자문서를 포함한다)을 작성할 때에는 한글과 아라비아숫자를 사용하여야 한다. 다만, 대법원예규로 정하는 바에 따라 한글 또는 한글과 아라비아숫자로 기록한 다음 괄호 안에 로마자, 한자, 아라비아숫자 그리고 부호를 병기할 수 있다. 〈개정 2020. 11. 26.〉

제3조(등기신청의 접수시기 및 등기관이 등기를 마친 시기) ① 법 제3조제1항에서 "대법원규칙으로 정하는 등기신청정보"란 등기의 목적과 신청인의 성명 또는 상호에 관한 정보를 말한다.

② 법 제3조제2항에서 "등기관이 등기를 마친 경우"란 법 제8조제4항에 따라 등기사무를 처리한 등기관이 누구인지 알 수 있는 조치를 하였을 때를 말한다.

③ 법 제8조제4항의 등기사무를 처리한 등기관이 누구인지 알 수 있도록 하는 조치는 각 등기관이 미리 부여받은 식별부호를 기록하는 방법으로 한다.

제4조(개인정보의 처리) 등기관은 다음 각 호의 업무를 수행하기 위하여 「개인정보 보호법」 제2조제1호의 개인정보를 처리할 수 있다.

1. 등기기록 또는 신청서, 촉탁서, 통지서, 취하서, 등기참여조서, 첨부서면 그 밖의 부속서류(이하 "신청서 기타 부속서류"라 한다)의 열람 관련 업무
2. 인감 및 개인감(改印鑑)의 제출과 폐지신청 관련 업무
3. 인감카드 및 전자증명서의 발급, 효력정지, 효력회복, 폐지신청 관련 업무
4. 사용자등록 관련 업무
5. 그 밖에 대법원예규로 정하는 업무

제2장 등기소와 등기관

제5조(회사 본점등기기록의 관할변경 절차) ① 행정구역의 변경 등으로 회사의 본점 소재지가 다른 등기소의 관할로 바뀌었을 때에는 종전의 관할 등기소는 전산정보 처리조직을 이용하여 그 본점등기기록과 인감에 관한 기록의 처리권한을 다른 등

기소로 넘겨주는 조치를 하여야 한다.

② 종전의 관할 등기소에 지점등기기록이 존속하여야 할 필요가 있는 경우에는 관할변경의 대상이 되는 본점등기기록에서 현재 효력이 있는 등기사항을 기록한 지점등기기록을 개설하고 그 해당란에 회사성립 연월일과 등기기록의 개설 사유 및 연월일을 기록한 후 제1항의 절차에 따른다.

③ 다른 등기소는 관할이 변경된 등기기록의 기타사항란에 관할변경의 원인, 종전의 관할 등기소로부터 관할이 변경된 뜻과 그 연월일을 기록하여야 한다.

④ 다른 등기소에 지점등기기록이 개설되어 있는 경우에는 제3항의 등기를 한 때에 그 지점등기기록을 폐쇄하여야 한다. 다만, 지점등기기록에 지배인에 관한 사항이 있는 경우에는 관할이 변경된 본점등기기록에 이를 기록하여야 한다.

⑤ 다른 등기소는 관할이 변경된 본점등기기록에 등기할 필요가 없는 사항이 있는 경우에는 관할변경으로 말소하는 뜻을 기록하고 그 사항을 말소하여야 한다.

제6조(회사 지점등기기록의 관할변경 절차) ① 행정구역의 변경 등으로 회사의 지점 소재지가 다른 등기소의 관할로 바뀌었을 때에는 종전의 관할 등기소는 전산정보 처리조직을 이용하여 그 지점등기기록과 인감에 관한 기록의 처리권한을 다른 등기소로 넘겨주는 조치를 하여야 한다.

② 종전의 관할 등기소에 지점등기기록 또는 본점등기기록이 존속하여야 할 필요가 있는 경우에는 지점등기기록 또는 본점등기기록에서 현재 효력이 있는 등기사항(종전의 관할 등기소의 등기기록에만 기록하여야 할 등기사항은 제외한다)과 등기기록의 개설 사유 및 연월일과 회사성립 연월일을 기록하여 관할변경의 대상인 지점등기기록을 개설하고, 전산정보처리조직을 이용하여 그 지점에 관한 등기기록과 지배인의 인감에 관한 기록의 처리권한을 다른 등기소로 넘겨주는 조치를 하여야 한다.

③ 다른 등기소에 이미 등기기록이 개설되어 있는 경우에는 종전의 관할 등기소는 다른 등기소에 전산정보처리조직을 이용하여 관할이 변경된 구역에 소재하는 지점과 그 지점의 지배인에 관한 등기정보를 통지하고, 해당 지배인의 인감에 관한 기록의 처리권한을 다른 등기소로 넘겨주는 조치를 하여야 한다. 이 경우 종전의 관할 등기소에 등기기록이 존속할 필요가 없을 때에는 그 등기기록을 폐쇄하여야 한다.

④ 다른 등기소가 제1항 및 제2항에 따라 등기기록의 처리권한을 넘겨받은 경우에는 제5조제3항과 동일하게 처리하고, 제3항의 통지를 받은 경우에는 그 통지받은 지점 및 지배인에 관한 사항을 등기하여야 한다.

⑤ 종전의 관할 등기소는 존속하는 본점등기기록 또는 지점등기기록에 등기할 필

요가 없는 사항이 있는 경우에는 관할변경으로 말소하는 뜻을 기록하고 그 사항을 말소하여야 한다.

제7조(상호등기기록 등의 관할변경 절차) 상호등기기록, 미성년자등기기록, 법정대리인등기기록, 지배인등기기록, 합자조합등기기록, 외국회사등기기록의 관할변경 절차에 관하여는 제6조를 준용한다. <개정 2018. 12. 4.>

제8조(등기번호) ① 등기번호는 법 제4조의 관할 등기소에서 부여하고 관할 등기소가 변경된 경우에는 새로운 등기번호를 부여한다.
② 제1항의 등기번호는 등기부의 종류별로 등기부에 기록하는 순서에 따라 일련번호로 한다.

제9조(참여조서의 작성방법) 등기관이 법 제9조제2항의 조서(이하 "참여조서"라 한다)를 작성할 때에는 그 조서에 다음 각 호의 사항을 적어야 한다.
   1. 신청인의 성명과 주소
   2. 업무처리가 제한되는 사유
   3. 등기할 대상의 표시 및 등기의 목적
   4. 신청서의 접수연월일과 접수번호
   5. 참여인의 성명, 주소 및 주민등록번호

제10조(등기정보중앙관리소와 전산운영책임관) ① 전산정보처리조직에 의한 등기사무처리의 지원, 등기부의 보관과 관리 및 등기정보의 효율적인 활용을 위하여 법원행정처에 등기정보중앙관리소(이하 "중앙관리소"라 한다)를 둔다.
② 법원행정처장은 중앙관리소에 전산운영책임관을 두어 전산정보처리조직을 종합적으로 관리, 운영하여야 한다.
③ 법원행정처장은 중앙관리소의 출입자 및 전산정보처리조직 사용자의 신원을 관리하는 등 필요한 보안조치를 하여야 한다.

제11조(정보의 제공 요청) 법원행정처장은 필요한 경우에 국가기관 또는 지방자치단체의 장에게 등기사무처리와 관련된 전산정보를 요청할 수 있다.

제12조(등기전산정보자료의 이용 등) ① 법 제21조제2항에 따라 등기전산정보자료를 이용하거나 활용하려는 사람은 다음 각 호의 사항을 기재하여 관계 중앙행정기관의 장에게 그 심사를 신청하여야 한다. 이 경우 신청할 수 있는 등기전산정보자료는 필요한 최소한의 범위로 한정하여야 한다.
   1. 자료의 이용 또는 활용 목적 및 근거
   2. 자료의 범위
   3. 자료의 제공방식과 보관기관 및 안전관리대책
② 제1항에 따른 신청을 받은 관계 중앙행정기관의 장은 다음 각 호의 사항을 심

사한 후 그 심사결과를 신청인에게 통보하여야 한다.
1. 신청 내용의 타당성과 적합성 및 공익성
2. 개인의 사생활 침해의 가능성 또는 위험성 여부
3. 자료의 목적 외 사용방지 및 안전관리대책
③ 등기전산정보자료를 이용 또는 활용하고자 하는 사람은 제2항의 심사결과를
첨부하여 법원행정처장에게 승인신청을 하여야 한다. 다만, 중앙행정기관의 장
이 등기전산정보자료를 이용 또는 활용하고자 하는 경우에는 법원행정처장에게
제1항 각 호의 사항을 기재한 서면을 제출하고 협의를 요청하여야 한다.
④ 법원행정처장이 제3항에 따른 승인신청 또는 협의요청을 받았을 때에는 다음
각 호의 사항을 심사하여야 한다.
1. 제2항 각 호의 사항
2. 신청한 사항의 처리가 전산정보처리조직으로 가능한지 여부
3. 신청한 사항의 처리가 등기사무처리에 지장이 없는지 여부
⑤ 제4항의 심사결과 신청이 승인되거나 협의가 성립된 때에는 법원행정처장은
전산정보자료제공대장에 그 내용을 기록하고 관리하여야 한다.

제12조의2(민원접수 · 처리기관을 통한 등기전산정보자료의 제공 등) ① 민원인이
「민원 처리에 관한 법률」 제10조의2제1항에 따라 민원접수 · 처리기관을 통하여
본인에 관한 등기전산정보자료의 제공을 요구하는 경우 법원행정처장은 해당 정
보를 지체 없이 제공하여야 한다.
② 민원인이 요구할 수 있는 등기전산정보자료의 종류는 행정안전부장관이 법원행
정처장과 협의하여 공표한 것에 한한다.〈개정 2021. 11. 29.〉
③ 법원행정처장이 제2항에 따른 협의요청을 받은 때에는 제12조제4항의 사항을
고려하여 제공할 등기전산정보자료의 종류를 결정하여야 한다.
④ 제1항에 따라 제공되는 등기전산정보자료에 대하여는 수수료를 면제한다.
⑤ 등기전산정보자료 제공절차 등과 관련하여 필요한 사항 중 이 규칙에서 정하
고 있지 아니한 사항은 대법원예규로 정할 수 있다.

[본조신설 2021. 9. 30.]

제12조의3(정보주체 본인의 요구에 의한 등기전산정보자료의 제공 등) ① 정보주체
가 「전자정부법」 제43조의2제1항에 따라 본인에 관한 등기전산정보자료의 제공을
요구하는 경우 법원행정처장은 해당 정보를 정보주체 본인 또는 본인이 지정하는
자로서 「전자정부법」 제43조의2제1항 각 호의 자에게 지체 없이 제공하여야 한
다. 이 경우 정보주체는 정확성 및 최신성이 유지될 수 있도록 정기적인 제공을
요구할 수 있다.

② 제1항에 따라 「전자정부법」 제43조의2제1항제1호의 행정기관등에 제공되는 등기전산정보자료에 대하여는 수수료를 면제한다.

③ 제1항의 경우 제12조의2제2항, 제3항 및 제5항을 준용한다.

[본조신설 2021. 11. 29.]

제3장 등기부 등

제1절 등기부와 인감부 및 신청서 기타 부속서류

제13조(등기기록의 편성) ① 등기기록은 그 종류에 따라 전산정보처리조직에 의하여 별지 제1호부터 제9호까지 양식의 각 란에 기록한 등기정보로 편성한다. 다만, 외국회사 등기기록은 대한민국에서 설립되는 같은 종류 또는 가장 비슷한 회사의 등기기록의 예에 의하여 편성한다.

② 별지 제8호 양식 중 전환사채란, 신주인수권부사채란, 이익참가부사채란, 그 밖의 법령에 정한 사채란은 발행하는 각 사채별로 편성한다.

제14조(등기부 등의 보관과 관리) ① 법 제11조제3항에서 규정한 등기부(폐쇄등기부를 포함한다. 이하 같다)와 전자문서(「전자서명법」 제2조제1호의 전자문서를 말한다. 이하 같다)로 작성된 신청서 기타 부속서류는 중앙관리소에서 보관하고 관리한다. 〈개정 2020. 11. 26.〉

② 법 제12조의 등기부부본자료는 전산정보처리조직으로 작성하여 법원행정처장이 지정하는 장소에 보관하여야 한다.

제15조(인감부) ① 법 제16조 및 제25조에 따라 제출된 인감 및 인감제출자에 관한 정보는 보조기억장치(자기디스크, 자기테이프 그 밖에 이와 비슷한 방법으로 일정한 사항을 기록하고 보관할 수 있는 전자적 정보저장매체를 말한다. 이하 같다)에 기록한다(이하 위 보조기억장치에 기록된 자료를 "인감부"라 한다).

② 인감부는 영구히 보존하여야 한다.

③ 인감부의 보관과 관리에 관하여는 제14조를 준용한다.

제16조(등기부등 복구 등의 처분명령에 관한 권한 위임) ① 대법원장은 법 제13조제2항에 따라 등기부(인감부를 포함한다. 이하 이 절에서 "등기부등"이라 한다)의 손상방지 또는 손상된 등기부등 복구 등의 처분명령에 관한 권한을 법원행정처장에게 위임한다.

② 대법원장은 법 제14조제2항에 따라 전자문서로 작성된 신청서 기타 부속서류의 손상방지 등의 처분명령에 관한 권한은 법원행정처장에게, 종이 형태의 신청서 기타 부속서류의 멸실방지 등의 처분명령에 관한 권한은 지방법원장(등기소의 사무를 지원장이 관장하는 경우에는 지원장을 말한다. 제64조를 제외하

고는 이하 같다)에게 위임한다.

제17조(등기부등의 손상과 복구) ① 등기부등의 전부 또는 일부가 손상되거나 손상될 우려가 있을 때에는 전산운영책임관은 지체 없이 그 상황을 조사한 후 처리방법을 법원행정처장에게 보고하여야 한다.

② 등기부등의 전부 또는 일부가 손상된 경우에 전산운영책임관은 제14조제2항의 등기부부본자료에 의하여 그 등기부등을 복구하여야 한다.

③ 제2항에 따라 등기부등을 복구한 경우에 전산운영책임관은 지체 없이 그 경과를 법원행정처장에게 보고하여야 한다.

제18조(신청서 기타 부속서류의 손상 등 방지) ① 전자문서로 작성된 신청서 기타 부속서류의 전부 또는 일부가 손상되거나 손상될 우려가 있을 때에는 제17조를 준용한다.

② 종이 형태의 신청서 기타 부속서류가 멸실되거나 멸실될 우려가 있을 때에는 등기관은 지체 없이 그 상황을 조사한 후 처리방법을 지방법원장에게 보고하여야 한다.

제19조(비상이동) ① 전쟁 또는 천재지변 그 밖에 이에 준하는 사태를 피하기 위하여 중앙관리소에서 보관하는 등기부등 및 전자문서로 작성된 신청서 기타 부속서류를 그 장소 밖으로 옮긴 경우에는 지체 없이 그 사실을 법원행정처장에게 보고하여야 한다.

② 전쟁 또는 천재지변 그 밖에 이에 준하는 사태를 피하기 위하여 등기소에서 보관하는 종이 형태의 신청서 기타 부속서류를 그 장소 밖으로 옮긴 경우에는 지체 없이 그 사실을 지방법원장에게 보고하여야 한다.

제20조(신청서 기타 부속서류의 송부) ① 법원으로부터 신청서 기타 부속서류에 대한 명령 또는 촉탁이 있는 경우에 등기관은 대법원예규에서 정하는 바에 따라 해당 서류를 송부하여야 한다.

② 제1항의 서류가 전자문서로 작성된 경우에는 해당 문서를 출력한 후 인증하여 송부하거나 전자문서로 송부한다.

제21조(신청정보 등의 보존) 법 제24조제1항제2호에 따라 등기가 이루어지거나 등기신청이 취하된 경우에 그 신청정보와 첨부정보 및 취하정보는 보조기억장치에 저장하여 보존하여야 한다.

제2절 등기에 관한 장부

제22조(장부의 비치) ① 등기소에는 다음 각 호의 장부를 갖추어 두어야 한다.

1. 상업등기신청서 접수장

2. 기타문서 접수장
3. 결정원본 편철장
4. 이의신청서류 편철장
5. 전자증명서발급신청서류 등 편철장
6. 사용자등록신청서류 등 편철장
7. 신청서 기타 부속서류 편철장
8. 인감신고서류 등 편철장
9. 인감카드발급신청서류 등 편철장
10. 열람신청서류 편철장
11. 신청서 기타 부속서류 송부부
12. 각종 통지부
13. 그 밖에 대법원예규로 정하는 장부

② 제1항의 장부는 매년 별책으로 하여야 한다. 다만, 필요에 따라 분책할 수 있다.
③ 제1항의 장부는 전자적으로 작성할 수 있다.

제23조(상업등기신청서 접수장) ① 상업등기신청서 접수장에는 다음 각 호의 사항을 기록하여야 한다.
1. 등기의 목적
2. 신청인의 성명 또는 상호(또는 명칭)
3. 접수연월일과 접수번호
4. 대리인의 성명 및 자격
5. 등기신청수수료, 등록면허세액

② 제1항제3호의 접수번호는 매년 새로 부여하여야 한다.

제24조(신청서 기타 부속서류 편철장) 등기사건의 신청서 기타 부속서류는 접수번호의 순서에 따라 신청서 기타 부속서류 편철장에 편철하여야 한다.

제25조(장부의 보존기간) ① 등기소에 갖추어 두어야 할 장부의 보존기간은 다음 각 호와 같다.
1. 상업등기신청서 접수장 : 5년
2. 기타문서 접수장 : 10년
3. 결정원본 편철장 : 10년
4. 이의신청서류 편철장 : 10년
5. 전자증명서발급신청서류 등 편철장 : 10년
6. 사용자등록신청서류 등 편철장 : 10년
7. 신청서 기타 부속서류 편철장 : 5년
8. 인감신고서류 등 편철장 : 5년
9. 인감카드발급신청서류 등 편철장 : 3년

10. 열람신청서류 편철장 : 1년
11. 신청서 기타 부속서류 송부부 : 5년
12. 각종 통지부 : 1년
② 장부의 보존기간은 해당 연도의 다음 해부터 기산한다.
③ 보존기간이 만료된 종이 형태의 장부 또는 서류는 지방법원장의 인가를 받아 보존기간이 만료되는 해의 다음 해 3월말까지 폐기한다.

제4장 열람과 증명

제1절 총칙

제26조(열람 및 각종 증명서의 신청방법) ① 등기소를 방문하여 등기기록 또는 신청서 기타 부속서류를 열람하거나 등기사항의 전부 또는 일부에 대한 증명서(이하 "등기사항증명서"라 한다) 또는 등기소에 제출한 인감에 대한 증명서(이하 "인감증명서"라 한다)를 발급받으려는 사람은 신청서를 제출하여야 한다.
② 대리인이 신청서 기타 부속서류의 열람 또는 인감증명서의 발급을 신청할 때에는 신청서에 그 권한을 증명하는 서면을 첨부하여야 한다.
③ 등기기록 또는 전자문서로 작성된 신청서 기타 부속서류의 열람, 등기사항증명서 또는 인감증명서의 발급신청은 관할 등기소가 아닌 다른 등기소에서도 할 수 있다.

제27조(무인발급기와 인터넷에 의한 열람 및 증명) 무인발급기(신청인이 발급에 필요한 정보를 스스로 입력하여 증명서를 발급받을 수 있게 하는 장치를 말한다. 이하 같다)나 인터넷을 이용하여 열람 및 증명서 등을 발급받는 경우에는 이 장의 규정 중 그 성질에 적합하지 아니한 사항은 적용하지 아니한다.

제2절 등기사항의 열람과 증명

제28조(열람의 신청) ① 등기기록 또는 신청서 기타 부속서류의 열람신청서에는 다음 각 호의 사항을 적어야 한다.
  1. 열람을 신청하는 등기기록 또는 그 신청서 기타 부속서류
  2. 폐쇄한 등기기록의 열람을 신청할 때에는 그 뜻
② 신청서 기타 부속서류의 열람신청서에는 이해관계를 명백히 하는 사유를 적거나 이를 적은 서면을 첨부하여야 한다.

제29조(열람의 방법) 등기기록 또는 신청서 기타 부속서류의 열람은 등기기록에 기록된 등기사항을 전자적 방법으로 보게 하거나 그 내용을 기록한 서면을 교부하는 방법으로 한다. 다만, 신청서 기타 부속서류가 종이 형태로 작성된 경우에는 등기

관 또는 그가 지정하는 직원이 보는 앞에서 열람하여야 한다. 〈개정 2018. 12. 4.〉

제30조(등기사항증명서의 종류 및 내용) ① 등기사항증명서의 종류는 다음 각 호로
한다.

　　1. 등기사항전부증명서(말소사항 포함)
　　2. 등기사항전부증명서(현재 유효사항)
　　3. 등기사항전부증명서(폐쇄사항)
　　4. 등기사항일부증명서(말소사항 포함)
　　5. 등기사항일부증명서(현재 유효사항)
　　6. 등기사항일부증명서(폐쇄사항)
　　7. 그 밖에 대법원예규로 정하는 바에 따라 등기기록의 전부 또는 일부를 증명하는 증명서
② 등기사항일부증명서는 대법원예규로 정하는 바에 따라 상호, 법인등록번호 등
　 해당 등기기록을 특정할 수 있는 사항과 신청인이 청구한 사항을 기록한다.

제31조(등기사항증명서의 발급방법) ① 등기사항증명서를 발급할 때에는 그 종류를
명시하고, 등기기록의 내용과 다름이 없음을 증명하는 내용의 증명문을 부기하며,
발급연월일과 중앙관리소 전산운영책임관의 직명을 적은 후 전자이미지관인을 기
록하여야 한다. 이 경우 등기사항증명서가 여러 장으로 이루어진 경우에는 연속성
을 확인할 수 있는 조치를 하여 발급하여야 한다.

② 신청인이 지점 또는 지배인에 관한 증명을 따로 청구하지 아니하였을 때에는
　 이에 관한 기록을 생략할 수 있다.

③ 등기신청이 접수된 등기기록에 관하여는 등기관이 그 등기를 마칠 때까지 등
　 기사항증명서를 발급하지 아니한다. 다만, 그 등기기록에 등기신청사건이 접수
　 되어 처리 중에 있다는 뜻을 등기사항증명서에 표시하여 발급할 수 있다.

제32조(무인발급기에 의한 등기사항증명) ① 등기사항증명서는 무인발급기를 이용
하여 발급할 수 있다.

② 무인발급기는 등기소 외의 장소에도 설치할 수 있다.

③ 제2항에 따른 설치장소는 법원행정처장이 정한다.

④ 법원행정처장의 지정을 받은 국가기관이나 지방자치단체 또는 그 밖의 자는
　 그가 관리하는 장소에 무인발급기를 설치할 수 있다.

⑤ 무인발급기의 설치와 관리의 절차 및 비용의 부담 등 필요한 사항은 대법원예
　 규로 정한다.

제33조(인터넷에 의한 등기사항증명 등) ① 열람 또는 등기사항증명서의 발급업무
는 인터넷에 의하여 처리할 수 있다.

② 제1항에 따른 업무는 중앙관리소에서 처리하며, 전산운영책임관이 그 업무를

담당한다.

③ 제1항에 따른 열람과 발급의 범위, 절차 및 방법 등 필요한 사항은 대법원예규로 정한다.

제34조(등기사항의 공시제한) 열람 또는 등기사항증명서 발급의 경우에 대법원예규로 정하는 바에 따라 임원 또는 지배인 등의 주민등록번호 전부 또는 일부를 공시하지 아니할 수 있다.

제3절 인감제출 및 인감증명

제35조(인감의 제출) ① 인감 또는 개인감(改印鑑)을 제출하는 신고인 또는 그 대리인은 인감제출자에 관한 사항을 적고 사용할 인감을 날인한 인감신고서 또는 개인(改印)신고서를 관할 등기소에 출석하여 제출하는 방법으로 한다. 다만, 대법원예규로 정하는 경우에는 인터넷을 이용하여 제출할 수 있다.

② 등기소에 제출하는 인감신고서 또는 개인신고서에는 「인감증명법」에 따라 신고한 인감을 날인하고 그 인감증명(발행일로부터 3개월 이내의 것이어야 한다. 이하 같다)을 첨부하거나 등기소에 제출한 유효한 종전 인감을 날인하여야 한다. 다만, 그 신고서에 법 제16조 및 제25조에 따라 등기소에 인감을 제출할 사람이 기명날인 또는 서명하였다는 공증인의 인증서면을 첨부하는 경우에는 그러하지 아니하다.

③ 지배인이 제출하는 인감신고서 또는 개인신고서에는 제2항의 방법 대신 영업주가 등기소에 제출한 인감을 날인하고 지배인의 인감임이 틀림없음을 보증하는 서면을 첨부하여야 한다.

④ 인감은 대조에 적당하고 가로·세로 2.4센티미터의 정사각형 안에 들어갈 수 있는 것이어야 하며, 가로·세로 1센티미터의 정사각형 안에 들어가는 것이 아니어야 한다.

⑤ 인감신고 또는 개인신고에 관하여는 제26조제2항을 준용한다.

제36조(인감의 기록) 등기관은 주민등록증, 운전면허증, 여권, 외국인등록증, 장애인등록증 등의 신분증명서에 의하여 인감신고서 또는 개인신고서를 제출하는 사람의 신분을 확인한 후 제출된 인감과 인감제출자에 관한 사항을 인감부에 기록하여야 한다.

제37조(재날인 등의 요구) 등기신청서 등에 날인된 인감이 제출된 인감과 대조하기 어려운 때에는 등기관은 다시 인감을 날인하게 하거나 그 밖의 상당한 조치를 취할 것을 요구할 수 있다.

제38조(인감의 폐인 등) ① 인감을 제출한 사람이 그 자격을 상실하거나 개인 또는 인감의 폐지신고를 한 경우 등기관은 인감에 관한 기록을 폐쇄하여야 한다.

② 인감의 폐지신고를 하려는 사람은 폐인(廢印)신고서에 인감제출자에 관한 사항을 적고 등기소에 제출한 인감을 날인하여 관할 등기소에 제출하여야 한다. 다만, 등기소에 제출한 인감을 날인할 수 없을 때에는 「인감증명법」에 따라 신고한 인감을 날인하고 그 인감증명을 첨부하여야 한다.

③ 인감의 폐지신고에 관하여는 제26조제2항 및 제35조제1항과 제2항 단서를 준용한다.

제39조(인감카드의 발급신청 등) ① 인감카드를 발급받으려는 사람은 인감제출자에 관한 사항을 적고 등기소에 제출한 인감을 날인한 인감카드발급신청서를 작성하여 등기소에 제출하여야 한다. 다만, 대법원예규로 정하는 경우에는 인감카드를 발급하지 아니할 수 있다.

② 인감카드를 분실하거나 인감카드가 훼손되어 인감카드를 재발급받으려는 사람은 인감카드의 재발급을 신청하여야 한다. 이 경우 제1항 본문을 준용한다.

③ 인감카드의 효력정지, 효력회복, 폐지를 신청할 때에는 인감카드사건신고서를 작성하여 등기소에 제출하여야 한다. 다만, 효력정지는 대법원예규로 정하는 바에 따라 전자문서로 신청할 수 있다.

④ 제3항의 인감카드사건신고서에는 등기소에 제출한 인감을 날인하거나 「인감증명법」에 따라 신고한 인감을 날인하고 그 인감증명을 첨부하여야 한다. 다만, 신고서에 인감카드 비밀번호를 기재하여 효력정지를 신고하는 경우에는 그러하지 아니하다.

⑤ 인감카드의 발급과 재발급신청 및 사건신고에 관하여는 제26조제2항 및 제3항을 준용한다.

제40조(인감증명서의 발급신청) ① 인감증명서를 발급받으려는 사람은 인감증명서발급신청서를 등기소에 제출하고 인감카드 또는 전자증명서를 제시하여야 한다. 부동산매도용 또는 자동차(「자동차관리법」제5조에 따라 등록된 자동차를 말한다. 이하 같다)매도용 인감증명서발급신청서에는 매수자의 성명(상호 또는 명칭), 주소(본점 또는 사무소 소재지), 주민등록번호(법인등록번호 등 부동산등기용등록번호)를 적어야 한다.

② 전자증명서를 발급받은 사람은 대법원예규로 정하는 바에 따라 인터넷으로 인감증명서 발급을 신청한 후 등기소에서 이를 교부받을 수 있다.

③ 인감카드 또는 전자증명서를 제시하거나 제2항의 신청에 따른 인감증명서 발

급번호와 비밀번호를 제시하면 인감증명서의 발급신청에 관한 권한 또는 인감증명서의 수령에 관한 권한이 있는 것으로 본다.

제41조(인감증명서의 발급방법) ① 인감증명서에는 등기소에 제출된 인감 및 인감제출자에 관한 사항과 증명문을 부기하고 증명의 연월일과 중앙관리소 전산운영책임관의 직명을 기재한 다음 전자이미지관인을 기록하여야 한다.

② 부동산매도용 또는 자동차매도용 인감증명서에는 제1항의 사항 외에도 매수자에 관한 제40조제1항 후단의 사항을 기재하여야 하고, 매수자에 관한 사항을 별지 목록으로 작성할 때에는 별지 목록과 인감증명서의 연속성을 확인할 수 있는 조치를 취하여야 한다.

제42조(무인발급기에 의한 인감증명서의 발급) ① 인감증명서는 무인발급기를 이용하여 발급할 수 있다. 다만, 부동산매도용 또는 자동차매도용 인감증명서는 대법원예규로 정하는 경우에 한하여 발급할 수 있다.

② 제1항의 경우에는 제32조제2항부터 제5항까지의 규정을 준용한다.

제4절 전자증명서

제43조(전자증명서의 발급제한) 법 제17조제1항에도 불구하고 다음 각 호의 사람에게는 전자증명서를 발급하지 아니한다.

1. 직무집행정지의 등기가 된 법인의 대표자
2. 「채무자 회생 및 파산에 관한 법률」에 의하여 보전관리, 회생절차개시 또는 파산선고의 등기가 된 법인의 대표자 및 지배인
3. 등기기록상 존립기간이 만료된 법인의 대표자(청산인은 제외한다) 및 지배인
4. 그 밖에 대법원예규로 정하는 사람

제44조(전자증명서의 발급신청) ① 전자증명서의 발급신청은 신청인이 직접 등기소에 출석하여 하거나 변호사 또는 법무사[법무법인·법무법인(유한)·법무조합·법무사법인·법무사법인(유한)을 포함한다. 이하 "자격자대리인"이라 한다]가 신청인을 대리하여 할 수 있다. 〈개정 2016. 6. 27.〉

② 전자증명서를 발급받으려는 사람은 인감제출자에 관한 사항을 적고 등기소에 제출한 인감을 날인한 전자증명서발급신청서를 작성하여 등기소에 제출하여야 한다.

③ 지배인이 전자증명서의 발급을 신청하는 경우에는 제2항의 전자증명서발급신청서에 영업주가 그 발급신청을 확인하는 뜻을 적고 등기소에 제출한 인감을 날인하여 제출하여야 한다.

④ 전자증명서의 발급신청에 관하여는 제26조제2항 및 제3항을 준용한다.

제45조(전자증명서 발급신청의 심사) ① 등기관은 제36조의 신분증명서에 의하여

전자증명서 발급을 신청한 사람의 신분을 확인하여야 한다.

② 다음 각 호의 어느 하나에 해당하는 사유가 있는 경우에는 전자증명서 발급신 청을 수리하지 아니한다.

1. 제1항에 따른 신분 확인이 불가능한 경우
2. 전자증명서발급신청서가 방식에 맞지 아니한 경우
3. 전자증명서발급신청서에 적힌 내용이 등기기록의 내용과 일치하지 아니한 경우
4. 신청자격이 없는 사람 또는 발급이 제한되는 제43조 각 호의 사람이 신청한 경우
5. 그 밖에 대법원예규로 정하는 사유가 있는 경우

제46조(전자증명서의 발급) ① 전자증명서는 대법원예규로 정하는 바에 따라 휴대 용 저장매체에 저장하여 발급한다.

② 전자증명서에는 다음 각 호의 사항을 기록하여야 한다.

1. 인감제출자의 성명, 자격, 주민등록번호(주민등록번호가 없는 재외국민 또는 외국인의 경우에는 생년월일을 기록한다)
2. 회사의 상호와 법인등록번호
3. 전자증명서의 증명기간, 일련번호, 전자서명검증정보
4. 전자서명의 방식
5. 그 밖에 대법원예규로 정하는 사항

③ 제2항제3호의 증명기간은 3년으로 한다.

④ 제1항에 의하여 발급받은 전자증명서를 전자신청 또는 인터넷을 이용한 인감 증명서 발급신청에 사용하기 위해서는 대법원예규로 정하는 방법에 따라 인터 넷등기소에서 이용등록 절차를 거쳐야 한다.

⑤ 전자증명서는 다음 각 호의 용도 외에는 사용하지 못한다.

1. 등기신청
2. 전자공탁
3. 「주택임대차계약증서상의 확정일자 부여 및 임대차 정보제공에 관한 규칙」에 따른 전 자확정일자 정보제공 요청
4. 그 밖에 대법원예규로 정하는 용도

제47조(전자증명서의 효력정지 신청 등) ① 전자증명서의 효력정지, 효력회복, 폐지 를 신청할 때에는 전자증명서사건신고서를 작성하여 등기소에 제출하여야 한다. 다만, 전자증명서의 효력정지는 대법원예규로 정하는 바에 따라 전자문서로 신청 할 수 있다.

② 제1항에 관하여는 제26조제2항 및 제3항, 제44조제1항을 준용한다.

제48조(전자증명서의 직권 효력정지 및 효력회복) ① 다음 각 호의 어느 하나에 해 당하는 사유가 발생하였을 때에는 직권으로 전자증명서의 효력을 정지하여야 한다.

1. 전자증명서에 기록된 사항에 변경이 발생하는 등기의 신청서 또는 촉탁서를 접수한 경우
2. 제43조의 전자증명서 발급제한사유에 해당하는 등기의 신청서 또는 촉탁서를 접수한 경우
② 제1항 각 호의 등기신청 또는 등기촉탁이 취하되거나 각하된 때에는 직권으로 전자증명서의 효력을 회복하여야 한다.

제49조(전자증명서의 변경발급 등) ① 변경등기에 의하여 등기기록의 내용과 전자 증명서에 기록되는 내용이 달라진 경우에는 전자증명서를 변경 발급받아야 한다.
② 전자증명서는 증명기간 만료일 3개월 전부터 만료일까지 갱신 발급받을 수 있다.
③ 전자증명서를 분실하거나 전자증명서가 훼손되어 사용할 수 없게 되었을 때에 는 기존의 전자증명서를 폐지하고 최초의 발급절차에 의하여 전자증명서를 다 시 발급받아야 한다.
④ 전자증명서의 변경 발급과 갱신 발급에 관하여는 제26조제2항 및 제3항, 제 35조제1항 단서, 제44조제1항을 준용한다.

제50조(전자증명서의 효력소멸) 다음 각 호의 경우 전자증명서의 효력은 소멸된다.
1. 제43조의 전자증명서 발급제한사유에 해당하는 등기가 된 경우
2. 제46조제3항의 증명기간이 지난 경우
3. 제47조에 의하여 전자증명서가 폐지된 경우
4. 변경등기에 의하여 전자증명서 발급신청권자가 그 지위를 상실한 경우

제5장 등기절차

제1절 총칙

제1관 통칙

제51조(신청정보) ① 등기를 신청하는 경우에는 다음 각 호의 사항을 신청정보의 내용으로 등기소에 제공하여야 한다.
1. 신청인의 성명 및 주소. 다만, 신청인이 회사 또는 합자조합인 경우 다음 각 목의 구 분에 따른 사항
   가. 신청인이 회사인 경우에는 그 상호, 본점 및 대표자의 성명이나 명칭과 주소 또는 본점소재지(대표자가 법인인 경우에는 그 직무를 행할 사람의 성명 및 주소를 포함 한다)
   나. 신청인이 합자조합인 경우에는 그 명칭, 주된 영업소 및 업무집행조합원의 성명이 나 상호와 주소 또는 본점소재지(업무집행조합원이 법인인 경우에는 그 직무를 행 할 사람의 성명 및 주소를 포함한다)
2. 대리인에 의하여 신청할 때에는 그 성명 및 주소
3. 등기의 목적 및 사유

4. 등기할 사항
5. 관청의 허가 또는 인가가 필요한 사항의 등기를 신청하는 경우에는 허가서 또는 인가서의 도달연월일
6. 다른 법률로 부과한 의무사항이 있을 때에는 그 의무사항
7. 회사의 지점소재지에서 하는 등기신청의 경우에는 그 지점의 표시
8. 등록에 대한 등록면허세액과 「지방세법」 제28조제1항제6호가목부터 다목까지의 규정에 따른 등기의 경우에는 그 과세표준액
9. 등기신청수수료액
10. 신청연월일
11. 등기소의 표시

② 다른 등기소의 관할 구역으로 본점 또는 주된 영업소를 이전한 경우에 신소재지에서 하는 등기의 신청에는 해당 등기기록에 따라 조합원의 가입연월일, 사원의 입사연월일, 업무집행자·임원·청산인의 취임연월일을 신청정보의 내용으로 등기소에 제공하여야 한다.

③ 「상법」 제514조의2(같은 법 제516조의8제2항으로 준용되는 경우를 포함한다)와 「상법」 제614조제2항·제3항 등에 의하여 외국에서 생긴 사항의 등기를 신청할 때에는 그 통지가 도달한 연월일을 신청정보의 내용으로 등기소에 제공하여야 한다.

제52조(첨부정보) ① 등기를 신청하는 경우에는 다음 각 호의 정보를 그 신청정보와 함께 첨부정보로서 등기소에 제공하여야 한다.
1. 대리인에 의하여 등기를 신청하는 경우에는 그 권한을 증명하는 정보
2. 관청의 허가 또는 인가를 필요로 하는 사항의 등기를 신청하는 경우에는 그 허가 또는 인가가 있음을 증명하는 정보
3. 주소, 주민등록번호(또는 생년월일)를 등기하여야 하는 경우에는 이를 증명하는 정보
4. 성명 또는 주소의 변경에 관한 등기를 신청하는 경우에는 그 사실을 증명하는 정보

② 법 제27조에 해당하는 등기를 신청하는 경우에는 법 제27조의 소가 그 제소기간 내에 제기되지 아니한 사실을 증명하는 정보와 등기할 사항의 존재를 증명하는 정보를 첨부정보로서 등기소에 제공하여야 한다. 이 경우 회사는 그 본점소재지를 관할하는 지방법원 또는 그 지원에 법 제27조의 소가 그 제소기간 내에 제기되지 아니한 사실을 증명하는 서면의 발급을 신청할 수 있다.

③ 첨부정보 중 법원행정처장이 지정하는 첨부정보는 「전자정부법」 제36조제1항에 따른 행정정보 공동이용을 통하여 등기관이 확인하고 신청인에게는 그 제공을 면제한다. 다만, 그 첨부정보가 개인정보를 포함하고 있는 경우에는 그 정보주체의 동의가 있음을 증명하는 정보를 등기소에 제공한 경우에만 그 제공을 면제한다.

④ 첨부정보 중 「주민등록법」에 따른 주민등록표등본·초본과 「인감증명법」에 따른 인감증명 및 「가족관계의 등록 등에 관한 법률」에 따른 가족관계등록사항별 증명서는 발행일부터 3개월 이내의 것이어야 한다.

⑤ 첨부정보가 외국어로 작성된 경우에는 그 번역문을 함께 제공하여야 한다.

제53조(일괄신청과 동시신청) ① 동일한 등기기록에 대한 여러 개의 등기신청은 일괄하여 1건의 신청서로 할 수 있다. 다만, 다른 등기소의 관할 구역으로 본점 또는 주된 영업소를 이전하는 등기를 신청하는 경우에는 그러하지 아니하다.

② 같은 등기소에 동시에 여러 건의 등기신청을 하는 경우에 첨부정보의 내용이 같은 것이 있을 때에는 먼저 접수되는 신청서에만 그 첨부정보를 제공하고, 다른 신청서에는 먼저 접수된 신청서에 그 첨부정보를 제공하였다는 뜻을 기재하는 것으로 그 첨부정보의 제공을 갈음할 수 있다. 다만, 전자신청의 경우에는 그러하지 아니하다.

③ 법 제63조 및 제66조, 법 제71조의 해산등기의 신청에 관하여는 신청서의 첨부정보에 관한 규정을 적용하지 아니한다.

제54조(등기신청의 조사) ① 등기신청이 접수되었을 때에는 등기관은 지체 없이 신청에 관한 모든 사항을 조사하여야 한다.

② 등기소에 제출되어 있는 인감과 등기기록에 관한 사항은 전산정보처리조직을 이용하여 조사하여야 한다.

③ 법 제26조 단서의 보정 요구는 신청인에게 말로 하거나, 전화, 팩시밀리 또는 인터넷을 이용하여 할 수 있다.

제55조(등기의 방법) ① 등기를 할 때에는 이 규칙에서 따로 정하는 경우를 제외하고는 등기기록 중 해당란에 등기사항, 등기원인 및 그 연월일, 등기연월일을 기록하고 제3조제3항의 등기관의 식별부호를 기록하여야 한다.

② 법원의 재판에 따른 등기를 할 때에는 법원의 명칭, 사건번호 및 재판의 확정연월일 또는 재판연월일을 기록하여야 한다.

③ 변경의 등기를 할 때에는 변경 전의 등기사항을 말소하여야 한다.

제56조(등기신청의 취하) ① 등기신청의 취하는 등기관이 등기를 마치기 전까지 할 수 있다.

② 제1항의 취하는 다음 각 호의 구분에 따른 방법으로 하여야 한다.

　1. 법 제24조제1항제1호에 따른 등기신청(이하 "방문신청"이라 한다) : 신청인 또는 그 대리인이 등기소에 출석하여 취하서를 제출하는 방법

　2. 법 제24조제1항제2호에 따른 등기신청(이하 "전자신청"이라 한다) : 전산정보처리조직을 이용하여 취하정보를 전자문서로 등기소에 송신하는 방법

제57조(행정구역 등 변경의 직권등기) 등기기록에 기록된 행정구역 또는 그 명칭이 변경된 경우에 등기관은 직권으로 변경사항을 등기할 수 있다.

제58조(등기기록의 폐쇄 및 부활) ① 등기기록을 폐쇄하는 때에는 기타사항란에 그 뜻과 연월일을 기록하여야 한다.

② 폐쇄한 등기기록에 다시 등기할 필요가 있는 때에는 그 등기기록을 부활하여 야 한다. 이 경우 기타사항란에 그 뜻과 연월일을 기록하고 등기기록을 폐쇄한 뜻과 그 연월일의 등기를 말소하여야 한다.

제59조(해산한 회사의 등기기록 폐쇄 등) ① 법 제19조 또는 제2항에 의하여 등기 기록을 폐쇄한 경우에 회사 또는 합자조합이 본점 또는 주된 영업소 소재지 관할 등기소에 청산을 종결하지 아니하였다는 뜻을 신고한 때에는 등기관은 그 등기기 록을 부활하여야 한다.

② 제1항의 신고로 등기기록이 부활된 때부터 5년이 지난 때에는 등기관은 다시 그 등기기록을 폐쇄할 수 있다.

③ 제1항에 따라 회사의 등기기록을 부활하거나 법 제19조 또는 제2항에 따라 회사의 등기기록을 폐쇄한 때에는 전산정보처리조직을 이용하여 지체 없이 그 뜻을 지점소재지의 등기소에 통지하여야 한다. 이 경우 통지를 받은 등기관은 지체 없이 해당 지점등기기록을 부활 또는 폐쇄하여야 한다.

제2관 방문신청

제60조(방문신청의 방법) ① 방문신청을 하는 경우에는 등기신청서에 제51조 및 그 밖의 법령에 따라 신청정보의 내용으로 등기소에 제공하여야 하는 정보를 적 고 신청인 또는 그 대리인이 기명날인하여야 한다.

② 신청서가 2장 이상일 때에는 신청인 또는 그 대리인이 간인을 하여야 하고, 신 청인 또는 그 대리인이 2인 이상일 때에는 그 중 1인이 간인을 하여야 한다.

③ 제1항의 등기신청서에는 제52조 및 그 밖의 법령에 따라 첨부정보로서 등기소 에 제공하여야 하는 정보를 담고 있는 서면을 첨부하여야 한다.

제61조(서명에 의한 등기신청) ① 다음 각 호의 등기를 신청하는 경우에는 신청인 또는 그 대리인은 신청서에 제60조제1항의 기명날인을 갈음하여 서명할 수 있다.

1. 회사의 본점과 지점소재지에서 공통으로 등기할 사항에 관하여 지점소재지에서 하는 등기
2. 주소의 변경에 관한 등기
3. 그 밖에 대법원예규로 정하는 등기

② 제1항의 경우 신청서가 2장 이상일 때에는 각 장마다 연결되는 서명을 함으로 써 제60조제2항의 간인을 대신한다.

제62조(신청서 등의 문자) ① 신청서나 그 밖의 등기에 관한 서면을 작성할 때에는 자획(字劃)을 분명히 하여야 한다.

② 제1항의 서면에 적은 문자를 수정, 삽입 또는 삭제할 때에는 서면의 여백에 수정, 삽입 또는 삭제한 글자 수를 표시하고, 그 곳에 날인 또는 서명을 하여야 한다. 이 경우 삭제한 문자는 원래의 글자를 알 수 있도록 글자체를 남겨두어야 한다.

제63조(전자표준양식에 의한 등기신청) 방문신청을 하려는 신청인은 신청서를 등기소에 제출하기 전에 전산정보처리조직에 신청정보를 입력하고, 그 입력한 신청정보를 서면으로 출력하여 등기소에 제출하는 방법으로 할 수 있다.

제64조(자격자대리인의 사무원) ① 법 제24조제1항제1호 단서에 따라 등기소에 출석하여 등기신청서를 제출할 수 있는 자격자대리인의 사무원은 자격자대리인의 사무소 소재지를 관할하는 지방법원장이 허가하는 1명으로 한다. 다만, 법무법인·법무법인(유한)·법무조합 또는 법무사법인·법무사법인(유한)의 경우에는 그 구성원 및 구성원이 아닌 변호사나 법무사 수만큼의 사무원을 허가할 수 있다. 〈개정 2016. 6. 27.〉

② 자격자대리인이 제1항의 허가를 받으려면 지방법원장에게 허가신청서를 제출하여야 한다.

③ 지방법원장이 제1항의 허가를 하였을 때에는 해당 자격자대리인에게 등기소 출입증을 발급하여야 한다.

④ 제1항의 사무원이 그 업무를 함에 있어 위법행위를 한 경우 등 상당한 이유가 있는 때에는 지방법원장은 제1항의 허가를 취소할 수 있다.

제65조(등기신청서의 접수) ① 등기신청서를 받은 등기관은 전산정보처리조직에 제23조제1항 각 호의 사항을 입력한 후 신청서에 접수번호표를 붙여야 한다.

② 등기관이 신청서를 접수하였을 때에는 신청인의 청구에 따라 그 신청서의 접수증을 발급하여야 한다.

제66조(원본인 첨부서류의 반환) ① 신청서에 첨부한 원본인 서류의 반환을 청구하는 경우에 신청인은 그 원본과 같다는 뜻을 적은 사본을 첨부하여야 하고, 등기관이 서류의 원본을 반환할 때에는 그 사본에 원본 반환의 뜻을 적고 기명날인하여야 한다. 다만, 다음 각 호의 서류에 대해서는 반환을 청구할 수 없다.

1. 등기신청에 첨부된 위임장 등 해당 등기신청만을 위하여 작성한 서류
2. 인감증명, 법인등기사항증명서, 주민등록표등본·초본, 가족관계등록사항별증명서 등 별도의 방법으로 다시 취득할 수 있는 서류

② 대리인이 제1항의 청구를 할 때에는 신청서에 그 권한을 증명하는 서면을 첨부하여야 한다.

제3관 전자신청

제67조(전자신청의 방법) ① 전자신청은 신청인이 직접 하거나 자격자대리인이 그 신청인을 대리하여 할 수 있다.

② 제1항에 따라 전자신청을 하는 경우에는 제51조 및 그 밖의 법령에 따라 신청정보의 내용으로 등기소에 제공하여야 하는 정보를 전자문서로 등기소에 송신하여야 한다. 다만, 등기기록에 등기되어 있지 않은 등기신청권자와 법인이 아닌 자격자대리인이 신청하는 경우에는 사용자등록번호도 함께 송신하여야 한다.

③ 제2항의 경우에는 제52조 및 그 밖의 법령에 따라 첨부정보로서 등기소에 제공하여야 하는 정보를 전자문서로 등기소에 송신하거나 대법원예규로 정하는 바에 따라 등기소에 제공하여야 한다.

④ 제2항과 제3항에 따라 전자문서를 송신할 때에는 다음 각 호의 구분에 따른 신청인 또는 작성명의인의 전자서명정보를 함께 송신하여야 한다.〈개정 2020. 11. 26., 2021. 5. 27.〉

  1. 법인 :「상업등기법」의 전자증명서

  2. 개인:「전자서명법」 제2조제6호에 따른 인증서(서명자의 실지명의를 확인할 수 있는 것으로서 법원행정처장이 지정·공고하는 인증서를 말한다)

  3. 관공서인 경우 : 대법원예규로 정하는 전자인증서

⑤ 제4항제2호의 공고는 인터넷등기소에 하여야 한다.〈신설 2021. 5. 27.〉

제68조(사용자등록의 신청) ① 전자신청을 하기 위해서는 그 등기신청을 하려는 사람 또는 등기신청을 대리할 수 있는 자격자대리인은 최초의 등기신청 전에 사용자등록을 하여야 한다.

② 사용자등록을 신청하려는 사람 또는 자격자대리인은 등기소에 출석하여 대법원예규로 정하는 사항을 적은 신청서를 제출하여야 한다. 다만, 대법원예규로 정하는 등기신청의 경우에는 전산정보처리조직을 이용하여 사용자등록을 신청할 수 있다.

③ 제2항의 사용자등록신청서에는 「인감증명법」에 따라 신고한 인감을 날인하고 그 인감증명과 주소를 증명하는 서면을 첨부하여야 한다.

④ 신청인이 자격자대리인인 경우에는 제3항의 서면 외에 그 자격을 증명하는 서면의 사본도 첨부하여야 한다.

⑤ 전자증명서를 발급받아 송신하거나 관공서가 전자인증서를 송신한 경우 또는 「부동산등기규칙」 제68조에 의하여 사용자등록을 한 경우에는 이 규칙의 사용자등록을 한 것으로 본다.

제69조(사용자등록의 유효기간) ① 사용자등록의 유효기간은 3년으로 한다.

② 제1항의 유효기간이 지난 경우에는 사용자등록을 다시 하여야 한다.

③ 사용자등록의 유효기간 만료일 3개월 전부터 만료일까지는 그 유효기간의 연장을 신청할 수 있으며, 그 연장기간은 3년으로 한다.

④ 제3항의 유효기간 연장은 전자문서로 신청할 수 있다.

제70조(사용자등록의 효력정지 등) ① 사용자등록을 한 사람은 사용자등록의 효력정지, 효력회복 또는 해지를 신청할 수 있다.

② 사용자등록의 효력정지 및 해지의 신청은 전자문서로 할 수 있다.

③ 등기소를 방문하여 사용자등록의 효력정지, 효력회복 또는 해지를 신청하는 경우에는 신청서에 기명날인 또는 서명을 하여야 한다.

제71조(사용자등록정보 변경 및 재등록) ① 사용자등록 후 사용자등록정보가 변경된 경우에는 대법원예규로 정하는 바에 따라 그 변경된 사항을 등록하여야 한다.

② 사용자등록번호를 분실하였을 때에는 사용자등록을 다시 하여야 한다.

제2절 상호 등에 관한 등기

제72조(2개 이상의 상호등기) 한 사람이 2개 이상의 상호등기를 신청한 때에는 각 상호를 다른 등기기록에 등기하여야 한다.

제73조(상호의 상속 또는 양도의 등기) ① 상호를 등기한 사람의 승계인이 그 상호를 계속 사용하고자 할 경우에는 상속 또는 양도를 증명하는 정보를 제공하여야 한다. 상호를 양도하는 경우에는 양도를 증명하는 정보 외에 「상법」 제25조제1항에 따른 영업양도 또는 영업폐지를 증명하는 정보를 함께 제공하여야 한다.

② 제1항의 양도를 증명하는 서면에는 법 제25조에 따라 등기소에 제출한 양도인의 인감이 날인되어 있어야 한다.

제74조(영업양도의 면책등기) ① 양수인이 「상법」 제42조제2항의 면책등기를 신청하는 경우에는 양도인의 승낙을 증명하는 정보를 제공하여야 한다.

② 제1항의 승낙을 증명하는 서면에 관하여는 제73조제2항을 준용한다.

③ 제1항의 면책등기는 해당 상호의 등기기록에 하여야 한다. 다만, 회사가 영업의 양도인 또는 양수인인 경우에는 양수인의 상호 등기기록 또는 양수인 회사의 등기기록에 이를 하여야 한다.

제75조(상속인의 신청에 따른 등기) ① 상호를 등기한 사람이 법 제31조 또는 법 제32조에 따른 등기를 신청하지 아니하고 사망하여 상속인이 그 등기를 신청할 경우에는 그 자격을 증명하는 정보를 제공하여야 한다.

② 상호를 등기한 사람이 제73조 또는 제74조에 따른 등기를 신청하지 아니하고 사망한 경우에도 제1항과 같다.

제76조(이해관계인의 신청에 따른 상호등기의 말소) 「상법」 제27조에 따라 이해관계인이 상호등기의 말소를 신청하는 경우에는 그 말소에 관하여 이해관계가 있음을 증명하는 정보를 제공하여야 한다.

제77조(회사의 상호등기) 회사에 대하여는 제72조, 제73조 및 제75조를 적용하지 아니한다.

제78조(상호의 가등기기록) 「상법」 제22조의2제1항부터 제3항까지의 규정에 따른 상호의 가등기는 별지 제10호부터 제14호까지의 양식 중 해당 양식의 각 란에 해당하는 상호의 가등기에 관한 등기정보를 기록하는 방식으로 한다.

제79조(상호의 가등기를 위한 공탁금액) 법 제41조의 공탁금액은 별표1과 같다.

제80조(상호의 가등기 등) ① 상호의 가등기 및 법 제40조제1항에 따른 예정기간 연장등기를 신청하는 경우에는 법 제41조에 따라 공탁한 공탁서의 사본을 첨부하여 공탁이 있었음을 증명하여야 한다.

② 유한책임회사, 주식회사 또는 유한회사의 설립에 관계된 상호의 가등기를 신청하는 경우에는 신청서 또는 대리인의 권한을 증명하는 서면에 「인감증명법」에 따라 신고한 인감을 날인하고 그 인감증명과 설립하려는 회사의 정관을 제공하여야 한다.⟨개정 2020. 9. 9.⟩

③ 유한책임회사, 주식회사 또는 유한회사의 설립에 관계된 상호의 가등기의 변경등기를 신청하는 경우에는 다음 각 호의 구분에 따른 정보를 제공하여야 한다.⟨개정 2020. 9. 9.⟩

　1. 법 제40조제1항에 따른 예정기간 연장등기와 법 제40조제2항에 따른 변경등기 중 발기인 또는 사원에 대한 변경등기의 경우에는 제2항에 따른 인감증명

　2. 법 제40조제2항에 따른 변경등기 중 목적의 변경등기의 경우에는 제2항에 따른 인감증명과 정관

④ 유한책임회사, 주식회사 또는 유한회사의 설립에 관계된 상호의 가등기의 말소등기를 신청하는 경우에는 제2항에 따른 인감증명을 제공하여야 한다.⟨개정 2020. 9. 9.⟩

제81조(공탁서 원본 확인) 등기관은 제80조제1항에 따라 첨부된 공탁서 사본에 관하여 그 원본의 제출을 요구하여 첨부된 사본이 원본과 같음을 확인하고, 사본에 원본을 확인한 뜻을 적고 기명날인하여야 한다.

제82조(공탁금의 회수절차) ① 회사나 발기인 또는 사원이 법 제44조제1항에 의하

여 공탁금을 회수할 수 있는 경우에는 등기관은 회사나 발기인 또는 사원의 청구에 따라 공탁의 원인이 소멸하였음을 증명하는 서면을 발급하여야 한다.

② 제1항의 청구를 할 때에는 다음 각 호의 사항을 적고 청구인이 기명날인을 한 청구서 2통을 등기소에 제출하여야 한다.

1. 상호
2. 공탁법원, 공탁의 연월일, 공탁번호, 공탁금액
3. 공탁의 원인이 소멸한 연월일
4. 증명을 청구하는 취지와 청구연월일

③ 등기관은 제2항의 청구서 중 1통에 「위와 같이 증명합니다」라는 증명문을 부기하고, 증명의 연월일, 등기소, 등기관의 표시 및 그 성명을 적은 후 직인을 날인하여 청구인에게 교부하여야 한다.

제83조(공탁금의 국고 귀속 통지) 법 제44조제2항에 따라 공탁금이 국고에 귀속되는 때에는 등기관은 공탁연월일, 공탁번호, 공탁금액, 공탁자 및 공탁금이 국고에 귀속되는 취지와 그 연월일을 해당 공탁법원의 공탁관에게 통지하여야 한다.

제84조(미성년자등기) ① 미성년자가 「상법」 제6조에 따른 미성년자등기를 신청하는 경우에는 다음 각 호의 정보를 제공하여야 한다. 〈개정 2018. 12. 4.〉

1. 법정대리인의 허락이 있음을 증명하는 정보. 다만, 신청서에 법정대리인의 기명날인이 있는 때에는 그러하지 아니하다.
2. 후견인이 영업의 허락을 한 경우에는 후견감독인이 있으면 그의 동의나 가정법원의 허가가 있음을 증명하는 정보

② 영업 종류의 추가 또는 변경으로 인한 변경등기를 신청하는 경우에는 제1항을 준용한다.

③ 법정대리인이 영업 허락의 제한으로 인한 변경등기 또는 취소로 인한 소멸등기를 신청하는 경우에는 법정대리인임을 증명하는 정보를 제공하여야 한다.

④ 미성년자의 사망으로 인한 소멸등기를 신청하는 경우에는 제3항에 따른 정보와 함께 미성년자의 사망을 증명하는 정보를 제공하여야 한다.〈개정 2018. 12. 4.〉

[제목개정 2018. 12. 4.]

제85조(법정대리인등기) ① 법정대리인이 「상법」 제8조에 따른 법정대리인등기를 신청하는 경우에는 다음 각 호의 정보를 제공하여야 한다. 〈개정 2018. 12. 4.〉

1. 법정대리인임을 증명하는 정보
2. 후견인이 제한능력자의 영업을 대리하는 경우에는 후견감독인이 있으면 그의 동의나 가정법원의 허가가 있음을 증명하는 정보

② 영업 종류의 추가 또는 변경으로 인한 변경등기를 신청하는 경우에는 제1항을 준용한다.

③ 법정대리인의 퇴임 또는 사망으로 인한 소멸등기를 신청하는 경우에는 법정대리인의 퇴임 또는 사망을 증명하는 정보를 제공하여야 한다.

④ 새로운 법정대리인이 제3항의 등기를 신청하는 경우에는 제3항에 따른 정보와 신청인이 새로운 법정대리인임을 증명하는 정보를 제공하여야 한다.

제86조(회사 등의 지배인 등기신청) ① 회사와 합자조합이 지배인선임의 등기를 신청하는 경우에는 지배인의 선임과 법 제50조제1항제5호의 사항을 증명하는 정보를 제공하여야 한다.

② 회사와 합자조합이 지배인의 대리권의 소멸 또는 법 제50조제1항제5호의 사항의 설정 또는 변경이나 소멸의 등기를 신청하는 경우에는 이를 증명하는 정보를 제공하여야 한다.

제87조(2인 이상의 지배인등기) 회사와 합자조합 외의 영업주가 2인 이상의 지배인에 관한 등기신청을 하였을 때에는 각 지배인을 다른 등기기록에 등기하여야 한다.

제88조(해산등기와 지배인에 관한 등기) 해산등기를 하는 때에는 회사와 합자조합의 지배인에 관한 등기를 말소하여야 한다.

제89조(등기기록의 폐쇄) 다음 각 호의 등기는 기타사항란에 하여야 하고, 이를 등기할 때에는 등기기록을 폐쇄하여야 한다. 〈개정 2018. 12. 4.〉
  1. 상호폐지의 등기
  2. 회사의 상호와 합자조합의 명칭 외의 상호의 말소등기
  3. 상호가등기의 말소등기
  4. 미성년자 또는 법정대리인에 관한 소멸의 등기
  5. 회사와 합자조합 외의 영업주가 선임한 지배인의 대리권 소멸의 등기
  6. 상호의 등기를 한 자, 미성년자 또는 법정대리인의 영업소를 다른 등기소의 관할구역으로 이전한 경우에 구 소재지에서 하는 영업소 이전의 등기(종전 등기소의 관할 구역 내에 다른 영업소가 있는 경우는 제외한다)
  7. 지배인을 둔 영업소를 다른 등기소의 관할 구역으로 이전한 경우에 구 소재지에서 하는 영업소 이전의 등기(종전 등기소의 관할 구역 내에 그 지배인을 둔 다른 영업소가 있는 경우는 제외한다)

제3절 합자조합의 등기

제90조(첨부정보에 관한 통칙) ① 조합계약에 규정이 없으면 효력이 없는 사항의 등기를 신청하는 경우에는 조합계약에 관한 정보를 제공하여야 한다.

② 총조합원 또는 어느 조합원이나 청산인의 동의를 필요로 하는 등기를 신청하는 경우에는 그 동의가 있음을 증명하는 정보를 제공하여야 한다.

제91조(설립에 따른 등기) 합자조합의 설립에 따른 등기를 신청하는 경우에는 다음 각 호의 정보를 제공하여야 한다.

   1. 조합계약에 관한 정보
   2. 재산출자에 관하여 이행을 한 부분을 증명하는 정보
   3. 합자조합의 업무를 집행하고 대리할 권한이 있는 자가 법인인 경우에 그 자의 직무를 행할 사람의 선임을 증명하는 정보

제92조(조합원 등의 등기) ① 업무집행권이 있는 조합원의 등기를 할 때에는 그 자의 성명 또는 상호, 주민등록번호 또는 법인등록번호 및 주소 또는 본점소재지를 등기하여야 한다.

② 업무집행권이 없는 조합원의 등기를 할 때에는 그 자의 성명 또는 상호 및 주민등록번호 또는 법인등록번호를 등기하여야 한다.

③ 조합원 또는 청산인의 등기를 할 때 그 조합원 또는 청산인이 주민등록번호가 없는 재외국민 또는 외국인인 경우에는 주민등록번호를 갈음하여 그 생년월일을 등기하여야 한다.

제93조(변경등기) ① 출자의 이행으로 인한 변경등기를 신청하는 경우에는 그 이행이 있음을 증명하는 정보를 제공하여야 한다.

② 조합원의 가입 또는 탈퇴로 인한 변경등기를 신청하는 경우에는 그 사실을 증명하는 정보를 제공하여야 한다.

③ 합자조합의 업무를 집행하고 대리할 권한이 있는 자가 법인인 경우 그 자의 직무를 행할 사람에 관한 사항의 변경등기를 신청할 때에는 그 사실이 변경되었음을 증명하는 정보를 제공하여야 한다.

제94조(해산등기) ① 조합계약에 정한 사유의 발생으로 인한 해산등기를 신청하는 경우에는 그 사유의 발생을 증명하는 정보를 제공하여야 한다.

② 조합원의 해산청구로 인한 해산등기를 신청하는 경우에는 그 해산청구를 증명하는 정보를 제공하여야 한다.

제95조(청산인등기) ① 조합원이 선임한 청산인의 취임등기를 신청하는 경우에는 그 취임승낙을 증명하는 정보를 제공하여야 한다.

② 청산인의 퇴임등기를 신청하는 경우에는 그 퇴임을 증명하는 정보를 제공하여야 한다.

제96조(합명회사에 관한 규정의 준용) ① 합자조합의 등기에 관하여는 제99조제1항, 제106조제1항, 제109조제1항, 제110조제2항, 제116조제1항제1호 및 제4호를 준용한다.

② 업무집행권이 있는 조합원의 사임을 증명하는 정보, 청산인의 취임승낙 또는 사임을 증명하는 정보에 관하여는 제104조를 준용한다.

③ 업무집행권과 대리권의 등기에 관하여는 제108조 본문을 준용한다.

④ 주된 사무소를 다른 등기소의 관할 구역으로 이전하는 경우의 등기사항에 관하여는 제115조제1항을 준용한다.

제4절 합명회사의 등기

제97조(첨부정보에 관한 통칙) ① 정관에 규정이 없으면 효력이 없는 사항의 등기를 신청하는 경우에는 정관을 제공하여야 한다.

② 총사원 또는 어느 사원이나 청산인의 동의를 필요로 하는 등기를 신청하는 경우에는 그 동의가 있음을 증명하는 정보를 제공하여야 한다.

제98조(설립등기) 설립등기를 신청하는 경우에는 다음 각 호의 정보를 제공하여야 한다.

1. 정관
2. 재산출자에 관하여 이행을 한 부분을 증명하는 정보

제99조(본점이전등기의 신청 및 지점등기기록 등의 처리) ① 법 제55조제1항의 본점이전등기신청은 구소재지 관할 등기소에서 하는 등기의 신청서에 신소재지 관할 등기소에서 하는 등기의 신청에 관한 정보를 함께 기재하여 신청하여야 한다.

② 신소재지 관할 등기소에 지점등기기록이 개설되어 있는 경우 해당 등기소의 등기관은 직권으로 그 지점등기기록을 폐쇄함과 동시에 법 제55조제1항의 등기를 하여야 한다. 이 경우 폐쇄하는 지점등기기록에 지배인에 관한 사항이 있을 때에는 지배인에 관한 사항도 함께 등기하여야 한다.

③ 구소재지 관할 등기소의 관할 구역 내에 소재하는 지점이 있는 경우 해당 등기소의 등기관은 제116조제1항제1호의 등기를 함과 동시에 직권으로 지점등기기록을 개설하여야 한다.

제100조(본점이전등기와 상호변경등기) ① 본점이전등기신청을 한 회사의 상호가 신소재지 관할 등기소에서 법 제29조에 해당하여 본점이전등기를 할 수 없고, 구소재지 관할 등기소에서도 법 제29조에 해당하여 상호변경등기를 할 수 없는 경우에는 제53조제1항 단서에도 불구하고 그 상호변경등기신청은 본점이전등기신청과 동시에 구소재지 관할 등기소를 거쳐 신소재지 관할 등기소에 할 수 있다.

② 구소재지 관할 등기소는 법 제56조제2항의 통지와 함께 제1항의 상호변경등기의 신청이 있었다는 뜻을 신소재지 관할 등기소에 전산정보처리조직을 이용하여 통지하여야 한다.

③ 법 제55조의 본점이전등기신청이 접수된 후에 법 제29조가 적용되는 등기신청이 접수된 경우, 구소재지 관할 등기소 등기관은 본점이전등기를 하기 전까지 그 등기를 하여서는 아니 된다.

제101조(본점소재지 관할 등기소에 지점소재지에서 하는 등기의 신청) ① 지점소재지에서 하는 등기의 신청을 본점소재지 관할 등기소에 하는 것을 허용하는 법 제58조는 다음 각 호의 등기신청에는 적용하지 아니한다.
  1. 법 제51조제3항에 따라 지배인에 관한 등기와 동시에 신청하여야 할 지점에 관한 등기
  2. 본점을 다른 등기소의 관할 구역으로 이전한 경우에 하는 본점이전등기
  3. 존속회사 또는 신설회사의 본점소재지를 관할하는 등기소와 소멸하는 회사의 본점소재지를 관할하는 등기소가 다른 경우의 합병등기
  4. 그 밖에 대법원예규로 정하는 등기
② 법 제58조의 신청은 본점소재지를 관할하는 등기소에 하는 신청서에, 동시에 신청하고자 하는 지점소재지를 관할하는 등기소를 기재하여 제출하는 방식으로 한다.

제102조(지점소재지에서의 등기) ① 본점과 지점소재지에서 공통으로 등기할 사항에 관하여 지점소재지에서 등기신청이 있는 경우 등기관은 전산정보처리조직을 이용하여 본점소재지에서 등기가 되었는지를 확인하여야 한다.
② 지점소재지에서 지점의 설치등기를 하는 경우에는 상호에 지점이라고 덧붙여 기록하여야 한다. 신청서에 지점의 명칭이 기록되어 있는 경우에는 지점에 관한 사항란에 그 명칭도 기록한다.

제103조(변경등기) ① 출자의 이행으로 인한 변경등기를 신청하는 경우에는 그 이행이 있음을 증명하는 정보를 제공하여야 한다.
② 사원의 입사 또는 퇴사로 인한 변경등기를 신청하는 경우에는 그 사실을 증명하는 정보를 제공하여야 한다.
③ 대표사원의 취임 또는 퇴임으로 인한 변경등기를 신청하는 경우에는 그 취임 또는 퇴임을 증명하는 정보를 제공하여야 한다.

제104조(취임승낙을 증명하는 서면 등) ① 대표사원, 청산인, 대표청산인의 취임승낙 또는 사임을 증명하는 서면에는 「인감증명법」에 따라 신고한 인감을 날인하고 그 인감증명을 첨부하거나 그 서면에 본인이 기명날인 또는 서명하였다는 공증인의 인증서면을 첨부하여야 한다. 다만, 등기소에 인감을 제출한 사람이 중임 또는 사임하는 경우에는 등기소에 제출된 인감이 날인된 중임승낙 또는 사임을 증명하는 서면으로 갈음할 수 있다.
② 제1항의 서면을 작성한 사람이 외국인인 경우에는 그 서면에 본국 관청에 신고한 인감을 날인하고 그 인감증명을 첨부하거나 그 서면에 본인이 서명하였

다는 본국 관청의 증명서면을 첨부할 수 있다.

제105조(업무집행권 또는 대표권 상실 등의 등기) ① 사원의 업무집행권 또는 대표권 상실의 등기는 그 사원의 퇴사 등기를 할 때에 말소하여야 한다.

② 직무집행정지 또는 직무대행자에 관한 등기가 마쳐진 사원에 대하여 제명의 등기를 하거나 업무집행권 또는 대표권 상실의 등기를 할 때에는 그 직무집행정지 또는 직무대행자에 관한 등기를 말소하여야 한다. 직무집행정지 또는 직무대행자에 관한 등기가 마쳐진 청산인에 대하여 해임의 등기를 할 때에도 또한 같다.

제106조(해산등기) ① 회사를 대표할 청산인이 해산등기를 신청하는 경우에는 그 자격을 증명하는 정보를 제공하여야 한다. 다만, 「상법」 제251조제2항에 따른 청산인에 관하여는 그러하지 아니하다.

② 정관에 정한 사유의 발생으로 인한 해산등기를 신청하는 경우에는 그 사유의 발생을 증명하는 정보를 제공하여야 한다.

제107조(청산인등기) ① 업무집행사원을 청산인으로 하는 청산인등기를 신청하는 경우에는 정관을 제공하여야 한다.

② 사원이 선임한 청산인의 취임등기를 신청하는 경우에는 그 취임승낙을 증명하는 정보를, 법원이 선임한 청산인의 취임등기를 신청하는 경우에는 그 선임과 「상법」 제253조제1항제2호 및 제3호에 열거한 사항을 증명하는 정보를 각각 제공하여야 한다.

③ 법원이 선임한 청산인에 관한 「상법」 제253조제1항제2호 및 제3호에 열거한 사항의 변경등기를 신청하는 경우에는 그 변경의 사유를 증명하는 정보를 제공하여야 한다.

④ 청산인의 퇴임등기를 신청하는 경우에는 그 퇴임을 증명하는 정보를 제공하여야 한다.

제108조(해산등기와 사원에 관한 등기) 해산등기를 할 때에는 「상법」 제180조제4호 및 제5호의 등기를 말소하여야 한다. 다만, 「상법」 제247조에 따른 임의청산의 경우에는 그러하지 아니하다.

제109조(회사계속등기) ① 회사 해산 후 회사계속등기를 할 때에는 해산과 청산인에 관한 등기를 말소하여야 한다.

② 「상법」 제194조에 따른 회사계속등기를 신청하는 경우에는 설립무효 또는 설립취소 판결에 관한 정보를 제공하여야 한다.

③ 제2항의 등기를 할 때에는 설립무효 또는 설립취소와 청산인에 관한 등기를 말소하여야 한다.

제110조(청산종결등기) ① 「상법」 제247조제5항에 따른 청산종결등기를 신청하는 경우에는 회사재산의 처분이 완료되었음을 증명하는 정보를 제공하여야 한다.
② 「상법」 제264조에 따른 청산종결등기를 신청하는 경우에는 청산인이 계산의 승인을 받았음을 증명하는 정보를 제공하여야 한다.

제111조(합병으로 인한 변경등기) 합병으로 인한 변경등기를 신청하는 경우에는 다음 각 호의 정보를 제공하여야 한다.
1. 소멸회사의 총사원의 동의가 있음을 증명하는 정보
2. 「상법」 제232조제1항에 따른 공고 및 최고를 한 사실과 이의를 진술한 채권자가 있는 때에는 이에 대하여 변제 또는 담보를 제공하거나 신탁을 한 사실을 증명하는 정보

제112조(합병으로 인한 설립등기) 합병으로 인한 설립등기를 신청하는 경우에는 다음 각 호의 정보를 제공하여야 한다.
1. 정관
2. 설립위원의 자격을 증명하는 정보
3. 제111조 각 호의 정보

제113조(합병무효의 등기) 합병무효로 인한 회복의 등기를 할 때에는 합병으로 인한 해산의 등기를 말소하여야 한다.

제114조(조직변경으로 인한 설립등기) 합명회사가 합자회사로 조직을 변경함으로 인한 설립등기를 신청하는 경우에는 다음 각 호의 정보를 제공하여야 한다.
1. 정관
2. 유한책임사원을 가입시킨 경우에는 그 가입을 증명하는 정보
3. 유한책임사원의 출자에 관하여 이행을 한 부분을 증명하는 정보

제115조(등기기록의 개설 사유와 연월일의 기록) ① 법 제54조와 제57조 및 법 제65조제1항의 등기사항(회사성립의 연월일은 제외한다)은 등기기록의 개설 사유 및 연월일란에 기록하여야 한다.
② 합병으로 인한 설립등기에 있어서 법 제62조제1항의 등기사항에 관하여는 제1항을 준용한다.

제116조(등기기록의 폐쇄) ① 다음 각 호의 등기는 기타사항란에 하여야 하고, 이를 등기한 때에는 그 등기기록을 폐쇄하여야 한다.
1. 본점을 다른 등기소의 관할 구역으로 이전한 경우에 구소재지 관할 등기소에서 하는 본점이전등기
2. 지점을 다른 등기소의 관할 구역으로 이전한 경우에 구소재지 관할 등기소에서 하는 지점이전등기(구소재지 관할 등기소의 관할 구역 내에 본점 또는 다른 지점이 있는 경우는 제외한다)

3. 지점폐지등기(해당 등기소의 관할 구역 내에 본점 또는 다른 지점이 있는 경우는 제외한다)
4. 청산종결의 등기
5. 합병, 합병무효나 조직변경으로 인한 해산등기
② 제1항제4호에 따라 본점등기기록이 폐쇄된 후 3년이 경과한 경우, 등기관은 그 회사의 지점등기기록을 폐쇄할 수 있다.

제5절 합자회사의 등기

제117조(조직변경으로 인한 설립등기) 합자회사가 합명회사로 조직을 변경함으로 인한 설립등기를 신청하는 경우에는 정관을 제공하여야 한다.

제118조(합명회사에 관한 규정의 준용) 합자회사의 등기에 관하여는 제97조부터 제113조까지, 제115조 및 제116조의 규정을 준용한다.

제6절 유한책임회사의 등기

제119조(첨부정보에 관한 통칙) ① 정관의 규정, 법원의 허가 또는 총사원의 동의가 없으면 효력이 없는 사항의 등기를 신청하는 경우에는 정관, 법원의 허가 또는 총사원의 동의가 있음을 증명하는 정보를 제공하여야 한다.
② 어느 사원이나 업무집행자 또는 청산인의 동의를 필요로 하는 등기를 신청하는 경우에는 그 동의가 있음을 증명하는 정보를 제공하여야 한다.

제120조(설립등기) 설립등기를 신청하는 경우에는 다음 각 호의 정보를 제공하여야 한다.
1. 정관
2. 출자 전액 납입 또는 현물출자의 목적인 재산 전부의 급여가 있음을 증명하는 정보
3. 업무집행자의 취임승낙을 증명하는 정보
4. 대표업무집행자를 정한 경우에는 그 취임승낙을 증명하는 정보
5. 대표업무집행자가 법인인 경우에 그 자의 직무를 행할 사람의 선임을 증명하는 정보

제121조(업무집행자 등의 취임 또는 퇴임으로 인한 변경등기) ① 업무집행자 또는 대표업무집행자의 취임 또는 퇴임으로 인한 변경등기를 신청하는 경우에는 그 취임승낙 또는 퇴임을 증명하는 정보를 제공하여야 한다.
② 대표업무집행자가 법인인 경우 그 자의 직무를 행할 사람에 관한 사항의 변경등기를 신청할 때에는 그 사실이 변경되었음을 증명하는 정보를 제공하여야 한다.

제122조(자본금의 증가 또는 감소로 인한 변경등기) ① 자본금의 증가로 인한 변경등기를 신청하는 경우에는 제120조제2호의 정보를 제공하여야 한다.
② 자본금의 감소로 인한 변경등기를 신청하는 경우에는 제111조제2호의 정보를 제

공하여야 한다. 다만, 「상법」 제287조의36제2항 단서에 해당하는 경우에는 제111조제2호의 정보를 갈음하여 그에 해당함을 증명하는 정보를 제공하여야 한다.

제123조(해산등기) 사원이 없게 되어 해산등기를 신청하는 경우에는 그 사실을 증명하는 정보를 제공하여야 한다.

제124조(합병으로 인한 변경등기) 합병으로 인한 변경등기를 신청하는 경우에는 다음 각 호의 정보를 제공하여야 한다.
1. 합병계약에 관한 정보
2. 소멸회사의 총사원의 동의가 있음을 증명하는 정보나 주주총회 또는 사원총회의 의사록
3. 소멸회사가 주식회사인 경우에는 사채의 상환을 완료하였음을 증명하는 정보
4. 제111조제2호의 정보

제125조(합병으로 인한 설립등기) 합병으로 인한 설립등기를 신청하는 경우에는 제112조제2호, 제120조제1호, 제3호부터 제5호까지, 제124조 각 호의 정보를 제공하여야 한다.

제126조(조직변경으로 인한 설립등기) 유한책임회사가 주식회사로 조직을 변경함으로 인한 설립등기를 신청하는 경우에는 다음 각 호의 정보를 제공하여야 한다.
1. 정관
2. 제129조제10호 및 제11호의 정보
3. 제152조제2호 및 제4호의 정보

제127조(합명회사에 관한 규정의 준용) ① 유한책임회사의 등기에 관하여는 제99조부터 제102조까지, 제105조제2항, 제106조, 제107조, 제109조, 제110조제2항, 제113조, 제115조 및 제116조의 규정을 준용한다. 이 경우 제105조제2항 중 "사원"은 "업무집행자"로 본다.
② 업무집행자, 대표업무집행자, 청산인, 대표청산인의 취임승낙 또는 사임을 증명하는 정보에 관하여는 제104조를 준용한다.
③ 업무집행자, 대표업무집행자의 등기에 관하여는 제108조 본문을 준용한다.

제7절 주식회사의 등기

제128조(첨부정보에 관한 통칙) ① 정관의 규정, 법원의 허가, 총주주 또는 어느 주주나 이사의 동의가 없으면 효력이 없거나 취소할 수 있는 사항의 등기를 신청하는 경우에는 정관, 법원의 허가가 있음을 증명하는 정보, 총주주 또는 그 주주나 이사의 동의가 있음을 증명하는 정보를 제공하여야 한다.
② 주주총회, 종류주주총회, 이사회 또는 청산인회의 결의를 필요로 하는 등기를 신청하는 경우에는 그 의사록을 제공하여야 한다.

제129조(설립등기) 설립등기를 신청하는 경우에는 다음 각 호의 정보를 제공하여야 한다.

1. 정관
2. 주식의 인수를 증명하는 정보
3. 주식의 청약을 증명하는 정보
4. 발기인이 「상법」 제291조에 규정된 사항을 정한 때에는 이를 증명하는 정보
5. 「상법」 제298조 및 제313조에 따른 이사와 감사 또는 감사위원회 및 공증인의 조사보고에 관한 정보
6. 「상법」 제299조, 제299조의2 및 제310조에 따른 검사인이나 공증인의 조사보고 또는 감정인의 감정에 관한 정보
7. 제6호의 검사인이나 공증인의 조사보고 또는 감정인의 감정결과에 관한 재판이 있은 때에는 그 재판이 있음을 증명하는 정보
8. 발기인이 이사와 감사 또는 감사위원회 위원의 선임을 증명하는 정보
9. 창립총회의사록
10. 이사, 대표이사, 집행임원, 대표집행임원, 감사 또는 감사위원회 위원의 취임승낙을 증명하는 정보
11. 명의개서대리인을 둔 때에는 명의개서대리인과의 계약을 증명하는 정보
12. 주금의 납입을 맡은 은행, 그 밖의 금융기관의 납입금 보관을 증명하는 정보. 다만, 자본금 총액이 10억 원 미만인 회사를 「상법」 제295조제1항에 따라 발기설립(發起設立)하는 경우에는 은행이나 그 밖의 금융기관의 잔고를 증명하는 정보로 대체할 수 있다.

제130조(이사 등의 취임 또는 퇴임으로 인한 변경등기) 이사, 대표이사, 집행임원, 대표집행임원, 감사 또는 감사위원회 위원의 취임 또는 퇴임으로 인한 변경등기를 신청하는 경우에는 그 취임승낙 또는 퇴임을 증명하는 정보를 제공하여야 한다.

제131조(일시이사 등의 등기) ① 이사, 대표이사, 청산인, 대표청산인 또는 감사의 선임의 등기를 할 때에는 「상법」 제386조제2항 등에 의하여 선임된 이사 등의 직무를 일시 행할 자에 관한 등기를 말소하여야 한다.
② 직무집행정지 또는 직무대행자에 관한 등기가 마쳐진 이사, 대표이사, 집행임원, 대표집행임원, 청산인, 대표청산인, 감사 또는 감사위원회 위원에 대하여 그 이사 등의 선임결의의 부존재, 무효나 취소 또는 해임의 등기를 할 때에는 그 직무집행정지 또는 직무대행자에 관한 등기를 말소하여야 한다.

제132조(대표이사 또는 대표집행임원의 등기) 이사 또는 집행임원의 선임결의의 부존재, 무효나 취소 또는 판결에 의한 해임의 등기를 하는 경우에 그 이사 또는 집행임원이 대표이사 또는 대표집행임원일 때에는 그 대표이사 또는 대표집행임원에 관한 등기도 말소하여야 한다.

제133조(신주발행으로 인한 변경등기) 신주발행으로 인한 변경등기를 신청하는 경우에는 다음 각 호의 정보를 제공하여야 한다.

1. 주식의 인수를 증명하는 정보
2. 주식의 청약을 증명하는 정보
3. 「상법」 제418조제2항에 따라 주주 외의 자에게 신주를 배정하는 경우에는 같은 조 제4항에 따른 통지 또는 공고를 하였음을 증명하는 정보
4. 주금의 납입을 맡은 은행, 그 밖의 금융기관의 납입금 보관을 증명하는 정보. 다만, 신주발행의 결과 자본금 총액이 10억 원 미만인 회사에 대해서는 은행이나 그 밖의 금융기관의 잔고를 증명하는 정보로 대체할 수 있다.
5. 「상법」 제421조제2항에 따른 상계가 있는 경우에는 이를 증명하는 정보
6. 「상법」 제422조에 따른 검사인의 조사보고 또는 감정인의 감정에 관한 정보
7. 제6호의 검사인의 조사보고 또는 감정인의 감정결과에 관한 재판이 있은 때에는 그 재판이 있음을 증명하는 정보

제134조(주식매수선택권의 행사로 인한 변경등기) 주식매수선택권의 행사로 인한 변경등기를 신청하는 경우에는 다음 각 호의 정보를 제공하여야 한다.

1. 「상법」 제516조의9제1항에 따른 청구가 있음을 증명하는 정보
2. 제133조제4호 및 제5호의 정보

제135조(신주인수권부사채에 부여된 신주인수권의 행사로 인한 변경등기) 신주인수권부사채에 부여된 신주인수권의 행사로 인한 변경등기를 신청하는 경우에는 다음 각 호의 정보를 제공하여야 한다.

1. 「상법」 제516조의9제1항에 따른 청구가 있음을 증명하는 정보
2. 제133조제4호 및 제5호의 정보 또는 「상법」 제516조의2제2항제5호에 따른 청구를 증명하는 정보

제136조(주식 또는 사채 등의 전환으로 인한 변경등기) ① 「상법」 제351조(같은 법 제516조에서 준용하는 경우를 포함한다)에 따라 주식 또는 사채의 전환으로 인한 변경등기를 신청하는 경우에는 다음 각 호의 구분에 따른 정보를 제공하여야 한다.

1. 주주가 주식의 전환을 청구하거나 사채권자가 사채의 전환을 청구함으로 인한 변경등기의 경우에는 주식 또는 사채의 전환 청구가 있음을 증명하는 정보
2. 회사가 주식을 전환함으로 인한 변경등기의 경우에는 「상법」 제346조제3항에 따른 통지 또는 공고를 하였음을 증명하는 정보

② 「자본시장과 금융투자업에 관한 법률 시행령」 제176조의12의 사채의 전환으로 인한 변경등기를 신청하는 경우에는 그 변경사실을 증명하는 정보를 제공하여야 한다.

제137조(준비금의 자본금 전입으로 인한 변경등기) 준비금의 자본금 전입으로 인한

변경등기를 신청하는 경우에는 준비금의 존재를 증명하는 정보를 제공하여야 한다.

제138조(주식의 배당으로 인한 변경등기) 주식의 배당으로 인한 변경등기를 신청하는 경우에는 이익이 존재하고 그 배당이 이익배당 총액의 2분의 1에 상당하는 금액을 초과하지 아니함을 증명하는 정보를 제공하여야 한다.

제139조(주식의 병합 또는 분할로 인한 변경등기) ① 주식의 병합(자본금 감소의 경우는 제외한다)으로 인한 변경등기를 신청하는 경우에는 「상법」 제440조에 따른 공고를 하였음을 증명하는 정보를 제공하여야 한다.
② 주식의 분할로 인한 변경등기의 신청에 관하여는 제1항을 준용한다.

제140조(무액면주식에 관한 변경등기) 「상법」 제329조제4항에 따라 액면주식을 무액면주식으로 전환하거나 무액면주식을 액면주식으로 전환함으로 인한 변경등기를 신청하는 경우에는 제139조제1항의 정보를 제공하여야 한다.

제141조(주식의 소각으로 인한 변경등기) ① 주주에게 배당할 이익으로써 주식을 소각함으로 인한 변경등기를 신청하는 경우에는 이익의 존재를 증명하는 정보 외에 다음 각 호의 구분에 따른 정보를 제공하여야 한다.
　1. 주주가 주식의 상환을 청구함으로 인한 변경등기의 경우에는 주식의 상환 청구가 있음을 증명하는 정보
　2. 회사가 주식을 상환함으로 인한 변경등기의 경우에는 「상법」 제345조제2항에 따른 통지 또는 공고를 하였음을 증명하는 정보
② 자기 주식의 소각으로 인한 변경등기를 신청하는 경우에는 그 주식이 회사가 보유한 자기 주식이었음을 증명하는 정보를 제공하여야 한다.

제142조(자본금 감소로 인한 변경등기) 자본금 감소로 인한 변경등기를 신청하는 경우에는 다음 각 호의 정보를 제공하여야 한다.
　1. 제111조제2호의 정보(결손의 보전을 위한 자본금 감소임을 증명하는 정보를 제공하는 경우는 제외한다)
　2. 주식의 병합 또는 소각을 한 경우에는 제139조제1항의 정보

제143조(명의개서대리인을 둠으로 인한 변경등기) 명의개서대리인을 둠으로 인한 변경등기를 신청하는 경우에는 명의개서대리인과의 계약을 증명하는 정보를 제공하여야 한다.

제144조(전환사채 등의 등기) ① 전환사채, 신주인수권부사채, 이익참가부사채의 모집으로 인한 발행등기를 신청하는 경우에는 다음 각 호의 정보를 제공하여야 한다.
　1. 사채의 인수를 증명하는 정보
　2. 사채의 청약을 증명하는 정보

3. 「상법」제476조에 따른 납입이 있음을 증명하는 정보

② 전환사채, 신주인수권부사채, 이익참가부사채의 제2회 이후의 납입 등으로 인한 변경등기 또는 사채의 전부 상환 등으로 인한 말소등기를 신청하는 경우에는 그 사실을 증명하는 정보를 제공하여야 한다.

③ 제136조제2항의 사채의 발행, 변경, 말소등기에 관하여는 성질에 반하지 아니하는 한 제1항 및 제2항을 준용한다.

제145조(해산등기와 이사 등에 관한 등기) 해산등기를 할 때에는 이사, 대표이사, 집행임원, 대표집행임원에 관한 등기를 말소하여야 한다.

제146조(주식교환으로 인한 변경등기) 주식교환으로 인한 변경등기를 신청하는 경우에는 다음 각 호의 정보를 제공하여야 한다.

1. 주식교환계약에 관한 정보
2. 완전자회사의 주주총회의사록 또는 이사회의사록
3. 주식교환으로 인하여 완전자회사의 어느 종류주주에게 손해를 미치게 될 경우에는 그 회사의 종류주주총회의사록
4. 주식교환으로 인하여 완전자회사의 주주의 부담이 가중되는 경우에는 그 주주 전원의 동의가 있음을 증명하는 정보
5. 「상법」제360조의7에서 규정하는 자본금의 한도액을 증명하는 정보
6. 「상법」제360조의8제1항에 따른 공고를 하였음을 증명하는 정보
7. 「상법」제360조의9제2항 또는 「상법」제360조의10제4항에 따른 공고 또는 통지를 한 경우에는 이를 증명하는 정보
8. 「상법」제360조의10에 따른 주식교환의 경우에 완전자회사가 되는 회사의 주주에게 지급할 금액을 정한 때에는 완전모회사가 되는 회사의 최종 대차대조표에 관한 정보
9. 「상법」제360조의10제5항에 따른 반대의사를 통지한 주주가 있는 경우에는 그 주주가 소유하는 주식의 총수를 증명하는 정보

제147조(주식이전으로 인한 설립등기) 주식이전으로 인한 설립등기를 신청하는 경우에는 다음 각 호의 정보를 제공하여야 한다.

1. 완전자회사의 주주총회의사록
2. 주식이전으로 인하여 완전자회사의 어느 종류주주에게 손해를 미치게 될 경우에는 그 회사의 종류주주총회의사록
3. 주식이전으로 인하여 완전자회사의 주주의 부담이 가중되는 경우에는 그 주주 전원의 동의가 있음을 증명하는 정보
4. 「상법」제360조의18에서 규정하는 자본금의 한도액을 증명하는 정보
5. 「상법」제360조의19제1항에 따른 공고를 하였음을 증명하는 정보
6. 제129조제1호, 제10호 및 제11호의 정보

제148조(합병으로 인한 변경등기) 합병으로 인한 변경등기를 신청하는 경우에는 다

음 각 호의 정보를 제공하여야 한다.
1. 합병계약에 관한 정보
2. 소멸회사의 주주총회 또는 이사회의 의사록이나 사원총회의 의사록 또는 총사원의 동의가 있음을 증명하는 정보
3. 합병으로 인하여 소멸회사의 어느 종류주주에게 손해를 미치게 될 경우에는 그 회사의 종류주주총회의사록
4. 「상법」 제526조제3항에 따른 공고를 한 경우에는 이를 증명하는 정보
5. 「상법」 제527조의2제2항 또는 「상법」 제527조의3제3항에 따른 공고 또는 통지를 한 경우에는 이를 증명하는 정보
6. 「상법」 제527조의3에 따른 합병의 경우에 소멸하는 회사의 주주에게 지급할 금액을 정한 때에는 존속하는 회사의 최종 대차대조표에 관한 정보
7. 「상법」 제527조의3제4항에 따른 반대의사를 통지한 주주가 있는 경우에는 그 주주가 소유하는 주식의 총수를 증명하는 정보
8. 「상법」 제527조의5제1항에 따른 공고 및 최고한 사실과 이의를 진술한 채권자가 있는 때에는 이에 대하여 변제 또는 담보를 제공하거나 신탁을 한 사실을 증명하는 정보
9. 합병으로 주식의 병합 또는 분할을 한 경우에는 제139조제1항의 정보

제149조(합병으로 인한 설립등기) 합병으로 인한 설립등기를 신청하는 경우에는 다음 각 호의 정보를 제공하여야 한다.
1. 「상법」 제527조제4항에 따른 공고를 한 경우에는 이를 증명하는 정보
2. 제112조제2호의 정보
3. 제129조제1호, 제9호부터 제11호까지의 정보
4. 제148조제1호부터 제3호까지, 제8호 및 제9호의 정보

제150조(분할 또는 분할합병으로 인한 설립등기) 법 제70조제1항의 신설회사의 설립등기를 신청하는 경우에는 다음 각 호의 정보를 제공하여야 한다.
1. 분할계획 또는 분할합병계약에 관한 정보
2. 분할 또는 분할합병 후 존속하는 회사나 소멸하는 회사(이하 "분할존속회사 또는 분할소멸회사"라 한다. 이하 같다)의 주주총회의사록
3. 분할존속회사 또는 분할소멸회사의 어느 종류주주에게 손해를 미치게 될 경우에는 그 회사의 종류주주총회의사록
4. 분할존속회사 또는 분할소멸회사의 주주의 부담이 가중되는 경우에는 그 주주 전원의 동의가 있음을 증명하는 정보
5. 제129조제1호, 제9호부터 제11호까지의 정보
6. 분할되는 회사의 출자 외에 다른 출자에 의하여 회사를 설립하는 경우에는 제129조제2호부터 제7호까지, 제12호의 정보
7. 분할 또는 분할합병으로 주식의 병합 또는 분할을 하는 경우에는 제139조제1항의 정보
8. 제148조제8호의 정보(단순분할로 설립되는 회사가 분할되는 회사의 분할 전 채무에

관하여 연대책임을 지는 경우는 제외한다)
9. 제149조제1호의 정보

제151조(분할합병으로 인한 변경등기) 법 제70조제2항의 분할합병의 상대방 회사의 변경등기를 신청하는 경우에는 다음 각 호의 정보를 제공하여야 한다.
1. 분할합병계약에 관한 정보
2. 분할되는 회사의 주주총회의사록 또는 이사회의사록
3. 분할되는 회사의 어느 종류주주에게 손해를 미치게 될 경우에는 그 회사의 종류주주총회의사록
4. 분할되는 회사의 주주의 부담이 가중되는 경우에는 그 주주 전원의 동의가 있음을 증명하는 정보
5. 분할합병으로 주식의 병합 또는 분할을 하는 경우에는 제139조제1항의 정보
6. 제148조제4호부터 제8호까지의 정보

제152조(조직변경으로 인한 설립등기) 주식회사가 유한회사 또는 유한책임회사로 조직을 변경함으로 인한 설립등기를 신청하는 경우에는 다음 각 호의 정보를 제공하여야 한다.
1. 정관
2. 회사에 현존하는 순재산액을 증명하는 정보
3. 사채의 상환을 완료하였음을 증명하는 정보
4. 제111조제2호의 정보
5. 유한책임회사로 조직을 변경한 경우에는 제120조제3호부터 제5호까지의 정보
6. 유한회사로 조직을 변경한 경우에는 제156조제3호부터 제5호까지의 정보

제153조(결의부존재 등의 등기) ① 주주총회 결의의 부존재, 무효 또는 취소의 등기를 하는 경우에는 결의한 사항에 관한 등기를 말소하고, 그 등기에 의하여 말소된 등기사항이 있을 때에는 그 등기를 회복하여야 한다.
② 창립총회 결의의 부존재, 무효 또는 취소의 등기와 신주발행 또는 자본금 감소의 무효의 등기에 관하여는 제1항을 준용한다.

제154조(합명회사에 관한 규정의 준용) ① 주식회사의 등기에 관하여는 제99조부터 제102조까지, 제106조, 제107조, 제109조제1항, 제110조제2항, 제113조, 제115조 및 제116조를 준용한다.
② 이사, 대표이사, 집행임원, 대표집행임원, 청산인, 대표청산인, 감사 또는 감사위원회 위원의 취임승낙 또는 사임을 증명하는 정보에 관하여는 제104조를 준용한다.
③ 신설회사 또는 분할합병의 상대방 회사의 본점소재지 관할 등기소와 분할존속회사나 분할소멸회사 또는 분할되는 회사의 본점소재지 관할 등기소가 다른 경우의 분할 또는 분할합병에 따른 등기의 신청에 관하여는 제101조제1항을

준용한다.

④ 분할 또는 분할합병의 무효로 인한 회복의 등기에 관하여는 제113조를 준용한다.

⑤ 분할 또는 분할합병으로 인한 설립등기에 있어서 법 제70조의 등기사항의 기록에 관하여는 제115조제1항을 준용한다.

⑥ 분할 또는 분할합병으로 인한 해산등기와 분할 또는 분할합병의 무효로 인한 해산등기에 관하여는 제116조제1항을 준용한다.

제8절 유한회사의 등기

제155조(첨부정보에 관한 통칙) ① 정관의 규정, 법원의 허가 또는 총사원의 동의가 없으면 효력이 없거나 취소할 수 있는 사항의 등기를 신청하는 경우에는 정관, 법원의 허가 또는 총사원의 동의가 있음을 증명하는 정보를 제공하여야 한다.

② 사원총회의 결의 또는 어느 이사나 청산인의 동의를 필요로 하는 등기를 신청하는 경우에는 사원총회의 의사록 또는 그 이사나 청산인의 동의가 있음을 증명하는 정보를 제공하여야 한다.

제156조(설립등기) 설립등기를 신청하는 경우에는 다음 각 호의 정보를 제공하여야 한다.

  1. 정관
  2. 출자 전액 납입 또는 현물출자의 목적인 재산 전부의 급여가 있음을 증명하는 정보
  3. 이사의 취임승낙을 증명하는 정보
  4. 감사를 둔 경우에는 그의 취임승낙을 증명하는 정보
  5. 대표이사를 정한 경우에는 그의 취임승낙을 증명하는 정보

제157조(자본금 증가로 인한 변경등기) 자본금의 증가로 인한 변경등기를 신청하는 경우에는 다음 각 호의 정보를 제공하여야 한다.

  1. 출자의 인수를 증명하는 정보
  2. 출자 전액 납입 또는 현물출자의 목적인 재산 전부의 급여 또는 상계가 있음을 증명하는 정보

제158조(자본금 감소로 인한 변경등기) 자본금의 감소로 인한 변경등기를 신청하는 경우에는 제111조제2호의 정보를 제공하여야 한다. 다만, 결손의 보전을 위한 자본금 감소임을 증명하는 정보를 제공하는 경우는 제외한다.

제159조(합병으로 인한 변경등기) 합병으로 인한 변경등기를 신청하는 경우에는 다음 각 호의 정보를 제공하여야 한다.

  1. 합병계약에 관한 정보
  2. 소멸회사의 사원총회나 주주총회의 의사록 또는 총사원의 동의가 있음을 증명하는 정보
  3. 소멸회사가 주식회사인 경우에는 사채의 상환을 완료하였음을 증명하는 정보

4. 제111조제2호의 정보

제160조(합병으로 인한 설립등기) 합병으로 인한 설립등기를 신청하는 경우에는 제112조제2호, 제156조제1호, 제3호부터 제5호까지, 제159조 각 호의 정보를 제공하여야 한다.

제161조(조직변경으로 인한 설립등기) 유한회사가 주식회사로 조직을 변경함으로 인한 설립등기를 신청하는 경우에는 다음 각 호의 정보를 제공하여야 한다.
1. 정관
2. 제129조제10호 및 제11호의 정보
3. 제152조제2호 및 제4호의 정보

제162조(합명회사 및 주식회사에 관한 규정의 준용) ① 유한회사의 등기에 관하여는 제99조부터 제102조까지, 제106조, 제107조, 제109조제1항, 제110조제2항, 제113조, 제115조, 제116조, 제130조부터 제132조까지, 제145조, 제153조, 제154조제2항을 준용한다.
② 자본금 증가 또는 자본금 감소의 무효의 등기에 관하여는 제153조제1항을 준용한다.

제9절 외국회사의 등기

제163조(영업소 설치등기) ① 영업소 설치등기를 신청하는 경우에는 다음 각 호의 정보를 제공하여야 한다. 다만, 다른 등기소에 이미 영업소 설치등기를 한 때에는 다음 각 호의 정보를 제공하지 아니할 수 있다.
1. 본점의 존재를 인정할 수 있는 정보
2. 대한민국에서의 대표자의 자격을 증명하는 정보
3. 정관 또는 회사의 성질을 식별할 수 있는 정보
4. 법 제74조에 해당하는 외국회사의 경우에는 대한민국에서의 공고방법의 결정을 증명하는 정보
② 제1항 각 호의 정보는 외국회사의 본국의 관할 관청 또는 대한민국에 있는 그 외국의 영사의 인증을 받은 것이어야 한다.

제164조(영업소 변경등기) ① 대한민국에서의 대표자의 변경 또는 외국에서 생긴 등기사항의 변경으로 인한 등기를 신청하는 경우에는 외국회사의 본국의 관할 관청 또는 대한민국에 있는 그 외국의 영사의 인증을 받은 그 변경의 사실을 증명하는 정보를 제공하여야 한다.
② 다른 등기소에 이미 영업소 변경등기를 마친 후 동일한 내용의 영업소 변경등기를 신청하는 경우에는 제1항의 정보를 제공하지 아니할 수 있다.

제165조(영업소 등기기록의 폐쇄) 다음 각 호의 외국회사 영업소등기에 관하여는 제116조제1항을 준용한다.

1. 영업소를 다른 등기소의 관할 구역으로 이전한 경우에 구소재지 관할 등기소에서 하는 영업소 이전의 등기(구소재지 관할 등기소의 관할 구역 내에 다른 영업소가 있는 경우에는 제외한다)
2. 영업소 폐쇄의 등기(해당 등기소의 관할 구역 내에 다른 영업소가 있는 경우와 청산개시명령이 있는 경우에는 제외한다)
3. 청산종결의 등기

제166조(주식회사에 관한 규정의 준용) 외국회사의 청산인 및 대표청산인의 등기에 관하여는 제131조를 준용한다.

제10절 등기의 경정과 말소

제167조(경정등기신청) ① 경정등기를 신청하는 경우에는 착오나 빠진 부분이 있음을 증명하는 정보를 제공하여야 한다.

② 등기에 착오나 빠진 부분이 있음이 그 등기의 신청정보 또는 첨부정보에 의하여 명백할 때에는 경정등기의 신청서에 그 뜻을 기재하고 제1항의 첨부정보를 제공하지 아니할 수 있다.

제168조(등기의 경정) 등기를 경정하는 경우에는 경정할 등기에 대하여 말소하는 표시를 하고, 그 등기에 의하여 말소된 등기사항이 있을 때에는 그 등기를 회복하여야 한다.

제169조(말소등기신청) ① 법 제77조제2호에 해당하는 말소등기를 신청하는 경우에는 무효의 원인이 있음을 증명하는 정보를 제공하여야 한다.

② 등기의 말소 신청에 관하여는 제167조제2항을 준용한다.

제170조(등기의 말소) ① 등기를 말소하는 경우에는 말소할 등기에 대하여 말소하는 표시를 하고, 그 등기에 의하여 말소된 등기사항이 있을 때에는 그 등기를 회복하여야 한다. 다만, 등기의 말소로 인하여 등기기록을 폐쇄하여야 할 때에는 그러하지 아니하다.

② 법 제78조제2항에 따른 공고는 대법원 인터넷등기소에 게시하는 방법에 의한다.

③ 법 제80조 또는 법 제81조제3항에 따라 등기관이 직권으로 등기를 말소하는 경우에는 그 뜻을 기록하여야 한다.

제6장 이의

제171조(이의신청서의 제출) 법 제83조에 따라 등기소에 제출하는 이의신청서에는

이의신청인의 성명과 주소, 이의신청의 대상인 등기관의 결정 또는 처분, 이의신청의 취지와 이유, 그 밖에 대법원예규로 정하는 사항을 적고 신청인이 기명날인 또는 서명하여야 한다.

제172조(등본에 의한 통지) 법 제87조제1항의 통지는 결정서 등본에 의하여 한다.

제173조(기록명령에 따른 등기를 할 수 없는 경우) ① 등기신청의 각하결정에 대한 이의신청에 따라 관할 지방법원이 그 등기의 기록명령을 하였더라도 다음 각 호의 어느 하나에 해당하는 경우에는 그 기록명령에 따른 등기를 할 수 없다.

    1. 기록명령에 따른 등기를 하기 전에 그 등기를 함에 장애가 되는 다른 등기가 되어 있는 경우

    2. 등기관이 기록명령에 따른 등기를 하기 위하여 신청인에게 첨부정보를 다시 등기소에 제공할 것을 명령하였으나 신청인이 이에 응하지 아니한 경우

② 제1항과 같이 기록명령에 따른 등기를 할 수 없는 경우에는 그 뜻을 관할 지방법원과 이의신청인에게 통지하여야 한다.

제174조(부기등기의 말소) 법 제88조에 따른 부기등기는 등기관이 관할 지방법원으로부터 이의신청에 대한 기각결정(각하, 취하를 포함한다)의 통지를 받았을 때에 말소한다.

제7장 보칙

제175조(「담보부사채신탁법」에 의한 등기의 촉탁이 있는 경우) 「담보부사채신탁법」 제97조에 따른 금융위원회의 등기촉탁이 있는 경우에는 다음 각 호의 구분에 따라 그 등기를 하여야 한다.

    1. 촉탁이 신탁업자의 업무정지에 관한 것일 때에는 그 뜻의 등기

    2. 촉탁이 은행사업을 겸하는 신탁업자의 등록취소에 관한 것일 때에는 목적변경의 등기

    3. 촉탁이 신탁사업을 전업으로 하는 신탁업자의 등록취소에 관한 것일 때에는 해산의 등기

제176조(과태사항의 통지) 등기관은 그 직무상 과태료 부과대상이 있음을 안 때에는 지체 없이 그 사건을 관할 지방법원 또는 지원에 통지하여야 한다.

제177조(통지의 방법) 법 또는 이 규칙에 따른 통지는 우편이나 그 밖의 편리한 방법으로 한다. 다만, 별도의 규정이 있는 경우에는 그러하지 아니하다.

제178조(대법원예규에의 위임) 상업등기와 관련하여 필요한 사항 중 이 규칙에서 정하고 있지 아니한 사항은 대법원예규로 정할 수 있다.

부칙

〈제3007호,2021. 11. 29.〉

이 규칙은 2021년 12월 9일부터 시행한다.

주식회사 등의 외부감사에 관한 법률 (약칭: 외부감사법)

[시행 2023. 1. 17.] [법률 제19217호, 2023. 1. 17., 일부개정]

금융위원회(공정시장과) 02-2100-2693

제1장 총칙

제1조(목적) 이 법은 외부감사를 받는 회사의 회계처리와 외부감사인의 회계감사에 관하여 필요한 사항을 정함으로써 이해관계인을 보호하고 기업의 건전한 경영과 국민경제의 발전에 이바지함을 목적으로 한다.

제2조(정의) 이 법에서 사용하는 용어의 뜻은 다음과 같다.
  1. "회사"란 제4조제1항에 따른 외부감사의 대상이 되는 주식회사 및 유한회사를 말한다.
  2. "재무제표"란 다음 각 목의 모든 서류를 말한다.
    가. 재무상태표(「상법」 제447조 및 제579조의 대차대조표를 말한다)
    나. 손익계산서 또는 포괄손익계산서(「상법」 제447조 및 제579조의 손익계산서를 말한다)
    다. 그 밖에 대통령령으로 정하는 서류
  3. "연결재무제표"란 회사와 다른 회사(조합 등 법인격이 없는 기업을 포함한다)가 대통령령으로 정하는 지배·종속의 관계에 있는 경우 지배하는 회사(이하 "지배회사"라 한다)가 작성하는 다음 각 목의 모든 서류를 말한다.
    가. 연결재무상태표
    나. 연결손익계산서 또는 연결포괄손익계산서
    다. 그 밖에 대통령령으로 정하는 서류
  4. "주권상장법인"이란 주식회사 중 「자본시장과 금융투자업에 관한 법률」 제9조제15항제3호에 따른 주권상장법인을 말한다.
  5. "대형비상장주식회사"란 주식회사 중 주권상장법인이 아닌 회사로서 직전 사업연도 말의 자산총액이 대통령령으로 정하는 금액 이상인 회사를 말한다.
  6. "임원"이란 이사, 감사(「상법」 제415조의2 및 제542조의11에 따른 감사위원회(이하 "감사위원회"라 한다)의 위원을 포함한다), 「상법」 제408조의2에 따른 집행임원 및 같은 법 제401조의2제1항 각 호의 어느 하나에 해당하는 자를 말한다.
  7. "감사인"이란 다음 각 목의 어느 하나에 해당하는 자를 말한다.
    가. 「공인회계사법」 제23조에 따른 회계법인(이하 "회계법인"이라 한다)
    나. 「공인회계사법」 제41조에 따라 설립된 한국공인회계사회(이하 "한국공인회계사회"라 한다)에 총리령으로 정하는 바에 따라 등록을 한 감사반(이하 "감사반"이라 한다)
  8. "감사보고서"란 감사인이 회사가 제5조제3항에 따라 작성한 재무제표(연결재무제표를 작성하는 회사의 경우에는 연결재무제표를 포함한다. 이하 같다)를 제16조의 회계감사기준에 따라 감사하고 그에 따른 감사의견을 표명(表明)한 보고서를 말한다.

제3조(다른 법률과의 관계) ① 회사의 외부감사에 관한 다른 법률을 제정하거나 개정하는 경우에는 이 법의 목적과 기본원칙에 맞도록 하여야 한다.

② 공인회계사의 감사에 관한 「자본시장과 금융투자업에 관한 법률」의 규정이 이 법과 다른 경우에는 그 규정을 적용한다. 다만, 회사의 회계처리기준에 관한 사항은 그러하지 아니하다.

제2장 회사 및 감사인

제4조(외부감사의 대상) ① 다음 각 호의 어느 하나에 해당하는 회사는 재무제표를 작성하여 회사로부터 독립된 외부의 감사인(재무제표 및 연결재무제표의 감사인은 동일하여야 한다. 이하 같다)에 의한 회계감사를 받아야 한다.

1. 주권상장법인
2. 해당 사업연도 또는 다음 사업연도 중에 주권상장법인이 되려는 회사
3. 그 밖에 직전 사업연도 말의 자산, 부채, 종업원수 또는 매출액 등 대통령령으로 정하는 기준에 해당하는 회사. 다만, 해당 회사가 유한회사인 경우에는 본문의 요건 외에 사원 수, 유한회사로 조직변경 후 기간 등을 고려하여 대통령령으로 정하는 기준에 해당하는 유한회사에 한정한다.

② 제1항에도 불구하고 다음 각 호의 어느 하나에 해당하는 회사는 외부의 감사인에 의한 회계감사를 받지 아니할 수 있다.

1. 「공공기관의 운영에 관한 법률」에 따라 공기업 또는 준정부기관으로 지정받은 회사 중 주권상장법인이 아닌 회사
2. 그 밖에 대통령령으로 정하는 회사

제5조(회계처리기준) ① 금융위원회는 「금융위원회의 설치 등에 관한 법률」에 따른 증권선물위원회(이하 "증권선물위원회"라 한다)의 심의를 거쳐 회사의 회계처리기준을 다음 각 호와 같이 구분하여 정한다.

1. 국제회계기준위원회의 국제회계기준을 채택하여 정한 회계처리기준
2. 그 밖에 이 법에 따라 정한 회계처리기준

② 제1항에 따른 회계처리기준은 회사의 회계처리와 감사인의 회계감사에 통일성과 객관성이 확보될 수 있도록 하여야 한다.

③ 회사는 제1항 각 호의 어느 하나에 해당하는 회계처리기준에 따라 재무제표를 작성하여야 한다. 이 경우 제1항제1호의 회계처리기준을 적용하여야 하는 회사의 범위와 회계처리기준의 적용 방법은 대통령령으로 정한다.

④ 금융위원회는 제1항에 따른 업무를 대통령령으로 정하는 바에 따라 전문성을 갖춘 민간 법인 또는 단체에 위탁할 수 있다.

⑤ 금융위원회는 이해관계인의 보호, 국제적 회계처리기준과의 합치 등을 위하여

필요하다고 인정되면 증권선물위원회의 심의를 거쳐 제4항에 따라 업무를 위탁받은 민간 법인 또는 단체(이하 "회계기준제정기관"이라 한다)에 회계처리기준의 내용을 수정할 것을 요구할 수 있다. 이 경우 회계기준제정기관은 정당한 사유가 없으면 이에 따라야 한다.

⑥ 「금융위원회의 설치 등에 관한 법률」에 따라 설립된 금융감독원(이하 "금융감독원"이라 한다)은 「자본시장과 금융투자업에 관한 법률」 제442조제1항에 따라 금융감독원이 징수하는 분담금의 100분의 8을 초과하지 아니하는 범위에서 대통령령으로 정하는 바에 따라 회계기준제정기관에 지원할 수 있다.

⑦ 회계기준제정기관은 사업연도마다 총수입과 총지출을 예산으로 편성하여 해당 사업연도가 시작되기 1개월 전까지 금융위원회에 보고하여야 한다.

제6조(재무제표의 작성 책임 및 제출) ① 회사의 대표이사와 회계담당 임원(회계담당 임원이 없는 경우에는 회계업무를 집행하는 직원을 말한다. 이하 이 조에서 같다)은 해당 회사의 재무제표를 작성할 책임이 있다.

② 회사는 해당 사업연도의 재무제표를 작성하여 대통령령으로 정하는 기간 내에 감사인에게 제출하여야 한다.

③ 「자본시장과 금융투자업에 관한 법률」 제159조제1항에 따른 사업보고서 제출 대상법인인 회사는 제2항에 따라 재무제표를 기간 내에 감사인에게 제출하지 못한 경우 사업보고서 공시 후 14일 이내에 그 사유를 공시하여야 한다.

④ 주권상장법인인 회사 및 대통령령으로 정하는 회사는 제2항에 따라 감사인에게 제출한 재무제표 중 대통령령으로 정하는 사항을 증권선물위원회에 제출하여야 한다. 이 경우 제출 기한·방법·절차 등 제출에 필요한 사항은 대통령령으로 정한다.

⑤ 주권상장법인인 회사가 제4항에 따른 제출기한을 넘길 경우 그 사유를 제출기한 만료일의 다음 날까지 증권선물위원회에 제출하여야 한다. 이 경우 증권선물위원회는 해당 사유를 「자본시장과 금융투자업에 관한 법률」 제163조의 방식에 따라 공시하여야 한다.

⑥ 회사의 감사인 및 그 감사인에 소속된 공인회계사는 해당 회사의 재무제표를 대표이사와 회계담당 임원을 대신하여 작성하거나 재무제표 작성과 관련된 회계처리에 대한 자문에 응하는 등 대통령령으로 정하는 행위를 해서는 아니 되며, 해당 회사는 감사인 및 그 감사인에 소속된 공인회계사에게 이러한 행위를 요구해서는 아니 된다.

제7조(지배회사의 권한) ① 지배회사는 연결재무제표 작성을 위하여 필요한 범위에서 종속회사(제2조제3호에 따른 지배·종속의 관계에 있는 회사 중 종속되는 회

사를 말한다. 이하 같다)의 회계에 관한 장부와 서류를 열람 또는 복사하거나 회계에 관한 자료의 제출을 요구할 수 있다.

② 지배회사는 제1항에 따르더라도 연결재무제표 작성에 필요한 자료를 입수할 수 없거나 그 자료의 내용을 확인할 필요가 있을 때에는 종속회사의 업무와 재산상태를 조사할 수 있다.

제8조(내부회계관리제도의 운영 등) ① 회사는 신뢰할 수 있는 회계정보의 작성과 공시(公示)를 위하여 다음 각 호의 사항이 포함된 내부회계관리규정과 이를 관리·운영하는 조직(이하 "내부회계관리제도"라 한다)을 갖추어야 한다. 다만, 주권상장법인이 아닌 회사로서 직전 사업연도 말의 자산총액이 1천억원 미만인 회사와 대통령령으로 정하는 회사는 그러하지 아니하다.

1. 회계정보(회계정보의 기초가 되는 거래에 관한 정보를 포함한다. 이하 이 조에서 같다)의 식별·측정·분류·기록 및 보고 방법에 관한 사항
2. 회계정보의 오류를 통제하고 이를 수정하는 방법에 관한 사항
3. 회계정보에 대한 정기적인 점검 및 조정 등 내부검증에 관한 사항
4. 회계정보를 기록·보관하는 장부(자기테이프·디스켓, 그 밖의 정보보존장치를 포함한다)의 관리 방법과 위조·변조·훼손 및 파기를 방지하기 위한 통제 절차에 관한 사항
5. 회계정보의 작성 및 공시와 관련된 임직원의 업무 분장과 책임에 관한 사항
6. 그 밖에 신뢰할 수 있는 회계정보의 작성과 공시를 위하여 필요한 사항으로서 대통령령으로 정하는 사항

② 회사는 내부회계관리제도에 의하지 아니하고 회계정보를 작성하거나 내부회계관리제도에 따라 작성된 회계정보를 위조·변조·훼손 및 파기해서는 아니 된다.

③ 회사의 대표자는 내부회계관리제도의 관리·운영을 책임지며, 이를 담당하는 상근이사(담당하는 이사가 없는 경우에는 해당 이사의 업무를 집행하는 자를 말한다) 1명을 내부회계관리자(이하 "내부회계관리자"라 한다)로 지정하여야 한다.

④ 회사의 대표자는 사업연도마다 주주총회, 이사회 및 감사(감사위원회가 설치된 경우에는 감사위원회를 말한다. 이하 이 조에서 같다)에게 해당 회사의 내부회계관리제도의 운영실태를 보고하여야 한다. 다만, 회사의 대표자가 필요하다고 판단하는 경우 이사회 및 감사에 대한 보고는 내부회계관리자가 하도록 할 수 있다.

⑤ 회사의 감사는 내부회계관리제도의 운영실태를 평가하여 이사회에 사업연도마다 보고하고 그 평가보고서를 해당 회사의 본점에 5년간 비치하여야 한다. 이 경우 내부회계관리제도의 관리·운영에 대하여 시정 의견이 있으면 그 의견을 포함하여 보고하여야 한다.

⑥ 감사인은 회계감사를 실시할 때 해당 회사가 이 조에서 정한 사항을 준수했는

지 여부 및 제4항에 따른 내부회계관리제도의 운영실태에 관한 보고내용을 검토하여야 한다. 다만, 주권상장법인(직전 사업연도 말의 자산총액이 1천억원 미만인 주권상장법인은 제외한다)의 감사인은 이 조에서 정한 사항을 준수했는지 여부 및 제4항에 따른 내부회계관리제도의 운영실태에 관한 보고내용을 감사하여야 한다. 〈개정 2023. 1. 17.〉

⑦ 제6항에 따라 검토 또는 감사를 한 감사인은 그 검토결과 또는 감사결과에 대한 종합의견을 감사보고서에 표명하여야 한다.

⑧ 제1항부터 제7항까지에서 규정한 사항 외에 내부회계관리제도의 운영 등에 필요한 사항은 대통령령으로 정한다.

제9조(감사인의 자격 제한 등) ① 다음 각 호의 어느 하나에 해당하는 회사의 재무제표에 대한 감사는 회계법인인 감사인이 한다.

  1. 주권상장법인. 다만, 대통령령으로 정하는 주권상장법인은 제외한다.

  2. 대형비상장주식회사

  3. 「금융산업의 구조개선에 관한 법률」 제2조제1호에 해당하는 금융기관, 「농업협동조합법」에 따른 농협은행 또는 「수산업협동조합법」에 따른 수협은행(이하 "금융회사"라 한다)

② 금융위원회는 감사인의 형태와 그에 소속된 공인회계사의 수 등을 고려하여 감사인이 회계감사할 수 있는 회사의 규모 등을 총리령으로 정하는 바에 따라 제한할 수 있다.

③ 회계법인인 감사인은 「공인회계사법」 제33조제1항 각 호의 어느 하나에 해당하는 관계에 있는 회사의 감사인이 될 수 없으며, 감사반인 감사인은 그에 소속된 공인회계사 중 1명 이상이 같은 법 제21조제1항 각 호의 어느 하나에 해당하는 관계에 있는 회사의 감사인이 될 수 없다.

④ 감사인에 소속되어 회계감사업무를 수행할 수 있는 공인회계사는 대통령령으로 정하는 실무수습 등을 이수한 자이어야 한다.

⑤ 회계법인인 감사인은 동일한 이사(「공인회계사법」 제26조제1항에 따른 이사를 말한다. 이하 이 조에서 같다)에게 회사의 연속하는 6개 사업연도(주권상장법인인 회사, 대형비상장주식회사 또는 금융회사의 경우에는 4개 사업연도)에 대한 감사업무를 하게 할 수 없다. 다만, 주권상장법인인 회사, 대형비상장주식회사 또는 금융회사의 경우 연속하는 3개 사업연도에 대한 감사업무를 한 이사에게는 그 다음 연속하는 3개 사업연도의 모든 기간 동안 해당 회사의 감사업무를 하게 할 수 없다.

⑥ 회계법인인 감사인은 그 소속공인회계사(「공인회계사법」 제26조제3항에 따른 소속공인회계사를 말한다)를 주권상장법인인 회사에 대한 감사업무의 보조자로 함에 있어서 동일한 보조자에게 해당 회사의 연속하는 3개 사업연도에 대한

감사업무를 하게 한 경우, 그 다음 사업연도에는 그 보조자의 3분의 2 이상을 교체하여야 한다.

⑦ 감사반인 감사인은 대통령령으로 정하는 주권상장법인인 회사의 연속하는 3개 사업연도에 대한 감사업무를 한 경우, 그 다음 사업연도에는 그 감사에 참여한 공인회계사의 3분의 2 이상을 교체하여야 한다.

제9조의2(주권상장법인 감사인의 등록 및 취소) ① 제9조에도 불구하고 주권상장법인의 감사인이 되려는 자는 다음 각 호의 요건을 모두 갖추어 금융위원회에 등록하여야 한다.

1. 「공인회계사법」 제24조에 따라 금융위원회에 등록된 회계법인일 것
2. 감사품질 확보를 위하여 금융위원회가 정하는 바에 따른 충분한 인력, 예산, 그 밖의 물적 설비를 갖출 것
3. 감사품질 관리를 위한 사후 심리체계, 보상체계, 업무방법, 그 밖에 금융위원회가 정하는 요건을 갖출 것

② 제1항 각 호의 요건을 모두 갖추고 있는지 여부를 심사하는 절차와 관련하여 필요한 세부사항은 대통령령으로 정한다.

③ 금융위원회는 제1항에 따라 주권상장법인 감사인 등록을 결정한 경우 등록결정한 내용을 관보 및 인터넷 홈페이지 등에 공고하여야 한다.

④ 제1항 및 제2항에 따라 주권상장법인 감사인으로 등록한 자는 등록 이후 제1항 각 호의 등록요건을 계속 유지하여야 한다.

⑤ 금융위원회는 제1항에 따라 등록한 감사인이 같은 항의 요건을 갖추지 못하게 되거나 증권선물위원회로부터 대통령령으로 정하는 업무정지 수준 이상의 조치를 받은 경우 해당 감사인의 주권상장법인 감사인 등록을 취소할 수 있다.

제10조(감사인의 선임) ① 회사는 매 사업연도 개시일부터 45일 이내(다만, 「상법」 제542조의11 또는 「금융회사의 지배구조에 관한 법률」 제16조에 따라 감사위원회를 설치하여야 하는 회사의 경우에는 매 사업연도 개시일 이전)에 해당 사업연도의 감사인을 선임하여야 한다. 다만, 회사가 감사인을 선임한 후 제4조제1항제3호에 따른 기준을 충족하지 못하여 외부감사의 대상에서 제외되는 경우에는 해당 사업연도 개시일부터 4개월 이내에 감사계약을 해지할 수 있다.

② 제1항 본문에도 불구하고 직전 사업연도에 회계감사를 받지 아니한 회사는 해당 사업연도 개시일부터 4개월 이내에 감사인을 선임하여야 한다.

③ 주권상장법인, 대형비상장주식회사 또는 금융회사는 연속하는 3개 사업연도의 감사인을 동일한 감사인으로 선임하여야 한다. 다만, 주권상장법인, 대형비상장주식회사 또는 금융회사가 제7항 각 호의 사유로 감사인을 선임하는 경우에는

해당 사업연도의 다음 사업연도부터 연속하는 3개 사업연도의 감사인을 동일한 감사인으로 선임하여야 한다.

④ 회사는 다음 각 호의 구분에 따라 선정한 회계법인 또는 감사반을 해당 회사의 감사인으로 선임하여야 한다.

  1. 주권상장법인, 대형비상장주식회사 또는 금융회사

    가. 감사위원회가 설치된 경우: 감사위원회가 선정한 회계법인 또는 감사반

    나. 감사위원회가 설치되지 아니한 경우: 감사인을 선임하기 위하여 대통령령으로 정하는 바에 따라 구성한 감사인선임위원회(이하 "감사인선임위원회"라 한다)의 승인을 받아 감사가 선정한 회계법인 또는 감사반

  2. 그 밖의 회사: 감사 또는 감사위원회가 선정한 회계법인 또는 감사반. 다만, 다음 각 목의 어느 하나에 해당하는 경우에는 해당 목에서 정한 바에 따라 선정한다.

    가. 직전 사업연도의 감사인을 다시 감사인으로 선임하는 경우: 그 감사인

    나. 감사가 없는 대통령령으로 정하는 일정규모 이상의 유한회사인 경우: 사원총회의 승인을 받은 회계법인 또는 감사반

    다. 나목 외의 감사가 없는 유한회사인 경우: 회사가 선정한 회계법인 또는 감사반

⑤ 감사 또는 감사위원회(제4항제2호 단서에 따라 감사인을 선임한 회사는 회사를 대표하는 이사를 말한다. 이하 이 조에서 같다)는 감사인의 감사보수와 감사시간, 감사에 필요한 인력에 관한 사항을 문서로 정하여야 한다. 이 경우 감사위원회가 설치되지 아니한 주권상장법인, 대형비상장주식회사 또는 금융회사의 감사는 감사인선임위원회의 승인을 받아야 한다.

⑥ 감사 또는 감사위원회는 제23조제1항에 따라 감사보고서를 제출받은 경우 제5항에서 정한 사항이 준수되었는지를 확인하여야 한다. 이 경우 감사위원회가 설치되지 아니한 주권상장법인, 대형비상장주식회사 또는 금융회사의 감사는 제5항에서 정한 사항이 준수되었는지를 확인한 문서를 감사인선임위원회에 제출하여야 한다.

⑦ 회사가 다음 각 호의 구분에 따라 감사인을 선임하는 경우에는 해당 호에서 정한 규정을 적용하지 아니한다.

  1. 제11조제1항 및 제2항에 따라 증권선물위원회가 지정하는 자를 감사인으로 선임하거나 변경선임하는 경우: 제1항 본문, 제2항, 제3항 본문 및 제4항

  2. 제15조제1항 또는 제2항에 따라 감사계약이 해지된 경우: 제1항 본문, 제2항 및 제3항 본문

  3. 선임된 감사인이 사업연도 중에 해산 등 대통령령으로 정하는 사유로 감사를 수행하는 것이 불가능한 경우: 제1항 본문, 제2항 및 제3항 본문

⑧ 회사가 제7항 각 호에 따른 사유로 감사인을 선임하는 경우에는 그 사유 발생일부터 2개월 이내에 감사인을 선임하여야 한다.

⑨ 제1항부터 제8항까지에서 규정한 사항 외에 감사인 선임 절차 및 방법, 감사
인선임위원회의 운영 등에 필요한 사항은 대통령령으로 정한다.

제11조(증권선물위원회에 의한 감사인 지정 등) ① 증권선물위원회는 다음 각 호의
어느 하나에 해당하는 회사에 3개 사업연도의 범위에서 증권선물위원회가 지정하
는 회계법인을 감사인으로 선임하거나 변경선임할 것을 요구할 수 있다.
  1. 감사 또는 감사위원회(감사위원회가 설치되지 아니한 주권상장법인, 대형비상장주식회
     사 또는 금융회사의 경우는 감사인선임위원회를 말한다. 이하 이 조에서 같다)의 승인
     을 받아 제10조에 따른 감사인의 선임기간 내에 증권선물위원회에 감사인 지정을 요
     청한 회사
  2. 제10조에 따른 감사인의 선임기간 내에 감사인을 선임하지 아니한 회사
  3. 제10조제3항 또는 제4항을 위반하여 감사인을 선임하거나 증권선물위원회가 회사의
     감사인 교체 사유가 부당하다고 인정한 회사
  4. 증권선물위원회의 감리 결과 제5조에 따른 회계처리기준을 위반하여 재무제표를 작성
     한 사실이 확인된 회사. 다만, 증권선물위원회가 정하는 경미한 위반이 확인된 회사는
     제외한다.
  5. 제6조제6항을 위반하여 회사의 재무제표를 감사인이 대신하여 작성하거나, 재무제표
     작성과 관련된 회계처리에 대한 자문을 요구하거나 받은 회사
  6. 주권상장법인 중 다음 각 목의 어느 하나에 해당하는 회사
     가. 3개 사업연도 연속 영업이익이 0보다 작은 회사
     나. 3개 사업연도 연속 영업현금흐름이 0보다 작은 회사
     다. 3개 사업연도 연속 이자보상배율이 1 미만인 회사
     라. 그 밖에 대통령령으로 정하는 재무기준에 해당하는 회사
  7. 주권상장법인 중 대통령령으로 정하는 바에 따라 증권선물위원회가 공정한 감사가 필
     요하다고 인정하여 지정하는 회사
  8. 「기업구조조정 촉진법」 제2조제5호에 따른 주채권은행 또는 대통령령으로 정하는 주
     주가 대통령령으로 정하는 방법에 따라 증권선물위원회에 감사인 지정을 요청하는 경
     우의 해당 회사
  9. 제13조제1항 또는 제2항을 위반하여 감사계약의 해지 또는 감사인의 해임을 하지 아
     니하거나 새로운 감사인을 선임하지 아니한 회사
  10. 감사인의 감사시간이 제16조의2제1항에서 정하는 표준 감사시간보다 현저히 낮은
      수준이라고 증권선물위원회가 인정한 회사
  11. 직전 사업연도를 포함하여 과거 3년간 최대주주의 변경이 2회 이상 발생하거나 대표
      이사의 교체가 3회 이상 발생한 주권상장법인
  12. 그 밖에 공정한 감사가 특히 필요하다고 인정되어 대통령령으로 정하는 회사
② 증권선물위원회는 다음 각 호의 어느 하나에 해당하는 회사가 연속하는 6개
사업연도에 대하여 제10조제1항에 따라 감사인을 선임한 경우에는 증권선물위

원회가 대통령령이 정하는 기준과 절차에 따라 지정하는 회계법인을 감사인으로 선임하거나 변경선임할 것을 요구할 수 있다.

1. 주권상장법인. 다만, 대통령령으로 정하는 주권상장법인은 제외한다.
2. 제1호에 해당하지 아니하는 회사 가운데 자산총액이 대통령령으로 정하는 금액 이상이고 대주주 및 그 대주주와 대통령령으로 정하는 특수관계에 있는 자가 합하여 발행주식총수(의결권이 없는 주식은 제외한다. 이하 같다)의 100분의 50 이상을 소유하고 있는 회사로서 대주주 또는 그 대주주와 특수관계에 있는 자가 해당 회사의 대표이사인 회사

③ 제2항에도 불구하고 다음 각 호의 어느 하나에 해당되는 회사는 제10조제1항에 따라 감사인을 선임할 수 있다.

1. 증권선물위원회가 정하는 기준일로부터 과거 6년 이내에 제26조에 따른 증권선물위원회의 감리를 받은 회사로서 그 감리 결과 제5조에 따른 회계처리기준 위반이 발견되지 아니한 회사
2. 그 밖에 회계처리의 신뢰성이 양호한 경우로서 대통령령으로 정하는 회사

④ 제1항 및 제2항에 따라 증권선물위원회가 감사인의 선임이나 변경선임을 요구한 경우 회사는 특별한 사유가 없으면 이에 따라야 한다. 다만, 해당 회사 또는 감사인으로 지정받은 자는 대통령령으로 정하는 사유가 있으면 증권선물위원회에 감사인을 다시 지정하여 줄 것을 요청할 수 있다.

⑤ 제4항 단서에 따라 회사가 증권선물위원회에 감사인을 다시 지정하여 줄 것을 요청할 경우 사전에 감사 또는 감사위원회의 승인을 받아야 한다.

⑥ 회사는 제1항 및 제2항에 따라 증권선물위원회로부터 지정받은 감사인을 지정사업연도 이후 최초로 도래하는 사업연도의 감사인으로 선임할 수 없다.

⑦ 증권선물위원회가 감사인의 선임이나 변경선임을 요구하여 회사가 감사인을 선임하는 경우에도 제10조제5항 및 제6항을 적용한다.

제12조(감사인 선임 등의 보고) ① 회사는 감사인을 선임 또는 변경선임하는 경우 그 사실을 감사인을 선임한 이후에 소집되는 「상법」에 따른 정기총회에 보고하거나 대통령령으로 정하는 바에 따라 주주 또는 사원(이하 "주주등"이라 한다)에게 통지 또는 공고하여야 한다.

② 회사가 감사인을 선임 또는 변경선임하는 경우 해당 회사 및 감사인은 대통령령으로 정하는 바에 따라 증권선물위원회에 보고하여야 한다. 다만, 회사는 다음 각 호의 어느 하나에 해당되는 경우에는 보고를 생략할 수 있다.

1. 회사의 요청에 따라 증권선물위원회가 지정한 자를 감사인으로 선임한 경우
2. 증권선물위원회의 요구에 따라 감사인을 선임 또는 변경선임하는 경우
3. 주권상장법인, 대형비상장주식회사 또는 금융회사가 아닌 회사가 직전 사업연도의 감사인을 다시 선임한 경우

제13조(감사인의 해임) ① 감사인이 「공인회계사법」 제21조 또는 제33조를 위반한 경우 회사는 지체 없이 감사인과의 감사계약을 해지하여야 하며, 감사계약을 해지한 후 2개월 이내에 새로운 감사인을 선임하여야 한다.

② 제10조제3항에도 불구하고 주권상장법인, 대형비상장주식회사 또는 금융회사는 연속하는 3개 사업연도의 동일 감사인으로 선임된 감사인이 직무상 의무를 위반하는 등 대통령령으로 정하는 사유에 해당하는 경우에는 연속하는 3개 사업연도 중이라도 매 사업연도 종료 후 3개월 이내에 다음 각 호의 구분에 따라 해임요청된 감사인을 해임하여야 한다. 이 경우 회사는 감사인을 해임한 후 2개월 이내에 새로운 감사인을 선임하여야 한다.

1. 감사위원회가 설치된 경우: 감사위원회가 해임을 요청한 감사인
2. 감사위원회가 설치되지 아니한 경우: 감사가 감사인선임위원회의 승인을 받아 해임을 요청한 감사인

③ 주권상장법인, 대형비상장주식회사 또는 금융회사는 제1항 또는 제2항에 따라 감사계약을 해지하거나 감사인을 해임한 경우에는 지체 없이 그 사실을 증권선물위원회에 보고하여야 한다.

제14조(전기감사인의 의견진술권) ① 회사는 직전 사업연도에 해당 회사에 대하여 감사업무를 한 감사인[이하 "전기감사인"(前期監査人)이라 한다] 외의 다른 감사인을 감사인으로 선임하거나 제13조제2항에 따라 전기감사인을 해임하려면 해당 전기감사인에게 감사 또는 감사위원회(감사위원회가 설치되지 아니한 주권상장법인, 대형비상장주식회사 또는 금융회사의 경우에는 감사인선임위원회를 말한다)에 의견을 진술할 수 있는 기회를 주어야 한다.

② 회사는 제13조제2항에 따라 해임되는 감사인이 제1항에 따라 의견을 진술한 경우에는 그 내용을 증권선물위원회에 보고하여야 한다.

③ 제1항과 제2항에 따른 의견진술의 방법, 보고절차 등에 관한 사항은 대통령령으로 정한다.

제15조(감사인의 감사계약 해지) ① 감사인은 제16조에 따른 회계감사기준에서 정하는 독립성이 훼손된 경우 등 대통령령으로 정하는 사유에 해당하는 경우에는 사업연도 중이라도 감사계약을 해지할 수 있다.

② 제10조제3항에도 불구하고 주권상장법인, 대형비상장주식회사 또는 금융회사의 감사인은 감사의견과 관련하여 부당한 요구나 압력을 받은 경우 등 대통령령으로 정하는 사유에 해당하는 경우에는 연속하는 3개 사업연도 중이라도 매 사업연도 종료 후 3개월 이내에 남은 사업연도에 대한 감사계약을 해지할 수 있다.

③ 감사인은 제1항 또는 제2항에 따라 감사계약을 해지한 경우에는 지체 없이 그

사실을 증권선물위원회에 보고하여야 한다.

제16조(회계감사기준) ① 감사인은 일반적으로 공정·타당하다고 인정되는 회계감사기준에 따라 감사를 실시하여야 한다.

② 제1항의 회계감사기준은 한국공인회계사회가 감사인의 독립성 유지와 재무제표의 신뢰성 유지에 필요한 사항 등을 포함하여 대통령령으로 정하는 바에 따라 금융위원회의 사전승인을 받아 정한다.

제16조의2(표준 감사시간) ① 한국공인회계사회는 감사업무의 품질을 제고하고 투자자 등 이해관계인의 보호를 위하여 감사인이 투입하여야 할 표준 감사시간을 정할 수 있다. 이 경우 대통령령으로 정하는 절차에 따라 금융감독원 등 대통령령으로 정하는 이해관계자의 의견을 청취하고 이를 반영하여야 한다.

② 한국공인회계사회는 3년마다 감사환경 변화 등을 고려하여 제1항에서 정한 표준 감사시간의 타당성 여부를 검토하여 이를 반영하고 그 결과를 공개하여야 한다.

제17조(품질관리기준) ① 감사인은 감사업무의 품질이 보장될 수 있도록 감사인의 업무설계 및 운영에 관한 기준(이하 "품질관리기준"이라 한다)을 준수하여야 한다.

② 품질관리기준은 한국공인회계사회가 감사업무의 품질관리 절차, 감사인의 독립성 유지를 위한 내부통제 등 감사업무의 품질보장을 위하여 필요한 사항을 포함하여 대통령령으로 정하는 바에 따라 금융위원회의 사전승인을 받아 정한다.

③ 감사인의 대표자는 품질관리기준에 따른 업무설계 및 운영에 대한 책임을 지며, 이를 담당하는 이사 1명을 지정하여야 한다.

제18조(감사보고서의 작성) ① 감사인은 감사결과를 기술(記述)한 감사보고서를 작성하여야 한다.

② 제1항의 감사보고서에는 감사범위, 감사의견과 이해관계인의 합리적 의사결정에 유용한 정보가 포함되어야 한다.

③ 감사인은 감사보고서에 회사가 작성한 재무제표와 대통령령으로 정하는 바에 따라 외부감사 참여 인원수, 감사내용 및 소요시간 등 외부감사 실시내용을 적은 서류를 첨부하여야 한다.

제19조(감사조서) ① 감사인은 감사를 실시하여 감사의견을 표명한 경우에는 회사의 회계기록으로부터 감사보고서를 작성하기 위하여 적용하였던 감사절차의 내용과 그 과정에서 입수한 정보 및 정보의 분석결과 등을 문서화한 서류(자기테이프·디스켓, 그 밖의 정보보존장치를 포함한다. 이하 "감사조서"라 한다)를 작성하여야 한다.

② 감사인은 감사조서를 감사종료 시점부터 8년간 보존하여야 한다.

③ 감사인(그에 소속된 자 및 그 사용인을 포함한다)은 감사조서를 위조·변조·훼손 및 파기해서는 아니 된다.

제20조(비밀엄수) 다음 각 호의 어느 하나에 해당하는 자는 그 직무상 알게 된 비밀을 누설하거나 부당한 목적을 위하여 이용해서는 아니 된다. 다만, 다른 법률에 특별한 규정이 있는 경우 또는 증권선물위원회가 제26조제1항에 상당하는 업무를 수행하는 외국 감독기관과 정보를 교환하거나 그 외국 감독기관이 하는 감리·조사에 협조하기 위하여 필요하다고 인정한 경우에는 그러하지 아니하다.

1. 감사인
2. 감사인에 소속된 공인회계사
3. 증권선물위원회 위원
4. 감사 또는 감리 업무와 관련하여 제1호부터 제3호까지의 자를 보조하거나 지원하는 자
5. 증권선물위원회의 업무를 위탁받아 수행하는 한국공인회계사회의 관련자

제21조(감사인의 권한 등) ① 감사인은 언제든지 회사 및 해당 회사의 주식 또는 지분을 일정 비율 이상 소유하고 있는 등 대통령령으로 정하는 관계에 있는 회사(이하 "관계회사"라 한다)의 회계에 관한 장부와 서류를 열람 또는 복사하거나 회계에 관한 자료의 제출을 요구할 수 있으며, 그 직무를 수행하기 위하여 특히 필요하면 회사 및 관계회사의 업무와 재산상태를 조사할 수 있다. 이 경우 회사 및 관계회사는 지체 없이 감사인의 자료 제출 요구에 따라야 한다.

② 연결재무제표를 감사하는 감사인은 그 직무의 수행을 위하여 필요하면 회사 또는 관계회사의 감사인에게 감사 관련 자료의 제출 등 필요한 협조를 요청할 수 있다. 이 경우 회사 또는 관계회사의 감사인은 지체 없이 이에 따라야 한다.

제22조(부정행위 등의 보고) ① 감사인은 직무를 수행할 때 이사의 직무수행에 관하여 부정행위 또는 법령이나 정관에 위반되는 중대한 사실을 발견하면 감사 또는 감사위원회에 통보하고 주주총회 또는 사원총회(이하 "주주총회등"이라 한다)에 보고하여야 한다.

② 감사인은 회사가 회계처리 등에 관하여 회계처리기준을 위반한 사실을 발견하면 감사 또는 감사위원회에 통보하여야 한다.

③ 제2항에 따라 회사의 회계처리기준 위반사실을 통보받은 감사 또는 감사위원회는 회사의 비용으로 외부전문가를 선임하여 위반사실 등을 조사하도록 하고 그 결과에 따라 회사의 대표자에게 시정 등을 요구하여야 한다.

④ 감사 또는 감사위원회는 제3항에 따른 조사결과 및 회사의 시정조치 결과 등

을 즉시 증권선물위원회와 감사인에게 제출하여야 한다.

⑤ 감사 또는 감사위원회는 제3항 및 제4항의 직무를 수행할 때 회사의 대표자에 대해 필요한 자료나 정보 및 비용의 제공을 요청할 수 있다. 이 경우 회사의 대표자는 특별한 사유가 없으면 이에 따라야 한다.

⑥ 감사 또는 감사위원회는 이사의 직무수행에 관하여 부정행위 또는 법령이나 정관에 위반되는 중대한 사실을 발견하면 감사인에게 통보하여야 한다.

⑦ 감사인은 제1항 또는 제6항에 따른 이사의 직무수행에 관하여 부정행위 또는 법령에 위반되는 중대한 사실을 발견하거나 감사 또는 감사위원회로부터 이러한 사실을 통보받은 경우에는 증권선물위원회에 보고하여야 한다.

제23조(감사보고서의 제출 등) ① 감사인은 감사보고서를 대통령령으로 정하는 기간 내에 회사(감사 또는 감사위원회를 포함한다)·증권선물위원회 및 한국공인회계사회에 제출하여야 한다. 다만, 「자본시장과 금융투자업에 관한 법률」 제159조제1항에 따른 사업보고서 제출대상법인인 회사가 사업보고서에 감사보고서를 첨부하여 금융위원회와 같은 법에 따라 거래소허가를 받은 거래소에 제출하는 경우에는 감사인이 증권선물위원회 및 한국공인회계사회에 감사보고서를 제출한 것으로 본다.

② 증권선물위원회와 한국공인회계사회는 제1항에 따라 감사인으로부터 제출받은 감사보고서를 대통령령으로 정하는 기간 동안 대통령령으로 정하는 바에 따라 일반인이 열람할 수 있게 하여야 한다. 다만, 유한회사의 경우에는 매출액, 이해관계인의 범위 또는 사원 수 등을 고려하여 열람되는 회사의 범위 및 감사보고서의 범위를 대통령령으로 달리 정할 수 있다.

③ 회사는 「상법」에 따라 정기총회 또는 이사회의 승인을 받은 재무제표를 대통령령으로 정하는 바에 따라 증권선물위원회에 제출하여야 한다. 다만, 정기총회 또는 이사회의 승인을 받은 재무제표가 제1항 본문에 따라 감사인이 증권선물위원회 등에 제출하는 감사보고서에 첨부된 재무제표 또는 같은 항 단서에 따라 회사가 금융위원회와 거래소에 제출하는 사업보고서에 적힌 재무제표와 동일하면 제출하지 아니할 수 있다.

④ 직전 사업연도 말의 자산총액이 제11조제2항제2호에서 정하는 금액 이상인 주식회사(주권상장법인은 제외한다)는 같은 호에 따른 대주주 및 그 대주주와 특수관계에 있는 자의 소유주식현황 등 대통령령으로 정하는 서류를 정기총회 종료 후 14일 이내에 증권선물위원회에 제출하여야 한다.

⑤ 회사는 대통령령으로 정하는 바에 따라 재무제표와 감사인의 감사보고서를 비치·공시하여야 한다.

⑥ 주식회사가 「상법」 제449조제3항에 따라 대차대조표를 공고하는 경우에는 감사인의 명칭과 감사의견을 함께 적어야 한다.
⑦ 회사의 주주등 또는 채권자는 영업시간 내에 언제든지 제5항에 따라 비치된 서류를 열람할 수 있으며, 회사가 정한 비용을 지급하고 그 서류의 등본이나 초본의 발급을 청구할 수 있다.

제24조(주주총회등에의 출석) 감사인 또는 그에 소속된 공인회계사는 주주총회등이 요구하면 주주총회등에 출석하여 의견을 진술하거나 주주등의 질문에 답변하여야 한다.

제25조(회계법인의 사업보고서 제출과 비치·공시 등) ① 회계법인인 감사인은 매 사업연도 종료 후 3개월 이내에 사업보고서를 증권선물위원회와 한국공인회계사회에 제출하여야 한다.
② 제1항의 사업보고서에는 그 회계법인의 상호, 사업내용, 재무에 관한 사항, 감사보고서 품질관리 관련 정보, 연차별 감사투입 인력 및 시간, 이사 보수(개별 보수가 5억원 이상인 경우에 한정한다), 이사의 징계 내역, 그 밖에 총리령으로 정하는 사항을 기재한다.
③ 회계법인인 감사인은 제1항에 따라 제출한 사업보고서를 대통령령으로 정하는 바에 따라 비치·공시하여야 한다.
④ 증권선물위원회와 한국공인회계사회는 제1항에 따라 회계법인으로부터 제출받은 사업보고서를 대통령령으로 정하는 기간 동안 대통령령으로 정하는 바에 따라 일반인이 열람할 수 있게 하여야 한다.
⑤ 주권상장법인의 회계법인인 감사인은 그 회계법인의 경영, 재산, 감사보고서 품질 관리 등에 중대한 영향을 미치는 사항으로서 대통령령으로 정하는 사실이 발생한 경우에는 해당 사실을 적은 보고서(이하 "수시보고서"라 한다)를 지체 없이 증권선물위원회에 제출하여야 한다.
⑥ 제5항에 따른 수시보고서의 작성 절차 및 방법 등에 관한 사항은 총리령으로 정한다.

제3장 감독 및 처분

제26조(증권선물위원회의 감리업무 등) ① 증권선물위원회는 재무제표 및 감사보고서의 신뢰도를 높이기 위하여 다음 각 호의 업무를 한다.
1. 제23조제1항에 따라 감사인이 제출한 감사보고서에 대하여 제16조에 따른 회계감사기준의 준수 여부에 대한 감리
2. 제23조제3항에 따라 회사가 제출한 재무제표에 대하여 제5조에 따른 회계처리기준의

준수 여부에 대한 감리

3. 감사인의 감사업무에 대하여 제17조에 따른 품질관리기준의 준수 여부에 대한 감리 및 품질관리수준에 대한 평가
4. 그 밖에 대통령령으로 정하는 업무

② 이 법에 따른 증권선물위원회의 업무수행에 필요한 사항은 금융위원회가 증권선물위원회의 심의를 거쳐 정한다.

제27조(자료의 제출요구 등) ① 증권선물위원회는 제26조제1항에 따른 업무를 수행하기 위하여 필요하면 회사 또는 관계회사와 감사인에게 자료의 제출, 의견의 진술 또는 보고를 요구하거나, 금융감독원의 원장(이하 "금융감독원장"이라 한다)에게 회사 또는 관계회사의 회계에 관한 장부와 서류를 열람하게 하거나 업무와 재산상태를 조사하게 할 수 있다. 이 경우 회사 또는 관계회사에 대한 업무와 재산상태의 조사는 업무수행을 위한 최소한의 범위에서 이루어져야 하며, 다른 목적으로 남용해서는 아니 된다.

② 제1항에 따라 회사 또는 관계회사의 장부와 서류를 열람하거나 업무와 재산상태를 조사하는 자는 그 권한을 표시하는 증표를 지니고 관계인에게 보여 주어야 한다.

③ 증권선물위원회는 제11조에 따른 업무를 수행하기 위하여 필요하면 세무관서의 장에게 대통령령으로 정하는 자료의 제출을 요청할 수 있다. 이 경우 요청을 받은 기관은 특별한 사유가 없으면 이에 따라야 한다.

④ 증권선물위원회는 이 법에 따른 업무를 수행하기 위하여 필요하면 한국공인회계사회 또는 관계 기관에 자료의 제출을 요청할 수 있다. 이 경우 요청을 받은 기관은 특별한 사유가 없으면 이에 따라야 한다.

제28조(부정행위 신고자의 보호 등) ① 증권선물위원회는 회사의 회계정보와 관련하여 다음 각 호의 어느 하나에 해당하는 사실을 알게 된 자가 그 사실을 대통령령으로 정하는 바에 따라 증권선물위원회에 신고하거나 해당 회사의 감사인 또는 감사에게 고지한 경우에는 그 신고자 또는 고지자(이하 "신고자등"이라 한다)에 대해서는 제29조에 따른 조치를 대통령령으로 정하는 바에 따라 감면(減免)할 수 있다.

1. 제8조에 따른 내부회계관리제도에 의하지 아니하고 회계정보를 작성하거나 내부회계관리제도에 따라 작성된 회계정보를 위조·변조·훼손 또는 파기한 사실
2. 회사가 제5조에 따른 회계처리기준을 위반하여 재무제표를 작성한 사실
3. 회사, 감사인 또는 그 감사인에 소속된 공인회계사가 제6조제6항을 위반한 사실
4. 감사인이 제16조에 따른 회계감사기준에 따라 감사를 실시하지 아니하거나 거짓으로 감사보고서를 작성한 사실
5. 그 밖에 제1호부터 제4호까지의 규정에 준하는 경우로서 회계정보를 거짓으로 작성하

거나 사실을 감추는 경우

② 제1항에 따라 신고 또는 고지를 받은 자는 신고자등의 신분 등에 관한 비밀을 유지하여야 한다.

③ 신고자등이 제1항에 따른 신고 또는 고지를 하는 경우 해당 회사(해당 회사의 임직원을 포함한다)는 그 신고 또는 고지와 관련하여 직접 또는 간접적인 방법으로 신고자등에게 불이익한 대우를 해서는 아니 된다.

④ 제3항을 위반하여 불이익한 대우로 신고자등에게 손해를 발생하게 한 회사와 해당 회사의 임직원은 연대하여 신고자등에게 손해를 배상할 책임이 있다.

⑤ 증권선물위원회는 제1항에 따른 신고가 회사의 회계정보와 관련하여 같은 항 각 호의 어느 하나에 해당하는 사항을 적발하거나 그에 따른 제29조 또는 제30조에 따른 조치 등을 하는 데에 도움이 되었다고 인정하면 대통령령으로 정하는 바에 따라 신고자에게 포상금을 지급할 수 있다.

제29조(회사 및 감사인 등에 대한 조치 등) ① 증권선물위원회는 회사가 다음 각호의 어느 하나에 해당하면 해당 회사에 임원의 해임 또는 면직 권고, 6개월 이내의 직무정지, 일정 기간 증권의 발행제한, 회계처리기준 위반사항에 대한 시정요구 및 그 밖에 필요한 조치를 할 수 있다.

  1. 재무제표를 작성하지 아니하거나 제5조에 따른 회계처리기준을 위반하여 재무제표를 작성한 경우
  2. 제6조, 제10조제4항부터 제6항까지, 제12조제2항, 제22조제6항 또는 제23조제3항부터 제6항까지의 규정을 위반한 경우
  3. 정당한 이유 없이 제11조제1항 및 제2항에 따른 증권선물위원회의 요구에 따르지 아니한 경우
  4. 정당한 이유 없이 제27조제1항에 따른 자료제출 등의 요구·열람 또는 조사를 거부·방해·기피하거나 거짓 자료를 제출한 경우
  5. 그 밖에 이 법 또는 이 법에 따른 명령을 위반한 경우

② 증권선물위원회는 퇴임하거나 퇴직한 임원이 해당 회사에 재임 또는 재직 중이었더라면 제1항에 따른 조치를 받았을 것으로 인정되는 경우에는 그 받았을 것으로 인정되는 조치의 내용을 해당 회사에 통보할 수 있다. 이 경우 통보를 받은 회사는 그 사실을 해당 임원에게 통보하여야 한다.

③ 증권선물위원회는 감사인이 별표 1 각 호의 어느 하나에 해당하는 경우에는 다음 각 호의 조치를 할 수 있다.

  1. 해당 감사인의 등록을 취소할 것을 금융위원회에 건의
  2. 일정한 기간을 정하여 업무의 전부 또는 일부 정지를 명할 것을 금융위원회에 건의
  3. 제32조에 따른 손해배상공동기금 추가 적립 명령
  4. 일정한 기간을 정하여 다음 각 목의 어느 하나에 해당하는 회사에 대한 감사업무 제한

가. 제11조에 따라 증권선물위원회가 감사인을 지정하는 회사
　　나. 그 밖에 증권선물위원회가 정하는 특정 회사
　5. 경고
　6. 주의
　7. 그 밖에 위법행위를 시정하거나 방지하기 위하여 필요한 조치
④ 증권선물위원회는 감사인에 소속된 공인회계사(「공인회계사법」제26조제4항에 따른 대표이사를 포함한다)가 별표 2 각 호의 어느 하나에 해당하는 경우에는 다음 각 호의 조치를 할 수 있다.
　1. 공인회계사 등록을 취소할 것을 금융위원회에 건의
　2. 일정한 기간을 정하여 직무의 전부 또는 일부 정지를 명할 것을 금융위원회에 건의
　3. 일정한 기간을 정하여 다음 각 목의 어느 하나에 해당하는 회사에 대한 감사업무 제한
　　가. 주권상장법인
　　나. 대형비상장주식회사
　　다. 제11조에 따라 증권선물위원회가 감사인을 지정하는 회사
　　라. 그 밖에 증권선물위원회가 정하는 특정 회사
　4. 경고
　5. 주의
　6. 그 밖에 위법행위를 시정하거나 방지하기 위하여 필요한 조치
⑤ 증권선물위원회는 감사인에 대한 제26조제1항제3호에 따른 품질관리기준 준수 여부에 대한 감리 결과 감사업무의 품질 향상을 위하여 필요한 경우에는 1년 이내의 기한을 정하여 감사인의 업무설계 및 운영에 대하여 개선을 권고하고, 대통령령으로 정하는 바에 따라 그 이행 여부를 점검할 수 있다.
⑥ 증권선물위원회는 제5항의 개선권고사항을 대통령령으로 정하는 바에 따라 외부에 공개할 수 있다.
⑦ 증권선물위원회는 감사인이 제5항에 따른 개선권고를 정당한 이유 없이 이행하지 아니하는 경우에는 미이행 사실을 대통령령으로 정하는 바에 따라 외부에 공개할 수 있다.

제30조(위반행위의 공시 등) ① 증권선물위원회는 회사 또는 감사인이 다음 각 호의 어느 하나에 해당하는 경우에는 금융위원회가 정하는 바에 따라 그 위반사실이 확정된 날부터 3년 이내의 기간 동안 해당 위반사실을 공시할 수 있다.
　1. 제5조에 따른 회계처리기준을 위반하여 재무제표를 작성한 경우
　2. 감사보고서에 적어야 할 사항을 적지 아니하거나 거짓으로 적은 경우
　3. 제6조에 따른 재무제표를 사전에 제출하지 않은 경우
　4. 그 밖에 이 법 또는 「금융실명거래 및 비밀보장에 관한 법률」등 대통령령으로 정하는 금융 관련 법령을 위반한 경우

② 증권선물위원회는 제26조제1항제1호·제2호에 따른 감리 결과 및 이에 대한 증권선물위원회의 조치내용을 금융위원회가 정하는 바에 따라 인터넷 홈페이지에 게시하고 거래소(대상회사가 주권상장법인인 경우만 해당한다)와 대통령령으로 정하는 금융기관에 각각 통보하여야 한다.

③ 제2항에 따른 금융기관은 증권선물위원회로부터 통보받은 내용을 신용공여의 심사 등에 반영할 수 있다.

제31조(손해배상책임) ① 감사인이 그 임무를 게을리하여 회사에 손해를 발생하게 한 경우에는 그 감사인은 회사에 손해를 배상할 책임이 있다.

② 감사인이 중요한 사항에 관하여 감사보고서에 적지 아니하거나 거짓으로 적음으로써 이를 믿고 이용한 제3자에게 손해를 발생하게 한 경우에는 그 감사인은 제3자에게 손해를 배상할 책임이 있다. 다만, 연결재무제표에 대한 감사보고서에 중요한 사항을 적지 아니하거나 거짓으로 적은 책임이 종속회사 또는 관계회사의 감사인에게 있는 경우에는 해당 감사인은 이를 믿고 이용한 제3자에게 손해를 배상할 책임이 있다.

③ 제1항 또는 제2항에 해당하는 감사인이 감사반인 경우에는 해당 회사에 대한 감사에 참여한 공인회계사가 연대하여 손해를 배상할 책임을 진다.

④ 감사인이 회사 또는 제3자에게 손해를 배상할 책임이 있는 경우에 해당 회사의 이사 또는 감사(감사위원회가 설치된 경우에는 감사위원회의 위원을 말한다. 이하 이 항에서 같다)도 그 책임이 있으면 그 감사인과 해당 회사의 이사 및 감사는 연대하여 손해를 배상할 책임이 있다. 다만, 손해를 배상할 책임이 있는 자가 고의가 없는 경우에 그 자는 법원이 귀책사유에 따라 정하는 책임비율에 따라 손해를 배상할 책임이 있다.

⑤ 제4항 단서에도 불구하고 손해배상을 청구하는 자의 소득인정액(「국민기초생활보장법」 제2조제9호에 따른 소득인정액을 말한다)이 대통령령으로 정하는 금액 이하에 해당되는 경우에는 감사인과 해당 회사의 이사 및 감사는 연대하여 손해를 배상할 책임이 있다.

⑥ 제4항 단서에 따라 손해를 배상할 책임이 있는 자 중 배상능력이 없는 자가 있어 손해액의 일부를 배상하지 못하는 경우에는 같은 항 단서에 따라 정해진 각자 책임비율의 100분의 50 범위에서 대통령령으로 정하는 바에 따라 손해액을 추가로 배상할 책임을 진다.

⑦ 감사인 또는 감사에 참여한 공인회계사가 제1항부터 제3항까지의 규정에 따른 손해배상책임을 면하기 위하여는 그 임무를 게을리하지 아니하였음을 증명하여야 한다. 다만, 다음 각 호의 어느 하나에 해당하는 자가 감사인 또는 감사에 참여

한 공인회계사에 대하여 손해배상 청구의 소를 제기하는 경우에는 그 자가 감사인 또는 감사에 참여한 공인회계사가 임무를 게을리하였음을 증명하여야 한다.

1. 제10조에 따라 감사인을 선임한 회사
2. 「은행법」 제2조제1항제2호에 따른 은행
3. 「농업협동조합법」에 따른 농협은행 또는 「수산업협동조합법」에 따른 수협은행
4. 「보험업법」에 따른 보험회사
5. 「자본시장과 금융투자업에 관한 법률」에 따른 종합금융회사
6. 「상호저축은행법」에 따른 상호저축은행

⑧ 감사인은 제1항부터 제4항까지의 규정에 따른 손해배상책임을 보장하기 위하여 총리령으로 정하는 바에 따라 제32조에 따른 손해배상공동기금의 적립 또는 보험가입 등 필요한 조치를 하여야 한다.

⑨ 제1항부터 제4항까지의 규정에 따른 손해배상책임은 그 청구권자가 해당 사실을 안 날부터 1년 이내 또는 감사보고서를 제출한 날부터 8년 이내에 청구권을 행사하지 아니하면 소멸한다. 다만, 제10조에 따른 선임을 할 때 계약으로 그 기간을 연장할 수 있다.

제31조의2(기록의 송부) 법원은 제31조에 따라 제3자로부터 손해배상청구의 소가 제기된 때에는 필요한 경우 증권선물위원회에 해당 사건의 기록(증권선물위원회 안건, 의사록 및 그 밖에 재판상 증거가 되는 감리 조사 자료를 포함한다)의 송부를 요구할 수 있다.

[본조신설 2023. 3. 21.] [시행일: 2023. 9. 22.] 제31조의2

제32조(손해배상공동기금의 적립 등) ① 회계법인은 제31조제1항 및 제2항에 따른 회사 또는 제3자에 대한 손해를 배상하기 위하여 한국공인회계사회에 손해배상공동기금(이하 "공동기금"이라 한다)을 적립하여야 한다. 다만, 대통령령으로 정하는 배상책임보험에 가입한 경우에는 공동기금 중 제2항에 따른 연간적립금을 적립하지 아니할 수 있다.

② 제1항에 따라 적립하여야 할 공동기금은 기본적립금과 매 사업연도 연간적립금으로 하며, 그 적립한도 및 적립금액은 대통령령으로 정한다.

③ 제1항에 따라 공동기금을 적립한 회계법인은 대통령령으로 정하는 경우 외에는 한국공인회계사회에 적립한 공동기금을 양도하거나 담보로 제공할 수 없으며, 누구든지 이를 압류 또는 가압류할 수 없다.

제33조(공동기금의 지급 및 한도 등) ① 한국공인회계사회는 회계법인이 제31조제1항 및 제2항에 따른 회사 또는 제3자에 대한 손해배상의 확정판결을 받은 경우에는 해당 회사 또는 제3자의 신청에 따라 공동기금을 지급한다.

② 제1항에 따라 한국공인회계사회가 지급하는 신청자별, 회계법인별 한도는 대통령령으로 정한다.

③ 한국공인회계사회가 제1항에 따른 지급을 하는 경우 회계법인은 제2항에 따른 한도에서 연대책임을 진다.

④ 한국공인회계사회는 제1항에 따른 지급을 한 경우 그 지급의 원인을 제공한 해당 회계법인에 대하여 구상권을 가진다.

⑤ 한국공인회계사회가 제1항에 따른 지급을 한 결과 한국공인회계사회가 정하는 바에 따라 산정한 공동기금의 실질잔액이 제32조제2항에 따른 기본적립금보다 적으면 한국공인회계사회는 대통령령으로 정하는 바에 따라 회계법인으로 하여금 그 부족한 금액을 적립하게 할 수 있다.

제34조(공동기금의 관리 등) ① 한국공인회계사회는 공동기금을 회계법인별로 구분하여 관리하여야 하며, 한국공인회계사회의 다른 재산과 구분하여 회계처리하여야 한다.

② 공동기금의 운용방법, 지급 시기·절차, 반환, 그 밖에 공동기금의 관리에 필요한 세부사항은 총리령으로 정한다.

③ 금융위원회는 필요하다고 인정되는 경우 한국공인회계사회의 공동기금의 관리 등에 관하여 검사를 할 수 있다.

제35조(과징금) ① 금융위원회는 회사가 고의 또는 중대한 과실로 제5조에 따른 회계처리기준을 위반하여 재무제표를 작성한 경우에는 그 회사에 대하여 회계처리기준과 달리 작성된 금액의 100분의 20을 초과하지 아니하는 범위에서 과징금을 부과할 수 있다. 이 경우 회사의 위법행위를 알았거나 현저한 주의의무 위반으로 방지하지 못한 「상법」 제401조의2 및 제635조제1항에 규정된 자나 그 밖에 회사의 회계업무를 담당하는 자에 대해서도 회사에 부과하는 과징금의 100분의 10을 초과하지 아니하는 범위에서 과징금을 부과할 수 있다.

② 금융위원회는 감사인이 고의 또는 중대한 과실로 제16조에 따른 회계감사기준을 위반하여 감사보고서를 작성한 경우에는 그 감사인에 대하여 해당 감사로 받은 보수의 5배를 초과하지 아니하는 범위에서 과징금을 부과할 수 있다.

③ 제1항 및 제2항의 규정에 따른 과징금은 각 해당 규정의 위반행위가 있었던 때부터 8년이 경과하면 이를 부과하여서는 아니 된다. 다만, 제26조에 따른 감리가 개시된 경우 위 기간의 진행이 중단된다.

제36조(과징금의 부과·징수) ① 금융위원회는 제35조에 따른 과징금을 부과하는 경우에는 대통령령으로 정하는 기준에 따라 다음 각 호의 사항을 고려하여야 한다.

　1. 회사의 상장 여부
　2. 위반행위의 내용 및 정도

3. 위반행위의 기간 및 횟수
4. 위반행위로 인하여 취득한 이익의 규모
② 금융위원회는 고의 또는 중대한 과실로 제5조에 따른 회계처리기준을 위반하여 재무제표를 작성한 법인이 합병을 하는 경우 그 법인이 한 위반행위는 합병 후 존속하거나 합병으로 신설된 법인이 한 위반행위로 보아 과징금을 부과·징수할 수 있다.
③ 금융위원회는 회사 또는 감사인이 동일한 사유로 「자본시장과 금융투자업에 관한 법률」 제429조에 따른 과징금을 부과받는 경우 해당 과징금이 제35조에 따른 과징금보다 적으면 그 차액만을 부과한다.
④ 제35조에 따른 과징금의 부과·징수에 관하여는 「자본시장과 금융투자업에 관한 법률」 제431조부터 제434조까지 및 제434조의2부터 제434조의4까지의 규정을 준용한다.
⑤ 제1항부터 제4항까지에서 규정한 사항 외에 과징금의 부과·징수에 필요한 사항은 대통령령으로 정한다.

제4장 보칙

제37조(감사 미선임 회사에 대한 특례) 다른 법률에 따라 감사를 선임하지 아니한 회사에 대해서는 제8조, 제10조, 제11조, 제14조, 제22조, 제23조, 제28조, 제31조 또는 제40조에 따른 감사에 관한 사항을 적용하지 아니한다.

제38조(업무의 위탁) ① 증권선물위원회는 이 법에 따른 업무의 일부를 대통령령으로 정하는 바에 따라 증권선물위원회위원장, 금융감독원장 또는 거래소에 위임하거나 위탁할 수 있다.
② 증권선물위원회는 제26조제1항, 제27조제1항, 제29조제3항 및 제4항에 따른 업무의 전부 또는 일부를 대통령령으로 정하는 바에 따라 한국공인회계사회에 위탁할 수 있다. 이 경우 한국공인회계사회는 감사인의 감사보수 중 일부를 총리령으로 정하는 바에 따라 감리업무 수수료로 징수할 수 있다.

제38조의2(회계의 날) ① 회계투명성의 가치와 중요성을 국민에게 널리 알리고 회계분야 종사자들의 활동을 장려하기 위하여 매년 10월 31일을 회계의 날로 한다.
② 국가는 회계의 날 취지에 적합한 기념행사 등을 실시하도록 노력하여야 한다.

[본조신설 2020. 5. 19.]

제5장 벌칙

제39조(벌칙) ① 「상법」 제401조의2제1항 및 제635조제1항에 규정된 자나 그 밖에 회사의 회계업무를 담당하는 자가 제5조에 따른 회계처리기준을 위반하여 거짓으로 재무제표를 작성·공시하거나 감사인 또는 그에 소속된 공인회계사가 감사보고서에 기재하여야 할 사항을 기재하지 아니하거나 거짓으로 기재한 경우에는 10년 이하의 징역 또는 그 위반행위로 얻은 이익 또는 회피한 손실액의 2배 이상 5배 이하의 벌금에 처한다.

② 제1항에도 불구하고 제5조에 따른 회계처리기준을 위반하여 회사의 재무제표상 손익 또는 자기자본 금액이 자산총액의 일정 비중에 해당하는 금액만큼 변경되는 경우에는 다음 각 호에 따라 각각 가중할 수 있다. 다만, 자산총액의 100분의 5에 해당하는 금액이 500억원 이상인 경우에만 적용한다.
   1. 재무제표상 변경된 금액이 자산총액의 100분의 10 이상인 경우에는 무기 또는 5년 이상의 징역에 처한다.
   2. 재무제표상 변경된 금액이 자산총액의 100분의 5 이상으로서 제1호에 해당하지 아니하는 경우에는 3년 이상의 유기징역에 처한다.

제40조(벌칙) ① 감사인, 감사인에 소속된 공인회계사, 감사, 감사위원회의 위원 또는 감사인선임위원회의 위원이 그 직무에 관하여 부정한 청탁을 받고 금품이나 이익을 수수(收受)·요구 또는 약속한 경우에는 5년 이하의 징역 또는 5천만원 이하의 벌금에 처한다. 다만, 벌금형에 처하는 경우 그 직무와 관련하여 얻는 경제적 이익의 5배에 해당하는 금액이 5천만원을 초과하면 그 직무와 관련하여 얻는 경제적 이익의 5배에 해당하는 금액 이하의 벌금에 처한다.

② 제1항에 따른 금품이나 이익을 약속·공여하거나 공여의 의사를 표시한 자도 제1항과 같다.

제41조(벌칙) 「상법」 제401조의2제1항 및 제635조제1항에 규정된 자, 그 밖에 회사의 회계업무를 담당하는 자, 감사인 또는 그에 소속된 공인회계사나 제20조제4호에 따른 감사업무와 관련된 자가 다음 각 호의 어느 하나에 해당하는 행위를 하면 5년 이하의 징역 또는 5천만원 이하의 벌금에 처한다.
   1. 「상법」 제401조의2제1항 및 제635조제1항에 규정된 자나 그 밖에 회사의 회계업무 등 내부회계관리제도의 운영에 관련된 자로서 제8조제2항을 위반하여 내부회계관리제도에 따라 작성된 회계정보를 위조·변조·훼손 또는 파기한 경우
   2. 감사인 또는 그에 소속된 공인회계사나 감사업무와 관련된 자로서 제19조제3항을 위반하여 감사조서를 위조·변조·훼손 또는 파기한 경우
   3. 제22조에 따른 이사의 부정행위 등을 보고하지 아니한 경우

4. 제24조에 따른 주주총회등에 출석하여 거짓으로 진술을 하거나 사실을 감춘 경우
5. 제28조제2항을 위반하여 신고자등의 신분 등에 관한 비밀을 누설한 경우

제42조(벌칙) 「상법」 제401조의2제1항 및 제635조제1항에 규정된 자, 그 밖에 회사의 회계업무를 담당하는 자, 감사인 또는 그에 소속된 공인회계사나 제20조 제4호에 따른 감사업무와 관련된 자가 다음 각 호의 어느 하나에 해당하는 행위를 하면 3년 이하의 징역 또는 3천만원 이하의 벌금에 처한다.
1. 제6조 및 제23조제3항을 위반하여 재무제표를 제출하지 아니한 경우
2. 제6조제6항을 위반하여 감사인 또는 그에 소속된 공인회계사가 재무제표를 작성하거나 회사가 감사인 또는 그에 소속된 공인회계사에게 재무제표 작성을 요구하는 경우
3. 정당한 이유 없이 제7조 및 제21조에 따른 지배회사 또는 감사인의 열람, 복사, 자료 제출 요구 또는 조사를 거부·방해·기피하거나 거짓 자료를 제출한 경우
4. 정당한 이유 없이 제10조제1항·제2항 또는 제8항에 따른 기간 내에 감사인을 선임하지 아니한 경우
5. 제20조를 위반하여 비밀을 누설하거나 부당한 목적을 위하여 이용한 경우
6. 정당한 이유 없이 제27조제1항에 따른 자료제출 등의 요구·열람 또는 조사를 거부·방해·기피하거나 거짓 자료를 제출한 경우
7. 재무제표를 작성하지 아니한 경우
8. 감사인 또는 그에 소속된 공인회계사에게 거짓 자료를 제시하거나 거짓이나 그 밖의 부정한 방법으로 감사인의 정상적인 회계감사를 방해한 경우

제43조(벌칙) 제28조제3항을 위반하여 신고자등에게 「공익신고자 보호법」 제2조 제6호에 해당하는 불이익조치를 한 자는 2년 이하의 징역 또는 2천만원 이하의 벌금에 처한다.

제44조(벌칙) 「상법」 제401조의2제1항 및 제635조제1항에 규정된 자, 그 밖에 회사의 회계업무를 담당하는 자, 감사인 또는 그에 소속된 공인회계사가 다음 각 호의 어느 하나에 해당하는 행위를 하면 1년 이하의 징역 또는 1천만원 이하의 벌금에 처한다.
1. 정당한 이유 없이 제11조제4항을 위반하여 증권선물위원회의 요구에 따르지 아니한 경우
2. 제11조제6항을 위반하여 감사인을 선임한 경우
3. 제23조제1항에 따른 감사보고서를 제출하지 아니한 경우
4. 제23조제6항을 위반하여 감사인의 명칭과 감사의견을 함께 적지 아니한 경우

제45조(몰수) 제39조제1항을 위반하여 얻은 이익 또는 제40조에 따른 금품이나 이익은 몰수한다. 이 경우 그 전부 또는 일부를 몰수할 수 없으면 그 가액(價額)을 추징한다.

제46조(양벌규정) 법인의 대표자나 법인 또는 개인의 대리인, 사용인, 그 밖의 종업원이 그 법인 또는 개인의 업무에 관하여 제39조부터 제44조까지의 위반행위를 하면 그 행위자를 벌하는 외에 그 법인 또는 개인에게도 해당 조문의 벌금형을 과(科)한다. 다만, 법인 또는 개인이 그 위반행위를 방지하기 위하여 해당 업무에 관하여 상당한 주의와 감독을 게을리하지 아니한 경우에는 그러하지 아니하다.

제47조(과태료) ① 다음 각 호의 어느 하나에 해당하는 자에게는 5천만원 이하의 과태료를 부과한다.
   1. 제28조제2항을 위반하여 신고자등의 인적사항 등을 공개하거나 신고자등임을 미루어 알 수 있는 사실을 다른 사람에게 알려주거나 공개한 자
   2. 제28조제3항을 위반하여 신고자등에게 불이익한 대우를 한 자
② 다음 각 호의 어느 하나에 해당하는 자에게는 3천만원 이하의 과태료를 부과한다.
   1. 제8조제1항 또는 제3항을 위반하여 내부회계관리제도를 갖추지 아니하거나 내부회계관리자를 지정하지 아니한 자
   2. 제8조제4항을 위반하여 내부회계관리제도의 운영실태를 보고하지 아니한 자 또는 같은 조 제5항을 위반하여 운영실태를 평가하여 보고하지 아니하거나 그 평가보고서를 본점에 비치하지 아니한 자
   3. 제8조제6항 및 제7항을 위반하여 내부회계관리제도의 운영실태에 관한 보고내용 등에 대하여 검토 및 감사하지 아니하거나 감사보고서에 종합의견을 표명하지 아니한 자
   4. 제22조제5항을 위반하여 감사 또는 감사위원회의 직무수행에 필요한 자료나 정보 및 비용의 제공 요청을 정당한 이유 없이 따르지 아니한 회사의 대표자
③ 감사인 또는 그에 소속된 공인회계사가 제24조에 따른 주주총회등의 출석요구에 따르지 아니한 경우 1천만원 이하의 과태료를 부과한다.
④ 다음 각 호의 어느 하나에 해당하는 자에게는 500만원 이하의 과태료를 부과한다.
   1. 제12조제2항에 따른 보고를 하지 아니한 자
   2. 제23조제5항을 위반하여 재무제표 또는 감사보고서를 비치·공시하지 아니한 자
⑤ 제1항부터 제4항까지의 규정에 따른 과태료는 대통령령으로 정하는 바에 따라 증권선물위원회가 부과·징수한다.

제48조(징역과 벌금의 병과) 제39조제1항에 따라 징역에 처하는 경우에는 같은 항에 따른 벌금을 병과한다.

부칙

〈제19217호, 2023. 1. 17.〉

이 법은 공포한 날부터 시행한다.

주식회사 등의 외부감사에 관한 법률 시행령

(약칭: 외부감사법 시행령)

[시행 2023. 5. 2.] [대통령령 제33447호, 2023. 5. 2., 일부개정]

금융위원회(공정시장과) 02-2100-2693

제1조(목적) 이 영은 「주식회사 등의 외부감사에 관한 법률」에서 위임된 사항과 그 시행에 필요한 사항을 규정함을 목적으로 한다.

제2조(재무제표) 「주식회사 등의 외부감사에 관한 법률」(이하 "법"이라 한다) 제2조제2호다목에서 "대통령령으로 정하는 서류"란 다음 각 호의 서류를 말한다.

1. 자본변동표
2. 현금흐름표
3. 주석(註釋)

제3조(연결재무제표 등) ① 법 제2조제3호 각 목 외의 부분에서 "대통령령으로 정하는 지배·종속의 관계"란 회사가 경제 활동에서 효용과 이익을 얻기 위하여 다른 회사(조합 등 법인격이 없는 기업을 포함한다)의 재무정책과 영업정책을 결정할 수 있는 능력을 가지는 경우로서 법 제5조제1항 각 호의 어느 하나에 해당하는 회계처리기준(이하 "회계처리기준"이라 한다)에서 정하는 그 회사(이하 "지배회사"라 한다)와 그 다른 회사(이하 "종속회사"라 한다)의 관계를 말한다.

② 법 제2조제3호다목에서 "대통령령으로 정하는 서류"란 다음 각 호의 서류를 말한다.

1. 연결자본변동표
2. 연결현금흐름표
3. 주석

제4조(대형비상장주식회사) 법 제2조제5호에서 "대통령령으로 정하는 금액"이란 5천억원을 말한다. 다만, 다음 각 호의 어느 하나에 해당하는 주식회사의 경우에는 1천억원을 말한다.

1. 직전 사업연도 말 기준 「독점규제 및 공정거래에 관한 법률」 제31조제1항에 따른 공시대상기업집단(이하 "공시대상기업집단"이라 한다)에 속하는 국내 회사(같은 법 제33조에 따라 공시대상기업집단의 소속 회사로 편입·통지된 것으로 보는 회사는 제외한다. 이하 같다)
2. 직전 사업연도 말 기준 「자본시장과 금융투자업에 관한 법률」 제159조제1항에 따른 사업보고서 제출대상법인(이하 "사업보고서 제출대상법인"이라 한다)

[전문개정 2023. 5. 2.]

제5조(외부감사의 대상) ① 법 제4조제1항제3호 본문에서 "직전 사업연도 말의 자

산, 부채, 종업원 수 또는 매출액 등 대통령령으로 정하는 기준에 해당하는 회사"
란 다음 각 호의 어느 하나에 해당하는 회사를 말한다. 〈개정 2020. 10. 13.〉

1. 직전 사업연도 말의 자산총액이 500억원 이상인 회사
2. 직전 사업연도의 매출액(직전 사업연도가 12개월 미만인 경우에는 12개월로 환산하며, 1개월 미만은 1개월로 본다. 이하 같다)이 500억원 이상인 회사
3. 다음 각 목의 사항 중 2개 이상에 해당하는 회사
    가. 직전 사업연도 말의 자산총액이 120억원 이상
    나. 직전 사업연도 말의 부채총액이 70억원 이상
    다. 직전 사업연도의 매출액이 100억원 이상
    라. 직전 사업연도 말의 종업원(「근로기준법」 제2조제1항제1호에 따른 근로자를 말하며, 다음의 어느 하나에 해당하는 사람은 제외한다. 이하 같다)이 100명 이상
        1) 「소득세법 시행령」 제20조제1항 각 호의 어느 하나에 해당하는 사람
        2) 「파견근로자보호 등에 관한 법률」 제2조제5호에 따른 파견근로자

② 법 제4조제1항제3호 단서에서 "대통령령으로 정하는 기준에 해당하는 유한회사"란 다음 각 호의 어느 하나에 해당하는 유한회사를 말한다. 다만, 2019년 11월 1일 이후 「상법」 제604조에 따라 주식회사에서 유한회사로 조직을 변경한 유한회사의 경우에는 같은 법 제606조에 따라 등기한 날부터 5년까지는 제1항 각 호의 어느 하나에 해당하는 회사를 말한다.〈개정 2020. 10. 13.〉

1. 제1항제1호 또는 제2호에 해당하는 유한회사
2. 다음 각 목의 사항 중 3개 이상에 해당하는 유한회사
    가. 직전 사업연도 말의 자산총액이 120억원 이상
    나. 직전 사업연도 말의 부채총액이 70억원 이상
    다. 직전 사업연도의 매출액이 100억원 이상
    라. 직전 사업연도 말의 종업원이 100명 이상
    마. 직전 사업연도 말의 사원(「상법」 제543조제2항제1호에 따라 정관에 기재된 사원을 말한다. 이하 같다)이 50명 이상

③ 법 제4조제2항제2호에서 "대통령령으로 정하는 회사"란 다음 각 호의 회사를 말한다.

1. 해당 사업연도에 최초로 「상법」 제172조에 따라 설립등기를 한 회사
2. 법 제10조제1항 및 제2항에 따른 감사인 선임기간의 종료일에 다음 각 목의 어느 하나에 해당되는 회사[감사인을 선임한 후 다음 각 목의 어느 하나에 해당하게 된 회사로서 「금융위원회의 설치 등에 관한 법률」 제19조에 따른 증권선물위원회(이하 "증권선물위원회"라 한다)가 인정하는 회사를 포함한다]
    가. 「지방공기업법」에 따른 지방공기업 중 주권상장법인이 아닌 회사
    나. 「자본시장과 금융투자업에 관한 법률」 제9조제18항제2호 및 제3호에 따른 투자회사 및 투자유한회사, 같은 법 제249조의13에 따른 투자목적회사

다. 「기업구조조정투자회사법」 제2조제3호에 따른 기업구조조정투자회사

라. 「자산유동화에 관한 법률」 제2조제5호에 따른 유동화전문회사

마. 「민법」 제32조에 따라 금융위원회의 허가를 받아 설립된 금융결제원으로부터 거래 정지처분을 받고 그 처분의 효력이 지속되고 있는 회사. 다만, 「채무자 회생 및 파산에 관한 법률」에 따라 회생절차의 개시가 결정된 회사는 제외한다.

바. 해산·청산 또는 파산 사실이 등기되거나 1년 이상 휴업 중인 회사

사. 「상법」 제174조에 따라 합병절차가 진행 중인 회사로서 해당 사업연도 내에 소멸될 회사

아. 그 밖에 가목부터 사목까지에 준하는 사유로 외부감사를 할 필요가 없는 회사로서 금융위원회가 고시하는 기준에 해당하는 회사

제6조(회계처리기준) ① 다음 각 호의 어느 하나에 해당되는 회사는 법 제5조제3항 후단에 따라 같은 조 제1항제1호의 회계처리기준(이하 "한국채택국제회계기준"이라 한다)을 적용하여야 한다.

1. 주권상장법인. 다만, 「자본시장과 금융투자업에 관한 법률 시행령」 제11조제2항에 따른 코넥스시장(이하 "코넥스시장"이라 한다)에 주권을 상장한 법인은 제외한다.

2. 해당 사업연도 또는 다음 사업연도 중에 주권상장법인이 되려는 회사. 다만, 코넥스시장에 주권을 상장하려는 법인은 제외한다.

3. 「금융지주회사법」에 따른 금융지주회사. 다만, 같은 법 제22조에 따른 전환대상자는 제외한다.

4. 「은행법」에 따른 은행

5. 「자본시장과 금융투자업에 관한 법률」에 따른 투자매매업자, 투자중개업자, 집합투자업자, 신탁업자 및 종합금융회사

6. 「보험업법」에 따른 보험회사

7. 「여신전문금융업법」에 따른 신용카드업자

② 제3조제1항에 따른 지배·종속의 관계에 있는 경우로서 지배회사가 연결재무제표에 한국채택국제회계기준을 적용하는 경우에는 연결재무제표가 아닌 재무제표에도 한국채택국제회계기준을 적용하여야 한다.

제7조(회계처리기준 관련 업무 위탁 등) ① 금융위원회는 법 제5조제4항에 따라 다음 각 호의 업무를 「민법」 제32조에 따라 금융위원회의 허가를 받아 설립된 사단법인 한국회계기준원(이하 "한국회계기준원"이라 한다)에 위탁한다. *(개정 2023. 5. 2.)*

1. 회계처리기준의 제정 또는 개정

2. 회계처리기준의 해석

3. 회계처리기준 관련 질의에 대한 회신

4. 그 밖에 회계처리기준과 관련하여 금융위원회가 정하는 업무

② 한국회계기준원은 다음 각 호에 관한 사항을 심의·의결하기 위하여 총리령으로 정하는 바에 따라 위원장 1명을 포함하여 9명 이내의 위원으로 구성되는

회계처리기준위원회를 두어야 한다.〈개정 2023. 5. 2.〉

1. 제1항제1호 및 제2호에 관한 사항
2. 제1항제3호에 관한 사항 중 위원장이 회의에 부치는 사항

③ 한국회계기준원은 매년 총지출 예산의 10퍼센트에 해당하는 금액을 직전 2개 사업연도 총지출 예산액이 될 때까지 적립하여야 한다.

④ 「금융위원회의 설치 등에 관한 법률」에 따라 설립된 금융감독원(이하 "금융감독원"이라 한다)은 법 제5조제6항에 따라 「자본시장과 금융투자업에 관한 법률」 제442조제1항에 따라 징수한 분담금의 8퍼센트를 넘지 아니하는 범위에서 한국회계기준원의 해당 사업연도 총지출 예산과 제3항에 따라 해당 사업연도에 적립하여야 하는 금액을 더한 금액에서 해당 사업연도 자체수입(금융감독원으로부터 지원받는 금액을 제외한 나머지 수입을 말한다)을 뺀 금액을 지원한다.

⑤ 한국회계기준원은 제4항에 따른 지원금이 감소하는 등 재정상 어려움으로 사업을 정상적으로 유지하기 어렵다고 인정되는 경우에는 금융위원회의 승인을 받아 제3항에 따른 적립금을 사용할 수 있다.

⑥ 제4항에 따른 지원금의 지급 방법, 지급 시기 및 그 밖에 필요한 사항은 금융위원회가 정한다.

⑦ 제1항부터 제6항까지에서 규정한 사항 외에 회계처리기준과 관련된 업무에 필요한 사항은 금융위원회가 정한다.

제8조(재무제표의 작성 책임 및 제출) ① 법 제6조제2항에서 "대통령령으로 정하는 기간"이란 다음 각 호의 구분에 따른 기한을 말한다. 〈개정 2023. 5. 2.〉

1. 재무제표: 정기총회 개최 6주 전(회생절차가 진행 중인 회사는 사업연도 종료 후 45일 이내)
2. 연결재무제표: 다음 각 목의 구분에 따른 기한
   가. 한국채택국제회계기준을 적용하는 회사: 정기총회 개최 4주 전(회생절차가 진행 중인 회사는 사업연도 종료 후 60일 이내)
   나. 한국채택국제회계기준을 적용하지 아니하는 회사: 사업연도 종료 후 90일 이내(사업보고서 제출대상법인 중 직전 사업연도 말의 자산총액이 2조원 이상인 법인은 사업연도 종료 후 70일 이내)

② 제1항에도 불구하고 사업보고서 제출대상법인이 「자본시장과 금융투자업에 관한 법률」 제159조제1항에 따른 사업보고서 제출기한(이하 "사업보고서 제출기한"이라 한다) 이후 정기총회를 개최하는 경우에 재무제표를 감사인에게 제출하여야 하는 기한은 다음 각 호의 구분에 따른다.

1. 재무제표: 사업보고서 제출기한 6주 전(회생절차가 진행 중인 회사는 사업연도 종료 후 45일 이내)
2. 연결재무제표: 다음 각 목의 구분에 따른 기한

가. 한국채택국제회계기준을 적용하는 회사: 사업보고서 제출기한 4주 전(회생절차가 진행 중인 회사는 사업연도 종료 후 60일 이내)

　나. 한국채택국제회계기준을 적용하지 아니하는 회사: 제1항제2호나목의 기한

③ 법 제6조제4항 전단에서 "대통령령으로 정하는 회사"란 다음 각 호의 회사를 말한다.

　1. 대형비상장주식회사

　2. 「금융산업의 구조개선에 관한 법률」 제2조제1호에 따른 금융기관 및 「농업협동조합법」에 따른 농협은행(이하 "금융회사"라 한다)

④ 법 제6조제4항 전단에서 "대통령령으로 정하는 사항"이란 법 제6조제2항에 따라 회사가 감사인에게 제출한 재무제표를 말한다.

⑤ 주권상장법인인 회사 및 제3항 각 호의 회사는 법 제6조제4항 후단에 따라 감사인에게 재무제표를 제출한 후에 즉시 그 재무제표를 「정보통신망 이용촉진 및 정보보호 등에 관한 법률」 제2조제5호에 따른 전자문서(이하 "전자문서"라 한다)로 증권선물위원회에 제출하여야 한다.

⑥ 법 제6조제6항에서 "대통령령으로 정하는 행위"란 다음 각 호의 어느 하나에 해당하는 행위를 말한다.

　1. 해당 회사의 재무제표를 대표이사와 회계담당 이사(회계담당 이사가 없는 경우에는 회계업무를 집행하는 직원을 말한다)를 대신하여 작성하는 행위

　2. 해당 회사의 재무제표 작성과 관련된 회계처리에 대한 자문에 응하는 행위

　3. 해당 회사의 재무제표 작성에 필요한 계산 또는 회계 분개[분개, 부기(簿記)에서 거래 내용을 차변(借邊)과 대변(貸邊)으로 나누어 적는 일을 말한다]를 대신하여 해주는 행위

　4. 해당 회사의 재무제표 작성과 관련된 회계처리방법의 결정에 관여하는 행위

제9조(내부회계관리제도의 운영 등) ① 법 제8조제1항 각 호 외의 부분 단서에서 "대통령령으로 정하는 회사"란 다음 각 호의 어느 하나에 해당되는 회사를 말한다. 〈개정 2021. 2. 17., 2023. 5. 2.〉

　1. 유한회사

　2. 「법인세법」 제51조의2제1항 각 호의 어느 하나에 해당하거나 「조세특례제한법」 제104조의31제1항에 해당하는 회사

　3. 직전 사업연도 말의 자산총액이 5천억원 미만인 회사. 다만, 다음 각 목의 어느 하나에 해당하는 회사는 제외한다.

　　가. 주권상장법인

　　나. 직전 사업연도 말 기준 공시대상기업집단에 속하는 국내 회사

　　다. 직전 사업연도 말 기준 사업보고서 제출대상법인

　　라. 금융회사

　4. 그 밖에 회사의 특성을 고려할 때 법 제8조제1항에 따른 내부회계관리제도(이하 "내부회계관리제도"라 한다)를 운영하기가 어려운 회사로서 금융위원회가 정하여 고시하

는 기준에 맞는 회사

② 법 제8조제1항제6호에서 "대통령령으로 정하는 사항"이란 다음 각 호의 사항을 말한다.

1. 법 제8조제1항에 따른 내부회계관리규정(이하 "내부회계관리규정"이라 한다)의 제정 및 개정을 위한 절차

2. 법 제8조제3항에 따른 내부회계관리자(이하 "내부회계관리자"라 한다)의 자격요건 및 임면절차

3. 법 제8조제4항에 따른 운영실태[회사의 대표자, 감사[회사에 법 제2조제6호에 따른 감사위원회(이하 "감사위원회"라 한다)가 설치되어 있는 경우에는 감사위원회를 말한다. 이하 이 조에서 같다], 내부회계관리규정을 관리·운영하는 임직원 및 회계정보를 작성·공시하는 임직원(이하 이 조에서 "회사의 대표자등"이라 한다)이 법 제8조제2항을 준수하였는지를 포함한다] 보고의 기준 및 절차

4. 법 제8조제5항에 따른 평가·보고의 기준 및 절차

5. 법 제8조제5항에 따른 평가 결과를 회사의 대표자등의 인사·보수 및 차기 사업연도 내부회계관리제도 운영계획 등에 반영하기 위한 절차 및 방법

6. 연결재무제표에 관한 회계정보를 작성·공시하기 위하여 필요한 사항(지배회사가 주권상장법인인 경우만 해당한다)

7. 내부회계관리규정 위반의 예방 및 사후조치에 관한 다음 각 목의 사항

가. 회사의 대표자등을 대상으로 하는 교육·훈련의 계획·성과평가·평가결과의 활용 등에 관한 사항

나. 회사의 대표자등이 내부회계관리규정을 관리·운영하는 임직원 또는 회계정보를 작성·공시하는 임직원에게 내부회계관리규정에 위반되는 행위를 지시하는 경우에 해당 임직원이 지시를 거부하더라도 그와 관련하여 불이익을 받지 아니하도록 보호하는 제도에 관한 사항

다. 내부회계관리규정 위반행위 신고제도의 운영에 관한 사항

라. 법 제22조제3항·제4항에 따른 조사·시정 등의 요구 및 조사결과 제출 등과 관련하여 필요한 감사의 역할 및 책임에 관한 사항

마. 법 제22조제5항에 따른 자료나 정보 및 비용의 제공과 관련한 회사 대표자의 역할 및 책임에 관한 사항

바. 내부회계관리규정을 위반한 임직원의 징계 등에 관한 사항

8. 그 밖에 내부회계관리규정에 포함하여야 할 사항으로서 금융위원회가 정하는 사항

③ 회사는 내부회계관리규정을 제정하거나 개정할 때 감사의 승인 및 이사회의

결의를 거쳐야 한다. 이 경우 감사와 이사회는 승인 또는 결의의 이유 등을 문서(전자문서를 포함한다. 이하 같다)로 작성·관리하여야 한다.

④ 회사의 대표자는 법 제8조제4항 본문에 따라 다음 각 호의 사항이 포함된 문서(이하 "내부회계관리제도 운영실태보고서"라 한다)를 작성하여 이사회 및 감사에게 대면(對面) 보고를 하여야 한다. 다만, 법 제8조제4항 단서에 따라 내부회계관리자가 보고하는 경우에는 보고 전에 회사의 대표자가 그 사유를 이사회 및 감사에게 문서로 제출하여야 한다.

1. 내부회계관리제도의 운영실태를 점검한 결과 및 취약 사항에 대한 시정조치 계획
2. 직전 사업연도에 보고한 제1호에 따른 시정조치 계획의 이행 결과
3. 다음 각 목의 사항을 확인하고 서명하여 보고 내용에 첨부하였다는 사실
   가. 보고 내용이 거짓으로 기재되거나 표시되지 아니하였고, 기재하거나 표시하여야 할 사항을 빠뜨리고 있지 아니하다는 사실
   나. 보고 내용에 중대한 오해를 일으키는 내용이 기재되거나 표시되지 아니하였다는 사실
   다. 충분한 주의를 다하여 보고 내용의 기재 사항을 직접 확인·검토하였다는 사실

⑤ 감사는 법 제8조제5항 전단에 따라 내부회계관리제도의 운영실태를 평가(감사위원회가 설치되어 있는 경우에는 대면 회의를 개최하여 평가하여야 한다)한 후 다음 각 호의 사항을 문서(이하 "내부회계관리제도 평가보고서"라 한다)로 작성·관리하여야 한다.

1. 해당 회사의 내부회계관리제도가 신뢰성 있는 회계정보의 작성 및 공시에 실질적으로 기여하는지를 평가한 결과 및 시정 의견
2. 내부회계관리제도 운영실태보고서에 거짓으로 기재되거나 표시된 사항이 있거나, 기재하거나 표시하여야 할 사항을 빠뜨리고 있는지를 점검한 결과 및 조치 내용
3. 내부회계관리제도 운영실태보고서의 시정 계획이 회사의 내부회계관리제도 개선에 실질적으로 기여할 수 있는지를 검토한 결과 및 대안

⑥ 감사 또는 감사인은 법 제8조제5항 또는 제6항에 따른 평가 또는 검토 등을 하는 데 필요한 자료나 정보를 회사의 대표자에게 요청할 수 있다. 이 경우 회사의 대표자는 특별한 사유가 없으면 지체 없이 이를 제공하여야 한다.

⑦ 감사는 정기총회 개최 1주 전까지 내부회계관리제도 평가보고서를 이사회에 대면 보고하여야 한다.

⑧ 주권상장법인의 감사인은 법 제8조제6항 단서에 따라 감사를 할 때에는 법 제16조에 따른 회계감사기준(이하 "회계감사기준"이라 한다)을 준수하여야 한다.

⑨ 사업보고서 제출대상법인은 금융위원회가 정하는 바에 따라 다음 각 호의 사항을 공시하여야 한다.

1. 내부회계관리제도 운영실태보고서

2. 내부회계관리제도 평가보고서

3. 그 밖에 금융위원회가 정하는 사항

⑩ 제1항부터 제9항까지에서 규정한 사항 외에 내부회계관리제도를 효과적으로 운영하는 데 필요한 사항은 금융위원회가 정한다.

제10조(감사인의 자격) ① 법 제9조제4항에서 "대통령령으로 정하는 실무수습 등을 이수한 자"란 「공인회계사법 시행령」 제12조제1항 각 호의 어느 하나에 해당하는 기관에서 2년 이상(같은 항 제4호의 기관인 경우에는 3년 이상) 실무수습을 받은 사람을 말한다. 이 경우 실무수습기간을 산정할 때에는 「공인회계사법」 제7조제1항에 따른 실무수습기간을 포함한다.

② 제1항에 따른 실무수습에 관하여는 「공인회계사법 시행령」 제12조제3항 및 제4항을 준용한다.

제11조(주권상장법인 감사인의 등록 및 취소) ① 법 제9조의2제1항에 따라 주권상장법인의 감사인이 되려는 자(이하 이 조에서 "신청인"이라 한다)는 등록신청서를 금융위원회에 제출하여야 한다.

② 금융위원회는 제1항에 따른 등록신청서를 접수하면 신청인이 법 제9조의2제1항 각 호의 요건(이하 이 조에서 "등록요건"이라 한다)을 모두 갖추었는지를 심사하여 등록신청서를 접수한 날부터 4개월 이내에 등록 여부를 결정하고, 그 결과와 이유를 지체 없이 신청인에게 문서로 통지하여야 한다. 이 경우 등록신청서에 흠결(欠缺)이 있으면 보완을 요구할 수 있으며, 필요한 경우에는 신청인이 등록요건을 갖추었는지를 확인하기 위하여 현장조사를 할 수 있다.

③ 제2항에 따른 심사기간을 산정할 때 등록신청서 흠결의 보완기간 등 금융위원회가 정하는 기간은 심사기간에 산입하지 아니한다.

④ 법 제9조의2제5항에서 "증권선물위원회로부터 대통령령으로 정하는 업무정지 수준 이상의 조치를 받은 경우"란 법 제29조제3항제1호 또는 제2호에 따른 조치를 받은 경우를 말한다.

⑤ 제1항부터 제4항까지에서 규정한 사항 외에 신청인의 등록신청서 제출에 따른 심사, 주권상장법인 감사인의 등록 및 등록취소에 관한 세부적인 사항은 금융위원회가 정한다.

제12조(감사인선임위원회 등) ① 법 제10조제4항제1호나목에 따른 감사인선임위원회(이하 "감사인선임위원회"라 한다)는 위원장 1명을 포함하여 5명 이상의 위원으로 구성한다. 〈개정 2021. 1. 12.〉

② 감사인선임위원회의 위원(이하 이 조에서 "위원"이라 한다)은 다음 각 호의 사람이 된다. 다만, 다음 각 호에 해당하는 사람이 없는 등 부득이한 경우에는

감사인을 선임하는 회사로부터 독립하여 공정하게 심의를 할 수 있는 사람으로서 경영·회계·법률 또는 외부감사에 대한 전문성을 갖춘 사람으로 감사인 선임위원회를 구성할 수 있다.〈개정 2021. 1. 12., 2022. 5. 3.〉

1. 감사 1명
2. 다른 법령에 따라 선임된 사외이사(이사로서 그 회사의 상시업무에 종사하지 아니하는 이사를 말한다. 이하 이 조에서 "사외이사"라 한다)가 있는 회사의 경우에는 그 사외이사 중 2명 이내
3. 「법인세법 시행령」 제43조제7항 및 제8항에 따른 지배주주 및 그와 특수관계에 있는 주주를 제외한 기관투자자(「법인세법 시행령」 제161조제1항제4호에 따른 기관투자자 및 「국민연금법」에 따른 국민연금공단을 말한다. 이하 같다) 중에서 의결권 있는 주식(「자본시장과 금융투자업에 관한 법률」 제9조제17항제3호에 따른 증권금융회사가 같은 법 제326조제1항제2호에 따른 대여 업무 수행을 위하여 담보 목적으로 취득한 주식은 제외하며, 직전 사업연도 말에 소유한 주식을 기준으로 한다. 이하 이 호에서 같다)을 가장 많이 소유하고 있는 기관투자자의 임직원 1명. 다만, 사업연도 개시 후 감사인선임위원회 개최 통보일 전날까지 소유한 의결권 있는 주식 수가 현저하게 감소한 기관투자자는 제외한다.
4. 다음 각 목의 어느 하나에 해당하는 주주를 제외한 주주 중에서 의결권 있는 주식(「자본시장과 금융투자업에 관한 법률」 제9조제17항제3호에 따른 증권금융회사가 같은 법 제326조제1항제2호에 따른 대여 업무 수행을 위하여 담보 목적으로 취득한 주식은 제외하며, 직전 사업연도 말에 소유한 주식을 기준으로 한다)을 가장 많이 소유한 주주(기관투자자인 경우 소속 임직원을 말한다) 1명. 다만, 사업연도 개시 후 감사인선임위원회 개최 통보일의 전날까지 소유한 의결권 있는 주식(담보 목적으로 취득한 주식은 제외한다) 수가 현저하게 감소한 주주는 제외한다.
   가. 「법인세법 시행령」 제43조제7항 및 제8항에 따른 지배주주 및 그와 특수관계에 있는 주주
   나. 해당 회사의 임원인 주주
   다. 제3호에 따른 기관투자자
5. 「법인세법 시행령」 제43조제7항 및 제8항에 따른 지배주주 및 그와 특수관계에 있는 주주를 제외한 채권자 중 채권액(감사인선임위원회 개최 통보일의 전날에 보유한 채권을 기준으로 한다)이 가장 많은 금융회사(「한국산업은행법」에 따른 한국산업은행 및 「한국수출입은행법」에 따른 한국수출입은행을 포함한다)의 임직원 1명

③ 감사인선임위원회의 위원장(이하 이 조에서 "위원장"이라 한다)은 사외이사 중에서 호선(互選)하되, 사외이사가 없는 경우에는 금융위원회가 정하는 바에 따라 위원 중에서 호선한다.

④ 감사인선임위원회의 회의는 재적위원 3분의 2 이상의 출석으로 개의(開議)하고, 출석위원 과반수의 찬성으로 의결한다.

⑤ 제4항에도 불구하고 위원(질병, 외국거주, 소재불명 또는 그 밖에 이에 준하는

부득이한 사유로 직접 의결권을 행사할 수 없음이 명백한 위원은 제외한다)이 모두 동의할 때에는 다음 각 호의 위원이 모두 출석하면 감사인선임위원회의 회의를 개의하여 출석위원 전원의 찬성으로 의결할 수 있다.

1. 위원장
2. 제2항제1호에 따른 위원
3. 제2항제2호에 따른 위원 중 1명. 다만, 해당 위원이 없거나 부득이한 사유로 의결권을 행사할 수 없는 경우에는 제2항제3호부터 제5호까지의 규정에 따른 위원 중 1명

⑥ 제2항제3호부터 제5호까지의 규정의 어느 하나에 해당하는 위원이 부득이한 사유로 의결권을 행사할 수 없는 경우에는 그 위원의 대리인이 의결권을 행사할 수 있다. 이 경우 그 대리인은 위원이 의결권을 행사하지 못한 사유 및 그 위원의 대리인임을 객관적으로 증명할 수 있는 문서를 감사인선임위원회에 제출하여야 한다.

⑦ 회사는 감사인선임위원회에 출석한 위원의 인적사항 및 감사인선임위원회 회의의 주요 발언 내용 등을 문서로 작성·관리하여야 한다.

⑧ 제1항부터 제7항까지에서 규정한 사항 외에 감사인선임위원회의 운영 등에 필요한 세부적인 사항은 금융위원회가 정한다.

제13조(감사인 선정 등) ① 법 제10조제4항제2호나목에서 "대통령령으로 정하는 일정규모"란 자본금 10억원을 말한다.

② 법 제10조제7항제3호에서 "해산 등 대통령령으로 정하는 사유"란 다음 각 호의 어느 하나에 해당하는 경우를 말한다.

1. 감사인이 파산 등의 사유로 해산하는 경우(합병으로 인한 해산의 경우는 제외한다)
2. 감사인인 회계법인이 「공인회계사법」 제39조제1항에 따라 등록이 취소되거나 업무의 전부 또는 일부가 정지된 경우
3. 감사인인 감사반의 등록이 총리령으로 정하는 바에 따라 취소되거나 효력이 상실된 경우
4. 감사인인 감사반의 구성원이 「공인회계사법」 제48조제2항제1호부터 제3호까지의 규정에 해당하는 징계를 받은 경우
5. 주권상장법인의 감사인이 법 제9조의2제5항에 따라 등록이 취소된 경우
6. 감사인이 법 제29조제3항 또는 제4항에 따른 조치로 해당 회사에 대한 감사업무를 계속 수행할 수 없는 경우
7. 그 밖에 감사인이 해당 사업연도의 회계감사를 수행할 수 없다고 증권선물위원회가 인정하는 경우

③ 법 제10조제4항에 따라 감사인 선정(승인을 포함한다. 이하 이 조에서 같다)을 하는 자는 미리 선정에 필요한 기준과 절차를 마련하여야 한다. 이 경우 법 제10조제4항제1호나목, 같은 항 제2호나목 또는 같은 호 다목에 해당할 때에는

그 기준과 절차에 대하여 감사인선임위원회 또는 사원총회의 승인을 받아야 한다.

④ 제3항 전단에 따른 기준에는 다음 각 호의 사항이 포함되어야 한다.

1. 감사시간·감사인력·감사보수 및 감사계획의 적정성
2. 감사인의 독립성(감사 의견에 편견을 발생시키는 등 부당한 영향을 미칠 우려가 있는 이해관계를 회피하는 것을 말한다) 및 전문성(감사업무를 수행하는 데 필요한 교육·훈련 및 경험, 감사대상 회사의 업무 등에 대한 전문지식 등을 충분히 갖춘 것을 말한다)
3. 직전 사업연도에 해당 회사에 대하여 감사업무를 한 감사인[이하 "전기감사인(前期監査人)"이라 한다]의 의견진술 내용 및 다음 각 목의 사항. 다만, 직전 사업연도에 회계감사를 받지 아니한 경우에는 제외한다.
   가. 전기감사인이 감사인 선임 시 합의한 감사시간·감사인력·감사보수·감사계획 등을 충실하게 이행하였는지에 대한 평가 결과
   나. 전기감사인이 감사업무와 관련하여 회사에 회계처리기준 해석, 자산 가치평가 등에 대한 자문을 외부기관에 할 것을 요구한 경우 요구 내용에 대한 감사·감사위원회와 전기감사인 간의 협의 내용, 자문 결과 및 그 활용 내용
   다. 해당 사업연도의 감사·감사위원회와 전기감사인 간의 대면 회의 개최횟수, 참석자 인적사항, 주요 발언 내용 등
   라. 그 밖에 감사인 선정의 객관성 및 신뢰성을 확보하기 위하여 필요한 기준으로서 금융위원회가 정하는 사항

⑤ 감사위원회, 감사인선임위원회 및 사원총회는 감사인을 선정하기 위하여 대면 회의를 개최하여야 한다. 이 경우 다음 각 호의 사항을 문서로 작성·관리하여야 한다.

1. 제4항 각 호의 사항에 대한 검토 결과
2. 대면 회의의 개최횟수, 참석자 인적사항, 주요 발언 내용 등

⑥ 제1항부터 제5항까지에서 규정한 사항 외에 감사·감사위원회·감사인선임위원회 또는 사원총회의 감사인 선임 및 관리 등에 필요한 세부적인 사항은 금융위원회가 정한다.

제14조(증권선물위원회의 감사인 지정을 받는 회사) ① 삭제 〈2020. 10. 13.〉

② 삭제〈2020. 10. 13.〉

③ 증권선물위원회는 법 제11조제1항제7호에 따라 다음 각 호의 어느 하나에 해당하는 회사 중에서 공정한 감사가 필요하다고 인정되는 회사를 지정한다.

1. 「자본시장과 금융투자업에 관한 법률」 제390조에 따른 상장규정(이하 "상장규정"이라 한다)에 따라 관리종목으로 지정된 회사. 다만, 다음 각 목의 어느 하나에 해당하여 관리종목으로 지정된 경우는 제외한다.
   가. 주주 수 또는 상장주식 수 등 주식분산 기준을 충족하지 못한 경우

나. 주식거래량 기준을 충족하지 못한 경우
　　다. 시가총액 기준을 충족하지 못한 경우
　2. 대통령령 제24697호 자본시장과 금융투자업에 관한 법률 시행령 일부개정령 부칙 제8조에 따른 코스닥시장(이하 "코스닥시장"이라 한다)에 대하여 별도로 정하는 상장규정에 따라 투자주의 환기종목으로 지정된 법인. 다만, 감사인이 회사가 법 제8조제6항에 따라 같은 조에서 정한 사항을 준수했는지 여부 및 같은 조 제4항에 따른 내부회계관리제도의 운영실태에 관한 보고 내용을 검토하거나 감사한 결과 다음 각 목의 어느 하나에 해당하여 투자주의 환기종목으로 지정된 경우는 제외한다.
　　가. 중요한 취약점이 발견된 경우
　　나. 감사인의 검토 또는 감사 범위에 제한이 있는 경우
　　다. 감사인의 검토 의견 또는 감사 의견이 표명되지 아니한 경우
④ 법 제11조제1항제8호에서 "대통령령으로 정하는 주주"란 투자대상회사의 장기적인 가치 향상과 지속적인 성장을 추구함으로써 고객과 수익자의 중장기적인 이익을 도모할 책임(이하 "수탁자 책임"이라 한다)을 효과적으로 이행할 기관투자자인 주주로서 증권선물위원회가 인정하는 자를 말한다. 이 경우 증권선물위원회는 금융위원회가 정하는 바에 따라 다음 각 호의 사항을 고려하여야 한다.
　1. 기관투자자가 수탁자 책임을 효과적으로 이행하는 데 필요한 핵심 원칙에 따라 주주 활동을 수행하였는지 여부
　2. 투자대상회사의 지분을 보유한 기간
　3. 투자대상회사 지분율
　4. 그 밖에 금융위원회가 정하는 사항
⑤ 「기업구조조정 촉진법」 제2조제5호에 따른 주채권은행 및 제4항에 따른 기관투자자인 주주가 법 제11조제1항제8호에 따라 증권선물위원회에 감사인 지정을 요청하려면 금융위원회가 정하는 바에 따라 감사인 지정을 신청하는 서류를 작성하여 제출하여야 한다. 이 경우 제4항에 따른 기관투자자인 주주는 같은 항 각 호의 사항을 증명할 수 있는 자료를 첨부하여야 한다.
⑥ 법 제11조제1항제12호에서 "대통령령으로 정하는 회사"란 다음 각 호의 회사를 말한다. 〈개정 2022. 5. 3.〉
　1. 해당 사업연도 또는 다음 사업연도 중에 주권상장법인이 되려는 회사. 다만, 다음 각목의 회사는 제외한다.
　　가. 코스닥시장에 상장된 주권을 발행한 법인(이하 "코스닥시장상장법인"이라 한다)이 되려는 「자본시장과 금융투자업에 관한 법률 시행령」 제176조의9제1항에 따른 유가증권시장에 상장된 주권을 발행한 법인(이하 "유가증권시장상장법인"이라 한다)
　　나. 유가증권시장상장법인이 되려는 코스닥시장상장법인
　　다. 코넥스시장에 주권을 상장하려는 법인
　　라. 주권상장법인이 되려는 「자본시장과 금융투자업에 관한 법률 시행령」 제6조제4항

제14호의 기업인수목적회사
2. 제21조제1항제3호부터 제5호까지 및 같은 조 제3항제1호에 해당하여 감사인이 감사 업무에 대한 계약을 해지한 회사
3. 다음 각 목의 어느 하나를 위반한 회사. 다만, 증권선물위원회가 정하는 경미한 위반 사항으로 확인된 경우는 제외한다.
  가. 법 제6조제2항부터 제5항까지의 규정에 따른 재무제표 제출 및 공시
  나. 법 제8조제1항부터 제5항까지 및 이 영 제9조에 따른 내부회계관리제도의 운영
  다. 법 제9조제1항에 따른 감사인의 자격제한
  라. 법 제10조제5항 및 제6항에 따른 감사인 선임 시 준수 사항
  마. 법 제12조에 따른 감사인 선임 등의 보고 · 통지 · 공고
  바. 법 제13조에 따른 감사인 해임 및 재선임
  사. 법 제14조에 따른 의견진술권
  아. 법 제21조에 따른 감사인의 권한
  자. 법 제22조제3항부터 제6항까지의 규정에 따른 부정행위 등의 조사 및 시정요구 등
  차. 법 제28조제2항 및 제3항에 따른 부정행위 신고자의 보호
4. 다른 법률에서 정하는 바에 따라 증권선물위원회에 감사인 지정이 의뢰된 회사
5. 금융위원회가 정하는 금액 이상의 횡령 또는 배임을 하였다는 이유로 주권상장법인이 소속 임직원(퇴임하거나 퇴직한 임직원을 포함한다. 이하 이 호에서 같다)을 고소하거 나, 그 임직원에 대하여 공소가 제기된 회사
6. 회사가 제17조제1항을 위반한 경우(제17조제1항에 따라 증권선물위원회에 제출해야하 는 자료에 거짓으로 기재되거나 표시된 내용이 있는 경우 또는 기재하거나 표시하여 야 할 사항을 빠뜨린 경우를 포함한다)

제15조(주권상장법인 등에 대한 감사인 지정) ① 증권선물위원회는 법 제11조제2항 에 따라 연속하는 6개 사업연도에 대하여 감사인을 선임한 회사에 대하여 그 다 음 사업연도부터 연속하는 3개 사업연도에 대하여 증권선물위원회가 지정하는 감 사인을 선임하거나 변경선임할 것을 요구할 수 있다.
② 법 제11조제2항제1호 단서에서 "대통령령으로 정하는 주권상장법인"이란 코넥 스시장에 상장된 법인을 말한다.
③ 법 제11조제2항제2호에서 "대통령령으로 정하는 금액"이란 직전 사업연도 말 을 기준으로 5천억원을 말한다. 다만, 다음 각 호의 어느 하나에 해당하는 회 사의 경우에는 1천억원을 말한다.〈개정 2023. 5. 2.〉
  1. 직전 사업연도 말 기준 공시대상기업집단에 속하는 국내 회사
  2. 직전 사업연도 말 기준 사업보고서 제출대상법인
④ 법 제11조제2항제2호에서 "대통령령으로 정하는 특수관계에 있는 자"란 「법인 세법 시행령」 제43조제8항에 따른 특수관계에 있는 자를 말한다.
⑤ 법 제11조제3항제2호에서 "대통령령으로 정하는 회사"란 다음 각 호의 요건을

모두 갖춘 경우로서 증권선물위원회에 감리를 신청하여 감리 결과 회계처리기준 위반이 발견되지 아니한 회사를 말한다.

1. 증권선물위원회가 감사인의 선임 또는 변경선임을 요구하는 날(이하 이 조 및 제17조에서 "지정기준일"이라 한다)부터 과거 6년 이내에 법 제26조제1항제2호에 따른 감리(이 항 제2호에 따라 신청한 감리는 제외한다)를 받지 아니하였을 것
2. 회사가 증권선물위원회에 감리를 신청한 날이 속하는 사업연도 및 그 직전 2개 사업연도의 감사 의견(내부회계관리제도에 대한 검토 의견을 포함한다. 이하 이 항에서 같다)에 회사의 내부회계관리제도에 중요한 취약점이 발견되었다는 내용이 표명되지 아니하였을 것
3. 회사가 제2호의 감사 의견을 작성한 감사인을 지정기준일 이후 도래하는 다음 3개 사업연도의 감사인으로 선임하지 아니하기로 하는 확약서를 증권선물위원회에 제출할 것
⑥ 제5항에 따른 감리 등에 관한 구체적인 기준 및 절차는 금융위원회가 정한다.

제16조(감사인 지정의 기준) ① 증권선물위원회는 법 제11조제2항에 따라 다음 각 호의 어느 하나에 해당하는 회계법인 중에서 감사인을 지정한다.

1. 법 제9조의2제1항에 따라 등록된 회계법인
2. 최근 3년간 다음 각 목의 어느 하나에 해당하는 기관으로부터 법 제29조제3항 또는 「공인회계사법」 제39조제1항에 따른 조치로서 금융위원회가 정하는 조치를 받지 아니한 회계법인
   가. 금융위원회
   나. 증권선물위원회
   다. 「공인회계사법」 제41조에 따라 설립된 한국공인회계사회(이하 "한국공인회계사회"라 한다)
② 제1항에도 불구하고 증권선물위원회는 회계법인이 다음 각 호에 해당하는 경우에는 감사인으로 지정하지 않을 수 있다. 〈개정 2022. 5. 3.〉
1. 법 제9조의2제1항에 따라 주권상장법인의 감사인으로 등록한 후 같은 조 제4항을 위반하여 등록요건을 계속 유지하지 않은 경우
2. 법 제23조제1항에 따른 감사보고서에 기재하여야 할 사항을 기재하지 아니하거나 거짓으로 기재한 혐의로 해당 회계법인에 대하여 공소가 제기된 경우
3. 법 제25조제1항에 따른 사업보고서 또는 같은 조 제5항에 따른 수시보고서에 거짓으로 기재하거나 표시한 사항이 있는 경우 또는 보고하여야 할 사항을 빠뜨린 경우
4. 증권선물위원회로부터 지정 사실을 통보받은 날부터 2주 이내에 특별한 사유 없이 해당 회사와 감사계약을 체결하지 아니한 경우
5. 그 밖에 감사인이 그 지위를 이용하여 회사에 부당한 비용 부담을 요구하는 등 금융위원회가 정하는 사유가 있는 경우
③ 증권선물위원회는 법 제11조제2항에 따라 감사인을 지정하려는 경우에는 다음 각 호의 사항을 고려하여야 한다.

1. 해당 회사의 규모나 업종
2. 해당 회계법인에 소속된 등록 공인회계사 수 및 해당 회계법인의 감사품질관리 수준
3. 법 제26조제1항에 따라 감사인을 감리 또는 평가한 결과
4. 그 밖에 금융위원회가 정하는 사항
④ 제1항부터 제3항까지에서 규정한 사항 외에 감사인을 지정하는 기준에 관한 세부적인 사항은 금융위원회가 정한다.

제17조(감사인 지정의 절차) ① 법 제11조제2항 각 호의 어느 하나에 해당하는 회사는 같은 항에 따른 감사인 선임 또는 변경선임 여부 결정에 필요한 자료를 금융위원회가 정하는 바에 따라 증권선물위원회에 전자문서로 제출하여야 한다.
② 증권선물위원회는 법 제11조제2항에 따라 감사인의 선임 또는 변경선임을 요구하려는 경우에는 해당 회사와 그 회사의 감사인으로 지정하려는 회계법인에 지정기준일부터 4주 전까지 지정 예정 내용을 문서로 통지하여야 한다. 다만, 지정 예정 내용을 신속하게 통지하여야 하는 경우로서 금융위원회가 정하는 경우에는 그 기간을 단축하거나 구두로 통지할 수 있다.
③ 제2항에 따른 통지를 받은 회사와 회계법인은 통지를 받은 날부터 2주 이내에 증권선물위원회에 의견을 제출할 수 있다.
④ 증권선물위원회는 제3항에 따른 의견이 금융위원회가 정하는 기준에 맞다고 판단되면 그 의견을 반영할 수 있다.
⑤ 증권선물위원회는 법 제11조제2항에 따라 감사인의 선임 또는 변경선임을 요구하려는 경우에는 지정기준일까지 해당 회사와 그 회사의 감사인으로 지정하는 회계법인(이하 "지정감사인"이라 한다)에 지정 내용을 통지한다. 이 경우 증권선물위원회는 회사와 지정감사인 간의 감사업무에 대한 계약(이하 "감사계약"이라 한다)을 원활하게 체결하거나 감사품질 확보 등을 위하여 적정 감사시간 또는 적정 감사보수 등을 정하여 권고할 수 있다.
⑥ 회사는 특별한 사유가 없으면 지정기준일부터 2주 이내에 감사계약을 체결하여야 한다.
⑦ 법 제11조제4항 단서에서 "대통령령으로 정하는 사유"란 다음 각 호의 경우를 말한다. 〈개정 2022. 5. 3.〉
   1. 해당 회사가 「외국인투자 촉진법」 제2조제1항제5호에 따른 외국투자가(개인은 제외하며, 이하 "외국투자가"라 한다)가 출자한 회사로서 그 출자조건에서 감사인을 한정하고 있는 경우
   2. 지정감사인이 제16조제2항제1호 및 제3호부터 제5호까지의 규정에 해당하는 경우
   3. 해당 회사가 「공인회계사법」 제33조제1항 각 호의 어느 하나에 해당되는 경우
   4. 그 밖에 다른 법령 등에 따른 제한으로 지정감사인을 감사인으로 선임할 수 없는 경

우 등 제1호부터 제3호까지의 규정에 준하여 금융위원회가 정하는 경우

⑧ 법 제11조제4항 단서에 따라 감사인을 다시 지정하여 줄 것을 요청하려는 자는 그 요청사유를 증명하는 서류를 첨부하여 제5항 전단에 따른 통지를 받은 날부터 1주 이내에 증권선물위원회에 요청하여야 한다.

⑨ 제1항부터 제8항까지에서 규정한 사항 외에 감사인 지정의 절차에 관한 세부적인 사항은 금융위원회가 정한다.

제18조(감사인 선임 등의 보고) ① 회사는 법 제12조제1항에 따라 감사인을 선임 또는 변경선임하였다는 사실을 주주(최근 주주명부 폐쇄일의 주주를 말한다) 또는 사원에게 문서로 통지하거나 인터넷 홈페이지에 선임 또는 변경선임한 감사인과의 감사계약이 종료될 때까지 공고하여야 한다.

② 회사는 법 제12조제2항 각 호 외의 부분 본문에 따라 감사계약을 체결한 날부터 2주 이내에 다음 각 호의 서류를 증권선물위원회에 전자문서로 제출하여야 한다.

　1. 해당 감사인과의 감사계약서 사본

　2. 감사위원회 개최 사실을 증명하는 서류 또는 감사인선임위원회 또는 사원총회의 감사인 선임 승인사실을 증명하는 서류

　3. 감사인을 변경선임하는 경우에는 그 사유 및 전기감사인의 의견진술 내용

③ 삭제〈2020. 10. 13.〉

④ 감사인은 법 제12조제2항 각 호 외의 부분 본문에 따라 감사계약을 체결한 날부터 2주 이내에 해당 회사와의 감사계약서 사본을 증권선물위원회에 전자문서로 제출하여야 한다.

⑤ 제2항에 따른 서류를 제출받은 증권선물위원회는 「전자정부법」 제36조제1항에 따른 행정정보의 공동이용을 통하여 해당 회사의 법인등기사항증명서를 확인해야 한다.〈개정 2020. 10. 13.〉

제19조(감사인의 해임) 법 제13조제2항에서 "직무상 의무를 위반하는 등 대통령령으로 정하는 사유에 해당하는 경우"란 다음 각 호의 어느 하나에 해당하는 경우를 말한다.

　1. 감사인이 회사의 기밀을 누설하는 등 직무상 의무를 위반한 경우

　2. 감사인이 그 임무를 게을리하여 회사에 손해를 발생하게 한 경우

　3. 감사인이 회계감사와 관련하여 부당한 요구를 하거나 압력을 행사한 경우

　4. 외국투자가가 출자한 회사로서 그 출자조건에서 감사인을 한정하고 있는 경우

　5. 지배회사 또는 종속회사가 그 지배·종속의 관계에 있는 회사와 같은 지정감사인을 선임하여야 하는 경우

제20조(전기감사인의 의견진술권) ① 회사는 법 제14조제1항에 따라 전기감사인에게 새로운 감사인과의 감사계약 체결 2주 전까지 문서 또는 구술로 의견을 진술

할 수 있다는 사실을 문서로 통지하여야 한다.

② 회사는 법 제13조제2항에 따라 해임되는 전기감사인이 의견을 진술한 경우에는 지체 없이 다음 각 호의 사항을 금융위원회가 정하는 바에 따라 증권선물위원회에 문서로 제출하여야 한다.

1. 전기감사인을 해임한 사유
2. 전기감사인이 진술한 의견
3. 감사위원회 위원 전원 또는 감사인선임위원회 위원 중 과반수가 제1호 및 제2호의 내용을 확인하고 서명한 사실

제21조(감사인의 감사계약 해지) ① 법 제15조제1항에서 "회계감사기준에서 정하는 독립성이 훼손된 경우 등 대통령령으로 정하는 사유에 해당하는 경우"란 다음 각 호의 어느 하나에 해당하는 경우를 말한다.

1. 법 제9조에 따라 감사인이 될 수 없는 경우
2. 다음 각 목의 어느 하나에 해당하는 경우
   가. 회계감사기준에서 정하는 독립성이 훼손된 경우로서 증권선물위원회가 인정하는 경우
   나. 「공인회계사법」 제43조제1항에 따른 직업윤리에 관한 규정에서 정한 감사인의 독립성이 훼손된 경우로서 증권선물위원회가 인정하는 경우
3. 회사가 직전 사업연도 또는 해당 사업연도 중 감사보수 지급에 관한 감사계약에 따른 의무를 이행하지 아니한 경우
4. 감사계약을 체결한 후 회사의 합병, 분할 또는 사업의 양도·양수로 주요 사업부문의 성격이나 회사의 규모가 현저히 달라졌으나 감사보수에 대한 재계약이 이루어지지 아니한 경우
5. 감사인(주권상장법인, 대형비상장주식회사 또는 금융회사의 감사인으로 한정한다)이 감사업무(「자본시장과 금융투자업에 관한 법률 시행령」 제170조제1항에 따라 반기보고서 또는 분기보고서에 첨부하는 회계감사인의 확인 및 의견 표시를 위하여 수행하는 업무를 포함한다)와 관련하여 회사에 자료를 요청하였으나 회사가 특별한 사유 없이 요청한 자료를 제출하지 아니하여 감사업무에 현저한 지장을 주었다고 인정되는 경우

② 감사인이 제1항제3호부터 제5호까지의 규정에 따른 사유로 감사계약을 해지할 수 있는 기한은 해당 회사의 사업연도가 시작된 후 9개월이 되는 날이 속하는 달의 초일로 한다.

③ 법 제15조제2항에서 "감사의견과 관련하여 부당한 요구나 압력을 받은 경우 등 대통령령으로 정하는 사유에 해당하는 경우"란 다음 각 호의 어느 하나에 해당하는 경우를 말한다.

1. 「상법」 제635조제1항 각 호 외의 부분 본문에서 규정한 자, 회사의 회계업무를 담당하는 자, 주주 또는 채권자로부터 감사 의견과 관련하여 부당한 요구나 압력을 받은 경우
2. 법 제8조제6항 단서에 따른 내부회계관리제도 감사 의견에 2개 사업연도 연속하여 중요한 취약점이 발견되었다는 내용이 포함된 경우

④ 감사인은 법 제15조제3항에 따라 감사계약을 해지한 후에 지체 없이 다음 각 호의 사항을 금융위원회가 정하는 바에 따라 증권선물위원회에 보고하여야 한다.
  1. 감사계약을 해지한 사유 및 그 사유를 증명할 수 있는 자료
  2. 감사계약 해지에 대한 해당 회사의 의견
  3. 그 밖에 금융위원회가 정하는 사항

제22조(회계감사기준) ① 회계감사기준에는 다음 각 호의 사항이 포함되어야 한다.
  1. 감사인의 독립성을 유지하기 위한 요건
  2. 감사계획의 수립 방법과 감사 절차
  3. 감사 의견의 구분 및 결정 방법
  4. 감사조서의 작성 등 감사업무의 관리
  5. 감사결과의 보고기준
② 회계감사기준에 관한 사항을 심의·의결하기 위하여 한국공인회계사회에 11명 이내의 위원으로 구성되는 회계감사기준위원회를 둔다.
③ 제2항에 따른 회계감사기준위원회의 구성 및 운영 등에 필요한 사항은 총리령으로 정한다.
④ 한국공인회계사회는 법 제16조제2항에 따라 회계감사기준에 대한 금융위원회의 사전승인을 받기 위하여 회계감사기준 제정안 또는 개정안을 회계감사기준위원회의 심의·의결을 거쳐 금융위원회에 제출하여야 한다.
⑤ 금융위원회는 이해관계인의 보호, 국제적 회계감사기준과의 합치 등을 위하여 필요한 경우 한국공인회계사회에 회계감사기준의 개정을 요청할 수 있다.

제23조(표준 감사시간 제정·변경 절차 등) ① 법 제16조의2제1항 후단에서 "금융감독원 등 대통령령으로 정하는 이해관계자"란 다음 각 호의 자를 말한다.
  1. 회사
  2. 회계법인
  3. 투자자 또는 회사의 재무제표를 분석하는 업무를 수행하는 사람 등 회계정보이용자
  4. 금융감독원
② 한국공인회계사회는 표준 감사시간을 공정하게 정하기 위하여 표준감사시간심의위원회(이하 이 조에서 "위원회"라 한다)를 둔다.
③ 위원회는 위원장 1명을 포함한 15명 이내의 위원으로 구성한다. 이 경우 위원회의 위원(이하 이 조에서 "위원"이라 한다)은 회사·회계법인을 대표하는 위원 각각 5명, 투자자 또는 회사의 재무제표를 분석하는 업무를 수행하는 사람 등 회계정보이용자를 대표하는 위원 4명, 금융감독원장이 추천하는 위원 1명으로 구성한다.
④ 회사를 대표하는 위원은 다음 각 호의 사람이 1명씩 추천하며, 한국공인회계사

회 회장이 위촉한다.

1. 「자본시장과 금융투자업에 관한 법률」 제370조에 따른 허가를 받은 한국상장회사협의회 회장
2. 「자본시장과 금융투자업에 관한 법률」 제370조에 따른 허가를 받은 한국코스닥협회 회장
3. 「상공회의소법」에 따라 설립된 대한상공회의소 회장
4. 「중소기업협동조합법」에 따라 설립된 중소기업중앙회 회장
5. 그 밖에 금융위원회가 정하는 단체의 장

⑤ 회계법인 및 회계정보이용자를 대표하는 위원은 한국공인회계사회 회장이 위촉한다.

⑥ 위원회의 위원장은 회계정보이용자를 대표하는 위원 중에서 한국공인회계사회 회장이 위촉한다.

⑦ 위원회의 회의는 재적위원 3분의 2 이상의 출석으로 개의하고, 출석위원 과반수의 찬성으로 의결한다. 〈신설 2020. 10. 13.〉

⑧ 한국공인회계사회는 위원회 심의를 거친 표준 감사시간 제정안 또는 개정안을 20일 이상 인터넷 홈페이지에 공고하고, 공청회를 개최하여야 한다. 〈개정 2020. 10. 13.〉

⑨ 한국공인회계사회는 위원회의 심의를 거쳐 표준 감사시간을 정한다. 〈개정 2020. 10. 13.〉

⑩ 제1항부터 제9항까지에서 규정한 사항 외에 위원회 운영 등에 필요한 세부적인 사항은 한국공인회계사회가 정한다. 〈개정 2020. 10. 13.〉

제24조(품질관리기준) ① 법 제17조제1항에 따른 품질관리기준(이하 "품질관리기준"이라 한다)에는 다음 각 호의 사항이 포함되어야 한다. 이 경우 회계법인의 형태나 규모 등을 고려하여 그 내용 및 적용 방식을 달리 정할 수 있다.

1. 회계법인의 경영진 등 감사업무의 품질관리를 위한 제도를 만들고 운영하는 자의 책임
2. 감사인의 독립성 등 윤리적 요구사항을 준수하는 데 필요한 내부통제 방안
3. 감사대상 회사의 위험에 대한 평가 등 감사업무를 맡고 유지하는 데 필요한 내부통제 방안
4. 감사업무수행 인력 및 감사업무의 품질관리 인력의 운영
5. 감사업무의 품질관리에 필요한 업무방식
6. 제1호부터 제5호까지의 규정에 따른 사항을 지속적으로 점검하고 평가하는 업무와 관련된 사항

② 한국공인회계사회는 법 제17조제2항에 따라 품질관리기준에 대한 금융위원회의 사전승인을 받기 위하여 품질관리기준 제정안 또는 개정안을 회계감사기준위원회의 심의·의결을 거쳐 금융위원회에 제출하여야 한다.

③ 금융위원회는 이해관계인의 보호, 국제적 품질관리기준과의 합치 등을 위하여 필요한 경우 한국공인회계사회에 대하여 품질관리기준의 개정을 요구할 수 있다. 이 경우 한국공인회계사회는 특별한 사유가 없으면 이에 따라야 한다.

제25조(감사보고서의 첨부서류) ① 법 제18조제3항에 따라 감사인은 다음 각 호의 사항을 감사보고서에 첨부하여야 한다.

1. 직무 또는 직급에 따라 구분된 외부감사 참여인원과 총 외부감사 참여인원
2. 제1호에 따라 구분된 외부감사 참여인원별 감사 시간과 총 감사 시간
3. 회계감사기준에 따른 감사절차에 따라 수행한 주요 감사 내용(감사인이 감사업무와 관련하여 외부 전문가로부터 자문·조언 등의 용역을 제공받은 경우 그 내용을 포함한다)
4. 감사 또는 감사위원회와의 대면 회의 횟수, 각 회의의 참석자 및 주요 논의 내용

② 제1항에 따라 첨부하여야 하는 사항에 관한 서류의 작성서식 및 그 밖의 세부적인 사항은 금융위원회가 정한다.

제26조(관계회사의 범위 등) ① 법 제21조제1항 전단에서 "해당 회사의 주식 또는 지분을 일정 비율 이상 소유하고 있는 등 대통령령으로 정하는 관계에 있는 회사"란 다음 각 호의 어느 하나에 해당하는 회사를 말한다.

1. 제3조제1항에 따른 지배·종속의 관계에 있는 종속회사
2. 회계처리기준에 따른 관계기업(종속회사는 아니지만 투자자가 일정한 영향력을 보유하는 기업을 말한다)
3. 회계처리기준에 따른 공동기업(둘 이상의 투자자가 공동으로 지배하는 기업을 말한다)
4. 그 밖에 해당 회사와 이해관계가 있는 것으로 금융위원회가 정하는 회사

② 법 제21조에 따라 감사인이 제출 요구 또는 협조 요청을 할 수 있는 자료는 장부, 서류 및 전자문서(회사 경영 과정에서 발생하는 정보를 전산처리하는 시스템에 축적된 전자파일 등을 포함한다) 등 그 형태에 관계없이 감사인이 감사업무를 수행하는 데 필요한 정보를 효과적으로 제공할 수 있는 매체로 한다.

제27조(감사보고서의 제출 등) ① 법 제23조제1항 본문에 따라 감사인이 감사보고서를 회사에 제출하여야 하는 기한은 다음 각 호의 구분에 따른다.

1. 한국채택국제회계기준을 적용하는 회사: 정기총회 개최 1주 전(회생절차가 진행 중인 회사의 경우에는 사업연도 종료 후 3개월 이내)
2. 한국채택국제회계기준을 적용하지 아니하는 회사: 다음 각 목의 구분에 따른 기한
   가. 재무제표: 제1호의 기한
   나. 연결재무제표: 사업연도 종료 후 120일 이내(사업보고서 제출대상법인 중 직전 사업연도 말 현재 자산총액이 2조원 이상인 법인의 경우에는 사업연도 종료 후 90일 이내)

② 제1항에도 불구하고 감사인은 회사가 사업보고서 제출기한 이후 정기총회를

개최하는 경우로서 해당 회사의 재무제표(한국채택국제회계기준을 적용하지 아니하는 회사의 연결재무제표는 제외한다)를 감사하는 경우에는 감사보고서를 사업보고서 제출기한 1주 전(회생절차가 진행 중인 회사는 사업연도 종료 후 3개월 이내)까지 회사에 제출하여야 한다.

③ 법 제23조제1항 본문에 따라 감사인이 감사보고서를 증권선물위원회 및 한국공인회계사회에 제출해야 하는 기한은 다음 각 호의 구분에 따른다.

  1. 재무제표: 정기총회 종료 후 2주 이내(회생절차가 진행 중인 회사인 경우에는 해당 회사의 관리인에게 보고한 후 2주 이내)

  2. 연결재무제표: 다음 각 목의 구분에 따른 기한

    가. 한국채택국제회계기준을 적용하는 회사: 제1호의 기한. 이 경우 재무제표에 대한 감사보고서와 동시에 제출한다.

    나. 한국채택국제회계기준을 적용하지 아니하는 회사: 사업연도 종료 후 120일 이내(사업보고서 제출대상법인 중 직전 사업연도 말 현재 자산총액이 2조원 이상인 법인의 경우에는 사업연도 종료 후 90일 이내)

④ 증권선물위원회 및 한국공인회계사회는 제3항에 따라 감사인으로부터 제출받은 감사보고서를 법 제23조제2항 본문에 따라 3년 동안 일반인이 열람할 수 있도록 하고, 인터넷 홈페이지에 게시하여야 한다.

⑤ 회사는 법 제23조제3항 본문에 따라 재무제표를 정기총회 또는 이사회 승인을 받은 날부터 2주 이내에 증권선물위원회에 제출하여야 한다. 다만, 회생절차가 진행 중인 회사의 경우에는 그 회사의 관리인에게 보고하여 승인받은 날부터 2주 이내에 증권선물위원회에 제출하여야 한다.

⑥ 법 제23조제4항에서 "대주주 및 그 대주주와 특수관계에 있는 자의 소유주식현황 등 대통령령으로 정하는 서류"란 대주주 및 그 대주주와 특수관계에 있는 자의 소유주식현황과 그 변동내용 등을 기재한 문서를 말한다.

⑦ 회사가 법 제23조제5항에 따라 재무제표와 감사인의 감사보고서를 비치·공시할 때에는 다음 각 호의 방법에 따른다.

  1. 재무제표 및 감사보고서: 다음 각 목의 구분에 따른 방법

    가. 주식회사:「상법」제448조제1항에 따라 비치·공시

    나. 유한회사:「상법」제579조의3제1항에 따라 비치·공시

  2. 연결재무제표 및 감사보고서: 제1항에 따른 제출기한이 지난 날부터 본점에 5년간, 지점에 3년간 비치·공시

⑧ 제1항, 제2항, 제5항 및 제6항에 따른 감사보고서 등은 금융위원회가 정하는 바에 따라 전자문서로 제출하여야 한다.

제28조(회계법인의 사업보고서 제출과 비치·공시 등) ① 회계법인인 감사인은 법 제25조제3항에 따라 사업보고서를 해당 사업연도 종료일부터 3년간 주사무소와

분사무소에 각각 비치하고, 인터넷 홈페이지에 공시해야 한다. 이 경우 사업보고서(법 제9조의2제1항에 따라 등록한 회계법인인 감사인이 제출한 사업보고서로 한정한다) 내용 중 회계법인의 지배구조 등 감사업무의 품질관리와 관련하여 중요한 사항은 금융위원회가 정하는 바에 따라 별도로 인터넷 홈페이지에 공시해야 한다. 〈개정 2022. 5. 3.〉

② 증권선물위원회와 한국공인회계사회는 법 제25조제4항에 따라 사업보고서를 3년 동안 일반인이 열람할 수 있도록 하고, 인터넷 홈페이지에 공시하여야 한다.

③ 법 제25조제5항에서 "대통령령으로 정하는 사실"이란 다음 각 호의 사항을 말한다.

  1. 감사업무 수행 과정에서 중요 사항이 나타난 사실

  2. 회계법인의 내부에 중요한 변화가 발생한 사실

  3. 행정청의 처분 등 외부환경의 변화로 회계법인의 경영에 중요한 변화가 발생한 사실

  4. 그 밖에 감사업무의 이해관계자 보호 등을 위하여 긴급하게 공시하여야 할 필요가 있다고 금융위원회가 정하는 사항

제29조(증권선물위원회의 감리업무 등) 법 제26조제1항제4호에서 "대통령령으로 정하는 업무"란 다음 각 호의 업무를 말한다.

  1. 회사가 내부회계관리제도를 법 제8조에 따라 운영했는지에 대한 감리(법 제26조제1항제2호의 감리 업무를 수행하는 데 필요한 경우로 한정한다) 업무

  2. 주권상장법인의 감사인으로 등록한 자가 법 제9조의2제4항에 따라 같은 조 제1항 각 호의 등록요건을 유지하는지에 대한 감리 업무

[전문개정 2022. 5. 3.]

제30조(자료의 제출요구 등) 법 제27조제3항 전단에서 "대통령령으로 정하는 자료"란 증권선물위원회가 법 제11조제1항 및 제2항에 따라 감사인의 선임 또는 변경선임을 요구하는 데 필요한 회사의 상호, 대표자의 성명, 본점 주소, 사업자등록번호, 법인등록번호, 전화번호, 사업연도의 기간과 그 개시일 및 종료일, 자산총액, 부채총액, 매출액, 종업원 수 및 법인유형 등 국세청의 과세 관련 자료를 말한다.

제31조(부정행위 신고 또는 고지) ① 법 제28조제1항에 따른 신고 또는 고지는 다음 각 호의 구분에 따라 하여야 한다.

  1. 감사인(소속 공인회계사를 포함한다. 이하 이 조 및 제32조에서 같다)이 법 제28조제1항 각 호의 행위(이하 "위반행위"라 한다)를 한 경우(회사의 임직원과 감사인이 공동으로 위반행위를 한 경우를 포함한다): 증권선물위원회에 신고

  2. 회사의 임직원이 위반행위를 한 경우: 그 회사의 감사인 또는 감사에게 고지하거나 증권선물위원회에 신고

② 법 제28조제1항에 따른 신고 또는 고지를 하는 자(이하 "신고자등"이라 한다)

는 다음 각 호의 사항을 적은 문서(이하 "신고서"라 한다)에 위반행위의 증거 등을 첨부하여 제출하여야 한다.

1. 신고자등의 인적사항
2. 위반행위를 한 자
3. 위반행위의 내용
4. 신고 또는 고지의 취지 및 이유

③ 신고자등은 제2항에도 불구하고 신고서를 제출할 수 없는 특별한 사정이 있는 경우에는 구술(口述)로 위반행위를 신고하거나 고지할 수 있다. 이 경우 위반행위의 증거 등을 제출하여야 한다.

④ 제3항에 따른 구술신고 또는 구술고지를 받는 자는 신고서에 신고자등이 말한 사항을 적은 후 신고자등에게 보여주거나 읽어 들려주고 신고자등이 그 신고서에 서명하거나 도장을 찍도록 하여야 한다.

⑤ 제1항제2호에 따른 고지를 받은 감사인 또는 감사는 신고서 및 신고자등으로부터 받은 증거 등을 신속하게 증권선물위원회에 넘겨야 한다.

⑥ 증권선물위원회는 신고 또는 고지 사항에 대하여 신고자등을 대상으로 인적사항, 신고 또는 고지의 경위와 취지 및 그 밖에 신고 또는 고지의 내용을 특정하는 데 필요한 사항 등을 확인할 수 있다. 이 경우 증권선물위원회는 해당 사항의 진위 여부를 확인하는 데 필요한 범위에서 신고자등에게 필요한 자료의 제출을 요구할 수 있다.

⑦ 제1항에 따라 증권선물위원회에 위반행위를 신고(제3항에 따라 구술로 위반행위를 신고하는 경우를 포함한다)하는 자는 제2항에도 불구하고 같은 항 제1호의 사항을 적지 않고 신고서를 제출할 수 있다. 이 경우 제33조제1항 전단에 따라 해당 신고가 위반행위로 의결된 경우에는 금융위원회가 정하는 바에 따라 제2항제1호의 사항을 제출할 수 있다.〈신설 2023. 5. 2.〉

⑧ 제1항부터 제7항까지에서 규정한 사항 외에 신고자등이 증권선물위원회에 신고하거나 해당 회사의 감사인 또는 감사에게 고지하는 방법 등은 금융위원회가 정한다.〈개정 2023. 5. 2.〉

제32조(신고자등에 대한 조치의 감면) ① 증권선물위원회는 법 제28조제1항에 따라 신고자등에 대하여 법 제29조에 따른 조치를 감면(減免)할 때에는 다음 각 호의 구분에 따른다.

1. 신고자등이 다음 각 목의 요건을 모두 갖춘 경우: 법 제29조에 따른 조치의 감경 또는 면제
   가. 신고자등이 신고하거나 고지한 위반행위의 주도적 역할을 하지 않았고, 다른 관련자들에게 이를 강요한 사실이 없을 것

나. 증권선물위원회, 감사인 및 감사가 신고자등이 신고하거나 고지한 위반행위에 관한 정보를 입수하지 않았거나 정보를 입수하고 있어도 충분한 증거를 확보하지 않은 상황에서 신고하거나 고지하였을 것

　　다. 위반행위를 신고하거나 고지하였으며, 그 위반행위를 증명하는 데 필요한 증거를 제공하고 조사가 완료될 때까지 협조하였을 것

　2. 신고자등이 제1호 각 목의 요건 중 하나 이상의 요건을 갖춘 경우: 법 제29조에 따른 조치의 감경

② 제1항 각 호에 따른 감면의 세부기준은 금융위원회가 정하여 고시한다.

[전문개정 2023. 5. 2.]

제33조(신고자등에 대한 포상) ① 증권선물위원회는 법 제28조제5항에 따라 같은 조 제1항에 따른 신고 행위를 위반행위로 의결한 날부터 4개월 이내(특별한 사정이 있는 경우를 제외한다)에 10억원의 범위에서 신고된 위반행위의 중요도와 위반행위의 적발 또는 그에 따른 조치 등에 대한 기여도 등을 고려하여 포상금의 지급 여부 및 지급액 등을 심의·의결하여야 한다. 이 경우 금융위원회는 그 심의·의결일부터 1개월 이내에 포상금을 지급한다.

② 그 밖에 포상금 지급기준 등 포상금 지급에 필요한 사항은 금융위원회가 정한다.

제34조(품질관리기준 감리 후 개선권고 이행 점검) ① 증권선물위원회는 법 제29조제5항에 따라 감사인으로부터 개선권고사항 이행계획 및 실적 등을 문서로 제출받고 필요한 경우 현장조사를 할 수 있다.

② 감사인이 증권선물위원회의 개선권고사항을 금융위원회가 정하는 기한까지 이행하지 아니할 때에는 그 경위 및 향후 처리방안을 증권선물위원회에 지체 없이 보고하여야 한다.

③ 제1항 및 제2항에서 규정한 사항 외에 개선권고사항의 이행 점검에 필요한 세부적인 사항은 금융위원회가 정한다.

제35조(품질관리기준 감리 후 개선권고사항 등의 공개) ① 증권선물위원회는 법 제29조제6항에 따라 같은 조 제5항의 개선권고사항을 해당 감사인에 개선권고를 한 날부터 3년 이내의 기간 동안 외부에 공개할 수 있다.

② 증권선물위원회는 법 제29조제7항에 따라 감사인이 같은 조 제5항에 따른 개선권고를 받은 날부터 1년 이내에 정당한 이유 없이 해당 개선권고사항을 이행하지 아니하는 경우에는 증권선물위원회가 그 사실을 확인한 날부터 3년 이내의 기간 동안 그 사실을 외부에 공개할 수 있다.

③ 증권선물위원회는 제1항 및 제2항에 따른 공개를 하기 전에 해당 감사인의 의견을 청취하여야 한다.

④ 제1항부터 제3항까지에서 규정한 사항 외에 개선권고사항 및 미이행 사실 등의 공개에 필요한 사항은 금융위원회가 정한다.

제36조(위반행위의 공시 등) ① 법 제30조제1항제4호에서 "「금융실명거래 및 비밀보장에 관한 법률」 등 대통령령으로 정하는 금융 관련 법령"이란 「기업구조조정투자회사법 시행령」 제5조제1항 각 호의 법령을 말한다.

② 법 제30조제2항에서 "대통령령으로 정하는 금융기관"이란 다음 각 호의 금융기관을 말한다.

  1. 「은행법」에 따라 인가를 받은 은행(같은 법 제59조에 따라 은행으로 보는 자를 포함한다)

  2. 「농업협동조합법」에 따른 농협은행

  3. 「수산업협동조합법」에 따른 수협은행

  4. 「한국산업은행법」에 따른 한국산업은행

  5. 「한국수출입은행법」에 따른 한국수출입은행

  6. 「중소기업은행법」에 따른 중소기업은행

  7. 「자본시장과 금융투자업에 관한 법률」에 따른 집합투자업자, 신탁업자 및 종합금융회사

  8. 「보험업법」에 따른 보험회사

  9. 「신용보증기금법」에 따른 신용보증기금

  10. 「기술보증기금법」에 따른 기술보증기금

  11. 그 밖에 회사에 대한 신용공여의 심사 등에 반영하기 위하여 증권선물위원회에 감리 결과 등의 통보를 요청하는 금융기관

제37조(손해배상책임) ① 법 제31조제5항에서 "대통령령으로 정하는 금액 이하에 해당하는 경우"란 손해배상을 청구한 날이 속하는 달의 직전 12개월간 손해배상을 청구하는 자의 소득인정액(「국민기초생활 보장법」 제2조제9호에 따른 소득인정액을 말한다)을 합산한 금액이 1억5천만원 이하인 경우를 말한다.

② 법 제31조제6항에 따른 손해액의 추가 배상 책임은 같은 조 제4항 단서에 따라 손해를 배상할 책임이 있는 자 중 배상능력이 없는 자를 제외한 자가 그 배상능력이 없는 자로 인하여 배상하지 못하는 손해액에 대하여 같은 항 단서에 따라 정해진 각자 책임비율의 50퍼센트 내에서 그 책임비율에 비례하여 정한다.

제38조(손해배상책임보험의 가입 등) ① 법 제32조제1항 단서에서 "대통령령으로 정하는 배상책임보험"이란 다음 각 호의 요건을 모두 갖춘 손해배상책임보험(이하 이 조에서 "손해배상책임보험"이라 한다)을 말한다.

  1. 보상한도가 그 회계법인에 소속된 공인회계사의 수에 5천만원을 곱하여 산출한 금액 (그 산출금액이 30억원 미만인 경우에는 30억원) 이상인 보험

  2. 사고 한 건당 보상한도와 회계법인의 자기부담금이 금융위원회의 승인을 받아 한국공

인회계사회가 정하는 기준에 맞는 보험

② 회계법인은 손해배상책임보험에 가입한 경우에는 증명서류를 갖추어 한국공인 회계사회에 그 사실을 통지하여야 한다.

③ 한국공인회계사회는 손해배상책임보험에 가입한 회계법인이 다음 각 호의 어느 하나에 해당하는 경우에는 그 회계법인이 법 제32조제2항에 따라 적립한 연간 적립금(연간적립금 운용에 따른 수익금을 포함한다)을 반환하여야 한다.

1. 회계법인이 가입한 손해배상책임보험이 가입 전에 발생한 손해배상책임을 보장하는 보험인 경우

2. 소멸시효 완성 등의 사유로 손해배상책임보험 가입 전에 발생한 손해배상책임이 소멸한 경우

제39조(손해배상공동기금의 적립금액 등) ① 법 제32조제2항에 따라 회계법인이 같은 조 제1항에 따른 손해배상공동기금(이하 "공동기금"이라 한다)으로 적립하여야 하는 기본적립금은 다음 각 호의 구분에 따른 금액으로 한다.

1. 회계법인에 소속된 공인회계사의 수(산정방법은 한국공인회계사회가 정하는 바에 따른다. 이하 같다)가 100명 미만인 경우: 5천만원

2. 회계법인에 소속된 공인회계사의 수가 100명 이상인 경우: 2억5천만원

② 법 제32조제2항에 따른 적립한도는 직전 2개 사업연도와 해당 사업연도 감사보수 평균의 20퍼센트로 한다. 이 경우 적립금 총액(회계법인이 공동기금으로 적립하여야 하는 기본적립금과 연간적립금의 누계액 및 그 운용수익금의 합계액을 말한다. 이하 이 조 및 제42조에서 같다) 산정 시 법 제29조제3항제3호에 따른 추가 적립금은 제외한다.

③ 회계법인이 매년 공동기금으로 적립하여야 하는 연간적립금은 해당 사업연도 감사보수의 4퍼센트로 한다. 다만, 금융위원회는 회계법인의 감사보수 증가율, 적립금 총액 또는 법 제33조제5항에 따른 공동기금의 실질잔액 등을 고려하여 회계법인이 연간적립금의 적립비율을 달리하여 적립하게 할 수 있다.

④ 제3항에도 불구하고 증권선물위원회는 법 제29조제3항제3호에 해당하는 회계법인에 직전 사업연도 감사보수의 3퍼센트 이내의 금액을 연간적립금으로 추가 적립하게 할 수 있다.

⑤ 한국공인회계사회는 제4항에 따라 추가로 적립된 연간적립금(그 적립금의 운용수익금은 제외한다)에 대하여 추가 적립의 원인이 되는 감사업무에 대한 법 제31조제9항에 따른 손해배상 청구권 행사기간이 끝났을 때에는 이를 적립한 회계법인의 반환청구에 따라 반환한다. 다만, 손해배상 청구권 행사기간 종료일에 그 감사업무를 원인으로 하여 법 제31조에 따른 손해배상을 청구하는 소송이 진행 중인 경우에는 그 소송의 확정판결이 내려진 후에 반환한다.

⑥ 회계법인은 다음 각 호의 어느 하나에 해당하는 경우 해당 초과분에 상당하는 금액을 인출할 수 있다.

  1. 제1항제2호에 해당하는 회계법인이 같은 항 제1호에 해당하게 된 경우: 기본적립금의 초과분(초과분 운용에 따른 수익금을 포함한다)

  2. 해당 회계법인의 적립금 총액이 적립한도의 110퍼센트를 넘게 된 경우: 적립한도의 초과분

제40조(공동기금의 적립시기) 회계법인은 다음 각 호의 구분에 따른 기간에 기본적립금과 연간적립금을 공동기금으로 적립하여야 한다.

  1. 기본적립금: 설립인가일부터 1년 이내. 다만, 사업연도 중에 공인회계사의 수가 증가하여 100명 이상이 된 경우에는 그 다음 사업연도 종료일 이내로 한다.

  2. 연간적립금: 매 사업연도 종료일부터 3개월 이내

제41조(공동기금의 양도) ① 회계법인은 법 제32조제3항에 따라 「공인회계사법」 제37조제1항 각 호(제3호는 제외한다)의 사유로 해산하는 경우 공동기금을 양도할 수 있다.

② 회계법인은 제1항에 따른 양도를 하는 경우 그 사유 발생일(승인이 필요한 경우에는 그 승인일)부터 3년이 지난 날(이하 이 항에서 "양도가능일"이라 한다) 이후 공동기금을 양도할 수 있다. 다만, 양도가능일에 법 제31조에 따른 해당 회계법인의 손해배상책임과 관련한 소송이 진행 중인 경우에는 그 소송의 확정판결에 따른 공동기금의 지급이 종료된 날부터 양도할 수 있다.

제42조(공동기금의 지급 및 한도 등) ① 한국공인회계사회는 법 제33조제1항에 따라 공동기금을 지급할 때에는 그 손해배상의 원인을 제공한 회계법인(이하 이 조에서 "배상책임법인"이라 한다)이 적립한 공동기금을 우선 사용하여야 하며, 부족분에 대해서는 같은 조 제2항에 따른 회계법인별 한도(회계법인이 한국공인회계사회에 공동기금 지급을 신청한 날의 직전 사업연도 말 적립금 총액의 2배를 말한다. 이하 이 조에서 같다) 내에서 다른 회계법인이 적립한 금액을 그 적립금액에 비례하여 사용한다. 이 경우 회계법인별 한도 산정 시 법 제29조제3항제3호에 따른 추가 적립금은 적립금 총액에서 제외한다.

② 한국공인회계사회는 제1항에 따라 지급을 하는 경우 신청자별로 지급하여야 할 배상금액의 총계가 회계법인별 한도를 넘게 된 경우에는 회계법인별 한도 내에서 한국공인회계사회가 산정하는 기준에 따라 신청자에게 나누어 지급한다.

③ 법 제33조제2항에 따른 신청자별 한도는 신청자의 손해배상 확정판결 금액과 3천만원 중 적은 금액으로 한다.

④ 한국공인회계사회는 법 제33조제4항에 따라 배상책임법인의 적립금 총액을 넘

게 지급한 금액에 대하여 구상권(求償權)을 행사한다.

⑤ 한국공인회계사회는 제4항에 따라 구상한 경우 다른 회계법인이 적립한 공동기금의 사용분을 그 사용비율에 따라 우선하여 보전(補塡)한다.

⑥ 한국공인회계사회는 공동기금의 사용으로 공동기금의 실질잔액이 기본적립금보다 적게 된 경우에 법 제33조제5항에 따라 1년 이내의 기간을 정하여 해당 회계법인으로 하여금 그 부족한 금액을 적립하게 하여야 한다. 다만, 배상책임법인은 그 부족한 금액을 즉시 적립하여야 한다.

제43조(과징금 부과기준 및 부과 · 징수) ① 법 제36조제1항 각 호 외의 부분에서 "대통령령으로 정하는 기준"이란 별표 1의 기준을 말한다.

② 법 제35조에 따라 과징금을 부과하는 경우에는 금융위원회가 정하여 고시하는 방법에 따라 그 위반행위의 종별과 해당 과징금의 금액을 명시하여 이를 납부할 것을 문서로 통지하여야 하고, 통지를 받은 자는 통지를 받은 날부터 60일 이내에 금융위원회가 정하여 고시하는 수납기관에 과징금을 납부하여야 한다.

제44조(업무의 위탁) ① 금융위원회는 「금융위원회의 설치 등에 관한 법률」 제71조에 따라 법 제9조의2제1항에 따른 등록 심사에 관한 업무를 금융감독원장에게 위탁한다.

② 증권선물위원회는 법 제38조제1항에 따라 다음 각 호의 업무를 금융감독원장에게 위탁한다.〈개정 2022. 5. 3.〉

1. 법 제6조제4항에 따라 회사(주권상장법인은 제외한다)가 제출하는 재무제표를 접수하는 업무

1의2. 법 제6조제4항 및 이 영 제8조에 따라 재무제표의 제출 기한 · 방법 · 절차 등을 준수하였는지 점검하는 업무

2. 주권상장법인이 법 제6조제4항에 따른 제출기한을 넘겨 재무제표를 제출하는 경우 같은 조 제5항에 따라 그 사유를 접수하고 공시하는 업무

3. 법 제11조 및 이 영 제17조에 따른 감사인 지정 관련 서류 접수, 자료제출 요구 및 심사, 지정감사인 선정 또는 지정 결과 통보 등 집행에 관한 업무

4. 법 제12조제2항에 따라 회사가 감사인 선임 또는 변경선임 사실을 보고하는 경우에 그 보고 내용을 접수 · 심사하는 업무

5. 법 제13조제3항에 따라 주권상장법인, 대형비상장주식회사 또는 금융회사가 감사계약 해지 또는 감사인 해임 사실을 보고하는 경우에 그 보고 내용을 접수하는 업무

6. 법 제14조제2항에 따른 의견 진술의 보고를 접수하는 업무

7. 법 제15조제3항에 따른 감사계약 해지 사실의 보고를 접수하는 업무

8. 법 제23조제1항에 따라 제출하는 감사보고서를 접수하는 업무

9. 법 제23조제2항에 따라 감사인으로부터 제출받은 감사보고서를 일반인이 열람하도록 하는 업무

10. 법 제23조제3항에 따라 제출하는 재무제표를 접수하는 업무
11. 법 제23조제4항에 따라 제출하는 서류를 접수하는 업무
12. 법 제25조제1항에 따라 제출하는 사업보고서를 접수하는 업무
13. 법 제25조제4항에 따라 회계법인으로부터 제출받은 사업보고서를 일반인이 열람하도록 하는 업무
14. 법 제25조제5항에 따라 제출하는 보고서를 접수하는 업무
15. 법 제26조제1항제1호·제3호 및 이 영 제29조제2호에 따라 다음 각 목의 감사인에 대하여 감리 또는 평가를 하는 업무(이하 이 호 및 제4항에서 "감사인 감리등"이라 한다)
　가. 주권상장법인 감사인
　나. 금융감독원장의 감사인 감리등이 필요하다고 금융위원장 또는 증권선물위원회 위원장이 정하여 금융감독원장에게 통지한 감사인
16. 법 제26조제1항제2호 및 이 영 제29조제1호에 따라 다음 각 목의 회사에 대하여 감리를 하는 업무(이하 이 호 및 제4항에서 "회사 감리등"이라 한다)
　가. 사업보고서 제출대상 법인
　나. 「금융위원회의 설치 등에 관한 법률」 제38조 각 호의 기관
　다. 금융감독원장의 회사 감리등이 필요하다고 금융위원장 또는 증권선물위원회 위원장이 정하여 금융감독원장에게 통지한 회사
17. 법 제27조제1항·제3항 및 제4항에 따른 업무(이 조 제4항제2호의 업무는 제외한다)
18. 법 제29조제1항·제3항 또는 제4항에 따른 조치 중 금융위원회가 정하는 업무(이 항 제15호 및 제16호에 관한 업무에 한정한다)
19. 법 제29조제5항에 따라 감사인이 증권선물위원회의 개선권고를 이행하는지를 점검하는 업무
19의2. 법 제29조제6항에 따라 감사인에 대한 개선권고사항을 외부에 공개하는 업무
19의3. 법 제29조제7항에 따라 감사인의 미이행 사실을 외부에 공개하는 업무
20. 법 제30조제1항에 따른 위반사실 공시 업무
21. 법 제30조제2항에 따라 감리 결과 및 증권선물위원회의 조치 내용을 인터넷 홈페이지에 게시하는 업무 및 「자본시장과 금융투자업에 관한 법률」 제8조의2제2항에 따른 거래소(이하 "거래소"라 한다)와 금융기관에 통보하는 업무
22. 그 밖에 제1호부터 제21호까지의 업무에 준하는 업무로서 증권선물위원회의 결정을 집행하는 데 필요하다고 금융위원회가 정하여 고시하는 업무
③ 증권선물위원회는 법 제38조제1항에 따라 주권상장법인이 법 제6조제4항에 따라 제출하는 재무제표를 접수하는 업무를 거래소에 위탁한다.
④ 증권선물위원회는 법 제38조제2항 전단에 따라 다음 각 호의 업무를 한국공인회계사회에 위탁한다.
1. 법 제26조제1항에 따른 업무(이 조 제2항제15호 및 제16호의 업무는 제외한다)
2. 법 제27조제1항에 따른 회사, 관계회사 또는 감사인에 대한 자료 중 제1호에 따른 업무수행에 필요한 범위의 자료 제출 요구 업무

3. 법 제29조제3항 각 호 또는 같은 조 제4항 각 호의 조치를 하는 업무(제1호에 관한 업무에 한정한다)
⑤ 한국공인회계사회는 제4항에 따라 위탁받은 업무를 수행하기 위하여 총리령으로 정하는 바에 따라 위탁감리위원회를 설치하여야 한다.
⑥ 한국공인회계사회는 제4항에 따라 위탁받은 업무의 수행에 관한 규정을 제정하거나 개정하려는 경우에는 증권선물위원회의 승인을 받아야 한다.
⑦ 금융감독원장 및 한국공인회계사회는 제2항 및 제4항에 따라 위탁받은 업무의 처리결과를 금융위원회가 정하는 방법에 따라 증권선물위원회에 보고하여야 한다
⑧ 증권선물위원회는 제2항부터 제4항까지의 규정에 따라 금융감독원장, 거래소 및 한국공인회계사회에 위탁한 업무와 관련하여 자료 제출을 요구하거나 그 밖에 필요한 조치를 할 수 있다.

제45조(전문심의기구) 법 및 이 영에 따른 증권선물위원회의 업무수행을 지원하기 위하여 금융위원회에 전문심의기구를 둘 수 있다.

제46조(금융감독원의 업무 지원) 금융감독원은 법 및 이 영에 따른 금융위원회 및 증권선물위원회의 업무를 지원하기 위하여 해당 업무를 총괄하는 회계전문가 1명을 둘 수 있다.

제47조(민감정보 및 고유식별정보의 처리) 증권선물위원회(제44조에 따라 증권선물위원회의 업무를 위탁받은 자를 포함한다)는 다음 각 호의 사무를 수행하기 위하여 불가피한 경우 「개인정보 보호법 시행령」 제18조제2호에 따른 범죄경력자료에 해당하는 정보 또는 같은 영 제19조제1호·제2호·제4호에 따른 주민등록번호, 여권번호 또는 외국인등록번호가 포함된 자료를 처리할 수 있다.
1. 법 제26조에 따른 감리업무 등의 사무
2. 법 제27조에 따른 자료 제출요구 및 조사 등의 사무
3. 법 제28조에 따른 부정행위 신고자의 보호 및 포상 등에 관한 사무
4. 법 제29조에 따른 조치에 관한 사무

제48조(과태료의 부과기준 등) ① 법 제47조에 따른 과태료를 부과할 때 금융감독원장은 해당 위반행위를 조사·확인한 후 위반사실을 명시하여 증권선물위원회에 과태료를 부과할 것을 건의할 수 있다.
② 법 제47조제1항부터 제4항까지의 규정에 따른 과태료의 부과기준은 별표 2와 같다.

제49조(규제의 재검토) 금융위원회는 제5조에 따른 외부감사의 대상에 대하여 2020년 1월 1일을 기준으로 3년마다(매 3년이 되는 해의 1월 1일 전까지를 말한다) 그 타당성을 검토하여 개선 등의 조치를 하여야 한다.

[전문개정 2020. 10. 13.]

부칙

〈제33447호, 2023. 5. 2.〉

제1조(시행일) 이 영은 공포한 날부터 시행한다.

제2조(대형비상장주식회사에 관한 적용례 등) ① 제4조의 개정규정은 2023년 1월 1일 이후 사업연도가 시작되는 회사에 대하여 적용한다.

② 이 영 시행 당시 2023년 1월 1일 전에 사업연도가 시작된 종전의 제4조에 따른 대형비상장주식회사의 경우에는 해당 사업연도의 종료일까지는 제4조의 개정규정에도 불구하고 종전의 규정에 따른다.

제3조(내부회계관리제도에 관한 적용례 등) ① 제9조제1항제3호의 개정규정은 2023년 1월 1일 이후 사업연도가 시작되는 회사에 대하여 적용한다.

② 이 영 시행 당시 법 제8조제1항에 따라 내부회계관리제도를 운영하는 회사로서 2023년 1월 1일 전에 사업연도가 시작된 회사의 경우에는 해당 사업연도의 종료일까지는 제9조제1항제3호의 개정규정에도 불구하고 내부회계관리제도를 운영해야 한다.

제4조(증권선물위원회의 요구에 따른 감사인 선임에 관한 경과조치) 이 영 시행 전에 법 제11조제2항에 따라 증권선물위원회가 지정하는 감사인을 선임할 것을 요구받은 회사의 경우 이 영 시행일이 속하는 사업연도의 종료일까지는 제15조제3항의 개정규정에도 불구하고 종전의 규정에 따른다.

제5조(신고자등에 대한 조치의 감면에 관한 경과조치) 이 영 시행 전에 신고자등이 법 제28조제1항에 따라 신고 또는 고지한 경우 그 신고자등에 대한 법 제29조에 따른 조치의 감면에 관하여는 제32조의 개정규정에도 불구하고 종전의 규정에 따른다.

어음법

[시행 2010. 3. 31.] [법률 제10198호, 2010. 3. 31., 일부개정]

법무부(상사법무과) 02-2110-3167

제1편 환어음

〈개정 2010. 3. 31.〉

제1장 환어음의 발행과 방식

〈개정 2010. 3. 31.〉

제1조(어음의 요건) 환어음(換어음)에는 다음 각 호의 사항을 적어야 한다.
1. 증권의 본문 중에 그 증권을 작성할 때 사용하는 국어로 환어음임을 표시하는 글자
2. 조건 없이 일정한 금액을 지급할 것을 위탁하는 뜻
3. 지급인의 명칭
4. 만기(滿期)
5. 지급지(支給地)
6. 지급받을 자 또는 지급받을 자를 지시할 자의 명칭
7. 발행일과 발행지(發行地)
8. 발행인의 기명날인(記名捺印) 또는 서명

[전문개정 2010. 3. 31.]

제2조(어음 요건의 흠) 제1조 각 호의 사항을 적지 아니한 증권은 환어음의 효력이 없다. 그러나 다음 각 호의 경우에는 그러하지 아니하다.
1. 만기가 적혀 있지 아니한 경우: 일람출급(一覽出給)의 환어음으로 본다.
2. 지급지가 적혀 있지 아니한 경우: 지급인의 명칭에 부기(附記)한 지(地)를 지급지 및 지급인의 주소지로 본다.
3. 발행지가 적혀 있지 아니한 경우: 발행인의 명칭에 부기한 지(地)를 발행지로 본다.

[전문개정 2010. 3. 31.]

제3조(자기지시어음, 자기앞어음, 위탁어음) ① 환어음은 발행인 자신을 지급받을 자로 하여 발행할 수 있다.
② 환어음은 발행인 자신을 지급인으로 하여 발행할 수 있다.
③ 환어음은 제3자의 계산으로 발행할 수 있다.

[전문개정 2010. 3. 31.]

제4조(제3자방 지급의 기재) 환어음은 지급인의 주소지에 있든 다른 지(地)에 있든 관계없이 제3자방(第三者方)에서 지급하는 것으로 할 수 있다.

[전문개정 2010. 3. 31.]

제5조(이자의 약정) ① 일람출급 또는 일람 후 정기출급의 환어음에는 발행인이 어음금액에 이자가 붙는다는 약정 내용을 적을 수 있다. 그 밖의 환어음에는 이자의 약정을 적어도 이를 적지 아니한 것으로 본다.

② 이율은 어음에 적어야 한다. 이율이 적혀 있지 아니하면 이자를 약정한다는 내용이 적혀 있더라도 이자를 약정하지 아니한 것으로 본다.

③ 특정한 날짜가 적혀 있지 아니한 경우에는 어음을 발행한 날부터 이자를 계산한다.

[전문개정 2010. 3. 31.]

제6조(어음금액의 기재에 차이가 있는 경우) ① 환어음의 금액을 글자와 숫자로 적은 경우에 그 금액에 차이가 있으면 글자로 적은 금액을 어음금액으로 한다.

② 환어음의 금액을 글자 또는 숫자로 중복하여 적은 경우에 그 금액에 차이가 있으면 최소금액을 어음금액으로 한다.

[전문개정 2010. 3. 31.]

제7조(어음채무의 독립성) 환어음에 다음 각 호의 어느 하나에 해당하는 기명날인 또는 서명이 있는 경우에도 다른 기명날인 또는 서명을 한 자의 채무는 그 효력에 영향을 받지 아니한다.

1. 어음채무를 부담할 능력이 없는 자의 기명날인 또는 서명
2. 위조된 기명날인 또는 서명
3. 가공인물의 기명날인 또는 서명
4. 그 밖의 사유로 환어음에 기명날인 또는 서명을 한 자나 그 본인에게 의무를 부담하게 할 수 없는 기명날인 또는 서명

[전문개정 2010. 3. 31.]

제8조(어음행위의 무권대리) 대리권 없이 타인의 대리인으로 환어음에 기명날인하거나 서명한 자는 그 어음에 의하여 의무를 부담한다. 그 자가 어음금액을 지급한 경우에는 본인과 같은 권리를 가진다. 권한을 초과한 대리인의 경우도 같다.

[전문개정 2010. 3. 31.]

제9조(발행인의 책임) ① 발행인은 어음의 인수(引受)와 지급을 담보한다.

② 발행인은 인수를 담보하지 아니한다는 내용을 어음에 적을 수 있다. 발행인이 지급을 담보하지 아니한다는 뜻의 모든 문구는 적지 아니한 것으로 본다.

[전문개정 2010. 3. 31.]

제10조(백지어음) 미완성으로 발행한 환어음에 미리 합의한 사항과 다른 내용을 보충한 경우에는 그 합의의 위반을 이유로 소지인에게 대항하지 못한다. 그러나

소지인이 악의 또는 중대한 과실로 인하여 환어음을 취득한 경우에는 그러하지 아니하다.

[전문개정 2010. 3. 31.]

제2장 배서

〈개정 2010. 3. 31.〉

제11조(당연한 지시증권성) ① 환어음은 지시식(指示式)으로 발행하지 아니한 경우에도 배서(背書)에 의하여 양도할 수 있다.

② 발행인이 환어음에 "지시 금지"라는 글자 또는 이와 같은 뜻이 있는 문구를 적은 경우에는 그 어음은 지명채권의 양도 방식으로만, 그리고 그 효력으로써만 양도할 수 있다.

③ 배서는 다음 각 호의 자에 대하여 할 수 있으며, 다음 각 호의 자는 다시 어음에 배서할 수 있다.

　1. 어음을 인수한 지급인
　2. 어음을 인수하지 아니한 지급인
　3. 어음의 발행인
　4. 그 밖의 어음채무자

[전문개정 2010. 3. 31.]

제12조(배서의 요건) ① 배서에는 조건을 붙여서는 아니 된다. 배서에 붙인 조건은 적지 아니한 것으로 본다.

② 일부의 배서는 무효로 한다.

③ 소지인에게 지급하라는 소지인출급의 배서는 백지식(白地式) 배서와 같은 효력이 있다.

[전문개정 2010. 3. 31.]

제13조(배서의 방식) ① 배서는 환어음이나 이에 결합한 보충지[보전]에 적고 배서인이 기명날인하거나 서명하여야 한다.

② 배서는 피배서인(被背書人)을 지명하지 아니하고 할 수 있으며 배서인의 기명날인 또는 서명만으로도 할 수 있다(백지식 배서). 배서인의 기명날인 또는 서명만으로 하는 백지식 배서는 환어음의 뒷면이나 보충지에 하지 아니하면 효력이 없다.

[전문개정 2010. 3. 31.]

제14조(배서의 권리 이전적 효력) ① 배서는 환어음으로부터 생기는 모든 권리를 이전(移轉)한다.

② 배서가 백지식인 경우에 소지인은 다음 각 호의 행위를 할 수 있다.

  1. 자기의 명칭 또는 타인의 명칭으로 백지(白地)를 보충하는 행위

  2. 백지식으로 또는 타인을 표시하여 다시 어음에 배서하는 행위

  3. 백지를 보충하지 아니하고 또 배서도 하지 아니하고 어음을 교부만으로 제3자에게 양도하는 행위

[전문개정 2010. 3. 31.]

제15조(배서의 담보적 효력) ① 배서인은 반대의 문구가 없으면 인수와 지급을 담보한다.

② 배서인은 자기의 배서 이후에 새로 하는 배서를 금지할 수 있다. 이 경우 그 배서인은 어음의 그 후의 피배서인에 대하여 담보의 책임을 지지 아니한다.

[전문개정 2010. 3. 31.]

제16조(배서의 자격 수여적 효력 및 어음의 선의취득) ① 환어음의 점유자가 배서의 연속에 의하여 그 권리를 증명할 때에는 그를 적법한 소지인으로 추정(推定)한다. 최후의 배서가 백지식인 경우에도 같다. 말소한 배서는 배서의 연속에 관하여는 배서를 하지 아니한 것으로 본다. 백지식 배서의 다음에 다른 배서가 있는 경우에는 그 배서를 한 자는 백지식 배서에 의하여 어음을 취득한 것으로 본다.

② 어떤 사유로든 환어음의 점유를 잃은 자가 있는 경우에 그 어음의 소지인이 제1항에 따라 그 권리를 증명할 때에는 그 어음을 반환할 의무가 없다. 그러나 소지인이 악의 또는 중대한 과실로 인하여 어음을 취득한 경우에는 그러하지 아니하다.

[전문개정 2010. 3. 31.]

제17조(인적 항변의 절단) 환어음에 의하여 청구를 받은 자는 발행인 또는 종전의 소지인에 대한 인적 관계로 인한 항변(抗辯)으로써 소지인에게 대항하지 못한다. 그러나 소지인이 그 채무자를 해할 것을 알고 어음을 취득한 경우에는 그러하지 아니하다.

[전문개정 2010. 3. 31.]

제18조(추심위임배서) ① 배서한 내용 중 다음 각 호의 어느 하나에 해당하는 문구가 있으면 소지인은 환어음으로부터 생기는 모든 권리를 행사할 수 있다. 그러나 소지인은 대리(代理)를 위한 배서만을 할 수 있다.

  1. 회수하기 위하여

  2. 추심(推尋)하기 위하여

  3. 대리를 위하여

  4. 그 밖에 단순히 대리권을 준다는 내용의 문구

② 제1항의 경우에는 어음의 채무자는 배서인에게 대항할 수 있는 항변으로써만 소지인에게 대항할 수 있다.

③ 대리를 위한 배서에 의하여 주어진 대리권은 그 대리권을 준 자가 사망하거나 무능력자가 되더라도 소멸하지 아니한다.

[전문개정 2010. 3. 31.]

제19조(입질배서) ① 배서한 내용 중 다음 각 호의 어느 하나에 해당하는 문구가 있으면 소지인은 환어음으로부터 생기는 모든 권리를 행사할 수 있다. 그러나 소지인이 한 배서는 대리를 위한 배서의 효력만 있다.

  1. 담보하기 위하여
  2. 입질(入質)하기 위하여
  3. 그 밖에 질권(質權) 설정을 표시하는 문구

② 제1항의 경우 어음채무자는 배서인에 대한 인적 관계로 인한 항변으로써 소지인에게 대항하지 못한다. 그러나 소지인이 그 채무자를 해할 것을 알고 어음을 취득한 경우에는 그러하지 아니하다.

[전문개정 2010. 3. 31.]

제20조(기한 후 배서) ① 만기 후의 배서는 만기 전의 배서와 같은 효력이 있다. 그러나 지급거절증서가 작성된 후에 한 배서 또는 지급거절증서 작성기간이 지난 후에 한 배서는 지명채권 양도의 효력만 있다.

② 날짜를 적지 아니한 배서는 지급거절증서 작성기간이 지나기 전에 한 것으로 추정한다.

[전문개정 2010. 3. 31.]

제3장 인수

〈개정 2010. 3. 31.〉

제21조(인수 제시의 자유) 환어음의 소지인 또는 단순한 점유자는 만기에 이르기까지 인수를 위하여 지급인에게 그 주소에서 어음을 제시할 수 있다.

[전문개정 2010. 3. 31.]

제22조(인수 제시의 명령 및 금지) ① 발행인은 환어음에 기간을 정하거나 정하지 아니하고, 인수를 위하여 어음을 제시하여야 한다는 내용을 적을 수 있다.

② 발행인은 인수를 위한 어음의 제시를 금지한다는 내용을 어음에 적을 수 있다. 그러나 어음이 제3자방에서 또는 지급인의 주소지가 아닌 지(地)에서 지급하여야 하는 것이거나 일람 후 정기출급 어음인 경우에는 그러하지 아니하다.

③ 발행인은 일정한 기일(期日) 전에는 인수를 위한 어음의 제시를 금지한다는 내

용을 적을 수 있다.

④ 각 배서인은 기간을 정하거나 정하지 아니하고, 인수를 위하여 어음을 제시하여야 한다는 내용을 적을 수 있다. 그러나 발행인이 인수를 위한 어음의 제시를 금지한 경우에는 그러하지 아니하다.

[전문개정 2010. 3. 31.]

제23조(일람 후 정기출급 어음의 제시기간) ① 일람 후 정기출급의 환어음은 그 발행한 날부터 1년 내에 인수를 위한 제시를 하여야 한다.

② 발행인은 제1항의 기간을 단축하거나 연장할 수 있다.

③ 배서인은 제1항 및 제2항의 기간을 단축할 수 있다.

[전문개정 2010. 3. 31.]

제24조(유예기간) ① 지급인은 첫 번째 제시일의 다음 날에 두 번째 제시를 할 것을 청구할 수 있다. 이해관계인은 이 청구가 거절증서에 적혀 있는 경우에만 그 청구에 응한 두 번째 제시가 없었음을 주장할 수 있다.

② 소지인은 인수를 위하여 제시한 어음을 지급인에게 교부할 필요가 없다.

[전문개정 2010. 3. 31.]

제25조(인수의 방식) ① 인수는 환어음에 적어야 하며, "인수" 또는 그 밖에 이와 같은 뜻이 있는 글자로 표시하고 지급인이 기명날인하거나 서명하여야 한다. 어음의 앞면에 지급인의 단순한 기명날인 또는 서명이 있으면 인수로 본다.

② 일람 후 정기출급의 어음 또는 특별한 기재에 의하여 일정한 기간 내에 인수를 위한 제시를 하여야 하는 어음의 경우에는 소지인이 제시한 날짜를 기재할 것을 청구한 경우가 아니면 인수에는 인수한 날짜를 적어야 한다. 날짜가 적혀 있지 아니한 경우 소지인은 배서인과 발행인에 대한 상환청구권(償還請求權)을 보전(保全)하기 위하여는 적법한 시기에 작성시킨 거절증서로써 그 기재가 없었음을 증명하여야 한다.

[전문개정 2010. 3. 31.]

제26조(부단순인수) ① 인수는 조건 없이 하여야 한다. 그러나 지급인은 어음금액의 일부만을 인수할 수 있다.

② 환어음의 다른 기재사항을 변경하여 인수하였을 때에는 인수를 거절한 것으로 본다. 그러나 인수인은 그 인수 문구에 따라 책임을 진다.

[전문개정 2010. 3. 31.]

제27조(제3자방 지급의 기재) ① 발행인이 지급인의 주소지와 다른 지급지를 환어음에 적은 경우에 제3자방에서 지급한다는 내용을 적지 아니하였으면 지급인은

인수를 함에 있어 그 제3자를 정할 수 있다. 그에 관하여 적은 내용이 없으면 인수인은 지급지에서 직접 지급할 의무를 부담한 것으로 본다.

② 지급인의 주소에서 지급될 어음의 경우 지급인은 인수를 함에 있어 지급지 내에 위치한 지급장소를 정할 수 있다.

[전문개정 2010. 3. 31.]

제28조(인수의 효력) ① 지급인은 인수를 함으로써 만기에 환어음을 지급할 의무를 부담한다.

② 지급을 받지 못한 경우에 소지인은 제48조와 제49조에 따라 청구할 수 있는 모든 금액에 관하여 인수인에 대하여 환어음으로부터 생기는 직접청구권을 가진다. 소지인이 발행인인 경우에도 같다.

[전문개정 2010. 3. 31.]

제29조(인수의 말소) ① 환어음에 인수를 기재한 지급인이 그 어음을 반환하기 전에 인수의 기재를 말소한 경우에는 인수를 거절한 것으로 본다. 말소는 어음의 반환 전에 한 것으로 추정한다.

② 제1항에도 불구하고 지급인이 소지인이나 어음에 기명날인 또는 서명을 한 자에게 서면으로 인수를 통지한 경우에는 그 상대방에 대하여 인수의 문구에 따라 책임을 진다.

[전문개정 2010. 3. 31.]

제4장 보증

〈개정 2010. 3. 31.〉

제30조(보증의 가능) ① 환어음은 보증에 의하여 그 금액의 전부 또는 일부의 지급을 담보할 수 있다.

② 제3자는 제1항의 보증을 할 수 있다. 어음에 기명날인하거나 서명한 자도 같다.

[전문개정 2010. 3. 31.]

제31조(보증의 방식) ① 보증의 표시는 환어음 또는 보충지에 하여야 한다.

② 보증을 할 때에는 "보증" 또는 이와 같은 뜻이 있는 문구를 표시하고 보증인이 기명날인하거나 서명하여야 한다.

③ 환어음의 앞면에 단순한 기명날인 또는 서명이 있는 경우에는 보증을 한 것으로 본다. 그러나 지급인 또는 발행인의 기명날인 또는 서명의 경우에는 그러하지 아니하다.

④ 보증에는 누구를 위하여 한 것임을 표시하여야 한다. 그 표시가 없는 경우에는

발행인을 위하여 보증한 것으로 본다.

[전문개정 2010. 3. 31.]

제32조(보증의 효력) ① 보증인은 보증된 자와 같은 책임을 진다.

② 보증은 담보된 채무가 그 방식에 흠이 있는 경우 외에는 어떠한 사유로 무효가 되더라도 그 효력을 가진다.

③ 보증인이 환어음의 지급을 하면 보증된 자와 그 자의 어음상의 채무자에 대하여 어음으로부터 생기는 권리를 취득한다.

[전문개정 2010. 3. 31.]

제5장 만기

⟨개정 2010. 3. 31.⟩

제33조(만기의 종류) ① 환어음은 다음 각 호의 어느 하나로 발행할 수 있다.

1. 일람출급
2. 일람 후 정기출급
3. 발행일자 후 정기출급
4. 확정일출급

② 제1항 외의 만기 또는 분할 출급의 환어음은 무효로 한다.

[전문개정 2010. 3. 31.]

제34조(일람출급 어음의 만기) ① 일람출급의 환어음은 제시된 때를 만기로 한다. 이 어음은 발행일부터 1년 내에 지급을 받기 위한 제시를 하여야 한다. 발행인은 이 기간을 단축하거나 연장할 수 있고 배서인은 그 기간을 단축할 수 있다.

② 발행인은 일정한 기일 전에는 일람출급의 환어음의 지급을 받기 위한 제시를 금지한다는 내용을 적을 수 있다. 이 경우 제시기간은 그 기일부터 시작한다.

[전문개정 2010. 3. 31.]

제35조(일람 후 정기출급 어음의 만기) ① 일람 후 정기출급의 환어음 만기는 인수한 날짜 또는 거절증서의 날짜에 따라 정한다.

② 인수일이 적혀 있지 아니하고 거절증서도 작성되지 아니한 경우에 인수인에 대한 관계에서는 인수제시기간의 말일에 인수한 것으로 본다.

[전문개정 2010. 3. 31.]

제36조(만기일의 결정 및 기간의 계산) ① 발행일자 후 또는 일람 후 1개월 또는 수개월이 될 때 지급할 환어음은 지급할 달의 대응일(對應日)을 만기로 한다. 대응일이 없는 경우에는 그 달의 말일을 만기로 한다.

② 발행일자 후 또는 일람 후 1개월 반 또는 수개월 반이 될 때 지급할 환어음은 먼저 전월(全月)을 계산한다.

③ 월초, 월중 또는 월말로 만기를 표시한 경우에는 그 달의 1일, 15일 또는 말일을 말한다.

④ "8일" 또는 "15일"이란 1주 또는 2주가 아닌 만 8일 또는 만 15일을 말한다.

⑤ "반월"(半月)이란 만 15일을 말한다.

[전문개정 2010. 3. 31.]

제37조(만기 결정의 표준이 되는 세력) ① 발행지와 세력(歲曆)을 달리하는 지(地)에서 확정일에 지급할 환어음의 만기일은 지급지의 세력에 따라 정한 것으로 본다.

② 세력을 달리하는 두 지(地) 간에 발행한 발행일자 후 정기출급 환어음은 발행일을 지급지 세력의 대응일로 환산하고 이에 따라 만기를 정한다.

③ 환어음의 제시기간은 제2항에 따라 계산한다.

④ 제1항부터 제3항까지의 규정은 환어음의 문구나 그 밖의 기재사항에 의하여 다른 의사를 알 수 있는 경우에는 적용하지 아니한다.

[전문개정 2010. 3. 31.]

제6장 지급

〈개정 2010. 3. 31.〉

제38조(지급 제시의 필요) ① 확정일출급, 발행일자 후 정기출급 또는 일람 후 정기출급의 환어음 소지인은 지급을 할 날 또는 그날 이후의 2거래일 내에 지급을 받기 위한 제시를 하여야 한다.

② 어음교환소에서 한 환어음의 제시는 지급을 받기 위한 제시로서의 효력이 있다.

③ 소지인으로부터 환어음의 추심을 위임받은 금융기관(이하 이 장에서 "제시금융기관"이라 한다)이 그 환어음의 기재사항을 정보처리시스템에 의하여 전자적 정보의 형태로 작성한 후 그 정보를 어음교환소에 송신하여 그 어음교환소의 정보처리시스템에 입력되었을 때에는 제2항에 따른 지급을 받기 위한 제시가 이루어진 것으로 본다.

[전문개정 2010. 3. 31.]

제39조(상환증권성 및 일부지급) ① 환어음의 지급인은 지급을 할 때에 소지인에게 그 어음에 영수(領受)를 증명하는 뜻을 적어서 교부할 것을 청구할 수 있다.

② 소지인은 일부지급을 거절하지 못한다.

③ 일부지급의 경우 지급인은 소지인에게 그 지급 사실을 어음에 적고 영수증을 교부할 것을 청구할 수 있다.

[전문개정 2010. 3. 31.]

제40조(지급의 시기 및 지급인의 조사의무) ① 환어음의 소지인은 만기 전에는 지급을 받을 의무가 없다.

② 만기 전에 지급을 하는 지급인은 자기의 위험부담으로 하는 것으로 한다.

③ 만기에 지급하는 지급인은 사기 또는 중대한 과실이 없으면 그 책임을 면한다. 이 경우 지급인은 배서의 연속이 제대로 되어 있는지를 조사할 의무가 있으나 배서인의 기명날인 또는 서명을 조사할 의무는 없다.

④ 제38조제3항에 따른 지급 제시의 경우 지급인 또는 지급인으로부터 지급을 위임받은 금융기관은 제3항 후단에 따른 배서의 연속이 제대로 되어 있는지에 대한 조사를 제시금융기관에 위임할 수 있다.

[전문개정 2010. 3. 31.]

제41조(지급할 화폐) ① 지급지의 통화(通貨)가 아닌 통화로 지급한다는 내용이 기재된 환어음은 만기일의 가격에 따라 지급지의 통화로 지급할 수 있다. 어음채무자가 지급을 지체한 경우 소지인은 그 선택에 따라 만기일 또는 지급하는 날의 환시세(換時勢)에 따라 지급지의 통화로 어음금액을 지급할 것을 청구할 수 있다.

② 외국통화의 가격은 지급지의 관습에 따라 정한다. 그러나 발행인은 어음에서 정한 환산율에 따라 지급금액을 계산한다는 뜻을 어음에 적을 수 있다.

③ 제1항 및 제2항은 발행인이 특정한 종류의 통화로 지급한다는 뜻(외국통화 현실지급 문구)을 적은 경우에는 적용하지 아니한다.

④ 발행국과 지급국에서 명칭은 같으나 가치가 다른 통화로써 환어음의 금액을 정한 경우에는 지급지의 통화로 정한 것으로 추정한다.

[전문개정 2010. 3. 31.]

제42조(어음금액의 공탁) 제38조에 따른 기간 내에 환어음의 지급을 받기 위한 제시가 없으면 각 어음채무자는 소지인의 비용과 위험부담으로 어음금액을 관할 관서에 공탁(供託)할 수 있다.

[전문개정 2010. 3. 31.]

제7장 인수거절 또는 지급거절로 인한 상환청구

〈개정 2010. 3. 31.〉

제43조(상환청구의 실질적 요건) 만기에 지급이 되지 아니한 경우 소지인은 배서인, 발행인, 그 밖의 어음채무자에 대하여 상환청구권(償還請求權)을 행사할 수 있다. 다음 각 호의 어느 하나에 해당하는 경우에는 만기 전에도 상환청구권을 행사할 수 있다.

  1. 인수의 전부 또는 일부의 거절이 있는 경우

2. 지급인의 인수 여부와 관계없이 지급인이 파산한 경우, 그 지급이 정지된 경우 또는 그 재산에 대한 강제집행이 주효(奏效)하지 아니한 경우
3. 인수를 위한 어음의 제시를 금지한 어음의 발행인이 파산한 경우

[전문개정 2010. 3. 31.]

제44조(상환청구의 형식적 요건) ① 인수 또는 지급의 거절은 공정증서(인수거절증서 또는 지급거절증서)로 증명하여야 한다.

② 인수거절증서는 인수를 위한 제시기간 내에 작성시켜야 한다. 다만, 기간의 말일에 제24조제1항에 따른 제시가 있으면 그 다음 날에도 거절증서를 작성시킬 수 있다.

③ 확정일출급, 발행일자 후 정기출급 또는 일람 후 정기출급 환어음의 지급거절증서는 지급을 할 날 이후의 2거래일 내에 작성시켜야 한다. 일람출급 어음의 지급거절증서는 인수거절증서 작성에 관한 제2항에 따라 작성시켜야 한다.

④ 인수거절증서가 작성되었을 때에는 지급을 받기 위한 제시와 지급거절증서의 작성이 필요하지 아니하다.

⑤ 지급인의 인수 여부와 관계없이 지급인이 지급을 정지한 경우 또는 그 재산에 대한 강제집행이 주효하지 아니한 경우 소지인은 지급인에 대하여 지급을 받기 위한 제시를 하고 거절증서를 작성시킨 후가 아니면 상환청구권을 행사하지 못한다.

⑥ 지급인의 인수 여부와 관계없이 지급인이 파산선고를 받은 경우 또는 인수를 위한 제시를 금지한 어음의 발행인이 파산선고를 받은 경우에 소지인이 상환청구권을 행사할 때에는 파산결정서를 제시하면 된다.

[전문개정 2010. 3. 31.]

제45조(인수거절 및 지급거절의 통지) ① 소지인은 다음 각 호의 어느 하나에 해당하는 날 이후의 4거래일 내에 자기의 배서인과 발행인에게 인수거절 또는 지급거절이 있었음을 통지하여야 하고, 각 배서인은 그 통지를 받은 날 이후 2거래일 내에 전(前) 통지자 전원의 명칭과 처소(處所)를 표시하고 자기가 받은 통지를 자기의 배서인에게 통지하여 차례로 발행인에게 미치게 하여야 한다. 이 기간은 각 통지를 받은 때부터 진행한다.

1. 거절증서 작성일
2. 무비용상환(無費用償還)의 문구가 적혀 있는 경우에는 어음 제시일

② 제1항에 따라 환어음에 기명날인하거나 서명한 자에게 통지할 때에는 같은 기간 내에 그 보증인에게도 같은 통지를 하여야 한다.

③ 배서인이 그 처소를 적지 아니하거나 그 기재가 분명하지 아니한 경우에는 그

배서인의 직전(直前)의 자에게 통지하면 된다.

④ 통지를 하여야 하는 자는 어떠한 방법으로도 할 수 있다. 단순히 어음을 반환하는 것으로도 통지할 수 있다.

⑤ 통지를 하여야 하는 자는 적법한 기간 내에 통지를 하였음을 증명하여야 한다. 이 기간 내에 통지서를 우편으로 부친 경우에는 그 기간을 준수한 것으로 본다.

⑥ 제5항의 기간 내에 통지를 하지 아니한 자도 상환청구권을 잃지 아니한다. 그러나 과실로 인하여 손해가 생긴 경우에는 환어음금액의 한도 내에서 배상할 책임을 진다.

[전문개정 2010. 3. 31.]

제46조(거절증서 작성 면제) ① 발행인, 배서인 또는 보증인은 다음 각 호의 어느 하나에 해당하는 문구를 환어음에 적고 기명날인하거나 서명함으로써 소지인의 상환청구권 행사를 위한 인수거절증서 또는 지급거절증서의 작성을 면제할 수 있다.

　1. 무비용상환

　2. 거절증서 불필요

　3. 제1호 및 제2호와 같은 뜻을 가진 문구

② 제1항 각 호의 문구가 있더라도 소지인의 법정기간 내 어음의 제시 및 통지 의무가 면제되는 것은 아니다. 법정기간을 준수하지 아니하였음은 소지인에 대하여 이를 원용(援用)하는 자가 증명하여야 한다.

③ 발행인이 제1항 각 호의 문구를 적은 경우에는 모든 어음채무자에 대하여 효력이 있고, 배서인 또는 보증인이 이 문구를 적은 경우에는 그 배서인 또는 보증인에 대하여만 효력이 있다. 발행인이 이 문구를 적었음에도 불구하고 소지인이 거절증서를 작성시켰으면 그 비용은 소지인이 부담하고, 배서인 또는 보증인이 이 문구를 적은 경우에 거절증서를 작성시켰으면 모든 어음채무자에게 그 비용을 상환하게 할 수 있다.

[전문개정 2010. 3. 31.]

제47조(어음채무자의 합동책임) ① 환어음의 발행, 인수, 배서 또는 보증을 한 자는 소지인에 대하여 합동으로 책임을 진다.

② 소지인은 제1항의 어음채무자에 대하여 그 채무부담의 순서에도 불구하고 그 중 1명, 여러 명 또는 전원에 대하여 청구할 수 있다.

③ 어음채무자가 그 어음을 환수한 경우에도 제2항의 소지인과 같은 권리가 있다.

④ 어음채무자 중 1명에 대한 청구는 다른 채무자에 대한 청구에 영향을 미치지 아니한다. 이미 청구를 받은 자의 후자(後者)에 대하여도 같다.

[전문개정 2010. 3. 31.]

제48조(상환청구금액) ① 소지인은 상환청구권에 의하여 다음 각 호의 금액의 지급을 청구할 수 있다.

1. 인수 또는 지급되지 아니한 어음금액과 이자가 적혀 있는 경우 그 이자
2. 연 6퍼센트의 이율로 계산한 만기 이후의 이자
3. 거절증서의 작성비용, 통지비용 및 그 밖의 비용

② 만기 전에 상환청구권을 행사하는 경우에는 할인에 의하여 어음금액을 줄인다. 그 할인은 소지인의 주소지에서 상환청구하는 날의 공정할인율(은행률)에 의하여 계산한다.

[전문개정 2010. 3. 31.]

제49조(재상환청구금액) 환어음을 환수한 자는 그 전자(前者)에 대하여 다음 각 호의 금액의 지급을 청구할 수 있다.

1. 지급한 총금액
2. 제1호의 금액에 대하여 연 6퍼센트의 이율로 계산한 지급한 날 이후의 이자
3. 지출한 비용

[전문개정 2010. 3. 31.]

제50조(상환의무자의 권리) ① 상환청구(償還請求)를 받은 어음채무자나 받을 어음채무자는 지급과 상환(相換)으로 거절증서, 영수를 증명하는 계산서와 그 어음의 교부를 청구할 수 있다.

② 환어음을 환수한 배서인은 자기의 배서와 후자의 배서를 말소할 수 있다.

[전문개정 2010. 3. 31.]

제51조(일부인수의 경우의 상환청구) 일부인수 후에 상환청구권을 행사하는 경우에 인수되지 아니한 어음금액을 지급하는 자는 이를 지급한 사실을 어음에 적을 것과 영수증을 교부할 것을 청구할 수 있다. 소지인은 그 후의 상환청구를 할 수 있게 하기 위하여 어음의 증명등본과 거절증서를 교부하여야 한다.

[전문개정 2010. 3. 31.]

제52조(역어음에 의한 상환청구) ① 상환청구권이 있는 자는 어음에 반대문구가 적혀 있지 아니하면 그 전자 중 1명을 지급인으로 하여 그 자의 주소에서 지급할 일람출급의 새 어음(이하 "역어음"이라 한다)을 발행함으로써 상환청구권을 행사할 수 있다.

② 역어음의 어음금액에는 제48조와 제49조에 따른 금액 외에 그 어음의 중개료와 인지세가 포함된다.

③ 소지인이 역어음을 발행하는 경우에 그 금액은 본어음의 지급지에서 그 전자

의 주소지에 대하여 발행하는 일람출급 어음의 환시세에 따라 정한다. 배서인이 역어음을 발행하는 경우에 그 금액은 역어음의 발행인이 그 주소지에서 전자의 주소지에 대하여 발행하는 일람출급 어음의 환시세에 따라 정한다.

[전문개정 2010. 3. 31.]

제53조(상환청구권의 상실) ① 다음 각 호의 기간이 지나면 소지인은 배서인, 발행인, 그 밖의 어음채무자에 대하여 그 권리를 잃는다. 그러나 인수인에 대하여는 그러하지 아니하다.
  1. 일람출급 또는 일람 후 정기출급의 환어음의 제시기간
  2. 인수거절증서 또는 지급거절증서의 작성기간
  3. 무비용상환의 문구가 적혀 있는 경우에 지급을 받기 위한 제시기간
② 발행인이 기재한 기간 내에 인수를 위한 제시를 하지 아니한 소지인은 지급거절과 인수거절로 인한 상환청구권을 잃는다. 그러나 그 기재한 문구에 의하여 발행인에게 인수에 대한 담보의무만을 면할 의사(意思)가 있었음을 알 수 있는 경우에는 그러하지 아니하다.
③ 배서에 제시기간이 적혀 있는 경우에는 그 배서인만이 이를 원용할 수 있다.

[전문개정 2010. 3. 31.]

제54조(불가항력과 기간의 연장) ① 피할 수 없는 장애[국가법령에 따른 금제(禁制)나 그 밖의 불가항력을 말한다. 이하 "불가항력"이라 한다]로 인하여 법정기간 내에 환어음을 제시하거나 거절증서를 작성하기 어려운 경우에는 그 기간을 연장한다.
② 소지인은 불가항력이 발생하면 자기의 배서인에게 지체 없이 그 사실을 통지하고 어음 또는 보충지에 통지를 하였다는 내용을 적고 날짜를 부기한 후 기명날인하거나 서명하여야 한다. 그 밖의 사항에 관하여는 제45조를 준용한다.
③ 불가항력이 사라지면 소지인은 지체 없이 인수 또는 지급을 위하여 어음을 제시하고 필요한 경우에는 거절증서를 작성시켜야 한다.
④ 불가항력이 만기부터 30일이 지나도 계속되는 경우에는 어음의 제시 또는 거절증서의 작성 없이 상환청구권을 행사할 수 있다.
⑤ 일람출급 또는 일람 후 정기출급의 환어음의 경우 제4항에 따른 30일의 기간은 제시기간이 지나기 전이라도 소지인이 배서인에게 불가항력이 발생하였다고 통지한 날부터 진행한다. 일람 후 정기출급의 환어음의 경우 제4항에 따른 30일의 기간에는 어음에 적은 일람 후의 기간을 가산한다.
⑥ 소지인이나 소지인으로부터 어음의 제시 또는 거절증서 작성을 위임받은 자의 단순한 인적 사유는 불가항력으로 보지 아니한다.

[전문개정 2010. 3. 31.]

제8장 참가

〈개정 2010. 3. 31.〉

제1절 통칙

〈개정 2010. 3. 31.〉

제55조(참가의 당사자 및 통지) ① 발행인, 배서인 또는 보증인은 어음에 예비지급인을 적을 수 있다.

② 상환청구를 받을 어느 채무자를 위하여 참가하는 자도 이 장(章)의 규정에 따라 환어음을 인수하거나 지급할 수 있다.

③ 제3자, 지급인 또는 이미 어음채무를 부담한 자도 참가인이 될 수 있다. 다만, 인수인은 참가인이 될 수 없다.

④ 참가인은 피참가인에 대하여 2거래일 내에 참가하였음을 통지하여야 한다. 참가인이 이 기간을 지키지 아니한 경우에 과실로 인하여 손해가 생기면 그 참가인은 어음금액의 한도에서 배상할 책임을 진다.

[전문개정 2010. 3. 31.]

제2절 참가인수

〈개정 2010. 3. 31.〉

제56조(참가인수의 요건) ① 참가인수(參加引受)는 인수를 위한 제시를 금지하지 아니한 환어음의 소지인이 만기 전에 상환청구권을 행사할 수 있는 모든 경우에 할 수 있다.

② 환어음에 지급지에 있는 예비지급인을 기재한 경우 어음의 소지인은 예비지급인에게 어음을 제시하였으나 그 자가 참가인수를 거절하였음을 거절증서로 증명하지 아니하면 예비지급인을 기재한 자와 그 후자에 대하여 만기 전에 상환청구권을 행사하지 못한다.

③ 제2항의 경우 외에는 소지인은 참가인수를 거절할 수 있다. 소지인이 참가인수를 승낙한 때에는 피참가인과 그 후자에 대하여 만기 전에 행사할 수 있는 상환청구권을 잃는다.

[전문개정 2010. 3. 31.]

제57조(참가인수의 방식) 참가인수를 할 때에는 환어음에 그 내용을 적고 참가인이 기명날인하거나 서명하여야 한다. 이 경우 피참가인을 표시하여야 하며, 그 표시가 없을 때에는 발행인을 위하여 참가인수를 한 것으로 본다.

[전문개정 2010. 3. 31.]

제58조(참가인수의 효력) ① 참가인수인은 소지인과 피참가인의 후자에 대하여 피참가인과 같은 의무를 부담한다.

② 피참가인과 그 전자는 참가인수에도 불구하고 소지인에 대하여 제48조에 따른 금액의 지급과 상환(相換)으로 어음의 교부를 청구할 수 있다. 거절증서와 영수를 증명하는 계산서가 있는 경우에는 그것을 교부할 것도 청구할 수 있다.

[전문개정 2010. 3. 31.]

제3절 참가지급

〈개정 2010. 3. 31.〉

제59조(참가지급의 요건) ① 참가지급은 소지인이 만기나 만기 전에 상환청구권을 행사할 수 있는 모든 경우에 할 수 있다.

② 지급은 피참가인이 지급할 전액을 지급하여야 한다.

③ 지급은 지급거절증서를 작성시킬 수 있는 최종일의 다음 날까지 하여야 한다.

[전문개정 2010. 3. 31.]

제60조(참가지급 제시의 필요) ① 지급지에 주소가 있는 자가 참가인수를 한 경우 또는 지급지에 주소가 있는 자가 예비지급인으로 기재된 경우에는 소지인은 늦어도 지급거절증서를 작성시킬 수 있는 마지막 날의 다음 날까지 그들 모두에게 어음을 제시하고 필요할 때에는 참가지급거절증서를 작성시켜야 한다.

② 제1항의 기간 내에 거절증서가 작성되지 아니하면 예비지급인을 기재한 자 또는 피참가인과 그 후의 배서인은 의무를 면한다.

[전문개정 2010. 3. 31.]

제61조(참가지급거절의 효과) 참가지급을 거절한 소지인은 그 지급으로 인하여 의무를 면할 수 있었던 자에 대한 상환청구권을 잃는다.

[전문개정 2010. 3. 31.]

제62조(참가지급의 방법) ① 참가지급이 있었으면 어음에 피참가인을 표시하고 그 영수를 증명하는 문구를 적어야 하며, 그 표시가 없을 때에는 발행인을 위하여 지급한 것으로 본다.

② 환어음은 참가지급인에게 교부하여야 하며, 거절증서를 작성시킨 경우에는 그 거절증서도 교부하여야 한다.

[전문개정 2010. 3. 31.]

제63조(참가지급의 효력) ① 참가지급인은 피참가인과 그의 어음상의 채무자에 대하여 어음으로부터 생기는 권리를 취득한다. 그러나 다시 어음에 배서하지 못한다.

② 피참가인보다 후의 배서인은 의무를 면한다.

③ 참가지급이 경합(競合)하는 경우에는 가장 많은 수의 어음채무자의 의무를 면하게 하는 자가 우선한다. 이러한 사정을 알고도 이 규정을 위반하여 참가지급을 한 자는 의무를 면할 수 있었던 자에 대한 상환청구권을 잃는다.

[전문개정 2010. 3. 31.]

제9장 복본과 등본

〈개정 2010. 3. 31.〉

제1절 복본

〈개정 2010. 3. 31.〉

제64조(복본 발행의 방식) ① 환어음은 같은 내용으로 여러 통을 복본(複本)으로 발행할 수 있다.

② 제1항의 복본을 발행할 때에는 그 증권의 본문 중에 번호를 붙여야 하며, 번호를 붙이지 아니한 경우에는 그 여러 통의 복본은 별개의 환어음으로 본다.

③ 어음에 한 통만을 발행한다는 내용을 적지 아니한 경우에는 소지인은 자기의 비용으로 복본의 교부를 청구할 수 있다. 이 경우 소지인은 자기에게 직접 배서한 배서인에게 그 교부를 청구하고 그 배서인은 다시 자기의 배서인에게 청구를 함으로써 이에 협력하여 차례로 발행인에게 그 청구가 미치게 한다. 각 배서인은 새 복본에 배서를 다시 하여야 한다.

[전문개정 2010. 3. 31.]

제65조(복본의 효력) ① 복본의 한 통에 대하여 지급한 경우 그 지급이 다른 복본을 무효로 한다는 뜻이 복본에 적혀 있지 아니하여도 의무를 면하게 한다. 그러나 지급인은 인수한 각 통의 복본으로서 반환을 받지 아니한 복본에 대하여 책임을 진다.

② 여럿에게 각각 복본을 양도한 배서인과 그 후의 배서인은 그가 기명날인하거나 서명한 각 통의 복본으로서 반환을 받지 아니한 것에 대하여 책임을 진다.

[전문개정 2010. 3. 31.]

제66조(인수를 위하여 하는 송부) ① 인수를 위하여 복본 한 통을 송부한 자는 다른 각 통의 복본에 이 한 통의 복본을 보유하는 자의 명칭을 적어야 한다. 송부된 복본을 보유하는 자는 다른 복본의 정당한 소지인에게 그 복본을 교부할 의무가 있다.

② 복본 교부를 거절당한 소지인은 거절증서로 다음 각 호의 사실을 증명하지 아니하면 상환청구권을 행사하지 못한다.

1. 인수를 위하여 송부한 한 통의 복본이 소지인의 청구에도 불구하고 교부되지 아니하였다는 것
2. 다른 한 통의 복본으로는 인수 또는 지급을 받을 수 없었다는 것
[전문개정 2010. 3. 31.]

제2절 등본

⟨개정 2010. 3. 31.⟩

제67조(등본의 작성, 작성방식 및 효력) ① 환어음의 소지인은 그 등본(謄本)을 작성할 권리가 있다.
② 등본에는 배서된 사항이나 그 밖에 원본에 적힌 모든 사항을 정확히 다시 적고 끝부분임을 표시하는 기재를 하여야 한다.
③ 등본에 대하여는 원본과 같은 방법에 의하여 같은 효력으로 배서 또는 보증을 할 수 있다.
[전문개정 2010. 3. 31.]

제68조(등본 보유자의 권리) ① 등본에는 원본 보유자를 표시하여야 한다. 그 보유자는 등본의 정당한 소지인에 대하여 그 원본을 교부할 의무가 있다.
② 원본 교부를 거절당한 소지인은 원본의 교부를 청구하였음에도 불구하고 받지 못하였음을 거절증서로 증명하지 아니하면 등본에 배서하거나 보증한 자에 대하여 상환청구권을 행사하지 못한다.
③ 등본 작성 전에 원본에 한 최후의 배서의 뒤에 다음 각 호의 어느 하나에 해당하는 문구를 적은 경우에는 원본에 한 그 후의 배서는 무효로 한다.
1. 이 후의 배서는 등본에 한 것만이 효력이 있다
2. 제1호와 같은 뜻을 가진 문구
[전문개정 2010. 3. 31.]

제10장 변조

⟨개정 2010. 3. 31.⟩

제69조(변조와 어음행위자의 책임) 환어음의 문구가 변조된 경우에는 그 변조 후에 기명날인하거나 서명한 자는 변조된 문구에 따라 책임을 지고 변조 전에 기명날인하거나 서명한 자는 원래 문구에 따라 책임을 진다.
[전문개정 2010. 3. 31.]

제11장 시효

⟨개정 2010. 3. 31.⟩

제70조(시효기간) ① 인수인에 대한 환어음상의 청구권은 만기일부터 3년간 행사하지 아니하면 소멸시효가 완성된다.

② 소지인의 배서인과 발행인에 대한 청구권은 다음 각 호의 날부터 1년간 행사하지 아니하면 소멸시효가 완성된다.

1. 적법한 기간 내에 작성시킨 거절증서의 날짜
2. 무비용상환의 문구가 적혀 있는 경우에는 만기일

③ 배서인의 다른 배서인과 발행인에 대한 청구권은 그 배서인이 어음을 환수한 날 또는 그 자가 제소된 날부터 6개월간 행사하지 아니하면 소멸시효가 완성된다.

[전문개정 2010. 3. 31.]

제71조(시효의 중단) 시효의 중단은 그 중단사유가 생긴 자에 대하여만 효력이 생긴다.

[전문개정 2010. 3. 31.]

제12장 통칙

〈개정 2010. 3. 31.〉

제72조(휴일과 기일 및 기간) ① 환어음의 만기가 법정휴일인 경우에는 만기 이후의 제1거래일에 지급을 청구할 수 있다. 환어음에 관한 다른 행위, 특히 인수를 위한 제시 및 거절증서 작성 행위는 거래일에만 할 수 있다.

② 제1항의 어느 행위를 일정 기간 내에 하여야 할 경우 그 기간의 말일이 법정휴일이면 말일 이후의 제1거래일까지 기간을 연장하고, 기간 중의 휴일은 그 기간에 산입(算入)한다.

[전문개정 2010. 3. 31.]

제73조(기간의 초일 불산입) 법정기간 또는 약정기간에는 그 첫날을 산입하지 아니한다.

[전문개정 2010. 3. 31.]

제74조(은혜일의 불허) 은혜일(恩惠日)은 법률상으로든 재판상으로든 인정하지 아니한다.

[전문개정 2010. 3. 31.]

제2편 약속어음

〈개정 2010. 3. 31.〉

제75조(어음의 요건) 약속어음에는 다음 각 호의 사항을 적어야 한다.

1. 증권의 본문 중에 그 증권을 작성할 때 사용하는 국어로 약속어음임을 표시하는 글자

2. 조건 없이 일정한 금액을 지급할 것을 약속하는 뜻
3. 만기
4. 지급지
5. 지급받을 자 또는 지급받을 자를 지시할 자의 명칭
6. 발행일과 발행지
7. 발행인의 기명날인 또는 서명

[전문개정 2010. 3. 31.]

제76조(어음 요건의 흠) 제75조 각 호의 사항을 적지 아니한 증권은 약속어음의 효력이 없다. 그러나 다음 각 호의 경우에는 그러하지 아니하다.

1. 만기가 적혀 있지 아니한 경우: 일람출급의 약속어음으로 본다.
2. 지급지가 적혀 있지 아니한 경우: 발행지를 지급지 및 발행인의 주소지로 본다.
3. 발행지가 적혀 있지 아니한 경우: 발행인의 명칭에 부기한 지(地)를 발행지로 본다.

[전문개정 2010. 3. 31.]

제77조(환어음에 관한 규정의 준용) ① 약속어음에 대하여는 약속어음의 성질에 상반되지 아니하는 한도에서 다음 각 호의 사항에 관한 환어음에 대한 규정을 준용한다.

1. 배서(제11조부터 제20조까지)
2. 만기(제33조부터 제37조까지)
3. 지급(제38조부터 제42조까지)
4. 지급거절로 인한 상환청구(제43조부터 제50조까지, 제52조부터 제54조까지)
5. 참가지급(제55조, 제59조부터 제63조까지)
6. 등본(제67조와 제68조)
7. 변조(제69조)
8. 시효(제70조와 제71조)
9. 휴일, 기간의 계산과 은혜일의 인정 금지(제72조부터 제74조까지)

② 약속어음에 관하여는 제3자방에서 또는 지급인의 주소지가 아닌 지(地)에서 지급할 환어음에 관한 제4조 및 제27조, 이자의 약정에 관한 제5조, 어음금액의 기재의 차이에 관한 제6조, 어음채무를 부담하게 할 수 없는 기명날인 또는 서명의 효과에 관한 제7조, 대리권한 없는 자 또는 대리권한을 초과한 자의 기명날인 또는 서명의 효과에 관한 제8조, 백지환어음에 관한 제10조를 준용한다.

③ 약속어음에 관하여는 보증에 관한 제30조부터 제32조까지의 규정을 준용한다. 제31조제4항의 경우에 누구를 위하여 보증한 것임을 표시하지 아니하였으면 약속어음의 발행인을 위하여 보증한 것으로 본다.

[전문개정 2010. 3. 31.]

제78조(발행인의 책임 및 일람 후 정기출급 어음의 특칙) ① 약속어음의 발행인은 환어음의 인수인과 같은 의무를 부담한다.

② 일람 후 정기출급의 약속어음은 제23조에 따른 기간 내에 발행인이 일람할 수 있도록 제시하여야 한다. 일람 후의 기간은 발행인이 어음에 일람하였다는 내용을 적고 날짜를 부기하여 기명날인하거나 서명한 날부터 진행한다. 발행인이 일람 사실과 날짜의 기재를 거절한 경우에는 제25조에 따라 거절증서로써 이를 증명하여야 한다. 그 날짜는 일람 후의 기간의 첫날로 한다.
[전문개정 2010. 3. 31.]

부칙

〈제10198호,2010. 3. 31.〉

이 법은 공포한 날부터 시행한다.

거절증서령

[시행 2011. 8. 19.] [대통령령 제23077호, 2011. 8. 19., 일부개정]

법무부(상사법무과) 02-2110-3167

제1조(목적) 이 영은 법률 제5009호 어음법 부칙 제84조 및 법률 제5010호 수표법 부칙 제70조에 따라 거절증서의 작성에 관한 사항을 규정함을 목적으로 한다.

[전문개정 2011. 8. 19.]

제2조(작성자) 어음(환어음 및 약속어음을 말한다. 이하 같다) 및 수표의 거절증서는 공증인 또는 집행관이 작성한다.

[전문개정 2011. 8. 19.]

제3조(기재사항) ① 거절증서에는 다음 각 호의 사항을 적고 공증인 또는 집행관이 기명날인하여야 한다.
  1. 거절자 및 피거절자의 성명이나 명칭
  2. 거절자에 대하여 청구하였다는 사실 및 거절자가 그 청구에 응하지 않았거나 거절자를 면회할 수 없었다는 사실 또는 청구할 장소를 알 수 없었다는 사실
  3. 청구를 하였거나 청구를 할 수 없었던 장소 및 연월일
  4. 거절증서를 작성한 장소 및 연월일
  5. 법정 장소 외의 곳에서 거절증서를 작성할 때에는 거절자가 이를 승낙한 사실
② 지급인이 「어음법」 제24조제1항 전단에 따라 두 번째 제시를 할 것을 청구하였을 때에는 거절증서에 그 사실을 적어야 한다.

[전문개정 2011. 8. 19.]

제4조(작성 방법) ① 거절증서는 어음이나 수표 또는 이에 결합한 보충지에 적어 작성한다.
② 거절증서는 어음 또는 수표의 뒷면에 적은 사항에 계속하여 작성하고, 보충지에 작성할 경우에는 공증인이나 집행관이 그 이음매에 간인(間印)하여야 한다.

[전문개정 2011. 8. 19.]

제5조(어음이나 수표의 복본 또는 등본이 있는 경우의 작성 방법) ① 어음이나 수표의 여러 통의 복본 또는 원본 및 등본을 제시한 경우에는 거절증서를 1통의 복본, 원본 또는 보충지에 작성한다.
② 제1항에 따라 거절증서를 작성할 때에는 다른 복본이나 등본에 그 사실을 적고 공증인이나 집행관이 기명날인하여야 한다.
③ 제2항에 따른 복본이나 등본의 작성 방법에 관하여는 제4조를 준용한다.

[전문개정 2011. 8. 19.]

제6조(어음의 원본이 없는 경우의 작성 방법) ① 「어음법」 제68조제2항(같은 법 제

77조제1항에서 준용하는 경우를 포함한다)에 따라 거절증서를 작성할 때에는 어음의 등본 또는 보충지에 작성하여야 한다.

② 인수의 일부 거절로 인하여 거절증서를 작성할 때에는 공증인이나 집행관이 어음의 등본을 작성하고 그 등본 또는 보충지에 작성하여야 한다.

③ 제1항과 제2항에 따른 등본 또는 보충지의 작성 방법에 관하여는 제4조제2항을 준용한다.

[전문개정 2011. 8. 19.]

제7조(거절증서의 수) 여러 명에게 청구하거나 동일인에게 여러 차례 청구하였을 때에는 거절증서 1통을 작성한다.

[전문개정 2011. 8. 19.]

제8조(작성 장소) ① 거절증서는 청구를 한 장소에서 작성하여야 한다. 다만, 거절자가 승낙하였을 때에는 다른 장소에서 작성할 수 있다.

② 청구를 할 장소를 알 수 없을 때에는 거절증서를 작성할 공증인 또는 집행관은 그 장소를 관공서에 조회하여야 한다. 다만, 관공서에 조회하여도 그 장소를 알 수 없을 때에는 그 관공서나 자기의 사무소에서 거절증서를 작성할 수 있다.

[전문개정 2011. 8. 19.]

제9조(거절증서의 등본) ① 공증인 또는 집행관은 거절증서를 작성하였을 때에는 다음 각 호의 사항을 적은 등본을 작성하여 그 사무소에 갖추어 두어야 한다.

1. 환어음·약속어음 또는 수표의 구별 및 번호가 있을 때에는 그 번호
2. 금액
3. 발행인, 지급인 및 지급받을 자 또는 지급받을 자를 지시하는 자의 성명이나 명칭
4. 발행 연월일 및 발행지
5. 만기 및 지급지
6. 지급을 위하여 지정된 제3자 및 예비 지급인 또는 참가 인수인이 있을 때에는 그 성명이나 명칭

② 거절증서가 멸실된 경우에 이해관계인이 청구하면 공증인 또는 집행관은 제1항에 따라 작성한 등본에 따라 거절증서의 등본을 작성하여 이해관계인에게 교부하여야 하며, 이 등본은 원본과 같은 효력이 있다.

[전문개정 2011. 8. 19.]

부칙

〈제23077호, 2011. 8. 19.〉

이 영은 공포한 날부터 시행한다.

전자어음의 발행 및 유통에 관한 법률

(약칭: 전자어음법)

[시행 2020. 12. 10.] [법률 제17354호, 2020. 6. 9., 타법개정]

법무부(상사법무과) 02-2110-3167

제1장 총칙

〈개정 2009. 1. 30.〉

제1조(목적) 이 법은 전자적 방식으로 약속어음을 발행·유통하고 어음상의 권리를 행사할 수 있도록 함으로써 국민경제의 향상에 이바지함을 목적으로 한다.

제2조(정의) 이 법에서 사용하는 용어의 정의는 다음과 같다. *〈개정 2010. 5. 17., 2012. 6. 1., 2020. 6. 9.〉*

1. "전자문서"란 「전자문서 및 전자거래 기본법」 제2조제1호에 따라 정보처리시스템에 의하여 전자적 형태로 작성, 송신·수신 또는 저장된 정보를 말한다.
2. "전자어음"이란 전자문서로 작성되고 제5조제1항에 따라 전자어음관리기관에 등록된 약속어음을 말한다.
3. "전자서명"이란 「전자서명법」 제2조제2호에 따른 전자서명(서명자의 실지명의를 확인할 수 있는 것을 말한다)을 말한다.
4. "전자어음관리기관"이란 제3조제1항에 따라 법무부장관의 지정을 받은 기관을 말한다.
5. "사업자고유정보"란 전자어음과 관련된 당사자의 상호나 사업자등록번호, 회원번호, 법인등록번호 또는 주민등록번호 등 사업자를 식별할 수 있는 정보를 말한다.
6. "금융기관"이란 「은행법」에 따른 은행 및 이에 준하는 업무를 수행하는 금융기관으로 대통령령으로 정하는 기관을 말한다.
7. "이용자"란 전자어음거래를 위하여 전자어음관리기관에 등록하고 전자어음관리기관의 시스템을 이용하여 전자어음거래를 하는 자를 말한다.

[전문개정 2009. 1. 30.]

제3조(전자어음관리기관) ① 전자어음관리기관은 법무부장관이 지정한다.
② 전자어음관리기관으로 지정받으려는 자는 다음 각 호의 요건을 갖추어야 한다.
1. 「민법」 제32조에 따라 설립된 법인 또는 「상법」에 따라 설립된 주식회사일 것
2. 대통령령으로 정하는 기술능력·재정능력·시설 및 장비 등을 갖출 것
③ 전자어음관리기관의 지정절차와 그 밖에 필요한 사항은 대통령령으로 정한다.

[전문개정 2009. 1. 30.]

제4조(적용 범위) 전자어음에 관하여 이 법에서 정한 것 외에는 「어음법」에서 정하는 바에 따른다.

[전문개정 2009. 1. 30.]

제2장 전자어음의 등록 및 어음행위

제5조(전자어음의 등록 등) ① 전자어음을 발행하려는 자는 그 전자어음을 전자어음관리기관에 등록하여야 한다.

② 전자어음관리기관은 해당 전자어음의 지급을 청구할 금융기관이나 신용조사기관 등의 의견을 참고하여 전자어음의 등록을 거부하거나 전자어음의 연간 총 발행금액 등을 제한할 수 있다.

③ 전자어음관리기관의 전자어음 등록에 관한 절차와 방법, 그 밖에 필요한 사항은 대통령령으로 정한다.

④ 전자어음에 배서(背書) 또는 보증을 하거나 전자어음의 권리를 행사하는 것은 이 법에 따른 전자문서로만 할 수 있다.

[전문개정 2009. 1. 30.]

제6조(전자어음의 발행) ① 전자어음에는 다음 각 호의 사항을 기재하여야 한다.
1. 「어음법」 제75조제1호 · 제2호 · 제3호 · 제5호 및 제6호에서 정하는 사항
2. 전자어음의 지급을 청구할 금융기관
3. 전자어음의 동일성을 표시하는 정보
4. 사업자고유정보

② 제1항제2호에 따른 금융기관이 있는 지역은 「어음법」 제75조제4호에 따른 지급지(支給地)로 본다.

③ 발행인이 제1항의 전자어음에 전자서명을 한 경우에는 「어음법」 제75조제7호에 따른 기명날인 또는 서명을 한 것으로 본다.〈개정 2020. 6. 9.〉

④ 발행인이 타인에게 「전자문서 및 전자거래 기본법」 제6조제1항에 따라 전자어음을 송신하고 그 타인이 같은 조 제2항에 따라 수신한 때에 전자어음을 발행한 것으로 본다.〈개정 2012. 6. 1.〉

⑤ 전자어음의 만기는 발행일부터 3개월을 초과할 수 없다.〈개정 2016. 5. 29.〉

⑥ 「어음법」 제10조(같은 법 제77조에서 인용하는 경우의 해당 조항을 말한다)에 따른 백지어음은 전자어음으로 발행할 수 없다.

[전문개정 2009. 1. 30.]

제6조의2(전자어음의 이용) 「주식회사 등의 외부감사에 관한 법률」 제4조에 따른 외부감사대상 주식회사 및 직전 사업연도 말의 자산총액 등이 대통령령으로 정하는 기준에 해당하는 법인사업자는 약속어음을 발행할 경우 전자어음으로 발행하여야 한다. 〈개정 2013. 4. 5., 2017. 10. 31.〉

[본조신설 2009. 5. 8.]

제7조(전자어음의 배서) ① 전자어음에 배서를 하는 경우에는 전자어음에 배서의 뜻을 기재한 전자문서(이하 "배서전자문서"라 한다)를 첨부하여야 한다.

② 배서전자문서에는 전자어음의 동일성을 표시하는 정보를 기재하여야 한다.

③ 배서인이 타인에게 「전자문서 및 전자거래 기본법」 제6조제1항에 따라 전자어음과 배서전자문서를 송신하고 그 타인이 같은 조 제2항에 따라 수신한 때에는 「어음법」 제13조제1항에 따른 배서 및 교부를 한 것으로 본다.〈개정 2012. 6. 1.〉

④ 피배서인(被背書人)이 다시 배서를 하는 경우에는 이전에 작성된 배서전자문서를 전자어음에 전부 첨부하고 제1항에 따른 배서를 하여야 한다.

⑤ 전자어음의 총배서횟수는 20회를 초과할 수 없다.

⑥ 전자어음의 배서에 관하여는 제6조제3항을 준용한다. 이 경우 "발행인"은 "배서인"으로 본다.

[전문개정 2009. 1. 30.]

제7조의2(전자어음의 분할배서) ① 「어음법」 제12조제2항에도 불구하고 전자어음을 발행받아 최초로 배서하는 자에 한하여 총 5회 미만으로 어음금을 분할하여 그 일부에 관하여 각각 배서할 수 있다. 이 경우 분할된 각각의 전자어음은 제7조에 따른 배서의 방법을 갖추어야 한다.

② 제1항에 따라 배서를 하는 자는 배서하는 전자어음이 분할 전의 전자어음으로부터 분할된 것임을 표시하여야 한다.

③ 분할 후의 전자어음은 그 기재된 금액의 범위에서 분할 전의 전자어음과 동일한 전자어음으로 본다.

④ 분할된 전자어음에 대한 법률행위의 효과는 분할된 다른 전자어음의 법률관계에 영향을 미치지 아니하며, 배서인은 분할 후의 수개의 전자어음이 구별되도록 다른 번호를 붙여야 한다. 번호 부여의 구체적인 방법은 대통령령으로 정한다.

⑤ 분할 후의 어느 전자어음상의 권리가 소멸한 때에는 분할 전의 전자어음은 그 잔액에 관하여 존속하는 것으로 본다.

⑥ 전자어음의 발행인이 전자어음면에 분할금지 또는 이와 동일한 뜻의 기재를 한 때에는 제1항을 적용하지 아니한다.

[본조신설 2013. 4. 5.]

제8조(전자어음의 보증) ① 전자어음을 보증하는 자는 보증의 뜻을 기재한 전자문서를 그 전자어음에 첨부하여야 한다.

② 전자어음의 보증에 관하여는 제6조제3항·제4항 및 제7조제2항을 준용한다.

이 경우 "발행인"은 "보증인"으로, "발행"은 "보증"으로 본다.

③ 전자어음은 보증에 의하여 그 금액의 일부의 지급을 담보할 수 없다.〈신설 2013. 4. 5.〉

[전문개정 2009. 1. 30.]

제9조(지급 제시) ① 전자어음의 소지인이 전자어음 및 전자어음의 배서에 관한 전자문서를 첨부하여 지급청구의 뜻이 기재된 전자문서를 제6조제1항제2호의 지급을 청구할 금융기관에 송신하고 그 금융기관이 수신한 때에는 「어음법」 제38조제1항에서 규정한 지급을 위한 제시를 한 것으로 본다. 다만, 전자어음관리기관에 대한 전자어음의 제시는 지급을 위한 제시와 같은 효력이 있으며 전자어음관리기관이 운영하는 정보처리 조직에 의하여 전자어음의 만기일 이전에 자동으로 지급 제시되도록 할 수 있다.

② 지급 제시를 위한 송신과 수신의 시기는 「전자문서 및 전자거래 기본법」 제6조제1항 및 제2항에 따른다.〈개정 2012. 6. 1.〉

③ 지급 제시를 하는 소지인은 제1항에 따른 지급청구의 뜻이 기재된 전자문서에 어음금을 수령할 금융기관의 계좌를 기재하여야 한다.

④ 제1항에 따른 지급 제시를 받은 금융기관이 어음금을 지급할 때에는 전자어음관리기관에 지급사실을 통지하여야 한다. 다만, 전자어음관리기관에서 운영하는 정보처리 조직에 의하여 지급이 완료된 경우에는 그러하지 아니하다.

[전문개정 2009. 1. 30.]

제10조(어음의 소멸) 제9조제4항에 따른 통지가 있거나 전자어음관리기관의 정보처리 조직에 의하여 지급이 완료된 경우 어음 채무자가 해당 어음을 환수한 것으로 본다.

[전문개정 2009. 1. 30.]

제11조(어음의 상환증권성과 일부지급의 적용배제) 「어음법」 제39조제1항부터 제3항까지의 규정은 전자어음에 적용하지 아니한다.

[전문개정 2009. 1. 30.]

제12조(지급거절) ① 제9조제1항에 따른 지급 제시를 받은 금융기관이 지급을 거절할 때에는 전자문서(이하 "지급거절 전자문서"라 한다)로 하여야 한다.

② 지급거절 전자문서를 전자어음관리기관에 통보하고 그 기관이 문서 내용을 확인한 경우에는 그 전자문서를 「어음법」 제44조제1항에 따른 공정증서로 본다.

③ 전자어음의 소지인이 제1항에 따른 전자문서를 수신한 날을 공정증서의 작성일로 본다.

④ 제2항에 따른 지급거절 전자문서의 확인 방법 및 절차, 그 밖에 필요한 사항은 대통령령으로 정한다.

[전문개정 2009. 1. 30.]

제13조(상환청구) ① 전자어음의 소지인이 상환청구를 할 때에는 다음 각 호의 문서를 첨부하여 상환청구의 뜻을 기재한 전자문서를 상환의무자에게 송신하여야 한다.

1. 전자어음
2. 배서전자문서
3. 지급거절 전자문서

② 상환의무자가 상환금액을 지급한 경우에는 전자어음관리기관에 지급사실을 통지하여야 한다.

③ 제2항의 통지를 하면 상환의무자가 전자어음을 환수한 것으로 본다.

④ 전자어음의 상환청구에 관하여는 제9조제3항을 준용한다. 이 경우 "지급청구"는 "상환청구"로 본다.

[전문개정 2009. 1. 30.]

제14조(어음의 반환 및 수령 거부) ① 전자어음을 발행하거나 배서한 자가 착오 등을 이유로 전자어음을 반환받으려면 그 소지인으로 하여금 전자어음관리기관에 반환 의사를 통지하게 하여야 한다.

② 제1항의 통지를 하면 전자어음은 발행되거나 배서되지 아니한 것으로 보며, 전자어음관리기관은 그 전자어음의 발행 또는 배서에 관한 기록을 말소하여야 한다.

③ 전자어음의 수신자는 전자어음의 수령을 거부하려면 전자어음관리기관에 수령 거부 의사를 통지하여야 한다. 수령 거부 의사를 통지한 경우에는 수신자가 전자어음을 수령하지 아니한 것으로 보며, 전자어음관리기관은 수신자가 청구할 경우 그 수신자가 전자어음의 수령을 거부한 사실을 증명하는 문서를 발급하여야 한다.

[전문개정 2009. 1. 30.]

제3장 전자어음거래의 안전성 확보 및 이용자 보호

제15조(안전성 확보 의무) 전자어음관리기관은 전자어음 거래의 안전을 확보하고 지급의 확실성을 보장할 수 있도록 전자어음거래의 전자적 전송·처리를 위한 인력, 시설, 전자적 장치 등에 관하여 대통령령으로 정하는 기준을 준수하여야 한다.

[전문개정 2009. 1. 30.]

제16조(전자어음거래 기록의 생성 및 보존) ① 전자어음관리기관은 다음 각 호의 업무를 수행하여야 한다.

1. 전자어음의 발행, 배서, 보증 및 권리행사 등을 할 때에 그 기관의 전자정보처리 조직을 통하여 이루어지도록 하는 조치
2. 전자어음별로 발행인과 배서인에 관한 기록, 전자어음 소지인의 변동사항 및 그 전자어음의 권리행사에 관한 기록의 보존
3. 전자어음거래를 추적·검색하고 오류가 발생할 경우 그 오류를 확인·정정할 수 있는 기록의 생성 및 보존

② 제1항에 따라 전자어음관리기관이 보존하여야 하는 기록의 종류와 방법 및 보존기간은 대통령령으로 정한다.

[전문개정 2009. 1. 30.]

제17조(전자어음거래 정보의 제공 등) ① 전자어음관리기관은 이용자가 신청한 경우에는 대통령령으로 정하는 바에 따라 해당 전자어음 관련 발행상황 및 잔액 등의 결제 정보를 제공하여야 한다.

② 전자어음거래와 관련하여 업무상 다음 각 호에 해당하는 사항을 알게 된 자는 이용자의 동의를 받지 아니하고 타인에게 제공하거나 누설하여서는 아니 된다. 다만, 「금융실명거래 및 비밀보장에 관한 법률」 제4조제1항 단서에 따른 경우와 그 밖의 법률에서 정한 경우에는 그러하지 아니하다.
1. 이용자의 신상에 관한 사항
2. 이용자의 거래계좌 및 전자어음거래의 내용과 실적에 관한 정보 또는 자료

③ 전자어음관리기관은 건전한 전자어음 발행·유통과 선의의 거래자 보호를 위하여 대통령령으로 정하는 경우에는 법무부장관의 사전승인을 받아 제1항과 제2항에 규정된 사항 등을 공개할 수 있다.

[전문개정 2009. 1. 30.]

제18조(약관의 명시·통지 등) ① 전자어음관리기관은 전자어음을 등록할 때에 이용자에게 전자어음거래에 관한 약관을 구체적으로 밝히고, 이용자가 요청하는 경우에는 대통령령으로 정하는 바에 따라 그 약관을 발급하고 내용을 설명하여야 한다.

② 전자어음관리기관은 전자어음거래에 관한 약관을 제정하거나 변경하려면 법무부장관의 승인을 받아야 한다. 다만, 약관의 변경으로 인하여 이용자의 권익이나 의무에 불리한 영향이 없다고 법무부장관이 정하는 경우에는 변경 후 10일 이내에 법무부장관에게 통보하여야 한다.

[전문개정 2009. 1. 30.]

제19조(이의제기와 분쟁처리) ① 전자어음관리기관은 대통령령으로 정하는 바에 따라 전자어음거래와 관련하여 이용자가 제기하는 정당한 의견이나 불만을 반영하고, 이용자가 전자어음거래에서 입은 손해를 배상하기 위한 절차를 마련하여야 한다.

② 전자어음관리기관은 전자어음 등록 시 제1항에 따른 절차를 구체적으로 밝혀야 한다.
[전문개정 2009. 1. 30.]

제4장 전자어음관리업무의 감독

제20조(전자어음관리기관의 감독 및 검사) ① 법무부장관은 전자어음관리기관에 대하여 이 법 또는 이 법에 따른 명령을 준수하는지를 감독한다.

② 법무부장관은 제1항에 따른 감독을 위하여 필요하면 전자어음관리기관에 대하여 그 업무에 관한 보고를 하게 하거나 대통령령으로 정하는 바에 따라 전자어음관리기관의 전자어음관리 업무에 관한 시설·장비·서류, 그 밖의 물건을 검사할 수 있다.

③ 법무부장관은 전자어음제도의 원활한 운영 및 이용자 보호 등을 위하여 필요하면 전자어음관리기관에 이용자의 전자어음거래 정보 등 필요한 자료의 제출을 명할 수 있다.

④ 법무부장관은 전자어음관리기관이 이 법 또는 이 법에 따른 명령을 위반하여 전자어음제도의 건전한 운영을 해치거나 이용자의 권익을 침해할 우려가 있다고 인정되는 경우에는 다음 각 호의 어느 하나에 해당하는 조치를 할 수 있다.

1. 해당 위반행위에 대한 시정명령
2. 전자어음관리기관에 대한 주의·경고 또는 그 임직원에 대한 주의·경고 및 문책의 요구
3. 전자어음관리기관 임원의 해임권고 또는 직무정지의 요구

⑤ 법무부장관은 전자어음제도의 운영 및 전자어음관리기관의 감독 또는 검사와 관련하여 필요하면 금융위원회에 협의를 요청하거나 대통령령으로 정하는 바에 따라 그 권한의 일부를 위임하거나 위탁할 수 있다.
[전문개정 2009. 1. 30.]

제21조(지정의 취소) ① 법무부장관은 전자어음관리기관이 다음 각 호의 어느 하나에 해당하면 제3조에 따른 지정을 취소할 수 있다.

1. 거짓이나 그 밖의 부정한 방법으로 제3조에 따른 전자어음관리기관으로 지정받은 경우
2. 정당한 사유 없이 1년 이상 계속하여 영업을 하지 아니한 경우
3. 법인의 합병·파산·폐업 등으로 사실상 영업을 종료한 경우

② 전자어음관리기관은 지정이 취소된 경우에도 그 취소처분이 있기 전에 한 전자어음거래의 지급을 위한 업무를 계속하여 할 수 있다.

③ 법무부장관은 제1항에 따라 지정을 취소하려는 경우에는 청문을 하여야 하며 지정을 취소한 경우에는 지체 없이 그 내용을 관보에 공고하고 컴퓨터통신 등

을 이용하여 일반인에게 알려야 한다.
[전문개정 2009. 1. 30.]

제5장 벌칙

〈개정 2009. 1. 30.〉

제22조(벌칙) ① 제3조에 따른 전자어음관리기관으로 지정받지 아니하고 전자어음 관리 업무를 한 자는 5년 이하의 징역 또는 1억원 이하의 벌금에 처한다.
② 다음 각 호의 어느 하나에 해당하는 자는 3년 이하의 징역 또는 5천만원 이하 의 벌금에 처한다.
  1. 제5조제1항을 위반하여 전자어음관리기관에 등록하지 아니하고 전자어음을 발행한 자
  2. 제17조제2항을 위반하여 전자어음거래 정보를 제공한 자
③ 제20조제2항에 따른 검사를 기피하거나 방해한 자는 1년 이하의 징역 또는 3 천만원 이하의 벌금에 처한다.
④ 전자어음은 「형법」 제214조부터 제217조까지 규정된 죄의 유가증권으로 보아 그 유가증권에 관한 죄에 대한 각 조문의 형으로 처벌한다.
[전문개정 2009. 1. 30.]

제23조(과태료) ① 다음 각 호의 어느 하나에 해당하는 자에게는 1천만원 이하의 과태료를 부과한다.
  1. 제15조에 따른 안전성 기준을 위반한 자
  2. 제20조제3항에 따른 자료제출 명령에 대하여 정당한 사유 없이 자료를 제출하지 아니 하거나 거짓된 자료를 제출한 자
② 다음 각 호의 어느 하나에 해당하는 자에게는 500만원 이하의 과태료를 부과 한다. 〈개정 2009. 5. 8.〉
  1. 제6조의2에 따른 전자어음 이용의무를 위반한 자
  2. 제16조제1항제2호 및 제3호에 따른 전자어음거래 기록의 보존 의무를 위반한 자
  3. 제17조제1항에 따른 신청에 대하여 정당한 사유 없이 결제 정보를 제공하지 아니한 자
  4. 제18조제1항에 따른 약관의 설명 의무를 위반한 자
  5. 제18조제2항에 따른 승인을 받지 아니하거나 통보를 하지 아니한 자
③ 제1항과 제2항에 따른 과태료는 법무부장관이 부과·징수한다.
[전문개정 2009. 1. 30.]

제24조(전자어음관리기관의 금융기관 간주) 전자어음관리기관은 「특정경제범죄 가중 처벌 등에 관한 법률」 제2조에 따른 금융기관으로 본다.
[전문개정 2009. 1. 30.]

부칙

〈제17354호, 2020. 6. 9.〉 (전자서명법)

제1조(시행일) 이 법은 공포 후 6개월이 경과한 날부터 시행한다. 〈단서 생략〉

제2조 부터 제6조까지 생략

제7조(다른 법률의 개정) ①부터 ⑬까지 생략

⑭ 전자어음의 발행 및 유통에 관한 법률 일부를 다음과 같이 개정한다.

제2조제3호를 다음과 같이 한다.

3. "전자서명"이란 「전자서명법」 제2조제2호에 따른 전자서명(서명자의 실지명의를 확인할 수 있는 것을 말한다)을 말한다.

제6조제3항 중 "공인전자서명"을 "전자서명"으로 한다.

⑮부터 ㉒까지 생략

제8조 생략

전자금융거래법

[시행 2020. 12. 10.] [법률 제17354호, 2020. 6. 9., 타법개정]

금융위원회(전자금융과) 02-2100-2975

제1장 총칙

제1조(목적) 이 법은 전자금융거래의 법률관계를 명확히 하여 전자금융거래의 안전성과 신뢰성을 확보함과 아울러 전자금융업의 건전한 발전을 위한 기반조성을 함으로써 국민의 금융편의를 꾀하고 국민경제의 발전에 이바지함을 목적으로 한다.

제2조(정의) 이 법에서 사용하는 용어의 정의는 다음과 같다. 〈개정 2007. 4. 27., 2008. 2. 29., 2012. 3. 21., 2012. 6. 1., 2013. 5. 22., 2020. 6. 9.〉

1. "전자금융거래"라 함은 금융회사 또는 전자금융업자가 전자적 장치를 통하여 금융상품 및 서비스를 제공(이하 "전자금융업무"라 한다)하고, 이용자가 금융회사 또는 전자금융업자의 종사자와 직접 대면하거나 의사소통을 하지 아니하고 자동화된 방식으로 이를 이용하는 거래를 말한다.
2. "전자지급거래"라 함은 자금을 주는 자(이하 "지급인"이라 한다)가 금융회사 또는 전자금융업자로 하여금 전자지급수단을 이용하여 자금을 받는 자(이하 "수취인"이라 한다)에게 자금을 이동하게 하는 전자금융거래를 말한다.
3. "금융회사"란 다음 각 목의 어느 하나에 해당하는 기관이나 단체 또는 사업자를 말한다.
   가. 「금융위원회의 설치 등에 관한 법률」 제38조제1호부터 제5호까지, 제7호 및 제8호에 해당하는 기관
   나. 「여신전문금융업법」에 따른 여신전문금융회사
   다. 「우체국예금·보험에 관한 법률」에 따른 체신관서
   라. 「새마을금고법」에 따른 새마을금고 및 새마을금고중앙회
   마. 그 밖에 법률의 규정에 따라 금융업 및 금융 관련 업무를 행하는 기관이나 단체 또는 사업자로서 대통령령이 정하는 자
4. "전자금융업자"라 함은 제28조의 규정에 따라 허가를 받거나 등록을 한 자(금융회사는 제외한다)를 말한다.
5. "전자금융보조업자"라 함은 금융회사 또는 전자금융업자를 위하여 전자금융거래를 보조하거나 그 일부를 대행하는 업무를 행하는 자 또는 결제중계시스템의 운영자로서 「금융위원회의 설치 등에 관한 법률」제3조에 따른 금융위원회(이하 "금융위원회"라 한다)가 정하는 자를 말한다.
6. "결제중계시스템"이라 함은 금융회사와 전자금융업자 사이에 전자금융거래정보를 전달하여 자금정산 및 결제에 관한 업무를 수행하는 금융정보처리운영체계를 말한다.
7. "이용자"라 함은 전자금융거래를 위하여 금융회사 또는 전자금융업자와 체결한 계약

(이하 "전자금융거래계약"이라 한다)에 따라 전자금융거래를 이용하는 자를 말한다.

8. "전자적 장치"라 함은 전자금융거래정보를 전자적 방법으로 전송하거나 처리하는데 이용되는 장치로서 현금자동지급기, 자동입출금기, 지급용단말기, 컴퓨터, 전화기 그 밖에 전자적 방법으로 정보를 전송하거나 처리하는 장치를 말한다.

9. "전자문서"라 함은 「전자문서 및 전자거래 기본법」 제2조제1호에 따른 작성, 송신·수신 또는 저장된 정보를 말한다.

10. "접근매체"라 함은 전자금융거래에 있어서 거래지시를 하거나 이용자 및 거래내용의 진실성과 정확성을 확보하기 위하여 사용되는 다음 각 목의 어느 하나에 해당하는 수단 또는 정보를 말한다.

　가. 전자식 카드 및 이에 준하는 전자적 정보

　나. 「전자서명법」 제2조제3호에 따른 전자서명생성정보 및 같은 조 제6호에 따른 인증서

　다. 금융회사 또는 전자금융업자에 등록된 이용자번호

　라. 이용자의 생체정보

　마. 가목 또는 나목의 수단이나 정보를 사용하는데 필요한 비밀번호

11. "전자지급수단"이라 함은 전자자금이체, 직불전자지급수단, 선불전자지급수단, 전자화폐, 신용카드, 전자채권 그 밖에 전자적 방법에 따른 지급수단을 말한다.

12. "전자자금이체"라 함은 지급인과 수취인 사이에 자금을 지급할 목적으로 금융회사 또는 전자금융업자에 개설된 계좌(금융회사에 연결된 계좌에 한한다. 이하 같다)에서 다른 계좌로 전자적 장치에 의하여 다음 각 목의 어느 하나에 해당하는 방법으로 자금을 이체하는 것을 말한다.

　가. 금융회사 또는 전자금융업자에 대한 지급인의 지급지시

　나. 금융회사 또는 전자금융업자에 대한 수취인의 추심지시(이하 "추심이체"라 한다)

13. "직불전자지급수단"이라 함은 이용자와 가맹점간에 전자적 방법에 따라 금융회사의 계좌에서 자금을 이체하는 등의 방법으로 재화 또는 용역의 제공과 그 대가의 지급을 동시에 이행할 수 있도록 금융회사 또는 전자금융업자가 발행한 증표(자금을 융통받을 수 있는 증표를 제외한다) 또는 그 증표에 관한 정보를 말한다.

14. "선불전자지급수단"이라 함은 이전 가능한 금전적 가치가 전자적 방법으로 저장되어 발행된 증표 또는 그 증표에 관한 정보로서 다음 각 목의 요건을 모두 갖춘 것을 말한다. 다만, 전자화폐를 제외한다.

　가. 발행인(대통령령이 정하는 특수관계인을 포함한다) 외의 제3자로부터 재화 또는 용역을 구입하고 그 대가를 지급하는데 사용될 것

　나. 구입할 수 있는 재화 또는 용역의 범위가 2개 업종(「통계법」 제22조제1항의 규정에 따라 통계청장이 고시하는 한국표준산업분류의 중분류상의 업종을 말한다. 이하 이 조에서 같다)이상일 것

15. "전자화폐"라 함은 이전 가능한 금전적 가치가 전자적 방법으로 저장되어 발행된 증표 또는 그 증표에 관한 정보로서 다음 각 목의 요건을 모두 갖춘 것을 말한다.

　가. 대통령령이 정하는 기준 이상의 지역 및 가맹점에서 이용될 것

나. 제14호 가목의 요건을 충족할 것
　　다. 구입할 수 있는 재화 또는 용역의 범위가 5개 이상으로서 대통령령이 정하는 업종 수 이상일 것
　　라. 현금 또는 예금과 동일한 가치로 교환되어 발행될 것
　　마. 발행자에 의하여 현금 또는 예금으로 교환이 보장될 것
16. "전자채권"이라 함은 다음 각 목의 요건을 갖춘 전자문서에 기재된 채권자의 금전채권을 말한다.
　　가. 채무자가 채권자를 지정할 것
　　나. 전자채권에 채무의 내용이 기재되어 있을 것
　　다. 「전자서명법」 제2조제2호에 따른 전자서명(서명자의 실지명의를 확인할 수 있는 것을 말한다)이 있을 것
　　라. 금융회사를 거쳐 제29조제1항의 규정에 따른 전자채권관리기관(이하 "전자채권관리기관"이라 한다)에 등록될 것
　　마. 채무자가 채권자에게 가목 내지 다목의 요건을 모두 갖춘 전자문서를 「전자문서 및 전자거래 기본법」 제6조제1항에 따라 송신하고 채권자가 이를 같은 법 제6조제2항의 규정에 따라 수신할 것
17. "거래지시"라 함은 이용자가 전자금융거래계약에 따라 금융회사 또는 전자금융업자에게 전자금융거래의 처리를 지시하는 것을 말한다.
18. "오류"라 함은 이용자의 고의 또는 과실 없이 전자금융거래가 전자금융거래계약 또는 이용자의 거래지시에 따라 이행되지 아니한 경우를 말한다.
19. "전자지급결제대행"이라 함은 전자적 방법으로 재화의 구입 또는 용역의 이용에 있어서 지급결제정보를 송신하거나 수신하는 것 또는 그 대가의 정산을 대행하거나 매개하는 것을 말한다.
20. "가맹점"이라 함은 금융회사 또는 전자금융업자와의 계약에 따라 직불전자지급수단이나 선불전자지급수단 또는 전자화폐에 의한 거래에 있어서 이용자에게 재화 또는 용역을 제공하는 자로서 금융회사 또는 전자금융업자가 아닌 자를 말한다.
21. "전자금융기반시설"이란 전자금융거래에 이용되는 정보처리시스템 및 「정보통신망 이용촉진 및 정보보호 등에 관한 법률」 제2조제1항제1호에 따른 정보통신망을 말한다.
22. "전자적 침해행위"란 해킹, 컴퓨터 바이러스, 논리폭탄, 메일폭탄, 서비스 거부 또는 고출력 전자기파 등의 방법으로 전자금융기반시설을 공격하는 행위를 말한다.

제3조(적용범위) ① 이 법은 다른 법률에 특별한 규정이 있는 경우를 제외하고 모든 전자금융거래에 적용한다. 다만, 금융회사 및 전자금융업자간에 따로 정하는 계약에 따라 이루어지는 전자금융거래 가운데 대통령령이 정하는 경우에는 이 법을 적용하지 아니한다. 〈개정 2013. 5. 22.〉
② 제5장의 규정은 제2조제3호 다목 및 라목의 금융회사에 대하여는 이를 적용하지 아니한다. 〈개정 2013. 5. 22.〉

③ 금융회사 중 전자금융거래의 빈도, 회사의 규모 등을 고려하여 대통령령으로 정하는 금융회사에 대하여는 다음 각 호를 적용하지 아니한다. 〈신설 2013. 5. 22.〉

1. 제21조제2항의 인력, 시설, 전자적 장치 등의 정보기술부문 및 전자금융업무에 관하여 금융위원회가 정하는 기준 준수
2. 제21조제4항의 정보기술부문의 계획수립 및 제출
3. 제21조의2의 정보보호최고책임자 지정
4. 제21조의3의 전자금융기반시설의 취약점 분석·평가

제4조(상호주의) 외국인 또는 외국법인에 대하여도 이 법을 적용한다. 다만, 대한민국 국민 또는 대한민국 법인에 대하여 이 법에 준하는 보호를 하지 아니하는 국가의 외국인 또는 외국법인에 대하여는 그에 상응하여 이 법 또는 대한민국이 가입하거나 체결한 조약에 따른 보호를 제한할 수 있다.

제2장 전자금융거래 당사자의 권리와 의무

제1절 통칙

제5조(전자문서의 사용) ①전자금융거래를 위하여 사용되는 전자문서에 대하여는 「전자문서 및 전자거래 기본법」 제4조부터 제7조까지, 제9조 및 제10조를 적용한다. 〈개정 2012. 6. 1.〉

② 금융회사 또는 전자금융업자가 거래지시와 관련하여 수신한 전자문서는 각 문서마다 독립된 것으로 본다. 다만, 금융회사 또는 전자금융업자와 이용자 사이에 전자금융거래계약에 따라 확인절차를 거치는 경우에는 그 절차에 따른다. 〈개정 2013. 5. 22.〉

제6조(접근매체의 선정과 사용 및 관리) ① 금융회사 또는 전자금융업자는 전자금융거래를 위하여 접근매체를 선정하여 사용 및 관리하고 이용자의 신원, 권한 및 거래지시의 내용 등을 확인하여야 한다. 〈개정 2013. 5. 22.〉

② 금융회사 또는 전자금융업자가 접근매체를 발급할 때에는 이용자의 신청이 있는 경우에 한하여 본인임을 확인한 후에 발급하여야 한다. 다만, 다음 각 호의 어느 하나에 해당하는 경우에는 이용자의 신청이나 본인의 확인이 없는 때에도 발급할 수 있다. 〈개정 2013. 5. 22.〉

1. 선불전자지급수단 또는 제16조제1항 단서의 규정에 따른 전자화폐인 경우
2. 접근매체의 갱신 또는 대체발급 등을 위하여 대통령령이 정하는 바에 따라 이용자의 동의를 얻은 경우

③ 누구든지 접근매체를 사용 및 관리함에 있어서 다른 법률에 특별한 규정이 없는 한 다음 각 호의 행위를 하여서는 아니 된다. 다만, 제18조에 따른 선불전

자지급수단이나 전자화폐의 양도 또는 담보제공을 위하여 필요한 경우(제3호의 행위 및 이를 알선·중개하는 행위는 제외한다)에는 그러하지 아니하다.〈개정 2008. 12. 31., 2015. 1. 20., 2016. 1. 27., 2020. 5. 19.〉

1. 접근매체를 양도하거나 양수하는 행위
2. 대가를 수수(授受)·요구 또는 약속하면서 접근매체를 대여받거나 대여하는 행위 또는 보관·전달·유통하는 행위
3. 범죄에 이용할 목적으로 또는 범죄에 이용될 것을 알면서 접근매체를 대여받거나 대여하는 행위 또는 보관·전달·유통하는 행위
4. 접근매체를 질권의 목적으로 하는 행위
5. 제1호부터 제4호까지의 행위를 알선·중개·광고하거나 대가를 수수(授受)·요구 또는 약속하면서 권유하는 행위

④ 금융회사·전자금융업자 및 전자금융보조업자(이하 "금융회사등"이라 한다)가 전자적 장치의 작동오류 등 불가피한 사유로 이용자의 접근매체를 획득한 경우 그 접근매체를 그 이용자에게 반환할 때에는 신분증 제시 요청 등의 방법으로 본인임을 확인할 수 있다.〈신설 2020. 5. 19.〉

⑤ 제4항에 따른 본인확인을 요청할 수 있는 사유 및 본인확인 방법은 대통령령으로 정한다.〈신설 2020. 5. 19.〉

제6조의2(불법 광고에 이용된 전화번호의 이용중지 등) ① 검찰총장, 경찰청장 또는 금융감독원장(「금융위원회의 설치 등에 관한 법률」 제29조에 따른 금융감독원장을 말한다. 이하 같다)은 제6조제3항제5호에 따른 불법광고에 이용된 전화번호를 확인한 때에는 과학기술정보통신부장관에게 해당 전화번호에 대한 전기통신역무 제공의 중지를 요청할 수 있다. 〈개정 2017. 7. 26.〉

② 제1항에 따른 요청으로 전기통신역무 제공이 중지된 사람은 전기통신역무 제공의 중지를 요청한 자에게 이의신청을 할 수 있다.

③ 제2항에 따른 이의신청의 절차 등에 필요한 사항은 대통령령으로 정한다.

[본조신설 2016. 1. 27.]

제6조의3(계좌정보의 사용 및 관리) 누구든지 계좌와 관련된 정보를 사용 및 관리함에 있어서 범죄에 이용할 목적으로 또는 범죄에 이용될 것을 알면서 계좌와 관련된 정보를 제공받거나 제공하는 행위 또는 보관·전달·유통하는 행위를 하여서는 아니 된다.

[본조신설 2020. 5. 19.]

제7조(거래내용의 확인) ① 금융회사 또는 전자금융업자는 이용자가 전자금융거래에 사용하는 전자적 장치(금융회사 또는 전자금융업자와 이용자 사이에 미리 약정

한 전자적 장치가 있는 경우에는 그 전자적 장치를 포함한다)를 통하여 거래내용
을 확인할 수 있도록 하여야 한다. *(개정 2013. 5. 22.)*

② 금융회사 또는 전자금융업자는 이용자가 거래내용을 서면(전자문서를 제외한
다. 이하 같다)으로 제공할 것을 요청하는 경우에는 그 요청을 받은 날부터 2
주 이내에 거래내용에 관한 서면을 교부하여야 한다.*(개정 2013. 5. 22.)*

③ 제1항 및 제2항의 규정에 따라 제공하는 거래내용의 대상기간, 종류 및 범위
등에 관한 사항은 대통령령으로 정한다.

제8조(오류의 정정 등) ① 이용자는 전자금융거래에 오류가 있음을 안 때에는 그 금
융회사 또는 전자금융업자에게 이에 대한 정정을 요구할 수 있다. *(개정 2013. 5. 22.)*

② 금융회사 또는 전자금융업자는 제1항의 규정에 따른 오류의 정정요구를 받은
때에는 이를 즉시 조사하여 처리한 후 정정요구를 받은 날부터 2주 이내에 오
류의 원인과 처리 결과를 대통령령으로 정하는 방법에 따라 이용자에게 알려
야 한다.*(개정 2008. 12. 31., 2013. 5. 22.)*

③ 금융회사 또는 전자금융업자는 스스로 전자금융거래에 오류가 있음을 안 때에
는 이를 즉시 조사하여 처리한 후 오류가 있음을 안 날부터 2주 이내에 오류
의 원인과 처리 결과를 대통령령으로 정하는 방법에 따라 이용자에게 알려야
한다.*(개정 2008. 12. 31., 2013. 5. 22.)*

제9조(금융회사 또는 전자금융업자의 책임) ① 금융회사 또는 전자금융업자는 다음
각 호의 어느 하나에 해당하는 사고로 인하여 이용자에게 손해가 발생한 경우에
는 그 손해를 배상할 책임을 진다. *(개정 2013. 5. 22.)*

1. 접근매체의 위조나 변조로 발생한 사고
2. 계약체결 또는 거래지시의 전자적 전송이나 처리 과정에서 발생한 사고
3. 전자금융거래를 위한 전자적 장치 또는 「정보통신망 이용촉진 및 정보보호 등에 관한
   법률」 제2조제1항제1호에 따른 정보통신망에 침입하여 거짓이나 그 밖의 부정한 방
   법으로 획득한 접근매체의 이용으로 발생한 사고

② 제1항의 규정에 불구하고 금융회사 또는 전자금융업자는 다음 각 호의 어느
하나에 해당하는 경우에는 그 책임의 전부 또는 일부를 이용자가 부담하게 할
수 있다. *(개정 2013. 5. 22.)*

1. 사고 발생에 있어서 이용자의 고의나 중대한 과실이 있는 경우로서 그 책임의 전부 또
   는 일부를 이용자의 부담으로 할 수 있다는 취지의 약정을 미리 이용자와 체결한 경우
2. 법인(「중소기업기본법」제2조제2항에 의한 소기업을 제외한다)인 이용자에게 손해가 발
   생한 경우로 금융회사 또는 전자금융업자가 사고를 방지하기 위하여 보안절차를 수립
   하고 이를 철저히 준수하는 등 합리적으로 요구되는 충분한 주의의무를 다한 경우

③ 제2항제1호의 규정에 따른 이용자의 고의나 중대한 과실은 대통령령이 정하는

범위 안에서 전자금융거래에 관한 약관(이하 "약관"이라 한다)에 기재된 것에 한한다.

④ 금융회사 또는 전자금융업자는 제1항의 규정에 따른 책임을 이행하기 위하여 금융위원회가 정하는 기준에 따라 보험 또는 공제에 가입하거나 준비금을 적립하는 등 필요한 조치를 하여야 한다. 〈개정 2008. 2. 29., 2013. 5. 22.〉

[제목개정 2013. 5. 22.]

제10조(접근매체의 분실과 도난 책임) ① 금융회사 또는 전자금융업자는 이용자로부터 접근매체의 분실이나 도난 등의 통지를 받은 때에는 그 때부터 제3자가 그 접근매체를 사용함으로 인하여 이용자에게 발생한 손해를 배상할 책임을 진다. 다만, 선불전자지급수단이나 전자화폐의 분실 또는 도난 등으로 발생하는 손해로서 대통령령이 정하는 경우에는 그러하지 아니하다. 〈개정 2013. 5. 22.〉

② 제1항 및 제9조의 규정에 불구하고 다른 법령에 이용자에게 유리하게 적용될 수 있는 규정이 있는 경우에는 그 법령을 우선 적용한다.

제11조(전자금융보조업자의 지위) ①전자금융거래와 관련하여 전자금융보조업자(전자채권관리기관을 포함한다. 이하 이 장에서 같다)의 고의나 과실은 금융회사 또는 전자금융업자의 고의나 과실로 본다. 〈개정 2013. 5. 22.〉

② 금융회사 또는 전자금융업자는 전자금융보조업자의 고의나 과실로 인하여 발생한 손해에 대하여 이용자에게 그 손해를 배상한 경우에는 그 전자금융보조업자에게 구상할 수 있다. 〈개정 2013. 5. 22.〉

③ 이용자는 금융회사 또는 전자금융업자와의 약정에 따라 금융회사 또는 전자금융업자에게 행하는 각종 통지를 전자금융보조업자에게 할 수 있다. 이 경우 전자금융보조업자에게 한 통지는 금융회사 또는 전자금융업자에게 한 것으로 본다. 〈개정 2013. 5. 22.〉

제2절 전자지급거래 등

제12조(전자지급거래계약의 효력) ① 금융회사 또는 전자금융업자는 지급인 또는 수취인과 전자지급거래를 하기 위하여 체결한 약정에 따라 수취인이나 수취인의 금융회사 또는 전자금융업자에게 지급인 또는 수취인이 거래지시한 금액을 전송하여 지급이 이루어지도록 하여야 한다. 〈개정 2013. 5. 22.〉

② 금융회사 또는 전자금융업자는 제1항의 규정에 따른 자금의 지급이 이루어질 수 없게 된 때에는 전자지급거래를 하기 위하여 수령한 자금을 지급인에게 반환하여야 한다. 이 경우 지급인의 과실로 인하여 지급이 이루어지지 아니한 때에는 그 전송을 하기 위하여 지출한 비용을 공제할 수 있다. 〈개정 2013. 5. 22.〉

제13조(지급의 효력발생시기) ① 전자지급수단을 이용하여 자금을 지급하는 경우에는 그 지급의 효력은 다음 각 호의 어느 하나에서 정한 때에 생긴다. 〈개정 2013. 5. 22., 2014. 10. 15.〉

1. 전자자금이체의 경우 : 거래지시된 금액의 정보에 대하여 수취인의 계좌가 개설되어 있는 금융회사 또는 전자금융업자의 계좌의 원장에 입금기록이 끝난 때
2. 전자적 장치로부터 직접 현금을 출금하는 경우 : 수취인이 현금을 수령한 때
3. 선불전자지급수단 및 전자화폐로 지급하는 경우 : 거래지시된 금액의 정보가 수취인이 지정한 전자적 장치에 도달한 때
4. 그 밖의 전자지급수단으로 지급하는 경우 : 거래지시된 금액의 정보가 수취인의 계좌가 개설되어 있는 금융회사 또는 전자금융업자의 전자적 장치에 입력이 끝난 때

② 총자산 등을 감안하여 대통령령으로 정하는 금융회사 또는 전자금융업자는 이용자가 원하는 경우 대통령령으로 정하는 절차와 방법에 따라 이용자가 거래지시를 하는 때부터 일정 시간이 경과한 후에 전자자금이체의 지급 효력이 발생하도록 하여야 한다. 〈신설 2014. 10. 15.〉

제14조(거래지시의 철회) ①이용자는 제13조제1항 각 호의 규정에 따라 지급의 효력이 발생하기 전까지 거래지시를 철회할 수 있다. 〈개정 2014. 10. 15.〉

② 제1항의 규정에 불구하고 금융회사 또는 전자금융업자와 이용자는 대량으로 처리하는 거래 또는 예약에 따른 거래 등의 경우에는 미리 정한 약정에 따라 거래지시의 철회시기를 달리 정할 수 있다. 〈개정 2013. 5. 22.〉

③ 금융회사 또는 전자금융업자는 제1항의 규정에 따른 거래지시의 철회방법 및 절차와 제2항의 규정에 따른 약정에 관한 사항을 약관에 기재하여야 한다. 〈개정 2013. 5. 22.〉

제15조(추심이체의 출금 동의) ①금융회사 또는 전자금융업자는 추심이체를 실행하기 위하여 대통령령이 정하는 바에 따라 미리 지급인으로부터 출금에 대한 동의를 얻어야 한다. 〈개정 2013. 5. 22.〉

② 지급인은 수취인의 거래지시에 따라 지급인의 계좌의 원장에 출금기록이 끝나기 전까지 금융회사 또는 전자금융업자에게 제1항의 규정에 따른 동의의 철회를 요청할 수 있다. 〈개정 2013. 5. 22.〉

③ 제2항의 규정에 불구하고 금융회사 또는 전자금융업자는 대량으로 처리하는 거래 또는 예약에 따른 거래 등의 경우에는 미리 지급인과 정한 약정에 따라 동의의 철회시기를 달리 정할 수 있다. 〈개정 2013. 5. 22.〉

④ 금융회사 또는 전자금융업자는 제2항 및 제3항의 규정에 따른 동의의 철회방법 및 절차와 약정에 관한 사항을 약관에 기재하여야 한다. 〈개정 2013. 5. 22.〉

제16조(전자화폐의 발행과 사용 및 환금) ① 전자화폐를 발행하는 금융회사 또는 전자금융업자(이하 "전자화폐발행자"라 한다)는 전자화폐를 발행할 경우 접근매체에 식별번호를 부여하고 그 식별번호와「금융실명거래 및 비밀보장에 관한 법률」제2조제4호에서 규정한 이용자의 실지명의(이하 "실지명의"라 한다) 또는 예금계좌를 연결하여 관리하여야 한다. 다만, 발행권면 최고한도가 대통령령이 정하는 금액 이하인 전자화폐의 경우에는 그러하지 아니하다. 〈개정 2013. 5. 22.〉

② 전자화폐발행자는 현금 또는 예금과 동일한 가치로 교환하여 전자화폐를 발행하여야 한다.

③ 전자화폐발행자는 전자화폐보유자가 전자화폐를 사용할 수 있도록 발행된 전자화폐의 보관 및 사용 등에 필요한 조치를 하여야 한다.

④ 전자화폐발행자는 전자화폐보유자의 요청에 따라 전자화폐를 현금 또는 예금으로 교환할 의무를 부담한다.

⑤ 제1항 내지 제4항의 규정에 따른 전자화폐의 발행·교환의 방법 및 절차에 관하여는 대통령령으로 정한다.

제17조(전자화폐에 의한 지급의 효력) 전자화폐보유자가 재화를 구입하거나 용역을 제공받고 그 대금을 수취인과의 합의에 따라 전자화폐로 지급한 때에는 그 대금의 지급에 관한 채무는 변제된 것으로 본다.

제18조(전자화폐 등의 양도성) ① 선불전자지급수단 보유자 또는 전자화폐 보유자는 발행자와의 약정에 따라 선불전자지급수단 또는 전자화폐를 타인에게 양도하거나 담보로 제공할 수 있다.

② 제1항의 규정에 따라 선불전자지급수단 또는 전자화폐를 양도하거나 담보로 제공하는 경우에는 반드시 발행자의 중앙전산시스템을 경유하여야 한다. 다만, 실지명의가 확인되지 아니하는 선불전자지급수단 또는 제16조제1항 단서의 규정에 따른 전자화폐의 경우에는 그러하지 아니하다.

제19조(선불전자지급수단의 환급) ① 선불전자지급수단을 발행한 금융회사 또는 전자금융업자는 선불전자지급수단보유자가 선불전자지급수단에 기록된 잔액의 환급을 청구하는 경우에는 미리 약정한 바에 따라 환급하여야 한다. 〈개정 2013. 5. 22.〉

② 금융회사 또는 전자금융업자는 제1항의 규정에 따른 환급과 관련된 약정을 약관에 기재하고, 다음 각 호의 어느 하나에 해당하는 경우에는 선불전자지급수단에 기록된 잔액의 전부를 지급한다는 내용을 약관에 포함시켜야 한다.〈개정 2013. 5. 22.〉

  1. 천재지변 등의 사유로 가맹점이 재화 또는 용역을 제공하기 곤란하여 선불전자지급수

단을 사용하지 못하게 된 경우

2. 선불전자지급수단의 결함으로 가맹점이 재화 또는 용역을 제공하지 못하는 경우
3. 선불전자지급수단에 기록된 잔액이 일정비율 이하인 경우. 이 경우 일정비율은 100분의 20 미만으로 정할 수 없다.

제20조(전자채권양도의 대항요건) ① 전자채권의 양도는 다음 각 호의 요건을 모두 갖춘 때에 「민법」 제450조제1항의 규정에 따른 대항요건을 갖춘 것으로 본다. 〈개정 2020. 6. 9.〉

1. 양도인의 채권양도의 통지 또는 채무자의 승낙이 「전자서명법」 제2조제2호에 따른 전자서명(서명자의 실지명의를 확인할 수 있는 것을 말한다)을 한 전자문서에 의하여 이루어질 것
2. 제1호의 규정에 따른 통지 또는 승낙이 기재된 전자문서가 전자채권관리기관에 등록될 것

② 제1항의 규정에 따른 통지 또는 승낙이 기재된 전자문서에 「전자서명법」 제18조에 따른 시점확인이 있고 제1항의 요건을 모두 갖춘 때에 「민법」 제450조제2항의 규정에 따른 대항요건을 갖춘 것으로 본다. 〈개정 2020. 6. 9.〉

제3장 전자금융거래의 안전성 확보 및 이용자 보호

제21조(안전성의 확보의무) ① 금융회사등은 전자금융거래가 안전하게 처리될 수 있도록 선량한 관리자로서의 주의를 다하여야 한다. 〈개정 2013. 5. 22., 2020. 5. 19.〉

② 금융회사등은 전자금융거래의 안전성과 신뢰성을 확보할 수 있도록 전자적 전송이나 처리를 위한 인력, 시설, 전자적 장치, 소요경비 등의 정보기술부문, 전자금융업무 및 「전자서명법」에 의한 인증서의 사용 등 인증방법에 관하여 금융위원회가 정하는 기준을 준수하여야 한다. 〈개정 2008. 2. 29., 2013. 5. 22., 2014. 10. 15.〉

③ 금융위원회는 제2항의 기준을 정할 때 특정 기술 또는 서비스의 사용을 강제하여서는 아니 되며, 보안기술과 인증기술의 공정한 경쟁이 촉진되도록 노력하여야 한다. 〈개정 2014. 10. 15.〉

④ 대통령령으로 정하는 금융회사 및 전자금융업자는 안전한 전자금융거래를 위하여 대통령령으로 정하는 바에 따라 정보기술부문에 대한 계획을 매년 수립하여 대표자의 확인·서명을 받아 금융위원회에 제출하여야 한다. 〈신설 2013. 5. 22.〉

제21조의2(정보보호최고책임자 지정) ① 금융회사 또는 전자금융업자는 전자금융업무 및 그 기반이 되는 정보기술부문 보안을 총괄하여 책임질 정보보호최고책임자를 지정하여야 한다. 〈개정 2013. 5. 22.〉

② 총자산, 종업원 수 등을 감안하여 대통령령으로 정하는 금융회사 또는 전자금

융업자는 정보보호최고책임자를 임원(「상법」 제401조의2제1항제3호에 따른 자를 포함한다)으로 지정하여야 한다.〈개정 2013. 5. 22.〉

③ 총자산, 종업원 수 등을 감안하여 대통령령으로 정하는 금융회사 또는 전자금융업자의 정보보호최고책임자는 제4항의 업무 외의 다른 정보기술부문 업무를 겸직할 수 없다.〈신설 2014. 10. 15.〉

④ 제1항에 따른 정보보호최고책임자는 다음 각 호의 업무를 수행한다.〈개정 2014. 10. 15.〉

 1. 제21조제2항에 따른 전자금융거래의 안정성 확보 및 이용자 보호를 위한 전략 및 계획의 수립
 2. 정보기술부문의 보호
 3. 정보기술부문의 보안에 필요한 인력관리 및 예산편성
 4. 전자금융거래의 사고 예방 및 조치
 5. 그 밖에 전자금융거래의 안정성 확보를 위하여 대통령령으로 정하는 사항

⑤ 정보보호최고책임자의 자격요건 등에 필요한 사항은 대통령령으로 정한다.〈개정 2014. 10. 15.〉

[본조신설 2011. 11. 14.]

제21조의3(전자금융기반시설의 취약점 분석·평가) ① 금융회사 및 전자금융업자는 전자금융거래의 안전성과 신뢰성을 확보하기 위하여 전자금융기반시설에 대한 다음 각 호의 사항을 분석·평가하고 그 결과(「정보통신기반 보호법」 제9조에 따른 취약점 분석·평가를 한 경우에는 그 결과를 말한다)를 금융위원회에 보고하여야 한다.

 1. 정보기술부문의 조직, 시설 및 내부통제에 관한 사항
 2. 정보기술부문의 전자적 장치 및 접근매체에 관한 사항
 3. 전자금융거래의 유지를 위한 침해사고 대응조치에 관한 사항
 4. 그 밖에 대통령령으로 정하는 사항

② 금융회사 및 전자금융업자는 제1항에 따른 전자금융기반시설의 취약점 분석·평가 결과에 따른 필요한 보완조치의 이행계획을 수립·시행하여야 한다.

③ 금융위원회는 소속 공무원으로 하여금 제1항에 따른 전자금융기반시설의 취약점 분석·평가 결과 및 제2항에 따른 보완조치의 이행실태를 점검하게 할 수 있다.

④ 제1항에 따른 전자금융기반시설의 취약점 분석·평가의 내용 및 절차와 제2항에 따른 이행계획의 수립·시행, 그 밖에 필요한 사항은 대통령령으로 정한다.

[본조신설 2013. 5. 22.]

제21조의4(전자적 침해행위 등의 금지) 누구든지 다음 각 호의 어느 하나에 해당하는 행위를 하여서는 아니 된다.

 1. 접근권한을 가지지 아니하는 자가 전자금융기반시설에 접근하거나 접근권한을 가진 자

가 그 권한을 넘어 저장된 데이터를 조작·파괴·은닉 또는 유출하는 행위
2. 전자금융기반시설에 대하여 데이터를 파괴하거나 전자금융기반시설의 운영을 방해할 목적으로 컴퓨터 바이러스, 논리폭탄 또는 메일폭탄 등의 프로그램을 투입하는 행위
3. 전자금융기반시설의 안정적 운영을 방해할 목적으로 일시에 대량의 신호, 고출력 전자기파 또는 데이터를 보내거나 부정한 명령을 처리하도록 하는 등의 방법으로 전자금융기반시설에 오류 또는 장애를 발생하게 하는 행위

[본조신설 2013. 5. 22.]

제21조의5(침해사고의 통지 등) ① 금융회사 및 전자금융업자는 전자적 침해행위로 인하여 전자금융기반시설이 교란·마비되는 등의 사고(이하 "침해사고"라 한다)가 발생한 때에는 금융위원회에 지체 없이 이를 알려야 한다.
② 금융회사 및 전자금융업자는 침해사고가 발생하면 그 원인을 분석하고 피해의 확산을 방지하기 위하여 필요한 조치를 하여야 한다.

[본조신설 2013. 5. 22.]

제21조의6(침해사고의 대응) ① 금융위원회는 침해사고에 대응하기 위하여 다음 각 호의 업무를 수행한다.
1. 침해사고에 관한 정보의 수집·전파
2. 침해사고의 예보·경보
3. 침해사고에 대한 긴급조치
4. 그 밖에 침해사고 대응을 위하여 대통령령으로 정하는 사항
② 제1항에 따른 업무를 수행하는 데 필요한 절차·방법 등은 대통령령으로 정한다.

[본조신설 2013. 5. 22.]

제22조(전자금융거래기록의 생성·보존 및 파기) ①금융회사등은 전자금융거래의 내용을 추적·검색하거나 그 내용에 오류가 발생할 경우에 이를 확인하거나 정정할 수 있는 기록(이하 이 조에서 "전자금융거래기록"이라 한다)을 생성하여 5년의 범위 안에서 대통령령이 정하는 기간동안 보존하여야 한다. 〈개정 2013. 5. 22., 2014. 10. 15.〉
② 금융회사등은 제1항에 따라 보존하여야 하는 기간이 경과하고 금융거래 등 상거래관계가 종료된 경우에는 5년 이내에 전자금융거래기록(「신용정보의 이용 및 보호에 관한 법률」에 따른 신용정보는 제외한다. 이하 이 항에서 같다)을 파기하여야 한다. 다만, 다음 각 호의 경우에는 그러하지 아니하다. 〈신설 2014. 10. 15.〉
1. 다른 법률에 따른 의무를 이행하기 위하여 불가피한 경우
2. 그 밖에 전자금융거래기록을 보관할 필요성이 있는 경우로서 금융위원회가 정하는 경우
③ 제1항 및 제2항에 따라 금융회사등이 보존하여야 하는 전자금융거래기록의 종류, 보존방법, 파기절차·방법 및 상거래관계가 종료된 날의 기준 등은 대통령령으로 정한다. 〈개정 2013. 5. 22., 2014. 10. 15.〉

[제목개정 2014. 10. 15.]

제23조(전자지급수단 등의 발행과 이용한도) ① 금융위원회는 전자지급수단의 특성을 감안하여 대통령령이 정하는 바에 따라 금융회사 또는 전자금융업자에게 다음 각 호에 규정된 한도를 제한하거나 그 밖에 필요한 조치를 할 수 있다. *〈개정 2008. 2. 29., 2013. 5. 22.〉*

　1. 전자화폐 및 선불전자지급수단의 발행권면 최고한도
　2. 전자자금이체의 이용한도
　3. 직불전자지급수단의 이용한도

② 금융위원회는 대통령령으로 정하는 바에 따라 금융회사 또는 전자금융업자에게 전자적 장치로부터의 현금 출금 최고한도를 제한하거나 그 밖에 필요한 조치를 할 수 있다.*〈신설 2013. 5. 22.〉*

[제목개정 2013. 5. 22.]

제24조(약관의 명시와 변경통지 등) ① 금융회사 또는 전자금융업자는 이용자와 전자금융거래의 계약을 체결함에 있어서 약관을 명시하여야 하고, 이용자의 요청이 있는 경우에는 금융위원회가 정하는 방법에 따라 그 약관의 사본을 교부하고 그 약관의 내용을 설명하여야 한다. *〈개정 2008. 2. 29., 2013. 5. 22.〉*

② 금융회사 또는 전자금융업자는 제1항의 규정을 위반하여 계약을 체결한 때에는 당해 약관의 내용을 계약의 내용으로 주장할 수 없다.*〈개정 2013. 5. 22.〉*

③ 금융회사 또는 전자금융업자는 약관을 변경하는 때에는 변경되는 약관의 시행일 1월 전에 금융위원회가 정하는 방법에 따라 이를 게시하고 이용자에게 알려야 한다. 다만, 법령의 개정으로 인하여 긴급하게 약관을 변경하는 때에는 금융위원회가 정하는 방법에 따라 이를 즉시 게시하고 이용자에게 알려야 한다.*〈개정 2008. 2. 29., 2013. 5. 22.〉*

④ 이용자는 제3항의 규정에 따른 약관의 변경내용이 게시되거나 통지된 후부터 변경되는 약관의 시행일 전의 영업일까지 전자금융거래의 계약을 해지할 수 있다. 전단의 기간 안에 이용자가 약관의 변경내용에 대하여 이의를 제기하지 아니하는 경우에는 약관의 변경을 승인한 것으로 본다.

제25조(약관의 제정 및 변경) ① 금융회사 또는 전자금융업자가 전자금융거래에 관한 약관을 제정하거나 변경하고자 하는 경우에는 미리 금융위원회에 보고하여야 한다. 다만, 이용자의 권익이나 의무에 불리한 영향이 없는 경우로서 금융위원회가 정하는 경우에는 약관의 제정 또는 변경 후 10일 이내에 금융위원회에 보고할 수 있다. *〈개정 2008. 2. 29., 2013. 5. 22.〉*

② 금융위원회는 건전한 전자금융거래질서를 유지하기 위하여 필요한 경우에는 금

융회사 또는 전자금융업자에 대하여 제1항의 규정에 따른 약관의 변경을 권고할 수 있다.〈개정 2008. 2. 29., 2013. 5. 22.〉

③ 금융위원회는 제1항의 규정에 따른 약관의 제정 또는 변경에 대한 보고의 시기·절차 그 밖에 필요한 사항을 정할 수 있다.〈개정 2008. 2. 29.〉

④ 제1항 내지 제3항의 규정은 제2조제3호 다목 및 라목의 금융회사에 대하여는 이를 적용하지 아니한다.〈개정 2013. 5. 22.〉

제26조(전자금융거래정보의 제공 등) 전자금융거래와 관련한 업무를 수행함에 있어서 다음 각 호의 어느 하나에 해당하는 사항을 알게 된 자는 이용자의 동의를 얻지 아니하고 이를 타인에게 제공·누설하거나 업무상 목적 외에 사용하여서는 아니된다. 다만, 「금융실명거래 및 비밀보장에 관한 법률」 제4조제1항 단서의 규정에 따른 경우 그 밖에 다른 법률에서 정하는 바에 따른 경우에는 그러하지 아니하다.

1. 이용자의 인적 사항
2. 이용자의 계좌, 접근매체 및 전자금융거래의 내용과 실적에 관한 정보 또는 자료

제27조(분쟁처리 및 분쟁조정) ①금융회사 또는 전자금융업자는 대통령령이 정하는 바에 따라 전자금융거래와 관련하여 이용자가 제기하는 정당한 의견이나 불만을 반영하고 이용자가 전자금융거래에서 입은 손해를 배상하기 위한 절차를 마련하여야 한다. 〈개정 2013. 5. 22.〉

② 이용자는 전자금융거래의 처리에 관하여 이의가 있을 때에는 제1항에서 정한 절차에 따라 손해배상 등 분쟁처리를 요구하거나 금융감독원 또는 한국소비자원 등을 통하여 분쟁조정을 신청할 수 있다.〈개정 2013. 5. 22.〉

③ 제1항 및 제2항의 규정에 따른 분쟁처리 및 분쟁조정의 신청을 위한 구체적인 절차와 방법 등은 대통령령으로 정한다.

④ 금융회사 또는 전자금융업자는 전자금융거래의 계약을 체결하는 때에는 제1항 내지 제3항의 규정에 따른 절차를 명시하여야 한다.〈개정 2013. 5. 22.〉

제4장 전자금융업의 허가와 등록 및 업무

제28조(전자금융업의 허가와 등록) ① 전자화폐의 발행 및 관리업무를 행하고자 하는 자는 금융위원회의 허가를 받아야 한다. 다만, 「은행법」에 따른 은행 그 밖에 대통령령이 정하는 금융회사는 그러하지 아니하다. 〈개정 2008. 2. 29., 2010. 5. 17., 2013. 5. 22.〉

② 다음 각 호의 업무를 행하고자 하는 자는 금융위원회에 등록하여야 한다. 다만, 「은행법」에 따른 은행 그 밖에 대통령령이 정하는 금융회사는 그러하지 아니하다.〈개정 2008. 2. 29., 2010. 5. 17., 2013. 5. 22.〉

1. 전자자금이체업무
2. 직불전자지급수단의 발행 및 관리
3. 선불전자지급수단의 발행 및 관리
4. 전자지급결제대행에 관한 업무
5. 그 밖에 대통령령이 정하는 전자금융업무

③ 제2항의 규정에 불구하고 다음 각 호의 어느 하나에 해당하는 자는 금융위원회
에 등록하지 아니하고 같은 항 각 호의 업무를 행할 수 있다.〈개정 2008. 2. 29.〉
1. 다음 각 목의 어느 하나의 경우에 해당하는 선불전자지급수단을 발행하는 자
   가. 특정한 건물 안의 가맹점 등 대통령령이 정하는 기준에 해당하는 가맹점에서만 사
      용되는 경우
   나. 총발행잔액이 대통령령이 정하는 금액 이하인 경우
   다. 이용자가 미리 직접 대가를 지불하지 아니한 선불전자지급수단으로서 이용자에게
      저장된 금전적 가치에 대한 책임을 이행하기 위하여 대통령령이 정하는 방법에 따
      라 상환보증보험 등에 가입한 경우
2. 자금이동에 직접 관여하지 아니하고 전자지급거래의 전자적 처리를 위한 정보만을 전
   달하는 업무 등 대통령령이 정하는 전자지급결제대행에 관한 업무를 수행하는 자

④ 제3항제1호 다목의 규정에 따라 등록이 면제된 선불전자지급수단을 발행하는
자에 대하여는 제4조, 제2장(제19조는 제외한다) 및 제3장(제21조제4항, 제21
조의2, 제21조의3, 제23조 및 제25조는 제외한다), 제37조, 제38조, 제39조
제1항·제6항, 제41조제1항, 제43조제2항·제3항, 제46조, 제46조의2 및 제
47조의 전자금융업자에 관한 규정을 준용한다. 다만, 소속 임직원의 위법·부
당한 행위로 지급불능 상태가 되는 등 대통령령이 정하는 금융사고가 발생하
는 경우에는 제25조, 제39조제2항 내지 제5항 및 제40조제2항·제3항을 준용
한다.〈개정 2013. 5. 22., 2014. 10. 15.〉

⑤ 금융위원회는 제1항의 규정에 따른 허가에 조건을 붙일 수 있다.〈개정 2008. 2. 29.〉

제29조(전자채권관리기관의 등록) ① 전자채권의 등록 및 관리업무를 행하고자 하
는 자는 금융위원회에 등록하여야 한다. 〈개정 2008. 2. 29.〉

② 제21조, 제22조, 제39조, 제41조 및 제43조의 규정은 제1항의 규정에 따라
전자채권의 등록 및 관리업무를 행하기 위하여 등록한 전자채권관리기관에 대
하여 이를 준용한다.

③ 전자채권관리기관의 전자채권 등록에 관한 절차와 방법 그 밖에 필요한 사항
은 대통령령으로 정한다.

제30조(자본금) ① 제28조제1항의 규정에 따라 허가를 받고자 하는 자는 주식회사
로서 자본금이 50억원 이상이어야 한다.

② 제28조제2항제1호부터 제3호까지의 규정에 따라 등록할 수 있는 자는 다음 각 호의 어느 하나에 해당하는 자로 하되, 업무의 종류별로 자본금 또는 출자총액이 20억원 이상으로서 대통령령으로 정하는 금액 이상이어야 한다. 〈개정 2013. 5. 22.〉

1. 「상법」 제170조에서 정한 회사
2. 특별법에 따라 설립된 법인(해당 법률에서 정한 업무를 수행하기 위하여 행하는 제28조제2항제3호의 선불전자지급수단의 발행 및 관리업무로 한정한다)

③ 제28조제2항제4호 · 제5호 및 제29조의 규정에 따라 등록할 수 있는 자는 「상법」 제170조에서 정한 회사 또는 「민법」 제32조에서 정한 법인으로서 업무의 종류별로 자본금 · 출자총액 또는 기본재산이 다음 각 호의 구분에 따른 금액 이상이어야 한다. 〈개정 2016. 3. 29.〉

1. 분기별 전자금융거래 총액이 30억원 이하의 범위에서 금융위원회가 정하는 기준 이하로 운영하고자 하는 자(제29조에 따라 등록을 하고자 하는 자는 제외한다): 3억원 이상으로 대통령령으로 정하는 금액
2. 제1호 외의 자: 5억원 이상으로 대통령령으로 정하는 금액

④ 제3항제1호에 해당하는 자가 제28조에 따라 등록을 한 후 2분기 이상 계속하여 제3항제1호의 금융위원회가 정하는 기준을 초과하는 경우에는 그 내용을 금융위원회에 신고하고 금융위원회가 정하는 기한 내에 제3항제2호에서 정하는 자본금요건을 갖추어야 한다. 〈신설 2016. 3. 29.〉

제31조(허가 및 등록의 요건) ① 제28조 및 제29조의 규정에 따라 허가를 받거나 등록을 하고자 하는 자는 다음 각 호의 요건을 모두 갖추어야 한다. 제4호 및 제5호는 허가의 경우에 한한다.

1. 제30조의 규정에 의한 자본금 또는 기본재산을 보유할 것
2. 이용자의 보호가 가능하고 행하고자 하는 업무를 수행함에 있어서 충분한 전문인력과 전산설비 등 물적 시설을 갖추고 있을 것
3. 대통령령이 정하는 재무건전성 기준을 충족할 것
4. 사업계획이 타당하고 건전할 것
5. 대통령령이 정하는 주요출자자가 충분한 출자능력, 건전한 재무상태 및 사회적 신용을 갖추고 있을 것

② 제1항의 규정에 따른 허가 및 등록의 세부요건에 관하여 필요한 사항은 금융위원회가 정한다. 〈개정 2008. 2. 29.〉

제32조(허가와 등록의 결격사유) 다음 각 호의 어느 하나에 해당하는 자는 제28조 및 제29조의 규정에 따른 허가를 받거나 등록을 할 수 없다. 〈개정 2008. 2. 29.〉

1. 제34조의 규정에 따라 등록이 말소된 날부터 1년이 지나지 아니한 법인 및 그 등록이 말소될 당시 그 법인의 대주주(대통령령이 정하는 출자자를 말한다. 이하 같다)이었던

자로서 그 말소된 날부터 1년이 지나지 아니한 자

2. 제43조제1항의 규정에 따른 허가 또는 등록의 취소가 있은 날부터 3년이 지나지 아니한 법인 및 그 취소 당시 그 법인의 대주주이었던 자로서 그 취소가 있은 날부터 3년이 지나지 아니한 자
3. 「채무자 회생 및 파산에 관한 법률」에 따른 회생절차 중에 있는 회사 및 그 회사의 대주주
4. 금융거래 등 상거래에 있어서 약정한 기일 내에 채무를 변제하지 아니한 자로서 금융위원회가 정하는 자
5. 허가 또는 등록 신청일을 기준으로 최근 3년간 대통령령이 정하는 금융관계법령을 위반하여 벌금형 이상의 처벌을 받은 사실이 있는 자
6. 제1호 내지 제5호에 해당하는 자가 대주주인 법인

제33조(허가 · 등록 및 인가의 신청 등) ① 제28조, 제29조 및 제45조에 따라 허가 · 인가를 받거나 등록을 하고자 하는 자는 대통령령이 정하는 바에 따라 신청서를 금융위원회에 제출하여야 한다. 〈개정 2008. 2. 29., 2013. 5. 22.〉

② 금융위원회는 제1항의 규정에 따라 신청서를 접수한 때에는 대통령령이 정하는 바에 따라 허가, 등록 또는 인가를 하고 그 결과를 신청인에게 통보하여야 한다. 〈개정 2008. 2. 29., 2013. 5. 22.〉

③ 금융위원회는 제28조, 제29조 및 제45조에 따라 허가, 등록 또는 인가를 한 때에는 지체 없이 그 내용을 관보에 공고하고 컴퓨터통신 등을 이용하여 일반인에게 알려야 한다. 〈개정 2008. 2. 29., 2013. 5. 22.〉

[제목개정 2013. 5. 22.]

제33조의2(예비허가) ① 제28조제1항에 따른 허가(이하 이 조에서 "본허가"라 한다)를 받으려는 자는 미리 금융위원회에 예비허가를 신청할 수 있다.

② 금융위원회는 제1항에 따른 예비허가 여부를 결정할 때에는 예비허가를 받으려는 자가 본허가 요건을 모두 충족할 수 있는지를 확인하여야 한다.

③ 금융위원회는 제2항에 따른 예비허가에 조건을 붙일 수 있다.

④ 금융위원회는 예비허가를 받은 자가 본허가를 신청하는 경우에는 제3항에 따른 예비허가 조건을 이행하였는지와 본허가 요건을 모두 충족하는지를 확인한 후 본허가 여부를 결정하여야 한다.

⑤ 예비허가에 관하여는 제33조제1항 및 제2항을 준용한다.

[본조신설 2013. 5. 22.]

제34조(신청에 따른 등록의 말소) ① 제28조제2항 및 제29조의 규정에 따라 등록을 한 자는 대통령령이 정하는 바에 따라 그 등록의 말소를 신청할 수 있다.

② 금융위원회는 제1항의 규정에 따른 신청이 있는 때에는 지체 없이 그 등록을

말소한다.〈개정 2008. 2. 29.〉

③ 금융위원회는 제2항의 규정에 따라 등록을 말소한 때에는 지체 없이 그 내용을 관보에 공고하고 컴퓨터통신 등을 이용하여 일반인에게 알려야 한다.〈개정 2008. 2. 29.〉

제35조(겸업제한) ① 제28조제1항의 규정에 따라 허가를 받은 전자금융업자는 다음 각 호의 업무가 아닌 업무는 이를 겸영하지 못한다.

1. 제28조제2항 각 호의 업무(등록한 경우에 한한다)
2. 제28조제1항의 규정에 따라 허가를 받은 업무 및 제1호의 업무를 행하기 위하여 필요한 업무로서 대통령령이 정하는 업무

② 제1항의 규정에 불구하고 제28조제1항의 규정에 따라 허가를 받은 전자금융업자는 전자화폐 미상환잔액 전부에 대하여 대통령령이 정하는 금융회사로부터 지급보증을 받거나 상환보증보험에 가입한 경우에는 제1항 각 호의 규정에서 정한 업무 아닌 업무를 행할 수 있다.〈개정 2013. 5. 22.〉

제36조(유사명칭의 사용금지) ① 제2조제15호의 전자화폐가 아닌 것에는 전자화폐라는 명칭을 사용하지 못한다.

② 제28조제1항의 규정에 따라 허가를 받지 아니한 자는 그 상호 중에 전자화폐라는 명칭을 사용하지 못한다.

제37조(가맹점의 준수사항 등) ① 가맹점은 직불전자지급수단이나 선불전자지급수단 또는 전자화폐(이하 "전자화폐등"이라 한다)에 의한 거래를 이유로 재화 또는 용역의 제공 등을 거절하거나 이용자를 불리하게 대우하여서는 아니된다.

② 가맹점은 이용자로 하여금 가맹점수수료를 부담하게 하여서는 아니 된다.

③ 가맹점은 다음 각 호의 어느 하나에 해당하는 행위를 하여서는 아니 된다.

1. 재화 또는 용역의 제공 등이 없이 전자화폐등에 의한 거래를 한 것으로 가장(假裝)하는 행위
2. 실제 매출금액을 초과하여 전자화폐등에 의한 거래를 하는 행위
3. 다른 가맹점 이름으로 전자화폐등에 의한 거래를 하는 행위
4. 가맹점의 이름을 타인에게 빌려주는 행위
5. 전자화폐등에 의한 거래를 대행하는 행위

④ 가맹점이 아닌 자는 가맹점의 이름으로 전자화폐등에 의한 거래를 하여서는 아니 된다.

제38조(가맹점의 모집 등) ① 금융회사 또는 전자금융업자가 가맹점을 모집하는 경우에는 가맹점이 되고자 하는 자의 영업여부 등을 확인하여야 한다. 다만, 「여신전문금융업법」 제16조의2의 규정에 따라 이미 확인을 한 가맹점인 경우에는 그러

하지 아니하다. 〈개정 2013. 5. 22.〉

② 금융회사 또는 전자금융업자는 다음 각 호의 어느 하나에 해당하는 거래에 따른 손실을 가맹점에 떠넘길 수 없다. 다만, 금융회사 또는 전자금융업자가 그 거래에 대하여 그 가맹점의 고의 또는 중대한 과실을 증명하는 경우에는 그 손실의 전부 또는 일부를 가맹점의 부담으로 할 수 있다는 취지의 계약을 가맹점과 체결한 경우에는 그러하지 아니하다. 〈개정 2013. 5. 22.〉

　　1. 분실되거나 도난된 전자화폐등에 의한 거래
　　2. 위조되거나 변조된 전자화폐등에 의한 거래

③ 금융회사 또는 전자금융업자는 다음 각 호의 사항을 금융위원회가 정하는 방법에 따라 가맹점에 알려야 한다. 〈개정 2008. 2. 29., 2013. 5. 22.〉

　　1. 가맹점수수료
　　2. 제2항의 규정에 따른 가맹점에 대한 책임
　　3. 제37조의 규정에 따른 가맹점의 준수사항

④ 금융회사 또는 전자금융업자는 가맹점이 제37조의 규정을 위반하여 형의 선고를 받거나 관계 행정기관으로부터 위반사실에 대하여 서면통보를 받는 등 대통령령이 정하는 사유에 해당하는 때에는 특별한 사유가 없는 한 지체 없이 가맹점계약을 해지하여야 한다. 〈개정 2013. 5. 22.〉

제5장 전자금융업무의 감독

제39조(감독 및 검사) ① 금융감독원(「금융위원회의 설치 등에 관한 법률」제24조제1항의 규정에 따른 "금융감독원"을 말한다. 이하 같다)은 금융위원회의 지시를 받아 금융회사 및 전자금융업자에 대하여 이 법 또는 이 법에 의한 명령의 준수 여부를 감독한다. 〈개정 2008. 2. 29., 2013. 5. 22.〉

② 금융감독원장은 제1항의 규정에 따른 감독을 위하여 필요한 때에는 금융회사 또는 전자금융업자로 하여금 그 업무 및 재무상태에 관한 보고를 하게 할 수 있다. 〈개정 2008. 2. 29., 2013. 5. 22., 2016. 1. 27.〉

③ 금융감독원장은 금융회사 및 전자금융업자의 전자금융업무와 그와 관련된 재무상태를 검사하고, 검사를 위하여 필요하다고 인정하는 때에는 금융회사 및 전자금융업자에 대하여 업무와 재무상태에 관한 자료의 제출 또는 관계인의 출석을 요구할 수 있다. 〈개정 2013. 5. 22.〉

④ 제3항의 규정에 따라 검사를 하는 자는 그 권한을 표시하는 증표를 지니고 이를 관계인에게 내보여야 한다.

⑤ 금융감독원장은 제3항의 규정에 따라 검사를 한 때에는 그 결과를 금융위원회가 정하는 바에 따라 금융위원회에 보고하여야 한다. 〈개정 2008. 2. 29.〉

⑥ 금융위원회는 금융회사 또는 전자금융업자가 이 법 또는 이 법에 따른 명령을 위반하여 금융회사 또는 전자금융업자의 건전한 운영을 해할 우려가 있다고 인정하는 때에는 금융감독원장의 건의에 따라 다음 각 호의 어느 하나에 해당하는 조치를 하거나 금융감독원장으로 하여금 제1호부터 제3호까지에 해당하는 조치를 하게 할 수 있다.⟨개정 2008. 2. 29., 2013. 5. 22., 2017. 4. 18.⟩

1. 위반행위에 대한 시정명령
2. 금융회사 또는 전자금융업자에 대한 주의 또는 경고
3. 임원과 직원에 대한 주의, 경고 또는 문책의 요구
4. 임원(「금융회사의 지배구조에 관한 법률」 제2조제5호에 따른 업무집행책임자는 제외한다. 이하 제39조의2에서 같다)의 해임권고 또는 직무정지

제39조의2(퇴임한 임원 등에 대한 조치 내용의 통보) ① 금융위원회(제39조제6항에 따라 조치를 할 수 있는 금융감독원장을 포함한다)는 금융회사 또는 전자금융업자의 퇴임한 임원 또는 퇴직한 직원(「금융회사의 지배구조에 관한 법률」 제2조제5호에 따른 업무집행책임자를 포함한다)이 재임 또는 재직 중이었더라면 제39조제6항제3호 또는 제4호에 해당하는 조치를 받았을 것으로 인정되는 경우에는 그 조치의 내용을 해당 금융회사 또는 전자금융업자의 장에게 통보할 수 있다.

② 제1항에 따른 통보를 받은 금융회사 또는 전자금융업자의 장은 이를 퇴임·퇴직한 해당 임직원에게 통보하고, 그 내용을 기록·유지하여야 한다.

[본조신설 2017. 4. 18.]

제40조(외부주문등에 대한 감독 및 검사) ①금융회사 및 전자금융업자는 전자금융거래와 관련하여 전자금융보조업자와 제휴, 위탁 또는 외부주문(이하 이 조에서 "외부주문등"이라 한다)에 관한 계약을 체결하거나 변경하는 때(전자금융보조업자가 다른 전자금융보조업자와 외부주문등에 관한 계약을 체결하거나 변경하는 때를 포함한다)에는 전자금융거래의 안전성 및 신뢰성과 금융회사 및 전자금융업자의 건전성을 확보할 수 있도록 금융위원회가 정하는 기준을 준수하여야 한다.⟨개정 2008. 2. 29., 2013. 5. 22.⟩

② 금융위원회는 제1항의 규정에 따른 계약 내용이 금융회사 또는 전자금융업자의 경영의 건전성 및 이용자의 권익을 침해하는 것이라고 인정하는 때에는 그 금융회사 또는 전자금융업자에 대하여 관련 계약 내용의 시정 또는 보완을 지시할 수 있다.⟨개정 2008. 2. 29., 2013. 5. 22.⟩

③ 금융감독원장은 제1항의 규정에 따른 외부주문등과 관련하여 금융회사 또는 전자금융업자에 대한 검사를 하는 경우에는 금융위원회가 정하는 기준에 따라 그 전자금융보조업자에 대한 자료제출을 요구할 수 있다.⟨개정 2008. 2. 29., 2013. 5. 22.⟩

④ 금융감독원장은 전자금융보조업자가 제3항에 따른 자료를 제출하지 아니하거나 부실한 자료를 제출한 경우에는 해당 전자금융보조업자에 대하여 조사를 할 수 있다.〈신설 2013. 5. 22.〉

⑤ 금융감독원장은 제4항에 따른 조사를 위하여 필요하다고 인정하는 경우에는 전자금융보조업자에게 다음 각 호의 사항을 요구할 수 있다.〈신설 2013. 5. 22.〉
1. 조사사항에 관한 진술서의 제출
2. 조사에 필요한 장부·서류, 그 밖의 물건의 제출
3. 관계인의 출석

⑥ 정보기술부문의 정보보호와 관련된 업무를 위탁받은 전자금융보조업자는 해당 업무를 제3자에게 재위탁하여서는 아니 된다. 다만, 전자금융거래정보의 보호 및 안전한 처리를 저해하지 아니하는 범위에서 금융위원회가 인정하는 경우에는 그러하지 아니하다.〈신설 2014. 10. 15.〉

⑦ 제4항에 따른 조사에 관하여는 제39조제4항을 준용한다.〈신설 2013. 5. 22., 2014. 10. 15.〉

[제목개정 2013. 5. 22.]

제41조(한국은행의 자료제출 요구 등) ① 한국은행은 금융통화위원회가 전자지급거래와 관련하여 통화신용정책의 수행 및 지급결제제도의 원활한 운영을 위하여 필요하다고 인정하는 때에는 금융회사 및 전자금융업자에 대하여 자료제출을 요구할 수 있다. 이 경우 요구하는 자료는 금융회사 및 전자금융업자의 업무부담을 고려하여 필요한 최소한의 범위로 한정하여야 한다. 〈개정 2013. 5. 22.〉

② 한국은행은 금융통화위원회가 통화신용정책의 수행을 위하여 필요하다고 인정하는 때에는 전자화폐발행자 및 제28조제2항제1호의 업무를 행하기 위하여 등록한 금융회사 및 전자금융업자에 대하여 금융감독원에 검사를 요구하거나 한국은행과의 공동검사를 요구할 수 있다.〈개정 2013. 5. 22.〉

③ 제1항 및 제2항의 요구 방법 및 절차는 「한국은행법」 제87조 및 제88조의 규정과 「금융위원회의 설치 등에 관한 법률」 제62조의 규정을 준용한다.〈개정 2008. 2. 29.〉

제42조(회계처리 구분 및 건전경영지도) ① 금융회사 및 전자금융업자는 자금운용과 전자금융거래와 관련한 업무의 성과를 분석할 수 있도록 제28조제1항 및 제2항에 규정된 업무별로 다른 업무와 구분하여 회계처리하고, 금융위원회가 정하는 바에 따라 전자금융거래와 관련한 업무 및 경영실적에 관한 보고서를 작성하여 금융위원회에 제출하여야 한다. 〈개정 2008. 2. 29., 2013. 5. 22., 2014. 10. 15.〉

② 금융위원회는 전자금융거래와 관련한 업무를 수행하는 금융회사 또는 전자금융업자의 건전경영을 지도하고 전자금융사고를 예방하기 위하여 대통령령이 정하

는 바에 따라 다음 각 호의 사항에 관한 경영지도기준을 정할 수 있다.〈개정 2008. 2. 29., 2013. 5. 22.〉

1. 자본의 적정성에 관한 사항
2. 자산의 건전성에 관한 사항
3. 유동성에 관한 사항
4. 그 밖에 경영의 건전성 확보를 위하여 필요한 사항

③ 금융위원회는 제28조제1항의 규정에 따라 허가를 받은 금융회사 또는 전자금융업자가 제2항의 경영지도기준을 충족하지 못하는 등 경영의 건전성을 크게 해할 우려가 있다고 인정하는 때에는 자본금의 증액, 이익배당의 제한 등 경영개선을 위하여 필요한 조치를 요구할 수 있다.〈개정 2008. 2. 29., 2013. 5. 22.〉

④ 제28조제1항의 규정에 따라 허가를 받은 금융회사 또는 전자금융업자의 재무상태가 제2항의 경영지도기준에 미달하거나 거액의 금융사고 또는 부실채권의 발생으로 인하여 제2항의 경영지도기준에 미달하게 될 것이 명백하다고 판단되는 때에 필요한 조치 등에 관하여는 「금융산업의 구조개선에 관한 법률」제10조, 제11조제1항·제4항·제5항, 제13조의2, 제14조, 제14조의2부터 제14조의4까지, 제14조의7, 제15조부터 제19조까지, 제27조 및 제28조를 준용한다.〈개정 2013. 5. 22.〉

제43조(허가와 등록의 취소 등) ① 금융위원회는 금융회사 또는 전자금융업자가 다음 각 호의 어느 하나에 해당하는 때에는 제28조의 규정에 따른 허가 또는 등록을 취소할 수 있다. 〈개정 2008. 2. 29., 2013. 5. 22.〉

1. 허위 그 밖의 부정한 방법으로 제28조의 규정에 따른 허가를 받거나 등록을 한 때
2. 제32조제1호 내지 제5호에 해당하는 때
3. 제2항의 규정에 따른 업무의 정지명령을 위반한 때
4. 정당한 사유 없이 1년 이상 계속하여 영업을 하지 아니한 때
5. 법인의 합병이나 파산이나 영업의 폐지 등으로 사실상 영업을 종료한 때

② 금융위원회는 금융회사 또는 전자금융업자가 다음 각 호의 어느 하나에 해당하는 때에는 6월의 범위 안에서 기간을 정하여 관련 업무의 전부 또는 일부의 정지를 명할 수 있다.〈개정 2008. 2. 29., 2013. 5. 22., 2016. 3. 29.〉

1. 제6조제1항·제2항, 제16조제1항부터 제4항까지, 제19조제1항, 제21조제1항·제2항, 제21조의5제2항, 제35조, 제36조 또는 제38조제3항·제4항의 규정을 위반한 때
2. 제8조제2항 및 제3항을 위반하여 오류를 조사하여 처리를 하지 아니한 때
3. 제23조, 제39조제6항, 제40조제2항 또는 제42조제3항의 규정에 따른 금융위원회의 조치나 지시 또는 명령을 어긴 때
4. 제30조제4항에서 정한 신고를 하지 아니하거나 기한 내 요건을 갖추지 아니한 때

③ 금융회사 또는 전자금융업자는 제1항 및 제2항의 규정에 따라 업무의 전부 또는 일부가 정지되거나 허가 또는 등록이 취소된 경우에도 그 처분 전에 행하

여진 전자금융거래의 지급 및 결제를 위한 업무를 계속하여 행할 수 있다.⟨개정 2013. 5. 22.⟩

④ 금융위원회는 제1항의 규정에 따라 허가 또는 등록을 취소한 때에는 지체 없이 그 내용을 관보에 공고하고 컴퓨터통신 등을 이용하여 일반인에게 알려야 한다.⟨개정 2008. 2. 29.⟩

제44조(청문) 금융위원회는 제43조제1항의 규정에 따라 허가 또는 등록을 취소하고자 하는 경우에는 청문을 실시하여야 한다. ⟨개정 2008. 2. 29.⟩

제45조(합병·해산·폐업 등의 인가) ① 제28조제1항의 규정에 따라 허가를 받은 전자금융업자가 다음 각 호의 어느 하나에 해당하는 행위를 하고자 하는 때에는 대통령령이 정하는 바에 따라 금융위원회의 인가를 받아야 한다. ⟨개정 2008. 2. 29., 2013. 5. 22.⟩

1. 다른 금융회사 또는 전자금융업자와의 합병
2. 해산 또는 전자금융업무의 폐지
3. 영업의 전부 또는 일부의 양도와 양수

② 금융위원회는 제1항의 규정에 따른 인가에 조건을 붙일 수 있다.⟨개정 2008. 2. 29.⟩

제45조의2(예비인가) ① 제45조제1항에 따른 인가(이하 이 조에서 "본인가"라 한다)를 받으려는 자는 미리 금융위원회에 예비인가를 신청 할 수 있다.

② 금융위원회는 제1항에 따른 예비인가 여부를 결정할 때에는 예비인가를 받으려는 자가 본인가 요건을 모두 충족할 수 있는지를 확인하여야 한다.

③ 금융위원회는 제2항에 따른 예비인가에 조건을 붙일 수 있다.

④ 금융위원회는 예비인가를 받은 자가 본인가를 신청하는 경우에는 제3항에 따른 예비인가 조건을 이행하였는지와 본인가 요건을 모두 충족하는지를 확인한 후 본인가 여부를 결정하여야 한다.

⑤ 예비인가에 관하여는 제33조제1항 및 제2항을 준용한다.

[본조신설 2013. 5. 22.]

제46조(과징금) ① 금융위원회는 금융회사 또는 전자금융업자가 제21조제1항 또는 제2항을 위반하여 전자금융거래정보를 타인에게 제공 또는 누설하거나 업무상 목적 외에 사용한 경우에는 50억원 이하의 과징금을 부과할 수 있다. ⟨신설 2014. 10. 15.⟩

② 금융위원회는 금융회사 또는 전자금융업자가 제43조제2항 각 호의 어느 하나(제1항에 따라 과징금을 부과하는 경우는 제외한다)에 해당하게 된 때에는 대통령령이 정하는 바에 따라 업무정지명령에 갈음하여 5천만원 이하의 과징금을 부과할 수 있다. ⟨개정 2008. 2. 29., 2013. 5. 22., 2014. 10. 15.⟩

③ 제1항 또는 제2항에 따른 과징금을 부과하는 위반행위의 종별과 정도 등에 따른

과징금의 금액 그 밖에 필요한 사항은 대통령령으로 정한다.〈개정 2014. 10. 15.〉

④ 금융위원회는 제1항 또는 제2항에 따른 과징금을 기한 이내에 납부하지 아니하는 때에는 국세체납처분의 예에 따라 이를 징수한다.〈개정 2008. 2. 29., 2014. 10. 15.〉

⑤ 금융위원회는 대통령령이 정하는 바에 따라 과징금의 징수 및 체납처분에 관한 업무를 국세청장에게 위탁할 수 있다.〈개정 2008. 2. 29., 2014. 10. 15.〉

제46조의2(과오납금의 환급) ① 금융위원회는 과징금납부의무자가 이의신청의 재결 또는 법원의 판결 등의 사유로 과징금 과오납금의 환급을 청구하는 경우에는 지체 없이 환급하여야 하며, 과징금납부의무자의 청구가 없는 경우에도 금융위원회가 확인한 과오납금은 환급하여야 한다.

② 금융위원회는 제1항에 따라 과오납금을 환급하는 경우 환급받을 자가 금융위원회에 납부하여야 하는 다른 과징금이 있으면 환급하는 금액을 그 과징금에 충당할 수 있다.

③ 금융위원회가 제1항에 따라 과오납금을 환급하는 경우에는 과징금을 납부한 날의 다음 날부터 환급하는 날까지의 기간에 대하여 대통령령으로 정하는 가산금 이율을 적용하여 산정한 환급가산금을 환급받을 자에게 지급하여야 한다.

[본조신설 2013. 5. 22.]

제6장 보칙

제47조(전자금융거래 통계조사) ① 한국은행은 전자금융거래의 현황 파악과 효과적인 통화신용정책의 수립 및 시행을 위하여 전자금융업 및 전자금융거래에 관한 통계조사를 할 수 있다. 이 경우 필요한 자료를 정부기관, 금융회사등과 전자금융거래 관련 법인과 단체에 요구할 수 있다. 〈개정 2013. 5. 22.〉

② 제1항의 규정에 따라 자료의 제출을 요구받은 정부기관, 금융회사등과 전자금융거래 관련 법인과 단체는 정당한 사유가 없는 한 이에 응하여야 한다.〈개정 2013. 5. 22.〉

③ 제1항의 규정에 따른 통계조사의 대상과 방법 및 절차에 관하여 필요한 사항은 대통령령으로 정한다.

제48조(권한의 위탁) 금융위원회는 이 법에 따른 권한의 일부를 대통령령이 정하는 바에 따라 금융감독원장에게 위탁할 수 있다. 〈개정 2008. 2. 29.〉

제7장 벌칙

제49조(벌칙) ① 다음 각 호의 어느 하나에 해당하는 자는 10년 이하의 징역 또

는 1억원 이하의 벌금에 처한다. 〈신설 2014. 10. 15.〉
1. 제21조의4제1호를 위반하여 전자금융기반시설에 접근하거나 저장된 데이터를 조작·파괴·은닉 또는 유출한 자
2. 제21조의4제2호를 위반하여 데이터를 파괴하거나 컴퓨터 바이러스, 논리폭탄 또는 메일폭탄 등의 프로그램을 투입한 자
3. 제21조의4제3호를 위반하여 일시에 대량의 신호, 고출력 전자기파 또는 데이터를 보내거나 전자금융기반시설에 오류 또는 장애를 발생시킨 자
4. 제26조를 위반하여 전자금융거래정보를 타인에게 제공 또는 누설하거나 업무상 목적 외에 사용한 자(제28조제4항에 따라 이를 준용하는 선불전자지급수단을 발행하는 자를 포함한다)
② 다음 각 호의 어느 하나에 해당하는 자는 7년 이하의 징역 또는 5천만원 이하의 벌금에 처한다.〈개정 2013. 5. 22., 2014. 10. 15.〉
1. 접근매체를 위조하거나 변조한 자
2. 위조되거나 변조된 접근매체를 판매알선·판매·수출 또는 수입하거나 사용한 자
3. 분실되거나 도난된 접근매체를 판매알선·판매·수출 또는 수입하거나 사용한 자
4. 전자금융기반시설 또는 전자금융거래를 위한 전자적 장치에 침입하여 거짓이나 그 밖의 부정한 방법으로 접근매체를 획득하거나 획득한 접근매체를 이용하여 전자금융거래를 한 자
5. 강제로 빼앗거나, 횡령하거나, 사람을 속이거나 공갈하여 획득한 접근매체를 판매알선·판매·수출 또는 수입하거나 사용한 자
6. 삭제〈2014. 10. 15.〉
③ 전자화폐는 「형법」 제214조 내지 제217조에 정한 죄의 유가증권으로 보아 각 그 죄에 정한 형으로 처벌한다.〈개정 2014. 10. 15.〉
④ 다음 각 호의 어느 하나에 해당하는 자는 5년 이하의 징역 또는 3천만원 이하의 벌금에 처한다.〈신설 2020. 5. 19.〉
1. 제6조제3항제1호를 위반하여 접근매체를 양도하거나 양수한 자
2. 제6조제3항제2호 또는 제3호를 위반하여 접근매체를 대여받거나 대여한 자 또는 보관·전달·유통한 자
3. 제6조제3항제4호를 위반한 질권설정자 또는 질권자
4. 제6조제3항제5호를 위반하여 알선·중개·광고하거나 대가를 수수(授受)·요구 또는 약속하면서 권유하는 행위를 한 자
5. 제6조의3을 위반하여 계좌와 관련된 정보를 제공받거나 제공한 자 또는 보관·전달·유통한 자
⑤ 다음 각 호의 어느 하나에 해당하는 자는 3년 이하의 징역 또는 2천만원 이하의 벌금에 처한다.〈개정 2008. 12. 31., 2015. 1. 20., 2016. 1. 27., 2020. 5. 19.〉
1. 삭제〈2020. 5. 19.〉

2. 삭제〈2020. 5. 19.〉

3. 삭제〈2020. 5. 19.〉

4. 삭제〈2020. 5. 19.〉

5. 제28조 또는 제29조의 규정에 따라 허가를 받거나 등록을 하지 아니하고 그 업무를 행한 자

6. 허위 그 밖의 부정한 방법으로 제28조 또는 제29조의 규정에 따라 허가를 받거나 등록을 한 자

7. 제37조제3항제3호의 규정을 위반하여 다른 가맹점의 이름으로 전자화폐등에 의한 거래를 한 자

8. 제37조제3항제5호의 규정을 위반하여 전자화폐등에 의한 거래를 대행한 자

9. 제37조제4항의 규정을 위반하여 가맹점의 이름으로 전자화폐등에 의한 거래를 한 자

10. 허위 그 밖의 부정한 방법으로 전자금융거래정보를 열람하거나 제공받은 자

⑥ 다음 각 호의 어느 하나에 해당하는 자는 1년 이하의 징역 또는 1천만원 이하의 벌금에 처한다.〈개정 2020. 5. 19.〉

1. 삭제〈2008. 12. 31.〉

2. 삭제〈2013. 5. 22.〉

3. 제37조제1항의 규정을 위반하여 전자화폐등에 의한 거래를 이유로 재화 또는 용역의 제공을 거절하거나 이용자를 불리하게 대우한 자

4. 제37조제2항의 규정을 위반하여 이용자에게 가맹점수수료를 부담하게 한 자

5. 제37조제3항제4호의 규정을 위반하여 가맹점의 이름을 타인에게 빌려준 자

6. 제45조제1항의 규정에 따른 인가를 받지 아니하고 동항 각 호의 어느 하나에 해당하는 행위를 한 자

⑦ 제1항제1호·제2호 및 제3호와 제2항제1호·제2호 및 제4호의 미수범은 처벌한다.〈개정 2014. 10. 15., 2020. 5. 19.〉

⑧ 제1항부터 제7항까지의 징역형과 벌금형은 병과할 수 있다.〈개정 2020. 5. 19.〉

제50조(양벌규정) ① 법인의 대표자나 법인 또는 개인의 대리인, 사용인, 그 밖의 종업원이 그 법인 또는 개인의 업무에 관하여 제49조제1항, 제2항, 제3항(「형법」 제216조에서 정한 형으로 처벌하는 경우로 한정한다), 제4항부터 제7항까지의 어느 하나에 해당하는 위반행위를 하면 그 행위자를 벌하는 외에 그 법인 또는 개인에게도 해당 조문의 벌금형을 과(科)한다. 다만, 법인 또는 개인이 그 위반행위를 방지하기 위하여 해당 업무에 관하여 상당한 주의와 감독을 게을리하지 아니한 경우에는 그러하지 아니하다. 〈개정 2014. 10. 15., 2020. 5. 19.〉

② 법인의 대표자나 법인 또는 개인의 대리인, 사용인, 그 밖의 종업원이 그 법인 또는 개인의 업무에 관하여 제49조제3항(「형법」 제214조, 제215조 또는 제217조에서 정한 형으로 처벌하는 경우로 한정한다)의 위반행위를 하면 그 행

위자를 벌하는 외에 그 법인 또는 개인을 5천만원 이하의 벌금에 처한다. 다만, 법인 또는 개인이 그 위반행위를 방지하기 위하여 해당 업무에 관하여 상당한 주의와 감독을 게을리하지 아니한 경우에는 그러하지 아니하다. 〈개정 2014. 10. 15.〉

[전문개정 2011. 11. 14.]

제51조(과태료) ① 다음 각 호의 어느 하나에 해당하는 자(제3호의 경우에는 제28조제4항 단서에 따라 해당 규정을 준용하는 선불전자지급수단을 발행하는 자를 포함한다)에게는 5천만원 이하의 과태료를 부과한다. 〈개정 2014. 10. 15., 2017. 4. 18.〉

1. 제21조제1항 또는 제2항을 위반하여 선량한 관리자로서의 주의를 다하지 아니하거나 금융위원회가 정하는 기준을 준수하지 아니한 자
2. 제36조를 위반하여 전자화폐의 명칭을 사용한 자
3. 제39조제3항(제29조제2항에서 준용하는 경우를 포함한다) 또는 제40조제3항·제4항에 따른 검사, 자료제출, 출석요구 및 조사를 거부 또는 방해하거나 기피한 자
4. 제42조제1항을 위반하여 보고서를 제출하지 아니하거나 거짓의 보고서를 제출한 자

② 다음 각 호의 어느 하나에 해당하는 자에게는 2천만원 이하의 과태료를 부과한다. 〈개정 2014. 10. 15., 2017. 4. 18.〉

1. 제13조제2항을 위반하여 전자자금이체의 지급 효력이 발생하도록 하지 아니한 자
2. 제21조의2제1항 또는 제2항을 위반하여 정보보호최고책임자를 지정하지 아니하거나 정보보호최고책임자를 임원으로 지정하지 아니한 자
3. 제21조의2제3항을 위반하여 같은 조 제4항의 업무 외의 다른 정보기술부문 업무를 정보보호최고책임자로 하여금 겸직하게 하거나 겸직한 자
4. 제21조의3제1항을 위반하여 전자금융기반시설의 취약점을 분석·평가하지 아니한 자
5. 제21조의3제2항을 위반하여 보완조치의 이행계획을 수립·시행하지 아니한 자
6. 제22조제2항을 위반하여 전자금융거래기록을 파기하지 아니한 자
7. 제40조제6항을 위반하여 제3자에게 재위탁을 한 자

③ 다음 각 호의 어느 하나에 해당하는 자(제1호, 제6호부터 제8호까지 및 제10호의 경우에는 제28조제4항에 따라 해당 규정을 준용하는 선불전자지급수단을 발행하는 자를 포함한다)에게는 1천만원 이하의 과태료를 부과한다. 〈개정 2017. 4. 18.〉

1. 제7조제2항을 위반하여 거래내용에 관한 서면을 교부하지 아니한 자
2. 제8조제2항 및 제3항을 위반하여 오류의 원인과 처리 결과를 알리지 아니한 자
3. 제18조제2항을 위반하여 선불전자지급수단 또는 전자화폐를 양도하거나 담보로 제공한 자
4. 제21조제4항을 위반하여 정보기술부문에 대한 계획을 제출하지 아니한 자
5. 제21조의3제1항을 위반하여 전자금융기반시설의 취약점 분석·평가의 결과를 보고하지 아니한 자
6. 제21조의5제1항을 위반하여 침해사고를 알리지 아니한 자

7. 제22조제1항(제29조제2항에서 준용하는 경우를 포함한다)을 위반하여 기록을 생성하거나 보존하지 아니한 자
8. 제24조제1항 또는 제3항을 위반하여 약관의 명시, 설명, 교부를 하지 아니하거나 게시 또는 통지하지 아니한 자
9. 제25조제1항을 위반하여 금융위원회에 보고하지 아니한 자
10. 제27조제1항을 위반하여 분쟁처리 절차를 마련하지 아니한 자
11. 삭제〈2017. 4. 18.〉
12. 제42조제1항을 위반하여 제28조제1항 및 제2항의 업무별로 다른 업무와 구분하여 회계처리를 하지 아니한 자
④ 제1항부터 제3항까지의 규정에 따른 과태료는 대통령령으로 정하는 바에 따라 금융위원회가 부과·징수한다.〈개정 2017. 4. 18.〉

[전문개정 2013. 5. 22.]

부칙

〈제17354호,2020. 6. 9.〉 (전자서명법)

제1조(시행일) 이 법은 공포 후 6개월이 경과한 날부터 시행한다. 〈단서 생략〉

제2조 부터 **제6조**까지 생략

제7조(다른 법률의 개정) ①부터 ⑪까지 생략

⑫ 전자금융거래법 일부를 다음과 같이 개정한다.

제2조제10호나목을 다음과 같이 하고, 같은 조 제16호다목 중 "「전자서명법」 제2조제3호의 공인전자서명"을 "「전자서명법」 제2조제2호에 따른 전자서명(서명자의 실지명의를 확인할 수 있는 것을 말한다)"으로 한다.

나. 「전자서명법」 제2조제3호에 따른 전자서명생성정보 및 같은 조 제6호에 따른 인증서

제20조제1항제1호 중 "「전자서명법」제2조제3호의 공인전자서명"을 "「전자서명법」 제2조제2호에 따른 전자서명(서명자의 실지명의를 확인할 수 있는 것을 말한다)"으로 하고, 같은 조 제2항 중 "「전자서명법」 제20조의 규정"을 "「전자서명법」 제18조"로 한다.

⑬부터 ㉒까지 생략

제8조 생략

전자상거래 등에서의 소비자보호에 관한 법률

(약칭: 전자상거래법)

[시행 2021. 12. 30.] [법률 제17799호, 2020. 12. 29., 타법개정]

공정거래위원회(소비자거래정책과) 044-200-4446

제1장 총칙

〈개정 2012. 2. 17.〉

제1조(목적) 이 법은 전자상거래 및 통신판매 등에 의한 재화 또는 용역의 공정한 거래에 관한 사항을 규정함으로써 소비자의 권익을 보호하고 시장의 신뢰도를 높여 국민경제의 건전한 발전에 이바지함을 목적으로 한다.

[전문개정 2012. 2. 17.]

제2조(정의) 이 법에서 사용하는 용어의 뜻은 다음과 같다. 〈개정 2012. 6. 1.〉

1. "전자상거래"란 전자거래(「전자문서 및 전자거래 기본법」 제2조제5호에 따른 전자거래를 말한다. 이하 같다)의 방법으로 상행위(商行爲)를 하는 것을 말한다.

2. "통신판매"란 우편·전기통신, 그 밖에 총리령으로 정하는 방법으로 재화 또는 용역(일정한 시설을 이용하거나 용역을 제공받을 수 있는 권리를 포함한다. 이하 같다)의 판매에 관한 정보를 제공하고 소비자의 청약을 받아 재화 또는 용역(이하 "재화등"이라 한다)을 판매하는 것을 말한다. 다만, 「방문판매 등에 관한 법률」 제2조제3호에 따른 전화권유판매는 통신판매의 범위에서 제외한다.

3. "통신판매업자"란 통신판매를 업(業)으로 하는 자 또는 그와의 약정에 따라 통신판매업무를 수행하는 자를 말한다.

4. "통신판매중개"란 사이버몰(컴퓨터 등과 정보통신설비를 이용하여 재화등을 거래할 수 있도록 설정된 가상의 영업장을 말한다. 이하 같다)의 이용을 허락하거나 그 밖에 총리령으로 정하는 방법으로 거래 당사자 간의 통신판매를 알선하는 행위를 말한다.

5. "소비자"란 다음 각 목의 어느 하나에 해당하는 자를 말한다.
   가. 사업자가 제공하는 재화등을 소비생활을 위하여 사용(이용을 포함한다. 이하 같다)하는 자
   나. 가목 외의 자로서 사실상 가목의 자와 같은 지위 및 거래조건으로 거래하는 자 등 대통령령으로 정하는 자

6. "사업자"란 물품을 제조(가공 또는 포장을 포함한다. 이하 같다)·수입·판매하거나 용역을 제공하는 자를 말한다.

[전문개정 2012. 2. 17.]

제3조(적용 제외) ① 이 법의 규정은 사업자(「방문판매 등에 관한 법률」 제2조제6호의 다단계판매원은 제외한다. 이하 이 항에서 같다)가 상행위를 목적으로 구입하

는 거래에는 적용하지 아니한다. 다만, 사업자라 하더라도 사실상 소비자와 같은 지위에서 다른 소비자와 같은 거래조건으로 거래하는 경우에는 그러하지 아니하다.

② 제13조제2항에 따른 계약내용에 관한 서면(전자문서를 포함한다. 이하 같다)의 교부의무에 관한 규정은 다음 각 호의 거래에는 적용하지 아니한다. 다만, 제1호의 경우에는 총리령으로 정하는 바에 따라 계약내용에 관한 서면의 내용이나 교부의 방법을 다르게 할 수 있다.

1. 소비자가 이미 잘 알고 있는 약관 또는 정형화된 거래방법에 따라 수시로 거래하는 경우로서 총리령으로 정하는 거래

2. 다른 법률(「민법」 및 「방문판매 등에 관한 법률」은 제외한다)에 이 법의 규정과 다른 방법으로 하는 계약서 교부의무 등이 규정되어 있는 거래

③ 통신판매업자가 아닌 자 사이의 통신판매중개를 하는 통신판매업자에 대하여는 제13조부터 제15조까지, 제17조부터 제19조까지의 규정을 적용하지 아니한다.

④ 「자본시장과 금융투자업에 관한 법률」의 투자매매업자 · 투자중개업자가 하는 증권거래, 대통령령으로 정하는 금융회사 등이 하는 금융상품거래 및 일상 생활용품, 음식료 등을 인접지역에 판매하기 위한 거래에 대하여는 제12조부터 제15조까지, 제17조부터 제20조까지 및 제20조의2를 적용하지 아니한다.

[전문개정 2012. 2. 17.]

제4조(다른 법률과의 관계) 전자상거래 또는 통신판매에서의 소비자보호에 관하여 이 법과 다른 법률이 경합하는 경우에는 이 법을 우선 적용한다. 다만, 다른 법률을 적용하는 것이 소비자에게 유리한 경우에는 그 법을 적용한다.

[전문개정 2012. 2. 17.]

제2장 전자상거래 및 통신판매

제5조(전자문서의 활용) ① 「전자문서 및 전자거래 기본법」 제6조제2항제2호에도 불구하고 사업자가 소비자와 미리 전자문서로 거래할 것을 약정하여 지정한 주소(「전자문서 및 전자거래 기본법」 제2조제2호의 정보처리시스템을 말한다)로 전자문서(「전자문서 및 전자거래 기본법」 제2조제1호에 따른 전자문서를 말한다. 이하 같다)를 송신하지 아니한 경우에는 그 사업자는 해당 전자문서에 의한 권리를 주장할 수 없다. 다만, 긴급한 경우, 소비자도 이미 전자문서로 거래할 것을 예정하고 있는 경우, 소비자가 전자문서를 출력한 경우 등 대통령령으로 정하는 경우에는 그러하지 아니하다. 〈개정 2012. 6. 1.〉

② 사업자는 전자서명(「전자서명법」 제2조제2호에 따른 전자서명을 말한다. 이하 같다)을 한 전자문서를 사용하려면 대통령령으로 정하는 바에 따라 그 전자문

서의 효력, 수령 절차 및 방법 등을 소비자에게 고지하여야 한다.

③ 사업자는 전자문서를 사용할 때 소비자에게 특정한 전자서명 방법을 이용하도록 강요(특수한 표준 등을 이용함으로써 사실상 특정한 전자서명 방법의 이용이 강제되는 경우를 포함한다)하여서는 아니 되고, 소비자가 선택한 전자서명 방법의 사용을 부당하게 제한하여서는 아니 된다.

④ 전자상거래를 하는 사업자는 소비자의 회원 가입, 계약의 청약, 소비자 관련 정보의 제공 등을 전자문서를 통하여 할 수 있도록 하는 경우에는 회원탈퇴, 청약의 철회, 계약의 해지·해제·변경, 정보의 제공 및 이용에 관한 동의의 철회 등도 전자문서를 통하여 할 수 있도록 하여야 한다.

⑤ 전자상거래를 하는 사업자는 소비자가 재화등의 거래와 관련한 확인·증명을 전자문서로 제공하여 줄 것을 요청한 경우 이에 따라야 한다.

⑥ 전자상거래를 하는 사업자가 전자문서로 제공하기 어려운 기술적 이유나 보안상 이유가 명백하여 이를 소비자에게 미리 고지한 경우에는 제4항과 제5항을 적용하지 아니한다.

⑦ 전자상거래를 하는 사업자가 제4항과 제5항에 따른 의무를 이행할 때 해당 사이버몰의 구축 및 운영과 관련된 사업자들은 그 의무 이행에 필요한 조치를 하는 등 협력하여야 한다.

[전문개정 2012. 2. 17.]

제6조(거래기록의 보존 등) ① 사업자는 전자상거래 및 통신판매에서의 표시·광고, 계약내용 및 그 이행 등 거래에 관한 기록을 상당한 기간 보존하여야 한다. 이 경우 소비자가 쉽게 거래기록을 열람·보존할 수 있는 방법을 제공하여야 한다.

② 제1항에 따라 사업자가 보존하여야 할 거래기록 및 그와 관련된 개인정보(성명·주소·전자우편주소 등 거래의 주체를 식별할 수 있는 정보로 한정한다)는 소비자가 개인정보의 이용에 관한 동의를 철회하는 경우에도 「정보통신망 이용촉진 및 정보보호 등에 관한 법률」 등 대통령령으로 정하는 개인정보보호와 관련된 법률의 규정에도 불구하고 이를 보존할 수 있다. 〈개정 2016. 3. 29.〉

③ 제1항에 따라 사업자가 보존하는 거래기록의 대상·범위·기간 및 소비자에게 제공하는 열람·보존의 방법 등에 관하여 필요한 사항은 대통령령으로 정한다.

[전문개정 2012. 2. 17.]

제7조(조작 실수 등의 방지) 사업자는 전자상거래에서 소비자의 조작 실수 등으로 인한 의사표시의 착오 등으로 발생하는 피해를 예방할 수 있도록 거래 대금이 부과되는 시점이나 청약 전에 그 내용을 확인하거나 바로잡는 데에 필요한 절차를 마련하여야 한다.

[전문개정 2012. 2. 17.]

제8조(전자적 대금지급의 신뢰 확보) ① 사업자가 대통령령으로 정하는 전자적 수단에 의한 거래대금의 지급(이하 "전자적 대금지급"이라 한다)방법을 이용하는 경우 사업자와 전자결제수단 발행자, 전자결제서비스 제공자 등 대통령령으로 정하는 전자적 대금지급 관련자(이하 "전자결제업자등"이라 한다)는 관련 정보의 보안 유지에 필요한 조치를 하여야 한다.

② 사업자와 전자결제업자등은 전자적 대금지급이 이루어지는 경우 소비자의 청약의사가 진정한 의사 표시에 의한 것인지를 확인하기 위하여 다음 각 호의 사항에 대하여 명확히 고지하고, 고지한 사항에 대한 소비자의 확인절차를 대통령령으로 정하는 바에 따라 마련하여야 한다.

1. 재화등의 내용 및 종류
2. 재화등의 가격
3. 용역의 제공기간

③ 사업자와 전자결제업자등은 전자적 대금지급이 이루어진 경우에는 전자문서의 송신 등 총리령으로 정하는 방법으로 소비자에게 그 사실을 알리고, 언제든지 소비자가 전자적 대금지급과 관련한 자료를 열람할 수 있게 하여야 한다.

④ 사이버몰에서 사용되는 전자적 대금지급 방법으로서 재화등을 구입·이용하기 위하여 미리 대가를 지불하는 방식의 결제수단의 발행자는 총리령으로 정하는 바에 따라 그 결제수단의 신뢰도 확인과 관련된 사항, 사용상의 제한이나 그 밖의 주의 사항 등을 표시하거나 고지하여야 한다.

⑤ 사업자와 소비자 사이에 전자적 대금지급과 관련하여 다툼이 있는 경우 전자결제업자등은 대금지급 관련 정보의 열람을 허용하는 등 대통령령으로 정하는 바에 따라 그 분쟁의 해결에 협조하여야 한다.

[전문개정 2012. 2. 17.]

제9조(배송사업자 등의 협력) ① 전자상거래나 통신판매에 따라 재화등을 배송[「정보통신망 이용촉진 및 정보보호 등에 관한 법률」 제2조제1항제1호의 정보통신망(이하 "정보통신망"이라 한다)을 통한 전송을 포함한다]하는 사업자는 배송 사고나 배송 장애 등으로 분쟁이 발생하는 경우에는 대통령령으로 정하는 바에 따라 그 분쟁의 해결에 협조하여야 한다.

② 호스팅서비스(사업자가 전자상거래를 할 수 있도록 사이버몰 구축 및 서버 관리 등을 하여주는 서비스를 말한다. 이하 이 조에서 같다)를 제공하는 자는 사업자와 호스팅서비스에 관한 이용계약을 체결하는 경우 사업자의 신원을 확인하기 위한 조치를 취하여야 한다.

③ 사업자와 소비자 사이에 분쟁이 발생하는 경우 호스팅서비스를 제공하는 자는

다음 각 호의 어느 하나에 해당하는 자의 요청에 따라 사업자의 신원정보 등 대통령령으로 정하는 자료를 제공함으로써 그 분쟁의 해결에 협조하여야 한다.〈개정 2016. 3. 29.〉
1. 분쟁의 당사자인 소비자(소비자가 소송을 제기하는 경우에 한정한다)
2. 공정거래위원회
3. 특별시장·광역시장·특별자치시장·도지사·특별자치도지사(이하 "시·도지사"라 한다) 또는 시장·군수·구청장(자치구의 구청장을 말한다. 이하 같다)
4. 수사기관
5. 그 밖에 분쟁해결을 위하여 필요하다고 인정되어 대통령령으로 정한 자
[전문개정 2012. 2. 17.]

제9조의2(전자게시판서비스 제공자의 책임) ① 「정보통신망 이용촉진 및 정보보호 등에 관한 법률」 제2조제1항제9호의 게시판을 운영하는 같은 항 제3호의 정보통신서비스 제공자(이하 "전자게시판서비스 제공자"라 한다)는 해당 게시판을 이용하여 통신판매 또는 통신판매중개가 이루어지는 경우 이로 인한 소비자피해가 발생하지 아니하도록 다음 각 호의 사항을 이행하여야 한다.
1. 게시판을 이용하여 통신판매 또는 통신판매중개를 업으로 하는 자(이하 "게시판 이용 통신판매업자등"이라 한다)가 이 법에 따른 의무를 준수하도록 안내하고 권고할 것
2. 게시판 이용 통신판매업자등과 소비자 사이에 이 법과 관련하여 분쟁이 발생한 경우 소비자의 요청에 따라 제33조에 따른 소비자피해 분쟁조정기구에 소비자의 피해구제 신청을 대행하는 장치를 마련하고 대통령령으로 정하는 바에 따라 운영할 것
3. 그 밖에 소비자피해를 방지하기 위하여 필요한 사항으로서 대통령령으로 정하는 사항
② 전자게시판서비스 제공자는 게시판 이용 통신판매업자등에 대하여 제13조제1항제1호 및 제2호의 신원정보를 확인하기 위한 조치를 취하여야 한다.
③ 전자게시판서비스 제공자는 게시판 이용 통신판매업자등과 소비자 사이에 분쟁이 발생하는 경우 다음 각 호의 어느 하나에 해당하는 자의 요청에 따라 제2항에 따른 신원 확인 조치를 통하여 얻은 게시판 이용 통신판매업자등의 신원정보를 제공하여 그 분쟁의 해결에 협조하여야 한다.
1. 제33조에 따른 소비자피해 분쟁조정기구
2. 공정거래위원회
3. 시·도지사 또는 시장·군수·구청장
[본조신설 2016. 3. 29.]

제10조(사이버몰의 운영) ① 전자상거래를 하는 사이버몰의 운영자는 소비자가 사업자의 신원 등을 쉽게 알 수 있도록 다음 각 호의 사항을 총리령으로 정하는 바에 따라 표시하여야 한다.
1. 상호 및 대표자 성명

2. 영업소가 있는 곳의 주소(소비자의 불만을 처리할 수 있는 곳의 주소를 포함한다)
3. 전화번호 · 전자우편주소
4. 사업자등록번호
5. 사이버몰의 이용약관
6. 그 밖에 소비자보호를 위하여 필요한 사항으로서 대통령령으로 정하는 사항
② 제1항에 따른 사이버몰의 운영자는 그 사이버몰에서 이 법을 위반한 행위가 이루어지는 경우 운영자가 조치하여야 할 부분이 있으면 시정에 필요한 조치에 협력하여야 한다.

[전문개정 2012. 2. 17.]

제11조(소비자에 관한 정보의 이용 등) ① 사업자는 전자상거래 또는 통신판매를 위하여 소비자에 관한 정보를 수집하거나 이용(제3자에게 제공하는 경우를 포함한다. 이하 같다)할 때는 「정보통신망 이용촉진 및 정보보호 등에 관한 법률」 등 관계 규정에 따라 이를 공정하게 수집하거나 이용하여야 한다.
② 사업자는 재화등을 거래함에 있어서 소비자에 관한 정보가 도용되어 해당 소비자에게 재산상의 손해가 발생하였거나 발생할 우려가 있는 특별한 사유가 있는 경우에는 본인 확인이나 피해의 회복 등 대통령령으로 정하는 필요한 조치를 취하여야 한다.

[전문개정 2012. 2. 17.]

제12조(통신판매업자의 신고 등) ① 통신판매업자는 대통령령으로 정하는 바에 따라 다음 각 호의 사항을 공정거래위원회 또는 특별자치시장 · 특별자치도지사 · 시장 · 군수 · 구청장에게 신고하여야 한다. 다만, 통신판매의 거래횟수, 거래규모 등이 공정거래위원회가 고시로 정하는 기준 이하인 경우에는 그러하지 아니하다.
⟨개정 2016. 3. 29.⟩
1. 상호(법인인 경우에는 대표자의 성명 및 주민등록번호를 포함한다), 주소, 전화번호
2. 전자우편주소, 인터넷도메인 이름, 호스트서버의 소재지
3. 그 밖에 사업자의 신원 확인을 위하여 필요한 사항으로서 대통령령으로 정하는 사항
② 통신판매업자가 제1항에 따라 신고한 사항을 변경하려면 대통령령으로 정하는 바에 따라 신고하여야 한다.
③ 제1항에 따라 신고한 통신판매업자는 그 영업을 휴업 또는 폐업하거나 휴업한 후 영업을 다시 시작할 때에는 대통령령으로 정하는 바에 따라 신고하여야 한다.
④ 공정거래위원회는 제1항에 따라 신고한 통신판매업자의 정보를 대통령령으로 정하는 바에 따라 공개할 수 있다.

[전문개정 2012. 2. 17.]

제13조(신원 및 거래조건에 대한 정보의 제공) ① 통신판매업자가 재화등의 거래에 관한 청약을 받을 목적으로 표시·광고를 할 때에는 그 표시·광고에 다음 각 호의 사항을 포함하여야 한다. *(개정 2016. 3. 29.)*

1. 상호 및 대표자 성명
2. 주소·전화번호·전자우편주소
3. 제12조에 따라 공정거래위원회 또는 특별자치시장·특별자치도지사·시장·군수·구청장에게 한 신고의 신고번호와 그 신고를 받은 기관의 이름 등 신고를 확인할 수 있는 사항

② 통신판매업자는 소비자가 계약체결 전에 재화등에 대한 거래조건을 정확하게 이해하고 실수나 착오 없이 거래할 수 있도록 다음 각 호의 사항을 적절한 방법으로 표시·광고하거나 고지하여야 하며, 계약이 체결되면 계약자에게 다음 각 호의 사항이 기재된 계약내용에 관한 서면을 재화등을 공급할 때까지 교부하여야 한다. 다만, 계약자의 권리를 침해하지 아니하는 범위에서 대통령령으로 정하는 사유가 있는 경우에는 계약자를 갈음하여 재화등을 공급받는 자에게 계약내용에 관한 서면을 교부할 수 있다.

1. 재화등의 공급자 및 판매자의 상호, 대표자의 성명·주소 및 전화번호 등
2. 재화등의 명칭·종류 및 내용
2의2. 재화등의 정보에 관한 사항. 이 경우 제품에 표시된 기재로 계약내용에 관한 서면에의 기재를 갈음할 수 있다.
3. 재화등의 가격(가격이 결정되어 있지 아니한 경우에는 가격을 결정하는 구체적인 방법)과 그 지급방법 및 지급시기
4. 재화등의 공급방법 및 공급시기
5. 청약의 철회 및 계약의 해제(이하 "청약철회등"이라 한다)의 기한·행사방법 및 효과에 관한 사항(청약철회등의 권리를 행사하는 데에 필요한 서식을 포함한다)
6. 재화등의 교환·반품·보증과 그 대금 환불 및 환불의 지연에 따른 배상금 지급의 조건·절차
7. 전자매체로 공급할 수 있는 재화등의 전송·설치 등을 할 때 필요한 기술적 사항
8. 소비자피해보상의 처리, 재화등에 대한 불만 처리 및 소비자와 사업자 사이의 분쟁 처리에 관한 사항
9. 거래에 관한 약관(그 약관의 내용을 확인할 수 있는 방법을 포함한다)
10. 소비자가 구매의 안전을 위하여 원하는 경우에는 재화등을 공급받을 때까지 대통령령으로 정하는 제3자에게 그 재화등의 결제대금을 예치하는 것(이하 "결제대금예치"라 한다)의 이용을 선택할 수 있다는 사항 또는 통신판매업자의 제24조제1항에 따른 소비자피해보상보험계약등의 체결을 선택할 수 있다는 사항(제15조제1항에 따른 선지급식 통신판매의 경우에만 해당하며, 제24조제3항에 각 호의 어느 하나에 해당하는 거래를 하는 경우는 제외한다)
11. 그 밖에 소비자의 구매 여부 판단에 영향을 주는 거래조건 또는 소비자피해의 구제에 필요한 사항으로서 대통령령으로 정하는 사항

③ 통신판매업자는 미성년자와 재화등의 거래에 관한 계약을 체결할 때에는 법정대리인이 그 계약에 동의하지 아니하면 미성년자 본인 또는 법정대리인이 그 계약을 취소할 수 있다는 내용을 미성년자에게 고지하여야 한다.

④ 공정거래위원회는 제1항 및 제2항에 따른 통신판매업자의 상호 등에 관한 사항, 재화등의 정보에 관한 사항과 거래조건에 대한 표시·광고 및 고지의 내용과 방법을 정하여 고시할 수 있다. 이 경우 거래방법이나 재화등의 특성을 고려하여 그 표시·광고 및 고지의 내용과 방법을 다르게 정할 수 있다.

⑤ 통신판매업자는 제2항에 따라 소비자에게 표시·광고하거나 고지한 거래조건을 신의를 지켜 성실하게 이행하여야 한다.

[전문개정 2012. 2. 17.]

제14조(청약확인 등) ① 통신판매업자는 소비자로부터 재화등의 거래에 관한 청약을 받으면 청약 의사표시의 수신 확인 및 판매 가능 여부에 관한 정보를 소비자에게 신속하게 알려야 한다.

② 통신판매업자는 계약체결 전에 소비자가 청약내용을 확인하고, 정정하거나 취소할 수 있도록 적절한 절차를 갖추어야 한다.

[전문개정 2012. 2. 17.]

제15조(재화등의 공급 등) ① 통신판매업자는 소비자가 청약을 한 날부터 7일 이내에 재화등의 공급에 필요한 조치를 하여야 하고, 소비자가 재화등을 공급받기 전에 미리 재화등의 대금을 전부 또는 일부 지급하는 통신판매(이하 "선지급식 통신판매"라 한다)의 경우에는 소비자가 그 대금을 전부 또는 일부 지급한 날부터 3영업일 이내에 재화등의 공급을 위하여 필요한 조치를 하여야 한다. 다만, 소비자와 통신판매업자 간에 재화등의 공급시기에 관하여 따로 약정한 것이 있는 경우에는 그러하지 아니하다.

② 통신판매업자는 청약을 받은 재화등을 공급하기 곤란하다는 것을 알았을 때에는 지체 없이 그 사유를 소비자에게 알려야 하고, 선지급식 통신판매의 경우에는 소비자가 그 대금의 전부 또는 일부를 지급한 날부터 3영업일 이내에 환급하거나 환급에 필요한 조치를 하여야 한다.

③ 통신판매업자는 소비자가 재화등의 공급 절차 및 진행 상황을 확인할 수 있도록 적절한 조치를 하여야 한다. 이 경우 공정거래위원회는 그 조치에 필요한 사항을 정하여 고시할 수 있다.

④ 제2항에 따라 선지급식 통신판매에서 재화등의 대금을 환급하거나 환급에 필요한 조치를 하여야 하는 경우에는 제18조제1항부터 제5항까지의 규정을 준용한다.

[전문개정 2012. 2. 17.]

제16조 삭제 〈2005. 3. 31.〉

제17조(청약철회등) ① 통신판매업자와 재화등의 구매에 관한 계약을 체결한 소비자는 다음 각 호의 기간(거래당사자가 다음 각 호의 기간보다 긴 기간으로 약정한 경우에는 그 기간을 말한다) 이내에 해당 계약에 관한 청약철회등을 할 수 있다. 〈개정 2016. 3. 29.〉

1. 제13조제2항에 따른 계약내용에 관한 서면을 받은 날부터 7일. 다만, 그 서면을 받은 때보다 재화등의 공급이 늦게 이루어진 경우에는 재화등을 공급받거나 재화등의 공급이 시작된 날부터 7일
2. 제13조제2항에 따른 계약내용에 관한 서면을 받지 아니한 경우, 통신판매업자의 주소 등이 적혀 있지 아니한 서면을 받은 경우 또는 통신판매업자의 주소 변경 등의 사유로 제1호의 기간에 청약철회등을 할 수 없는 경우에는 통신판매업자의 주소를 안 날 또는 알 수 있었던 날부터 7일
3. 제21조제1항제1호 또는 제2호의 청약철회등에 대한 방해 행위가 있는 경우에는 그 방해 행위가 종료한 날부터 7일

② 소비자는 다음 각 호의 어느 하나에 해당하는 경우에는 통신판매업자의 의사에 반하여 제1항에 따른 청약철회등을 할 수 없다. 다만, 통신판매업자가 제6항에 따른 조치를 하지 아니하는 경우에는 제2호부터 제5호까지의 규정에 해당하는 경우에도 청약철회등을 할 수 있다. 〈개정 2016. 3. 29.〉

1. 소비자에게 책임이 있는 사유로 재화등이 멸실되거나 훼손된 경우. 다만, 재화등의 내용을 확인하기 위하여 포장 등을 훼손한 경우는 제외한다.
2. 소비자의 사용 또는 일부 소비로 재화등의 가치가 현저히 감소한 경우
3. 시간이 지나 다시 판매하기 곤란할 정도로 재화등의 가치가 현저히 감소한 경우
4. 복제가 가능한 재화등의 포장을 훼손한 경우
5. 용역 또는 「문화산업진흥 기본법」 제2조제5호의 디지털콘텐츠의 제공이 개시된 경우. 다만, 가분적 용역 또는 가분적 디지털콘텐츠로 구성된 계약의 경우에는 제공이 개시되지 아니한 부분에 대하여는 그러하지 아니하다.
6. 그 밖에 거래의 안전을 위하여 대통령령으로 정하는 경우

③ 소비자는 제1항 및 제2항에도 불구하고 재화등의 내용이 표시 · 광고의 내용과 다르거나 계약내용과 다르게 이행된 경우에는 그 재화등을 공급받은 날부터 3개월 이내, 그 사실을 안 날 또는 알 수 있었던 날부터 30일 이내에 청약철회등을 할 수 있다.

④ 제1항 또는 제3항에 따른 청약철회등을 서면으로 하는 경우에는 그 의사표시가 적힌 서면을 발송한 날에 그 효력이 발생한다.

⑤ 제1항부터 제3항까지의 규정을 적용할 때 재화등의 훼손에 대하여 소비자의 책임이 있는지 여부, 재화등의 구매에 관한 계약이 체결된 사실 및 그 시기,

재화등의 공급사실 및 그 시기 등에 관하여 다툼이 있는 경우에는 통신판매업자가 이를 증명하여야 한다.

⑥ 통신판매업자는 제2항제2호부터 제5호까지의 규정에 따라 청약철회등이 불가능한 재화등의 경우에는 그 사실을 재화등의 포장이나 그 밖에 소비자가 쉽게 알 수 있는 곳에 명확하게 표시하거나 시험 사용 상품을 제공하는 등의 방법으로 청약철회등의 권리 행사가 방해받지 아니하도록 조치하여야 한다. 다만, 제2항제5호 중 디지털콘텐츠에 대하여 소비자가 청약철회등을 할 수 없는 경우에는 청약철회등이 불가능하다는 사실의 표시와 함께 대통령령으로 정하는 바에 따라 시험 사용 상품을 제공하는 등의 방법으로 청약철회등의 권리 행사가 방해받지 아니하도록 하여야 한다.〈개정 2016. 3. 29.〉

[전문개정 2012. 2. 17.]

제18조(청약철회등의 효과) ① 소비자는 제17조제1항 또는 제3항에 따라 청약철회등을 한 경우에는 이미 공급받은 재화등을 반환하여야 한다. 다만, 이미 공급받은 재화등이 용역 또는 디지털콘텐츠인 경우에는 그러하지 아니하다. 〈개정 2016. 3. 29.〉

② 통신판매업자(소비자로부터 재화등의 대금을 받은 자 또는 소비자와 통신판매에 관한 계약을 체결한 자를 포함한다. 이하 제2항부터 제10항까지의 규정에서 같다)는 다음 각 호의 어느 하나에 해당하는 날부터 3영업일 이내에 이미 지급받은 재화등의 대금을 환급하여야 한다. 이 경우 통신판매업자가 소비자에게 재화등의 대금 환급을 지연한 때에는 그 지연기간에 대하여 연 100분의 40 이내의 범위에서 「은행법」에 따른 은행이 적용하는 연체금리 등 경제사정을 고려하여 대통령령으로 정하는 이율을 곱하여 산정한 지연이자(이하 "지연배상금"이라 한다)를 지급하여야 한다.〈개정 2016. 3. 29.〉

1. 통신판매업자가 재화를 공급한 경우에는 제1항 본문에 따라 재화를 반환받은 날
2. 통신판매업자가 용역 또는 디지털콘텐츠를 공급한 경우에는 제17조제1항 또는 제3항에 따라 청약철회등을 한 날
3. 통신판매업자가 재화등을 공급하지 아니한 경우에는 제17조제1항 또는 제3항에 따라 청약철회등을 한 날

③ 통신판매업자는 제1항 및 제2항에 따라 재화등의 대금을 환급할 때 소비자가 「여신전문금융업법」 제2조제3호에 따른 신용카드나 그 밖에 대통령령으로 정하는 결제수단으로 재화등의 대금을 지급한 경우에는 지체 없이 해당 결제수단을 제공한 사업자(이하 "결제업자"라 한다)에게 재화등의 대금 청구를 정지하거나 취소하도록 요청하여야 한다. 다만, 통신판매업자가 결제업자로부터 해당 재화등의 대금을 이미 받은 때에는 지체 없이 그 대금을 결제업자에게 환급하고, 그 사실을 소비자에게 알려야 한다.

④ 제3항 단서에 따라 통신판매업자로부터 재화등의 대금을 환급받은 결제업자는 그 환급받은 금액을 지체 없이 소비자에게 환급하거나 환급에 필요한 조치를 하여야 한다.

⑤ 제3항 단서에 해당하는 통신판매업자 중 환급을 지연하여 소비자가 대금을 결제하게 한 통신판매업자는 그 지연기간에 대한 지연배상금을 소비자에게 지급하여야 한다.

⑥ 소비자는 통신판매업자가 제3항 단서에도 불구하고 정당한 사유 없이 결제업자에게 대금을 환급하지 아니하는 경우에는 결제업자에게 그 통신판매업자에 대한 다른 채무와 통신판매업자로부터 환급받을 금액을 상계(相計)할 것을 요청할 수 있다. 이 경우 결제업자는 대통령령으로 정하는 바에 따라 그 통신판매업자에 대한 다른 채무와 상계할 수 있다.

⑦ 소비자는 결제업자가 제6항에 따른 상계를 정당한 사유 없이 게을리한 경우에는 결제업자에 대하여 대금의 결제를 거부할 수 있다. 이 경우 통신판매업자와 결제업자는 그 결제 거부를 이유로 그 소비자를 약정한 기일까지 채무를 변제하지 아니한 자로 처리하는 등 소비자에게 불이익을 주는 행위를 하여서는 아니 된다.

⑧ 제1항의 경우 통신판매업자는 이미 재화등이 일부 사용되거나 일부 소비된 경우에는 그 재화등의 일부 사용 또는 일부 소비에 의하여 소비자가 얻은 이익 또는 그 재화등의 공급에 든 비용에 상당하는 금액으로서 대통령령으로 정하는 범위의 금액을 소비자에게 청구할 수 있다.

⑨ 제17조제1항에 따른 청약철회등의 경우 공급받은 재화등의 반환에 필요한 비용은 소비자가 부담하며, 통신판매업자는 소비자에게 청약철회등을 이유로 위약금이나 손해배상을 청구할 수 없다.

⑩ 제17조제3항에 따른 청약철회등의 경우 재화등의 반환에 필요한 비용은 통신판매업자가 부담한다.

⑪ 통신판매업자, 재화등의 대금을 받은 자 또는 소비자와 통신판매에 관한 계약을 체결한 자가 동일인이 아닌 경우에 이들은 제17조제1항 및 제3항에 따른 청약철회등에 의한 제1항부터 제7항까지의 규정에 따른 재화등의 대금 환급과 관련한 의무의 이행에 대하여 연대하여 책임을 진다.

[전문개정 2012. 2. 17.]

제19조(손해배상청구금액의 제한 등) ① 소비자에게 책임이 있는 사유로 재화등의 판매에 관한 계약이 해제된 경우 통신판매업자가 소비자에게 청구하는 손해배상액은 다음 각 호의 구분에 따라 정한 금액에 대금미납에 따른 지연배상금을 더한 금액을 초과할 수 없다.

1. 공급한 재화등이 반환된 경우: 다음 각 목의 금액 중 큰 금액
   가. 반환된 재화등의 통상 사용료 또는 그 사용으로 통상 얻을 수 있는 이익에 해당하는 금액
   나. 반환된 재화등의 판매가액(販賣價額)에서 그 재화등이 반환된 당시의 가액을 뺀 금액
2. 공급한 재화등이 반환되지 아니한 경우: 그 재화등의 판매가액에 해당하는 금액
② 공정거래위원회는 통신판매업자와 소비자 간의 손해배상청구에 따른 분쟁의 원활한 해결을 위하여 필요하면 제1항에 따른 손해배상액을 산정하기 위한 기준을 정하여 고시할 수 있다.

[전문개정 2012. 2. 17.]

제20조(통신판매중개자의 의무와 책임) ① 통신판매중개를 하는 자(이하 "통신판매중개자"라 한다)는 자신이 통신판매의 당사자가 아니라는 사실을 소비자가 쉽게 알수 있도록 총리령으로 정하는 방법으로 미리 고지하여야 한다. 〈개정 2016. 3. 29.〉
② 통신판매중개를 업으로 하는 자(이하 "통신판매중개업자"라 한다)는 통신판매중개를 의뢰한 자(이하 "통신판매중개의뢰자"라 한다)가 사업자인 경우에는 그 성명(사업자가 법인인 경우에는 그 명칭과 대표자의 성명)·주소·전화번호 등 대통령령으로 정하는 사항을 확인하여 청약이 이루어지기 전까지 소비자에게 제공하여야 하고, 통신판매중개의뢰자가 사업자가 아닌 경우에는 그 성명·전화번호 등 대통령령으로 정하는 사항을 확인하여 거래의 당사자들에게 상대방에 관한 정보를 열람할 수 있는 방법을 제공하여야 한다. 〈개정 2016. 3. 29.〉
③ 통신판매중개자는 사이버몰 등을 이용함으로써 발생하는 불만이나 분쟁의 해결을 위하여 그 원인 및 피해의 파악 등 필요한 조치를 신속히 시행하여야 한다. 이 경우 필요한 조치의 구체적인 내용과 방법 등은 대통령령으로 정한다.

[전문개정 2012. 2. 17.] [제목개정 2016. 3. 29.]

제20조의2(통신판매중개자 및 통신판매중개의뢰자의 책임) ① 통신판매중개자는 제20조 제1항의 고지를 하지 아니한 경우 통신판매중개의뢰자의 고의 또는 과실로 소비자에게 발생한 재산상 손해에 대하여 통신판매중개의뢰자와 연대하여 배상할 책임을 진다.
② 통신판매중개자는 제20조제2항에 따라 소비자에게 정보 또는 정보를 열람할 수 있는 방법을 제공하지 아니하거나 제공한 정보가 사실과 달라 소비자에게 발생한 재산상 손해에 대하여 통신판매중개의뢰자와 연대하여 배상할 책임을 진다. 다만, 소비자에게 피해가 가지 아니하도록 상당한 주의를 기울인 경우에는 그러하지 아니하다.
③ 제20조제1항에 따른 고지에도 불구하고 통신판매업자인 통신판매중개자는 제12조부터 제15조까지, 제17조 및 제18조에 따른 통신판매업자의 책임을 면하

지 못한다. 다만, 통신판매업자의 의뢰를 받아 통신판매를 중개하는 경우 통신
판매중개의뢰자가 책임을 지는 것으로 약정하여 소비자에게 고지한 부분에 대
하여는 통신판매중개의뢰자가 책임을 진다.

④ 통신판매중개의뢰자(사업자의 경우에 한정한다)는 통신판매중개자의 고의 또는
과실로 소비자에게 발생한 재산상 손해에 대하여 통신판매중개자의 행위라는
이유로 면책되지 아니한다. 다만, 소비자에게 피해가 가지 아니하도록 상당한
주의를 기울인 경우에는 그러하지 아니하다.

[본조신설 2012. 2. 17.]

제20조의3(통신판매의 중요한 일부 업무를 수행하는 통신판매중개업자의 책임) 통신
판매에 관한 거래과정에서 다음 각 호의 업무를 수행하는 통신판매중개업자는 통
신판매업자가 해당 각 호의 각 목에 따른 의무를 이행하지 아니하는 경우에는 이
를 대신하여 이행하여야 한다. 이 경우 제7조 및 제8조의 "사업자"와 제13조제2
항제5호 및 제14조제1항의 "통신판매업자"는 "통신판매중개업자"로 본다.

  1. 통신판매중개업자가 청약의 접수를 받는 경우

    가. 제13조제2항제5호에 따른 정보의 제공

    나. 제14조제1항에 따른 청약의 확인

    다. 그 밖에 소비자피해를 방지하기 위하여 필요한 사항으로서 대통령령으로 정하는 사항

  2. 통신판매중개업자가 재화등의 대금을 지급받는 경우

    가. 제7조에 따른 조작 실수 등의 방지

    나. 제8조에 따른 전자적 대금지급의 신뢰 확보

    다. 그 밖에 소비자피해를 방지하기 위하여 필요한 사항으로서 대통령령으로 정하는 사항

[본조신설 2016. 3. 29.]

제21조(금지행위) ① 전자상거래를 하는 사업자 또는 통신판매업자는 다음 각 호
의 어느 하나에 해당하는 행위를 하여서는 아니 된다.

  1. 거짓 또는 과장된 사실을 알리거나 기만적 방법을 사용하여 소비자를 유인 또는 소비
자와 거래하거나 청약철회등 또는 계약의 해지를 방해하는 행위

  2. 청약철회등을 방해할 목적으로 주소, 전화번호, 인터넷도메인 이름 등을 변경하거나
폐지하는 행위

  3. 분쟁이나 불만처리에 필요한 인력 또는 설비의 부족을 상당기간 방치하여 소비자에게
피해를 주는 행위

  4. 소비자의 청약이 없음에도 불구하고 일방적으로 재화등을 공급하고 그 대금을 청구하
거나 재화등의 공급 없이 대금을 청구하는 행위

  5. 소비자가 재화를 구매하거나 용역을 제공받을 의사가 없음을 밝혔음에도 불구하고 전
화, 팩스, 컴퓨터통신 또는 전자우편 등을 통하여 재화를 구매하거나 용역을 제공받도
록 강요하는 행위

6. 본인의 허락을 받지 아니하거나 허락받은 범위를 넘어 소비자에 관한 정보를 이용하는 행위. 다만, 다음 각 목의 어느 하나에 해당하는 경우는 제외한다.
   가. 재화등의 배송 등 소비자와의 계약을 이행하기 위하여 불가피한 경우로서 대통령령으로 정하는 경우
   나. 재화등의 거래에 따른 대금정산을 위하여 필요한 경우
   다. 도용방지를 위하여 본인 확인에 필요한 경우로서 대통령령으로 정하는 경우
   라. 법률의 규정 또는 법률에 따라 필요한 불가피한 사유가 있는 경우
7. 소비자의 동의를 받지 아니하거나 총리령으로 정하는 방법에 따라 쉽고 명확하게 소비자에게 설명·고지하지 아니하고 컴퓨터프로그램 등이 설치되게 하는 행위
② 공정거래위원회는 이 법 위반행위를 방지하고 소비자피해를 예방하기 위하여 전자상거래를 하는 사업자 또는 통신판매업자가 준수하여야 할 기준을 정하여 고시할 수 있다.
[전문개정 2012. 2. 17.]

제22조(휴업기간 등에서의 청약철회등의 업무처리 등) ① 통신판매업자는 휴업기간이나 영업정지기간에도 제17조제1항 및 제3항에 따른 청약철회등의 업무와 제18조제1항부터 제5항까지의 규정에 따른 청약철회등에 따른 대금 환급과 관련된 업무를 계속하여야 한다.
② 통신판매업자가 폐업신고를 하지 아니한 상태에서 파산선고를 받는 등 실질적으로 영업을 할 수 없는 것으로 판단되는 경우에는 제12조제1항에 따른 신고를 받은 공정거래위원회 또는 특별자치시장·특별자치도지사·시장·군수·구청장은 직권으로 신고사항을 말소할 수 있다. 〈개정 2016. 3. 29.〉
[전문개정 2012. 2. 17.]

제3장 소비자 권익의 보호

제23조(전자상거래 등에서의 소비자보호지침의 제정 등) ① 공정거래위원회는 전자상거래 또는 통신판매에서의 건전한 거래질서의 확립 및 소비자보호를 위하여 사업자의 자율적 준수를 유도하기 위한 지침(이하 "소비자보호지침"이라 한다)을 관련 분야의 거래당사자, 기관 및 단체의 의견을 들어 정할 수 있다.
② 사업자는 그가 사용하는 약관이 소비자보호지침의 내용보다 소비자에게 불리한 경우에는 소비자보호지침과 다르게 정한 약관의 내용을 소비자가 알기 쉽게 표시하거나 고지하여야 한다.
[전문개정 2012. 2. 17.]

제24조(소비자피해보상보험계약등) ① 공정거래위원회는 전자상거래 또는 통신판매

에서 소비자를 보호하기 위하여 관련 사업자에게 다음 각 호의 어느 하나에 해당하는 계약(이하 "소비자피해보상보험계약등"이라 한다)을 체결하도록 권장할 수 있다. 다만, 제8조제4항에 따른 결제수단의 발행자는 소비자피해보상보험계약등을 체결하여야 한다.

1. 「보험업법」에 따른 보험계약
2. 소비자피해보상금의 지급을 확보하기 위한 「금융위원회의 설치 등에 관한 법률」 제38조에 따른 기관과의 채무지급보증계약
3. 제10항에 따라 설립된 공제조합과의 공제계약

② 통신판매업자는 제1항에도 불구하고 선지급식 통신판매를 할 때 소비자가 제13조제2항제10호에 따른 결제대금예치의 이용 또는 통신판매업자의 소비자피해보상보험계약등의 체결을 선택한 경우에는 소비자가 결제대금예치를 이용하도록 하거나 소비자피해보상보험계약등을 체결하여야 한다.

③ 제2항은 소비자가 다음 각 호의 어느 하나에 해당하는 거래를 하는 경우에는 적용하지 아니한다.

1. 삭제〈2013. 5. 28.〉
2. 「여신전문금융업법」 제2조제3호에 따른 신용카드로 재화등의 대금을 지급하는 거래. 이 경우 소비자가 재화등을 배송받지 못한 때에는 「여신전문금융업법」 제2조제2호의2에 따른 신용카드업자는 구매대금 결제 취소 등 소비자피해의 예방 및 회복을 위하여 협력하여야 한다.
3. 정보통신망으로 전송되거나 제13조제2항제10호에 따른 제3자가 배송을 확인할 수 없는 재화등을 구매하는 거래
4. 일정기간에 걸쳐 분할되어 공급되는 재화등을 구매하는 거래
5. 다른 법률에 따라 소비자의 구매안전이 충분히 갖추어진 경우 또는 제1호부터 제4호까지의 규정과 유사한 사유로 결제대금예치 또는 소비자피해보상보험계약등의 체결이 필요하지 아니하거나 곤란하다고 공정거래위원회가 정하여 고시하는 거래

④ 제2항에 따른 결제대금예치의 이용 또는 소비자피해보상보험계약등의 체결에 필요한 사항은 대통령령으로 정한다.

⑤ 소비자피해보상보험계약등은 이 법 위반행위로 인한 소비자피해를 보상하거나 제8조제4항에 따른 결제수단 발행자의 신뢰성을 확보하기에 적절한 수준이어야 하며, 그 구체적인 기준은 대통령령으로 정한다.

⑥ 소비자피해보상보험계약등에 따라 소비자피해보상금을 지급할 의무가 있는 자는 그 지급 사유가 발생하면 지체 없이 소비자피해보상금을 지급하여야 하고, 이를 지연한 경우에는 지연배상금을 지급하여야 한다.

⑦ 소비자피해보상보험계약등을 체결하려는 사업자는 소비자피해보상보험계약등을 체결하기 위하여 매출액 등의 자료를 제출할 때 거짓 자료를 제출하여서는 아니 된다.

⑧ 소비자피해보상보험계약등을 체결한 사업자는 그 사실을 나타내는 표지를 사용할 수 있으나, 소비자피해보상보험계약등을 체결하지 아니한 사업자는 그 표지를 사용하거나 이와 유사한 표지를 제작 또는 사용하여서는 아니 된다.

⑨ 제2항에 따른 결제대금예치의 이용에 관하여는 제8항을 준용한다.

⑩ 전자상거래를 하는 사업자 또는 통신판매업자는 제1항에 따른 소비자보호를 위하여 공제조합을 설립할 수 있다. 이 경우 공제조합의 설립 및 운영에 관하여는 「방문판매 등에 관한 법률」 제38조를 준용하되, 같은 조 제1항 중 "제5조제1항에 따라 신고하거나 제13조제1항 또는 제29조제3항에 따라 등록한 사업자"는 "전자상거래를 하는 사업자 또는 통신판매업자"로, "제37조제1항제3호"는 「전자상거래 등에서의 소비자보호에 관한 법률」 제24조제1항제3호"로 보고, 같은 조 제9항 및 제10항 중 "이 법"은 각각 「전자상거래 등에서의 소비자보호에 관한 법률」로 본다.

[전문개정 2012. 2. 17.]

제24조의2(구매권유광고 시 준수사항 등) ① 전자상거래를 하는 사업자 또는 통신판매업자가 전화, 팩스, 컴퓨터통신 또는 전자우편 등을 이용하여 재화를 구매하거나 용역을 제공받도록 권유하는 행위(이하 "구매권유광고"라 한다)를 할 때에는 이 법과 「정보통신망 이용촉진 및 정보보호 등에 관한 법률」 등 관계 법률의 규정을 준수하여야 한다.

② 공정거래위원회는 제1항을 위반하여 구매권유광고를 한 전자상거래를 하는 사업자 또는 통신판매업자에 대한 시정조치를 하기 위하여 방송통신위원회 등 관련 기관에 위반자의 신원정보를 요청할 수 있다. 이 경우 신원정보의 요청은 공정거래위원회가 위반자의 신원정보를 확보하기 곤란한 경우로 한정하며, 방송통신위원회 등 관련 기관은 「정보통신망 이용촉진 및 정보보호 등에 관한 법률」 제64조의2제1항에도 불구하고 공정거래위원회에 위반자의 신원정보를 제공할 수 있다.

[전문개정 2012. 2. 17.]

제25조(전자상거래소비자단체 등의 지원) 공정거래위원회는 전자상거래 및 통신판매에서 공정거래질서를 확립하고 소비자의 권익을 보호하기 위한 사업을 시행하는 기관 또는 단체에 예산의 범위에서 필요한 지원 등을 할 수 있다.

[전문개정 2012. 2. 17.]

제4장 조사 및 감독

제26조(위반행위의 조사 등) ① 공정거래위원회, 시·도지사 또는 시장·군수·구청장

은 이 법을 위반한 사실이 있다고 인정할 때에는 직권으로 필요한 조사를 할 수 있다.

② 시·도지사 또는 시장·군수·구청장이 제1항에 따른 조사를 하려면 미리 시·도지사는 공정거래위원회에, 시장·군수·구청장은 공정거래위원회 및 시·도지사에게 통보하여야 하며, 공정거래위원회는 조사 등이 중복될 우려가 있는 경우에는 시·도지사 또는 시장·군수·구청장에게 조사의 중지를 요청할 수 있다. 이 경우 중지 요청을 받은 시·도지사 또는 시장·군수·구청장은 상당한 이유가 없으면 그 조사를 중지하여야 한다.

③ 공정거래위원회, 시·도지사 또는 시장·군수·구청장은 제1항 또는 제2항에 따라 조사를 한 경우에는 그 결과(조사 결과 시정조치명령 등의 처분을 하려는 경우에는 그 처분의 내용을 포함한다)를 해당 사건의 당사자에게 서면으로 알려야 한다.

④ 누구든지 이 법의 규정에 위반되는 사실이 있다고 인정할 때에는 그 사실을 공정거래위원회, 시·도지사 또는 시장·군수·구청장에게 신고할 수 있다.

⑤ 공정거래위원회는 이 법을 위반하는 행위가 끝난 날부터 5년이 지난 경우에는 그 위반행위에 대하여 제32조에 따른 시정조치를 명하지 아니하거나 제34조에 따른 과징금을 부과하지 아니한다. 다만, 다음 각 호의 어느 하나에 해당하는 경우에는 그러하지 아니하다. 〈개정 2018. 6. 12.〉

1. 제33조제1항에 따른 소비자피해 분쟁조정기구의 권고안이나 조정안을 당사자가 수락하고도 이를 이행하지 아니하는 경우
2. 법원의 판결에 따라 시정조치 또는 과징금 부과처분이 취소된 경우로서 그 판결이유에 따라 새로운 처분을 하는 경우

⑥ 공정거래위원회는 제1항의 조사를 위하여 「소비자기본법」 제33조에 따른 한국소비자원과 합동으로 조사반을 구성할 수 있다. 이 경우 조사반의 구성과 조사에 관한 구체적인 방법과 절차, 그 밖에 필요한 사항은 대통령령으로 정한다.

⑦ 공정거래위원회는 제6항의 조사활동에 참여하는 한국소비자원의 임직원에게 예산의 범위에서 수당이나 여비를 지급할 수 있다.

[전문개정 2012. 2. 17.]

제27조(공개정보 검색 등) ① 공정거래위원회는 전자상거래 및 통신판매의 공정거래질서를 확립하고 소비자피해를 예방하기 위하여 필요하면 전자적인 방법 등을 이용하여 사업자나 전자상거래 또는 통신판매에서의 소비자보호 관련 단체가 정보통신망에 공개한 공개정보를 검색할 수 있다.

② 사업자 또는 관련 단체는 제1항에 따른 공정거래위원회의 정보검색을 정당한 사유 없이 거부하거나 방해하여서는 아니 된다.

③ 공정거래위원회는 소비자피해에 관한 정보를 효율적으로 수집하고 이용하기 위

하여 필요하면 대통령령으로 정하는 바에 따라 전자상거래나 통신판매에서의 소비자보호 관련 업무를 수행하는 기관이나 단체에 관련 자료를 제출하거나 공유하도록 요구할 수 있다.

④ 제3항에 따라 공정거래위원회로부터 자료 요구를 받은 기관이나 단체는 정당한 사유가 없으면 자료 제출이나 자료 공유를 거부하여서는 아니 된다.

[전문개정 2012. 2. 17.]

제27조(공개정보 검색 등) ① 공정거래위원회, 시·도지사 또는 시장·군수·구청장은 전자상거래 및 통신판매의 공정거래질서를 확립하고 소비자피해를 예방하기 위하여 필요하면 전자적인 방법 등을 이용하여 사업자나 전자상거래 또는 통신판매에서의 소비자보호 관련 법인·단체가 정보통신망에 공개한 공개정보를 검색할 수 있다. *〈개정 2023. 3. 21.〉*

② 사업자 또는 관련 법인·단체는 제1항에 따른 공정거래위원회, 시·도지사 또는 시장·군수·구청장의 정보검색을 정당한 사유 없이 거부하거나 방해하여서는 아니 된다. *〈개정 2023. 3. 21.〉*

③ 공정거래위원회, 시·도지사 또는 시장·군수·구청장은 소비자피해에 관한 정보를 효율적으로 수집하고 이용하기 위하여 필요하면 대통령령으로 정하는 바에 따라 전자상거래나 통신판매에서의 소비자보호 관련 업무를 수행하는 기관(「공공기관의 운영에 관한 법률」 제4조에 따른 공공기관으로 한정한다. 이하 이 조에서 같다)이나 법인·단체에 관련 자료를 제출하거나 공유하도록 요구할 수 있다. *〈개정 2023. 3. 21.〉*

④ 제3항에 따라 공정거래위원회, 시·도지사 또는 시장·군수·구청장으로부터 자료 요구를 받은 기관이나 법인·단체는 정당한 사유가 없으면 자료 제출이나 자료 공유를 거부하여서는 아니 된다. *〈개정 2023. 3. 21.〉*

[전문개정 2012. 2. 17.] [시행일: 2024. 3. 22.] 제27조

제28조(위법행위 등에 대한 정보공개) 공정거래위원회는 전자상거래 및 통신판매의 공정거래질서를 확립하고 소비자피해를 예방하기 위하여 제27조제1항에 따라 검색된 정보 중 사업자가 이 법을 위반한 행위나 그 밖에 소비자피해의 예방을 위하여 필요한 관련 정보를 대통령령으로 정하는 바에 따라 공개할 수 있다.

[전문개정 2012. 2. 17.]

제29조(평가·인증 사업의 공정화) ① 전자상거래 및 통신판매의 공정화와 소비자보호를 위하여 관련 사업자의 평가·인증 등의 업무를 수행하는 자(이하 "평가·인증 사업자"라 한다)는 그 명칭에 관계없이 대통령령으로 정하는 바에 따라 그

평가·인증에 관한 기준, 방법 등을 공시하고, 그에 따라 공정하게 평가·인증하여야 한다.

② 제1항에 따른 평가·인증의 기준 및 방법은 사업자가 거래의 공정화와 소비자보호를 위하여 한 노력과 그 성과에 관한 정보를 전달하는 데에 적절한 것이어야 한다.

③ 공정거래위원회는 평가·인증 사업자에게 운용 상황 등에 관한 자료를 제출하게 할 수 있다.

[전문개정 2012. 2. 17.]

제30조(보고 및 감독) ① 제31조에 따라 시정권고를 하는 경우에는 시·도지사는 공정거래위원회에, 시장·군수·구청장은 공정거래위원회 및 시·도지사에게 대통령령으로 정하는 바에 따라 그 결과를 보고하여야 한다.

② 공정거래위원회는 이 법을 효율적으로 시행하기 위하여 필요하다고 인정할 때에는 그 소관 사항에 관하여 시·도지사 또는 시장·군수·구청장에게 조사·확인 또는 자료 제출을 요구하거나 그 밖에 시정에 필요한 조치를 할 것을 요구할 수 있다. 이 경우 해당 시·도지사 또는 시장·군수·구청장은 특별한 사유가 없으면 그 요구에 따라야 한다.

[전문개정 2012. 2. 17.]

제5장 시정조치 및 과징금 부과

제31조(위반행위의 시정권고) ① 공정거래위원회, 시·도지사 또는 시장·군수·구청장은 사업자가 이 법을 위반하는 행위를 하거나 이 법에 따른 의무를 이행하지 아니한 경우에는 제32조의 시정조치를 명하기 전에 그 사업자가 그 위반행위를 중지하거나 이 법에 규정된 의무 또는 제32조에 따른 시정을 위하여 필요한 조치를 이행하도록 시정방안을 정하여 해당 사업자에게 이에 따를 것을 권고할 수 있다. 이 경우 그 사업자가 권고를 수락하면 제3항에 따라 시정조치를 명한 것으로 본다는 뜻을 함께 알려야 한다.

② 제1항에 따라 시정권고를 받은 사업자는 그 통지를 받은 날부터 10일 이내에 그 권고의 수락 여부를 그 권고를 한 행정청에 알려야 한다.

③ 제1항에 따라 시정권고를 받은 자가 그 권고를 수락하면 제32조에 따른 시정조치를 명한 것으로 본다.

[전문개정 2012. 2. 17.]

제32조(시정조치 등) ① 공정거래위원회는 사업자가 다음 각 호의 어느 하나에 해

당하는 행위를 하거나 이 법에 따른 의무를 이행하지 아니하는 경우에는 해당 사업자에게 그 시정조치를 명할 수 있다. *(개정 2016. 3. 29.)*

    1. 제5조제2항부터 제5항까지, 제6조제1항, 제7조, 제8조, 제9조, 제9조의2, 제10조, 제11조, 제12조제1항부터 제3항까지, 제13조제1항부터 제3항까지 및 제5항, 제14조, 제15조, 제18조, 제19조제1항, 제20조, 제20조의2, 제20조의3, 제22조제1항, 제23조제2항, 제24조제1항·제2항 및 제5항부터 제9항까지, 제27조제2항, 제29조제1항 및 제2항, 제32조의2제2항을 위반하는 행위

    2. 제21조제1항 각 호의 금지행위 중 어느 하나에 해당하는 행위

② 제1항에 따른 시정조치는 다음 각 호의 어느 하나에 해당하는 조치를 말한다.

    1. 해당 위반행위의 중지

    2. 이 법에 규정된 의무의 이행

    3. 시정조치를 받은 사실의 공표

    4. 소비자피해 예방 및 구제에 필요한 조치

    5. 그 밖에 위반행위의 시정을 위하여 필요한 조치

③ 제2항제3호에 따른 시정조치를 받은 사실의 공표에 필요한 사항과 같은 항 제4호에 따른 소비자피해 예방 및 구제에 필요한 조치의 구체적인 내용은 대통령령으로 정한다.

④ 공정거래위원회는 다음 각 호의 어느 하나에 해당하는 경우에는 대통령령으로 정하는 바에 따라 1년 이내의 기간을 정하여 그 영업의 전부 또는 일부의 정지를 명할 수 있다.*(개정 2016. 3. 29., 2018. 6. 12.)*

    1. 제1항에 따른 시정조치명령에도 불구하고 위반행위가 대통령령으로 정하는 기준 이상으로 반복되는 경우

    2. 시정조치명령에 따른 이행을 하지 아니한 경우

    3. 시정조치만으로는 소비자피해의 방지가 어렵거나 소비자에 대한 피해보상이 불가능하다고 판단되는 경우

[전문개정 2012. 2. 17.]

제32조의2(임시중지명령) ① 공정거래위원회는 전자상거래를 하는 사업자 또는 통신판매업자의 전자상거래 또는 통신판매가 다음 각 호에 모두 해당하는 경우에는 전자상거래를 하는 사업자 또는 통신판매업자에 대하여 전자상거래 또는 통신판매의 전부 또는 일부를 대통령령으로 정하는 바에 따라 일시 중지할 것을 명할 수 있다.

    1. 전자상거래 또는 통신판매가 제21조제1항제1호에 해당하는 것이 명백한 경우

    2. 전자상거래 또는 통신판매로 인하여 소비자에게 재산상 손해가 발생하였고, 다수의 소비자에게 회복하기 어려운 손해가 확산될 우려가 있어 이를 예방할 긴급한 필요성이 인정되는 경우

② 공정거래위원회는 제1항에 따라 전자상거래 또는 통신판매의 전부 또는 일부를 일시 중지하기 위하여 필요한 경우 호스팅서비스를 제공하는 자, 통신판매중개자, 전자게시판서비스 제공자 등에게 해당 역무제공의 중단 등 대통령령으로 정하는 조치를 취할 것을 요청할 수 있으며, 그 요청을 받은 사업자는 정당한 사유가 없으면 이에 따라야 한다.

③ 「소비자기본법」 제29조에 따라 등록한 소비자단체나 그 밖에 대통령령으로 정하는 기관·단체는 전자상거래를 하는 사업자 또는 통신판매업자가 제1항의 경우에 해당한다고 인정될 때에는 서면(전자문서를 포함한다)으로 공정거래위원회에 그 전자상거래 또는 통신판매의 전부 또는 일부에 대하여 일시 중지를 명하도록 요청할 수 있다.

④ 제1항에 따른 명령에 불복하는 자는 그 명령을 받은 날부터 7일 이내에 공정거래위원회에 이의를 제기할 수 있다.

⑤ 공정거래위원회는 제1항에 따른 명령을 받은 자가 제4항에 따라 이의를 제기하였을 때에는 지체 없이 서울고등법원에 그 사실을 통보하여야 하며, 통보를 받은 서울고등법원은 「비송사건절차법」에 따라 재판을 한다.

⑥ 제5항에 따른 재판을 할 때에는 「비송사건절차법」 제15조를 적용하지 아니한다.

[본조신설 2016. 3. 29.]

제33조(소비자피해 분쟁조정의 요청) ① 공정거래위원회, 시·도지사 또는 시장·군수·구청장은 전자상거래 또는 통신판매에서의 이 법 위반행위와 관련하여 소비자의 피해구제신청이 있는 경우에는 제31조에 따른 시정권고 또는 제32조에 따른 시정조치 등을 하기 전에 전자상거래 또는 통신판매에서의 소비자보호 관련 업무를 수행하는 기관이나 단체 등 대통령령으로 정하는 소비자피해 분쟁조정기구(이하 "소비자피해 분쟁조정기구"라 한다)에 조정을 의뢰할 수 있다.

② 공정거래위원회, 시·도지사 또는 시장·군수·구청장은 소비자피해 분쟁조정기구의 권고안 또는 조정안을 당사자가 수락하고 이행한 경우에는 제32조에 따른 시정조치를 하지 아니한다는 뜻을 당사자에게 알려야 한다.

③ 소비자피해 분쟁조정기구의 권고안 또는 조정안을 당사자가 수락하고 이행한 경우에는 대통령령으로 정하는 바에 따라 제32조에 따른 시정조치를 하지 아니한다.

④ 공정거래위원회는 제1항에 따라 분쟁조정을 의뢰하는 경우에는 예산의 범위에서 그 분쟁조정에 필요한 예산을 지원할 수 있다.

⑤ 소비자피해 분쟁조정기구는 분쟁의 조정이 이루어진 경우에는 그 결과를, 조정이 이루어지지 아니한 경우에는 그 경위를 지체 없이 조정을 의뢰한 공정거래

위원회, 시·도지사 또는 시장·군수·구청장에게 보고하여야 한다.

[전문개정 2012. 2. 17.]

제34조(과징금) ① 공정거래위원회는 제32조제4항에 따른 영업정지가 소비자 등에게 심한 불편을 줄 우려가 있다고 인정하는 경우에는 그 영업의 전부 또는 일부의 정지를 갈음하여 해당 사업자에게 대통령령으로 정하는 위반행위 관련 매출액을 초과하지 아니하는 범위에서 과징금을 부과할 수 있다. 이 경우 관련 매출액이 없거나 그 매출액을 산정할 수 없는 경우 등에는 5천만원을 초과하지 아니하는 범위에서 과징금을 부과할 수 있다.

② 공정거래위원회는 제1항에 따라 그 영업의 전부 또는 일부의 정지를 갈음하여 과징금을 부과할 수 있는 판단 기준을 정하여 고시할 수 있다.

③ 공정거래위원회는 제1항에 따른 과징금을 부과할 때 다음 각 호의 사항을 고려하여야 한다.

　1. 위반행위로 인한 소비자피해의 정도

　2. 소비자피해에 대한 사업자의 보상노력 정도

　3. 위반행위로 취득한 이익의 규모

　4. 위반행위의 내용·기간 및 횟수 등

④ 공정거래위원회는 이 법을 위반한 사업자인 회사가 합병한 경우에는 그 회사가 한 위반행위를 합병 후 존속하거나 합병으로 설립된 회사가 한 행위로 보아 과징금을 부과·징수할 수 있다.

⑤ 삭제〈2018. 6. 12.〉

[전문개정 2012. 2. 17.]

제6장 보칙

〈개정 2012. 2. 17.〉

제35조(소비자에게 불리한 계약의 금지) 제17조부터 제19조까지의 규정을 위반한 약정으로서 소비자에게 불리한 것은 효력이 없다.

[전문개정 2012. 2. 17.]

제36조(전속관할) 통신판매업자와의 거래에 관련된 소(訴)는 소 제기 당시 소비자의 주소를 관할하는 지방법원의 전속관할로 하고, 주소가 없는 경우에는 거소(居所)를 관할하는 지방법원의 전속관할로 한다. 다만, 소 제기 당시 소비자의 주소 또는 거소가 분명하지 아니한 경우에는 그러하지 아니하다.

[전문개정 2012. 2. 17.]

제37조(사업자단체의 등록) ① 전자상거래와 통신판매업의 건전한 발전과 소비자에

대한 신뢰도의 제고, 그 밖에 공동 이익의 증진을 위하여 설립된 사업자단체는 대통령령으로 정하는 바에 따라 공정거래위원회에 등록할 수 있다.

② 제1항에 따른 등록의 요건·방법 및 절차 등에 관하여 필요한 사항은 대통령령으로 정한다.

[전문개정 2012. 2. 17.]

제38조(권한의 위임·위탁) ① 이 법에 따른 공정거래위원회의 권한은 대통령령으로 정하는 바에 따라 그 일부를 소속 기관의 장 또는 시·도지사에게 위임하거나 다른 행정기관의 장에게 위탁할 수 있다.

② 이 법에 따른 시·도지사의 권한은 대통령령으로 정하는 바에 따라 그 일부를 시장·군수·구청장에게 위임할 수 있다.

③ 공정거래위원회는 이 법을 효율적으로 집행하기 위하여 필요한 경우에는 사무의 일부를 제37조제1항에 따라 등록된 사업자단체에 위탁할 수 있다.

④ 공정거래위원회는 제3항에 따라 사무의 일부를 사업자단체에 위탁하는 경우에는 예산의 범위에서 그 위탁사무의 수행에 필요한 비용의 전부 또는 일부를 지원할 수 있다.

⑤ 제26조제6항 및 이 조 제3항에 따라 사무를 위탁받아 해당 업무를 수행하거나 수행하였던 자에 대하여는 「형법」 제127조, 제129조부터 제132조까지의 규정에 따른 벌칙을 적용할 때에는 공무원으로 본다.

[전문개정 2012. 2. 17.]

제39조(「독점규제 및 공정거래에 관한 법률」의 준용) ① 이 법에 따른 공정거래위원회의 심의·의결에 관하여는 「독점규제 및 공정거래에 관한 법률」 제64조부터 제68조까지 및 제93조를 준용한다. 〈개정 2020. 12. 29.〉

② 이 법 위반행위에 대한 공정거래위원회, 시·도지사 또는 시장·군수·구청장의 조사 등에 관하여는 「독점규제 및 공정거래에 관한 법률」 제81조제1항·제2항·제3항·제6항 및 제9항을 준용한다. 〈개정 2020. 12. 29.〉

③ 이 법에 따른 공정거래위원회의 처분 및 제38조에 따라 위임된 시·도지사의 처분에 대한 이의신청, 시정조치명령의 집행정지, 소의 제기 및 불복의 소의 전속관할에 관하여는 「독점규제 및 공정거래에 관한 법률」 제96조, 제97조 및 제99조부터 제101조까지의 규정을 준용한다. 〈개정 2020. 12. 29.〉

④ 이 법에 따른 과징금의 부과·징수에 관하여는 「독점규제 및 공정거래에 관한 법률」 제103조부터 제107조까지의 규정을 준용한다. 〈신설 2018. 6. 12., 2020. 12. 29.〉

⑤ 이 법에 따른 직무에 종사하거나 종사하였던 공정거래위원회의 위원 또는 공

무원에 대하여는 「독점규제 및 공정거래에 관한 법률」 제119조를 준용한다.〈개정 2018. 6. 12., 2020. 12. 29.〉

[전문개정 2012. 2. 17.]

제7장 벌칙

〈개정 2012. 2. 17.〉

제40조(벌칙) 다음 각 호의 어느 하나에 해당하는 자는 3년 이하의 징역 또는 1억원 이하의 벌금에 처한다. 〈개정 2016. 3. 29.〉

1. 제26조제1항에 따른 조사 시 폭언·폭행, 고의적인 현장진입 저지·지연 등을 통하여 조사를 거부·방해 또는 기피한 자
2. 제32조제1항에 따른 시정조치명령에 따르지 아니한 자
3. 제32조제4항에 따른 영업의 정지 명령을 위반하여 영업을 계속한 자

[전문개정 2012. 2. 17.]

제41조 삭제 〈2016. 3. 29.〉

제42조(벌칙) 다음 각 호의 어느 하나에 해당하는 자는 3천만원 이하의 벌금에 처한다.

1. 제12조제1항에 따른 신고를 하지 아니하거나 거짓으로 신고한 자
2. 제24조제8항 및 제9항을 위반하여 소비자피해보상보험계약등을 체결하는 사실 또는 결제대금예치를 이용하도록 하는 사실을 나타내는 표지를 사용하거나 이와 유사한 표지를 제작하거나 사용한 자

[전문개정 2012. 2. 17.]

제43조(벌칙) 다음 각 호의 어느 하나에 해당하는 자는 1천만원 이하의 벌금에 처한다.

1. 제13조제1항에 따른 사업자의 신원정보에 관하여 거짓 정보를 제공한 자
2. 제13조제2항에 따른 거래조건에 관하여 거짓 정보를 제공한 자

[전문개정 2012. 2. 17.]

제44조(양벌규정) 법인의 대표자나 법인 또는 개인의 대리인, 사용인, 그 밖의 종업원이 그 법인 또는 개인의 업무에 관하여 제40조부터 제43조까지의 어느 하나에 해당하는 위반행위를 하면 그 행위자를 벌하는 외에 그 법인 또는 개인에게도 해당 조문의 벌금형을 과(科)한다. 다만, 법인 또는 개인이 그 위반행위를 방지하기 위하여 해당 업무에 관하여 상당한 주의와 감독을 게을리하지 아니한 경우에는 그러하지 아니하다.

[전문개정 2010. 3. 22.]

제45조(과태료) ① 제32조의2제1항을 위반하여 영업을 계속한 자에게는 1억원 이하의 과태료를 부과한다. 〈신설 2016. 3. 29.〉

② 사업자 또는 사업자단체가 제1호 또는 제2호의 어느 하나에 해당하는 경우에는 3천만원 이하, 제3호에 해당하는 경우에는 5천만원 이하의 과태료를 부과하고, 사업자 또는 사업자단체의 임원 또는 종업원, 그 밖의 이해관계인이 제1호 또는 제2호의 어느 하나에 해당하는 경우에는 500만원 이하, 제3호에 해당하는 경우에는 1천만원 이하의 과태료를 부과한다. 〈신설 2018. 6. 12., 2020. 12. 29.〉

1. 제39조제2항에 따라 준용되는 「독점규제 및 공정거래에 관한 법률」 제81조제1항제1호에 따른 출석처분을 받은 당사자 중 정당한 사유 없이 출석하지 아니한 자
2. 제39조제2항에 따라 준용되는 「독점규제 및 공정거래에 관한 법률」 제81조제1항제3호 또는 같은 조 제6항에 따른 보고를 하지 아니하거나 필요한 자료나 물건을 제출하지 아니하거나 거짓으로 보고하거나 거짓 자료나 물건을 제출한 자
3. 제39조제2항에 따라 준용되는 「독점규제 및 공정거래에 관한 법률」 제81조제2항 및 제3항에 따른 조사를 거부·방해 또는 기피한 자

③ 다음 각 호의 어느 하나에 해당하는 자에게는 1천만원 이하의 과태료를 부과한다. 〈개정 2016. 3. 29., 2018. 6. 12.〉

1. 제9조의2제1항을 위반하여 소비자피해방지를 위한 사항을 이행하지 아니한 자
2. 제21조제1항제1호부터 제5호까지의 금지행위 중 어느 하나에 해당하는 행위를 한 자
3. 제8조제4항에 따른 결제수단의 발행자로서 제24조제1항 각 호 외의 부분 단서를 위반하여 소비자피해보상보험계약등을 체결하지 아니한 자
4. 제15조제1항에 따른 선지급식 통신판매업자로서 제24조제2항을 위반한 자
5. 제8조제4항에 따른 결제수단의 발행자로서 제24조제7항을 위반하여 거짓 자료를 제출하고 소비자피해보상보험계약등을 체결한 자
6. 제15조제1항에 따른 선지급식 통신판매업자로서 제24조제7항을 위반하여 거짓 자료를 제출하고 소비자피해보상보험계약등을 체결한 자
7. 제32조의2제2항을 위반하여 공정거래위원회의 요청을 따르지 아니한 자
8. 삭제〈2018. 6. 12.〉
9. 삭제〈2018. 6. 12.〉
10. 삭제〈2018. 6. 12.〉

④ 다음 각 호의 어느 하나에 해당하는 자에게는 500만원 이하의 과태료를 부과한다. 〈개정 2016. 3. 29., 2018. 6. 12.〉

1. 제6조를 위반하여 거래기록을 보존하지 아니하거나 소비자에게 거래기록을 열람·보존할 수 있는 방법을 제공하지 아니한 자
2. 제10조제1항 또는 제13조제1항에 따른 사업자의 신원정보를 표시하지 아니한 자
3. 제12조제2항 및 제3항에 따른 신고를 하지 아니한 자
4. 제13조제2항을 위반하여 표시·광고하거나 고지를 하지 아니하거나 계약내용에 관한

　　　　서면을 계약자에게 교부하지 아니한 자

　　5. 제13조제3항을 위반하여 재화등의 거래에 관한 계약을 취소할 수 있다는 내용을 거래 상대방인 미성년자에게 고지하지 아니한 자

　　6. 제20조의3제1호가목을 위반하여 제13조제2항제5호에 관한 정보의 제공을 하지 아니한 자

⑤ 제39조제1항에 따라 준용되는 「독점규제 및 공정거래에 관한 법률」 제66조를 위반하여 질서유지의 명령을 따르지 아니한 자에게는 100만원 이하의 과태료를 부과한다.〈신설 2018. 6. 12., 2020. 12. 29.〉

⑥ 제1항부터 제4항까지에 따른 과태료는 공정거래위원회, 시·도지사 또는 시장·군수·구청장이 부과·징수한다.〈개정 2016. 3. 29., 2018. 6. 12.〉

⑦ 제5항에 따른 과태료는 공정거래위원회가 부과·징수한다.〈신설 2018. 6. 12.〉

⑧ 제1항부터 제5항까지에 따른 과태료의 부과기준은 대통령령으로 정한다.〈신설 2018. 6. 12.〉

[전문개정 2012. 2. 17.]

제46조(과태료에 관한 규정 적용의 특례) 제45조의 과태료에 관한 규정을 적용할 때 제34조에 따라 과징금을 부과한 행위에 대해서는 과태료를 부과할 수 없다.

[본조신설 2017. 11. 28.]

부칙

〈제17799호, 2020. 12. 29.〉(독점규제 및 공정거래에 관한 법률)

제1조(시행일) 이 법은 공포 후 1년이 경과한 날부터 시행한다. 〈단서 생략〉

제2조 부터 **제24조**까지 생략

제25조(다른 법률의 개정) ①부터 〈61〉까지 생략

〈62〉 전자상거래 등에서의 소비자보호에 관한 법률 일부를 다음과 같이 개정한다.

제39조제1항 중 "「독점규제 및 공정거래에 관한 법률」 제42조, 제43조, 제43조의2, 제44조, 제45조 및 제52조"를 "「독점규제 및 공정거래에 관한 법률」 제64조부터 제68조까지 및 제93조"로 하고, 같은 조 제2항 중 "「독점규제 및 공정거래에 관한 법률」 제50조제1항부터 제4항까지의 규정"을 "「독점규제 및 공정거래에 관한 법률」 제81조제1항·제2항·제3항·제6항 및 제9항"으로 하며, 같은 조 제3항 중 "「독점규제 및 공정거래에 관한 법률」 제53조, 제53조의2, 제54조, 제55조 및 제55조의2를"을 "「독점규제 및 공정거래에 관한 법률」 제96조, 제97조 및 제99조부터 제101조까지의 규정을"로 하고, 같은 조 제4항 중 "「독점규제 및 공정거래에 관한 법률」 제55조의4부터 제55조의8까지"를 "「독점규제 및 공정거래에 관한 법률」 제103조부터 제107조까지"로 하며, 같은 조 제5항 중 "「독점규제 및 공정거래에 관한 법률」 제62조"를 "「독점규제 및 공정거래에 관한 법률」 제119조"로 한다.

제45조제2항제1호 중 "「독점규제 및 공정거래에 관한 법률」 제50조제1항제1호"를 "「독점규제 및 공정거래에 관한 법률」 제81조제1항제1호"로 하고, 같은 항 제2호 중 "「독점규제 및 공정거래에 관한 법률」 제50조제1항제3호 또는 제3항"을 "「독점규제 및 공정거래에 관한 법률」 제81조제1항제3호 또는 같은 조 제6항"으로 하며, 같은 항 제3호 중 "「독점규제 및 공정거래에 관한 법률」 제50조제2항"을 "「독점규제 및 공정거래에 관한 법률」 제81조제2항 및 제3항"으로 하고, 같은 조 제5항 중 "「독점규제 및 공정거래에 관한 법률」 제43조의2"를 "「독점규제 및 공정거래에 관한 법률」 제66조"로 한다.

〈63〉부터 〈82〉까지 생략

제26조 생략

관련법률용어

상 법 개 요

실질적 의의에서의 상법이라 함은 실질적으로 기업생활관계에 특유한 사법을 말한다. 기업의 성립에서 소멸에 이르기까지 기업의 활동과 조직에 특유한 사적인 법규범을 일반적으로 상법이라고 한다. 따라서 상법은 기업생활관계에 관한 법이며, 기업생활관계에 특유한 법이고, 기업생활관계에 관한 사법법규라고 요약할 수 있다.

한편 형식적 의의에서의 상법이라 함은 형식적으로 상법이라고 불리워 지는 성문법전을 말한다. 우리나라에는 1962년 1월 20일 공포되어 1963년 1월 1일부터 시행된 법률 제1000호 상법전이 있다. 그리고 이 법은 새로운 제도를 다수 신설하는 등 지금까지 수차례 개정이 있었다. 최근의 주된 개정으로는 2014. 5. 20. 개정을 통하여 1963년 시행된 제정 상법에서부터 존재한 무기명주식 제도를 폐지하였다. 즉, 무기명주식은 현재까지 발행 사례가 없어 기업의 자본조달에 기여하지 못하는 등으로 더 이상 유지할 실익이 없는바, 현행 무기명주식 제도를 폐지하여 주식을 기명주식으로 일원화함으로써 조세 및 기업 소유구조의 투명성 제고를 위한 기반을 마련하였다. 2015. 12. 1. 개정을 통하여 삼각주식교환, 역삼각합병 및 삼각분할합병 제도를 도입하였고, 무의결권 주주도 주식매수청구권을 행사할 수 있음을 명문으로 규정하여 무의결권 주주에게도 반대주주 주식매수청구권이 인정되는지에 대한 실무상 혼란을 해소하고자 하였다. 또한 영업양도, 양수, 임대 등의 행위를 하려는 회사의 총주주의 동의가 있거나, 주식 90퍼센트 이상을 그 거래의 상대방 회사가 소유하고 있는 경우에는 그 행위를 하려는 회사의 주주총회 승인은 이사회의 승인으로 갈음할 수 있도록 하는 등 간이한 영업양도, 양수, 임대 제도를 도입함으로써 기업의 효율적인 구조 조정이 원활해지도록 하였다. 이어 2017. 10. 31. 개정을 통하여 타인의 사망을 보험사고로 하는 보험계약 체결 시 동의를 얻어야 하는 타인의 서면의 범위에 일정한 전자문서를 포함하도록 하여 전자금융거래가 활성화되고 있는 사회적인 현상을 반영할 수 있도록 하였다. 상법은 민법에 대하여 특별법적인 지위에 위치하며, 특수한 법영역을 형성하고 있다. 상법적 사실은 영리성, 반복성, 집단성, 비개인성, 정형성 등의 성격을 가진다는 데에 그 특수성이 있다. 이러한 성격들은 상행위법의 영역에서 명백할 뿐만 아니라 기업경영을 위한 조직에 관하여도 그것에 적합한 특수한 구성을 필요로 하며(회사제도), 기업거래의 원활한 흐름에 확실한 진행을 확보하기 위한 제도(기업약관)나 취급(외관주의, 공시주의, 획일주의, 신속주의, 법적 확실주의나 책임)의 가중·경감 등)을 필요로 하고, 이에 따른 합목적적 성격은 법전체로 하여금 기술성·전문적일 것을 요구하고 있다고 본다. 즉 상법을 기업법으로 볼 때 그 규제대상은 기업생활관계이며, 상법에서 기업은 일정한 계획 아래 자본과 노력을 유기적으로 결합하여 계속·반복적으로 영리를 추구하는 경제단위이다.

상법은 기업생활관계에서 개개 경제주체의 이익을 조정하는 데에 그 목적이 있으므로 기업의 활동과 조직 특수성을 그대로 반영하고 있다. 즉 기업의 조직을 강화하고 기업의 활동을 원활·확실하게 보호하는 것을 그 특징으로 한다. 전자를 흔히 기업의 유지강화라고 하며, 후자를 기업거래의 안전보호라고 한다.

상   법

총 칙

상법(商法)
영 ; commercial law, mercantiel law, b
usiness law
독 ; Handelscript
佛 ; droit cimercial

(1) 경제생활 일반을 규율하는 일반사법
인 민법에 대하여 상법은 상기업을 중심
으로 전개되는 생활관계를 규율하는 특별
사법이다. 기업을 유지강화하여 영리활동
을 활발하게 하며, 그 거래의 안전을 보
호함으로써 자본의 순조로운 재생산활동
을 발전시키고 나아가서 국민경제에 이바
지하도록 함을 이념으로 하고 있다. 상법
은 실질적 의의와 형식적 의의 두 가지
뜻이 있다. 상법은 이러한 특별사법, 즉
기업의 성립으로부터 소멸에 이르기까지
기업의 조직과 활동에 특유한 사적인 법
규범을 말한다. 형식적 의미의 상법은 상
법이라고 이름 붙여진 성문법전, 이른바
상법전을 말한다(1962년 1월 20일 법
제1000호).

실질적 의의의 상법은 형식적 의의의
상법인 상법전에서 정하고 있는 대상이
그 중심을 이루고 있다. 그러나 상법전
은 그 내용이 극히 다양하고 더욱이 단
편적인 규정이 적지 않다. 이에 따라 통
일적 법령성으로서 상법이 존재하는가의
여부에 의문이 제기된다. 심지어 외국의
경우 실질적인 상법의 개념을 파악할 수
없다고 보아 상법전에 정해진 내용이 곧
상법이라고 파악하여 통일적 개념파악방
엽설도 있었다. 상법의 대상이 되는 법
률상의 상(商)도 당초에는 고유의 상(商)
에 한정하였다. 그러나 오늘날에는 상법
의 대상인 업무의 범위는 이에 그치지
않고 은행·운송·창고·보험·리스·프랜차이
즈·팩토링 등을 비롯하여 제조·가공·전기·
전파·가스 또는 물의 공급, 출판·촬영은
물론 광물 또는 토석의 채취 등과 같은
원시생산까지를 포함하게 되었다(상 §4
6).

여기에 이들 모두를 어떻게 통일적으로
파악할 것인가가 문제되고 이에 관해 종
래 사적(史的)·발전적관련설, 매개행위설,
상적색채설이 논의되었으며, 최근 기업법
설이 유력해지고 있다. 물론 상법은 기
업에 관한 법이지만 기업에 관한 법 모
두가 상법은 아니다. 개인의 기업생활관
계는 일반 경제생활관계의 일부이며 일
반경제생활관계는 민법에서 규율하고 있
다. 상법은 기업생활관계 가운데 민법으
로 규율할 수 없거나 하지 않는 특수한
생활 관계를 규율하는데 지나지 않는다.
기업생활관계는 영리를 추구하는데 목적
이 있으므로 그 특수성으로 영리성, 집
단성, 계속반복성, 신속성 및 개성 상실성

이 크게 나타나며 이러한 특수성이 반영되는 기업생활관계만을 상법에서 규율하는데 지나지 않는다. 이점에서 상법은 기업생활관계에 특유한 법이라고 본다. 상법의 대상은 상인 개인의 사생활 관계에 관한 법이므로 법의 분류에서는 사법에 속한다. 그러나 오늘날에는 기업 일반이 가지는 사회적 국민경제적 의의가 강조되고 기업생활관계를 당사자인 개개 경제주체의 자유로운 처리만으로 원활한 해결을 기대할 수 없다. 여기에서 부득이 국가가 사법기관 또는 행정기관을 통하여 기업생활관계의 합리적 조정을 시도하고 있다. 이에 따라 상법에는 형벌법규·소송법규·섭외사법규정 등 많은 공법적 규정이 들어가게 되어 상법의 연구에는 이를 반드시 고려하여야 한다.

상사조약(商事條約)

상사조약이란 상사에 관하여 국가 그 밖의 능동적 국제법 주체 사이에 문서로 된 합의를 말한다. 상법은 그 규율의 대상인 기업생활관계가 가지는 특색을 반영하여 세계적으로 통일될 가능성을 가지고 있고, 또 국제거래의 실제적 필요에서 국제조약이 많이 체결되어 있다.

약관(約款)
영 ; general conditions
독 ; allgemeine Geschäftsbedingungen
불 ; conditions généraux

일방당사자 다수의 계약체결을 위하여 미리 마련한 계약의 내용을 말한다. 19세기 이후의 대규모기업의 발달에 따라 생겨났다. 일반적으로 보통거래약관, 또는 거래약관이라 부르지만 보험약관·운송약관·은행예금약관·창고임치약관 등 여러 가지로 불리워진다. 보통은 부동문자로써 인쇄되며 대개는 기업자 또는 그 단체에 의하여 일방적으로 작성되지만 거래의 당사자가 특히 보통거래약관에 의하지 않는다는 뜻을 표시하여 계약을 하지 않는 한 이것에 의한 것으로 인정된다. 약관의 내용은 일반적으로 그 약관으로부터 일어나는 당사자간의 권리의무불이행에 대한 제재, 약관의 존속기간, 기간만료전 해약권 면책규정 및 재판관할 등을 포함하고 있다. 약관의 법규범성에 대하여는 설이 나누어져 있다. 즉 약관 그 자체를 법규범으로 보아 그 구속력을 인정하는 법원긍정설과 약관 그 자체를 법규범으로 보지 않고 당사자가 그 약관에 따라 계약을 체결할 경우 그 계약에서 구속력을 찾는 법원부정설이 있다. 또한 제한긍정설 다시 약관을 기업거래권이라는 부분사회가 독자적으로 제정한 자치법이라고 보는 자치법설과 약관을 기업의 이념실현을 위하여 기업에 마련되어 있는 제도적인 현상이라고 보는 제도설로 나누어진다. 또 법원부정설의 경우에도 약관을 당사자의 동의에 의하여 계약내용으로 흡수된 경우 구속력을 가진다는 계약설과 개개 약관 자체에는 규법성이 없지만 약관에 의하여 거래가 이루어지는 분야에서의 계약은 특별한 사정이 없는 한 약관에 따른다는 상관습 또는 상관습법이 존재하는 결과로서 당사자를 구속한다는 관습법설이 있다. 우리나라에서는 계약설이 다수설과 판례의 태도이다.

보통거래약관의 내용으로서 정할 수 있는 것은 거래내용과 법률행위의 내용과 법률행위의 내용으로 될 수 있는 모든 사항이지만 이 점에 대하여서는 면책약관의 효력이 문제가 된다. 선량한 풍속 기타 사회질서나 신의성실의 원칙에 반하는 약관의 무효가 될 뿐 아니라 입법에 의한 특정조항의 효력에 부정(상§790에 의한 면책약관의 제한), 특정사업에 있어서의 보통거래약관에 대한 행정감독 등이 있게 된다.

> 약관이 계약당사자 사이에 구속력을 갖는 것은 그 자체가 법규범이거나 또는 법규범적 성질을 가지기 때문이 아니라 당사자가 그 약관의 규정을 계약내용에 포함시키기로 합의하였기 때문이므로 계약당사자가 명시적으로 약관의 규정과 다른 내용의 약정을 하였다면, 약관의 규정을 이유로 그 약정의 효력을 부인할 수는 없다(대법원 1998. 9. 8. 선고 97다53663).

보통거래약관(普通去來約款)

기업 또는 개인(예 ; 사무실 임대업을 하는 빌딩 소유자)이 그의 업종에 속하는 많은 계약을 체결할 때 그 획일적인 처리를 위해 일방적으로 작성한 정형적인 계약 내용 내지 계약조건을 말한다. 보통거래약관에 의한 계약에 있어서는 경제적 약자인 소비자의 보호가 문제되는 데, 독일과 같은 특별법을 통한 법적 규제방법을 가지지 못한 우리의 경우에는 약관조항의 해석을 통하여 이 문제를 해결하여야 한다(예 ; 객관적 해석의 원칙, 축소해석의 원칙, 개별약정 우선의 원칙 등).

민법의 상화(民法의 商化)
독 ; Kommerzialisierung des Bürgerlichen Rechts

민법과 상법의 관계에서 두 법의 경계가 유동적인 현상을 민법의 상화라는 말에는 두 가지 뜻이 있다. 첫째는 특별법인 상법상의 제도 내지 규정이었던 것이 일반법인 민법에 수용되어 민법의 제도 내지 규정이 되는 경우이다. 계약자유의 원칙, 파산제도 등이 그 예이다. 둘째는 당초 민법에 속하였던 제도나 법률관계가 상법의 지배아래 옮기는 경우이다. 예컨대 종래 상행위 이외의 영리행위를 목적으로 하는 사단, 이른바 민사회사는 당초 민법에 속하고 있었으나, 오늘날에는 상법상의 회사로 인정되는 경우이다. 첫째, 합리적이고 진보적인 상법의 제도나 규정이 경제의 발전에 따라 민법의 일반 원칙으로 이르게 된 것이다. 상법의 형식의 범위는 축소되었을지라도 실질적으로는 상법의 지위를 반영한 것에 따라 또 둘째, 상법상 기술적 제도의 보편화로 본래 상법에 속하여야 할 것이 상법에 속하기에 이른 것이며 민법의 상화라기보다는 민법의 순화라 하겠다. 민법에는 친족·상속에 관한 부분과 비영리적인 거래에 관한 제규정이 있다. 따라서 민법의 자주성은 확고부동한 면도 있으므로 민법의 상화현상을 과대평가하여서는 안 된다. 다만 상법학의 대상파악과 연구방법에 관하여는 이 현상을 언제든지 고려하여야 한다.

소상인(小商人)

자본금액이 1천만원에 미달하는 상인으로서 회사가 아닌 자를 말한다(상시령§2). 자본금액은 회사법상의 자본액과는 달리 단순히 적극재산인 영업재산의 현존가액을 뜻한다. 소상인에 대해 일반의 상인을 보통상인 또는 완전상인이라고 한다. 소상인의 제도는 독일구상법을 비롯한 독일법계제국에서 인정되는 것으로 우리나라도 이 입법례에 따른 것이다. 소상인에 대해서는 지배인·상호·상업장부 및 상업등기에 관한 규정은 적용되지 않는다(상§9). 기업의 규모가 극히 적은 상인에게까지 이러한 영업조직에 관한 모든 법규를 적용하는 것은 그 실익이 적고, 오히려 번잡하고 경우에 따라서는 가혹한 일도 있을 수 있기 때문이다. 그러나 회사는 그 자본금액에 관계없이 소상인으로 취급되지 않는다. 그 이유는 자본금액이 적다고 하더라도 법인조직인 회사의 경우에는 기술적인 경영조직을 구비하고 있으므로 영업시설에 관한 상법의 규정을 적용할 필요가 있기 때문이다. 또한 소상인도 지배인 등에 관한 상법규정만이 적용되지 않을 뿐 상인이라는 점에서 오로지 임금을 받을 목적으로 물건을 제조하거나 노무에 종사하는 사람(상§46단)과는 구별된다. 이는 상인이 아니며 따라서 전혀 상법의 적용범위 밖에 있다.

영업대리(營業代理)

상인이 영업상 행한 대리를 영업대리라고 한다. 민법상 대리에 대응한다. 대리는 본인을 위하여 제3자가 대신하여 법률행위를 하는 것을 말하고, 이와 같은 권한을 대리권이라고 한다. 본인으로부터 대리권이 부여되어 있으면 대리인의 대리행위는 유효하게 본인에 대하여 효력이 생기나, 대리권이 부여되지 않았는데 대리행위를 하면 무권대리가 되어 본인의 추인이 없으면 그 행위는 무효가 된다. 민법상의 대리의 경우, 대리권 범위는 본인이 임의로 결정할 수 있는데, 대량, 신속, 반복, 계속적인 상거래의 경우에는 일일이 대리권의 범위에 관하여 조사를 하는 것은 불가능하다. 그래서 상법은 영업대리권의 범위를 정형화하여, 본인이 임의로 그 범위를 제한하여도 이것을 선의의 제3자에게 대항할 수 없도록 하였다(상§11③·15②). 이 영업대리권의 가장 광범한 것을 가지는 자가 지배인이고, 지배인은 영업주에 갈음하여 그 영업에 관한 재판상 또는 재판외의 모든 행위를 할 수 있는 권한(지배권)이 부여되어 있다(상§11①). 또 이 지배권보다 좁은 권한으로서 위임받은 영업의 특정종류 또는 특정사항의 범위 내에서 재판외의 모든 행위를 할 수 있는 대리권이 부여된 것이 부분적 포괄대리권을 가진 사용인(예컨대 부장·과장 등)이다. 지배인과 부분적 포괄대리권을 갖는 상업사용인에 대하여는 競경업피지의무를 지우고 있다(상§17).

길드
영 ; gild(guild)
독 ; Gilde
불 ; gilde

11세기 후반 이후 서구도시의 경우에 주로 대상인이 그 도시에 있어서의 상거

래의 독점을 목적으로 하여 自主的(자주
적)으로 조직한 맹약단체이다. 이러한 상
인 길드는 도시가 도시영주의 지배를 탈
피하여 자치시로 발전하는데 중요한 정치
적 역할을 하였다. 그 후 시참사회의 내부
에서 세력을 떨쳤으나, 한편 12세기전반
이후, 수공업자나 중소상인이 상인길드를
모방하여 조직한 직종별의 동업길드는
자급자족를 취지로 하는 도시경제의 실
질적인 담당자로서 세력을 얻었다. 보통
길드라 하면 동업 길드를 말하고, 이는
법인격 없는 사단 또는 법인이며 그 장·
위원회·구성원 전체의 집회를 기관으로
한다. 14세기이후 동업 길드는 점차 변
질되어, 그 후 자본주의적 경영이 발달
함에 따라 기득권에 의존하여 겨우 그
명맥을 이어왔으나 18세기말~19세기부터
영업자유의 원칙을 근간으로 하는 제국의
입법은 길드의 특권을 전부 폐지하게 되었
다.

상인길드(商人길드)
·────────────

⇒ 길드 참조

동업길드(同業길드)
英 ; Craftgild　　　　獨 ; Zunft
·────────────

⇒ 길드 참조

지배인(支配人)
독 ; Prokurist
·────────────

특정한 상인(영업주)의 기업에 종속하여
그 영업에 관한 재판상 또는 재판외의
모든 행위를 할 수 있는 권한을 가진 상
업사용인이다(商§10~§14). 지배인의 권
한을 대리권(지배권)이라고 하는데, 지배
인인가의 여부는 그 실질, 즉 영업주의
영업전반에 걸친 포괄적인 대리권한을
갖느냐의 여부에 의하여 결정된다. 따라
서 그 명칭의 여하를 불문한다. 지배인
이 아닌 자가 영업주임 기타 유사한 명
칭을 사용한 때에는 거래의 안전을 보호
하기 위하여 재판외의 행위에 관하여는
지배인과 동일한 권한이 있는 것으로 본
다(§14). 지배인은 영업주인 상인 또는
지배인의 선임을 수권이 없는 한, 그 영
업주를 위하여 다른 사용인을 선임할 수
는 없다(§11②). 지배인의 임무는 고용의
종료 또는 대리권의 소멸 및 영업의 폐
지·양도로 인하여 종료한다. 지배인의 선
임 및 그 대리인 의 소멸에 대하여는 등
기하여야 한다(商§13). 지배인은 영업주에
갈음하여 영업에 관한 재판상 또는 재판
외의 모든 행위를 하는 권한을 가진다. 영
업주가 이에 대해 제한한다고 하여도 선
의의 제3자는 대항할 수 없다(§11③). 지
배인의 대리권은 광범하므로 그 남용을
방지하기 위하여 영업주는 수인의 지배인
이 공동으로만 그 권한을 행사해야 한다
는 것을 규정할 수가 있다(§12). 지배인은
영업주의 허락이 없으면 자기 또는 제3자
의 계산으로 영업주의 영업부류에 속하는
거래를 하거나 또는 회사의 무한책임사원·
이사 또는 다른 상인의 사용인이 될 수는
없다(§17). 이에 위반할 경우에는 영업주
에게 개입권이 인정되어 있다.

> 지배인은 영업주에 갈음하여 그 영업에 관
> 한 재판상 또는 재판 외의 모든 행위를 할

수 있고, 지배인의 대리권에 대한 제한은 선의의 제3자에게 대항하지 못하며, 여기서 지배인의 어떤 행위가 영업주의 영업에 관한 것인가의 여부는 지배인의 행위 당시의 주관적인 의사와는 관계없이 그 행위의 객관적 성질에 따라 추상적으로 판단되어야 한다(대법원 1997. 8. 26. 선고 96다 36753).

표현지배인(表見支配人)

상인의 영업활동에서 본점 또는 지점의 영업주임 기타 유사한 명칭을 가진 사용인으로서 지배인이 아닌 자를 표현지배인이라 한다. 예를 들면 지점장·지사장·영업소주임 등과 같이 본점이나 본점의 영업소 책임자인 것을 표시하는 명칭을 붙이고 사용되는 상업사용인이다. 상법에서는 이런 표현지배인은 재판상의 행위를 제외하고, 영업에 관하여 지배인과 동일한 권한을 가지고 있는 것으로 본다(상§14 ①). 그러나 이 규정은 외관을 신뢰한 선의의 거래자를 보호하기 위한 것이므로 상대방이 악의일 경우에는 적용되지 않는다(상§14 ②). 과실로 인한 선의는 악의로 취급되지 않지만, 중과실이 있는 때에는 이를 악의와 동일시하여 상대방은 보호받지 못한다고 본다. 악의의 판정시기는 표현지배인과 상대방 사이에 행위가 이루어진 최초의 시기라고 해석한다. 민법상의 표현대리의 법리를 특히 상거래의 보호를 위하여 수정한 것으로서 독법상의 외관법리와 영미법상의 금반언의 법리와 동일한 정신의 표현이다.

상법 제14조 제1항 본문에 본점 또는 지점의 영업주인 기타 유사한 명칭을 가진 사용인은 본점 또는 지점의 지배인과 동일한 권한이 있는 것으로본다 하여 표현지배인을 규정하고 있는데 '표현지배인으로서 본조를 적용하려면 당해 사용인의 근무장소가 상법상의 영업소인 "본점 또는 지점"의 실체를 가지고 어느정도 독립적으로 영업할 동을 할 수 있는 것임을 요한다 할 것'이다(대법원 1978. 12. 13. 선고 78다1567).

상호(商號)

영 ; trade name
독 ; Handelsfirma
佛 ; rasion de commerce, nom commercial

상인이 그 영업상 자기를 나타내기 위하여 사용하는 명칭이다. 상호는 명칭이기 때문에 문자로써 표시되어야 하고 발음할 수 있어야 한다. 기호·원형·문양 등은 상표나 영업표는 될 수 있어도 상호로는 되지 못한다. 상호는 외국어라도 무방하나 외국문자로 된 상호는 법률상 등기할 수 없으므로 외국어는 그 발음을 한자 또는 한글로 표시하는 경우에만 상호로 사용할 수 있다. 또 상인이 아닌 사업자의 명칭(예 ; 상호보험회사·각종협동조합의 명칭 등)도 상호는 아니다. 소상인은 상인이지만 상호에 관한 규정이 적용되지 아니하므로(상§9) 그가 사용하는 영업상의 명칭도 상호가 아니다.
또 상호는 상인을 표시하기 때문에 상품을 표시하는 상표나 영업을 표시하는 영업표와 다르다. 상호는 영업의 동일성을 영속적으로 표시하고 그 신용을 유지하는 실익이 있다. 개인상인은 상호를 사용하건 않건 자유이나, 회사는 반드시 정하여야한다(상§179Ⅱ, §270, §289①Ⅱ, §54 3). 그 선정은 성명·영업내용·영업지 등의 실질에 구애되지 않고 자유로운 것을 원칙으로 하나(상호자유의 원칙〈§18〉), 회사는 상호 중에 그 종류에 따라 합명회사·합자회사·유한책임회사·주식회사·유한회사의 문자를 사용하여야 하며, 회사가 아닌 것은 그 상호 중에 회사인 것을 나타내는 문자를 사용할 수가 없다(상§19, §20). 그리고 회사는 가령 수개의 영업을 영위하는 경우라도 1개의 상호를 가져야 하며, 개인상인은 1개의 영업에 1개의 상호를 원칙으로 한다(상호단일의 원칙〈§21〉). 누구라도 부정한 목적을 가지고 타인의 영업과 오인될 수 있는 상호를 사용할 수 없으며, 정당하게 상호를 사용하는 상인은 타인의 부정목적에 의한 그 사용을 금지시키고 또 손해배상을 청구할 수 있다(상호전용권). 이 권리는 가등기·등기(가등기·등기)를 한 상호뿐만 아니라 미등기상호에 대하여서도 인정되나(§23①, ②, ③), 전자가 강한 보호를 받는다(상§22, §22의2, §23④, 부정경쟁방지 §1, §2). 그리고 상호의 양도는 영업과 함께 하는 경우 및 영업을 폐지하는 경우에 한하여서만 허용되며, 영업과 분리된 상호만의 양도는 인정되지 않는다. 양도의 대항요건으로서 등기를 요한다(상 §25).

유사상호(類似商號)

타인의 영업으로 오인시킬 수 있는 상호를 말한다. 상법상 누구든지 부정한 목적으로 타인이 영업으로 오인할 수 있는 상호를 사용하지 못하며, 이에 위반하여 상호를 사용하는 자가 있는 경우에 이로 인하여 손해를 받을 염려가 있는 자 또는 상호를 등기한 자는 그 폐지를 청구할 수 있는데 이는 손해배상의 청구에 영향을 미치지 아니한다. 한편 동일한 특별시·광역시·시·군에서 동종 영업으로 타인이 등기한 상호를 사용하는 자는 부정한 목적으로 사용하는 것으로 추정한다. 유사 상호를 사용한 자에게는 과태료의 제재가 가해진다(상법 28조).

상호의 등기(商號의 登記)

상호는 그 사용자에 대하여서 뿐만 아니라, 그 사용자와 거래하는 일반공중에 대하여도 중요한 사항이므로 등기사항으로 되어 있다. 그러나 개인상인은 상호를 등기할 것인가 아니할 것인가가 그의 자유에 맡겨져 있으므로 상호등기의 의무는 없다. 그러나 일단 상호를 등기한 경우에는 그 상호의 변경·폐지는 등기사항이므로 상인은 상호의 변경폐지의 등기를 하여야 할 의무가 있다. 회사에 있어서는 상호가 등기사항이므로 회사는 상호등기의 의무가 있다.

상호의 양도(商號의 讓渡)
독, Veräusserung der Handelsfirma

상호권자가 상호권을 타인에게 양도하는 것을 말한다. 상호를 양도할 수 있느냐는 상호권의 법적 성질과 관련되는 문제이다. 상호권은 인격권으로 보는 경우에는 상호의 양도는 불가능하나, 상호권을 재산권으로 보는 경우에는 상호의 양도가 가능하다. 상법은 영업을 폐지하는 경우와 영업을 양도하는 경우에만 상호를 양도할 수 있는 것으로 하였다(상법 25조 1항). 상호의 양도는 상호의 양도인과 상호양수인과의 합의에 의해서 효력이 생기며, 이에 특별한 방식이 있어야 하는 것은 아니다. 상호권자가 상호를 양도한 경우에는 양수인이 그 상호의 상호권자로 된다. 영업의 양도와 함께 상호를 양도한 경우에 양수인은 양도인의 영업상의 채무에 대하여 채무의 인수 기타 채무부담 행위를 아니하였더라도 상호양도인과 함께 변제할 책임이 있다(상법 42조 1항). 그러나 이 경우에 상호양수인이 상호양수를 한 후 지체없이 상호양도인의 채무에 대하여 책임이 없음을 등기하거나 상호양도인이 지체없이 채권자에 대하여 그 뜻을 통지한 때에는 변제할 책임이 없다(상법 42조 2항). 그리고 영업을 양도한 경우에, 상호양도인이 채무자가 상호양수인에게 변제한 때에는 선의이며 중대한 과실이 없는 한 유효하다(상법 43조).

기업회계기준(企業會計基準)

상업장부의 작성에 관하여 상법에 규정한 것을 제외하고는 일반적으로 공정·타당한 회계관행에 의하는 바(상법 29조 2항), 어떠한 것이 공정·타당한 회계관행인가는 널리 공정한 회계원칙이나 회계기준이라는 것이 부기·회계상 존재하고, 이것을 구체화하고 집약한 것이 기업회계기준이다. 여기서 '상업장부에 관하여 이 법에 규정된 것'이라 함은 상법 제30조뿐 아니라 주식회사나 유한회사의 계산규정도 포함되므로 이 규정은 널리 기업회계전체에 통하는 원칙적 규정이다. 또 특별한 이유가 없는 한 '공정·타당한 회계관행'을 따라야 한다는 것이 상법 제29조 제2항의 법의인 바, 이 기업회계기준을 거의 확립된 공정·타당한 회계관행으로 인정하여 상관습 내지 상관습법으로 포괄적으로 승인한 것이다.

대차대조표(貸借對照表)

영 ; balance sheet   독 ; Bilanz
불 ; bilan

대차대조표는 일정한 시기에 있어서의 상인의 영업용 총재산을 자산의 부(차변(借邊))와 부채 및 자본의 부(대변(貸邊))로 나누어 기재하여 현재 가지고 있는 재산액과 가져야 할 재산액을 대조함으로써 상인의 재산상태와 손익계산을 명백히 하는 상업장부이다. 자산의 운용상황을 표시하는 자산의 부와 재산가치의 귀속관계 또는 투자관계를 나타내는 부채의 부로 나누어 총영업재산을 명백히 하므로 총자산의 적요표 또는 일람표라고도 한다. 일정한 시점에 있어서의 재산의 정태(靜態)를 표시하는 점에서 회계장부와 구별된다. 대차대조표는 그 작성의 시기와 목적에 따라 통상대차대조표와 비상대차대조표로 구분된다. 통상대차대조표는 영업의 계속을 전제로 하여 개업시 또는 회사의 성립시에 작성하는 개업대차대조표와 매년 일정한 시기 또는 매결산기에 작성하는 결산대차대조표를 말하고 비상대차대조표는 회사에 있어서 청산파산·합병·정리절차개시 등의 경우에 작성하는 대차대조표를 말한다(상§247①·§256①·§269·§522의2·§533①·§603·§613·파§179①, 회정§178). 대차대조표는 회계장부에 의하여 작성하고 작성자가 기명날인 또는 서명하여야 한다(상§30②). 그 방식은 공정·타당한 회계관행의 기초가 되는 기업회계기준에 따라야 한다고 본다. 대차대조표는 신고식 또는 계정식으로 작성하여야 하며 아울러 기업회계기준에서는 각각의 표준양식 기타 작성에 관하여 상세한 규정을 두고 있다(기업회계기준§10~§63).

재산목록(財産目錄)
영 ; inventory　　　　독 ; Invebtar
불 ; inventaire

일정한 시기에 있어서의 기업의 총재산에 관하여 각각 개별적으로 가액을 붙여서 기재하는 명세표 내지 총목록이다. 기재할 재산은 총재산이므로 동산·부동산·채권 등의 적극재산만이 아니고 채무와 같은 소극재산을 포함하며 무체재산과 고객관계·영업상 비결 등의 사실관계도 유상취득인 것은 기재할 수 있다.

이것은 기업의 일정시기에 있어서의 재산의 정태를 명시하는 것을 목적으로 하는 점에서, 그 동태를 명백히 할 것을 목적으로 하는 일기장과 다르다. 이 점에서는 대차대조표와 같지만 대차대조표가 기업의 재산의 개괄표인 데 대하여 재산목록은 기업의 재산의 명세표이고 그 밖의 세부의 점에 있어서 다르다. 재산목록의 종류에는 통상재산목록과 비상재산목록이 있으며 통상재산목록은 자연인인 상인이 개업시, 그리고 회사가 성립시에 작성하는 개업재산목록과, 자연인인 상인이어서는 매년 일회이상 정기에, 회사가 매결산기에 작성하는 연도재산목록 등이 있다(상§30). 비상재산목록은 법률이 비통상적인 필요에 따라 임시로 그 작성을 요구하고 있는 것이다. 대체로 말하자면 영업의 종료 또는 변경을 전제로 하여, 재산의 현 상태를 명백히 하는 데 있다.

일기장(日記帳)
영 ; journal　　　　독 ; Tagebuch
불 ; livre-journal

영업상의 거래 기타 기업재산의 일상의 동적상태를 기록하기 위한 장부이다. 그 명칭의 여하는 불문하며 일기장인가 아닌가는 그 실질에 따라 판단하여야 할 것이다. 회계부기상의 일기장·분개장·원장·전표등도 일기장에 포함된다. 현행상법 제29조 1항에서 말하는 회계장부에는 이것 모두 포함된다. 일기장에 기재할 사항은 일상의 거래 기타 영업재산에 영향 있는 모든 사항이며, 법률행위이든 불법행위이든 화재·수해 등의 사실이든 상관없다. 그러나 단순히 법률관계의 발생만으로는 아직 기재능력이 없고, 현실적인 재산이동의 발생을 기다려 기록하여야 한다. 그 기록방법은 기재사항을 명기(明記)하면 되고, 반드시 매일 기재할 필요는 없다.

영업소(營業所)
영 ; place of business
독 ; Handelsniederlassung
불 ; etablissement commercial

상법상 영업소란 상인의 영업활동의 중심이 되는 일정한 장소를 말한다. 영업활동의 중심이 되는 장소란 영업활동의 지휘가 그 곳에서 이루어지고, 또 그 결과가 그곳에서 통일되는 장소를 말한다. 영업소의 존재는 사실의 문제이며, 당사자의 의사는 이에 관계되지 않는다. 즉 영업의 중심이라고 할 수 있는 실질을 구비하고 있는지의 여부에 따라 결정될 문제이다. 따라서 상인이 특정장소를 영업소로 표시하더라도 그것이 영업소로 되는 것은 아니다. 다만 당사자가 등기 기타의 방법으로 일정한 장소를 영업소로 공시한 때에는 선의의 제3자에 대해서 그 곳이 영업소가 아님을 주장할 수 없다(상§39).

회사의 영업소에 관해서는 상법에서 그 소재지를 정관에 정할 것을 요구하고 있으므로 이 경우에는 실질여부를 묻지 않고 정관 소정의 장소를 영업소로 보아야 할 것이다. 상인은 1개의 영업을 위하여 수개의 영업소를 가질 수 있다. 그러나 이 경우에도 1개의 영업인 한, 그 전체가 1개의 중심에 통할(統轄)되어야 한다. 여기에 각 영업소간에 주종관계가 생긴다. 중심이 되어 있는 전영업의 최고지휘가 행하여지는 곳이 본점이고, 이에 종속하여 어느 범위에서 독립된 영업활동의 중심이 되어 있는 곳이 지점이다. 영업소의 법률효과의 주요한 것은, (1) 상행위에 의하여 생긴 채무의 이행장소가 되는 것(상§56, 민§467②), (2) 법원의 관할결정의 표준이 되는 것(민소§4, §10). (3) 상업등기의 등기소의 관할을 정하는 표준이 되는 것(상§34, 비송§66), (4) 민사소송상의 소송서류송달의 장소가 되는 것(민소§183①, §184①)등이다.

영업소폐쇄명령(營業所閉鎖命令)

법원은 일정한 사유가 있을 때에는 이해관계인이나 검사의 청구에 의하여 외국회사의 국내영업소에 대하여 그 폐쇄를 명할 수 있다. 폐쇄사유는 (1) 영업소의 설치 목적이 불법인 때, (2) 영업소의 설치등기 후 정당한 사유 없이 1년 내에 영업을 개시하지 아니하거나 1년 이상 영업을 휴지하거나 정당한 사유없이 지급을 정지한 때, (3)대표자 또는 업무를 집행하는 자가 법령 또는 사회질서에 위반한 행위를 한 때이다(상법 619조1항). 법원은 폐쇄명령 전이라도 영업소 재산의 보전에 필요한 처분을 할 수 있으며 (상법 619조2항·176조2항), 외국회사가 이해관계인의 폐쇄명령청구가 악의임을 소명하여 청구한 때에는 이해관계인의 담보의 제공을 명할 수 있다(상법 619조2항, 176조3·4항).

본점·지점(本店·支店)

영업전체의 지휘·명령 및 통일이 이루어지는 주(主)된 영업소를 본점이라 하며, 그것에 종속되면서 일정한 범위에서 부분적 중심지로 되는 종(從)된 영업소를 지점이라 한다. 상인이 수종의 영업을 하는 경우 그 각 영업에 관하여 각각 독립의 영업소를 가질 수 있으며 또한 1개의 영업에서도 수개의 영업소를 가질 수 있다. 따라서 1개의 영업에 관하여 수개의 영업소가 있는 경우에, 그 영업소간에 주종관계가 생기게 되어 이들 간에 본점과 지점의 구분이 이루어지게 된다. 지점은 본점과 소재장소를 달리하여야 하지만 그 거리의 원근을 묻지 않고, 동일 행정지역내라도 가능하다.

지점은 본점과 동일한 기업에 속한다. 본점도 지점도 장소에 지나지 않기 때문에 법률적으로는 그 자체 거래의 주체가 되는 것은 아니고 본점 취급 또는 지점 취급의 거래의 의미이다. 또 본점과 지점은 동일상인에 속하는 영업소이기 때문에 그 사이에 법률적으로 매매·임대차 등의 거래는 존재할 수 없지만, 어음·수표관계는 동일기업의 본·지점간에도 인정된다. 지점은 본점의 지휘·감독을 받지만 본점으로부터 독립되어 독자적으로 영업활동의 결정을 하고, 대외적인 거래를 할 수 있는 인적·물적 설비와 회계적인 독립성을 가져야 한다. 그러나 지점의 영업은 본점의 영업과 함께 한 개의 영업을 구성하고 본점의 목적에 이바지 할 것을 요하고 기본적인 사무집행은 본점에서 결정하여야 한다. 당해 영업소가 지점으로서의 실질을 가지는가의 여부는 그 기구·운영·활동·상황 등에 따라 구체적으로 검토하여 객관적으로 판단하여야 한다. 지점이라는 명칭을 사용하지 않고 다른 명칭을 가진 것이라도 지점으로서의 실체를 가진 것은 상법상의 영업소이며, 지점이 되는 것이다.

지점(支店)
영, branch office
독, Zweigniederlassung, Filiale
불, succursale

본점의 지휘를 받으면서도 일정한 범위 내에서 독립된 영업적 중심을 형성하고 영업을 수행하는 영업소를 말한다. 전체 영업중 수량적 일부를 차지하며 영업을 하므로 본점은 한 있으나, 지점은 여러 개가 있을 수 있다. 기업의 실제를 보면 보통 영업지역을 구획하여 각 지역별로 지점을 두어 해당지역의 영업을 전담시키고 있으나, 이것은 영업활동의 효율을 위하여 편의적 관할을 둔 것일 뿐이고, 대외적 거래에 법적 제한이 있는 것은 아니다. 영업소의 한 형태인 지점은 명칭이나 등기여부에 관계없이 독립단위의 영업을 수행하는 등 영업소로서의 실체를 갖추어야 한다. 따라서 영업의 기능적 일부를 수행하는 출장소·매점 등은 지점이 아니며, 회사가 특정지역에 설립하는 자회사인 지사도 그 자체가 하나의 상인이고 법적으로 독립된 법인이므로 지점이 아니다. 지점은 독립한 법인격을 전제로 하는 소송능력과 같은 능력은 없으나, 독립적으로 영업양도의 대상으로 할 수 있으며(통설), 그 영업에 관하여 지배인을 선임할 수 있다(상법 10·13조). 또한 상업등기의 효력을 결정하기 위한 독립적 단위로서, 지점에서의 등기가 없는 경우에 본점에 있어서의 등기를 적용할 수 없다(상법 34·38조). 지점에서의 거래로 인한 채무의 이행장소가 행위의 성질이나 당사자의 의사표시에 의하여 특정되지 아니한 경우에는 특정물의 인도 이외의 채무의 이행은 그 지점을 이행장소로 본다(상법 56조).

분점·출장소·파출소(分店·出張所·派出所)

영업소의 일부로서 본점이나 지점의 지휘·명령 없이는 독립하여 활동할 수 없는 곳이다. 이들을 지점과 구별할 실익은, 첫째 그 영업을 독립하여 양도할 수 없다는 점, 둘째 그 영업의 책임자임을 표시하는 명칭을 가진 자가 표현지배인으로 취급되지 않는 점(상§14①) 등에 있다. 어느 장소가 지점인가의 여부는 영업소로서의 실질에 따라 결정할 것이며, 명칭이나 지점등기의 유무에서 결정될 것은 아니다.

대리점(代理店)

대리점은 대리상이 본인인 상인의 영업부류에 속하는 거래의 대리 또는 중개를 하는 곳이다. 본인으로부터 독립한 대리상의 영업소로서, 본인이 상인의 영업소는 아니다.

연쇄점(連鎖店)

같은 종류의 상품을 판매하는 다수의 소매상이 그 중심인 본부의 지휘명령에 통할되는 곳으로서 보통 체인스토어로 불리운다. 그 법적 성질은 다양하다. 즉 주인을 같이 하는 것은 지점·분점 또는 출장소가 될 수 있으나, 주인을 같이 하지 않는 것은 콘체른 관계 기타 특수한 관계를 이루어 독립된 상인의 영업소에 지나지 않는다.

상업등기(商業登記)
영 ; commercial registration
독 ; Handelsregister
불 ; enregistrement de commerce

상업등기는 상법의 규정에 의하여 상업등기부에 하는 등기를 말한다(상§34). 상업등기법은 "상업등기"란 「상법」 또는 다른 법령에 따라 상인 또는 합자조합에 관한 일정한 사항을 등기부에 기록하는 것 또는 그 기록 자체를 말한다고 규정하고 있다(§2 I). 기업거래의 안전과 원활을 기하기 위한 제도이다. 상업등기부에는 상호·무능력자·법정대리인·지배인·합자조합·합명회사·합자회사·유한책임회사·주식회사·유한회사 외 국회사에 관한 11종이 있다(상업등기법 §11①). 이러한 11종의 등기부에 하는 것이 아니면, 가령 상법의 규정에 의한 등기가 있어도(예컨대 선박등기〈상§743〉), 상업등기는 아니다. 상업등기에 관한 사항을 규정함을 목적으로 2007. 8. 3. 법 제8582호로 상업등기법이 제정되었다. 등기사항은 각종의 상업등기부에 의하여 따로이 정하여지고, 반드시 등기할 것을 요하느냐의 여부에 따라 절대적사항과 상대적사항으로, 책임을 생기게 하는 사항이냐, 면제될 사항이냐에 따라 설정적사항과 면책적사항으로 갈라진다. 상업등기부는 당사자의 신청에 의하여 하는 것을 원칙으로 한다. 관할등기소는 당사자의 영업소의 소재지의 지방법원, 그 지원 또는 등기소이며, 등기사무는 등기관이 취급한다.

등기의 일반적 효력으로서 등기하여야 할 사항은 이를 등기하지 아니하면 선의의 제3자에 대항할 수 없으며, 등기한 후라도 정당한 사유에 의하여 알지 못한 자를 제외하고 선의의 제3자에게도 대항할 수 있다(상§37).

그리고 특정한 사항에 대하여서는 새로운 법률관계의 창설, 일정한 법률관계의 하자의 차유, 또는 행위의 허용 그리고 면책(상§25②, §172, §234, §269, §530②, §603, §616) 등의 특수적효력이 인정된다. 그러나 고의 또는 과실에 의하여 부실한 사항을 등기한 자는 그 사항의 부실을 가지고 선의의 제3자에 대항할 수 없다(상§39).

상업등기부(商業登記簿)

상업등기사항을 기재하기 위한 장부로서, 각 등기소에는 다음과 같은 상업등기부가 비치되어 있다(상등 §11). (1) 상호등기부, (2) 무능력자등기부, (3) 법정대리인등기부, (4) 지배인등기부, (5) 합자조합등기부, (6) 합명회사등기부, (7) 합자회사등기부, (8) 유한책임회사등기부, (9) 주식회사등기부, (10) 유한회사등기부, (11) 외국회사등기부가 이것이다. 상호등기부에는 개인상인의 상호에 관한 등기사항을 기재하며, 회사의 상호는 각 회사의 등기부에 기재된다(상§180 I·§269·§317② I·§549② I). 무능력자등기부는 미성년자가 법정대리인의 허락을 얻어서 영업을 하는 경우의 등기사항을 기재하는 등기부이다(상§6, 상등 §47). 법정대리인등기부는 법정대리인이 미성년자, 피한정후견인 또는 피성년후견인을 위하여 상법 제4조의 영업을 할 경우의 등기사항을 기재하는 등기부이다(상§8①, 상등 §50). 지배인등기부는 상인이 지배인의 선임과 그 대리권의 소멸에 관한 등기사항을 기재하는 등기부이다(상§13, 상등 §53~55). 대법원장은 등기부의 부속서류가 손상되거나 멸실될 우려가 있을 때에는 이를 방지하기 위하여 필요한 처분을 명령할 수 있다(상등 §14①). 누구든지 수수료를 내고 등기기록에 기록되어 있는 사항의 전부 또는 일부의 열람과 이를 증명하는 등기사항증명서의 발급을 신청할 수 있다. 다만, 등기기록의 부속서류에 대해서는 이해관계 있는 부분만 열람을 신청할 수 있다(상등 §15).

영업권(營業權)

영 ; good will
독 ; Chancen, Kundschaft
불 ; clientle

상업상의 비결·명성·경영조직 등 오랫동안의 영업에 의해서 얻은 무형적인 이익을 총칭하는 말로 사용된다. 영어로는 good will 이라 하며 노포권(老鋪權)이라고도 한다. 상인의 단골 고객을 의미하는 뜻으로도 사용된다. 영업양도의 목적물인 「영업」이 각개 재산의 개별적 가치의 총화 이상의 가치를 가지고 있는 것은, 바로 이 영업권이라고 하는 사실관계가 포함되어 있기 때문이다. 상인은 「영업권」에 관하여 영업상의 무형의 이익을 가지고 있고, 그 이익의 침해는 불법행위로 된다.

영업양도(營業讓渡)

영 ; transfer of business
독 ; Geschftsbertragung, Geschftsverus serung
불 ; achat ou vente des fonds decomm erce

영업양도의 개념은 객관적 의의의 영업을 어떻게 파악하느냐에 따라 달라진다. 영업을 일정한 영업목적을 위하여 조직화된 각종의 재산 즉 물건·권리 및 사실관계로 이루어진 유기적 일체로서의 재산(기능적 재산)이라고 해석한다면 영업의 양도는 사회적 활력이 있는 유기적 일체로서의 영업 내지 기능적 재산을 계약(하나의 채권계약)에 의하여 이전하는 것이라고 해석된다(영업재산양도설). 영업을 재산적 측면보다도 영업활동을 중시하여 본다면 영업양도는 영업의 존속을 전제로 한 영업주의 지위의 양도라고 해석된다(지위교체설). 영업양도에는 영업 전부의 양도와 영업의 일부의 양도가 있고, 또 영업은 반드시 양도인의 수중에 있는 그대로의 상태로 이전할 것을 요하지 않는다. 영업양도계약은 당사자간의 합의에 의하여 성립한다. 영업양도계약은 거래상의 계약이지만 단순한 매매(또는 교환, 증여)는 아니고, 고객의 소개, 비결의 전수 등이 포함된 복잡한 내용의 혼합계약이다. 당사자 중 양도인은 양도의 목적인 영업재산의 소유자인 상인이어야 하지만, 반면에 양수인은 상인일 필요가 없다. 합명회사나 합자회사가 영업을 양도하는 경우에는 회사가 존속중일 때에는 총사원의 동의를 요하고(상§204, §269), 해산 후 양도할 때에는 총사원 과반수의 결의가 있으면 된다.(상§257, §269) 합명회사나 합자회사가 영업양수인인 경우에는 양수에 의하여 정관 변경이 필요한 때에 한하여 총사원의 동의를 요한다(상§204, §269). 그 밖의 경우에는 일반적인 업무집행방법에 따른다. 주식회사와 유한회사가 영업의 전부 또는 중요한 일부를 양도하고자 하는 경우에는 해산의 전후를 불문하고 주식회사는 주주총회, 유한회사는 사원총회의 특별결의가 있어야 한다(상§374①Ⅰ, §576①). 또 주식회사 또는 유한회사가 다른 회사의 영업전부를 양수하는 때에도 주식총회 또는 사원총회의 특별결의를 필요로 한다(상§374①Ⅲ, §576①). 영업양도계약에 의하여 당사자간에 있어서는 영업을 조직하는 각종재산을 이전하는 채권·채무가 생긴

다. 그리고 양도인이 같은 영업을 재개하여 양도의 효과를 잃게 하여서는 안 되므로 법률은 양도인의 경업금지를 규정하고 있다(상§41). 영업의 양수인이 양도인의 상호를 계속 사용할 경우에는 양도인의 영업에 의하여 생긴 채무에 대하여서는 양수인도 또한 그 변제의 책임을 진다(상§42①). 그러나 양수인이 영업양도가 있은 후 지체없이 양도인의 채무에 대하여 책임을 지지 않는다는 뜻을 등기 또는 통지하였을 경우에는 책임을 면할 수 있다(§42②). 상호를 계속 사용하지 않을 경우에는 양수인은 반드시 양도인의 영업상의 채무에 대해서 책임을 지지 않으나 양수인이 양도인의 영업상의 채무를 인수한다는 뜻을 광고했을 경우에는 채권자는 그 양수인에 대하여 변제의 청구를 할 수 있다(§44). 양수인이 양도인의 채무에 대해서 책임을 질 경우에는 양도인의 책임은 법정기간의 경과에 의해서 소멸된다(§45). 양수인이 양도인의 상호를 계속 사용할 경우 양도인의 영업에 의해서 생긴 채권의 채무자가 양수인에게 변제한 경우에는 변제자가 선의이고 또한 중대한 과실이 없었을 때에 한하여 그 변제는 유효하다(§42①, §43).

상법 제42조 제1항의 영업이란 일정한 영업 목적에 의하여 조직화된 유기적 일체로서의 기능적 재산을 말하고, 여기서 말하는 유기적 일체로서의 기능적 재산이란 영업을 구성하는 유형·무형의 재산과 경제적 가치를 갖는 사실관계가 서로 유기적으로 결합하여 수익의 원천으로 기능한다는 것과 이와 같이 유기적으로 결합한 수익의 원천으로서의 기능적 재산이 마치 하나의 재화와 같이 거래의 객체가 된다는 것을 뜻하는 것이므로,

영업양도가 있다고 볼 수 있는지의 여부는
양수인이 유기적으로 조직화된 수익의 원천
으로서의 기능적 재산을 이전받아 양도인이
하던 것과 같은 영업적 활동을 계속하고 있
다고 볼 수 있는지의 여부에 따라 판단되어
야 한다(대법원 2005. 7. 22. 선고 2005다
602).

상행위법

상행위(商行爲)
독 ; Handelsgeschäft
불 ; acte de commerce

상행위는 실질적으로 기업의 거래 활동인
영리행위를 뜻하며, 형식적으로는 상법(§4
6, §47) 및 특별법에서 상행위로 규정되어
있는 행위를 말한다. 이 행위는 기업에 관
한 법률행위 및 준법률행위를 모두 포함한
다. 다만 법률행위가 아닌 단순한 사실행
위에 그치는 영업소의 설치, 현물의 인도·
수령·사무관리행위 등도 상행위의 개념 속
에 포함한 것인가에 대해 통설은 이를 긍
정하고 있다. 그러나 준법률행위는 그 자
체가 독립하여 상행위는 될 수 없고 부속적
상행위에 포함된다. 그러나 부부·부자관계
등 신분상의 행위는 포함되지 않는다. 또한
상행위의 성질은 채권법적인 행위가 기본적
인 것이며, 물권행위는 이행행위로서 나타남
에 불과하다.
형식적인 상행위의 개념정립에 있어서는
주관주의와 객관주의 및 절충주의의 立입
법주의가 있다. 주관주의는 먼저 상인의

관념을 정하고 그 상인의 영업상 행위를
상행위로 보는 주의이고, 객관주의는 행위
의 주체를 묻지 않고 행위의 객관적 성질
에 의하여 상행위를 정하는 입법주의이다.
통설은 우리 상법의 입법주의에 관해 양
주의를 병용한 절충주의로 보나 상법전에
서는 영업을 떠난 상행위(절대적 상행위)
를 인정하지 않으므로 주관주의로 보는
것이 타당하다. 상행위를 분류하면 행위의
성질상 당연히 절대적으로 상행위로 되는
절대적 상행위와 그렇지 않고 그 행위를
하는 자와의 관련 여하에 따라 상행위로
되거나 되지 않는 상대적 상행위로 나누
어진다. 상대적 상행위는 다시 상인에 의
하여 영업으로서 행하여짐으로써 상행위로
되는 영업적 상행위와 상인에 대하여 그
영업의 수단으로서 행하여짐으로써 상행위
로 되는 부속적 상행위로 갈라져 있다. 또
영업적 상행위(상§46)는 절대적 상행위와
더불어 상인의 개념을 정하는 기초가 되
므로(상§4) 이 양자를 기본적 상행위라고
한다. 이에 대하여 부속적 상행위(상§47)
는 상인의 개념이 먼저 정하여져 있고 이
로부터 도출되는 것이므로 보조적 상행위
라고 한다. 또 그 행위가 거래의 당사자
쌍방에 대하여 상행위로 되는 것을 쌍방
적 상행위라고 하고, 일방에게만 상행위이
고 타방에게는 상행위로 되지 않는 것을
일방적 상행위라고 한다. 상행위는 민법상
의 행위에 비하여 영리성, 신속성, 집단성,
비개인성 등의 특색을 가지고 있으므로
상법은 상행위 일반에 관한 통칙을 두고
(상§46~§66) 특별한 취급을 하고 있다.
그의 가까운 예를 들면 상행위의 대리는 민
법상의 대리(민§114·§115)와 달라서 본인을
위하여 대리한다는 것을 표시하지 아니하여

도 좋다(상§48). 또 상인이 그 영업범위 내에서 타인을 위하여 행위를 한 때에는 이에 대하여 특약이 없어도 상당한 보수를 청구할 수 있다(상§61). 또 상사법정이율은 민사법정이율의 연5분(민§379)을 넘어서 연6분으로 되어 있고(상§54), 소멸시효는 민법에서는 10년이 원칙으로 되어 있는데(민§162①) 상법에서는 5년으로 단축되어 있다(상§64). 고유의 상행위는 아니지만 상행위에 관한 상법의 규정이 준용되므로 준상행위라고 하는 것이 있다. 상인이 영업을 위하여 하는 행위는 상인이 당연상인(상§4)이든 의제상인(상§5)이든 묻지 않고 다 상행위가 된다. 그러나 상인의 영업의 목적인 행위 그 자체는 고유상인의 경우에는 상행위이지만 의제상인의 경우에는 상행위가 아니다. 그러나 이러한 행위도 상행위법의 적용을 받도록 하지 않으면 안 된다. 이리하여 상법은 의제상인인 설비상인과 민사회사(상§5①·②)의 행위에 대하여 상행위법 통칙에 관한 규정을 준용할 것을 규정하고 있다(상§66).

상사채권(商事債權)

상행위로 인하여 발생한 채권을 말하며, 민사채권에 비하여 상사채권은 특별한 취급을 받는다. 금전을 목적으로 하는 상사채권의 경우에는 특약이 없어도 법정이자(연6분)가 당연히 발생하게 된다(상§54). 또 상사채권의 담보를 목적으로 인정된 질권에서는 유질계약금지에 관한 민법의 적용이 없다. 그리고 채무의 이행지는 특정물인도의 행위당시 당해 물건이 존재하던 장소로 하고 그 밖의 이행에서는 채권자의 현재 영업소이다. 상인간의 거래인 경우에는 그 채무자와의 상행위에 의하여 자기의 점유에 귀속한 채무자점유의 물건 또는 유가증권에 대해서는 유치권이 성립하며, 이를 유치할 수 있고, 그 소멸시효는 5년으로 한다(§64).

상사채권의 소멸시효
(商事債權의消滅時效)

상행위로 인하여 생긴 채권의 소멸시효이다. 상행위로 인한 채권은 상법에 다른 규정이 없는 때에는 5년간 행사하지 아니하면 소멸시효가 완성한다(상§64). 이는 채권의 소멸시효기간을 10년으로 정한 민법의 일반원칙(민§162①)에 대한 특칙으로 상사거래관계의 신속한 해결을 기하려는 데 그 취지가 있다. 이것은 상거래에서 요구되는 신속주의의 구현이다. 시효의 기간이 단축될 뿐이며 기타의 점은 민사채권의 경우와 동일하다. 그러나 다른 법령에 이 보다 단기의 시효의 규정이 있는 때에는 그 규정에 의한다(상§64). 즉 상행위로 인한 채권은 상법에 다른 규정이 있는 경우(상§121·§122·§154·§166·§662)와 다른 법령에 단기시효의 규정이 있는 경우(민§163·§164, 어§70, 수§15)에는 그 규정에 의한다(상§64 단). 따라서 5년의 상사시효가 적용되는 범위는 실제로 좁아지게 된다. 상사소멸시효의 적용 받는 채권은 상행위로 생긴 것이면 족하고 당사자 쌍방의 상행위일 것을 요하지 않는다. 상행위에 의해 생긴 채권을 변형한 채권, 즉 채무불이행에 의한 손해배상청구권, 계약해제에 의한 원상회복청구권 및 계약해제권 등도 당연히 5년의 시효에 걸린다. 또 상사채무가 보증채무인 경우에는 주채무가 10년의 민법상의 소멸시효에 걸리더라도 그 시효는 역시 5년이다. 다만 상사채무를 소비대차로 更改(갱개)한 경우에는 이미 새로운 계약이므로 그 준소비대차계약이 보조적 상행위가 되지 않는 한 이 규정은 적용되지 않는다.

> 당사자 쌍방에 대하여 모두 상행위가 되는 행위로 인한 채권뿐만 아니라 당사자 일방에 대하여만 상행위에 해당하는 행위로 인한 채권도 상법 제64조에서 정한 5년의 소멸시효기간이 적용되는 상사채권에 해당하는 것이고, 그 상행위에는 상법 제46조 각호에 해당하는 기본적 상행위뿐만 아니라 상인이 영업을 위하여 하는 보조적 상행위도 포함된다(대법원 2005. 5. 27. 선고 2005다7863).

상사시효(商事時效)

상사채권의 소멸시효를 말한다. 상행위로 인한 채권은 상법에 다른 규정이 있는 경우 또는 다른 법령이 이보다 단기의 소멸시효기간의 정함이 있는 경우 이외에는 원칙적으로 그 소멸시효기간은 5년이다(상법 64조). 즉 민법에서는 채권의 소멸시효기간을 10년으로 정하고 있으나 상법에서는 상사거래관계의 신속한 해결을 위하여 민법에 대한 특칙으로서 상행위로 인하여 생긴 채권의 소멸시효 그러나 다른 법령에 이 보다 단기의 시효의 규정이 있는 때에는 그 규정에 의한다(상§64).4 즉 상행위로 인한 채권은 상법에 다른 규정이 있는 경우(상§121·§122·§154·§166·§662)와 다른 법령에 단기

시효의 규정이 있는 경우(민§163·§164, 어§70, 수§15)에는 그 규정에 의한다(상§64단). 따라서 5년의 상사시효가 적용되는 범위는 실제로 좁아지게 된다. 상사소멸시효의 적용 받는 채권은 상행위로 생긴 것이면 족하고 당사자 쌍방의 상행위일 것을 요하지 않는다(일본대판 1915. 2. 8. 민록 21집 79면). 상행위에 의해 생긴 채권을 변형한 채권, 즉 채무불이행에 의한 손해배상청구권, 계약해제에 의한 원상회복청구권 및 계약해제권 등도 당연히 5년의 시효에 걸린다. 또 상사채무가 보증채무인 경우에는 주채무가 10년의 민법상의 소멸시효에 걸리더라도 그 시효는 역시 5년이다. 다만 상사채무를 소비대차로 경개한 경우에는 이미 새로운 계약이므로 그 준소비대차계약이 보조적 상행위가 되지 않는 한 이 규정은 적용되지 않는다.

> 상법 제64조의 상사시효제도는 대량, 정형, 신속이라는 상거래 관계 특유의 성질에 기인한 제도임을 고려하면, 상인이 그의 영업을 위하여 근로자와 체결하는 근로계약은 보조적 상행위에 해당한다고 하더라도, 근로자의 근로계약상의 주의의무 위반으로 인한 손해배상청구권은 상거래 관계에 있어서와 같이 정형적으로나 신속하게 해결할 필요가 있다고 볼 것은 아니므로 특별한 사정이 없는 한 5년의 상사 소멸시효기간이 아니라 10년의 민사 소멸시효기간이 적용된다(대법원 2005. 11. 10. 선고 2004다22742).

상호보증금(相互保證金)

거래소에서의 거래당사자의 일방 거래원이 그 상대방 거래의 결제이행을 확보할 목적으로 자기가 특정대금 중의 일정보증

금) 거래소에 제공하고 동시에 상대방에게 그와 같은 동액보증금의 제공을 청구한 경우, 거래소가 상대방으로 하여금 제공하도록 하는 보증금을 말하는바, 일종의 매매증거금이다.

상사위임(商事委任)

상행위의 위임을 의미하며, 이 경우의 수임자는 위임의 본래 뜻에 위배하지 않는 범위 내에서 위임받지 않은 행위도 할 수 있다(상§49, 민§681). 상인이 그 영업에 관하여 수여한 대리권은 본인의 사망으로 인하여 소멸하지 아니한다(상§50, 민§127 I). 상행위의 대리인이 본인을 위한 것임을 표시하지 아니하여도 그 행위는 본인에 대하여 효력이 있다. 그러나 상대방이 본인을 위한 것임을 알지 못한 때에는 대리인에 대하여도 이행의 청구를 할 수 있다(상§48, 민§114·§115). 어느 경우나 상행위의 영리성·비개인성 및 신속성에 따른 규정으로서 민법에 대한 특별규정이다.

상업신용장(商業信用狀)
영 ; commercial letter of credit, L/C

은행이 수입상의 의뢰를 받고 수출지의 다른 은행에 대하여 수출상에게 금전을 지급할 것을 위탁하는 것이다. A은행이 수입상 갑의 의뢰에 응하여 수출지의 B은행에 대하여 수출상 을에게 금전을 지급할 것을 위탁한 을에 대한 B은행의 금전지급은 을이 A은행(때로는 갑)을 지급인으로 하여 발행하는 환어음을 매수하는 형식에 의하는 것이 보통이며, A은행은 B은행이 매수한

어음에 대해 직접 인도·지급할 것을 약속한다. 을이 발행하는 어음은 대개의 경우 선하증권 등을 붙인 화환(貨換)어음일 것이나(화환신용장:documentary credit), 그렇지 않은 경우도 있는데 그것을 단순신용장(clean credit)이라고 한다.

상업신용장의 제도는 매수인의 신용이 수출지에 알려져 있지 않은 때에도 매도인은 신용장발행은행의 신용에 의하여 쉽사리 어음을 환가(換價)하여 대금을 회수할 수 있으므로 국제거래에 있어서 많이 이용된다.

중개(仲介)

타인 간의 법률행위를 매개하는 것이다. 이른바 브로커(Broker)는 중개를 영업으로 하는 자이다. 중개에 관한 행위는 기본적 상행위이다(상 §46 11호). 상행위의 중개를 영업으로 하는 자는 상법상 중개인이고(상 §93), 상행위 이외의 법률행위의 중개를 영업으로 하는 자는 민사중개인이다. 예컨대 가옥·아파트·토지·임야 등을 전문으로 중개하는 부동산업자나 결혼상담업자 등은 민사중개인이다. 상법상 중개의 모습은 (1) 중개업에 있어서 유가증권의 매매, 해상보험·해상운송의 거래관계의 행위(§93), (2) 주선업에 있어서 위탁매매업·운송주선업·준위탁매매업(§101, §114·§113)의 행위 (3) 대리상에 있어서 중개대리 (§87)의 행위로 각각 나타난다. 그러나 협의의 중개는 상법 제93조에 소정의 중개인의 행위를 말하며 위탁자를 위하여 중개하는 행위가 상행위인 경우에 그것을 영업으로 하는 자를 상사중개인이

라 한다. 상행위이외의 혼인·취직·부동산의 매매 등의 행위를 중개하는 자를 민사중개인이라 한다. 민사중개인도 상법 제46조 제11호, 제4조에 의하여 상인자격을 갖는다. 중개에 관한 행위, 즉 중개계약은 영업적 상행위인 성질을 가지므로 유상계약이어야 하며 그 성질은 위임이다.

인보이스

영 ; invoice 독 ; Faktur
불 ; facture

매매상품을 원격지에 발송하는 경우 등에, 발송인이 수하인에게 송부하는 상품의 명세서이다. 보통 상용인보이스를 가리키며, 수출입에 쓰이고 적하화물의 안내서임과 동시에 대금청구서를 겸한 계산서. 우리나라에서는 송장이라고 한다. 수출업자가 계약조건을 정확히 이행하였음을 증명하는 명세서의 의미를 지닌다. 인보이스에는 이 밖에도 영사증명인보이스, 세관인보이스 등이 있다.

공중접객업(公衆接客業)

극장·여관·음식점, 그 밖의 공중이 이용하는 인적·물적 접객시설을 설치하고 이를 이용시키는 것을 목적으로 하는 영업이다(상§151). 공중접객업은 상법 제151조에서 예시하고 있는 영업 이외에도 목욕탕·각종 오락장·동물원·유원지·이발소 등 공중을 그 시설 안에 머물게 하여 그 인적·물적 설비를 이용케 하거나 그 시설에 의하여 거래를 하는 모든 영업을 포함한다. 객의 집래를 위한 시설에 의한 거래는 영업적 상행위

(기본적 상행위) 중의 하나이다. 이들 공중접객업은 일반 공중을 상대로 다수인을 그 제공된 장소에 모이게 하므로 국가 정책적으로 공안·위생 등의 이유에서 이를 감독·단속하는 특별법규로 공중위생관리법이 있다. 공중접객업에 공통되는 점은 공중의 모임에 적합한 인물·물적 시설에 의하여 거래하고 있다는 점에 착안하여 이에 관한 공중의 보호규정을 두고 있다. 이에 따라 공중접객업에는 불특정 다수의 객이 모이고, 또 상당한 기간을 그 곳에 머물게 되어 손님의 소지품이 분실되거나 도난당할 우려가 크므로, 손님이 휴대한 물건에 대한 민법상 선관의무 이외에 특별책임을 과하고 있다.

여관 부설주차장에 시정장치가 된 출입문이 설치되어 있거나 출입을 통제하는 관리인이 배치되어 있거나 기타 여관측에서 그 주차장에의 출입과 주차사실을 통제하거나 확인할 수 있는 조치가 되어 있다면, 그러한 주차장에 여관 투숙객이 주차한 차량에 관하여는 명시적인 위탁의 의사표시가 없어도 여관업자와 투숙객 사이에 임치의 합의가 있은 것으로 볼 수 있으나, 위와 같은 주차장 출입과 주차사실을 통제하거나 확인하는 시설이나 조치가 되어 있지 않은 채 단지 주차의 장소만을 제공하는 데에 불과하여 그주차장 출입과 주차사실을 여관측에서 통제하거나 확인하지 않고 있는 상황이라면, 부설주차장 관리자로서의 주의의무 위배 여부는 별론으로 하고 그러한 주차장에 주차한 것만으로 여관업자와 투숙객 사이에 임치의 합의가 있은 것으로 볼 수 없고, 투숙객이 여관측에 주차사실을 고지하거나 차량열쇠를 맡겨 차량의 보관을 위탁한 경우에만 임치의 성립을 인정할 수 있다(대법원 1992. 2. 11. 선고 91다21800).

공권(空券)

임치물 또는 운송물을 수령하지 않고 발행한 화물상환증·선하증권·창고증권이다. 그 효력에 대하여는 학설이 분류되는바, 요인성을 중시하는 설은, 공권은 원인흠결 때문에 무효가 되며 운송인 또는 창고영업자는 당해기재에 기초한 급부의무가 없고, 다만 공권을 발행한 데 관한 손해배상의무를 진다고 한다. 이에 반하여 문언성을 중시하는 설은 요인성이란 증권의 문언에 있어서 원인을 요한다는 뜻이고, 증권은 기재된 문언에 따른 효력을 가지며 운송인이 이행할 수 없으면 채무불이행책임을 부담하는 것으로 이해하며, 판례도 이에 따르고 있다.

자조매각(自助賣却)
독 ; Selbsthilfeverkauf

급부(給付)의 의무를 면하려고 채무자가 스스로 그 목적물을 경매 또는 시가로 방매(放賣)하는 것이다. 상사매매의 매수인, 위탁매매인에게 매입의 위탁을 한 위탁자 또는 창고업자에 대한 임치자가 각각 목적물을 수취할 것을 거절하거나 이것을 수취할 수가 없을 때에는 매도인·위탁매매인·창고업자는 그 물건을 공탁하든가 상당한 기간을 정하여 최고(催告)를 한 후에 이것을 경매할 수가 있다(상§67 ①, §109, §165). 또 손괴되기 쉬운 물건이면 최고도 요하지 않는다. 또 그 대가의 전부 또는 일부를 대금에 충당하여도 좋다(§67②). 운송인에 대하여서도 수하인을 모르거나 운송물의 인도에 관하여 시비가 있는 경우 자조매각이 인정되고 있다(§142, §143, §145). 민법상의 자조매각은 대가공탁의 준비행위에 지나지 않으나, 상법상의 자조매각은 채무를 면하는 독립수단이며, 민법 제490조에 대한 특칙의 성질을 갖는다.

할부매매(割賦賣買)
영 ; installment selling
독 ; Abzahlungsgeschft
불 ; vente temprament

매매대금을 일정시기마다 분할하여 지급하기로 한 특약이 붙은 매매이다(월부판매〈月賦販賣〉등). 자동차·미싱·가구·양복 등 비교적 대금이 다액인 물건에 대하여 널리 행하여지고 있다. 이 매매의 경우에는 대금완제후에 목적물을 인도하는 것도 있으나 제1회분의 할부금 지급전 또는 지급과 동시에 목적물을 인도하는 것이 통례(通例)이다. 구매욕을 자극하면서 판로를 확대하는 방법에 적합하므로 최근 특히 성행하고 있다. 매도인은 대금완제시까지 목적물의 소유권을 유보하고, 대금완제와 동시에 매수인에게 소유권을 이전한다는 이른바, 소유권유보약관, 할부금의 1회분의 지급지체가 있으면 민법 제544조의 최고(催告)없이 매매계약의 효력을 상실하고 목적물의 반환을 청구할 수 있다는 실권약관, 그리고 매수인은 기한의 이익을 잃고 매도인은 대금잔액을 일시에 청구할 수 있다는 등의 기한이익상실약관 등 자기에게 유리한 약관을 정하는 일이 많다. 이러한 약관은 반사회질서의 법률행위 또는 권리남용의 문제를 발생시킬 우려가 많다.

리스거래(리스去來)

영 ; lease

임대차의 형식을 취하지만 실질적으로는 대주(貸主)의 차주(借主)에 대한 융자가 행하여지고, 임대차의 목적물을 그 담보로 하는 것을 말한다. 담보로 하는 임대차가 무엇인가는 개별적으로 판단되지만, 계약기간종료후, 차주가 상당한 대가를 지불하거나 명목상의 대가를 지불함으로써 목적물의 소유권을 취득할 선택권을 가지게 된다. 리스의 계약내용은 그 목적에 따라 여러 가지로 나누어지며 융자목적을 위한 리스 이외에도 많이 이용되고 있다. 리스계약은 예외없이 리스회사가 작성한 리스약관에 의해 체결되고 있는데, 리스약관에는 역시 예외없이 리스물건의 인도가 지연되거나 물건의 규격·사양·성능·기능 등에 부적합, 불완전, 기타의 하자가 있을 때에도 리스회사는 리스이용자에 대하여 책임을 지지 아니한다는 면책조항이 있다.

금융리스(金融리스)

영 ; finance lease,
독 ; Finanierungsleasing

금융리스라 함은 통상 리스사용자가 공급자, 리스물건, 판매물건 등을 결정하고 리스업자가 이에 따라 매수리스 기타 방법으로 리스할 물건을 취득하여 일정기간 정기적인 대가를 받기로 하고 이용자로 하여금 리스할 물건을 이용하게 하는 거래이다. 따라서 대체로 범용성이 없는 물건에 대해 이루어진다. 금융리스는 리스업자가 목적물의 소유권을 취득하거나 사용·수익권을 취득하여 리스이용자로 하여금 사용·수익케 한다는 점에서 임대차의 성격을 지닌 반면(형식적 측면), 목적물의 취득에 필요한 원공급자와의 거래는 이용자선에서 이루어지고 단지 취득대가를 리스업자가 지급하고 그 회수를 부담하기 위해 리스업자가 소유권 또는 원사용·수익권을 취득할 뿐이라는 점에서는 금융거래적 성격이 강하다(실질적 측면). 즉 금융리스의 기본적인 계약내용은 물건의 이용과 구입자금의 조달로써 경제적으로 금융적 성격이 강하다. 따라서 금융리스에서는 리스기간중 중도해지가 원칙적으로 금지된다. 여기서의 리스기간은 이론적으로 리스물건의 경제적 내용연수와 거의 일치하는 것이다. 위와 같은 금융리스의 실체는 리스계약의 법적 이해에 중대한 영향을 미친다. 리스계약의 법형식이 임대차계약의 형태를 채용하고 있음에도 불구하고 그 계약사항의 사실적 해석에 있어서는 금융거래계약으로 판단되는 등 법구성의 양면성을 띠게 되는 근원이 된다. 우리나라에서 일반적으로 리스라고 불리는 것은 이와 같은 금융리스를 말하는데 협의의 리스라고 불리는 것은 통상 금융리스를 뜻하는 것이다.

운용리스(運用리스)

영 ; operating lease, operating leasing

운용리스란 이용자가 원하는 물건을 리스업자가 조달하여 리스업자의 유지·관리책임 아래 일정기간 정기적인 대가를 받기로 하고 이용자로 하여금 동물건을 이용하게 하는 거래이다. 대체로 컴퓨터·자동차·복사기 등 범용성이 있는 물건에 대해 이루어진다. 금융리스가 아닌 것을 통틀어 운용리스로 분류한다. 운용리스도 거래의 실질적 배경에 금융적 동기가 있기는 하지만 임대차와 본질적인 차이점을 찾기 어렵다. 이러한 운용리스는 "서비스 제공적 성격"이 강하다. 금융리스가 특정의 이용자를 대상으로 함에 반하여 운용리스는 물건의 소유자가 가동률이 높은 범용기기를 불특정다수인을 대상으로 임대하는 것으로 물건을 수시로 혹은 일정한 예고기간을 두고 사전통보하면 중도해지가 가능한 리스계약이다. 법적으로는 전형적 임대차계약(민법상의 임대차)이 많지만 다른 계약과의 혼합계약으로 되는 경우도 있다. 흔히 대상물건의 수선의무, 위험담보 및 하자담보책임은 물론 물건 진부화의 위험도 대주측(貸主側)이 진다.

공동리스(共同리스)
영 ; syndicated lease

공동리스란 복수의 리스회사가 동일물건을 공동소유하여 리스하는 리스형태를 말한다. 이러한 리스계약의 형태는 선박이나 항공기와 같이 단일물건의 리스금액이 절대적으로 크거나 혹은 리스회사가 동일인에 대한 신용공여액의 최고한도에 적용받게 되어 특정의 리스회사가 단독으로 리스할 수 없는 경우에 발생한다. 리스계약에 참여하는 리스회사는 최소한 10분의 1 이상의 지분을 참여하도록 규제하고 있으며, 참여회사들은 그 중 한 회사를 주관회사(간사회사)로 정하여 이용자와의 협의나 거래를 주관하게 된다.

전대리스(轉貸리스)
영 ; sub-lease

전대(轉貸)리스는 국내리스회사가 외국리스회사로부터 물건을 리스받고 동물건을 다시 이용자에게 리스해 주는 계약형태를 뜻한다. 우리나라에서는 이러한 국제간의 전대리스계약은 아직 활성화되고 있지 못하나, 국내리스 회사간에 영업능력이나 자금조달능력의 불균형이 있을 경우 공동의 이익을 가능케 하는 리스계약형태로 이용되고 있다.

판매재취리스(販賣再取리스)
영 ; sale and back lease

판매재취리스는 기업이 자금을 조달하기 위하여 그가 소유하고 있는 자금을 리스회사에 매각하고, 이를 리스회사로부터 리스의 방법으로 다시 취득하는 것이다. 이는 자금운영의 효율화를 도모하기 위한 것이다.

계획사업리스(計劃事業리스)
영 ; project lease

계획사업리스는 리스회사가 기업으로부터 일정한 규모의 공사나 계획사업을 도급 받아 이를 시공·완성한 후에, 이를 기업에게 리스하여 주는 것이다. 이는 판매재취리스와 정반대의 형태이다. 그리고 이들은 모두 특수한 금융리스의 형태라고 할 수 있다.

양도조건부리스(讓渡條件附리스)

일반적인 리스계약조건은 리스기간 종료시 리스물건을 리스회사에 반환하거나 재리스하는 것을 말한다. 양도조건부리스는 리스물건의 처분에 있어서 리스물건을 일정가액으로 양도하는 것을 조건으로 하는 계약이다. 양도조건부리스는 리스기간 종료후 리스물건에 대한 소유권을 이용자가 리스회사로부터 이전받을 수 있다는 점에서 리스로부터의 이점(利點)뿐만 아니라 통상적인 구매로 인한 소유권획득의 이점도 겸하고 있는 것이다. 양도조건부리스의 실질적인 성격은 할부판매에 근접하는 것이라고 할 수 있는 것으로 회계·세무상 양도조건부리스는 금융리스로 분류되어 할부판매 등과 유사한 처리를 하게 된다. 리스물건의 양도가액의 결정은 시장가격기준과 확정가격기준이 있는데 우리나라에서는 확정가격기준 일반적이다.

팩터링
영 ; factoring

팩터링이라 함은 물건을 판매하는 상인이 외상판매채권을 전문적인 채권회수업자에게 양도하여 관리·회수하게 하는 것을 내용으로 하는 거래이다. 신용사회가 정착됨에 따라 차츰 외상거래가 많아지고, 외상채권이 다량화함에 따라 채권의 회수도 전문적인 기술을 요하게 되었다. 여기서 상인이 외상채권을 직접 회수해야 한다면 채권회수를 위한 별도의 조직을 운영해야 하고 이를 위한 관리비용도 지출해야 할 것이다. 그러나 외상채권의 회수만을 전문으로 하는 자에게 채권을 양도하여 회수하게 한다면 판매상인은 저렴한 비용(수수료)으로 채권을 회수할 수 있으므로 자신의 본업인 판매에만 전념할 수 있다. 또 판매상인은 외상채권이 회수될 때까지 자금의 회전·운용에 정체를 겪게 되는데, 채권의 양도와 결부시켜 금융을 얻을 수 있다면, 채권을 조기에 회수하는 효과를 누릴 수 있다. 팩터링거래에는 세 사람의 당사자가 관계한다. 우선 물건판매상인이 그의 고객(소비자)에게 외상으로 물건을 판매한다. 다음에는 판매상인이 자신의 외상채권을 채권회수업자(은행·단기금융회사 등)에게 양도한다. 그러면 채권회수업자는 만기에 가서 소비자로부터 채권을 변제 받아 판매상인에게 지급해준다. 이 당사자들을 영어로 부를 때에는 채권회수업자를 중심으로 해서 이름을 붙인다. 즉 채권회수업자를 factor, 판매상인을 client, 소비자를 customer라 한다. 개개의 팩터링거래는 불특정다수의 상인과 채권회수업자간에 일회적으로 행해지는 것이 아니라 특정의 판매상인과 특정의 채권회수업자간의 기본계약(팩터링계약)에 기초해서 행해진다. 판매상인과 채권회수업자는 사전에 일정기간 발생하는 외상채권에 관해 팩터링을 하기로 하는 계약을 체결하고, 이 계약에서 앞으로 행할 팩터링거래의 일반적인 사항(수수료·이율·위험부담 등)을 약정한다. 따라서 이 기본계약은 계속적 계약이며, 그 이행으로서 개별적인 팩터링거래가 행해진다. 기본계약은 예외없이 채권회수업자가 작성한 약관에 의해 체결된다. 기본계약에 기초하여 판매상인이 외상판매를 할 때마다 그 채권을 추심하기 위한 팩터링행위가 행해지는데, 팩터링행위에서 가장 두드러지게 나타나는 것은 외상채권의 양도지만 팩터링행위 자체가 바로 채권의 양도는 아니다. 팩터링행위는 채권회수업자에게 채권을 양도함과 동시에 동채권의 포괄적인 관리를 위탁하며, 경우에 따라서는 전도금융의 수수도 내용으로 하는 채권계약이다. 따라서 이 계약은 소비대차·위임 등이 혼합된 무명계약이다. 외상채권의 양도를 위해서는 지명채권의 양도방식(민§450)에 따라 채무자(소비자)에게 통지하거나 또는 그의 승낙을 받아야 하는데, 보통 외상판매계약(판매약관)에서 소비자의 승낙을 얻고 있다. 팩터링은 상법 제46조 제21호가 정하는 기본적 상행위(영업상 채권의 매입·회수에 관한 행위)이다. 따라서 채권회수업자는 당연상인(상§4)이다. 그런 채권회수업자는 동시에 예외 없이 회사이다. 이 같은 채권회수업자는 당연상인이므로 팩터링은 상행위(상§46 XXI)로 볼 수 있다. 앞에서 본 기본계약 및 팩터링행위가 바로 채권회수업자의 영업행위이다. 채권회수업자는 팩터링에 의해 판매상인으로부터 채권의 관리·회수에 대한 대가로서 수수료를 받으며, 전도금융을 줄 때에는 외상채권액으로부터 그 변제기까지의 이자를 공제한 잔액을 지급한다(이 수수료와 이자는 애초 외상판매를 할 때 물건의 판매대금에 포함시킴으로써 결국은 소비자에게 전가시킨다). 채권회수업자는 이 수수료와 이자의 수령을 통해 그의 관리성을 실현한다.

팩터링금융(팩터링金融)

채권회수업자가 소비자로부터 변제 받아서 이를 가지고 판매상인에 대한 채권과 상계하는 것을 팩터링금융이라 한다. 판매상인이 채권회수업자에게 채권을 양도하고 이를 담보(채권질)로 하여 금융(전도금융)을 얻는 것이 보통이며 팩터링거래에서 실제로 가장 중요한 기능을 한다. 그런데 소비자의 무자력, 물건판매계약의 무효·취소·해제 등으로 인해 채권회수업자가 소비자로부터 채권을 변제 받지 못하는 경우도 있다. 이 같은 채권의 회수불능으로 인한 위험부담을 판매상인과 채권회수업자 중 누가 부담하느냐는 문제가 있다. 채권회수업자가 부담하는 팩터링을 「진정팩터링」(echte Factoring), 판매상인이 부담하는 팩터링을 「부진정팩터링」(unechte Factoring)이라고 한다. 누가 부담하느냐에 따라 팩터링금융의 법적 의미를 달리 보아야 한다. 이는 당사자의 약정으로 정할 문제이나 보통은 판매상인이 부담하고 있다.

프랜차이즈 계약(프랜차이즈 契約)
영 ; franchise

프랜차이즈계약이란 특정한 상호, 상표, 서비스표 등을 보유한 자가 복수의 독립된 판매업자에게 이것을 이용할 수 있는 사용허가(license)를 대여함과 동시에 그들 업자에게 사업운영 및 판매전략 등에 조력하도록 하는 복합적 법률관계의 설정을 목적으로 하는 계약이다(상§46 XX). 이는 유상·쌍무계약이다. 프랜차이즈를 대여하는 자를 franchisor라 하며 프랜차이즈를 대여받는자 franchisee라 부른다. franchi-see는 모든 부분에 대하여 franchisor의 상표 등을 사용하며, 점포의 외관과 종업원의 제복 등도 통일하는 일이 많이 있다.

회사법

회사(會社)

영 ; company, corparation
독 ; Handelsgesellschaft
불 ; société commerciale

상행위 기타 영리를 목적으로 설립한 사단법인(상§169). (1) 회사는 영리를 목적으로 하면서 그 이익을 사원에게 귀속시키는 요소가 있어야 하며(영리성), (2) 복수인의 공동목적을 위한 결합체이어야 하며(그러나 주식회사에서는 1인 회사가 인정될 수 있다), 그러므로 사원이 1인이 되는 것은 회사의 해산사유가 되며(사단성), (3) 회사는 모두 법인이어야 하나(§169), 합명회사·합자회사에서는 관계에 조합의 규정이 준용되며(법인성), (4) 회사는 상행위를 행하므로 당연상인, 상행위 이외의 영업행위를 행하므로 의제상인이 되며(상인성), (5) 회사는 상법 회사편의 규정에 따라 설립하여야 한다(준칙성). 상법상의 분류로서 합명회사·합자회사·유한책임회사·주식회사·유한회사의 5종이 있으며 이 이외에도 강학상의 구별로서 인적회사·물적회사의 구별, 또는 단체주의적회사와 개인주의적회사라는 구별이 있으며, 법원상(法源上)의 구별로서 일반법상의 회사와 특별법상의 회사, 일반회사와 특수회사의 구별도 있다.

회사법(會社法)

실질적 의의로는 회사에 관한 法規 一般(법규일반)을 의미하지만 보통은 회사의 조직에 관한 사법적 규정을 뜻하며, 형식적 의의로는 상법 제3편 회사를 가리킨다. 회사법의 법원(法源)은 상법 회사편이 그 주요한 부분을 이루지만 이 이외에도 특별법령, 상관습법, 각 회사의 정관 등을 들 수 있다. 회사법은 공동기업형태로서의 회사의 종류·조직·설립·계산·해산에 관하여 그 내외의 법률관계를 규정하는 것이므로 기업법으로서의 상법의 중요한 일부분을 구성한다.

회사범죄(會社犯罪)

회사제도의 남용방지 목적으로 형벌이 과하여지는 위법행위이다. 특히 주식회사의 경우에는, 그 조직이 복잡하므로, 그 제도의 남용의 위험이 많고 주주·회사채권자를 보호할 필요성이 크고, 또한 그 범죄의 결과는 일반공중의 이해(利害), 국민경제의 운영에 중대한 영향을 준다. 범죄와 형벌에 관하여는 일반법으로 형법이 있으나 회사범죄를 처벌하기 위하여 상법에 특별형법적인 규정을 두고 있다(상§622~§637의2). 제재의 종류로서는 징역·벌금·몰수가 있다. 특별배임행위, 반자본단체행위, 부실문서의 행사, 납입가장행위, 초과발행행위, 임원의 독직죄, 권리행사의 방해 등의 행위를 회사범죄로 규정하고 있다.

법인격부인의 법리 (法人格否認의 法理)

회사의 법인격을 부분적으로 탈하여 회사와 그 배후에 있는 사원을 동일시하는 법리를 말한다. 회사는 법인이므로 이를 구성하는 사원과는 별개의 인격체이지만 회사의 법인격인정에 따른 형식적 독립성을 관철하는 것이 정의·형평에 반한다고 인정되는 경우 회사의 법인격을 부분적으로 박탈하여 회사와 사원은 별개의 인격이라는 대원칙을 부인하는 법리이다. 문제가 된 당해 구체적 사건에서나 또는 당해 특정한 당사자간에서만은 회사의 법인격을 부정하여 회사와 주주를 법률상 동일시하는 법리를 말한다. 법인격부인의 법리는 미국법에서 판례·학설로 인정한데서 비롯한다. 당초 회사가 그 배후에 있는 자의 대리인 또는 수단에 지나지 않는 경우 회사의 법인격 또는 기업의 실체를 부인하거나(disregard of the corporate fiction), 회사의 베일을 벗긴다(piercing the corporate veil)는 데서 연유한다. 채무자가 채무를 잠탈하거나 불법행위 또는 범법행위의 수단으로 법인격이 이용되는 경우 그 법인격의 배후에 있는 자에 대하여 법률상의 책임을 부담시키는 것을 내용으로 한다. 영국도 종래의 소극적인 태도로부터 1962년 개정회사법에서 이에 관한 명문규정을 두었다(영회사 §30, §108, §332). 또 그 동안 무관심한 태도로 일관되어온 독일법에서도 제2차대전 후 책임실체파악이론(Haftungsdurchgriffslehre)으로 이를 도입하였고, 프랑스, 일본에서도 판결로 이를 채택하였다. 우리나라에서도 이에 관한 학설은 상당히 오래 전부터 제기되었고 하급심판결에서 인정한 바 있었으며(서울고판 1974. 5. 8, 72나 2582) 대법원판례에서 이를 도입하였다(대판 1988. 11. 22, 87다카1671 공 1989, 17). 법인격부인의 법리가 적용되는 유형으로 흔히 네 가지를 든다. (1) 법인격이 오직 형해화(形骸化)하여 외형에 지나지 않는 경우(서울 고판 1974. 5. 8, 72나 2582), (2) 법인격이 법률의 적용을 회피하기 위하여 남용되는 경우(대판 1988. 11. 22, 87다카1671 공1989, 17). (3) 당사자가 법적으로서가 아닌 사실상 별개의 사람일 것이 전제가 되는 법규의 해석이 문제되는 경우(예컨대 임차인인 상인이 그 영업을 주식회사조직으로 개편한 경우 그것이 전대(轉貸)〈민§629〉가 되는 경우), 그리고 (4) 기본적 의의를 가지는 사단적 법규로 비록 간접적으로라도 그 법규의 목적이 침해되어서는 아니되는 경우(예컨대 경제적으로 일체관계에 있는 자회사에 의한 모회사의 주식취득과 같은 경우) 등이다. 법인격부인의 법리에 대한 이론적 근거는 법인격남용에 대한 탄력적 조치에서 찾는다. 반면에 실정법상 근거로는 (1) 민법 제2조 2항의 권리남용의 규정에서 찾는 입장, (2) 상법 제169조의 법인규정에서 찾는 견해, (3) 민법 제2조1항의 신의칙의 규정에서 찾는 견해 그리고 (4) 권리남용금지규정에 근거를 두면서도 사원의 유한책임규정에서 찾는 입장 등이 있다. 법인격남용이란 법인격에 주어진 특전을 남용하여 형평과 공정에 반하는 것인 바, 특전의 바탕인 법인규정과 유한책임에 대한 규정이 그 근거가 됨은 분명하다. 법인격부인의 효과는 회사의 법인으로서의 존재 그 자체에는 아무런 영향을 미치지 않는다. 다만 당해 사건의 해결을 위한 범위에서 법인격이 없는 것과 같이 처리될 뿐이다. 이런 뜻에서 회사가 사원으로부터 분리되었다는 법형식상의 기능이 일시적·부분적으로 정지되는 효과를 가져온다. 다만 이 법리를 적용한 경우의 효과와 관련하여 1인 회사 채권자와 지배주주 개인의 채권자가 경합하는 경우, 모회사 채권자와 자회사채권자가 경합하는 경우, 또 회사에 대한 청구의 경우, 소수주주의 이익양도 등이 문제된다. 이 점은 구체적 사항에 따라 실체에 적용한 일체의 사정을 고려하여 타당한 해결을 시도하여야 할 것이다.

> 회사가 외형상으로는 법인의 형식을 갖추고 있으나 이는 법인의 형태를 빌리고 있는 것에 지나지 아니하고 그 실질에 있어서는 완전히 그 법인격의 배후에 있는 타인의 개인기업에 불과하거나 그것이 배후자에 대한 법률적용을 회피하기 위한 수단으로 함부로 쓰여지는 경우에는, 비록 외견상으로는 회사의 행위라 할지라도 회사와 그 배후자가 별개의 인격체임을 내세워 회사에게만 그로 인한 법적 효과가 귀속됨을 주장하면서 배후자의 책임을 부정하는 것은 신의성실의 원칙에 위반되는 법인격의 남용으로서 심히 정의와 형평에 반하여 허용될 수 없고, 따라서 회사는 물론 그 배후자인 타인에 대하여도 회사의 행위에 관한 책임을 물을 수 있다고 보아야 한다(대법원 2001. 1. 19. 선고 97다21604).

법인격의 남용(法人格의 濫用)

회사의 배후에 있는 자가 회사와 법인격을 위법 또는 부당한 목적으로 이용하는 것이다. 자연인에 있어서는 권리의 남용이라는 것이 생길 수 있으나 인격의 남용이라고 하는 개념은 없다. 이에 반하여 법인격에 있어서는 그 남용이 문제가 된다. 남용하는 자는 일반적으로 발기인이나 이사와 같은 지위에 있는 자연인이지만, 남용은 법인의 생성, 발전, 소멸의 전과정상에서 나타난다. 회사법상 다수결의 남용을 들고 있으나, 그것은 일례에 불과하다. 법인격남용에는 배후에 있는 자가 지배와 목적의 요건을 충족하여야 한다. 지배의 요건이란 법인격이 그 배후에 있는 지배자에 의하여 단순한 도구(instrumentality) 또는 제2의 자기(alter ago)로 이용되는 경우이다. 목적의 요건이란 법인격을 위법·부당한 목적을 위하여 이용하는 경우이다. 예컨대 상법상 경업피지의무를 부담한 이사나 지배인이 회사를 설립하여 경업을 함으로써 그 의무를 逸脫(일탈)하는 경우, 회사를 해산하여 종업원을 해고한 뒤 다시 신회사를 설립하여 구영업을 계속하는 경우, 채무자가 채권자의 강제집행을 면탈하기 위하여 자기재산을 회사에 현물출자 하는 경우 등이다. 이 경우에는 회사와 사원, 관계회사 간의 실질적 동일성 이외에, 배후의 계약상 의무와 법의 규정을 잠탈하려는 위법·부당한 주관적 의도가 중요한 요건사실로 된다. 법인격의 남용에 대한 대책으로서는 법인격의 부인, 즉 그의 베일을 벗겨서 인격없는 것으로서 처리하는 방법과 취소무효, 책임가중 등의 방법이 고려될 수 있다.

회사법정주의(會社法定主義)

상법상 회사를 그 신용의 기초인 사원의 책임에 따라 5종의 회사로 구분하여 인정하는 것을 말한다.

제170조에서 회사는 합명회사, 합자회사, 유한책임회사, 주식회사, 유한회사로 한다고 규정한 것이 바로 그것이다. 이 규정은 한편에 회사의 종류를 밝힘과 동시에 다른 한편 회사를 다섯 종류에 한정한다는 것을 천명하고 있다. 상법에서 이같이 회사의 종류를 5종으로 한정한 것은 기업의 주체인 회사를 중심으로 다수의 이해관계인이 있으므로 회사의 범위와 그

법률관계를 명확히 정리하여 회사·주주 및 제3자의 이익을 보호하고, 나아가서는 회사에 대한 행정적 감독을 용이하게 하려는데 그 취지가 있다. 상법에서 회사의 종류를 분류하는 기준은 회사의 구성원인 사원의 책임이 어떠한가에 있다. 다만 책임이라는 용어에 관해서는 사용방법이 뚜렷하지는 않다. 광의(廣義)에서는 사원의 출자의무를 포함하여 사원인 자격에서 생기는 모든 지출의무를 뜻한다. 예컨대 주주유한책임이라는 경우가 이에 해당된다. 이에 대하여 협의에서는 회사의 제3자에 대한 채무부담을 전제로 사원이 그것을 직접 변제할 의무를 부담하는 것을 뜻한다. 가령 합명회사의 사원이 무한책임이라고 말하여지거나 합자회사의 유한책임사원의 책임이 유한책임이라고 하는 경우가 이에 해당된다. 상법에서는 대체로 광의로 쓰인다. 일반적으로 회사의 채무에 관해 직접 회사채권자에 대하여 변제의 의무를 지는 경우를 직접책임이라 말하여지며, 이때 일정한 한도에서 제한되는 경우를 유한책임, 회사채무전액에 관해 변제의 의무를 부담하는 경우를 무한책임이라 한다. 그리고 회사에 대한 출자의무만을 부담하는 경우를 간접책임이라고 한다.

주식회사(株式會社)

영 ; company limited by shares
미 ; stock corporation
독 ; Aktiengesellschaft
불 ; société anonyme, société aer actions

주식회사는 사원(주주)의 지위가 균등한 비율적 단위로 세분화된 형식(주식)을 가지고, 사원은 주식의 인수가액을 한도로 회사에 대하여 출자의무를 부담할 뿐(상§331), 회사채무자에 대하여 아무런 책임을 지지 않는 회사를 말한다. 주식회사의 법적 특질로서는 주식과 유한책임을 들 수 있다. 다만 주식회사의 개념설정은 입법정책상의 문제이다. 현행상법이 종래 독일법계의 법리구성에 좇아 총사원의 출자로 구성되는 자본을 균등액으로 분할하여야 한다(상§329②)는 자본의 단체성을 중시하는 점에 착안하여 통설은 주식과 유한책임 이외에 자본을 주식회사의 기본적인 특질에 포함시킨다. 주식회사의 설립함에는 발기인이 정관을 작성하여야 한다.(상§288). 그 설립의 방법에 따라 발기설립(상§295, §296)과 모집설립(상§301)이 있다. 사원은 균등한 비율적 단위로 세분화한 주식을 중심으로 출자를 하고 이에 따른 권리·의무를 가진다. 그 출자는 원칙적으로 현금이며 신용이나 노무출자는 제한된다. 주식은 주식회사의 구성단위로서의 금액의 뜻과 주주의 회사에 대한 권리·의무를 내용으로 하는 지위라는 두 가지 뜻이 있다. 이러한 주식을 표창하는 요식의 유가증권으로서 주권이 발행된다. 주주는 자기가 인수한 주식의 금액을 한도로 회사에 출자의무를 질 뿐 그 밖의 아무런 책임을 지지 않고, 회사채권자를 보호하기 위한 특별한 조치(자본에 관한 3원칙)가 강구되어 있다. 소유와 경영이 분리되어 주주가 직접 경영에 참가할 필요는 없고, 또 기관의 분화가 이루어져 있다. 의사결정기관으로서의 주주총회와 집행기관으로서의 이사회·대표이사가 있다. 감독기관으로서의 감사는 필요적 상설기관이다. 주주의 지위를 표창하는 주식은 자유로이 양도할 수 있고 정관으로써도 이를 제한할 수 없다. 사원의 퇴사제도는 없으나 주식회사는 1인회사까지 인정된다. 신주(新株)의 발행은 수권자본제의 채택에 따라 정관변경에 관계없이 행하여진다. 그 결정은 원칙적으로 이사회의 권한이다. 회사의 자금조달의 수단으로서 사채(社債)의 발행이 인정되며, 이에 대하여는 상세한 규정이 있다(상§469~§516의 11).

주식회사는 물적회사이며 주주의 책임은 유한이므로, 회사의 계산에 대하여 엄격한 규정을 설정하고 있다(§447~§468). 정관의 변경은 주주총회의 특별결의에 의하며(§434), 자본의 감소는 정관변경사항은 아니나 이것도 같이 주주총회의 특별결의사항이다(§438①). 회사의 정리는 회사정리법에 의한 정리절차에 의한다. 구상법에는 정리에 관한 규정을 두었으나, 상법은 이에 관한 규정을 두지 아니하고 채무자 회생 및 파산에 관한 법률이라는 단행법에 규정하고 있다. 그리고 주식회사에 있어서는 임의청산에 의하지 않으면 안된다. 해산은 주주총회의 특별결의(§434, §518, §585)가 있으면 된다(§517 II). 이 외에 (1) 존립기간의 만료 기타 정관으로 정한 사유의 발생, (2) 합병, (3) 파산한 경우, (4) 법원의 해산명령 또는 판결이 있었을 경우(§517) 등에 해산한다. 주식회사는 경제적으로 사회에 널리 분산된 소자본을 규합하여 대규모의 공동기업으로 경영하는데 적합한 회사이다.

유한회사(有限會社)

영 ; private company
독 ; Gesellschaft mit beschränkter Haftung
불 ; société a responsabilité limitée

유한회사는 그 사원은 원칙적으로 출자가액을 한도로 하는 출자의무를 부담할 뿐 직접 아무런 책임을 부담하지 않는(상§553)회사이다. 유한회사는 독일, 프랑스의 유한책임회사, 영국의 사회사를 모방하여 채용된 물적 회사와 인적회사의 장점을 융합시킨 중간적 형태의 회사로서 중소기업에 적합한 형태의 회사이다. 그 조직이 비공중적, 폐쇄적인 점에서는 그 인적회사와 유사하나, 유한책임사원으로 구성되는 자본단체란 점에서는 주식회사와 유사하다. 다만 유한회사에는 인적회사의 요소가 가미됨으로서 주식회사에 대하여 여러 가지 특징을 갖는다. 흔히 폐쇄성, 법규제의 간이화 그리고 사원의 책임과 자본 등 세 가지로 그 특징이 요약된다. 유한회사에서는 설립절차나 회사의 관리운영절차가 주식회사에 비하여 현저히 간이화되어 있다. 설립에 있어서는 모집설립이 인정되지 않으므로 사원 이외에 발기인제도가 없으며 복잡한 절차나 내용을 요하지 아니한다. 유한회사는 폐쇄적, 비공개적이다. 따라서 사원의 지위는 개성적이다. 사원의 총수는 제한이 없고 자본금이 출자1좌의 금액 100원 이상으로 나누고(상§546), 출자구좌는 사원의 권리의무를 단위로 작용하는 점에 주식회사의 주식과 같으나 이것을 지분이라 부른다. 사원의 공모(상§589②) 사채의 발행(상§604①단) 등도 금지된다. 지분의 유가증권화를 금지하고 있다(상§555). 또 주식회사에서와 같은 공시주의를 채용하지 않으므로 대차대조표의 공고는 요하지 않으며 주식회사와 같은 정리제도가 없다. 이사는 필요기관이지만 이사회제도가 없고, 이사의 수임기에 제한이 없다. 감사는 임의기관이며(상§568), 업무·회계감사권한을 가진다. 사원총회는 필요기관이지만 그 소집절차가 간편하고 소집기간이 단축되어 있으며(상§571②), 총사원의 동의가 있으면 소집절차를 생략할 수 있다(상§573). 결의의 요건은 강화되어 있으나(§574) 널리 정관에 의한 자치가 인정한다. 유한회사도 인적회사와 같이 사원의 지위를 지분이라 하며 각 사원은 그가 가진 출자좌수에 따라 지분을 가진다(상§554). 그 출자의무는 인수한 출자좌수에 따라 정하여지고 그밖에는 아무런 책임을 지지 않는다. 다만 예외로 회사성립 당시의 사원 또는 자본증가에 동의한 사원은 특별한 실가부족재산전보책임(상§550①)과 불이행출자전보책임(상§551①)이 과해진다. 지분의 양도는 사원총회의 특별결의를 요하는 제한이 있다(상§556①). 유한회사는 그 폐쇄성으로 주식회사와는 달리 수권자본제도를 채용하지 않고 있다. 그 자본의 금액은 정관에 기재된다. 출자 1좌의 금액은 100원 이상으로 균일하게 하여야 하고(상§546), 자본의 증가에는 정관변경이 요구되어 등기로 증자의 효력이 발생한다(상§592). 사원이 1인이 된 때에는 해산된다(상§609① Ⅰ, §227 Ⅲ). 경제적으로 주식회사의 축소판으로 설립절차나 운영이 간편하기 때문에 비교적 소규모의 공동기업경영에 적합한 회사이다.

합명회사(合名會社)

영 ; partnership
독 ; offene Gesellschaft
불 ; société en nom collectif

합명회사는 2인이상의 무한책임사원(상§212)만으로 구성되는 일원적 조직의 회사로서 전사원이 회사채무에 대하여 직접·연대·무한의 책임을 지고(상§212), 원칙적으로 각 사원이 업무집행권과 대표권을 가지는(상§207) 회사이다. 합명회사는 2인 이상의 사원이 공동으로 정관을 작성하고(상§178), 설립등기를 함으로써 성립한다(상§172, §178). 사원의 대내관계는 조합과 유사한 성질을 가지므로 정관 또는 상법에 규정이 없으면 조합에 관한 민법의 규정이 준용된다(상§195), 각 사원은 출자의무를 지지만 그 출자는 재산뿐만 아니라 노무와 신용까지도 할 수 있으며, 그 업무집행권과 대표권은 정관에 다른 규정이 없는 한 각 사원이 모두 가지게 된다(§200, §207). 또 각사원은 서로 개인적 신용관계로서 결합되고 있으므로 사원의 변경은 각사원에 대하여 중대한 영향을 미친다. 이리하여 지분(지위)을 타인에게 양도하려면 다른 총사원의 동의를 얻어야 한다(§197). 사원은 다른 사원의 동의가 없으면 자기 또는 제3자의 계산으로 회사의 영업의 부류에 속하는 거래를 하거나 동종의 영업을 목적으로 하는 타회사의 무한책임사원 또는 이사도 될 수 없고 이에 위반하였을 경우에는 회사의 개입권이 인정되어 있다(경업피지, §198). 손익의 분배는 정관 또는 민법의 규정에 의하여 한다. 사원의 대외관계란 회사와 제3자와의 관계 및 사원과 제3자와의 관계를 가리킨다. 업무집행사원은 원칙적으로 각자 회사를 대표한다(§200, §207). 회사재산을 가지고 회사의 채무를 완제할 수 없을 때에는 각사원도 연대하여 그 변제의 책임을 진다(§212). 사원의 신뢰관계가 중시되므로 사망·금치산·파산 및 제명 등의 경우 퇴사가 인정된다(§218). 퇴사원은 본점의 소재지에서 퇴사의 등기를 하기 전에 생긴 회사의 채무에 대하여서는 사원으로서의 책임을 진다(§225). 합명회사는 상법 제227조에 열거된 사유로 인하여 해산한다. 즉 (1) 존립기간의 만료 기타 정관으로 정한 사유의 발행, (2) 총사원의 동의, (3) 사원이 1인으로 될 때, (4) 합병, (5) 파산, (6) 법원의 명령 또는 판결등이다. 해산하였을 때에는 일정한 기간내에 본점 또는 지점의 소재지에서 해산의 등기를 하여야 한다(§228). 청산에는 임의청산과 법정청산이 있다. 임의청산은 정관 또는 총사원의 동의로써 정하여진 방법에 따라서 행하는 청산이며, 법정청산은 법률의 규정에 의한 청산이다(§247, §250). 경제적으로 서로 신뢰할 수 있는 소수인이 결합하는 소규모공동기업에 적합한 형태이다.

합자회사(合資會社)
영 ; limited partnership
독 ; Kommanditgesellschaft
불 ; société en commandite

합자회사는 무한책임사원과 유한책임사원 각 1인 이상으로 구성되는 이원적 조직의 회사이다(상§268). 합명회사가 무한책임사원만으로 구성되는 일원적 조직체인데 대하여 합자회사는 무한책임사원과 유한책임사원으로 구성되는 이원적 조직체라는데 그 차이가 있다. 경제적으로는 무한책임사원이 경영하는 사업에 유한책임사원이 자본적 참가를 하는 형식이며 이러한 뜻에서 인적 요소와 물적 요소의 결합형태라고도 볼 수 있다. 그러나 이 회사의 대내관계에서는 사원간의 개인적 신뢰관계를 기초로한 조합성이 병존하는 점에서 주식회사와 뚜렷한 대조를 보인다. 그러나 이 점에서 합명회사의 경우와 많은 공통점이 있다. 따라서 입법기술면에서 합자회사의 무한책임사원에 관해서는 합명회사의 무한책임사원과 동일하게 취급할 수 있을 뿐만 아니라, 무한책임사원과 유한책임사원의 관계나 유한책임사원 상호간의 관계에 관해서도 합명회사의 규정을 준용할 수 있는 것이 많다. 우리 상법도 여기에 합자회사가 유한책임사원의 사원을 가짐으로써 생기는 별단(別段)의 결과에 관해서만 특별히 규정하고 그 밖의 사항에 관해서는 합명회사의 규정을 준용할 방침에 따르고 있다. 내부관계의 규정은 임의규정이다. 무한책임사원의 출자는 재산·노무·신용중 어느 것이든지 출자할 수 있고(§269, §222), 유한책임사원은 금전 그 밖의 재산만을 그 출자의 목적으로 할 수가 있다(§272). 정관에 다른 정함이 없는 한 무한책임사원의 각자가 의무를 집행할 권리와 의무를 가진다(§273). 이에 반하여 유한책임사원은 회사의 업무를 집행할 수가 없다(§278). 업무집행의 의사결정은 업무집행권을 가지는 무한책임사원의 과반수로 행한다(§269, §200 ②). 유한책임사원에게는 제한적인 감시권이 있을 뿐이다(§277 ②). 무한책임사원의 지분의 양도에는 사원전원의 승낙을 필요로 하거나(§269, §197), 유한책임사원의 지분양도에는 무책임사원 전원의 승낙만으로써 한다(§276). 무한책임사원은 경업피지규정의 적용을 받는다(§26 9, §198). 손익분배도 대체로 합명회사와 같다. 대외관계의 규정은 강행규정이다. 각 무한책임사원은 원칙적으로 각자가 회사대표권을 가진다(§273). 무한책임사원의 책임은 합명회사사원의 책임과 동일하다. 유한책임사원의 책임의 성질은 무한책임사원과 동일하나 수액(數額)에 있어서 그 재산출자액을 한도로 하는 점에 있어서만 그와 다르다(§272, §279 참조). 유한책임사원이 자기를 무한책임사원으로 오인시키는 행위를 한 때에는 그 사원은 오인으로 인하여 회사와 거래를 한 자에 대하여 무한책임사원과 동일한 책임을 진다(§281①). 합자회사의 입사와 퇴사는 대체로 합명회사의 경우와 비슷하나, 유한책임사원에 대하여는 특별규정이 있다(상§282~§284). 즉 사망의 경우에도 상속자가 그 지위를 승계하고, 또 성년후견개시를 받았을지라도 퇴사의 원인이 되지 않는다(상§284). 합자회사의 해산·계속·조직변경은 유한책임사원이 존재한다는 데에 합명회사의 경우와 약간 다르지만(§268, §285~§287 참조) 청산은 합명회사의 경우와 거의 같다. 경제적으로 경영능력이 있으나 자본이 없고, 자본이 있으나 경영능력이 없는 소수인이 결합하여 소규모의 공동기업을 경영하는데 적합한 회사이다.

유한책임회사(有限責任會社)

유한책임회사는 2011년 개정상법으로 신설된 회사로서, 그 사원은 주식회사나 유한회사의 사원처럼 설립등기 전까지 금전이나 그 밖의 재산의 출자 전부를 이행한 다음, 자신이 출자한 이 금액을 한도록 책임을 지는 것이 원칙이다. 즉, 내부적인 법률관계에서는 합명회사나 합자회사와 마찬가지로 민법상 조합의 법리에 따라 운영되지만, 외부적으로는 사업실패시에 그 사원이 주식회사나 유한회사의 사원과 같이 출자액의 범위 내에서만 책임을 지게 되는 것이다.

1인회사(一人會社)
영 ; one man company
독 ; Einmanngesellschaft

사원의 지분양도나 주주의 주식양도에 의하여 주식이나 지분의 전부가 1인의 사원의 소유에 들어간 회사이다. 또는 사원이 수인일지라도 실질상으로는 그 중의 1인 전실권을 장악하고 다른 사원은 명의상의 지위만을 가지고 있는 경우에도 1인회사라고 한다. 회사는 사단이며 따라서 복수사원의 존재가 그 본질적 요건이므로 설립시에는 항상 복수사원의 존재가 필요하다. 뿐만 아니라 우리 상법은 합명회사·합자회사는 사원이 1인으로 되는 것을 해산사유의 하나로 하고 있으므로(§227 Ⅲ, §269참조)이러한 회사에서는 1인회사가 성립할 수 없다. 유한회사의 경우에는 2001년 상법개정 전에는 사원이 1인으로 되면 회사의 해산사유에 해당하였으나(구법 제609조 1항 1호, 제227조 3호 참조), 개정상법에서는 회사의 해산사유에서 '사원이 1인으로 된 때'라는 부분을 삭제함으로써 1인 유한회사의 존속을 인정하였다고 볼 수 있다. 주식회사에서는 상법개정 전에는 설립시 3인 이상의 발기인이 있어 각자 1주 이상을 인수하여야 하므로 회사성립시에는 3인 이상의 주주가 있어야 했으나, 2001년 상법개정으로 발기인의 수에 대한 제한이 철폐됨으로써(제288조 참조) 1인 주식회사의 설립이 가능하게 되었다. 또한 주식회사의 성립한 후에는 주주가 3인 미만으로 되어도 회사는 해산하지 아니하므로 1인회사가 인정된다(§517 참조). 즉, 현행법상으로는 주식회사의 경우 1인회사의 설립과 존속이 모두 가능하다고 하겠다. 주식회사는 사단법인이므로 적어도 2인 이상의 주주가 있어야 한다는 견해도 있으나, 주식의 양도는 자유이고, 주식은 배서 또는 양도증서의 방법에 의하여 유통되는 것이므로 회사가 모르는 사이에 전주식이 1인의 손에 소유되는 일이 있을 수 있고 이 경우에 당연히 회사를 해산시키는 것은 타당하지 아니하다. 1인회사는 개인 또는 회사가 그 업무에 관하여 책임한정의 이익을 얻을 목적으로 이용되는 일이 많으나, 회사가 경영합리화의 목적으로 그 영업부문의 일부를 독립한 회사로 하면서, 그 경영지배를 완전히 확보하고자 하는 경우, 또 법률적용상의 이익을 얻기 위하여 외국지점을 독립한 회사로 하는 경우 등에 이용되는 일이 있다. 그러나 본래 개인적 기업으로서 무한책임을 져야 할 1인의 사원이 유한책임의 이익을 향유함으로써 이를 남용하기 쉬운 폐단이 있다. 그러므로 최근의 판례는 법인격부인의 법리에 기하여 형식상·실질상 1인의 주주에게 전주식이 귀속되어 있는 경우, 어떤 행위를 그자가 회사의 행위로서 행하였다는 주장을 배척하고 그 자의 개인의 행위로 인정하고(그 행위에 한한 법인격부인이다), 또는 이와는 반대로 그 자의 개인의 행위라는 주장을 배척하고 이것을 회사의 행위라고 인정하는 등 1인회사와 거래하는 상대방을 보호하고 있다.

주식회사에 있어서 회사가 설립된 이후 총주식을 한 사람이 소유하게 된 이른바 1인회사의 경우에는 그 주주가 유일한 주주로서 주주총회에 출석하면 전원 총회로서 성립하고 그 주주의 의사대로 결의가 될 것임이 명백하므로 따로이 총회소집절차가 필요없고 실제로 총회를 개최한 사실이 없었다 하더라도 그 1인 주주에 의하여 의결이 있었던 것으로 주주총회 의사록이 작성되었다면 특별한 사정이 없는한 그 내용의 결의가 있었던 것으로 볼 수 있다(대법원 1976. 4. 13. 선고 74다1755).

회사의 권리능력
(會社의 權利能力)

회사는 법인이므로 마땅히 자연인과 같이 권리와 의무의 주체가 될 수 있는 권리능력을 가진다. 다만 회사는 개별적인 권리·의무에서는 자연인과 달리 특별한 제한을 받는다. 회사는 법에 의하여 비로소 인정된 것이며, 육체를 갖지 않으므로 당연히 이에 따른 제한을 받을 뿐만 아니라, 회사 스스로가 하나의 목적단체이므로 목적의 범위내에서만이 권리능력을 갖기 때문이다. (1) 성질에 따른 제한 ; 회사는 유기적인 육체를 갖지 않으므로 자연인의 천연적 성질을 전제로 하는 권리·의무를 갖지 못한다. 이에 반해 재산권은 물론 회사의 명칭인 상호나 회사의 명예에 관한 인격권을 가질 수 있다. 재산상속권은 없으나, 회사도 유증을 받을 수 있으므로 포괄유증으로 상속과 동일한 효과를 거둘 수 있다. 또 회사는 대리인이 될 수 있으며 회사가 이사·감사·청산인 등 다른 회사의 기관이 될 수 있는가에 관해서는 의견이 나누어진다. (2) 법률에 따른 제한 ; 상법 제173조에서 회사는 다른 회사의 무한책임사원이 되지 못한다고 정하고 있다. 회사가 다른 회사의 무한책임사원이 될 경우 자기의 모든 운명을 다른 회사에 맡김으로써 각 회사의 독립된 운영을 기대할 수 없게 되어 실질적으로 회사의 본질에 반하므로 입법정책상 이를 제한하였다. 해산후의 회사와 파산선고를 받은 회사는 청산 또는 파산의 목적 범위 내에서만 권리·의무를 가진다(상§245). 이러한 일반적인 제한과는 달리 각종의 특별법에서 특정회사의 권리능력을 제한하는 경우가 있다(은행§27, 보험§9~§11). (3) 목적에 따른 제한 ; 회사의 권리능력에 관하여 특히 문제가 되는 것은 법인의 권리능력에 관한 민법 제34조의 준용을 받을 수 있는가 이다. 즉 정관으로 정한 목적의 범위에 의하여 권리능력이 제한되느냐 하는 점이다. 1) 제한긍정설은 회사의 권리능력은 정관에 정한 목적의 범위 내에서 인정된다는 입장이다. 종래 판례와 우리나라 및 일본의 다수설이다. 그 이론적 근거로 ① 민법 제34조의 규정은 법인 일반에 관한 원칙으로 회사에서만 배제할 근거가 없고 ② 법인은 목적단체이므로 그 목적의 범위내에서만 권리능력을 가짐은 당연하며 ③ 특정한 목적을 위해서만 자본을 제공하고 있는 회사구성원의 예정적 이익을 보호하여야 하고 ④ 회사의 목적은 등기로서 공시되어 있으므로 거래의 안전을 해칠 우려가 없으며 ⑤ 만일 목적을 제한하지 않는다면 회사가 비영리사업을 하게 되어 민법에서 비영리법인의 설립을 허가주의로 택한 의의가 없어지고 나아가서 목적을 정관의 절대적 기재사항으로 하여 등기를 요구한 근거가 희박하여진다고 본다. 다만 이 입장에서도 목적의 범위를 당초 엄격하게 보았으나 거래의 안전을 위해 정관에 정한 목적에 반하지 않는 한 일체의 행위를 할 수 있다고 본다(대판 1968. 6. 21. 68다461). 2) 제한부정설은 회사의 권리능력은 정관에 정한 목적의 범위내에서 제한을 받지 않는다는 입장이다. 일본의 소수설이지만 우리나라에서는 유력시되고 있다. 그 이론적 근거로 ① 민법 제34조는 비영리법인에 관한 규정으로 영리법인에 적용된다는 명문규정이 없고 ② 회사의 목적 사업은 이윤획득의 수단에 지나지 않으므로 그 활동범위를 제한한다는 것은 타당치 않으며 ③ 회사의 목적은 등기되어 있으나 제3자가 거래할 때마다 조사한다는 것은 번잡하고 판단이 어려울 뿐만 아니라 이를 기화로 불성실한 회사가 책임회피의 구실을 갖게 되고 ④ 비교법적으로도 대륙법계에게서는 이러한 제한이 없고 능력외이론(ultra vires doctrine)으로 그 제한이 엄격하였던 영국법계(영국법계) 역시 오늘날에는 크게 완화되고 있다는 것 등을 든다. 다만 이 입장에서도 정관소집의 목적에 대한 무엇인가의 법적 의의를 부여하려고 한다. 3) 우리나라에 있어서는 법률해석을 통하여 법인의 목적을 광범하게 인정하고 있다.

> 회사의 권리능력은 회사의 설립 근거가 된 법률과 회사의 정관상의 목적에 의하여 제한되나 그 목적범위 내의 행위라 함은 정관에 명시된 목적 자체에 국한되는 것이 아니라, 그 목적을 수행하는 데 있어 직접, 간접으로 필요한 행위는 모두 포함되고 목적수행에 필요한지의 여부는 행위의 객관적 성질에 따라 판단할 것이고 행위자의 주관적, 구체적 의사에 따라 판단할 것은 아니다(대법원 1999. 10. 8. 선고 98다2488).

회사설립행위(會社設立行爲)

회사설립을 목적으로 하는 법률행위를 회사설립행위라고 한다. 이것은 장래 성립할 회사에 법인격취득의 효과를 발생시키려는 의사표시를 요소로 하는 법률행위이다. 다만 회사의 설립행위는 각 회사에 따라 다르다. 합명회사나 합자회사와 같은 인적 회사나 유한회사에 있어서는 정관의 작성만으로써 인적 요소로서의 사원과 물적 기초로서의 자본 내지 출자 그리고 활동을 위한 기관이 결정되어 이른바 회사실체가 구성되며, 곧 설립등기를 함으로써 회사의 설립은 간편하게 이루어진다. 이에 대하여 주식회사에서는 정관작성 이외에도 사원과 자본의 확정, 기관의 구성이라는 각개 설립행위가 요구되어, 복잡한 실체구성절차를 거친 뒤 비로소 설립등기를 하여 회사가 설립된다. 설립행위의 법적 성질에 관한 법리구성에 있어서는 종래 계약설, 단독행위설, 합동행위설 등이 있었다. 우리나라에서는 합동행위설이 통설이다. 다만 주식회사의 모집설립에서의 주식인수는 계약으로 보아야 한다. 이에 따라 주식회사의 설립은 합동행위와 계약으로 보는 입장도 타당하다. 여기에서 회사의 설립행위를 합동행위로 보는 경우 그것을 구성하는 의사표시의 일부분에 의사의 흠결(민§107~§109)이나 하자(민§110)가 있음으로써 그것이 무효 또는 취소되더라도 다른 의사표시에는 아무런 영향이 없다.

발기설립(發起設立)
독 ; bernahmergründung, Einheitsgründung, Simultangründung

발기인이 회사의 설립시에 발행하는 주식총수를 인수하는 것에 의하여 주식회사를 설립하는 것이다. 단순설립 또는 동시설립이라고도 한다. 주식회사 설립방법의 한 형태로서 모집설립에 대한다. 이 방법에 의한 회사설립은 발기인이 정관을 작성하여, 그 정관에 공증인의 인증을 받고(자본금 총액이 10억 이상인 경우에 해당되고, 10억 미만인 경우에는 각 발기인이 정관에 기명날인 또는 서명을 하여 정관의 효력이 생긴다), 주식발행사항을 결정하며 또 회사의 설립시에 발행하는 주식의 총수를 인수하여야 한다(상§288~§293). 이어서 발기인은 인수한 주식의 발행가액전액을 납입하고 현물출자가 있는 때는 그 전부를 납부하며 또 이사·감사를 선임하여야 한다(§295, §296).
이사는 설립경과를 조사하기 위하여 검사인의 선임을 법원에 청구하고 이 검사인이 변태설립사항(위험한 약속 :§290)뿐만 아니라 발행가액의 납입 및 현물출자의 급부가 있었는가도 조사한다. 다만, 변태설립사항 중 발기인이 받을 특별이익(상§290 I)과 설립비용(상§290 IV)에 관하여는 공증인의 조사보고로 현물출자(상§290 II)와 재산인수(상§290 III)에 관하여는 공인된 감정인의 감정으로 조사인의 조사에 갈음할 수 있다(상§299조의2). 출자의 이행이 불완전한 때는 그것을 완전하게 하여 검사인의 승인을 받아도 좋으나 법원이 검사인의 보고를 듣고 변태설립사항을 부당하다고 인정한 때는 법원이 그것을 변경하는 등의 필요한 조치를 취하게 된다(상§300). 그 후 일정한 기간내에 설립등기가 이루어지고(상§317) 이 등기에 의하여 주식회사는 성립한다(상§17 2).

모집설립(募集設立)
독 ; Zeichnungsgründüng, Stufengründung, Sukzessivgründung

발기인이 회사의 설립시에 발행하는 주식총수의 일부를 인수하고 그 잔여를 일반으로부터 모집하여 주식회사를 설립하는 것이다. 복잡설립 또는 점차설립이라고도 한다. 주식회사 설립방법의 한 형태로서 발기설립에 대한다. 이 방법에 의한 회사설립은 먼저 3인 이상의 발기인이 정관을 작성하여 그 정관에 공증인의 인증을 받고, 주식 발행사항을 결정하여야 한다. 이어서 각발기인은 회사의 설립시에 발행하는 주식총수의 일부를 인수하여야 한다(상§288~§293). 나머지 주식에 대하여는 발기인이 주주를 모집하여야 한다(상§301). 이 모집은 공모이든 연고모집이든 무관하나 회사조직의 대강과 계약의 조건을 주식청약인에게 알리고 그들을 보호하기 위하여 발기인은 법정사항을 기재한 주식청약서를 작성하여 청약인에게 교부하여야 한다(상§302②). 주식청약인은 발기인이 작성하고 교부한 주식청약서에 법정사항을 기재하여 청약하여야 한다(상§302①). 이 청약에 따라 발기인이 배정을 하면 배정된 주식에 대한 청약인의 주식인수가 확정되고 주식청약인은 주식인수인이 된다(상§303). 설립시에 발행하는 주식의 총수가 인수된 때에는 각 주식에 대한 인수가액의 전액을 납입시켜야 하고, 현물출자가 있는 때는 그 전부가 급부되어야 한다(상§305). 모집설립에서는 주금(株金)을 확실히 납입시키기 위하여 납입

장소가 제한되어 있고(상§302, §305, §306), 수많은 인수인의 주금납입을 촉구함으로써 신속한 설립을 가능하게 하도록 실권절차가 인정되어 있다(상§307). 상법은 앞에서 본 것처럼 주식의 청약에 대하여 배정이 이루어지고 이어서 발행가액전액의 납입이 이루어질 것을 예정하고 있다. 그러나 실제는 주식의 청약시 발행가액전액을 청약증거금으로 납입시키고 이 청약증거금을 주식의 납입에 충당하고 있다. 이로써 인수된 주식에 대하여 납입이 되지 아니하는 사태를 피할 수 있다. 모집설립에서 출자가 완전히 이행되면 발기인의 소집에 의한 창립총회가 개최된다. 창립총회는 주식인수인으로 구성된다. 창립총회에서는 발기인이 회사의 설립에 관하여 보고하고, 이사감사가 선임된다. 이사감사는 설립시에 발행하는 주식의 총수에 대하여 인수 및 출자의 이행유무를 조사하고, 그 결과를 창립총회에 보고하여야 한다. 변태설립사항이 있는 때는 그 조사를 위하여 발기인이 창립총회 전에 검사인의 선임을 법원에 청구하여야 한다. 이 검사인의 보고서는 창립총회에 제출되고, 이사감사는 그 보고서를 조사하여 창립총회에 그 의견을 보고하여야 한다. 이사·감사 중에 발기인인 자가 있는 경우에는 창립총회에서 특별히 검사인을 선임하여 이사·감사가 행하여야 할 조사보고를 이 검사인에게 시킬 수 있다. 창립총회가 변태설립사항을 부당하다고 인정한 때는 창립총회가 이것을 변경하는 등의 필요한 조치를 취하게 된다. 창립총회에서는 정관변경 또는 설립폐지의 결의를 할 수도 있다(상§308~§316). 창립총회가 설립폐지의 결의를 하지 아니하고 종료한 때는 그후 일정한 기간 내에 회사의 설립을

등기하여야 하고(상§317), 이로써 주식회사는 성립된다(상§172).

설립중의 회사(設立中의 會社)
독 ; Vorgesellschaft, entsehende Gesell
　　schaft, werdende Gesellschaft
불 ; société en formation

주식회사의 설립에서 정관작성과 발기인의 주식인수로부터 설립등기에 이르는 미완성의 회사를 말한다. 주식회사인 법인은 설립등기에 의하여 성립된다(상§172). 그러나 주식회사의 실체는 설립등기시 갑자기 나타나는 것이 아니라 그 등기시까지 점차 성장발전하여 온 것이다. 이와 같이 회사의 실체는 점차로 정비되어 가고 이러한 회사의 실체는 설립등기까지는 회사로서 미완성이나 실제로 존재하여 회사와 직접 많은 접촉을 가진다. 오늘날 통설은 이러한 실체를 법률적으로도 어느 정도 의미가 있는 것으로 승인하고 이것을 설립중의 회사라고 부른다. 이러한 설립중의 회사의 법적 성질에 대하여는 여러 학설이 나뉘고 있으나 통설은 이것을 권리능력없는 사단이라고 보고 있다. 또 설립중의 회사의 창립시기에 대하여도 여러 학설이 있으나 발기인이 정관을 작성하고 1주 이상의 주식을 인수한 때 설립중의 회사가 설립한다고 보는 것이 다수설, 판례이다. 발기인은 설립중의 회사의 기관인 지위에 있고, 창립사무를 수행할 권리·의무를 가진다. 따라서 발기인의 회사설립에 필요한 행위에 의하여 생긴 법률관계는 실질적으로 설립 중의 회사에 귀속하고 회사성립과 동시에 형식적으로도 당연히 회사에 귀속한다. 그리고 회사 불성립의 경우에 있어서도 이론적으로는 발기인 자신이 책임을 질 이유가 없지만 주식인수인이나, 설립중의 회사와 거래상의 채권자를 보호하기 위하여 상법은 회사 불성립의 경우에 회사설립에 관한 행위에 대하여 발기인은 연대하여 책임을 지고(상§326①), 회사설립에 관하여 지급한 비용을 부담하게 하였다(§326②).

> 설립중의 회사라 함은 주식회사의 설립과정에서 발기인이 회사의 설립을 위하여 필요한 행위로 인하여 취득하게 된 권리의무가 회사의 설립과 동시에 그 설립된 회사에 귀속되는 관계를 설명하기 위한 강학상의 개념으로서 정관이 작성되고 발기인이 적어도 1주 이상의 주식을 인수하였을 때 비로소 성립하는 것이고, 이러한 설립중의 회사로서의 실체가 갖추어지기 이전에 발기인이 취득한 권리, 의무는 구체적 사정에 따라 발기인 개인 또는 발기인조합에 귀속되는 것으로서 이들에게 귀속된 권리의무를 설립 후의 회사에 귀속시키기 위하여는 양수나 채무인수 등의 특별한 이전행위가 있어야 한다(대법원 1994. 1. 28. 선고 93다50215).

원시정관(原始定款)
독 ; Urstatut, Ursatzung

회사의 설립당초에 작성된 정관이다. 회사설립후 변경된 정관에 대하여 특히 원시정관이라 부른다. 원시정관은 물적회사에 있어서는 공증인의 인증을 필요로 한다(상§292, §543③). 정관의 기재사항 중 절대적 필요사항은 원시정관에 기재하지 않으면 회사의 설립을 인정받지 못한다. 또 상대적 필요사항 중, 예를 들면 건설이자의 배당(구 상법§463) 같은 것은 원시정관에 기재되지 않으면 안 되고 회사설립 후 정관을 변경하여 그 정관을 추가할 수는 없는 것으로 해석되고 있다.

정관의 인증(定款의 認證)

정관의 성립 및 기재에 관하여 공인을 부여하는 공증인의 행위이다(공증§2). 발기인이 작성한 정관은 공증인의 인증을 받음으로써 그 효력이 생긴다(상§292). 다만, 자본금 총액이 10억원 미만인 회사를 제295조제1항에 따라 발기설립(發起設立)하는 경우에는 제289조제1항에 따라 각 발기인이 정관에 기명날인 또는 서명함으로써 효력이 생긴다. 이는 2009. 5. 28. 상법 개정으로 인한 것으로서 종전에는 회사를 설립하는 경우에 자본금의 규모나 설립 형태를 불문하고 설립등기 시에 첨부하는 정관에 대하여 일률적으로 공증인의 인증을 받도록 강제하고 있어 창업에 불필요한 시간과 비용이 드는 경우가 있다는 지적이 있었다. 이에 개정법은 자본금 총액이 10억원 미만인 회사를 발기설립하는 경우에는 창업자들의 신뢰관계를 존중하여 발기인들의 기명날인 또는 서명이 있으면 공증인의 인증이 없더라도 정관에 효력이 발생하도록 하였다. 이와 같이 공증의무를 면제함으로써 소규모 회사의 신속한 창업을 가능하게 하여 활발한 투자 여건이 조성될 수 있도록 한 것이다.

정관은 공정증서에 의할 필요는 없고 사서증서로도 족하다. 다만 법은 그 작성의 명확과 확실을 기하고 정관의 성립 및 기재에 대하여 분쟁이나 부정행위가 발생하는 것을 방지하기 위하여 인증을 요구하고 있는 것이다. 즉 정관의 인증은 원래 정관작성의 확실을 기하여 후일의 분쟁을 방지하는데 있지만, 한편 발기인의 기명날인 또는 서명을 확인하여 이로써 회사설립에 관한 책임의 귀속을 명시하고, 만일 분실의 경우 이를 대비하여 1통을 공적 기관에 보관시키려는 데도 그 취지가 있다. 따라서 만약 공정증서에 의하여 정관을 작성한 경우에는 법의 취지로 보아 별도로 인증을 필요로 하지 않는다. 정관의 인증은 원시정관에 한하여 요구되며 정관의 변경의 경우에는 요구되지 않는다. 인증의 절차는 (1) 발기인이 본점소재지를 관할하는 지방검찰청에 소속하는 공증인이나 합동법률사업소에 발기인 및 그 대리인이 정관 2통을 제출하여 각각 그에 대하여 기명날인 또는 서명을 공증인 앞에서 자인하고 공증인은 그 뜻을 기재한다. (2) 공증인은 1통을 자신이 보관하고 다른 1통은 환부한다(공증§63). 그러나 실제는 정관 3통에 인증을 받는 것이 통례이다. 설립등기 신청서의 첨부서류로서 공증인이 인증한 정관을 요하기 때문이다.

1주의 금액(1株의 金額)

주주의 출자단위인 주식을 금액으로 표시한 것이다. 회사가 설립시 발행할 주식의 총수를 이것에 곱하여 설립시 회사자본의 규모를 명확히 하기 위함이다. 상법은 과거 무액면주식을 인정하지 않고, 액면주식만을 인정하고 있었으나, 2011년 상법 개정을 통하여 무액면주식을 도입하였다. 이에 정관에 규정이 있는 경우에는 회사가 주식 전부를 무액면주식으로 발행할 수 있게 되었다. 다만, 무액면주식을 발행한 회사는 액면주식을 발행할 수 없다. 액면주식의 금액은 균일하여야 하고, 그 금액은 100원 이상이어야 한다(상§329).

변태설립(變態設立)
독 ; qualifizierte Gründung

회사설립시 회사자본의 충실과 회사채권자를 해치는 위험한 사항을 변태설립사항이라 하며, 이러한 정관사항을 기초로 회사를 설립하는 것을 변태설립이라 한다. 상법은 제290조에서 발기인 또는 그 일족에 의해 개인적 이익추구의 수단으로 남용되어 회사주주 혹은 회사채권자에 손해를 줄 위험이 큰 사항을 정하고, 그 예방대책을 강구하고 있다. 이러한 변태설립사항으로는 (1) 발기인이 받을 특별이익과 이를 받을 자의 성명, (2) 현물출자를 하는 자의 성명과 그 목적인 재산의 종류, 수량, 가격과 이에 대하여 부여할 주식의 종류와 수, (3) 회사성립 후에 양수(讓受)할 것을 약정한 재산의 종류, 수량, 가격과 그 양도인의 성명, (4) 회사가 부담할 설립비용과 발기인이 받을 보수액 등이다. 이러한 사항은 ① 상대적 기재사항으로서 정관에 기재하지 않으면 효력이 발생할 수 없고(상§290), ② 주식청약서의 기재사항으로 하여(상§302), ③ 그 내용에 관하여 법원이 선임한 검사인의 검사를 받게 하고(상§299, §310), ④ 그것이 부당한 때는 발기설립의 경우 법원, 모집설립의 경우 창립총회에서 변경할 수 있도록 하고 있다(상§300, §314). 유한회사에서는 회사설립시의 현물출자·재산인수 및 회사가 부담한 설립비용에 관한 사항을 정관의 상대적 기재사항으로 하고(§544), 주식회사와 같은 특별한 검사는 없으나 회사에 제공된 재산의 실가가 정관에 정하여진 가액에 현저하게 부족한 때에는 회사설립 당시의 사원에게 그 부족액을 지급할 연대책임을 지우고 있다(§550).

발기인의 보수(發起人의 報酬)
독 ; Gründerlohn

발기인이 회사의 설립사무에 종사한 노무에 대한 보수이다. 발기인이 받을 특별이익과는 달리 성립 후 회사로부터 일시에 지급되는 것이다. 이를 정관에 기재하도록 한 것은 보수액이 과다하게 지출되면 회사의 재산적인 기초를 해할 우려가 있으므로 이를 방지하기 위한 것이다. 발기인의 보수는 설립비용과 구별하여 기재하여야 하고 발기인의 보수를 설립비용 중에서 지급할 수는 없다.

사후설립(事後設立)
독 ; Nachgründung

회사가 영업에 사용할 것을 예정한 일정한 재산을 회사설립 후에 회사에 양도하는 계약을 체결하는 것이다. 이것은 현물출자나 재산인수에 관한 엄격한 규정의 탈법수단이 될 우려가 있다. 따라서 상법은 이를 막기 위하여 주식회사 및 유한회사는 성립 후 2년 내에, 회사성립 전부터 존재하는 재산으로서 영업을 위하여 계속하여 사용해야 할 것을 자본의 100분의 5 이상에 해당하는 대가로 취득하는 계약을 하려면, 주주총회 또는 사원총회의 특별결의를 요한다(상§375, §576②). 그 재산은 계속해서 영업용으로 사용하여야 하므로 유동자산은 그 대가여하를 불문하고 제한을 받지 않는다. 다만 사후설립은 현물출자나 재산인수에 비하여 검사인의 검사가 면제되므로 잠탈방지기능의 실효성이 의문시된다. 따라서 독일의 입법례와 같이 주주총회결의에 앞서 검사인 또는 감사의 감사를 받도록 함이 타당하다(독·주§52 I 참조).

사해설립(詐害設立)

사원이 채권자를 해치는 것을 알면서 회사를 설립하는 것이다. 합자·유한·합명회사에 있어서는 채권자는 이를 이유로 하여 사원 및 회사에 대한 소송으로 회사설립의 취소를 청구할 수 있다(상§185).

회사등기(會社登記)

상법과 상업등기법에 따라서 회사에 관한 사항을 상업등기부에 등기하는 것이다. 회사에 관한 등기사항으로는 회사의 설립, 업무집행사원·이사·감사·대표사원·대표이사·공동대표, 해산·청산, 자본증감, 사채, 합병, 계속, 조직변경 등이 있다(상업등기법 제6절~7절 참조). 회사등기는 신청으로 하는 것이 원칙이나 법원이 직권으로 등기를 등기소에 촉탁 할 수도 있다.

주식(株式)

영 ; share, stock　　　　독 ; Akite
불 ; action

주식은 상법상 주식회사의 자본의 구성단위로서의 금액과 주주의 회사에 대한 권리·의무를 내용으로 하는 지위라는 두 가지 의미가 있다. 일반적으로 주주의 회사에 대한 권리·의무를 내용으로 하는 지위를 사원권 혹은 주주권이라고 부른다. 그리고 주주권은 주권이라는 유가증권에 표창되므로 주권을 주식이라고 부르는 경우도 있으나 상법상으로는 구별되고 있다. 주주는 회사에 대하여 자기가 가지고 있는 주식의 내용과 수에 따라 권리·의무를 가지게 되고, 비율적으로 기업지배와 기업이윤에 참여하게 된다. 각 주주는 1株(1주)에 1의결권을 가지고(상§369①), 이익 또는 이자의 배당은 각 주주가 소유하고 있는 주식수에 따라 하며 (§464), 회사가 해산하여 청산한 후에 아직 재산이 남아 있는 때에는, 그 재산을 각 주주가 가진 주식의 수에 따라 주주에게 분배하여야 한다 (§538). 이와 같이 주주는 그가 가지고 있는 주식수에 따라 권리의 비율이 정하여지므로, 주식은 주주의 회사에 대한 자율적 지위라고도 한다. 각 주식의 금액은 균일하여야 하며(§329③), 자본의 전부가 주식으로 분해되어 있어야 하고 액면주식 1주의 금액은 1백원이상 이어야 한다(§329③). 그러므로 자본의 일부만을 주식으로 분할하는 것은 허용되지 않는다. 상법상 주식은 일정한 금액으로 표시하는 금액주에 한하나, 입법예에 따라서는 자본에 대한 분수적 비례로 표시하고 권면액이 없는 이른바 무액면주(부분주·비례주)도 있다.

주식은 회사설립·선의취득에 의하여 원시적으로 취득되고, 합병·상속 등에 의한 법률상의 이전과 당사자의 계약에 의한 주식의 양도에 의하여 승계적으로 취득된다. 또 주식의 입질(入質)도 가능하다. 다시 주식은 그 이전 또는 실권절차에 의하여 상대적으로 소멸하고 회사의 해산과 주식소각에 의하여 절대적으로 소멸하나 주주의 퇴사는 인정되지 않는다. 또한 주식은 기명주식과 무기명주식으로 나누어지고 양도·입질(入質)·의결권의 행사 등의 경우에 그 취급을 달리한다.

의결권(議決權)

영 ; voting right
독 ; Stimmrecht
불 ; droit de vote

주주가 자신의 의사표시를 통해 주주총회의 공동의 의사결정에 지분적으로 참가할 수 있는 권리를 말한다. 의결권은 주주의 가장 중요한 공익권이며, 보유권의 일종으로서 정관의 규정으로도 이를 박탈하거나 제한할 수 없고, 주주도 이를 포기하지 못한다. 의결권은 주식평등의 원칙에 따라 1주마다 1개의 의결권만이 주어진다. 일정한 경우에는 의결권 행사가 제한되는 바, 회사가 가진 자기주식(상법 369조2항), 상호주(상법 369조3항), 특별이해관계 있는 주주(상법 368조4항), 감사선임시의 제한(상법 409조2항) 기타 공정거래법·증권거래법 등에 의한 제한이 그 예이다. 의결권을 행사하기 위해서는 기명주식의 경우에는 주주명부에 주주로 등재되어 있어야 하며, 무기명주식의 경우에는 회일의 1주간 전에 주권을 회사에 공탁하여야 한다(상법 368조2항). 주주가 2개 이상의 의결권을 가지고 있는 때에는 이를 통일하지 않고 행사할 수 있다. 그러나 회사는 주주가 주식의 신탁을 인수하였거나 기타 타인을 위하여 주식을 가지고 있는 경우 외에는 이를 거부할 수 없다(상법 368조의2 2항). 또한 의결권은 대리행사가 가능하며, 회사는 정관으로도 이를 금지할 수 없다.

지분(持分)

영 ; share
독 ; Anteil, Teilhaberschaft
불 ; part social

지분이란 사단법인의 구성원의 몫이다. 상법상으로는 합명회사·합자회사·유한회사의 사원이 회사에 대하여 가지는 법률상의 지위(사원권)을 말한다. 예컨대, 지분의 양도(상§197·§269·§556), 지분의 압류(§223·§269), 지분의 입질(入質)(§559①), 지분의 상속이라고 하는 경우는 이 의미이다(법률적 의미의 특분). 또한 회사가 해산하였거나 사원이 퇴사하였을 경우에 사원이 그 자격에서 회사에 청구하거나 회사가 지급해야 할 계산상의 수액(數額)을 의미할 경우도 있다. 즉 사원인 지위의 경제적 평가액이며, 지분의 환급(§222·§269)·계산이라고 하는 경우는 이 의미이다(경제적 의미의 지분). 지분이라는 용어는 공동소유의 경우에도 사용되는 데, 회사에서 말하는 지분은 회사재산이 법인인 회사의 단독소유로 되어 있기 때문에 공동소유지분과는 동일한 의미가 아니다. 그러나 회사사원의 지위는 본질상 공동소유자적 지위이고, 그것이 회사에 부여된 법인성과 함께 회사와 사원과의 법률관계(사원관계에 제도상 변화한 것에 지나지 않는다.

주주(株主)
영 ; shareholder, stockholder
독 ; Aktionär
불 ; actionnaire

주주는 주식의 취득만으로써 그 자격이 얻어지며 그 밖의 원인으로 주주가 될 수 있는 약정은 무효이다. 주주인가의 여부는 실질적 법률관계에 따라 정하여지며 그 명의가 누구에게 되어 있는가는 이를 묻지 않는다. 판례도 이에 따르고 있다. 법률상 주주의 종류는 주식의 종류에 따라 보통주주·우선주주·후배주주·혼합주주 등이 있다. 이에 대하여 경제적으로는 소유주식의 수량으로부터 대주주와 소주주로 나누어지며, 소유의 동기 및 기능으로부터 투자주주·투기주주·기업가주주 등으로 나누어진다. 주주의 자격에는 특별한 제한이 없다. 자연인·법인을 묻지 않으며 능력·국적·연령·성별 등에 관계없이 주주가 될 수 있다. 다만 자기주식의 취득과 특수회사의 경우 주식의 취득과 보유 및 상호주식보유 등에 관하여는 일정한 제한이 있다. 그러나 회사 설립 후에는 제한이 없으므로 1인회사를 인정하는 것이 우리나라의 학설과 판례의 일치된 견해이다. 주주는 실질적으로는 기업의 소유자로서 회사의 최고의사결정기관인 주주총회를 구성한다. 오늘날에는 기업의 소유와 경영의 분리가 이루어져감에 따라 이른바 주주의 사채권자화현상이 현저해지고 있으나, 법적으로는

어디까지나 회사의 구성원이지 단순한 채권자는 아니다. 그러나 합명회사나 합자회사의 사원과 달라서 퇴사라고 하는 것은 인정되지 않는다. 그러나 실질적으로는 퇴사와 똑같은 결과가 생기는「주식의 양도성」이 제한적으로 인정된다. 즉 주식은 타인에게 이를 양도할 수 있다. 다만, 주식의 양도는 정관이 정하는 바에 따라 이사회의 승인을 얻도록 할 수 있다(§335①). 위 규정에 위반하여, 이사회의 승인을 얻지 아니한 주식의 양도는 회사에 대하여 효력이 없다(§335②). 또한 주주의 지위는 인적 회사의 사원의 지위와는 다르고, 물적 성질이 강하다. 그 책임은 회사채권자에 대한 직접책임이 아닌 간접책임이고, 또 그가 가지는 주식의 인수가액을 한도로 하는 유한책임이다(§331). 주주는 주주인 자격에 의한 법률관계에 관하여는 그가 가지는 주식의 수에 따라서 평등한 취급을 받는 것을 원칙으로 한다(주주평등의 원칙). 주식회사에서는 사원이 많고 자본적으로만 회사에 관여하고, 그 사이에 인적 신뢰관계가 없으며, 다수결원칙이 보편적으로 채택되므로 주주평등의 원칙이 중요한 의의를 갖는다.

주주제안제도(株主提案制度)

주주의 적극적인 경영참여와 경영감시를 강화하기 위하여 발행주식총수의 100분의 3이상의 주식을 보유한 주주에게 주주총회의 목적사항(의제 또는 의안)을 이사에게 제안할 수 있는 권한을 부여하였다. 즉 (1)의결권 없는 주식을 제외한

발행주식총수의 100분의 3이상에 해당하는 주식을 가진 주주는 이사에 대하여 회일의 6주전에 서면으로 일정한 사항을 주주총회의 목적사항으로 할 것을 제안(주주제안)할 수 있고(상법 363조의2 1항), (2)주주는 이사에 대하여 회일의 6주전에 서면으로 회의의 목적으로 할 사항에 추가하여 당해 주주가 제출하는 의안의 요령을 상법 제363조에서 정하는 통지와 공고에 기재할 것을 청구할 수 있으며(동법 363조의2 2항), (3)이사는 주주제안이 있는 경우에는 이를 이사회에 보고하고, 이사회는 주주제안의 내용이 법령 또는 정관에 위반되는 경우를 제외하고는 이를 주주총회의 목적사항으로 하여야 한다. 이 경우 주주제안을 한 자의 청구가 있는 때에는 주주총회에서 당해 의안을 설명할 기회를 주어야 한다(동법 363조의2 3항).

사원(社員)

영 ; member   독 ; Mitglied

사단법인의 구성원을 사원이라고 한다. 실정법상의 용어로서 주식회사의 구성원은 주주, 특별법상 조합의 구성원은 조합원이라 부르며, 공익사단법인·합자회사·합명회사·유한회사·상호회사·유한책임회사의 구성원만을 사원이라고 한다. 또한 보통 회사원을 사원이라고 하나 법률상으로는 여기서 뜻하는 사원이 아니며 피용자일 뿐이다.

대표사원(代表社員)

회사대표권이 인정되는 사원으로, 합명회사의 각 사원 및 합자회사의 각 무한책임사원 또는 이 양회사의 의무집행사원은 원칙적으로 회사대표권을 갖는다. 그러나 정관이나 총사원의 동의에 의해 이들 중에서 특히 대표사원을 정할 수가 있다(상§207, §269). 대표사원은 원칙적으로 각자 회사를 대표하는 권한을 갖지만 정관 또는 총사원의 동의로써 공동대표로 정할 수가 있다(§208, §269). 대표사원을 정하는 경우와 공동대표를 정하는 경우에는 이를 등기하여야 한다(§180 Ⅳ Ⅴ, §37). 대표사원의 권한은 회사영업에 관한 모든 재판상·재판외의 행위에 미치며, 이에 가해진 제한은 선의의 제3자에게 대항할 수 없다(§209, §269). 회사대표에 관하여 부정행위가 있거나 또는 권한 없이 대표한 때에는 타사원의 과반수의 결의에 따라서 회사는 제명의 선고를 법원에 청구할 수 있다(§220①Ⅲ, §269). 그리고 회사와 사원간의 소에 관하여 회사를 대표할 사원이 없을 경우에는 타사원의 과반수의 결의로써 대표사원을 선정하여야 한다(§211, §269).

무한책임사원(無限責任社員)

영 ; partner with unlimited liability
독 ; presnlich haftender Gesellschafter nbeschrnkt haftender Gesellschafter
불 ; associe indefiniment responsable

회사채무에 관해서 직접·무한·연대책임을 지고 있는 사원이다. 합명회사는 무한책임사원만으로 구성되며(상§212), 합자회사는 이 사원과 유한책임사원으로 구성되어 있다(§268). 무한책임사원의 책임은 (1) 회사재산으로 회사채무를 완전히 변제할 수 없는 경우(채무초과) (2) 회사재산에 대한 강제집행이 가능하지 못한 경우에 구체화되는 것이므로 제2차적 책임이라고 할수 있다. 회사채권자의 청구에 대하여 회사에 변제자력이 있으며 집행이 용이한 것을 증명한 경우 책임을 면할 수 있다(§212③, §269). 또 사원의 책임은 종속적인 것이며, 따라서 회사의 채무가 소멸하면 사원의 책임도 소멸하고 회사에 있어서 채무의 이행을 거절할 수 있는 항변사유가 있으면 사원도 그 사유를 원용하여 채권자에게 대항할 수 있다(§214). 무한책임사원은 중대한 책임을 지는 대신 회사의 경영에 있어서는 업무집행권·대표권을 갖는다.

유한책임사원(有限責任社員)
영 ; partner with limited liability
독 ; beschränkt hafteder Gesellschafter beschränkthafteder Kommanditist
불 ; associe définition responsavle commanditabe définiment responsable

회사채무에 관해서 출자가액을 한도로 하여 직접·연대책임을 지는 사원이다. 주식회사의 주주와 유한회사·유한책임회사의 사원은 책임의 한도가 회사채권자에 대해서 유한이나 직접 부담하는 것이 아니며 또 연대책임도 아니다. 유한책임은 출자가액을 한도로 하지만 만약 출자를 이행한 경우에는 그 한도에서 책임을 면하게 된다. 또 이와 반대로, 채권자에 대하여 책임을 이행한 경우에는 그 한도에서 출자의 이행이 있는 것으로 된다. 즉 일방을 이행하면 타방은 그만큼 감경되는 관계에 있다(상§279①). 유한책임사원의 책임은 출자가액을 한도로 하지만 연대책임이다. 이때의 연대란 유한책임사원간에서 뿐만 아니라 무한책임사원간도 포함되는 상호 연대관계에 있는 것을 말한다. 또 유한책임사원의 책임도 무한책임사원의 책임과 같이 제2차적 책임이고 회사채무에 관해서는 보충성·종속성을 가진다. 따라서 회사의 채무가 소멸하면 사원의 책임도 없어진다(§212·§269). 유한책임사원은 회사의 업무집행, 대표권을 갖지 않는 반면 감시권이 부여되어 있다. 이 권리는 영업연도말에 있어서 영업시간내에 한하여 행사할 수 있고, 이에 근거하여 회사의 회계장부·대차대조표를 열람할 수 있고 회사의 업무와 재산상태를 검사할 수 있다(§277①).

업무집행사원(業務執行社員)

사원중 회사의 업무를 집행하는자, 합명회사의 각 사원 및 합자회사의 각 무한책임사원은 원칙적으로 업무집행사원이지만(상§200①), 정관으로 예외를 규정할 수도 있다. 이와 같이 합명회사 및 합자회사의 경우에는 기관자격과 사원자격이 일치되어 있는 점에 있어서 주식회사와 현저한 차이가 있다. 업무집행의 의사결정은 업무집행사원의 과반수로써 이루어지는데, 그 결의의 집행자체와 통상업무의 의사결정은 다른 사원 또는 다른 업무집행사원의 이의가 없는 한 각 업무집행사원이 단독으로 할 수 있다(상§195, §203, §269, 민§706참조). 그리고 각 업무집행사원은 원칙적으로 회사를 대표할 권한을 갖는다(상§207, §269, §278). 회사와 업무집행사원간의 관계는 민법의 위임에 관한 규정에 따른다(상§195, §269, 민§707, §681~§688참조).

자본(資本)

영 ; share capital, capital stock
미 ; stated capital, legal capital
독 ; Grundkapital, Stammkapital
불 ; capital social

자본은 회사가 회사채권자보호를 위하여 자산을 확보하여야 하는 기준액이다. 이는 사원이 회사채권자에 대하여 직접책임을 부담하지 않는 주식회사나 유한회사와 같은 물적 회사에만 존재하는 것이며 개인상인, 조합기업 등은 물론 합명회사, 합자회사 등의 인적 회사에는 이러한 의미에서의 자본은 존재하지 않는다. 또한 이는 추상적인「기준금」이므로 구체적인 자산과는 직접적인 관계가 없으며, 현금, 채권, 상품, 기계, 특허권 등의 자산이 내용물이라고 한다면, 자본은 이를 담기 위한 용기에 불과하다.

이상과 같은 본래 의의(意義)의 자본 외에 자본에는 총자산을 의미하는 자본(소상인의 정의에 있어서). 순자산 또는 자기자본을 의미하는 대차대조표의 자본항목, 정관에 규정된 주식발행한도액을 의미하는 수권자본, 유보이익에 대응하는 의미의 축적자본 또는 실질자본, 주주의 출자액을 의미하는 출자자본, 주주의 갹출액을 의미하는 갹출자본, 생산수단을 의미하는 경제학상의 총자본등 여러 가지 의의가 있다. 그러나 각종 회사에 있어서 자본은 다음과 같다. (1) 주식회사의 자본은 발행주식의 액면총액(상§451), (2) 유한회사는 정관의 기재사항으로서의 자본의 총액(§543②Ⅱ), (3) 유한책임회사는 정관의 기재사항으로서의 자본금의 액(§287의3), (4) 합명회사와 합자회사는 정관의 기재사항인 재산출자의 가액(§179Ⅳ, 269)의 총계이다. 또 경제상 사원의 출자를 자기자본이라 하고, 사채 기타의 차입금을 타인자본이라고 하는 경우가 있으나 이러한 것은 회사법상의 자본과 다르다. 「회사가 발행할 주식의 총수」(§289①Ⅲ)를 수권자본(authorized capital, nominal capital)이라 하는데 이것은 회사가 조달할 수 있는 기본액을 말하는 것으로 회사의 기금이라는 뜻의 자본과 어느 정도의 관련성은 있으나, 본래의 회사법상의 자본과는 전혀 다른 것이다. 주식회사의 자본은 회사재산을 확보하기 위한 기준이며 또한 손익계산의 기준이 된다. 물적회사에 있어서 자본은 특히 중요한 의의를 가진다.

수권자본제도(授權資本制度)

영 ; authorized capital system,
authorized stock system
독 ; authorisiertes kapitalsystem

주식회사가 발행을 예정하는 자본 가운데 회사설립시 그 일부분만 주식을 인수하여 납입함으로써 회사는 설립되고 그 나머지 부분에 대하여 이사회가 원하는 시기에 수시로 발행할 수 있는 제도이다. 영미법계의 입법주의로서 창립주의라고도 한다. 수권자본제도는 정관에 기재한 회사가 발행할 주식총수 가운데 회사설립시에 발행하지 않았던 미발행주식에 관해 회사성립후 이사회의 결의에 따라 언제나 임의로 주식을 발행할 수 있는 제도로 수권이란 회사가 국가 또는 주(州)로부터 주식발행의 권능이 부여되어 있는 것을 뜻한다. 수권자본제도는 자기자본조달의 기동성을 발휘할 수 있지만 채권자보호에 소홀할 염려가 있다. 우리 상법은 확정자본제도와 수권자본제도를 타협·조정한 1950년 일본 개정상법을 수정·도입하였다. 회사는 정관에 "회사가 발행할 주식의 총수"인 발행예정주식총수, 이른바 수권자본을 기재하지만 회사설립시 그 자본 전체를 인수 납입할 필요는 없고 다시 "설립시 발행하는 주식의 총수"를 기재시켜 그 부분에 대한 주식의 인수·납입을 요구하고 있다. 1984년 4월 10일 법률 제3724호 상법개정전에는 2분의 1로 너무 과중하여 실효를 거들기 어렵다는 비판이 있었다. 이에 개정전 자본시장육성에관한법률(1997. 4. 1. 폐지) 제11조에서는 상장주식회사의 경우 4분의 1이상으로 그 예외를 두었었다. 1984년 4월 10일 개정상법 법률 제3724호에서는 이러한 비판의 특별법의 예외규정을 수용하여 주식회사 일반에 대하여 수권자본과 발행자본의 비율을 4분의 1 이상으로 조정하였다. 그러나 이 규정은 2011.4.11.에 삭제되었다.

최저자본액(最低資本額)

2009년 상법 개정전법에 의할 때 주식회사의 설립 및 존속에 필요한 자본의 최저한도액을 말한다. 즉 개정전법에 의하면 주식회사의 자본액은 5천만원 이상이어야 했다(상§329①). 주식회사자본액의 최저한을 정하여 영세개인기업이 주식회사의 탈을 씀으로써 나타나는 주식회사의 남설·부실을 저지하려는 데 그 취지가 있었다. 그러나 2009년 상법개정에 의하여 최저자본금제가 폐지되어 창의적인 아이디어를 갖고 있는 사람이라면 누구라도 손쉽게 저렴한 비용으로 회사를 설립할 수 있도록 하였다. 본래 최저자본금제도는 채권자보호를 위한 목적으로 한 것이나 현대 회사제도에 있어서 최저자본금제도는 이러한 채권자보호 목적이 형해화되어 있는것이 현실이며, 오히려 최저자본금제도가 창업의 물리적·심리적 장벽으로 작용하고 있는 것이 현실적인문제점으로 지적되어 왔다. 현실에 있어서, 채권자는 자본금으로 회사의 신용도를 평가하는 것이 아니라 회사의 재무상태로 회사의 신용도를 평가하고 있으므로 최저자본금제도가 폐지된다고 하여 채권자 보호에 문제가 생기지는 않을 것이다. 한편, 유한회사에서의 경우에는 출자 1좌의 금액은 100원 이상으로 균일하게 하여야 한다(상§546).

주식인수(株式引受)
영 ; subscription for shares
독 ; Aktienübernahme, Aktienzeichnung
불 ; souscription d'action

주식회사의 설립 또는 신주발행의 경우에 회사에 출자할 것을 약정하여 주주가 될 지위를 취득하는 것이다. 주식인수의 방법·효과·법적 성질은 발기설립과 모집설립에 있어서 각기 다르다. (1) 발기설립의 경우 설립시 발행하는 주식의 총수는 발기인만이 인수한다. 발기인에 의한 주식의 인수는 서면에 의하여야 한다(상§293). 구두에 의한 인수는 무효이다. 서면의 방식에는 특별한 제한이 없다. 발기인이 인수한 주식의 종류 및 수를 기재하고 당해 발기인의 서명 또는 기명날인을 하는 것이 일반적이다. 주식인수의 시기에도 제한이 없으므로 정관작성

후이든 정관작성전이든 무방하다고 보는 것이 다수설이다. 다만 정관작성과 동시에 또는 그 후에야 가능하다고 보는 소수설도 있다. 발기인의 주식인수의 법적 성질은 합동행위로 보는 견해와 설립중의 회사에서 입사계약으로 보는 견해가 있다. 합동행위로 보는 견해가 다수설이다. (2) 모집설립의 경우에는 설립시 발행하는 주식총수의 일부만 발기인에 의하여 인수되고 나머지 주식은 모집주주가 인수한다. 주주모집은 그 방법에 제한이 없다. 공모이든 연고모집이든 관계없다. 발기인이 앞서 기술한 주식인수와는 별개로 이 모집에 따라서 주식을 인수하여도 무방하나 그 결과 회사의 설립시 발행하는 주식의 총수가 발기인만으로 인수된 때는 발기설립으로 처리되어야 한다. 주주모집에 대하여 상법에는 발기인이 법정의 사항을 기재한 주식청약서를 작성하고, 주식의 청약은 이것에 의하도록 규정되어 있다(상§302). 주식청약인의 경우는 주식청약서에 의하여 청약을 하고(§302), 발기인 또는 이사의 주식배정에 의하여 인수된다(§303). 그 성질은 설립중의 회사 또는 회사에 대한 입사계약이다.

주식의 청약(株式의 請約)

주식을 인수하여 주주가 되겠다는 발기인(회사설립시) 또는 이사(신주발행시)에 대한 주식응모자의 의사표시이다. 주식인수의 청약을 하고자 하는 자는 주식청약서 2통에 인수할 주식의 종류 및 수와 주소를 기재하고 기명날인 또는 서명하여야

한다(상§302①). 주식청약서에 의하지 않은 청약은 무효이다. 주식청약의 효력여부는 회사의 설립에 중대한 영향을 미친다. 청약이 효력을 가지지 않으면 회사의 설립시 발행하는 주식총수의 인수에 흠결이 발생하고, 이는 회사의 불성립 또는 설립의 무효를 초래케 한다. 청약의 효력을 가능한 유지하기 위하여 다음 몇 가지의 특칙을 두고 있다. 첫째, 비진의의사표시에 관한 민법 제107조 1항 단서의 규정은 주식청약에 적용되지 않는다. 둘째, 회사 성립후에는 주식을 인수한 자는 주식청약서의 요건의 흠결을 이유로 하여 그 인수의 무효를 주장하거나 사기, 강박 또는 착오를 이유로 하여 그 인수를 취소하지 못한다(상§320①). 창립총회에 출석하여 그 권리를 행사한 자는 회사의 성립전이라고 할지라도 주식인수의 무효나 취소를 주장하지 못한다(상§320②). 주식청약서에 기재된 시기까지 창립총회가 종결되지 않았음에도 불구하고 그 청약을 취소하지 않고 창립총회에 출석하여 의결권을 행사한 경우도 같다. 그러나 의사무능력·행위무능력 또는 사해행위를 이유로 하는 주식인수의 무효·취소는 가능하다.

주식의 배정(株式의 配定)
영 ; allotement of shares
독 ; Zuteilung der Aktieu

주식회사의 모집설립 또는 신주의 발행에 있어 주식청약인의 청약에 대하여 주식의 인수여부는 인수주식의 수를 결정하는 행위이다. 주식청약인의 청약에 대한 회사측의 승낙의 의사표시이며 이로써 주식인수가 성

립한다. 배정의 결과 주식청약인은 주식인수인이 되고, 배정된 주식의 수에 따라 납입할 의무를 부담한다(상§303). 배정의 의사표시는 서면으로 하는 것이 상례이지만, 구두로 하여도 된다. 또한 회사는 주식청약서, 사업계획서 또는 주주모집의 광고에 배정의 방법을 미리 정하고 있지 아니하는 한 가장 적당하다고 인정되는 자에게 자유롭게 배정할 수 있다(배정자유의 원칙).

자기주식취득금지(自己株式取得禁止)

개정 전 상법에 의할 때, 회사는 원칙적으로 자기주식을 취득하거나 질권의 목적으로 받지 못하였었다(구 상법341조). 회사가 자기의 명의로 자기주식을 취득하는 경우뿐만 아니라 타인명의로 취득하는 경우에도 회사의 계산에 의한다면 취득금지의 대상이 되었다. 자기주식의 취득을 금지하는 이유는 회사가 자기주식을 취득해서 실질적으로 주주에 대한 출자반환의 결과가 되어 회사의 자본유지를 해치고, 자기주식의 취득 및 처분에 의하여 주가를 조작하고 회사재산을 투기에 제공할 위험이 있으며, 나아가서 자기주식에 의결권이 있다고 하면 이사가 이것을 이용하여 주주총회의 결의를 자의로 전황할 우려가 있기 때문이었다. 회사가 자기주식의 취득금지의 원칙에 위반하여 주식을 취득한 경우 그 효력에 관하여는 무효설, 유효설 및 상대적 무효설 등으로 학설이 나누어진다. 무효설은 자본충실·유지의 원칙을 중시하여 제341조를 강행규정으로 보아 자기주식취득 또는 질권설정은 무효라고 본다. 양도인의 선의·악의를 불문하며 판례도 이 입장을 따르고 있다. 유효설은

제341조를 일종의 명령적 규정으로 보아 회사가 자기주식을 취득한 때에는 주식유통의 동적 안전을 중시하여 그 취득행위 자체는 유효하고 오직 위법행위를 한 이사가 회사에 대하여 손해배상의 책임을 질뿐이라고 한다. 상대적 무효설은 위법한 자기주식의 취득은 원칙적으로 무효이지만 회사가 타인명의로 회사의 계산으로 취득하는 경우에 있어서는 양도인에게 악의가 없는 한 유효하다고 본다. 그러나 구 상법 제341조는 다섯 가지 경우에 금지를 해제하여 자기주식의 취득을 허용하고 있었다. 즉, (1) 주식을 소각하기 위한 때(§341 I), (2) 회사의 합병 또는 다른 회사의 영업전부의 양수로 인한 때(§341 II), (3) 회사의 권리를 실행함에 있어 그 목적을 달성하기 위하여 필요한 때(§341 III), (4) 단주(端株)의 처리를 위하여 필요한 때(§341 IV), (5) 주주가 주식매수청구권을 행사한 때(§341 V) 이외에는 자기의 계산으로 자기의 주식을 취득하지 못하였다. 그러나 2011년 상법개정을 통하여 상법상의 일반적인 회사도 배당가능이익의 범위 내에서 자기주식을 취득할 수 있게 되었다.

주식회사가 자기의 계산으로 자기의 주식을 취득하는 것은 회사의 자본적 기초를 위태롭게 하여 회사와 주주 및 채권자의 이익을 해하고 주주평등의 원칙을 해하며 대표이사 등에 의한 불공정한 회사지배를 초래하는 등의 여러 가지 폐해를 생기게 할 우려가 있으므로 상법은 일반 예방적인 목적에서 이를 일률적으로 금지하는 것을 원칙으로 하면서, 예외적으로 자기주식의 취득이 허용되는 경우를 유형적으로 분류하여 명시하고 있으므로 상법 제341조, 제341조의2, 제342조의2 또는 증권거래법 등에서 명시적으로 자기주식

의 취득을 허용하는 경우 외에, 회사가 자기주식을 무상으로 취득하는 경우 또는 타인의 계산으로 자기주식을 취득하는 경우 등과 같이, 회사의 자본적 기초를 위태롭게 하거나 주주 등의 이익을 해한다고 할 수 없는 것이 유형적으로 명백한 경우에도 자기주식의 취득이 예외적으로 허용되지만, 그 밖의 경우에 있어서는, 설령 회사 또는 주주나 회사채권자 등에게 생길지도 모르는 중대한 손해를 회피하기 위하여 부득이 한 사정이 있다고 하더라도 자기주식의 취득은 허용되지 아니하는 것이고 위와 같은 금지규정에 위반하여 회사가 자기주식을 취득하는 것은 당연히 무효이다(대법원 2003. 5. 16. 선고 2001다44109).

상호주(相互株)

두 개 이상의 회사가 서로 상대방회사 혹은 순환적으로 출자하고 있는 경우에 서로 소유하는 상대방의 주식을 말한다. 이 경우의 주식의 지위에 관해 상법에서는 의결권행사제한(상§369③)만을 정하고 있다. 이에 따라 자회사가 모회사의 주식을 취득할 수 있는 예외의 규정 또는 해석으로 적법하게 취득한 경우에 의결권을 제외한 권리행사가 문제된다. 의결권행사만은 상법 제369조 3항에 따라 모회사가 자회사의 주식 10분의 10 이상을 취득하고 있으므로 마땅히 제한되어야 한다는 데 의문이 없다. 그러나 자회사가 보유하는 모회사의 주식은 이를 자기주식취득의 일환으로 보는 한 구태여 모자관계 없는 회사간의 의결권행사제한규정(§369③)을 적용할 것이 아니고 자기주식의 권리행사제한에 관한 해석을 그대로 원용하여야 한다. 이렇게 함으로써 모자관계가 없는 회사간의 권리행사와 모자관계가 있는 회사간의 권리행사 전체를 일관성있게 해명할 수 있기 때문이다. 따라서 자기주식의 법적 지위와 같이 의결권 행사뿐만 아니라 그 이외의 공익권은 물론 자익권도 제한된다고 본다.

제권판결(除權判決)
독 ; Ausschlussurteil

공시최고절차의 경우에 신청인의 신청에 따라서 신청인의 이익으로 권리를 변경하는 효력을 가지는 형성판결이다. 상법 제360조 등 법률에 정하여진 경우에만 허용되는 것으로, 제권판결이 있는 경우에 신고가 없는 권리는 실권하게 된다.

민사소송법에는 어음·주권 등 상법에 무효로 할 수 있음을 정한 증서를 분실 또는 멸실한 경우 그 증서를 무효로 하고, 증서가 없더라도 의무부담자에게 권리를 행사할 수 있는 경우의 특별규정도 있다(민소§492~§497).

제권판결이 있는 때에는 법원은 그 요지를 신문지에 게재하여 공고하며(민소§489), 제권판결은 선고와 동시에 확정되고, 권리의 득상변경이 발생한다. 판결 후 판결의 취지와 상반되는 사실이 증명되더라도 판결이 적법하게 취소되지 않는 한, 판결의 효력을 전복할 수 없다. 제권판결은 선고에 의하여 확정되므로 상소하지 못한다(민소§490①). 그러나 절차 또는 판결에 중대한 하자가 있는 경우에는 제권판결에 대한 불복의 소를 제기할 수 있다(민소§490②).

주권의 선의취득 (株券의 善意取得)

사유의 여하를 불문하고 주권의 점유를 잃은 자가 있는 경우에 그 주권을 취득한 소지인은 악의 또는 중과실에 의하여 취득한 경우를 제외하고는 그에 대한 권리를 원시적으로 취득하는 것을 말한다. 주권은 유가증권으로서 어음 이상으로 유통속도가 빠르므로 그 거래의 동적 안전보호의 필요성은 대단히 크다. 따라서 상법은 주권의 선의취득자 보호에 대하여 수표법 제21조를 준용하였다(상§359). 이것은 1984년 4월 10일 법률 제3724호 개정상법에서 수정된 것인데 주식의 양도방법의 개정에 따른 당연한 결과를 표현한 것이다. 주권의 선의취득에서는 양도인이 무권리자였는가 또는 진실한 권리자가 어떤 이유에서 주권을 상실하였는가를 물론 묻지 않는다. 주식의 유통성을 확보하고 선의취득자를 보호하려는데서 민법상의 선의취득과 비교하여 경과실이 보호되는 점, 도품·유실물에 대한 특례(민§250, §251)가 없는 점 등 그 요건이 완화된 점이 다르다. 선의취득의 요건은 (1) 주권이 유효한 것이어야 한다. 법률에 의하여 처분이 금지되어 있는 주식이 아니어야 한다. 다만 법률에 의한 제한이 단속규정에 불과한 때는 선의취득이 인정될 수 있다. (2) 주식의 취득자가 주식양도의 방법에 의하여 취득하여야 한다. 즉 주식의 양도계약에 따라서 주권의 점유를 취득하여야 한다. 회사의 합병이나 상속으로 존속회사 또는 신설회사나 상속인이 주권의 점유를 승계취득한 경우에는 선의취득은 인정하지 않는다. (3) 취득자가 선의이며 중대한 과실이 없어야 한다. 취득자가 양도인이 무권리자

인 것을 알거나 또 알지 못한데 중대한 과실이 있는 때는 선의취득이 성립되지 않는다. 주권의 선의취득자는 완전히 주식을 취득한 주주로 된다. 또 주권의 선의취득은 동산의 선의취득(민§249)보다도 더 강력하게 보호되어 주권이 도난을 당했다거나 분실한 경우에도 선의취득은 성립한다. 다만 선의취득의 경우 무권리자로부터의 취득의 경우만을 한정할 것인가, 또는 양도인의 무능력·대리권의 흠결이 있는 경우에도 포함할 것인가에 이론이 있다. 제외설은 이 제도가 민법의 제도와 같이 무권리자인 양도인이 가지고 있는 외관신뢰를 보호하는데 그 취지가 있으므로 이 제도에 의하여 양도인의 무능력이나 기타의 흠이 고쳐지는 것은 아니라고 보아 무능력의 경우에는 선의취득이 성립하지 않는다고 본다. 이에 대하여 포함설은 유가증권의 유통을 확보하기 위해서는 유가증권의 유통방법에 의하여 양수한 자는 무능력·대리권의 흠결 등의 권리취득을 방해하는 사유에 관해 양도인의 형식적 자격의 유무만을 주의하면 충분하며 적극적으로 악의·중과실이 없는 한 양도인의 무능력, 대리권의 흠결의 경우에도 선의취득이 인정되어야 한다고 본다. 판례도 이와 같다(95다49646참조).

> 주권의 선의취득은 양도인이 무권리자인 경우뿐만 아니라 무권대리인인 경우에도 인정된다(대법원 1997. 12. 12. 선고 95다49646).

명의개서(名義改書)

실질적인 권리자의 변경에 대응하여 증권상 혹은 장부상의 명의인의 표시를 고쳐

쓰는 것으로, 명의서환 이라고도 한다. 회사 기타 제3자에 대한 권리이전의 대항요건으로서 특히 중요하다. 예컨대, 기명사채이전의 경우의 사채원부·사채권의 명의개서(상§479), 기명주식이전의 경우의 주주명부의 명의개서(§337) 등과 같으며, 이 중 주식의 명의개서가 가장 빈번하며, 보통 명의개서라고 할 때에는 이것을 의미한다. 주식의 명의개서청구권은 주권소지인이 주주권을 회사에 대하여 행사하기 위한 전제로서 가지는 권리이다. 따라서 주권소지인은 단독으로 이를 행사할 수 있으며, 양도인인 등록주주의 협력은 필요하지 않다. 한편 명의개서청구권은 주식양도의 자유에 대응하는 것이지만 주식회사의 사무처리상 설정되는 주주명부의 폐쇄기간 중에는 그 행사가 제한된다(§354). 1984. 4. 10 법률 제3724호 개정상법에서 도입하였다.

표현대표이사(表見代表理事)

표현대표이사는 대표이사가 아닌 자가 대표이사로 오인할 수 있는 명칭을 사용하여 회사의 대표행위를 하는 자를 말한다. 대표이사이외의 이사는 법률상 회사를 대표할 권한이 없지만 상법은 거래의 안전을 보장하기 위하여 회사는 이러한 자가 한 행위에 대하여 선의(善意)의 제3자에게 회사의 행위로서 책임을 부담하게 하고 있다(§395, §567). 표현대표이사가 한 행위로서 회사가 그 책임을 부담하기 위하여는 우선 대표이사의 외관이 존재할 필요가 있다. 상법은 이러한 외관을 부여하는 명칭으로서 사장·부사장·전무·상무 기타 회사를 대표할 권한이 있는 것으로 인정될 만한 명칭을 들고 있다. 그밖에 어떠한 명칭이 여기에 포함되는가에 대하여는 거래계의 통념에 따라 정하여야한다. 회장, 부회장, 총재, 부총재, 이사장, 부이사장 등이 여기에 포함된다고 보는 것이 통설이다. 또한 외관에 대한 회사의 귀책사유가 있어야 한다. 행위자가 참칭하는 것을 회사가 알고 묵인하여 방치하는 경우도 귀책사유가 된다. 표현대표이사제도는 회사가 부여한 외관을 신뢰하여 거래한 제3자를 보호하기 위한 것이므로 제3자가 행위의 대표권이 없다는 것을 알지 못하여야 한다. 따라서 회사가 책임을 면하기 위하여는 제3자의 악의(惡意)를 입증하여야 한다. 또 어떤 거래에 대하여 표현대표이사의 대표권을 신뢰한 직접의 제3자뿐만 아니라 명칭의 표시를 신뢰한 모든 제3자를 포함한다고 보는 것이 통설이다. 대표권이 있는 명칭하에 행위를 한 주위의 사정으로부터 현저한 의심이 있었음에도 불구하고 등기도 확인하지 않고 회사에 조회도 해보지 않은 경우에 한하여, 회사가 그것을 입증하여 책임을 면할 수 있다(다수설). 대표이사의 선임결의가 무효·취소된 경우 그 대표이사가 제3자와 거래한 경우와 회사가 공동대표를 정하여 그것을 등기한 경우에 공동대표이사가 1인이 단독으로 대표행위를 한 경우에 상법 제395조를 유추 적용할 수 있다. 표현대표이사는 등기(§317② IX)와 이의 공고 후에도 적용이 있으므로 상업등기공고의 효력의 원칙에 대한 예외를 이룬다.

상법 제395조는 표현대표이사의 명칭을 예시하면서 사장, 부사장, 전무, 상무 등의 명칭을 들고 있는바, 사장, 부사장, 전무, 상무 등의 명칭은 <u>표현대표이사의 명칭으로 될 수 있는 직함을 예시한 것으로서 그와 같은 명칭이 표</u>

현대표이사의 명칭에 해당하는가 하는 것은 사회 일반의 거래통념에 따라 결정하여야 할 것이다(대법원 1999. 11. 12. 선고 99다19797).

간접거래(間接去來)

회사와 제3자간의 거래이지만 실질적으로 회사와 이사의 이익이 상반되는 경우를 간접거래라고도 한다. 간접거래도 이사와 회사의 이해가 대립하는 거래이므로 직접거래와 동일하게 취급할 필요가 있다. 상법 제398조의 거래에 간접거래가 포함될 것인가는 우리나라의 경우 통설과 판례에서 간접거래도 포함된다고 보며, 일본의 경우 1981년 개정상법 제265조 1항 후단에서 이를 명문화하였다. 본조의 입법취지가 이사 개인에게 이익이 되고 회사에 불이익이 되는 거래를 저지하는데 있다고 보면, 이사가 당사자가 되는 직접거래나 당사자가 되지 않는 간접거래에 구애됨이 없이 회사와 이사 사이에 이익이 상반되는 한 모두 포함된다고 보아야 한다. 판례에서 상법 제398조의 규제를 받아야 된다고 본 간접거래에는 여러 가지 유형이 있다. 이사가 제3자에게 부담하는 채무를 회사가 연대보증 또는 채무인수를 하는 경우, 이사가 회사의 거래상대방회사의 이사를 겸하는 경우, 배우자·친족·인척 등 이사와 특별한 관계가 있는 경우 등에서도 이사와 회사와의 실질적인 이해대립이 생긴다고 보고 있다. 오늘날 기업의 결합관계가 크게 진전되고 이른바 문어발식 계열기업이 증대됨으로써 간접거래의 해석문제가 심각하게 등장할 것으로 본다. 이 경우 비록 우리 상법에 명문규정이 없더라도 이사가 대주주인 다른 회사 또는 지배·종속관계가 있는 회사에서도 상법 제398조가 적용되어야 한다고 본다. 간접거래에 있어서 상대방은 그 거래에 이사회의 승인이 필요하다는 것 및 실제에는 이사회의 승낙을 받지 않았다는 것을 알지 못하여야 한다. 상법 제398조가 간접거래에도 적용되는데 있어서 판례는 선의의 제3자를 보호하기 위하여 위반행위의 효과에 대하여 거래의 무효를 주장하려면 회사가 제3자의 악의(惡意)를 입증하여야 한다고 하는 상대적 무효설을 취하고 있다.

상법 제398조 소정의 거래 가운데는 이사와 주식회사간에 성립될 이익상반의 행위뿐만 아니라 이사개인의 채무에 관하여 채권자에게 면책적이든 중첩적이든 채무인수를 하는 것과 같은 결국 이사에게는 이롭고 회사에게는 불이익한 것으로 인정되는 행위가 포함된다(대법원 1965. 6. 22. 선고 65다734).

대표소송(代表訴訟)
영 ; representative suit, derivative suit

주주의 대표소송이란 이사, 감사, 발기인, 청산인 또는 불공정한 가격으로 주식을 인수한 자의 책임을 추궁하기 위하여 주주가 회사를 대표하여 행하는 소송을 말한다. 영미법의 대표소송에서 유래된 제도이며, 대위소송이라고도 한다. 상법 제403조 내지 제406조는 이사의 책임을 추궁하기 위하여 대표소송에 관한 규정을 두고 있으며, 그 밖의 자의 책임의 추궁에 이 규정이 준용되고 있다(상§415, §324, §542②, §424의2). 주주는 회사를 위해 소송을 수행하고 그 결과는 모두 회사에 귀속된다. 따라서 대표소송을 행하는 권리는 회사의 이익을 보호하기 위하여 주주에게 부여된 공익권이라고 보는 것이 다수설이나, 주식채권설의 입장에서 채권자대위권과 유사한 자익권으로 보는 자도 있다. 대표소송을 함에는 발행주식의 총수의 100분의 1이상에 해당하는 주식을 가진 주주는 먼저 회사에 대하여 서면으로써 이사의 책임추궁을 위한 제소청구를 하여야 하며(상§403①,②), 회사가 30일내에 그 청구에 대하여 제소하지 않을 때에 비로소 주주가 이 소를 제기할 수 있다(§403③). 그러나 이 기간의 경과를 기다려서는 회수불능의 손해가 발생할 우려가 있을 때에는 즉시 회사를 위하여 소를 제기할 수 있다(§403④). 그런데 대표소송은 남용될 염려가 있으므로 피고가 주주의 악의(惡意)임을 소명하고 담보제공을 청구하면 법원은 이에 응하여 소수주주에게 상당한 담보의 제공을 명할 때도 있다(§403⑤, 176③④). 대표소송에 있어 원고·피고가 받은 판결의 효력은 당연히 회사에 미치게 된다(민소§204③). 또 그 반사적 효과로서 다른 주주도 동일한 주장을 하지 못하게 된다. 그러므로 대표소송을 제기한 주주는 회사에 대하여 소송의 고지를 하여야 하며, 회사는 이 소송에 참가할 수 있다(상§404). 주주가 승소할 경우에는 그 주주는 회사에 대하여 소송비용외의 소송으로 인한 실비액의 범위 안에서 상당한 금액의 지급청구권이 인정되며, 패소한 경우에도 악의에 의하지 않는 한 비록 과실이 있는 경우에도 손해배상의 책임을 지지 않는다(§405). 이는 주주로 하여금 대표소송의 제기를 용이하게 하기 위한 것이다. 또 원고·피고의 공모에 의하여 확정된 불리한 판결의 구제를 위하여 재심의 소가 인정된다(§406). 이 제도는 발기인(§324)·감사(§415)·청산인(§542②)에게도 인정되며 유한회사와 유한책임회사에서도 인정된다(§565, §287의22).

집중투표제도(集中投票制度)

소주주의 이익을 대표하는 이사의 선임이 가능하도록 하기 위하여 2인 이상 이사의 선임시 의결권 있는 발행주식 총수의 100분의 3이상의 주식을 보유한 주주의 청구가 있는 경우에는 1주마다 선임할 이사의 수만큼의 의결권을 갖도록 하고 이를 이사후보자 1인에게 집중하여 행사할 수 있는 집중투표의 방법에 의하여 이사를 선임할 수 있도록 한 제도이다. 즉, 2인 이상의 이사의 선임을 목적으로 하는 총회의 소집이 있는 때에는 의결권 없는 주식을 제외한 발행주식총수의 100분의 3이상에 해당하는 주식을 가진 주주는 정관에서 달리 정하는 경우를 제외하고는 회사에 대하여 집중투표의 방법으로 이사를 선임할 것을 청구할 수 있는데(상법 382조의2 1항), 이 청구는 회일의 7일전까지 서면으로 이를 하여야 하며, 이 청구가 있는 경우에 이사의 선임결의에 관하여 각 주주는 1주마다 선임할 이사의 수와 동일한 수의 의결권을 가지며, 그 의결권은 이사 후보자 1인 또는 수인에게 집중하여 투표하는 방법으로 행사할 수 있다(동법 382조의2 2항·3항). 위의 규정에 의한 투표의 방법으로 이사를 선임하는 경우에는 의장은 의결에 앞서 그러한 청구가 있다는 취지를 알려야 한다. 서면은 총회가 종결될 때까지 이를 본점에 비치하고 주주로 하여금 영업시간 내에 열람할 수 있게 하여야 한다(동법 382조의2 4·5·6).

신주인수권(新株引受權)

영 ; preemptive right
독 ; Bezugsrecht
불 ; droit de souscription

신주인수권은 회사성립후 신주를 발행하는 경우 그 신주를 우선적으로 배정 받을 권리를 말한다. 인수를 우선해서 할 수 있는 권리일 뿐 발행가액이나 기타 인수조건에서 우대받을 수 있는 권리는 아니다. 우리 상법은 주주의 이익을 보호하기 위하여 주주의 신주인수권을 원칙적으로 인정한다(상§418). 회사에서 신주가 발행되면 구주(舊株主)의 주주총회에서 가졌던 결의권 비율은 감소하고 이전 같으면 행사할 수 있었던 소수주주권을 행사할 수 없게 되는 경우가 생기며, 또 주가의 하락에 따른 경제적 손실도 없지 않다. 그러나 신주인수권을 기계적으로 구주주에게만 인정한다면 신주발행에 관한 이사회의 자유재량권이 제한되므로 자금조달의 기동성을 확보하려는 수권자본의 제도적 의의가 격감한다. 이에 상법은 주주 이외에 제3자에게 법률 또는 정관에 특별한 정함이 있는 경우에 신주인수권을 부여하고 있다(§420V). 이러한 법률에 의한 주주의 신주인수권과 정관에 의한 제3자의 신주인수권은 이른바 추상적 신주인수권이며, 이사회의 결의로써 주주 또는 제3자에게 신주인수권을 줄 것을 정한 때에는 구체적 신주인수권이 된다. 그러나 주주는 유한책임을 지므로 신주인수권은 주주의 권리일 뿐 의무는 아니다. 따라서 신주인수권자는 반드시 신주인수권을 행사하여 출자해야 하는 것은 아니다. 또한 신주인수권은 주식의 과실이 아니다. 따라서 신주인수권을 행사하여 인수한 주식에는 질권의 효력이 미치지 아니한다. 신주인수권을 양도할 수 있다는 것은 정관으로 또는 이사회가 임의로 정할 수 있다(§416 V). 따라서 이를 정하지 아니할 수도 있다. 신주인수권부사채권자는 이사회의 정함에 따라 신주인수권만을 따로 양도할 수 있다(§516의2, ② Ⅳ). 이사회가 신주인수권을 양도할 수 있음을 정한 경우 신주인수권의 양도는 회사가 발행한 신주인수권증서의 교부에 의하여서만 할 수 있다(§420의3 ①). 신주인수권의 양도방법을 정형화하기 위함이다. 주권에서와 마찬가지로 신주인수권증서의 점유에 권리확정력이 있으면 선의취득도 가능하다(§420의3 ②). 신주인수권부사채권자의 신주인수권은 신주인수권증서의 교부에 의하여 양도한다(§515의6 ①).

통모인수인(通謀引受人)

이사와 통모하여 현저하게 불공정한 발행가액으로 주식을 인수한 자이다. 이러한 자는 회사에 대하여 공정한 발행가액과 차액에 상당한 금액을 지급할 의무가 있다(상§424의 2①). 통모인수인의 책임은 회사의 자본충실을 위한 추가적 출자의무의 성질을 가지므로 주주유한책임원칙의 예외를 이룬다. 공정한 가액과 인수가와의 차액은 인수할 때의 공정한 가액을 기준으로 계산해야 한다. 또한 주식이 양도되더라도 책임이 이전되는 것은 아니다. 인수인으로부터 지급받은 차액은 성질상 자본준비금으로 적립하여야 할 것이다(§459).

포괄증자(包括增資)

신주를 발행함에 있어 발행가액 중 일부는 준비금의 자본전입으로 처리하고 나머지 일부만 인수인이 납입하게 하는 방법이다. 이 때 주주만이 인수인이 되며 그가 가지는 신주인수권에 따라 인수할 수 있다. 이에 의해 주주는 유상의 신주와 무상의 신주를 동시에 취득하는 셈이 된다. 일본상법에서는 일반적으로 이를 인정하지만(일·상§280의9 ②), 우리 상법에서는 주주유한책임과 관련하여 문제가 있어 상당한 보완책의 마련이 선행되어야 한다.

담보부사채(擔保附社債)
영 ; mortgage debenture
독 ; obligations hypothécaires

담보부사채란 물적 담보가 있는 사채를 의미한다. 무담보사채의 경우 사채권자는 다른 회사에 대한 채권자와 평등한 지위를 갖고 있다. 사채의 모집·상환 등을 원활하게 하기 위하여 담보부사채가 이용된다. 담보부사채와 보증사채는 담보가 있다는 점에서 같지만, 담보부사채에는 물적 담보가, 보증사채에는 인적 담보가 있다는 점에서 차이가 있다. 사채를 발행하는 경우 각 사채권자에 대하여 개별적으로 담보를 제공하는 것은 어렵기 때문에 영국의 신탁법리를 이용한 담보부사채신탁법을 마련하여 모든 사채권자가 공동의 담보권을 가질 수 있도록 하고 있다. 사채에 물상담보를 설정하고자 할 때에는 그 사채를 발행하는 회사와 신탁업자(신탁회사 또는 금융기관)간에 신탁계약이 체결되어야 한다(담보부사채신탁법 §3). 신탁계약은 법정사항을 기재한 신탁증서에 의하여 체결되어야 한다(담보부사채신탁법§12, §13). 신탁업자는 신탁증서에 기재된 총 사채를 위한 담보권을 취득하고 총 사채권자를 위하여 담보권을 보존, 실행하여야 한다(담보부사채신탁법§60). 사채권자는 그 채권액에 따라 평등하게 담보의 이익을 가진다(담보부사채신탁법§61). 이 계약은 종된 담보권이 주된 권리인 사채의 성립이 전에 그 효력을 발생하며(담보부사채신탁법§62), 주된 권리인 사채의 주체와 종된 권리인 담보권의 주체가 다르며(담보부사채신탁법§60①), 신탁계약의 당사자가 아닌 사채권자에 대하여 신탁회사가 선량한 관리자의 주의로써 신탁사무를 처리하는 의무를 부담하는 것(담보부사채신탁법§59) 등에 특색이 있다. 신탁계약에 의하여 설정될 수 있는 물상담보는 동산질(動産質), 증서가 있는 채권질, 주식질, 부동산저당 기타 법령이 인정하는 각종저당에 한정된다(담보부사채신탁법§4). 신탁업무에 관하여는 재정경제원장관이 일정한 감독권을 갖는다(담보부사채신탁법§7~§11). 담보부사채의 발행에 관하여는 담보부사채신탁법 제17조 내지 제40조에 상세하게 규정되어 있다.

무담보사채(無擔保社債)

사채권의 담보 목적으로 물상담보가 붙여져 있지 않는 사채로서, 담보부사채에 대응하는 개념, 상법상 사채에 관한 규정은 이것을 대상으로 하여 규정하고 있다. 종래 내국채는 무담보사채가 보통이었으나 최근에는 내국채에 관하여도 담보부사채가 통례이며 무담보사채는 감소되는 추세이다.

재무제표(財務諸表)
영 ; financial statements

재무제표란 회사의 경영과 재산상태를 명확히 표시하기 위한 서류이다. 계산서류라고도 한다. 물적 회사인 주식회사와 유한회사에 대하여 그 작성이 요구된다(상§447, §579). 주식회사와 유한회사도 상인이므로 상업장부를 작성해야 함은 당연한 것이지만(§29) 이것만으로는 불충분하며 특히 재무제표의 작성이 요구된다. 재무제표에는 대차대조표, 손익계산서 및 이익잉여금처분계산서 또는 결손금처리계산서의 3종이 있으며(§447), 이에 부속하는 것으로 재무제표부속명세서가 있다. 재무제표와 상업장부는 재산과 영업상태를 표시함을 목적으로 하는 점에서는 같지만 그 범위는 일치하지 않는다. 대차대조표는 재무제표이자상업장부이고, 회계장부는 상업장부이지만 재무제표가 아니며, 손익계산서와 이익잉여금처분계산서 또는 결손금처리계산서는 재무제표이지만 상업장부가 아니다. 재무제표는 진실·명료·계속성의 원칙에 따라 기재하여야 한다. 이사는 매결산기에 재무제표와 그 부속명세서 및 영업보고서를 작성하여 이사회의 승인을 얻어야 한다(§447, §447의 2①). 또는 이사는 재무제표를 정기주주총회에 제출하여 그 승인을 요구하여야 하며(§449①) 영업보고서를 제출하여 그 내용을 보고하여야 한다(§449②, §447의2). 주주총회에서 재무제표의 승인을 하면 재무제표는 확정되고 이사는 이에 기하여 준비금을 적립하고 이익의 배당을 하는 등 승인내용을 집행하게 된다. 주주총회에서 재무제표의 승인을 받은 후 이사는 지체없이 대차대조표를 공고하여야 한다(§449③). 이사는 정기주주총회 회일의 1주간 전부터 재무제표와 영업보고서 및 감사보고서를 본점에 5년간, 그 등본을 지점에 3년간 비치하여야 한다(§448①, §447, §447의2). 이 비치의무위반에 대하여는 500만원 이하의 과태료의 제재가 가하여진다(§635①XXI). 주주와 회사채권자는 영업시간 내에 언제든지 위의 비치서류를 열람할 수 있으며 회사가 정한 비용을 지급하고 그 서류의 등본이나 초본의 교부를 청구할 수 있다(§448②)

통상대차대조표(通常貸借對照表)

통상대차대조표란 기업이 결산기에 작성하는 대차대조표를 말하지만 개업시에 작성하는 대차대조표도 이에 속한다. 대차대조표는 상업장부에 속하며(상§29①), 상인은 영업을 개시한 때와 매년 1회 이상 일정시기에 대차대조표를 작성하여야 한다(§30②). 다만, 소상인은 작성의무가 없다(§9). 또한 회사는 성립시와 매결산기에 대차대조표를 작성하여야 한다(§30②). 더욱이 물적 회사에 있어서 대차대조표는 재무제표에 속하고, 감사에 의한 감사, 이해관계자에 대한 공시 및 주주총회에 의한 승인의 대상이 되며(§447, §447의3, §447의4①, §448, §449), 주식회사에 있어서는 대차대조표를 공고하여야 한다(손익계산서, §449③). 이상에서 언급한 여러 경우에 있어서의 대차대조표 작성은 회계장부를 기초로 작성하여야 한다(이른바 유도법 - 상§30②).

비상대차대조표(非常貸借對照表)

비상대차대조표란 개업시와 통상의 결

산기 외에 반드시 기업의 존속을 전제로 하지 않는 비상시에 작성하는 대차대조표인 바, 통상의 결산대차대조표와는 다른 기준이 적용된다(원가주의에 대한 시가주의, 유도법에 대한 재고법 등) 합병, 청산, 파산등의 경우에 작성하는 대차대조표가 이에 속한다(상§522의 2, §534).

자산평가(資産評價)

자산목록이나 대차대조표에 기재할 재산의 평가를 말한다. 상법총칙이 회계장부에 기재되는 자산의 평가원칙을 정하고 있고 (상§31), 이는 유한회사에도 준용한다. 그와 같은 특칙은 무엇보다도 유동자산과 고정자산의 평가에 관한 규정이며, 이연자산에 대하여는 그 성질상 따로 규정하고 있다. 다만, 금전채권, 사채, 주식, 영업권 등에 대하여는 그 특수성을 고려하여 규정하고 있다. 평가원칙으로는 취득가액 또는 제작가액을 기준으로 하는 원가주의를 채용하고 있지만, 예외적인 경우도 적지 않다. 또한 자산평가방법을 선택할 수 있는 경우, 평가방법을 변경한 때에는 그 취지를 대차대조표나 손익계산서에 주기하여야 한다. 이른바 계속성의 원칙을 반영한 것이다. 일반재산의 평가는 목록작성당시의 가격에 의하여야 하고(§31 I), 영업용고정자산에 관하여는 그 취득가액 또는 작성가액으로부터 상당한 감손액을 공제한 가액을 기재하도록 되어 있다(§31 II). 주식회사나 유한회사에 있어서는 유동재산에 대하여는 취득가액 또는 제작가액에 의하게 하고(원가주의), 또 시가가 취득가액 또는 제작가액보다 훨씬 낮을 경우에는 시가에 의하도록 하며, 그밖에 금

전채권은 채권금액에 의하되 추심불능액을 공제하고, 사채는 거래소의 시세가 있는 것은 결산기전 1월의 평균가액, 그렇지 않은 것은 취득가액에 의하며, 주식은 취득가액을 원칙으로 하나 거래소의 시세가 있는 것이 결산기전 1월의 평균가액이 취득가액보다 낮을 경우에는 시가에 의하게 하였고, 영업권은 유상으로 승계취득한 경우에 한하여 취득가액을 기재하도록 하고 있다(§583 ①).

자산재평가(資産再評價)

법인이나 개인기업에 소속되는 사업용자산이나 이에 제공한 자산을 현실에 상응한 가액으로 그 장부가액을 증액하는 것이다. 자산재평가법이 이를 정하고 있다. 이 법은 법인 또는 개인의 자산을 현실에 적합하도록 재평가하여 적정한 감가상각을 가능하게 하고 기업자본의 정확을 기함으로써 경영의 합리화를 도모하게 함을 목적으로 한다(§1).

이연계정(移延計定)
영 ; deferred account

영업연도에 지출된 비용으로서, 기업경영상 필요유익하고, 그 경제적 효과가 차기년도 이후에도 계속 예상되는 경우에 이를 지출연도의 손실에 계상하지 않고 대차대조표의 자산의 부(部)에 계상하여 수년에 분할하여 이를 상각하기 위하여 설정되는 계정이다. 이연자산계정이라고도 한다.

이연자산계정(移延資産計定)

→ 이연계정

결산보고서(決算報告書)

일반적으로 기업에 있어서 회계연도의 경영성적을 계산·확정하여 기업의 재정상태를 명확히 하는 절차를 결산이라고 한다. 상법상은 이에 관한 서류를 계산서류라고 하는데 실무상은 이러한 계산서류를 일괄하여 결산보고서 또는 영업보고서라고 하며, 회계상에서도 결산보고서라고 하는 경우가 있다. 물적회사에서는 주주·회사채무자 등의 이익의 조정보호를 위하여 이사에게 이러한 계산서류의 작성·승인·공고 등에 관하여 엄중한 규제를 하고 있다(상§447~§450). 또 청산업무를 종결한 청산인이 작성하고 주주총회에 제출하여 그 승인을 얻어야 하는 결산보고서(§540①)는 별개의 것이다.

영업보고서(營業報告書)

영 ; operating report
독 ; Geschäftsbericht

영업보고서라 함은 당해 영업연도의 회사의 영업상황을 서술적으로 기재한 보고서이다. 따라서 영업보고서는 수치로 설명할 수 없는 사항을 해설하는 기능을 가진다. 영업보고서도 상법상 계산서류 중의 하나이다(상§447의2). 이사는 매결산기에 영업보고서를 작성하여 이사회의 승인을 얻어야 한다. 영업보고서에는 대통령령이 정하는 바에 의하여 영업에 관한 중요한 사항을 기재하여야 한다(상447의2, 상법

의 일부규정의 시행에 관한 규정§5).

사업설명서(事業說明書)

영 ; prospectus
독 ; Prospekt

주식회사의 경우에서 주식·사채의 모집 또는 매출의 당시에 청약자에게 회사의 근본조직·사업개요 등을 알릴 목적으로 작성하는 서류이다. 우리 상법은 그 작성을 강제하지 않고 모집설립 또는 신주발행에 있어서의 주식인수는 회사의 상호·자본·이익배당 등 사업에 관한 중요한 사항을 기재한 주식청약서에 의하여야 하는 것으로 되어 있고(상§420), 사채모집에 있어서의 사채인수도 원칙적으로 사채청약서에 의거하도록 되어 있다(§474). 다만, 사업설명서에 발기인이 아니면서 자기의 성명 또는 설립찬조의 뜻을 기재한 자의 책임(§327)과 허위의 기재를 한 자에 대한 벌칙에 관한 규정(5년 이하의 징역 또는 1,500만원 이하의 벌금)이 설정되어 있다(§627).

보증자본(保證資本)

영 ; guaranteed capital

은행·회사가 채무자의 보증금으로서 보류하여 두는 자금을 뜻한다. 운영자본에 대하는 개념으로, 은행·회사에 있어서의 미납입금, 은행 및 보험회사가 보유하고 있는 준비금과 동일한 성질의 것이다.

연도평가순익(年度評價純益)

일개 영업연도에 있어서의 재산의 평가

이익으로부터 그 평가액을 공제한 액이다. 상법상 전액을 자본준비금으로 적립함을 요한다(상§459).

여기에서 말하는 이른바 평가이익에 관하여는 (1) 영업용의 고정자산에 평가이익의 산출을 부정하는 견지에서 유동자산의 그것에 한한다는 설과, (2) 취득가격 또는 제작가격의 범위 내에서는 고정자산에 관하여 평가이익의 산출을 인정하는 견지에서 고정자산의 그것도 포함한다는 설이 있다. 재무제표규칙에서는 고정자산의 평가액에 한정하고 있다(재규§28①II).

이익공통계약(利益共通契約)
독 ; Interessengemeinsch-aftsvertrag

사업자가 영업상의 손익 전체를 타인과 공통으로 하는 계약이다. 즉 타인과 일정한 계산기간내에 있어서 영업상의 손익을 합산하고, 그 전체의 결과에 관해서 일정한 비율로써 참가할 것을 약속하는 것으로 이 계약에 따라서 설정되는 기업결합을 이익공동체라고 한다. 물적회사에 있어서는 이 계약의 체결·변경·해약에는 주주총회 또는 사원총회의 특별결의를 필요로 한다(상§374①II, §576①).

감가상각(減價償却)

고정자산이 일정기간 후에 점차 소모되어 그 가치를 상실한 경우에 매영업연도의 감가액을 계상하여 재산평가에 있어서 재산의 장부가액에서 그 감가액을 공제하는 것이다. 손실계산을 명백히 하기 위하여 자산을 취득원가로서 계상하고 상각액을 감가

상각충당금으로 표시하는 방법이 채용되고 있다. 물적회사 및 상인으로서 이 방법이 채용여부는 법률상 임의이다(상§31II).

채무초과(債務超過)
독 ; berschuldung

재산계산의 경우에 소극재산총액이 적극재산총액을 초과하는 경우를 채무초과라고 하고, 파산법상 사회가 그 재산으로 채무를 완제할 수 없는 때를 의미하기도 한다(파§117, 상§212①·§269, 민§93). 채무초과의 효과로서는 (1) 합명회사·합자회사 사원의 직접연대책임의 발행원인으로 된다(상§212①, §269). (2) 파산절차의 경우에는 일반적으로 지급불능이 파산원인으로 되지만(파§116), 존립중의 합명회사·합자회사를 제외하고 법인의 경우는 그 물적 구성이 중요하므로 채무초과도 파산원인으로 되어 있다(파§117).

충당금(充當金)

충당금이란 차기 이후의 지출할 것이 확실한 특정비용에 대비하여 미리 그 이전에 각기간의 대차대조표 부채항목에 미리 계상하는 금액을 말하며, 유동부채, 고정부채와 함께 부채항목의 하나이다. 충당금에는 부채성이 있는 것(이른바 조건부부채)과 채무성이 없는 것이 있다. 부채성충당금에는 퇴직급여충당금과 법인세충당금이 있다. 비채무성충당금에는 수선충당금, 감가상각충당금, 대손충당금이 있는바 이 중 감가상각충당금과 대손충당금은 평가성충당금이라 일컬어지며 각각 자산항목에 기재하는 상각자

산 및 금전채권에 대한 평가항목 또는 가격 광정항목으로 간주된다.

그러므로 이러한 감가상각액, 환수불능예상액은 자산항목의 금전채권액, 상각자산액으로부터 공제되며, 부채항목에 계상하는 충당금에 포함되지 않는다. 이상과 같이 충당금의 본질은 채무성의 유무가 아니고 비용의 예상여부에 있다. 배당평균적립금, 감채적립금 등은 물론 조세법상의 가격변동준비금, 결손준비금, 특별상각충당금, 해외시장개척준비금 등도 비용인바, 이를 충당금으로 「부채항목」에 계상하는 것을 인정한다면 경영자의 자의에 의하여 이익의 부채화를 인정한 것이 되어 주주총회의 이익처분권, 주주의 이익배당청구권을 해하게 되므로, 이는 충당금에 포함되지 않는다고 해석해야 한다. 설령 조세법이 이를 부채항목에 계상하는 것을 인정하고 있어도 조세법에 따라 부채로 분류할 수는 없으며, 의제부채에 불과하다. 그 충당금은 유동부채, 고정부채와 구분하여 대차대조표의 부채항목 중 충당금항목에 기재한다. 다만 퇴직급여충당금, 법인세충당금과 같은 채무성충당금은 그 외의 충당금과 다른 조건부채무로서 유동부채항목 또는 고정부채항목에 계상할 수도 있지만, 이는 일반적인 충당금과는 다르며 반드시 이상의 어느 것에 계상해야 한다. 또한 감가상각충당금과 대손충당금 같은 평가성충당금은 앞에서 기술한 바와 같이 자산액으로부터 공제되며, 대차대조표에 충당금으로 표시되지는 않는다.

준비금(準備金)

영 ; reserve, reserve fund
독 ; Reservefonds
불 ; réservve

준비금은 회사가 일정한 목적을 위하여 순재산액이 자본액을 초과하는 액을 회사에 보유하여 두는 경우 그 재산적 수액를 말한다. 적립금·부가자본 또는 저축자본이라고도 한다. 주식회사에서 채권자의 담보로 되는 것은 오직 회사재산 뿐이며, 또 장래에 예측하지 않은 자본의 결손이 염려되므로 기업의 건전한 발전과 회사채권자보호를 위하여 적립된 재산을 준비금이라 한다. 다만, 준비금은 자본과 같이 대차대조표의 부채의 부(部)에 따라 계상되는 순전한 계산상 수액에 지나지 않는다. 특별한 기금의 형태로 보관되는 금전과 같은 것이 아니고 준비금의 액에 상당하는 재산이 회사에 보유되는 한, 어떠한 형태로 있든지 이를 묻지 않는다. 따라서 준비금을 적립한다든가 사용하는 것은 현실적으로 금전을 적립하거나 또는 지출하는 것을 뜻하지 않는다. 오직 대차대조표의 부채의 부에 기재되는 준비금의 액을 증가하거나 감소하는 것을 뜻하는 데 지나지 않는다. 그러나 준비금을 적립하면 주주에게 이익으로 배당하는 금액이 그만큼 감소되므로 회사의 적극재산이 전반적으로 증가하게 된다. 이에 대하여 준비금이 감소되면 자산으로부터 공제하여야 할 금액이 그만큼 감소되는 결과가 생긴다. 이에 따라 대차대조표의 자산의 부에 계상되는 손실의 액이 감소되게 될 뿐이다. 준비금에는 상법 기타 법률의 규정에 의하여 적립하는 법정준비금과 정관 또는 주주총회의 결의에 의하여 적립하는 임의준비금이 있다. 상법에서의 준비금은 법정준비금을 지칭한다(§460, §460①·§462,). 이에 대하여 대차대조표에 표시되지 않는 비밀준비금과 형식상 대차대조표의 부채의 부에 假記(게기)되나 재산의 평가액의 수정을 위한 이른바 가격광정 항목의 뜻만이 있는 진정준비금(의사준비금이라고도 한다)은 광의(廣義)에서는 준비금에 포함되나 이상에서 본바와 같은 진정한 준비금이 아니다.

법정준비금(法定準備金)
영 ; legal reserve
독 ; gesetzlicher Reservefonds
불 ; réserve légale

법정준비금은 자본의 결손을 보충하기 위하여 상법 기타 법률의 규정에 따라 그 적립이 강제되는 준비금을 말한다. 적립의 재원에 따라 이익준비금(상§458)과 자본준비금(§459)으로 나누어진다. 법정준비금은 자본의 결손전보에 충당하는 경우 외에는 이를 처분하지 못하는 것이 원칙이나 주식회사에 있어서는 이것을 자본에 전입할 수 있다(§461①). 여기에서 자본의 결손이란 순재산액이 자본 및 법정준비금의 합계액보다 적은 경우를 말한다. 개정 전 상법에서는 자본의 결손전보를 위하여 법정준비금을 사용하는 데에는 그 준비금의 종류에 따라 사용의 선후가 정하여져 있었다. 즉 이익준비금으로 자본의 결손의 전보에 충당하고서도 부족한 경우가 아니면 자본준비금으로 이에 충당하지 못하도록 규정하고 있

었다(§460②). 그러나 2011년 상법개정 시 이에 대한 규정은 삭제되었다.

자본준비금(資本準備金)
英 ; capital surplus reserve

자본준비금은 영업상의 이익 이외의 특수한 잉여금으로서 적립하는 법정준비금이다. 회사의 영업거래로부터 생긴 이익이 아닌 자본잉여금을 재원으로 하는 법정준비금으로 미국법상 자본잉여금제도와 유사한 취지이다. 자본준비금은 자본과 마찬가지로 주주에 의하여 출자된 금액을 기초로 하고 이익준비금과 함께 법정준비금으로 적립이 강제되며 그 사용도 규제를 받고 있지만, 그 원천이 이익이 아니라는 점에서 이익준비금과 차이가 있다. 자본준비금이 구속을 받는 것은 자본이나 이익준비금과 마찬가지로 회사채권자를 보호하기 위한 것이지만, 자본준비금이 자본과 구별되는 것은 오직 기업경영에 탄력성을 줌과 아울러 주주의 이해를 고려한 것이라고 여겨진다. 자본준비금은 자본이나 이익준비금과 동일하게 추상적인 금액이며, 현금 기타 구체적인 재산과는 직접 관계가 없다. 자본준비금은 이익준비금의 경우처럼 적립한도는 없고 무제한으로 적립할 수 있다. 자본준비금으로 적립해야 하는 이익은 대통령령으로 정하도록 되어 있다(§459①).

액면초과액(額面超過額)
영 ; premium

액면주식을 액면초과하여 발행한 경우의 초과액이다. 주식프레미엄이라고 일컬

어진다. 주주의 출자의 일부와 다름 없으며, 자본준비금으로 적립해야 하는 이익으로 분류된다. 우리나라에서는 지금까지 액면발행이 보통이었으므로 주식프레미엄의 발생이 적었으나, 최근에 들어 미국과 같이 시가발행이 많아지면서 프레미엄액도 증가하고 자본준비금 중 중요한 의미를 갖게 되었다. 무액면주식의 발행가액 일부를 자본에 전입하지 않은 경우 그 전입하지 않은 금액을 납입잉여금이라고 하는바 이의 존재는 자본과 자본잉여금의 차이가 전적으로 상대적인 것임을 시사하는 것으로 무액면주식의 발행이 허용되는 미국이나 일본의 경우 이를 자본준비금으로 적립하도록 하고 있다.

감자차익금(減資差益金)
영 ; Surplus arising from reduction of r egal capital
•───────────

자본감소의 경우에 그 감소액이 주식의 소각이나 주금(株金)의 환급에 요한 금액(사실상의 감자)과 결손의 전보에 충당한 금액(명의상의 감자)을 초과한 때에는 그 초과금액을 말한다. 자본감소로 말미암아 생긴 잉여금이므로 감자잉여금(減資剩餘金)이라고도 한다. 이러한 감자차익금은 자본준비금으로 적립해야 하는 이익으로 분류된다. 회사의 순재산 가운데 자본액을 초과하는 부분이지만 자본수정의 결과 생긴 것으로 그 성질상 주주에게 배당할 수 없기 때문이다. 여기에서 차익이란 대차잔고)는 정도의 의미로 이익이 아니며 감자시에 자본의 일부를 자본준비금에 전입시킨 것일 뿐이다. 이는 주식의 소각도 환급도 아니고 결손의 전보도 아니며, 단지 자본만을 일방적으로 감소한 경우를 고려한 것이다.

감자잉여금(減資剩餘金)
•───────────

→ 감자차익금

이익준비금(利益準備金)
영 ; earned surplus reserve
•───────────

이익준비금은 매결산기의 이익을 재원으로 하는 법정준비금이다. 회사의 이익은 자본과는 달리 본래 그 전부를 주주에게 배당할 수도 있는 것이지만, 주식회사와 같은 물적 회사에서는 회사의 재산적 기초를 보다 견고히 하기 위하여 이익의 일부를 유보하도록 강제하고 있다. 이와 같이 이익준비금은 기업의 유지와 회사채권자의 보호를 목적으로 하는 제도이다. 그러나 이익배당을 전혀 하지 않은 경우와 주식배당의 경우에는 회사자산이 외부로 유출되지 않기 때문에 이익준비금의 적립을 강제하지 않는다. 이익준비금은 자본이나 자본준비금과 마찬가지로 추상적인 금액이며 현금 기타 구체적인 금액과는 직접 관계가 없다. 회사는 그 자본의 2분의 1에 달할 때까지 매결산기의 금전에 의한 이익배당액 10분의 1 이상의 금액을 이익준비금으로 적립하여야 한다(상§458). 매결산기의 이익이란 주주에게 현실적으로 배당하는 이익이 아닌 대차대조표상의 이익이며(전기의 이월이익금은 제외되지만 이월손익금이 있으면 이것을 공제한 감액) 법인세 공제전의 이익이다. 이익준비금의 적립액은 다음과 같이 두가지 방법으로 산정된다.

(1) 이익준비금당기적립액$\geqq$

【순자산액-(자본액+법정준비금액)】

$\times \dfrac{1}{11}$

(2) 이익준비금당기적립액$\geqq$

【(순자산액-자본액)-특정이연자산액】$\times$

$\dfrac{1}{10}$

또한 중간배당이 행해진 경우에는 금전배당액의 10분의 1을 이익준비금으로 적립해야 한다. 이익준비금의 적립이 적립한도액을 넘는 경우, 그 초과액은 이미 법정준비금이 아니며 단순한 유보이익 내지 임의준비금이다.

임의준비금(任意準備金)

영 ; voluntary reserve
독 ; frewillige Reservefonds
불 ; reserve statutire, reserve
extraordinaire

임의준비금은 정관 또는 주주총회의 결의에 의하여 적립하는 준비금을 말한다. 법정준비금을 공제한 잔여이익에서 적립되며, 이것은 사용목적이 미리 정하여져 있는 것과 그렇지 아니한 것(별도적립금)이 있다. 준비금적립의 목적에는 손실전보, 사업의 확장, 주식의 소각(상§343), 퇴직급여, 사채의 상환 등이 있다. 이익의 일부를 차년도에 이월하는 차기이월금도 그 성질이 일시적인 임의준비금이다. 임의준비금은 정관이나 주주총회의 결의의 내용에 따라 사용한다. 또 정관변경이나 주주총회의 결의로 그 적립의 폐지 또는 변경도 할 수 있다.

상환준비금(償還準備金)

영 ; sinking fund, redemption fund

상환주식 소각의 목적하에 적립되는 임의준비금이다. 상환주식의 상환에 기한을 붙이고 주주에게 주식상환을 청구하는 권리를 부여하는 경우, 대량상환을 가능케 할 목적으로 정관의 규정에 따라서 순익중에서 적립된다. 그 적립을 확실하게 행하기 위하여 적립을 보통주의 배당에 우선시키고, 또 누적적(累積的)으로 행할 수도 있으며, 이에 상응하는 기금을 신탁회사 등에 예탁하는 것도 가능하다.

부진정준비금(不眞正準備金)

독 ; unechte Reserve

외형적으로는 적립금 또는 준비금의 명목으로서 대차대조표상 부채의 부에 기재되나 실질적으로는 준비금으로서의 성질을 갖지 않은 것이다. 의사준비금이라고도 한다. 이에는 첫째, 평가의 적정을 이루기 위해서 공제항목으로서 감가상각적립금·체대적립금(滯貸積立金) 등이 있으며, 둘째, 장래 발생할 미확정 채무의 담보를 위한 채무항목으로서 책임준비금·수선충당금·납세충당금 등이 있다.

유사준비금(類似準備金)

→ 부진정준비금

비밀준비금(祕密準備金)

영 ; secret reserve
독 ; stille Reserven, stille Reservefonds
불 ; réserve occulte

비밀준비금은 대차대조표상 준비금의 명칭으로 기재되지는 않으나 재산항목을 고의로 과소평가 하여 그 차액이 실질적으로 준비금으로서의 성질을 가진 재산을 뜻한다. 흔히 은닉된 준비금이라고 한다. 가격광정항목은 고정재산의 취득 또는 제작가액 혹은 불확실한 채권명의액을 자산의 부에 계상하는 경우, 부채의 부에 그 감손액 또는 회수불능액을 표시하는 항목을 말한다. 예컨대 동산·부동산에 대한 감가상각준비금 또는 감가적립금·채권에 대한 결손준비금이다. 이것들은 준비금의 명칭을 가지나, 실질적으로 준비금이 아니므로 부진정준비금 또는 위장준비금이라고도 한다. 비밀준비금이나 가격광정항목은 다같이 회사의 재산적 기초를 튼튼히 하고 실제 착실한 회사가 이를 하는 것이 일반적이다. 그러나 이것은 대차대조표에서 진실의 원칙에 반하고 탈세, 이사의 자의를 가져올 염려가 적지 않다. 이에 따라 각국 상법은 준비금의 적립요건을 엄격히 하거나 자산평가규정을 세밀히 하여 이를 금지하고 있다(독주식§153, §154. 영회사부칙§8).

손익계산서(損益計算書)

영 ; income statement, profit and loss statement
독 ; Gewinnundverlustrechnung
불 ; compte de pertes et profits

손익계산서는 회계연도의 비용과 수익을 대응시켜 그 기간의 회사의 손익, 즉 영업성적을 표시한 재무제표이다. 대차대조표가 일정시점에서 기업의 정적 상태를 표시한 것인 반면, 손익계산서는 일정기간의 기업의 동적 상태를 표시한 재무제표라고 할 수 있다. 손익계산서의 기재방법에는 기업 본래의 기간경영에서 계속적으로 발생하는 경상적 손익만을 기재하는 당기업적주의와 1회계년도에 발생 및 발견된 비용·수익은 그 귀속시기를 묻지 아니하고 모두 귀속시키는 포괄주의가 회계이론상 대립된다. 당기업적주의에 의하면 임시손실·당기손익수정 및 영업외의 손익 등이 제외되므로 각기의 경영성과의 비교는 용이하게 되나, 손익항목의 선별이 자의에 의하게 되는 문제점이 있다. 기업회계기준에서는 포괄주의를 취한다(기회§64). 손익계산서의 양식은 계정식과 보고식이 있으나 보고식이 원칙이다(기회§64Ⅱ). 그리고 계정항목은 기업회계기준에서 상세히 정하고 있다(기회§65④).

경상손익(經常損益)

경상손익이란 일정기간에 발생한 비용과 수익이다. 기간손익이라고도 하며 기업경영의 성과를 나타낸다. 경상손익은 영업손익액에 영업외수익의 합계액과 영업외비용의 합계액을 가감한 금액으로 산정되며 그것이 플러스(+)라면 경상이익, 마이너스(-)라면 경상손실이 된다. 그러므로 경상손익산정의 절차는 영업손익의 계산과 영업외손익의 계산으로 분류된다. 이 중 기업의 수익력판정에 있어서 중요한 의미를 갖는 것은 영업손익이다.

영업손익(營業損益)

영업손익은 매상고(賣上高) 등의 영업수익의 합계액과 매상원가, 판매비, 일반관리비 등의 영업비용과 합계액과의 차액이다. 그것이 플러스라면 영업이익, 마이너스라면 영업손실이 된다.

영업외 손익(營業外 損益)

영업외손익은 수입이자, 매입할인 및 외환차익 등의 영업외수익의 합계액(기회§78)과 지급이자, 매출할인 및 외환차손 등의 영업외비용과의 차액이다. 그것이 플러스라면 영업외이익, 마이너스라면 영업외손실이 된다. 기업회계기준에서는 이를 직접 영업손익에 가감하여 경상손익을 계산한다(기회§77).

특별손익(特別損益)

특별손익은 기업의 이익 또는 손실의 증감을 초래하는 요인을 말한다. 엄밀한 의미에서 경영성과는 아니며 본래의 경영성과를 나타내는 경영손익과 구별하여 표시할 것이 요구된다. 특별손익에는 (1) 투자자산처분손익 (2) 고정자산처분손익 (3) 상각채권추심이익 (4) 자산수증이익 (5) 채무면제이익 (6) 재해손익 등의 임시적 손익이 포함된다.

당기손익(當期損益)

당기손익은 경영손익액과 특별손익액을 가감합산한 금액으로, 그것이 플러스라면 당기이익, 마이너스라면 당기손실이다. 이러한 당기손익은 손익계산서의 결론 부분이고, 그 금액은 대차대조표상의 당기손익과 일치하며 이로써 복식부기의 기구가 완결된다.

이익잉여금처분계산서·결손금처리 계산서
(利益剩餘金處分計算書·缺損金處理計算書)

손익계산서에는 당기순손익만이 표시될 뿐이므로 이익잉여금 또는 처리의 결손금의 처분 또는 경과를 표시하기 위하여 요구되는 재무제표이다. 이익잉여금처분계산서는 당기말미처분이익잉여금, 임의적립금이입액, 이익잉여금처분액, 차기이월이익잉여금으로 구분 기재하고 이익잉여금처분액은 다시 이익준비금, 법정적립금, 배당금, 임의적립금, 기타의 이익잉여금처분액으로 세분 기재한다(기회§108). 결손금처리계산서는 당기말미처리결손금, 결손금처리액, 차기이월결손금으로 구분 기재한다(기회§109).

재무제표부속명세서
(財務諸表附屬明細書)
영 ; schedule

부속명세서는 재무제표에 부속하여 회사의 업무 및 재산상태를 상세히 기재하는 명세서이다. 그러므로 부속명세서에 기재되는 사항은 재무제표에 개괄적으로 기재되어 있는 사항 중 특히 중요하며 이해관계자에게 보다 상세한 정보의 제공을 요하는 사항의 명세가 주가 된다는 것은 말할 것도 없고, 그밖에 이사와 회사간의 거래, 담보권의 설정 등 재무제표에는 기재되지 않는 사항이지만 이해관계자에게는 필요한 업무 및 재산에 관한 정보의 기재도 포함한다. 부속명세서에는 16개의 필요적 명세서와 3개의 선택적 명세서, 그리고 10개의 임의적 명세서로 나누어진다(기회§120). 이러한 부속명세서에 의하여 정보제공을 받은 이해관계자는 재무제표의 경우와 마찬가지로 주주이고 그 대상은 총회에서의 재무제표승인에 관한 업무자료인 것이다. 주식회사의 대표이사 및 유한회사의 이사는 매 결산기에 재무제표부속명세서를 작성해야 하지만, 작성시기나 그 감사는 회사의 규모에 따라 약간의 차이가 있다. 부속명세서는 주주총회에 제출되지 않고 승인의 대상도 아니지만, 재무제표승인의 전제가 되는 중요한 정보이며 회사채권자에게도 필요한 정보이므로 공시가 요구되고 있다. 이사는 정기총회일 1주간 전부터 재무제표, 영업보고서 및 감사보고서와 함께 부속명세서를 본점에 5년간 비치해야 한다(상§448①). 그리고 주주 및 회사채권자는 영업시간내에는 언제든지 부속명세서의 열람을 청구할 수 있으며, 비용을 지급하고 등본 또는 초본의 교부를 청구할 수 있다(상§448②).

이익공여금지(利益供與禁止)

회사는 누구에게든지 주주의 권리행사와 관련하여 재산상의 이익을 공여할 수 없다는 것이다(상§467의2①). 재산상의 이익을 공여한다 함은 널리 금전·유가증권 외에 동산·부동산 및 신용·노무·이권 등을 무상 또는 현저히 낮은 대가를 받고 제공하는 것을 말한다. 또한 주주권의 행사에 관한 이익공여이므로 주주총회에서의 의결권행사여부 및 행사방법(예 ; 회사경영의 지지) 등을 합의하고 이익공여하는 경우가 보통이나 그 밖의 주주권행사에 관한 이익의 제공도 포함된다. 이익공여자는 회사이므로 회사의 명의나 회사의 계산으로 이익을 제공하는 것만을 금지한다. 따라서 회사 이외의 자의 계산으로 이익을 제공하는 것은 본조에 해당하지 아니한다. 이익공여의 상대방은 자신의 주주권을 행사하는 주주가 보통이나 상법 제467조의2가 "누구에게든지" 라고 표현하고 있으므로 주주권의 대리행사자 등 주주가 아니면서 주주권을 행사하는 자도 포함된다. 회사가 이 규정에 위반하여 재산상의 이익을 공여한 때에는 그 이익을 공여받은 자는 공여받은 이익을 회사에 반환하여야 한다(§467의2③ 전단). 공여받은 이익은 부당이득(민§741)이므로 이익의 제공이 불법원인급여(민§746) 또는 비채변제(민§742)가 되어 회사가 반환을 청구할 수 없는 경우가 생긴다. 따라서 본조는 부당이득에 대한 특칙이다. 이익의 반환청구는 회사가 상대방에 대하여 하며, 이 때 회사가 이익을 공여하고 받은 대가는 이익공여의 상대방에게 반환하여야 한다(상§467의2③ 후단). 다만, 회사가 이를 게을리 하면 주주가 회사를 위하여 이익반환청구에 관하여 대표소송을 제기할 수 있다(§467의2④, §403~§406). 이익공여금지에 위반한 이익의 공여는 무효이며, 이로 인하여 회사에 손해가 발생한 경우에는 이사는 이를 배상할 책임을 진다(§399). 그외에도 이 규정에 위반한 이사·감사 및 사용인에 대한 벌칙규정(1년 이하의 징역 또는 3백만원이하의 벌금)이 있다(§634의2).

일할배당(日割配當)

일할배당이란 영업연도 도중에 신주를 발행한 경우 그 신주에 대하여 납입기일로부터 결산기까지의 일수에 대응하는 배당액을 일할계산하여 당해영업연도에 이익배당하는 것을 말한다. 일할계산 외에 월할계산을 하는 경우도 있으며, 이를 월할배당이라 한다. 일할배당은 통상의 신주발행의 경우 외에 준비금의 자본전입에 의한 신주발행, 주식배당 및 주식분할의 경우에도 문제가 된다.

위법배당(違法配當)

이익배당의 요건을 총족시키지 못한 배당을 위법배당이라 한다. 위법배당은 이익배당의 형식적 요건인 위법한 주주총회의 승인결의가 없는 경우 즉 주주총회 결의불존재의 경우, 승인결의무효인 경우(상§380) 및 승인결의취소의 경우에도 발생하지만, 특히 실질적 요건인 배당가능이익이 없음에도 불구하고 이익배당을 한 경우(§462①,②)에 발생한다. 물적 회사의 이익배당제도에서 생기는 병리현상의 하나로서 상법은 이러한 부당한 배당을 교정하기 위하여 회사채권자에게 주주에 대한 위법배당금을 회사에 반환할 것을 청구할 수 있게 하였다(§462③. §583①). 이와 같은 위법한 배당을 한 이사는 회사에 대하여 연대하여 손해를 배상할 책임이 있고, 이사회의 결의에서 찬성한 이사도 같은 책임이 있다(§399, §567). 또한 5년 이하의 징역 또는 1천 5백만원 이하의 벌금에 해당하는 형벌의 제재를 받는다(§625 Ⅲ)

매수합병(買受合倂)

회사가 해산하는 동시에 다른 기존회사 또는 새로 설립한 회사에 대하여 그 영업 전부를 양도하여 합병과 비슷한 경제상의 효과를 발생시키는 것을 매매합병이라고 한다. 이 경우 다른 회사 또는 신회사에 의한 해산회사의 사원의 수용은 발생하지 않으므로 합병이 아니고 영업양도의 한 유형에 지나지 않으며, 따라서 해산회사의 경우에는 청산회사가 필요하게 된다.

합병교부금(合倂交付金)

소멸회사의 주주가 존속회사 또는 신설회사로부터 합병계약에 따라 교부받은 금액을 합병교부금이라고 한다. 존속회사가 합병으로 인하여 소멸하는 회사의 주주에게 지급할 금액을 정한 때에는 합병계약서에 기재되어야 한다(상§523Ⅳ). 양당사 회사의 주식의 가치를 간단한 비율로 조정하기 어려운 경우, 이 비율을 간단히 하기 위해 해산회사의 주주에게 금전을 교부하는 경우가 있다. 합병절차의 진행 중에 해산회사의 주주에 대한 이익배당에 대신하여 합병교부금을 지급하기도 한다.

소수주주의 경우 회사지배에는 관심이 없고 투자이익에만 관심을 갖는 것이 일반적이다. 따라서 적정한 현금을 교부받는 경우 소수주주의 이익은 침해되지 않는다. 회사채권자의 경우는 채권자보호절차에 따라 보호받게 되기 때문에 아무런 피해를 받지 않는다. 이와 같은 점에서 합병교부금만을 지급하여 이루어지는 합병도 가능하다고 본다.

회사의 분할(會社의 分割)

회사의 분할이란 하나의 회사가 영업부문의 일부 또는 전부를 분할하여 둘이상의 회사가 되는 것을 의미한다. 이에 의해 본래의 회사는 소멸하거나 축소된 상태로 존속하고 그 주주는 본래의 회사의 권리·의무를 승계한 회사의 주식을 취득한다. 회사분할은 크게 단순분할과 분할합병으로 나누어진다. 단순분할은 회사가 분할되어, 영업부문의 일부가 원래의 회사에 남고 다른 일부가 신설회사가 되는 경우와, 분할된 영업부문이 각각 신설회사가 되며 원래의 회사는 소멸하는 경우가 있다. 분할합병이란 분할과 동시에 다른 회사 또는 다른 회사 영업부문의 일부와 합병하여 하나의 회사가 되는 것을 의미한다. 회사운영을 합리화하기 위하기 위하여 일면으로는 회사합병이 활발하게 이루어지지만, 타면으로는 분할제도가 이용된다. 어떤 특정한 영업부문을 분리하여 전문화한다거나 불필요한 영업부문을 분할할 필요성이 있다. 위험도가 높은 영업부문을 모회사로부터 분리시켜 위험부담을 줄이는 경우도 있다. 또 과도하게 집중된 자본의 분산을 위해 회사분할이 행해지기도 한다.

회사의 분할에 관하여는 1998년 12월 28일의 개정에서 「제11절 회사의 분할」이라는 절을 신설하여 이에 관한 구체적 규정들을 마련하고 있다(§530조의2~530조의12).

회사의 조직변경(會社의 組織變更)

독 ; Umwandlung der Handelsgesellschaft
불 ; transformation de société

회사가 인격의 동일성은 여전히 유지하면서 다만 그 법률상의 조직을 변경하여 다른 종류의 회사로 되는 것이다. 회사의 사원 또는 정관의 변경은 회사의 동일성을 해치지 않으나, 회사는 법정조직형태를 갖추고 있으므로 그 법정조직의 변경은 회사의 동일성을 해하기 때문에 일반적으로 인정되지 않는다. 그러나 상법은 이러한 이상과 조화될 수 있는 범위 안에서 기업유지의 정신에서 합명회사와 합자회사간의 조직변경과, 유한회사와 주식회사간의 조직변경, 유한책임회사와 주식회사간의 조직변경은 특히 인정되고 있다(상§242①, §286①, §604①, §607①, §287의43). 실제로는 합명회사 또는 합자회사의 조직을 변경하여 주식회사로 하는 것이 많은데, 이것은 합명회사 또는 합자회사를 일단 해산하고 새로 주식회사를 설립하는 방법에 의한 것이며, 여기에서 말하는 조직변경과는 다르다. 또 합병은 한회사가 소멸하고 타회사가 그 권리·의무를 포괄적으로 승계하는 것이므로 실질적으로도 동일성은 없어지고 상법에서는 회사의 종류를 불문하고 일반적으로 어떤 종류의 회사간에도 이를 인정하고 있으므로 조직변경과는 다르다. 조직변경의 경우에는 앞의 종류의 회사에 있어서는 해산의 등기, 뒤의 종류의 회사에 있어서의 설립의 등기를 하나, 이것은 단순히 등기의 형식에 불과하며, 실질적으로는 동일한 인격이 계속되는 것이므로 앞의 종류의 회사의 인격이 소멸하고 뒤의 종류의 회사로서 새로운 인격이 창설되는 것은 아니다. 회사의 조직변경에는 다음의 6종이 있다.

(1) 합명회사의 합자회사에로의 조직변경 ; 합명회사는 총사원의 동의를 얻어 일부사원을 유한책임사원으로 하거나 유한책임사원을 새로 가입시켜 합자회사로 변경할 수 있다(§242①). 일부사원을 유한책임사원으로 변경할 경우에는 채권자를 보호하기 위하여 그 책임을 변경한 사원의 퇴사에 대하여는 무한책임사원의 퇴사에 준하여 본점소재지에서 조직변경등기를 하기 전에 생긴 회사채무에 대하여 등기 후 2년내에는 무한책임을 면하지 못하게 하였다(§244, §242①).

(2) 합자회사의 합명회사로의 조직변경 ; 합자회사는 사원전원의 동의를 얻어 그 조직을 합명회사로 변경할 수 있다(§286①). 이 경우에는 회사채권자의 이익을 해칠 우려가 없으므로 보호절차가 필요하다.

(3) 주식회사의 유한회사로의 조직변경 ; 주식회사는 총주주의 일치에 의한 총회의 결의로써 그 조직을 변경하여 유한회사로 할 수 있다(§604①본). 유한회사는 사채의 발행이 인정되지 아니하므로 사채의 상환을 완료할 것(§604①단)과 자본충실을 위하여 회사에 현존하는 순재산액보다 많은 금액을 자본의 총액으로 하지 못한다(§604②). 회사에 현존하는

순재산액이 자본의 총액에 부족한 때에는 그 조직변경결의 당시의 이사와 주주는 회사에 대하여 연대하여 그 부족액을 지급할 책임이 있다(§605①).

(4) 유한회사의 주식회사에로의 조직변경 ; 유한회사는 총사원의 일치한 총회의 결의로써 그 조직을 변경하여 이를 주식회사로 할 수 있다(§607①). 이 경우에는 조직변경 당시에 발행하는 주식의 발행가액의 총액은 회사에 현존하는 순재산액을 초과하지 못한다(§607②).

(5) 주식회사의 유한책임회사에로의 조직변경 ; 주식회사는 총회에서 총주주의 동의로 결의한 경우에는 그 조직을 변경하여 유한책임회사로 할 수 있다(§287의43①).

(6) 유한책임회사의 주식회사에로의 조직변경 ; 유한책임회사는 총사원의 동의에 의하여 주식회사로 변경할 수 있다(§287의43②).

회사의 해산(會社의 解散)
영 ; winding up of company
독 ; Auflösung der Gesellschaft
불 ; dissolution de société

회사의 법인격의 소멸을 가져오게 하는 원인이 되는 법률사실로서, 해산은 회사가 인격을 상실하기에 이르는 원인이며, 회사는 이로써 곧 권리능력을 상실하는 것은 아니고 청산종료시에 이르러 법인격의 소멸을 가져온다. 따라서 상법은, 회사는 해산 후라도 청산의 목적의 범위 안에서는 아직 존속하는 것으로 규정한다(상§245, §269, §542①, §613①). 또 파산에 의하여 해산하는 경우에 있어서도 파산의 절차의 종료를 기

다려 비로소 인격이 소멸된다(파§4). (1) 해산의 사유는 ① 존립기간의 만료 기타 정관으로 정한 사유의 발생(§227 I, §269, §517 I, §609① I), ② 회사가 다른 회사와 합병한 경우, 단 존속회사는 제외(§227 IV, §269, §517 I, §609① I), ③ 회사가 파산한 경우(§227 V, §269, §609① I), ④ 법원이 해산을 명령 또는 판결한 경우(§227 VI, §269, §517 I, §609① I), ⑤ 총사원, 사원총회 또는 사원총회의 해산결의가 있은 경우(§227 II, §269, §517 II, §609① II), ⑥ 합명회사·합자회사·유한회사에 있어서 사원이 1인으로 된 경우(§227 III, §269, §609① I)〈주식회사에 있어서는 주주가 1인으로 되어도 해산하지 아니한다〉 등이다. 해산으로써 회사는 그 인격을 상실하는 것은 아니고 청산의 목적의 범위 안에서 아직 존속한다. 따라서 영업행위능력은 없으며, 종래의 대표기관의 구성원은 그 지위를 잃고 청산인이 이에 갈음한다. 또 경업피지, 업무집행, 지배인, 이익배당, 입사 및 퇴사 등 영업을 전제로 하는 여러 가지 제도는 그 적용이 없다. 회사가 당사자인 소송은 대표사원의 대표권의 소멸로써 중단된다(민소§212①). 또 합병, 파산의 경우를 제외하고는 본점소재지에서는 2주간내에, 지점소재지에서는 3주간내에 해산등기를 하여야 하며(상§228, §269, §530①, §613①), 주식회사에 있어서는 파산의 경우를 제외하고 주주에게 통지하고 무기명식의 주권을 발행한 경우에는 이를 공고하지 않으면 안된다(§521).

회사의 계속(會社의 繼續)

영 ; continuation of company or corporation
독 ; Fortsetzung der Gesellschaft
불 ; continuation de société

해산으로 청산 또는 파산절차중에 있는 회사가 다시 해산전의 회사로 복귀하는 것이다. 기업유지의 이념에 입각한 제도이다. 즉 (1) 존립기간의 만료 기타 정관에 정하여진 사유가 발생하였을 경우, (2) 총사원의 동의나 주주총회 또는 사원총회의 특별결의에 의하여 해산하였을 경우에는 모든 종류의 회사에 인정된다(상§229①, §227 I II, §269, §287의40, §519, §610①). (3) 합명회사나 유한회사에 있어서는 사원이 한 사람으로 되어 해산한 경우, 합자회사에 있어서는 무한책임사원의 전원이 또는 유한책임사원의 전원이 퇴사하여 해산한 경우에도 신(新) 사원을 새로 가입시켜 회사를 계속할 수 있다(§229②, §227III, §285②, §610②). 이상과 같은 통상의 경우의 회사계속 이외에 또 조직변경에 의한 회사의 계속도 인정되는바, (1) 사원이 1인으로 되어 해산한 합명회사가 새로 유한책임사원을 가입시켜 합자회사로 되는 경우(§242②, §229②, §227III), (2) 유한책임사원 전원이 퇴사함으로써 해산한 합자회사가 무한책임사원만으로 합명회사로 계속하는 경우이다. 또 특수한 경우로 회사가 파산선고로 해산한 때에, 강제화의(强制和議)의 가결이 있는 경우에는 정관의 변경에 관한 규정에 따라 회사로 계속할 수 있다(파§283).

청산(淸算)

영·불 ; liquidation　　　　독 ; Liquidation

해산으로 원래의 활동이 정지된 법인(청산법인) 기타 단체가 사무처리를 목적으로 재산관계를 정리하는 것이다. 회사는 파산합병 이외의 원인으로 해산한 때에는 반드시 청산절차가 따르게 된다. 이에는 임의청산과 법정청산이 있다. 임의청산은 사원의 의견에 기하여 해산한 경우(상§247①)에 한하여 인정되는 것이며, 사원의 신뢰관계를 기초로 하는 인적회사에 특유한 청산방법이다. 법정청산은 청산인이 이 사무를 행하는데 청산사무의 내용은 (1) 현존사무의 종결 (2) 채권의 추심과 채무의 변제 (3) 재산의 환가처분 (4) 잔여재산의 분배 등이다(§542①·254①Ⅴ∼Ⅵ). 부수적 청산사무로서는 법원에 대한 신고(§532), 회사재산의 조사보고(§533), 주주총회의 소집, 각종 서류의 비치, 열람, 등사 등(§542②, 396)이다. 특히 잔여재산은 변제후에는 사원에게 분배함을 요하는데 그 표준으로서 합명회사·합자회사(인적회사)에서는 출자의 가액, 주식회사·유한회사(물적회사)에서는 수종의 주식과 같은 정관에 별단의 정함이 있는 경우를 제외하고는, 지주수 또는 출자좌수에 따라 분배하게 된다. 이와 같은 이 청산중의 회사를 청산회사라고 하는데 청산회사는 해산전의 회사와 동일한 인격을 가지면서 청산목적을 위하여 존재한다(§245). 청산회사에 있어서는 원칙으로 존속중의 회사에 관한 규정이 적용되나, 앞에서 본 바와 같이 회사목적에 제한이 생기므로 영업을 전제로 하는 업무집행이나, 지배인, 경업피지의무 등의 규정의 적용은 없고, 또 이익배당이나 입사·퇴사에 관한 규정도 적용받지 않는다.

청산법인(清算法人)

해산에 따라 청산의 과정에 있는 법인이다. 법인은 해산하면 목적인 사업을 계속할 수 없게 되지만, 청산사무를 수행하는 데 필요한 범위 안에서 권리·의무능력을 가지며 청산 또는 파산의 절차를 종료한 때에 완전히 권리·의무능력을 상실한다(민§81). 청산법인 가운데 회사인 경우 특히 청산회사라 지칭한다.

임의청산(任意清算)

정관 또는 총사원의 동의를 받아서 임의로 정한 청산방법이다. 법정청산의 대응개념으로, 사원이 대외적으로 책임을 지고 대내적으로 상호의 신뢰가 있는 인적회사에 한하여 인정된다(상§247·§269). 재산의 처분방법으로 회사의 영업전부를 양도하여, 그 대금을 사원에 분배하거나 회사재산을 현물로써 분배하는 등 자유로이 정할 수 있다. 그러나 그 방법은 존립기간의 만료 기타 정관에 정한 해산원인의 발생 또는 총사원의 동의에 의한 해산의 경우에 한하여 인정되며(§247②, §227ⅠⅡ), 사원 지분권의 압류채권자의 이익은 침해할 수 없다(§247① 후단, ③,④, §230·§248·§249).

법정청산(法定清算)

청산인에 의해서 법정절차에 따라 행해지는 청산방법이다. 임의청산의 대응 개념으로, 인적회사에서는 임의청산방법과 함께 선택적으로 인정된다(상§247·§250). 주식회

사의 법정청산으로 보통청산과 특별청산을
든다.

법정청산인(法定淸算人)

사원총회에서 사원의 과반수로 청산인
을 선임하지 않거나, 정관에 의하여 청
산인을 정하지 않은 때에, 법률의 규정
에 의하여 되는 청산인(상법 251조)을
말한다. 합명회사·합자회사에서는 업무
집행사원(상법 251조 2항, 287조), 주식
회사(상법 531조 1항)·유한회사(상법 61
3조 1항)에서는 이사가 청산인이 된다.

회사의 소멸(會社의 消滅)

회사가 법인격을 상실하는 것. 회사가 소
멸하는 경우는 (1) 합병에 의한 경우(상§22
7Ⅳ·§269·§517Ⅰ·§609①Ⅰ), (2) 파산한 회
사가 파산절차를 종료한 경우(파§4), (3) 합
병이나 파산 이외의 원인으로 인하여 해산
한 회사(상§227Ⅰ·§269·§517Ⅰ·§609①Ⅰ)의
청산절차종료의 경우이다. 회사의 해산은
회사가 법인격을 잃는 원인이 되는 법률요
건이며, 이것에 의하여 회사는 즉시 소멸하
는 것이 아니라, 해산 후에도 청산의 목적
범위 내에서 존속한다. 파산으로 인하여 해
산하는 경우에도 파산절차의 종료로 회사가
소멸한다. 이에 대하여 합병의 경우에도 합
병 그 자체가 생긴 때에 발생한 경우 소멸
회사는 청산절차를 밟지 않고서 즉시 소멸
하게 된다(상§250·§269·§531①).

보험법

보험(保險)
영 ; insurance
독 ; Versicherung
불 ; assurance

보험은 우발적인 사고의 발생으로 인하여
경제적인 불이익을 받을 우려가 있는 경제
주체가 모여서 사고발생의 개연율에 따라
산출된 금액(보험료)를 미리 출연하여 공동
준비재산을 만들어 두고, 일정한 사고(보험
사고)가 발생한 경우에 일정한 금액(보험금)
을 지급하여 경제생활의 불안을 제거 또는
경감시키려는 제도이다. 보험의 구조, 보험
의 경제적 기능 내지 본질론에 대하여는
손해전보설, 경제수요설, 경제적 준비설 등
이 있으나, 손해보험과 생명보험의 양자를
통일하여 보험제도의 기능을 파악하는 것
이 어렵기 때문에 아직은 정설이 없다. 저
축은 개인이 단독으로 금전을 적립하여 경
제적 안전을 도모하는 제도이므로 보험과
유사한 목적을 가지지만 다수인이 집합하
여 특정한 우발적 사고에 대한 준비가 아
닌 점이 다르다. 자기보험은 손해발생의 개
연율을 기초로 하여 적립을 하는 점에 있
어서 단순한 저축 또는 준비재산과 다르며
보험과는 유사하지만, 다수인이 집합하여
위험을 분담한다는 요소를 결하는 점이 다
르다. 도박은 다수인의 일정한 금액의 갹출
(醵出)에 따라서 성립하는 점, 장래의 우연
한 사건에 따라 금전 또는 재물의 수수가
행하여지는 점에서 보험과 매우 유사한 것
이라고 할 수 있지만 우연한 사건의 발생

에 따라서 금전 또는 재물을 취득하는 것 자체를 목적으로 할 뿐, 그 사건의 발생에 따라 입은 경제적 수요의 충족을 목적으로 하지 않으며, 또 그 수요에 기하여 금전 또는 재물의 수수가 이루어지지 않는 점에서 보험과 다르다. 보증은 그 결과에 대하여 보증되는 사건이 우연하다는 점에 있어서 보험과 유사하지만, 급부(給付)가 사고발생의 개연율에 기하여 산정되는 것이 아니며, 또 채권자와 보증인 두 당사자 간의 개인적 관계에 지나지 않는 점에서 보험과 다르다.

보험의 형태는 극히 다기다양(多岐多樣)하며 여러 가지 표준에 의거하여 분류되지만 주요한 것으로서 공보험과 사보험, 영리보험과 상호보험, 물건보험(재산보험)과 인신보험, 손해보험과 인보험, 해상보험과 육상보험, 원보험과 재보험, 개별보험과 집합보험, 기업보험과 가계보험, 이밖에도 특별보험·총괄보험, 단순보험·혼합보험, 전부보험·일부보험·초과보험 등이 있다. 보험은 우발적 사고의 발생에 따른 경제상의 수요를 충족시킬 것을 목적으로 한다. 이 수요는 구체적·주관적인 경우의 현실적 수요에 국한하지 않고 일반 사회관념상 수요가 있다고 생각되는 경우의 수요를 뜻하는 것이다. 따라서 손해의 정도에 불구하고 일정한 금액의 지급을 받는 생명보험도 사망으로 인하여 경제적 수요 및 정신적 수요에 대하여 보험금이 지급된다고 해석할 수 있고, 또 사람이 보험계약을 체결하는 그 자체가 이미 일정한 수요가 있음을 공시하는 것이라고 할 것이다. 보험은 동질적인 경제상의 위험 하에 있는 다수인의 집합에 의하여 이루어지는 단체적 조직에 의한 것이다. 이처럼 같은 위험 하에 있는 다수인의 집합을 보험단체 또는 위험단체라고 한다. 이 경우 위험하에 있는 자 자신이 구성원이 되는 위험단체(상호회사)에 의하든 제3자 즉 영리로서 행하여지는 기업(주식회사)에 의하든 상관없다. 양자는 보험기술상 동일하며 개개의 피보험자에 대하여 보험자가 상대하고 있다. 보험은 대수의 법칙을 전제로 하여 있을 응용함으로써 성립하는 특색을 가지고 있는 것이다. 다수의 동일한 사고에 대하여 대량적으로 관찰할 때 일정한 위험률을 알 수 있고 이에 의거하여 보험률의 산정을 하게 되는 것이다. 그리고 보험은 이에 가입하는 다수인이 서로 거금(醵金)을 공동의 준비재산으로 적립하고 가입자 중에서 현실의 사고발생으로 인해 수요가 발생하였다고 인정되는 자에 대하여 공평하게 급여함으로써 경제적 수요의 충족을 도모하는 것이다.

끝으로 보험은 하나의 경제제도 또는 시설이다. 즉, 우발적 사고의 발생 후에 취해지는 선후책이 아니라 우발적 사고의 발생 및 그 결과를 예상하여 사전에 준비하는 경제상의 제도이다. 따라서 법률관계가 일정한 기간 계속되는 것이며 이 점에 있어서도 보험은 단체성이 강하다고 할 수 있다.

보험법(保險法)
영 ; law of insurance
독 ; Vericherungsrecht
불 ; droit d'assurance

가장 넓은 의미로 보험법이라고 하는 경우에는 사보험에 관한 모든 법규만이

아니라 공보험에 관한 법규도 모두 포함
되며, 또 보험계약을 규제하는 법규 외
에 보험사업의 주체에 관한 법규, 보험
사업의 개시·운영에 관한 감독·단속법규
도 포함된다. 그러나 이와 같이 보험법
을 넓은 의미로 파악하는 경우 거기에는
조직감독법과 보험관계법이라는 성격이 다
른 법규가 포함되어 있다. 또 보험관계법은
공보험·사보험이라는 성격이 다른 보험을 규
제하는 이질적인 것의 집합에 지나지 않는
다. 좁은 의미의 보험법은 보험사법중 보험
계약법(Vesicherungsvertragsrecht)을 말한
다. 그 실질적 의의에 있어서는 사보험, 특
히 영리보험에서의 보험관계 즉 보험자와 보
험계약자간의 법률관계를 규율하는 것을 말
하고 형식적 의의에 있어서는 상법전에 보험
법으로 규정된 것을 말한다.

상법 제4편 보험에 관한 규정은 제1장에
손해보험과 인보험에 공통되는 通則規定(통
칙규정)을 두고 제2장에서 손해보험, 제3장
에서 인보험에 관한 규정을 두었다. 그러나
물론 광의의 보험법 전부가 상법의 범위에
속하는 것은 아니다. 우선 공보험에 관한
법규는 모두 상법의 범위에 속하지 않는다.
또 공영보험이더라도 우리의 체신보험이나
일본의 간이생명보험과 같이 공영보험으로
서 행하여지는 것에 관한 법규도 상법에
속하지 않는다. 더우이 사보험이며 동시에
사영보험으로서 행하여지는 보험에서도 영
리를 목적으로 하지 않는 상호보험에 관한
법규는 상법의 범위에서 제외된다(다만, 상
호보험에 관해서는 그 실태가 영리보험과
그다지 다르지 않기 때문에 상법의 규정이
많이 준용되고 있다). 따라서 상법의 규제
대상으로 되는 것은 영리보험이나 영리보
험에 관한 법규가 모두 상법에 속한다고

할 수 없다. 영리보험에 관한 법규는 대체
로 다음 3종류가 있다.
(1) 상행위인 보험의 인수에 관한 보험계
약법(상법 제4편 「보험」에 관한 규정,
각종 영리보험에 관한 특별법, 보험계
약에 관한 관습법 등이 있다).
(2) 보험사업의 주체에 관한 조직법(보험
업법 중 보험사업자에 관한 특별규
정).
(3) 보험사업의 개시·운영에 관한 감독·단속
법(보험업법중의 보험감독원에 관한 규
정이다). 이들 가운데 어느 것이 상법
의 범위에 속하는 가에 관하여는 실질
적 상법의 의의를 어떻게 파악하는가에
의하지만, 통설에 의하면 보험계약에
관한 규정(보험계약법)과 보험사업의 주
체에 속하는 것으로 이해되며, 보험감
독원에 관한 법규는 상법의 범위에서
제외되어 있다.

보통보험약관(普通保險約款)
영 ; policy conditions
독 ; allgemeine Versicherungsbedin-
     gungen
불 ; condition généraux d'assurance

보통보험약관이란 보험자가 다수의 계약을
위하여 미리 작성한 보험계약의 내용을 이루
는 일반적·정형적인 계약조항이다. 보통보험
약관은 표준적·일반적인 계약조항이므로 보
통보험계약만으로는 불충분하며 다시 상세한
약정을 하는 경우가 있다. 이것을 특별보험
약관 또는 부가약관이라고 한다. 특별보험약
관은 실질적으로는 보통보험약관의 일부를
이루는 것이다. 보통보험약관은 실제적으로
는 보험업법이나 상법전중의 보험편보다 중

요한 법원(法源)이다. 약관의 한 종류인 보통보험약관이 존재하는 이유는 보험계약에 관한 상법상이 규정만으로서는 각종 보험에 적용될 세부적인 사항을 규제할 수 없기 때문이다. 결국 보통보험약관은 다수의 보험계약을 체결함에 있어서 보험단체의 구성원을 동종·동액의 보험일 경우 원칙적으로 평등하게 다루기 위해서 뿐만 아니라 다수의 보험계약을 체결하기 위해 필요한 것이라고 할 수 있다.

그러나 보통보험약관을 작성하는 보험자가 경제적 우위성을 이용하여 보험자 자신의 법적 지위를 향상시키는데 주력할 우려가 있다. 이에 대하여 보험계약자는 보험에 관한 법률적인 지식이 없이, 다만 보험사고의 종류, 보험금액 정도만을 알 뿐 구체적인 내용을 알지 못하고 보험계약을 체결하게 되는 경우가 많다. 따라서 이 요건·효과에 대하여 적정하게 규제하기 위하여 법률이나 약관에서 보험계약자 또는 피보험자의 의무에 관한 규정을 두는 것은 당연한 것이다. 상법 제663조는 보험계약자 등의 불이익변경금지의 원칙을 규정함으로써 약관의 내용을 규제하고 있다. 이것은 보험계약자 등의 이익보호를 위한 것이다. 이 밖에도 보험업법에서는 보통보험약관의 사용·변경에 재정경제원장관의 인가를 얻도록 함으로써 약관의 내용을 규제하는 규정 등을 두고 있다. 그런데 우리의 경우 약관의 개시를 요구하고 있지 않기 때문에 보험계약자는 반드시 약관의 내용을 알 수 있는 것은 아니다. 따라서 입법론으로서 보험자가 계약의 체결 이전에 보험계약자가 약관의 내용을 알 수 있도록 약관을 공시하도록 함이 필요하다. 보험업법은 보험사업의 허가를 얻고자 하는 경우에는 보험약관을 첨부하여야 하며(보험

§5③III) 또 보험약관을 변경하고자 할 경우에는 재정경제원장관의 인가를 얻어야 한다(보험§7①I)는 규정으로써 계약의 내용에 대하여 행정적 규제를 하고 있다. 최종적으로 보험계약자를 보호하는 것은 사법적 규제이다. 사법적 규제는 재판을 통해서 보통보험약관이 무효로 되는 경우는 강행규정, 선량한 풍속에 위배되는 경우이다.

보통보험약관의 구속력의 근거

의사설 (계약설)	보통보험약관이 그 자체로 법규범은 아니지만 약관이 계약의 내용을 이루기 때문에 계약당사자를 구속한다는 견해이다.
규범설	보험계약은 보통보험약관에 의하여 체결되는 것이 거래의 실정이므로 보험약관은 객관적인 법과 마찬가지로 보험계약의 법원이 된다고 보는 견해이다.
판례	의사설의 태도이다(84다카2543참조).

보통보험약관이 계약당사자에 대하여 구속력을 갖는 것은 그 자체가 법규범 또는 법규범적 성질을 가진 계약이기 때문이 아니라 보험계약당사자 사이에서 계약내용에 포함시키기로 합의하였기 때문이라고 볼 것인바, 일반적으로 당사자 사이에서 보통보험약관을 계약내용에 포함시킨 보험계약서가 작성된 경우에는 계약자가 그 보험약관의 내용을 알지 못하는 경우에도 그 약관의 구속력을 배제할 수 없는 것이 원칙이나 다만 당사자 사이에서 명시적으로 약관에 관하여 달리 약정한 경우에는 위 약관의 구속력은 배제된다(대법원 1985. 11. 26. 선고 84다카2543).

보험약관(保險約款)

영 ; policy conditions
독 ; Versicherungsbedingungen
불 ; conditions d'assurance

보험계약의 약관을 말한다. 넓은 의미로는 보통보험약관과 특별보험약관을 말하며, 좁은 의미로는 보통보험약관을 말한다. 이는 다수의 계약체결을 위해서는 보통보험약관의 형식을 취하는 것이 편리하기 때문이다. 보통보험약관이란 보통계약약관의 일종으로 보험자가 일방적으로 미리 작성한 보험계약의 내용이 될 약관을 말한다. 이는 회사의 정관과 함께 상사자치법규에 속하며, 특약이 없는 한 이를 내용으로 계약이 체결되고 사실상 보험계약자는 이에 따르게 되어 있으므로 이는 부합계약에 해당하며 대기업의 집단거래의 형식으로 되어 있다. 보통보험약관은 보험증권의 이면에 기재되는 것이 통례이며 따라서 계약이 성립된 후에 교부되는 보험증권을 통하여 계약자는 비로소 이를 알게 되는 경우가 보통이다. 그러나 계약자의 지·부지에 불구하고 상관습상 그 구속력이 인정되고 상법전에 우선하여 적용되므로 보험법상 가장 중요한 법원이다.

보험계약(保險契約)

영 ; contract of insurance
독 ; Versicherungsvertrag
불 ; contrat d'assurance

보험을 목적으로 하는 계약. 보험계약의 본질에 관해서는 학설이 나뉘고 있는 바, 종래는 손해보험과 인보험을 통일적으로 설명하기를 단념하였으나(분리론), 근래에는 이를 통일적으로 설명하기에 이르렀고(통일론), 그 근거로서 수요충족설과 경제생활확보설이 유력하다. 상법은 통일론에 입각하여, 보험계약은 당사자의 일방이 약정한 보험료를 지급하고 상대방이 피보험자의 재산 또는 생명이나 신체에 관하여 불확정한 사고가 생길 경우에 일정한 보험금액 기타의 급여를 할 것을 약정하는 것이라고 정의하였다(상§638). 따라서 보험계약은 보험료의 지급에 대하여, 사고가 발생하면 보험금액을 지급한다는 「위험부담」의 급여를 대가로 삼으므로 유상쌍무의 계약이라고 할 수 있다. 보험계약은 보험약관에 따라서 체결되는 것이 보통이므로, 이른바 부합계약성이 강하며, 계약의 성립은 양당사자의 합의로 족하나(낙성계약), 실제로는 약관에 따라서 보험료를 지급하여야 보험자의 책임이 개시되므로(§656). 이른바 요물계약은 결과가 된다. 보험계약은 영업으로 하는 경우에만 상행위가 성립된다(§46 XVII).

손해보험(損害保險)

영 ; property insureance
독 ; Schadensversicherung
불 ; assurance desdommages

보험자가 우연한 사고(보험사고)로 인하여 생기는 손해를 전보(塡補)할 것을 약정하고 보험계약자가 이에 보험료를 지급할 것을 약정하는 보험이다(상§665). 물건 그 밖의 재산적 이익에 대한 손실의 전보를 목적으로 하는 점에서 일정한 금액을 지급하는 정액보험인 생명보험과는 다르다. 피보험자가 보험계약자인 경우가 많은데, 반드시 동일인이어야 할 필요는 없다(타인을 위하여 하는 보험계약). 손해의 전보를 목적으로 하므로 그 손해를 입는 데서 오는 이익, 즉 피보험이익의 존재를 필요로 하며, 보험자가 지급해야할 보험금액은 피보험이익의 가액, 즉 보험가액을 초과할 수 없다(§669). 이것을 넘는 보험(초과보험)은 그 초과하는 부분에 대하여 감액을 청구할 수 있다(§669①본문). 이와 동일하게, 동시에 또는 순차로 수개의 보험계약이 체결된 결과(중복보험) 초과보험이 될 경우에는 각 보험자는 각자의 보험금액의 비율에 따라서 보험금액을 한도로 하여 보상책임을 부담한다(§672①). 피보험자의 보험자에 대한 보험금지급청구권은 손해발생의 전후에 관계없이 이전의 목적이 될 수 있으며, 보통 보험의 목적물에 대한 물권과 함께 이에 관한 보험계약상의 권리를 이전하는 일이 많은데, 피보험자가 보험의 목적물만을 양도하고 보험계약상의 권리에 대하여서는 아무런 의사표시가 없더라도 권리와 의무를 함께 승계한 것으로 추정한다(§679). 제3자의 행위에 따른 손해에 관하여 보험자가 보험금액을 지급한 경우에는 당해 제3자에 대하여 보험대위가 인정되며(§682①본문), 보험계약자의 고지의무위반에 대해서는 계약해제를 할 수 있다(§651, §655).

그리고 보험자는 보험사고에 의하여 생긴 손해를 전보(塡補)할 의무를 지지만 전쟁 기타의 변란이나 보험계약자 또는 피보험자의 악의·중과실에 의한 손해에 대하여는 전보의 책임을 지지 않는다(§659①, §660). 손해보험은 보험사고, 보험의 목적, 피보험이익의 종류를 표준으로 하여 상법이 규정하는 화재보험·운송보험·해상보험·책임보험·자동차보험 등이 있다. 또 제3자에 대한 이행의무에 관한 보험으로는 책임보험·재보험 등이 있으며, 사회의 복잡이양화에 따라 다수의 신종보험이 생겨날 추세이다.

초과보험(超過保險)

영 ; over insurance
독 ; Uberversicherung
불 ; surassurance

손해보험에 있어서 약정한 보험금액이 보험가액을 초과하는 보험을 초과보험이라고 한다. 보험금액은 보험가액의 범위 내에서 정하여져야 하는 것이다. 그러나 현실에 있어서는 당사자가 임의로 정한 보험금액은 객관적인 보험가액과 일치하는 것이 아니라 이것을 초과하는 경우가 적지 않다. 이 초과는 계약체결 당초부터 존재할 때도 있으나 경제계의 변동으로 물가가 하락한 경우에 발생한다(상§669③). 초과보험이냐 아니냐는 보험가액이 객관적인 보험가액과의 비교로 판단되는 것이다. 보험가액이 협정된 경우에는 그것이 현저하게 차이가 나지 않는 한, 보험자는 이를 다툴 수 없고 그 한도 내에서는 협정보험가액이 기준이 된다. 따라서 보험금액이 객관적인 보험가액을 약간 초과하고 있더라도 협정가액을 초과하고 있지 않는 한, 초과보험이라고 볼 수 없다. 그러나 협정보험가액이 현저하게 과대한 때에는 협정보험가액은 기준이 되지 못하므로 보험금액을 협정보험가액보다 소액으로 정한 때라도 보험가액이 객관적인 보험가액을 초과하는 한, 초과보험이라고 하지 않을 수 없다. 초과보험은 보험의 소극적인 성격에 반하고 보험을 도박화할 뿐만 아니라 고의로 사고를 발생시킨다는 위험을 수반하기 때문에 이에 대한 法(법)의 감독적 배려를 필요로 한다. 초과보험이 보험계약자의 사기로 인하여 체결된 때에는 그 계약은 무효가 된다. 그러나 보험자는 그 사실을 안 때까지의 보험료를 청구할 수 있다(§669④). 피보험이익의 개념은 주로 보험의 도박화를 방지하기 위한 것이므로 상법은 보험계약자에게 위법한 재산적 이익을 얻고자 하는 사기가 있는 경우에는 그 계약전체를 무효로 한다. 또 보험금액이 보험계약의 목적의 가액을 현저하게 초과한 때에는 초과가 현저한 경우에 한하여 각 당사자가 언제든지 보험금액과 장래의 보험료의 감액을 청구할 수 있도록 하고 있다(§669①). 현저한 초과여부를 정하는 보험가액은 계약당시의 가액을 표준으로 한다(§669②).

중복보험(重複保險)
영 ; double insurance
독 ; Doppelversicherung
불 ; assuarance cumulative

동일한 피보험이익과 동일한 사고 및 동일한 보험기간에 대하여 수인의 보험자와 각각 동시에 또는 순차로 보험계약을 체결한 경우 그 보험금액의 총액이 보험가액을 초과하는 경우를 중복보험이라고 한다. 동일한 보험자와 이와 같은 보험계약을 여러 개 체결한 경우는 단순한 초과보험이고 중복보험이 아니다. 또 수인의 보험자와 각기 별도로 보험계약을 체결한 경우에도 위험 또는 보험기간이 다른 때에는 중복보험이 되지 않는다. 중복보험은 고가물에 대한 보험 기타 1인의 보험자와의 보험계약만으로는 보험자의 자력 등으로 미루어 보아 불안하다고 생각되는 경우 등에 이루어진다. 이 경우에도 수개의 보험계약에 있어서의 보험금의 합계가 보험가액을 초과하는 이상 그 초과부분에 대한 보상을 인정할 수 없는 것은 초과보험에 있어서와 같다. 구상법은 중복보험에 관하여 동시중복보험과 이시중복보험으로 구별하여 전자에는 비례분담주의, 후자에는 우선주의를 적용하였다. 그러나 상법은 동일한 목적과 동일한 사고에 관하여 수개의 보험계약이 동시에 또는 순차로 체결된 경우에 그 보험금액의 총액이 보험가액을 초과한 때에는 보험자는 각자의 보험금액의 한도에서 연대 책임이 있다. 이 경우에는 각 보험자의 보상책임은 각자의 보험금액의 비율에 따른다(상§672①)고 규정하였다. 즉, 구법상의 비례분담주의와 우선주의를 통합하여 비례책임주의로 한 것이다. 이는 보험자중 1인이 지급불능이 된 경우에, 그 분담액에 대하여는 보험의 목적을 달성할 수 없다는 불합리한 점을 고려하여 각 보험자의 연대책임을 인정한 것이다. 사기보험의 방지를 위하여 중복보험의 경우에는 보험계약자는 각 보험자에 대하여 각 보험계약의 내용을 통지하여야 한다고 규정하였다(상§672②). 중복보험의 경우 보험계약이 보험계약자의 사기로 인하여 체결된 때에는 그 계약은 무효이다. 이 경우에 보험자가 그 사실을 안 때까지의 보험료를 청구할 수 있는 것은 초과보험의 경우와 같다(상§672③, §669④). 중복보험의 경우에 보험자 1인에 대한 권리의 포기는 다른 보험자의 권리·의무에 영향을 주지 아니한다(§673).

사기로 인하여 체결된 중복보험계약이란 보험계약자가 보험가액을 넘어 위법하게 재산적 이익을 얻을 목적으로 중복보험계약을 체결한 경우를 말하는 것이므로, 통지의무의 해태로 인한 사기의 중복보험을 인정하기 위하여는 보험자가 통지의무가 있는 보험계약자 등이 통지의무를 이행하였다면 보험자가 그 청약을 거절하였거나 다른 조건으로 승낙할 것이라는 것을 알면서도 정당한 사유 없이 위법하게 재산상의 이익을 얻을 의사로 통지의무를 이행하지 않았

일부보험(一部保險)
영 ; under-insurance
독 ; Unterversicherung
불 ; sous-assurance

보험금액이 보험가액에 달하지 않는 경우를 일부보험이라고 한다. 일부보험은 보험계약자가 보험료의 절감을 위하여 의식적으로 하는 경우도 있고, 또 물가가 상승한 결과 자연적으로 발생하는 경우도 있다. 보험가액을 과대하게 협정하고 이것에 미달한 보험금액을 정한 경우 실제의 보험가액이 보험금액보다 적으면 초과보험이 된다. 그러나 보험금액이 보험가액을 초과하지 않을 때에는 당연히 전부보험이 되는 것이 아니라 협정보험가액과 약정보험금액과의 비율에 의한 일부보험이라고 보아야 할 것이다. 일부보험의 경우에는 보험자의 부담은 보험금액의 보험가액에 대한 비율에 따라 보상할 책임을 진다(상§674본문)(비례분담의 원칙). 따라서 전부멸실의 경우에는 보험자는 보험금액의 전액을 지급하여야 하지만 일부손해의 경우에는 손해액의 일부분을 지급하게 된다. 그러나 특약으로써 보험금액의 범위 내에서 손해액의 전액을 지급한다는 약정은 가능하다(§674단서). 이 경우의 보험을 일반적으로 제1차 위험보험이라고 하며 화재보험에서 많이 이용되고 있다.

전부보험(全部保險)

약정한 보험금액이 보험가액과 일치하는 보험으로, 이 경우에 보험자는 보험사고에 따른 손해액의 전부를 지급할 의무를 진다. 일부보험에 대응하는 개념이다.

화재보험계약(火災保險契約)
영 ; contract of fire insurance
독 ; Feuerversi cherungs vertrag
불 ; assurance contre l'incendie

화재보험계약이란 화재로 인하여 발생하는 손해보상을 목적으로 하는 손해보험계약을 말한다(상§683). 화재보험에 있어서 보험사고인 화재란 사회통념상 화재라고 인정할 수 있는 성질과 규모를 가진 화력의 연소작용으로 인한 재해를 뜻한다. 이에 대해 화재로 통상의 용법에 의하지 아니하고 독립한 연소력을 가진 연소작용으로 인한 재해라고 하는 견해가 있다. 어떻든 화력의 연소작용이 없이 단순한 열 또는 빛의 작용, 낙뢰·폭발 등에 의한 파괴작용은 화재라고 할 수 없다. 그러나 특약에 의하여 화재의 개념을 한정할 수도 있다. 화재보험의 목적은 유체물로서 화재에 의해 손상될 수 있는 한 동산뿐만 아니라 부동산도 포함된다. 상법 제685조는 목적물이 건물과 동산인 경우를 예상하고 있으나, 그 대상을 건물·동산에 한정한 것은 아니다. 따라서 목조교량·입목·삼림 등도 보험의 목적이 될 수 있다. 또 건물을 화재보험의 목적으로 한 경우에 완성된 건물뿐만 아니라 건축 중의 건물·미등기

건물도 목적으로 할 수 있다. 건물의 부속물은 이른바 종물로서 건물과 같이 보험의 목적에 포함되지만, 약관으로 보험증권에 기재되지 않는 한 보험의 목적에 포함하지 않는다고 정하는 것이 보통이다. 동산의 화재보험인 경우에는 전기제품·기계기구·가구·의류 등도 집합보험의 목적이 될 수 있다. 그러나 동산 중 고가물, 예컨대 화폐·귀금속·서화 등은 보험증권에 명기한 경우에 한하여 그 목적이 될 수 있다. 동산보험은 건물 내의 동산에 한하지 않고, 목재·석탄·야적한 농산물 등 건물외의 동산에 대해서도 보험의 목적으로 할 수 있다. 그러나 일정한 장소에 있어서의 위험만을 담보하는 것이므로, 보험의 목적인 동산이 다른 장소로 이동된 때에는 담보되지 않는다. 화재보험의 피보험이익은 그 목적물이 동일한 경우라도 피보험자가 누구인가에 따라 소유자이익·임차인이익·사용인이익 등이 있을 수 있다. 피보험이익의 내용이 명확하지 않은 경우에는 소유자의 피보험이익을 계약의 목적으로 한 것이라고 보아야 할 것이다. 화재보험증권에는 보험증권의 일반적 기재사항(상§666)외에 다음 사항을 기재하여야 한다. (1) 건물을 보험의 목적으로 한 때에는 그 소재지, 구조와 용도, (2) 동산을 보험의 목적으로 한 때에는 존치한 장소의 상태와 용도, (3) 보험가액을 정한 때에는 그 가액 등이다(§685). 이밖에 필요한 사항의 기재도 가능하다. 화재보험자는 화재로 인하여 생긴 손해에 관하여 그 화재의 원인이 무엇인가에 관계없이 손해를 보상할 책임이 있다(§683). 이를 위험보편의 원칙이라고 한다. 그러나 (1) 보험계약자·피보험자·보험수익자의 고의·중과실로 인한 손해(§659①), (2) 특약이 없는 경우에 전쟁 기타의 변란으로 인한 손해(§660), (3) 보험의 목적의 성질·하자·자연소모로 인한 손해(§678)에 대하여는 보상책임을 지지 아니한다. 그러나 (1),(2)의 경우와 (3) 의 경우에도 보험계약자·피보험자의 중과실로 인한 손해에 대하여도 보상책임을 진다는 특약은 유효하다. 그러나 보험계약자·피보험자의 고의로 인하여 발생한 손해에 대하여도 보험자가 책임을 진다는 특약은 선량한 풍속과 사회질서 및 공익에 반하므로 무효라고 본다. 화재보험은 화재로 인하여 발생한 손해의 보상을 목적으로 하는 것이므로 화재와 손해와의 사이에는 상당인과관계가 있어야 한다. 따라서 보험자는 화재로 인한 직접적인 손해뿐만 아니라 화재의 소방 또는 손해의 감소에 필요한 조치로 인하여 생긴 손해에 대해서도 보상할 책임이 있다(§684). 즉, 직접 화열로 인한 손해가 아니더라도 상당인과관계설을 취하는 한 당연한 것이나 의문의 여지가 없도록 하기 위해서 규정한 것이다. 이는 손해방지비용을 보험자에게 부담시킨 것과 그 취지를 같이 한다(§680①단참조). 그러나 화재시에 보험의 목적의 분실 또는 도난으로 인한 손해에 대하여는 책임을 지지 않는다는 약관이 있다(화재보험보통약관 제4조 3항).

집합보험(集合保險)
독 ; Kollektivversicherung

보험의 목적이 경제적으로 독립된 다수의 사람 또는 물건인 보험을 집합보험이라고 한다. 인보험의 경우(해상보험)에서도 볼 수 있으나, 주로 동산화재보험의 경우에 널리 이용되고 있다. 상법은 집합된 물건을 일괄하여 보험의 목적으로 한 때에는 피보험자의 가족과 사용인 물건도 보험의 목적에 포함된 것으로 하며, 이 경우에는 그 보험이 그 가족 또는 사용인을 위하여서도 체결한 것으로 보고 있다(상§686). 이 경우 가족 또는 사용인의 물건에 관하여는 타인을 위한 보험계약을 인정한 것이라고 볼 수 있다.

적하보험(積荷保險)
영 ; insurance on goods
독 ; Gütersicherung, Kargoversicherung
불 ; assurance sur facultés

적하보험은 보험의 목적인 적하의 소유자로서의 피보험이익에 관한 보험이다(상§697 참조). 즉 선적되는 모든 적하에 관한 보험으로서, 적하라고 할 수 없는 저하·연료·어구 등은 포함되지 않는다. 그러나 반드시 상품에 한하는 것은 아니며 양륙(揚陸)이 예정된 운송물이면 모두 포함된다. 실제로는 적하의 가액 중에 희망이익도 합하여 평가하고, 적하보험에 붙이는 일이 많다. 이 적하보험에 있어서는 보험가액이 당사자 사이에서 협정되는 것이 보통이나, 협정이 없을 때에는 그 적하한 때와 곳의 적하의 가액과 선적 및 보험에 관한 비용을 합산한 가액이 보험가액이 된다(§697). 또 보험의 목적인 적하가 목적지에 도달함으로 인하여 생긴 이익 또는 보수도 보험에 붙일 수 있다(§698:희망이익보험). 해상보험기간은 그 하물의 선적에 착수한 때에 개시하고(§699②), 하물 또는 저하의 선적에 착수한 후에 보험계약이 체결 된 때에는 계약성립시에 그 기간이 개시된다(§699③). 그리고 기간의 종료시기는 양륙지 또는 도착지에서 하물을 인도한 때이나, 다만 불가항력으로 인하지 아니하고 그 양륙이 지연된 때에는 그 양륙이 보통 종료될 때에 종료된 것으로 한다(§700). 보험자의 면책사유에 관하여는 해상보험의 경우와 같으나, 보험계약자·피보험자 이외의 특정자(용선자, 송하인 또는 수하인)의 고의 또는 중대한 과실로 인하여 생긴 손해 및 선박이 변경된 후의 사고로 인한 손해에 관하여는 보험자는 보상책임을 지지 않는 점이 이 보험의 특색이다(§706 Ⅱ, §703). 그 밖의 보험증권의 기재사항에 대하여 특별한 규정이 있다(§695).

정기보험(定期保險)
영 ; time policy
독 ; Zeitversicherung

정기보험은 보험자의 책임의 시기와 종기가 일정한 기간을 표준으로 하는 보험이다. 기간보험이라고도 한다. 선박보험에 많이 이용되며, 1년 또는 6개월의 기간을 정하는 것이 보통이다.

기간보험(期間保險)

→ 정기보험

항해보험(航海保險)
영 ; voyage policy
독 ; Reiseversicherung, Reisepolice
불 ; assurance en voyage

보험기간이 일정한 항해를 표준으로하여

보험자의 책임이 정하여지는 보험이다. 적하보험에 많이 이용된다. 선박보험·적하보험·희망이익보험이 이 방법으로 행하여진 경우에 관하여 상법에 규정이 있다(상§696, §697, §698). 항해보험에 있어서 해상보험 기간은 원칙적으로 하물의 선적에 착수한 때에 개시하여 도착항에서 양륙한 때에 종료한다(§699, §700). 상법의 규정은 선적지 및 양륙지에서의 이른바 부주위험은 보험자가 지도록 하였으나 약관에서는 특약이 없는 한 보험자는 이것을 부담하지 않는다고 정하는 것이 보통이다.

혼합보험(混合保險)
영 ; mixed policy

일정한 기간과 일항해(一航海)의 양자를 표준으로 하는 보험이다. 선박보험의 경우에 이용된다.

예정보험(豫定保險)
영 ; floating policy, open cover, open policy
독 ; Versicherung in quovis, laufende Versicherung
불 ; assurance police, assurance flottante

예정보험은 보험증권에 기재할 보험계약의 요건의 일부(예건대 하물을 실을 선박·적하의 종류·선장 등)가 보험계약체결당시 확정되어 있지 않든가 또는 당사자에게 알려져 있지 않은 것을 말한다. 계약내용의 전부가 체결시에 확정되어 있는 확정보험에 대응하는 개념이다. 예정보험계약은 보험계약의 예약과는 다르다. 보험계약의 예약은 아직 보험계약이 성립하지 않는 상태에서 후일 보

험계약을 체결하기로 약정하는 것이다. 이에 비해 예정보험계약은 이미 계약 자체는 성립하고 그 내용의 일부만이 미확정인 것이므로 양자는 다르다. 예정보험계약에 있어 미확정인 부분이 확정된 때에는 보험계약자는 보험자에게 이를 통지할 의무를 부담하고, 그 통지에 의하여 계약내용이 확정되는 것이며, 통지에 의하여 비로소 계약이 성립하는 것은 아니다. 예정보험은 신속한 보험계약체결의 편의 혹은 대량적·계속적으로 거래되는 상품 및 이에 수반하는 운송에 관한 포괄적 보험계약의 방법으로서 이용되는 것으로, 해상보험에 한하지 않고 모든 보험계약에 있을 수 있는 것이지만, 주로 해상보험(또한 항공보험) 그것도 대부분이 적하보험에 대하여 행해지는데, 재보험에서도 많이 이용되고 드물게 선박보험에서도 보인다.

저당보험(抵當保險)
독 ; Hypothekenversicherung

저당권의 목적인 물건의 멸실·훼손 등으로 인해 저당권자가 피담보권자에 관하여 입을지 모르는 손해를 보상할 것을 목적으로 하는 손해보험이다. 저당물에 대해서 저당채무자가 보험계약을 체결했을 경우에는, 목적물의 멸실시에 저당권의 물상대위에 따라서 저당권자는 저당채무자의 보험금청구권상에 그 효력을 미치게 할 수 있으나(민§342, §370), 지급·인도 전에 압류를 하여야 된다는 등 복잡한 절차가 필요하며(민§342후단), 또 보험금청구권상에 저당권자가 질권을 설정 받는 등의 길도 있으나, 여러 가지로 곤란하고 복잡하기 때문에 저당권자 자신이 피보험자로 되는

것이 저당보험이다. 그런데 저당물이 멸실하더라도 채권자가 채권을 보유하는 이상, 당연히 저당물만큼의 손해가 있었다고 할 수 있으므로, 그 법률구성에 논의가 있으나 저당물의 멸실·훼손으로 인해 받을 채권손실(변제수령가능성의 멸퇴)에 관한 일종의 신용보험으로 보아야 할 것이다.

사보험(私保險)
영 ; private insurance
독 ; Privatversicherung
불 ; assurance privé

사보험은 이른바 보험회사(주식회사 또는 상호회사)에 의해 행해지는 사영보험을 말하나 일본의 경우 국가에 의해 행해지는 것(간이생명보험)도 있고 더 나아가 특별법(가령 선주상호보험조합법)에 근거하여 상호보험조합이 경영하는 경우도 있다. 그러나 어느 것이든 국가의 재정적 원조는 행해지지 않고 가입도 강제되지 않는 것이 원칙이지만, 자동차손해배상보장법에 의해 행해지는 자동차손해배상책임보험과 같이 공보험적 성질을 띠는 사보험에 있어서는 예외적으로 가입이 강제되어 있다. 이상의 사보험 가운데 상법의 적용을 받은 것은 사영보험 중 주식회사에 의해 행하여지는 영리보험이지만(상§46XVII), 상호회사에 의해 행하여지는 상호보험도 그 실체가 영리보험과 거의 다르지 않으므로 상호보험에는 영리보험에 관한 상법의 규정이 준용된다(§664).

공보험(公保險)
영 ; public insurance
독 ; öffentliche Versicherung

보험의 경영이 국가 또는 법인에 의하여 행하여지는 공영보험을 말한다. 공보험은 사회정책적 견지에서 행하여지는 사회보험과 산업정책적 견지에서 행하여지는 산업보험으로 나누어진다. 각종 행정법의 적용을 받으며 상법이 적용되지 않는다.

사회보험(社會保險)
영 ; social insurance
독 ; Sozialversicherung
불 ; assurance sociale

근로자·소액소득자 등의 사회구성원에 대하여, 그 생활을 위협하는 사고인 재해·질병·폐질·실업·노쇠 등에 대하여 일정기준의 소득을 보장하고, 그로써 그 자 또는 그 가족에게 구제를 주는 보험이다. 사회정책적인 목적을 가지며 또 강제보험이다. 보험시설은 원칙적으로는 국가자신 또는 그 대행기관에 의하여 마련된다. 그 경영자는 국가이고, 국가와 보험급부를 받으려는 자 및 사용자가 공동으로 보험에 필요한 비용을 분담하는 등 사회연대적 사상을 바탕으로 한다. 급부액이 법정되어 있다는 점에서 보통의 영리보험과는 구별된다. 국민건강보험법에 의한 보험등이 사회보험에 해당한다.

산업보험(産業保險)

산업정책적인 견지에서 행하여지는 보험이다. 산업보험에는 우리나라의 경우 원자력손해배상법에 의한 원자력손해배상책임보험 등이 산업보험이다.

영리보험(營利保險)
영 ; proprietory insurance
독 ; Versicherung gegen Prämie
불 ; assurance à prime

영리보험이란 보험자가 가입자로부터 징수할 보험료의 총액과 사고가 발생한 경우 지급해야 할 보험금의 총액 및 경영비와의 차액을 이득으로 할 것을 목적으로 하여 행하여지는 보험이다. 영리보험은 보험단체의 형성과 이에 의한 위험의 분산이 보험계약자와는 다른 경제주체인 보험자의 계산과 책임하에 행하여진다. 이에 대하여 상호보험은 보험에 가입하고자 하는 자가 직접 보험관계(상호회사)를 이루어서 영리를 목적으로 하지 아니하고 상호적으로 보험가입자가 보험자를 겸하여 사원전원의 책임과 계산으로 보험사업을 경영하는 점에서 영리보험과 다르다. 영리보험의 인수는 영업으로서 행하여질 때에는 상행위가 된다(상§46ⅩⅦ). 이 사업은 일정액 이상의 자본금을 가지는 주식회사가 아니고서는 영위할 수 없다. 영리보험은 상호보험과 아울러 私人(사인)에 의하여 사경제적 목적으로 경영되므로 사보험 또는 사영보험에 속하며 공보험 또는 공영보험에 대립한다.

상호보험(相互保險)
영 ; mutual insurance
독 ; Versicherung auf Gegenseitigkeit
불 ; assurance mutuelle

상호보험이란 보험을 원하는 사람끼리 서로 모여서 단체를 형성하고 기금을 갹출하여 단체원 중에 보험사고를 당한 사람(단체원 이외의 사람을 피보험자 또는 보험금수령자로 하는 경우도 있다)에 대하여 보험금을 지급하는 형태의 보험이다. 상호보험의 경우는 영리보험과 달라 보험자가 없고 따라서 보험계약도 없으며, 다만 보험단체의 구성원인 사원이 서로 보험자와 피보험자를 겸하는 지위에 있다. 상호보험은 보험계약관계가 없으므로, 상법의 보험계약에 관한 규정은 적용되지 아니하지만, 보험사업의 운영에 있어서는 영리보험과 공통된 점이 많으므로, 상법은 성질이 상반되지 않는 한도에서 영리보험에 관한 규정을 상호보험에 준용하고 있다(상§664).

책임준비금(責任準備金)
독 ; Deckungsfonds

보험회사가 부담한 보험계약상의 책임을 수행할 목적으로 적립하는 준비금이다. 인보험에서는 보험료적립금과 미경과보험료로 나누어진다. 보험료적립금이라 함은 생명보험료를 보험료기간(1년)으로 분할하여 매년 평균한 이른바 평균보험료를 지급하는 결과, 후년일수록 사망률이 늘어감에 따라서 산출되는 이른바 자연보험료에 비하여 초년에는 필요이상의 보험료를 지급하게 되므로 그 필요한 금액을 초과한 부분은 후년도의 보험수익자를 위하여 이를 적립하여야 하는 금액을 말한다(보험§98). 소정사유로 인하여 보험금액의 지급을 요하지 않게 된 때에는 부당이득이 되므로 보험계약자에게 이를 반환하여야 한다(상§73

61). 손해보험의 경우에는 일반적으로 그 기간이 단기이며, 또 위에 설명한 것과 같은 사유가 없으므로 보험료적립금 또는 그 반환에 규정이 없고 다만 미경과보험료만으로 책임준비금이 된다.

보험계약의 유형에 따라서「보험료와 책임준비금지출방법서」(보험§5Ⅲ)를 근거로 계산하고, 이를 특설한 장부에 기재하여야 한다(보험§120).

공동보험(共同保險)
영 ; co-insurance

동일한 피보험이익에 관하여 2인 이상의 보험자가 공동으로 계약을 체결하는 것을 뜻한다. 그러나 이 경우에 각 보험업자가 담당한 보험금액의 합계가 보험가격을 초과할 경우는 이를 중복보험이라고 하며 그 초과부분은 무효가 된다.

단독보험(單獨保險)
영 ; single life insurance
독 ; Einzellebensversicherung)

피보험자 1인의 생사를 보험사고로 하는 인보험을 말하며, 이를 단생보험이라고도 한다. 인보험에는 생명보험과 상해보험이 있는 데, 본래 단독보험은 인보험의 대표적 형태인 생명보험에서 인정된 것이나, 인보험이 점차 생명보험으로부터 신체에 관한 상해·질병 등의 보험으로 넓혀져 감에 따라 단독보험도 인보험 전반에 걸친 개념으로 사용하게 되었다. 단독보험은 피보험자의 수에 따른 구별로써 부부·형제 등 복수인을 피보험자로 하고, 그 중에 1

인이 사망한 경우에 생존한 자가 보험금의 지급을 받는 연생보험, 그 복수인 중 특정한 1인이 사망한 경우에 다른 사람은 생존할 것을 조건으로 보험금의 지급을 받는 생잔보험, 또는 단체의 구성원의 전부 또는 일부를 일괄하여 피보험자로 하는 단체보험(상법 735조의3 1항)과는 구별되는 개념이다. 다수인을 피보험자로 하는 위의 보험과 대비해서 단독보험은 개별보험에 속한다고 할 수 있다.

단체보험(團體保險)
영 ; group insurance
독 ; Gruppenversicherung
불 ; assurance sur la vie en groupe

사람에 관한 집합보험 또는 총괄보험이다. 단체(예를 들면 회사공장의 전종업원)에 속하는 다수인을 포괄적으로 피보험자로서 일개의 보험계약을 체결하는 것이다. 그 단체의 가입 또는 탈퇴에 따라서 당연히 피보험자의 자격을 취득 또는 상실하고 개개의 피보험자의 이동과 관계없이 보험계약은 그 동일성을 잃지 않는다. 이 보험은 사업자가 주로 그 종업원의 후생·복지를 위해 행하는 제도로 스스로 보험료를 부담하고 보험금액은 피보험자 가운데 사상자가 생기는 경우에 본인이나 그 유가족에게 지급된다.

실업보험(失業保險)
영 ; unemployment assurance
독 ; Arbeitslosenversicherung
불 ; assurance contre le chômage

근로의 의사와 능력을 가진 고용근로자

가 이직한 경우에 그 생활을 보장할 목적으로 설정된 보험이다. 사회보험의 하나이다. 영국의 실업보험을 독립된 국영강제보험으로서 1911년에 시작되었는데, 제1차대전 후의 세계적 불황에 직면하여 각국은 영국의 예를 따랐다. 오늘날 많은 문명제국에서 이 제도를 채택하고 있으나, 우리나라에서는 고용보험법에서 1995. 7. 1부터 시행하고 있다.

강제보험·임의보험

(强制保險·任意 保險)

독 ; Zwangsversicher-ung·Freieversic-herung

국가 기타 공공단체에 의해 강제적으로 가입되는 보험을 강제보험이라고 하고, 보험의 가입이 전혀 가입자의 자유의사에 따르는 것을 임의보험이라고 한다. 강제보험은 일정한 범위의 자(예 ; 근로자·사업자 등)에 대하여 직접 법률의 규정으로 당연히 보험단체에 가입할 의무를 부과함으로써, 소정의 국가정책을 강행하여 실효를 거두게 하기 위한 것으로서, 사회보험 기타의 공보험에서 취하는 보험이지만, 사보험에 있어서도 전시 등의 경우에는 화재·해상 등의 보험의 가입이 강제되는 때가 있다. 임의보험은 영리보험을 위시한 사보험이 이에 속한다. → 보험

자가보험(自家保險)

영 ; self-insurance
독 ; Selbstversicherung
불 ; assurance de soimême

다수의 선박을 소유하는 해상운송회사나 각지에 다수의 공장·창고 등을 소유한 기업이 해난·화재 기타의 사고로 인한 우연의 재산적 손해를 전보(塡補)할 목적으로 매년 그 재산의 멸실의 위험을 측정하여 일정비율의 금전을 적립하는 제도이다. 자기보험이라고도 한다. 손해발생의 개연율을 기초로 하여 적립을 하는 점에 있어서 단순한 저축 또는 준비재산과는 다르고 오히려 보험과 유사한데, 다수인이 집합하여 부담을 분산한다고 하는 요소가 없는 점에 있어서는 보험과도 근본적으로 다르다. 일부보험에서 피보험자가 손해의 일부만을 보험자로부터 보상받고, 나머지는 스스로 부담하게 되므로 이 경우에도 자가보험이라는 말이 사용되지만 원래의 의미는 아니다.

계속보험(繼續保險)

독 ; laufende Versicherung
불 ; assurance souscrite à abonnement

일정기간에 통하여 그 기간 내의 모든 임치물에 관해서 개별적으로 보험계약을 체결하지 않고 총괄적으로 체결하는 손해보험계약을 말한다. 보험료가 임치물의 가격변동에 따라서 매일 일변(日邊)처럼 계산되는 경우는 특히 일변보험이라 부른다.

거치보험(据置保險)

영 ; defferred insurance

보험계약 후 일정기간은 계약의 효력이 발생하지 않는 경우를 뜻하며, 계약 후 3년 동안은 비록 사고가 발생하더라도 보험자는 보험금을 지급하지 않는 내용

을 조건으로 하는 경우에 이 보험을 거치보험이라고 부른다.

정액보험(定額保險)
독 ; Summenversicherung

보험사고의 발생에 기인한 실손해의 유무와는 무관하게 보험계약당시에 정한 일정한 금액을 보험금액으로서 지급하는 보험이다. 생명보험이 이에 속한다. 이에 대하여 보험사고의 발생으로 인한 실손해액을 보험계약시에 정한 보험금액의 한도 안에서 지급하는 것을 부정액(손해)보험이라 부른다.

배상책임보험(賠償責任保險)

피보험자가 타인의 신체의 장해(장해에 기인하는 사망을 포함) 또는 재물의 멸실·훼손 혹은 오손에 관하여 법률상의 손해배상책임을 부담함으로써 입는 손해를 보상하는 보험이다(배상책임보험보통보험약관§1). 본보험은 법률상의 손해배상책임를 부담하는 것으로 인하여 입는 손해를 보상하는 보험이지만, 배상책임의 발생원인을 신체장해와 재물손괴에 한정하고 있는 것에 유의할 필요가 있다. 따라서 명예훼손, 비밀폭로, 불법구금 등에 기초한 배상책임이라든가, 타인에게 일반재산상의 손해를 끼친 경우 (예컨대 공인회계사가 잘못 감사를 하고 그 결과를 신용하여 거래를 한 자에 대하여 재산상의 손해를 끼치는 경우)의 배상책임 등은 이 보험의 담보범위에서 제외된다. 더욱이 이 보험은 「신체장해 또는 재물손괴에 관하여」 법률상의 손해배상을 부담함으로써

입는 손해를 보상하는 것이다. 따라서 피해자가 사망한 경우에 피해자 자신의 배상청구권만이 아니라 그 배우자·자 등의 고유의 배상청구권에 대하여도 보험자는 보상의 책임을 진다. 또 재물의 손괴배상에서는 재물을 손괴시킨 자 이외에 재물손괴사고와 상당인과관계가 있는 손해를 입은 그밖의 자에 대한 배상책임에 대하여도 보험자는 보상할 책임을 부담한다. 더욱이 배상책임보험보통보험약관은 각 사 공통의 약관이 아니고 다소 다른 바가 있다. 책임의 범위에 대하여 「당회사는 피보험자가 특별약관기재의 사고(이하 「사고」라 한다) 때문에 타인의 생명 혹은 신체를 해거나 또는 재물을 멸실, 훼손 혹은 오손시킴으로써 발생한 법률상의 손해배상책임을 지는 것에 의해 입는 손해(이하 「손해」라고 한다)를 이 약관에 따라서 보상할 책임을 진다」(배상책임보험보통보험약관§1)고 하는 것이 있다. 법리에 서로 다른 바가 있으나, 실질적으로는 담보범위에 제한이 없는 것으로 해석된다. 배상책임의 발생사유는 여러 가지이다. 따라서 보통보험약관에서는 공통적 사항만 규정하고, 따로 특별약관에서 각종의 배상책임보험에 관하여 자세하게 규정하고 있다. 특별약관으로서는 시설소유(관리)자특별약관, 도급업자특별약관, 승강기특별약관, 생산물특별약관, 수탁자특별약관, 자동차항송선특별약관, LP가스업자특별약관, 개인특별약관, 스포츠특별약관, 골퍼특별약관, 헌터특별약관), 선박수선자특별약관, 여관특별약관, 의사특별약관 등이 있다.

인보험계약(人保險契約)

영 ; contract of person insurance
독 ; Personenversicherungsve-rtrag
불 ; assurance contrat de personnes

인보험계약이란 당사자의 일방(보험자)이 상대방 또는 제3자(피보험자)의 생명 또는 신체에 관하여 보험사고가 발생할 경우에 일정한 보험금액 기타의 급여(질병의 치료, 의약품의 공급 등)할 것을 약속하고, 상대방(보험계약자)이 이에 대하여 보수를 지급할 것을 약정하는 보험계약을 말한다(상§727). 인보험은 사람의 생명·신체에 관한 보험이다. 즉 재산보험 내지 물건보험에 대한 것으로 사람에 관하여 생기는 사고를 보험사고로 하는 점이 물건에 대한 사고를 보험사고로 하는 물건보험과 다르다. 상법은 인보험에 관한 장에 4개의 절을 이루어 통칙규정과 생명보험(생사에 관한 보험), 상해보험(상해에 관한 보험), 질병보험(질병에 관한 보험)에 관하여 규정하고 있다. 이 밖에 인보험에 속하는 것에는 교육·퇴직·양로·혼인 등의 목적을 갖는 보험, 또는 이들을 혼합한 보험 등 그 유형은 점차 늘어나고 있다. 인보험은 특히 생명보험은 보험사고가 발생하면 그로 인한 손해와 관계없이 약정한 보험금액을 지급하는 정액보험이다. 이점에서 재산적 손해의 보상을 목적으로 하는 부정액보험인 손해보험과 다르다. 다만, 상해보험의 경우에는 상해의 정도에 따라 일정한 급여를 하는 경우에는 정액보험이지만, 피보험자가 상해로 인하여 입은 경제적인 손실(예컨대, 의료비의 지급)을 보상하는 경우에는 부정액보험이 된다. 인보험에 있어서는 피보험이익이나 보험가액의 관념은

인정되지 않는다. 따라서 초과보험·중복보험·일부보험 등의 문제도 발생할 여지가 없다. 이에 대하여 보험계약의 체결에 어떠한 제한을 가하지 않는다면, 그것이 도박으로 악용되거나 人爲的(인위적)인 사고를 일으킬 우려가 있으므로 인보험에 있어서도 손해보험의 그것과는 그 개념구성에 차이는 있으나 피보험이익의 관념을 인정하는 것이 타당하다는 견해가 있다. 인보험계약에 있어서는 계약당사자인 보험자와 보험계약자 이외에 피보험자와 보험수익자의 지위가 인정되어 있다. (1) 피보험자는 생명 또는 신체에 관하여 보험에 붙여진 자, 즉 보험사고의 대상이 되는 자를 말한다. 피보험자는 보험의 목적에 지나지 않으며 보험계약에 의하여 아무런 권리도 취득하지 않는다. 손해보험계약에서도 피보험자라는 개념이 사용되고 있으나, 이 때는 피보험이익의 주체로서 손해의 보상을 받을 권리를 갖는 자, 즉 보험금액을 받을 자를 의미한다. 따라서 피보험자라는 용어가 손해보험에서와 인보험에서 각기 달리 사용되고 있음에 주의하여야 한다. 보험계약자는 자기를 피보험자로 할 수도 있고, 또 제3자를 피보험자로도 할 수 있다. 후자를 자기의 생명(또는 상해)보험, 후자를 타인의 생명(또는 상해)보험이라고 한다. (2) 보험수익자는 보험사고발생시에 보험자로부터 보험금액을 지급받기로 지정된 자를 말한다. 보험계약자는 자기를 보험수익자로 할 수도 있고, 제3자를 보험수익자로 할 수도 있다. 전자를 자기를 위한 인보험, 후자를 타인을 위한 인보험이라고 한다. 보험수익자가 동시에 피보험자인 경우도 있다. 인보험자는 보험계약자의 청구에 따라 인보험증권을 작성·교

부하여야 한다.(상§640). 인보험증권에는 손해보험증권의 기재사항(§666) 이외에 ① 보험계약의 종류, ② 피보험자의 주소와 성명 및 생년월일, ③ 보험수익자를 정한때에는 그 주소와 성명 및 생년월일 등을 기재하여야 한다(상§728). 보험자는 보험사고로 인하여 발생한 보험계약자 또는 보험수익자의 제3자에 대한 권리를 대위하여 행사하지 못한다. 그러나 상해보험계약의 경우에 당사자간에 다른 약정이 있는 때에는 피보험자의 권리를 해하지 아니하는 범위 안에서 그 권리를 대위하여 행사할 수 있다(§729). 손해보험에 있어서는 보험자대위제도를 인정하여 피보험자에게 보험사고로 인하여 2종의 이득을 주지 않으려는 이유에서 보험목적에 관한 보험대위(§681)와 제3자에 대한 보험대위(§682)를 규정하고 있다. 인보험에 있어서는 보험목적의 멸실이라는 것이 존재할 수 없으므로 보험목적에 관한 보험대위란 있을 수 없다. 한편 제3자에 대한 보험대위는 논리상 그 성립이 불가능한 것은 아니다. 그러나 인보험은 ① 정액보험이 원칙이라는 점과, ② 사람의 생명·신체에 관한 우연한 사고를 보험사고로 하므로, 일률적으로 보험대위를 금지하여 보험수익자를 보호하는 것이다. 예컨대, 피보험자가 제3자의 가해행위 때문에 상해를 입은 경우 가해자인 제3자에 대해서는 불법행위로 인한 손해배상청구를 할 수 있으나, 보험자는 보험금지급 기타의 급여를 하였더라도 보험수익자가 가진 제3자에 대한 손해배상청구권을 취득하지 못하게 되는 것이다(프랑스보험 §131-2 참조). 이것은 강행규정이므로 법률상 그 예외규정(예컨대, 선원보험§26·산재§54 참조)이 없는 한 보

험계약당사자의 특약으로써도 보험대위는 인정되지 않는다. 손해보상을 목적으로 하는 손해보험의 경우에는 피보험자가 실손해액의 보상 이외에 利得(이득)을 얻게 되는 것을 막기 위한 정책적 이유에서 보험대위를 인정하는 것이므로, 인보험 중에서도 손해보험의 방법으로 영위되는 경우(예컨대, 부정액의 상해보험)는 피보험자의 이익을 해치지 않는 범위 내에서 보험대위를 인정하여야 할 필요가 있으나, (개정 상법§729단서) 신설. 입법적 해결 되었음. 인보험자의 대위를 명문으로 금지하는 것이 반드시 타당한 것인가에 대해서는, 상법 제729조를 삭제하여 보험정책상의 필요에 따라 보험약관에 그 대위권을 정할 수 있도록 하여야 할 것이라는 견해도 있다.

인보험·물보험 (人保險·物保險)

독 ; Personenversicherung· Sachversicherung
불 ; assurance des personnes a ssurance des choses

보험사고가 사람에 관하여 생기는 경우의 보험을 인보험, 물건에 관하여 생기는 경우의 보험을 물보험이라고 하며, 보험사고의 객체에 따른 보험의 분류이다. 인보험에는 생명보험·상해보험·질병보험 등이 이에 속하고(상법은 생명보험과 상해보험만을 규정하였다), 물보험에는 화재보험·선박보험·운송보험·해상보험·자동차보험 등에 속하며, 광의(廣義)에 있어서는 책임보험·신용보험 등도 포함시켜 손해보험으로서 인보험에 대립시킬 수 있다. 인보험은 보험가액의 관념이 없으므로 초과보험·중복보험·일부보험의 문

제가 발생하지 않고, 피보험자의 생명 또는 신체에 관하여 보험사고가 발생하여 제거되는 경제생활의 불안정을 제거 또는 경감시키는 것을 그 목적으로 한다.

생명보험계약 (生命保險契約)
영 ; life insurance contract
독 ; Lebeusversicherungs-vertrag
불 ; assurance contract sur la vie

생명보험계약이란 보험자가 피보험자(보험계약자 또는 제3자)의 생사에 관하여 일정한 금액(보험금액)을 지급할 것을 약정하고, 보험계약자는 이에 대하여 보수(보험료)를 지급할 것을 목적으로 하는 인보험계약을 말한다(상§730). 생명보험은 손해보험의 경우와는 달리 보험금액 이외에 보험가액의 관념이 없으며, 따라서 초과보험·중복보험·일부보험등의 문제도 발생하지 않는다. 그러나 생명보험에서도 보험관계에서 보험금액의 차이를 둘 수 있다. 보험가액의 평가기준이 되는 피보험이익의 개념도 인정되지 않는다고 하는 것이 통설이나 그 개념을 인정하는 것이 타당할 것이라는 견해도 있다. 생명보험계약에 있어서 보험사고가 발생한 때에 일정한 금액(보험금액)을 지급하는 당사자를 보험자라 하고, 이에 대해 일정한 보수(보험료)를 지급하는 상대방을 보험계약자라고 한다. 계약당사자는 아니지만 보험사고발생시에 보험금액을 지급받을 자를 보험수익자라고 한다. 보험수익자는 보험계약자와 동일인인 경우(자기를 위한 생명보험계약)도 있으나, 제3자가 보험수익자가 되는 경우도 있다(타인을 위한 생명보험계약). 보험자는 상대방(보험계약자) 또는 제3자의 생사에 관하여 보험금액을 지급할 의무를 부담한다. 그

자의 생사가 보험사고로 되는 사람을 피보험자라고 한다. 이는 손해보험에 있어서 「보험의 목적」에 해당한다. 손해보험에 있어서도 피보험자는 보험자로부터 손해를 전보(塡補)받을 수 있는 자를 말하며, 생명보험계약에 있어서의 보험수익자에 해당한다. 피보험자는 보험계약자와 동일인인 경우(자기의 생명보험)도 있고, 제3자를 피보험자로 하는 경우 (타인의 생명보험)도 있다. 또 피보험자는 보험수익자와 동일인일 수도 있으나 다른 자인 경우도 있다. 생명보험계약에 있어서 보험사고는 피보험자의 생사이다. 생(生)이란 일정시기에 있어서의 존재를 말하며, 출생은 보험사고가 될 수 없다. 또 인보험일지라도 질병·상해 등을 보험사고로 하는 것은 생명보험계약이 아니다. 보험사고인 피보험자의 존재 또는 사망은 우연한 것일 것, 즉 존재 또는 사망은 우연한 것일 것, 즉 계약성립시에 불확정일 것을 요한다. 그러나 보험사고의 불확정이 반드시 객관적이어야 할 필요는 없다. 보험자는 일정한 기간 내에 피보험자의 생사(보험사고)가 발생한 경우에 보험금액을 지급할 의무를 부담한다. 그 일정한 기간을 보험기간이라 한다. 생존보험의 경우의 보험기간을 만기라고 한다. 보험자의 책임은 특별한 사정이 없는 일반보험계약의 경우와 마찬가지로 제1회 보험료납입시부터 개시된다(상§656). 보험기간의 종기(終期)에 대해서는 보험계약의 성립 또는 보험자의 책임개시시기로부터 일정한 기간을 경과한 때, 또는 피보험자가 일정한 연령에 달한 때 등에 의해 정하는 것이 통례이다. 보험사고가 발생한 경우에 보험자는 보험수익자에게 손해가 발생하였는지의 유무·손해액의 다소에 관계없이 약정한 보험금액을 지급하여야 한다. 생명보험계약은 손해

보험계약과는 달리 재산적 손해의 보상을 목적으로 하지 않으므로, 보험사고가 발생하면 일정한 금액이 지급된다(정액보험). 보험계약자는 보험자에 대하여 그 위험부담에 대한 보수(보험료)를 지급하여야 한다. 보험료는 보험자의 보험금액급여와 대가적 관계에 있는 보험계약자의 반대급여이다. 생명보험에 있어서 보험료 산출의 기초가 되는 기간(보험료기간)은 1보험기간에 수개 있는 경우가 보통이다. 생명보험의 종류는 피보험자의 생사를 보험사고로 하므로 손해보험과는 전혀 다른 표준에 의하여 구분된다. (1) 보험사고에 의한 분류로서는 사망보험·생존보험·혼합보험(양로보험), (2) 보험금의 지급방법에 의한 분류로서는 자금보험·연금보험, (3) 피보험자의 수를 표준으로 한 분류로서는 단독보험·연생보험·단체보험이 있고, (4) 피보험자의 연령에 의한 분류로서는 성인보험·소아보험, (5) 피보험자의 건강 정도에 의한 분류로서는 건강체보험·약체보험, (6) 또 보험계약자와 피보험자가 다르면 타인의 생명의 보험이고, 피보험자와 보험수익자가 다르면 타인을 위한 생명보험이 되는데, 타인의 생명의 보험에는 일정한 제한이 있다(§731). 생명보험계약의 체결은 법률상 특별한 방식을 필요로 하지 않는다. 실제로는 생명보험계약의 청약은 보험자가 작성한 청약서에 의하며, 특히 반대의 의사표시를 하지 않는 한 보통보험약관의 조항이 계약의 내용이 된다. 보험계약자와 피보험자의 고지의무 중 생명보험계약에 특이한 점을 들어보면 다음과 같다. (1) 피보험자의 연령의 고지가 잘못된 경우에는 계약당시의 실제의 연령으로 하여 보험료를 계산하여 보험계약자가 지급한 과부족의 보험료에 관하여 추가지급 또는 반환한다는 뜻을 정하거나, 계약당시의 실제의 연령이 보험가능연령에 해당하지 않는 경우는 보험계약을 무효로 한다는 뜻을 정하는 것이 보통이다. (2) 생명보험에 있어서 질문표는 중요한 의의를 가지며, 중요한 사실에 관한 분쟁을 미리 방지하는 수단으로 불가결하다. (3) 보험의는 보험자를 대리할 권한이 있는 것으로 하여, 보험의에 대한 고지는 보험자 자신에 대한 것과 동일시 된다. 생명보험계약의 효과로는 생명보험계약에 있어서 일반적 보험계약의 효과 이외에 특유한 것으로서, 보험자는 ① 계약해지 또는 보험금액의 지급책임이 면제된 때의 보험료적립금의 반환의무(§736①본문), ② 이익배당부보험에 있어서의 이익배당의무(약관)를 지며, 보험계약자는 보험수익자의 지정·변경권을 가지는 동시에(§733①), 보험계약체결 후에 보험수익자를 지정 또는 변경하였을 때에는 보험자에 대하여 그 통지의무를 진다(§734①).

사망보험(死亡保險)

영 ; insurance ôn death, insurance against death
독 ; Versicherung auf den Todesfall
불 ; assurance contre le décès

피보험자의 사망을 보험사고로 하는 보험계약이다. 이는 다시 일정한 보험기간의 약정유무에 따라 (1) 피보험자의 사망의 시기에 관계없이 종신(終身)에 걸쳐 그 사망을 보험사고로 하여 보험금액이 지급되는 종신보험과, (2) 일정한 기간 내의 사망만을 보험사고로 하여 보험금액이 지급되는 정기보험으로 나눌 수 있다. 이 사망보험의 경우에 있어 15세 미만자, 심신상실자 또는 심신박약자를 피보험자로 한 경우에 그 보험계약은 무효로 한다(상§732). 이러한 무능력자를 피보험자로 하는 사망보험을 인정하는 경우 인위적인 보험사고의 발생(예컨대, 피보험자에 대한 살해 등)으로 악용될 여지가 있기 때문이다.

생존보험(生存保險)

피보험자가 일정한 연령까지 생존할 것을 보험사고로 하는 보험계약이다. 그 이용목적에 따라 교육보험·혼인보험 등이 이에 해당한다.

타인의 생명의 보험계약
(他人의 生命의 保險契約)

타인의 생명의 보험계약이란 보험계약자가 자기 이외의 제3자를 피보험자로 하여 그 생사를 보험사고로 하는 생명보험계약을 말한다. 이에 대하여 보험계약자와 피보험자가 동일인인 경우를 자기의 생명의 보험계약이라고 한다. 타인의 생명에 대한 보험계약의 경우에 있어서 다음과 같은 경우에는 피보험자의 동의가 있어야 한다.

(1) 타인의 생명의 보험 가운데 생존보험을 제외한 사망보험과 생사혼합보험(양로보험)의 경우, 즉 타인의 사망을 보험사고로 하는 경우(상§731①).

(2) 피보험자의 동의로 일단 성립된 보험계약상의 권리를 보험수익자가 피보험자 이외의 자에게 양도하는 경우(§731②).

(3) 보험계약자가 타인의 사망보험계약을 체결한 후에 보험기간 중 보험수익자를 지정·변경하는 경우(§734①, §731①)이다. 위의 각 경우에 피보험자가 하는 동의는 법률상 보험계약 또는 양도계약의 성립요건은 아니며 효력발생요건이다. 계약당사자 이외의 의사표시를 계약의 성립요건으로 하는 것은 계약의 일반개념에 반하기 때문이다. 따라서 피보험자의 동의는 계약의 성립 전후와 관계없이 할 수 있다. 그러나 실제로는 계약체결전에 하는 것이 보통이다. 보험계약이 성립하였더라도 피보험자의 동의가 없으면 효력이 발생하지 않기 때문이다. 동의에 관한 상법의 규정은 강행규정이므로 당사자 사이의 특약으로도 이를 배제하지 못한다. 또 15세 미만자, 심신상실자 또는 심신박약자를 피보험자로 하는 사망보험계약은 동의의 유무와 관계없이 무효이다(§732). 동의의 능력을 기대할 수 없는 약자를 보호하기 위한 것이다(다만, 심신박약자가 보험계약을 체결하거나 상법 제735조의3에 따른 단체보험의 피보험자가 될 때에 의사능력이 있는 경우에는 그러하지 아니하다(§732단서)). 동의는 상대방 있는 일방적 의사표시로서 상법은 그 방식에 관하여 규정한 바 없으므로 구두든 서면이든 상관없다. 그러나 실제로는 보험계약체결시에 보험계약의 청약서에 피보험자로 하여금 기명날인 또는 서명하는 것이 보통이다. 동의의 중요성을 고려하여 서면에 의한 동의만을 인정하는 입법례도 있다(독일보험계약법§159②프랑스보험법 §132-1). 동의의 철회는 계약의 성립 전에는 가능하지만, 동의로 인하여 계약의 효력이 발생한 후에는 보험계약자·보험수익자의 동의 없이는 철회할 수 없다.

해상법

해상법(海商法)
영 ; maritime commercial law
독 ; Seehandelsrecht
불 ; droit commercial maritime

해상법은 기업법인 상법의 일부분으로서 해상기업에 특유한 법률관계를 규율하는 법규의 총체라고 할 수 있다(실질적 의의의 해상법). 상법전 제5편 740조 이하에는「해상」에 관한 규정을 두고 있다(형식적 의의의 해상법). 실질적 의의의 해상법이 해상법의 규율대상에 관하여 이론적으로 통일적인 체계를 세우기 위한 것임에 대하여, 형식적 의의의 해상법은 실정해상법이 규정하고 있는 것이 무엇인가 하는 입법정책상의 문제이다. 실질적 의의의 해상법의 핵심적인 내용이 형식적 의의의 해상법에 규정되어 있지만, 양자가 반드시 일치하는 것은 아니다. 특별법령·관습법·조약 등의 형식으로 존재하는 실질적 의의의 해상법도 있다. 항해에 관한 법규를 총칭하여 해법 또는 해사법(Seerecht, maritime law or law of Admiralty, dr oit maritime)이라고 하는데, 해상법은 이러한 해법의 일부분을 구성하는 것이다. 해법(海法)은 해사공법·해사사법·섭외사법 등을 포괄하는 법개념으로 이해되고 있다. 즉,「선박」의「항행(航行)」에 관련된 법규전체를 해법이라 하는데 반하여, 해상법은「해상기업활동」주체의 이익조정을 위한 것으로 주로 해사사법에 관한 것이다. 해상기업에 관한 법은 육상기업에 앞서 발달하여, 상법의 기원이 되는 것으로서 이미 고대 함무라비법전 중에서도 찾아 볼 수 있다. 이것이 중세에 이르러 지중해·대서양 및 북해의 해항도시를 중심으로 하여 발달하여, 근세에 들어와서는 프랑스·독일을 중심으로 하여 종합적인 법전이 편찬되고, 또 영국에 있어서도 판례에 의한 해상법이 형성되었다. 우리나라의 해상법은 이 가운데서 독일법계에 속한다. 해상법은 주로 해상기업 활동에 있어서의 개별주체 상호간의 이익조정을 목적으로 하는 사법법규가 중심이 되었으나, 사법법규의 실현을 보장하기 위한 약간의 공법적 규정도 포함하게 된다. 상법은「상행위 기타 영리를 목적으로 항해에 사용되는 선박」이라고 하여(상§740), 상행위 이외의 행위를 목적으로 하는 선박(예컨대, 어선)도 포함하게 되었다. 또한 선박법 제29조는 국공유선을 제외한 모든 항행선에 해상법(상법 제5편 해상)의 규정을 준용한다고 하여 해상법의 적용범위를 비영리선에까지 확장하고 있다. 해상기업은 광대하고 위험한 해양을 무대로 한 고가인 선박에 의하여 행하여지는데 그 특수성이 있다. 따라서 해상법도 선박소유자의 유한책임(상§769~§776), 선장의 광범한 권한 및 의무(§745~§755), 공동해손(§865~§875), 해난구조(§882~§895) 등의 특수한 제도에 관한 규정을 두고 있다. 또 해상기업은 그 성질상, 활동범위가 국제적이기 때문에 해상법도 국제적·통일적 성격을 띠고, 많은 국제통일조약이나 국제적인 보통거래약관의 성립을 볼 수 있다.

2007년 8월 3일 상법 일부규정에 대한 개정으로 해상법의 개정이 있었고, 2008년 8월 4일부터 시행되었다. 개정이유는 해상운송계약 관련 법체계를 국제무역 실무에 맞게 재정비하고, 전자선하증권제도 및 해상화물운송장제도 등 새로운 무역환경에 부합하는 제도를 마련하는 한편, 해운강국으로서 세계적인 지위에 걸맞는 해상법제를 마련하기 위하여 선박소유자의 책임한도와 운송물의 포장·선적단위당 책임한도를 국제기준에 맞게 상향조정하는 등 「상법」제5편 해상 부분을 전면적으로 개선·보완하려는 것이었다.

해상법통일운동(海商法統一運動)

해상법통일운동이란 근세 유럽의 여러 국가가 중앙집권제도를 확립하면서 입법화한 각국의 해상법 사이에 많은 차이가 생기게 되어 세계경제의 발전과 국제무역의 발달에 수반된 해상법상의 섭외적 법률관계의 해결에 심한 불편을 가져오게 되자, 19세기 후반부터 내재적 통일성을 갖고 있는 해상법을 국제적으로 통일해야 한다고 하는 운동이 일어난 것을 말한다. 해상법에 관한 국제조약이 이러한 경향에 박차를 가하였고, 각 국은 이와 같은 국제조약의 입장을 수용하는 태도를 보이고 있다. 이러한 통일국제조약은 국제법협회, 국제해사위원회(CMI) 등과 같은 국제기구가 주도하고 있다.

해상법의 법원(海商法의 法源)

해상법의 법원(法源)이란 실질적 의의의 해상법의 존재형식을 말한다. 가장 중요한 것은 상법 제5편 「해상」즉 형식적의의의 해상법이다. 해상 또는 해사(海事)에 관한 특별법령은 대단히 많으나, 그 대부분은 행정법적 규정이다. 그 중요한 것을 추려보면 다음과 같다. 선박법, 동시행령, 선박직원법, 동시행령, 도선법, 동시행령, 항로표지법, 동시행령, 항만법, 동시행령, 해난심판법, 동시행령, 항만운송사업법, 동시행령, 개항질서법, 동시행령, 선박안전법, 동시행령, 선원법, 선원보험법, 해운법, 동시행령, 상법의 일부규정의 시행에 관한 규정§3, §7.

그리고 해상 또는 해사(海事)에 관한 조약은 많지 않다. 우리의 해상법이 많이 낙후되어 있음에 비추어 조약을 비준하지 않더라도, 조약의 내용과 각국의 입법례를 토대로 해상법을 개정할 필요가 있다. 우리가 가입한 조약은 다음과 같다. 1974년 해상(해상)에서 인명안전에 관한 국제조약, 1972년 국제해상충돌예방규칙조약, 1966년 만재흘수선에 관한 국제조약, 1969년 유탁오염손해에 대한 민사책임에 관한 국제조약, 1954년 유류에 의한 해양의 오염방지에 관한 국제조약, 안전한 컨테이너를 위한 국제조약, 1969년 선박톤수측정에 관한 국제조약 등.

해상법의 특색이 관습적 기원성에 있다고 할 정도로, 현행법에 있어서도 해상 또는 해사에 관한 관습법의 법원적 가치는 지극히 크다고 할 수 있다. 선적·양륙·정박기간 또는 정박료의 계산, 적하수령서, 하도지시서 등에 관습이 표현되어 가장 중요한 법원(法源)을 이루고 있는 것이다. 해상관습법이 성문법 변경적 효력이 있느냐에 관해서 학설이 대립되나, 일반적으로 해상관습법은 성문해상법과 대등한 효력이 있다고 본다.

통상항해조약(通商航海條約)

영 ; treaty of commerce and navigation
독 ; Handelsvertrag
불 ; traité de commerce et navigation

우호관계에 있는 국가 간에 통상과 항해에 관한 일정한 권리·의무를 규정하는 조약으로, 보통 당사국의 국민의 입국·거주·영업 등에 관하여 규정하며, 영사의 교환을 규정하는 경우도 있다. 거의 모든 통상항해조약은 최혜국조항 및 내국민대우조항을 포함하는 경우가 많다.

제조중의 선박(製造中의 船舶)

독 ; Schiffsbauwerk, Schiff in Bau
불 ; navire en construction

선박으로 아직 완성되지 않은 것. 항행능력(航行能力)이 없으므로 아직 선박은 아니지만, 선박저당권에 관하여서만은 이것을 선박과 동일하게 취급하고 있다(상§790). 이것을 제조중인 선박의 금융상 편리성을 감안한 것이다.

속구(屬具)

영 ; appurteance   독 ; Schiffszubehör

속구는 선박과는 별도로 선박의 상용에 제공되는 목적으로 선박에 계속적으로 부속되는 물건을 말한다. 예컨대 나침반, 단정(boat), 닻(anchor), 돛, 무선전신설비, 신호기, 해도 등이 이에 해당된다. 선박의 常用(상용)에 제공되는 물건이더라도 선박에 설치·고정되어 선박의 일부라고 인정되는 것은 속구가 아니다. 그러나 선박에 설치되었지만 고정되어 있지 않고, 특별한 수단을 사용하지 않고서도 간단히 떼어낼 수 있는 물건은 선박의 일부라고 할 수 없고 속구인 것이다. 속구가 바로 선박의 종물(從物)은 아니다. 선박임차인이 임차선의 상용에 제공하기 위해 부속된 물건이 선박소유자의 소유에 속하는 종물이라고는 볼 수 없다. 그러나 물건의 소유권이 누구에게 있느냐 하는 외관적으로 불분명한 사항을 기준으로 하여 속구인가 아닌가를 결정하는 것은 선박우선특권자나 선박저당권자에게 불이익을 줄 수가 있다. 따라서 속구의 명칭, 수량, 기호를 기재한 속구목록에 기재된 것은 종물로 추정된다(상§742). 속구목록은 선내에 비치하여야 한다. 따라서 종물이 아닌 속구라도 속구목록에 기재되어 있으면 종물로 추정된다(반증을 들어 추정을 깰 수 있음은 물론이다). 종물인 속구는 주물(主物)인 선박의 처분에 따른다(민§100).

항해(航海)

영 ; nevigation   독 ; Seefahrt

항해란 말은 「선박의 운항」이라고 표현되는데, 지식 및 기술에 의해 선박을 조종하여 해양을 항행하는 것을 말한다(영국 상선법 제742조의 navigation, 독일 상법 제474조의 Seefahrt). 상법 제740조의 「항해」는 이러한 의미에 해당한다. 항해의 내용은 발항항(發航港) 또는 기항항(寄航港)에서 화물·여객을 적재하고, 선박을 안전·신속하게 목적항에 도착하여 안전하게 양륙(揚陸)·상륙(上陸)시키는 각종의 행위를 포함한다.

선적항(船籍港)

영 ; port of registry
독 ; Heimathafen
불 ; port d'attache

선적항은 두 가지 의미로 사용된다. 하나는 등록항이고 다른하나는 본거항이다. 등록항(port of registry, Registerhafen)이란 선박소유자가 선박의 등기·등록을 하고, 선박국적증서의 교부를 받은 곳을 말한다. 선적항은 시·읍·면의 명칭에 의하여 표시하되 그 시·읍·면은 선박이 항행(航行)할 수 있는 수면에 접한 곳에 한한다(선박령§2①, ②). 선적항은 원칙적으로 그 선박소유자의 주소지에 정한다. 다만 선박소유자가 국내에 주소가 없어서 국내에 선적항을 정하기 위하여 해운항만청장의 허가를 받은 경우 선박소유자가 위의 규정에 해당하지 아니한 곳에 주소를 가졌거나 기타 부득이한 사유로 인하여 그 주소지외의 항행할 수 있는 수면에 접한 시, 읍, 면에 선적항을 정하기 위하여 당해 선박소유자의 주소지를 관할하는 해운관청의 허가를 받은 경우(선적항을 정하고자 하는 곳이 그 주소지를 관할하는 해운관청의 관할구역외인 경우에 한한다)에는 주소지 이외의 곳을 선적항으로 정할수 있다(선박법 시행령§2③Ⅰ Ⅱ). 이러한 의미의 선적항은 행정감독의 편의를 위한 것으로 민사소송법의 관할의 기준이 된다(민소§11).

선박등록(船舶登錄)

선박등록은 등기 후 선적항을 관할하는 해운관청에 비치된 선박원부(船舶原簿)에 일정한 사항을 기재하는 것으로 행정적 감독을 목적으로 하는 것이다. 등록이 되면 해운관청은 선박국적증서를 교부하여야 한다(선박§8①,②,③).

선박소유권(船舶所有權)

선박을 전면적·일반적으로 지배하는 권리를 말한다. 선박은 동산으로서 소유권의 객체가 되지만 그 이용·처분에 관하여는 공사법상의 제한이 가해지고 있다. 즉, 해상교통의 안전, 국방상의 필요, 해운정책 등의 이유 때문에 특수한 감독·보호가 필요할 뿐만 아니라, 사법적으로도 국적상실을 초래할 선박소유권의 처분은 이를 제한할 필요가 있기 때문이다. 선박소유권의 취득원인은 일반동산과 대체로 동일하지만, 공법상의 취득원인으로서 선박의 포획·몰수·수용에 의하는 경우가 있다. 또 사법상의 취득원인으로는 조선·양도·상속·합병 등 이외에도 해상법상 특유한 것으로 보험위부(상§710), 선박공유자지분의 강제매수(§761①), 국적상실로 인한 지분의 매수 또는 경매처분(§760)·매수청구(§760), 선장의 선박, 경매처분(§753)등이 있다. 선박소유권의 승계취득 가운데 가장 중요한 것은 매매계약과 조선계약이다. 선박소유권의 상실원인은 취득원인의 반면행위 이외에 선박의 침몰·해산(해체) 등이 있다. 선박의 부동산적 취급의 하나로서 등기선에 대하여는 민법상 선의취득에 관한 규정(민§249)은 적용되지 않는다. 선박소유권의 양도는 당사자간의 무방식의 합의만으로 그 효력이 생긴다(상§743본문). 그러나 이를 제3자에게 대항하기 위해서는 이전등기와 선박국적 증서에 기재를 하여야 한다(§743단). 비등기선의 양도에 있어서는 일반동산과 마찬가지로 인도를 받아야 소유권을 취득할 수 있다(대판 1966. 12. 20. 66다1554 ; 1969. 7. 29. 68다2236). 건조 중인 선박은 저당권의 설정에 관해서만 등기가 인정되는 것이므로 소유권이전의 경우에는 일반동산과 마찬가지로 인도를 하여야 효력이 발생한다. 선박소유권양도의 특별한 효과로서 항해 중에 있는 선박이나 그 지분을 양도한 경우에는 당사자간에 다른 특약이 없으면 양수인이 그 항해로부터 생긴 이익을 얻고 손실을 부담한다(상§763). 이 규정은 당사자의 손익귀속효과에 관한 것일 뿐, 제3자에 대해서는 여전히 양도인이 권리·의무의 주체가 된다. 선박소유권의 양도에 의해 선박소유자와 선원과의 고용관계는 일단 종료된다. 그리고 이때로부터 신소유자와 선원간에 종전과 동일조건의 선원근로계약이 체결된 것으로 본다(선원§37③). 다만 신소유자 또는 선원은 72시간의 예고시간을 두고 서면으로 통지함으로써 이 근로계약을 해지할 수는 있다.

선박공유자(船舶共有者)

영 ; partowners of a ship
독 ; Mitreeder
불 ; copropriétaires dúm navire

선박공유자란 광의(廣義)로는 선박을 공유하는 자를 말하며, 협의로는 선박을 공유하고 그 선박을 공동으로 상행위 기타 영리를 위해 항해에 이용하는 자(Reederei)를 말한다. 해상법상 선박공유자라고 할 때는 협의의 개념을 뜻한다. 선박공유는 2인 이상이 선박을 공동으로 소유하여 영리항해에 이용하는 해상기업의 한 형태이다. 선박공유의 법적 성질에 관해서 (1) 해상법상 선박공유는 조합관계를 전제로 하고 있으므로 언제나 조합관계를 수반한다고 하여 민법상의 조합의 일종이라고 하는 학설과, (2) 선박공유가 민법상의 조합관계에 비해 자본단체적 성격이 훨씬 강한 것을 들어 법인격이 없는 사단으로 보는 입장이 있다. 해상법에서는 수인이 1쌍의 선박을 공유하고 있는 경우에 관해서만 규정하고 있지만 수인이 다수의 선박을 공유하고 있는 경우에도 개개의 선박마다 독립된 공유관계가 있는 것으로 본다. 그러나 회사제도가 발달한 오늘날에 있어서는 별로 이 형태는 행하여지지 않고, 영세한 어선 등에서만 그 예를 찾을 수 있을 뿐이다. 내부관계에 있어서는 공유선의 이용에 관한 사항은 공유자의 지분의 가격에 따라 그 과반수로 결정하되 공유에 관한 계약을 변경하는 사항은 공유자의 전원일치로 결정하고(상§756), 비용의 분담, 손익의 분배도 모두 지분의 가격을 표준으로 하여 결정한다(§757, §758). 선박관리인을 제외하고는 선박공유자간에 조합관계가 있는 경우에도 지분을 다른 공유자의 승낙없이 타인에게 양도할 수 있다(§759). 공유자는 일정한 경우에 다른 공유자의 지분의 매수 또는 경매를 청구할 수 있다(§760,§761). 외부관계에 있어서 각 공유자는 지분의 가격에 따라 선박의 이용에 있어서 생긴 채무를 변제할 책임을 진다(§754). 선박공유자는 그 대표자로서 선박관리인을 선임해야 하며(§764), 이 선박관리인은 그 공유자의 대리인으로서 특정의 사항을 제외하고 선박의 이용에 관한 모든 재판상 또는 재판외의 행위를 할 권한을 가진다(§765). 또 민사소송법은 선박공유자의 지분에 대한 강제집행에 대하여서는 다른 공유자의 권리보호를 위하여 일반 선박에 대한 강제집행과 다른 취급을 하고 있다(민소§678~§688의2).

지분매수청구권(持分買受請求權)

선박공유자 상호간에 인정되어 있는 지분의 매수를 청구할 수 있는 권리를 말한다. 특별한 경우에 있어서 지분권자의 이익보호를 위하여 인정하고 있다. 즉 선박공유자가 신항해를 개시하거나 선박을 대수선할 것을 결의한 때에는 결의에 이의가 있는 공유자는 다른 공유자에 대하여 상당한 가액으로 자기의 지분을 매수할 것을 청구할 수 있다(상법 761조 1항). 이러한 소수지분권자의 지분매수청구권은 상대방의 승낙여부에 관계없이 당연히 그 지분을 매수할 의무를 부담시키는 것이므로 일종의 형성권이다. 그 매수를 청구하고자 하는 자중 결의에 참가한 자는 그 결의가 있는 날로부터 3일 내에, 결의에 참가하지 아니한 경우에는 결의통지를 받은 날로부터 3일 내에 다른 공유자 또는 선박관리에 대하여 그 통지를 발송하여야 한다(상법 761조 2항). 이 기간은 제척기간으로서 이를 도과하면 매수청구권이 소멸한다. 또 선장이 선박공유자인 경우에 그 의사에 반하여 해임된 때에도 다른 공유자에 대하여 상당한 가액으로 그 지분을 매수할 것을 청구할 수 있다(상법 762조 1항). 이 경우에는 지체없이 다른 공유자 또는 선박관리인에 대하여 그 통지를 발송하여야 한다(상법 762조 2항). 그리고

선박공유자의 지분의 이전 또는 국적상실로 인하여 선박이 대한민국의 국적으로 상실한 때에는 다른 공유자는 상당한 대가로 그 지분을 매수하거나 그 경매를 법원에 청구할 수 있다(상법 760조).

선박관리인(船舶管理人)
영 ; ship's husband, managing owner
독 ; Korrespondentreeder
불 ; armateur gérant

선박관리인은 선박공유자에 의하여 선임되며, 선박공유자의 대리인으로서 선박의 이용에 관한 재판상·재판외의 모든 행위를 할 수 있는 자이다. 선박관리인의 선임과 그 인원수는 공유자의 의사에 따르는 것이므로 (상§764) 선박관리인은 특정한 행위에 제한을 받으면서 법정권한을 갖는 임의대리인이다. 그 선임의 방법은 원칙으로 공유자의 지분의 가격의 과반수에 의하여 결정하는 것이지만(§756①본문), 공유자 아닌 자를 선임하는 경우에는 전원의 동의가 있어야 한다(§764①후단). 선박관리인은 선박공유자와 위임관계에 있다. 선박관리인이 선임되지 아니한 선박공유관계에 있어서는 공유자전원이 선박관리인의 지위에 있다고 본다. 선박관리인은 선박의 이용에 관한 재판상 또는 재판외의 모든 행위를 할 권한이 있다(§765①). 그러나 (1) 선박의 양도, 임대 또는 담보에 제공하는 일, (2) 신항해를 개시하는일, (3) 선박을 보험에 붙이는 일, (4) 선박을 대수선하는 일, (5) 차재(借財)하는 일 등은 선박공유자의 서면에 의한 위임이 없으면 그 행위를 하지 못한다(§766). 또 그 대리권에 대한 제한은 선의의 제3자에게 대항하지 못한다(§765②). 선박관리인

이 대리권에 대한 제한은 선의의 제3자에게 대항할 수 없으나, 상법 제766조에 규정한 사항에 관해서는 대리권의 제한이 법정되어 있으므로 제3자가 서면에 의한 위임유무를 확인하지 않고 선박관리인과 법률행위를 한 경우에는 제3자의 악의(惡意)가 추정되어 선박공유자에 대하여 효력을 발생하지 못한다. 또 선박관리인의 특별한 의무로서는 장부의 기재·비치의무(§767)와 항해의 경과상황과 계산보고, 승인의무가 있다(§768).

해원(海員)

영 ; seamen　독 ; Seeleute
불 ; gens de mer

해원이란 선박소유자의 피용자로서 특정선박에 승선하여 선장의 지휘·감독하에 항해상의 업무에 종사하는 선장 이외의 선원이다. 선원법에서는 선원을 선장·해원·예비원(승무 중이 아닌 자)으로 구분하고 있다(선원§3 I). 해원은 해상기업주체의 단순한 해상노동보조자로서 선장과 같이 기업행위에 관하여 법률상 대리권을 갖고 있지 않다. 따라서 해원은 기업의 보조자는 아니다. 해원은 해상기업자의 대리인이 아니므로 그가 한 행위는 기업자에게 귀속하지 않는다. 즉, 해원은 상법의 대상이 되지 않으며 선원법이 적용되는 해상노무자에 불과하다. 해원은 선박소유자와의 고용계약에 의해 노무에 종사하는 자이므로 다분히 노동법적인 요소가 적용될 여지가 많고, 또 이들이 승선하여 항행업무에 종사하므로 공익을 위한 행정법적 규제가 요구된다. 선원법에서 이러한 내용들이 자세히 규정되어 있다. 선원법에서는 해원을 다시 직원과 부원으로 나누고 있다. 직원은 항해사·기관장·기관사·통신장·통신사·운항장·운항사 그 밖에 대통령령이 정하는 해원(어로장·사무장·의사 기타 항해사·기관사 또는 통신사와 동등 이상의 대우를 받는 해원)을 말하며, 부원은 직원이 아닌 해원으로서 갑판부·무선부·기관부·사무부등의 노무에 종사하는 자를 말한다(선원§3 IV·V).

선박권력(船舶權力)

독 ; Schiffsgewalt

해상의 위험을 예방하고 선박의 안전항행을 위해서 특히 선장에게 주어지는 공법상의 권한이다. 선원법에 규정되어 있는 바, 그 주요한 것으로는 선원에 대한 지휘감독권·명령권·징계권(징계 또는 상륙금지), 그밖에 일정한 강제권(물건의 보관·폐기, 강제하선 그 밖의 필요한 조치) 등이다(선원§6, §4, §25). 다만 그 권력을 남용하는 경우에 관해서는 벌칙의 제재(1년이상 5년이하의 징역)가 존재한다(선원§139).

면책위부(免責委付)

영 ; abandonment
독 ; Abandon
불 ; abandon

구상법상의 선박소유자책임제한방법의 하나로서, 선박소유자나 선박임차인 등이 일정한 종류의 채무에 관하여 선박·운임 등의 해산(海産)을 채권자에게 이전하고 책임을 면하는 것이다(구상§690). 보험위부(상§710이하·구상§833이하)와 구별하여 면책위부라 하나, 현행상법은 보험위부는 인정하지만 면책위부는 이를 폐지하고 그에 대신하여

금액책임주의를 채용하고 있다(상§770이하).

도선사(導船士)
영 ; pilot 독 ; Lotse 불 ; pilote

선로안내인이라고도 하며, 항만 등의 일정 구역 내부에서 선박에 탑승하여 당해 선박을 안전한 수로로 항도(嚮導)하는 자(도선법§2 I II). 계속적으로 선박에 승선하여 사무에 종사하는 자가 아니므로 선원은 아니다. 도선사가 되고자 하는 자는 국토해양부령이 정하는바에 따라서 국토해양부장관의 면허를 받아야 한다(도선법§4). 도선사가 아닌 자는 도선업무에 종사하지 못하며(도선법§19), 도선사가 업무에 종사하기 위하여 선박에 탑승한 때에는 도선기를 게양하여야 한다(도선법§26). 도선사가 도선을 하였을 때에는 선장에 대하여 도선료를 청구할 권리를 가지며(도선법§21②), 선장은 해상에서 당해선박을 도선한 도선사를 정당한 사유없이 도선구 밖으로 동행하지 못한다(도선법§24).

모험대차(冒險貸借)
영 ; bottomry
독 ; Bodmerei
불 ; prêt 'a la grosse

19세기 초반 무렵까지 행하여진 선박 또는 적하를 담보로 하는 일종의 금전의 소비대차로서, 선박이 침몰하면 채무변제의 책임을 면하고, 선박이 무사히 항해를 종료하면 고리를 붙여서 변제하는 것이다. 해상보험의 기원을 이루는 제도이다.

해기사(海技士)

해양항만청장이 시행하는 해기사시험에 합격하여 해기사의 면허를 받은 자이다(선직§4,§5,§6·선직령§4~§20). 해기사가 아니면 선박직원이 될 수 없다(선직§11). 해기사의 면허는 1급항해사 이하 21종의 자격별로 행하여지며(선직§4②), 해기사면허원부에 등록한 후 해기사면허증을 교부한다(선직§5③).

해상운송계약(海上運送契約)
독 ; Seetransportvertrag

해상운송계약이란 당사자의 일방이 선박에 의해 물건 또는 여객을 운송하기로 하고, 상대방 당사자가 이에 대해 보수(운임)를 지급할 것을 약정한 계약을 말한다. 육상운송계약과 마찬가지로 물건 또는 여객의 장소적 이동의 완성을 목적으로 하고, 이 목적의 완성에 대하여 보수가 지급되는 것이므로 그 법적 성질은 도급계약이라고 할 수 있다. 따라서 이 계약은 쌍무·유상·낙성·불요식의 계약이며, 그 성립·효력 등은 계약의 일반원칙에 따른다. 그러나 해상운송에 관하여는 상법에 자세한 규정을 두고 있을 뿐만 아니라, 해상관습과 각종 약관이 발달되어 있어, 민법상 도급에 관한 규정이 적용될 여지는 거의 없다. 또 해상운송도 「운송」이라는 점에서 육상운송과 공통되므로 육상운송에 관한 규정이 준용되고 있으나(상§815,§134,§136~§140), 운송수단(선박)과 운송장소(해상)의 특성에 따라 해상편에 특별한 규정을 두고 있다. 따라서 해상운송계약에 주로 적용되는 것은 해상편의 규정, 해상관습법, 운송약관 등이다. 해상운송은 상행위성을 갖고 있어 이를 영업으로 하는 때에는 상행위가 된다(§46XⅢ). 따라서 자기명의로 해상운송을 영업으로 하는 자는 상인이 된다(§4). 해상운송계약의 당사자는 운송을 인수하는 자(해상운송기업의 주체)로서 선박소유자(선주)·선박임차인·용선자와, 운송을 위탁하는 상대방으로서 송하인(하주)·용선자·여객이 있다. 해상운송을 인수하는 자에 관해, 상법은 육상운송에서와 같은 「운송인」이라는 포괄적인 명칭을 사용하고 있지 않다. 실제로 상법의 규정 가운데, 「선박소유자」라고 표현하고 있으나, 이는 해상운송을 인수하는 자를 뜻하는 것이므로 「해상운송인」이라고 이해하여야 한다. 1924년의 선하증권통일조약(이른바 Hague Rules 1924)이나 1978년 UN해상물건운송조약(Hamburg Rules 1978) 등에서는 운송인(Carrier)이라는 용어를 각기 제1조에서 명정하고 있다.

예선계약(曳船契約)

영 ; towage contract
독 ; Schleppvertrag
불 ; contrat remorquage

예선계약은 한 선박이 다른 선박의 진항력 또는 운항을 돕기 위해 추진력을 급부하는 계약이다. 예선계약의 법적 성질은 피예선(被曳船)의 지휘권이 예선에 있느냐 없느냐에 따라 다르다. 지휘권이 예선에 있을 때에는 운송계약이며 그렇지 않을 경우에는 단순한 도급계약 또는 고용계약이다. 해상운송계약의 경우 운송물은 항상 운송인이 점유·보관하지만, 예선계약의 경우에는 예선(tug)이 피예선(tow)을 점유·

보관하지 않는다는 점이 양자간의 근본적인 차이점이다. 따라서 그 보수에 있어서도 운송계약에서는 운임이라고 하는 데 대하여 예선계약의 경우에는 예선료라고 한다(상§777①Ⅰ). 선박우선특권이 인정된다(상§777). 해상위험을 만났을 때의 예선에는 해난구조와의 구별이 분명하지 않을 때가 있으나 피예선이 혼자 힘으로 해난을 벗어날 수 있었느냐의 여부에 따라 판단해야 한다.

용선계약(傭船契約)

영 ; charter party
독 ; Chartervertrag, Chartepartie
불 ; charte-partie

용선계약이란 해상운송인(선박소유자, 선박임차인, 정기용선자)이 선박의 전부 또는 일부를 제공하여 여기에 적재된 물건을 운송할 것을 약속하고, 상대방인 용선자(Charterer, Charterer)는 이에 대한 보수로서 운임(용선료)를 지급할 것을 약속함으로써 성립하는 운송계약이다(선박운송계약:Raumfracvertrag). 개품운송계약이 운송물의 개성을 중요시하는 것과는 달리, 용선계약은 선박공간(선복:space)의 이용을 목적으로 하므로, 그 계약조건에 반하지 않는 한, 어떠한 운송물의 선적도 가능하다. 즉 용선계약에서는 운송물의 개성은 문제되지 않고 선박의 개성(용량, 속력, 하물작업능력 등)이 계약의 중대한 요소가 된다. 용선자는 선박 및 항해에 관하여 광범한 지배권을 갖게 된다. 일반적으로 소형선박을 이용한 부정기항해에 이용된다. 용선의 범위에 따라 전부용선과 일부용선으로 구분되고, 용선의 기간에 따라 항해용선과 기간용선(정기용선)으로 구분된다. 그리고 기간용선(정기용선)은 용선료를 특정기간을 표준으로 하여 지급하는 기간급용선계약과는 다르다(상§806). 2007년 개정상법은 제2장 용선계약을 「운송과 용선」으로 구별한 다음 용선은 항해용선계약, 정기용선계약, 선체용선계약으로 나누어 규정하고 있다. 이는 순수한 운송계약인 개품운송계약과 용선계약을 구별하여 그 법률관계를 규정하는 것이 합리적이고, 용선계약도 그 각 각의 유형에 따라 법률관계가 다르기 때문이다.

선적(船積)
영 ; loading　　　　독 ; Einladung
불 ; chargement

해상운송의 경우에서 운송물의 선박에의 적재로서, 해운관습상으로는 선박에의 인도를 의미한다. 용선계약에서는 용선자 또는 송하인은 선박소유자의 선적준비완료의 통지에 따라 선적기간의 약정이 있는 경우는 일정한 기간 내에 선적을 하여야 하고(상§828), 개품운송계약에서는 송하인은 당사자간 합의나 선적항의 관습에 따라서 운송물의 제공을 한다(§792①). 용선계약의 경우에는 선적기간경과 후에도 용선자는 초과정박료를 지급하고 운송물의 선적을 계속할 수 있으나, 전부의 선적을 완료하지 아니한 경우에도 선장에게 발항을 청구할 수 있고, 또 선장은 선적기간이 경과하면 전부의 선적을 완료하기 전이라도 발항할 수 있다(§831①②). 이러한 경우에도 용선자는 운임의 전액과 운송물전부의 불선적으로 인한 비용을 지급하고, 해상운송인의 청구가 있는 경우는 상당한 담보를 제공하여야 한다(§831③).

선적기간(船積期間)
영 ; time of loading
독 ; Ladezeit
불 ; tempo de la charge)

용선계약에 있어서 계약상 또는 관습에 의하여 정하여진 선적 또는 양륙을 위한 기간을 말한다. 이 기간 내에는 해상운송인인 선박소유자등은 대박의무(待迫義務), 즉 당연히 정박하여 선적 또는 양륙을 하게 할 의무가 있다. 이 기간이 경과한 후에 해상운송인이 선적 또는 양륙을 위하여 선박을 정박시킨 경우에는 그 초과기간에 대해 따로 정박료를 용선자가 지급해야 한다(상법 829조 3항, 838조 3항). 이러한 산적기간은 운송물을 산적할 기간의 약정이 있는 경우에는 그 기간은 선박소유자의 선적준비 완료의 통지가 오전에 있은 때에는 그 날의 오후 1시부터 기산하고, 오후에 있은 때에는 다음 날 오전 6시부터 기산한다. 이 기간에는 불가항력으로 인하여 선적할 수 없는 날을 산입하지 않는다(상법 829조 2항). 정박기간이라고도 한다.

적부(積付)

적부란 선박과 운송물의 안전을 위해 선박 내에서 계획적으로 행하는 운송물의 배치작업을 말한다. 종래에는 운송물의 수령·선적·적부가 거의 동시에 이루어졌으나, 최근의 정기개품운송에 있어서는 수령은 해상기업의 육상본·지점에서 이루어지고 선적과 적부는 선장에 하역업자에 의해 이루어지게 되었다. 적부는 선창에 하는 것이 원칙이며 갑판에 선적하는 것이 관습상 허용되는 경우와 연안항행(상§872②단서 참조)에 있는 경우를 제외하고는 운송물을 갑판에 적부하지 못한다(갑판적금지). 갑판적(cargo on deck)의 운송은 선박과 운송물의 위험을 증대시키고 운송물에 쉽게 손해를 입힐 뿐만 아니라, 공동해손에서 불이익을 받게 되기 때문이다(§839①). 각국의 입법례로 이를 금지하거나 갑판적화물을 적하 중에 포함하지 아니한다. 그러나 갑판적을 상정하여 건조된 컨테이너선에 의한 해상운송의 경우는 보통 선하증권에 갑판적자유약관(general liberty to carry on deck clause)을 삽입하여 운영되는 실정상, 재래선과 컨테이너 전용선의 갑판적에 대한 책임을 구별하여 다루어야 한다는 견해가 있다. 원래 갑판적의 경우에는 운송인이 계약상 의무를 위반한 것으로 추정되어 통일조약상의 면책사유 또는 면책약관 등의 적용혜택을 받을 수 없다. 그러나 컨테이너선 자체는 갑판적이 원칙인 것이라 할 것이므로 타당한 견해라고 생각된다.

보증도(保證渡)

운송물의 인도에 관하여 운송물의 매수인이 은행을 연대보증인으로 하여, 후일 선하증권을 입수하는 즉시 이를 운송인에게 인도할 것과 증권과 교환하지 않은 운송물의 인도에 따른 모든 결과에 대해 책임을 지겠다는 보증서를 운송인에게 제출하여 증권과 상환없이 운송물의 인도를 받는 것을 보증도라고 한다. 이 때 보증서도 없이 선하증권과 상환하지 않고 인도하는 경우를 공도(空渡) 또는 가도(假渡)라고 한다. 보증도제도는 해상운

송뿐만 아니라 육상운송 및 창고업 등에서도 널리 행해지고 있는 상관습이다. 특히 해상운송에 있어서 선하증권의 도착이 선박의 입항보다 늦은 경우에 널리 이용되고 있다. 즉, 선하증권이 없이 운송물을 인도받을 수 없게 되어 (1) 전매를 위한 상기(商機)를 잊어버리고, (2) 운송물의 변질과 부패를 가져오며, (3) 보관비용 등이 낭비되므로 이를 피하기 위한 편법으로 이용되었던 것이다. 보증도에 의한 경우 매수인은 화환(貨換)어음을 지급하고 선하증권을 취득하여 운송물의 소유권을 취득하며, 그 선하증권은 운송인에게 반환하여야 한다. 만일 매수인이 부당하게 선하증권을 제3자에게 양도한 경우일지라도 증권취득자가 선의이면 운송인에게 운송물의 인도 또는 손해배상을 청구할 수 있다. 운송인은 보증도가 있었다는 것으로 선의의 제3취득자에게 대항할 수 없다. 이 때 매수인과 보증은행은 운송인에 대하여 보증도로 인해 발생하는 모든 손해에 대하여 연대하여 배상하여야 한다.

공도(空渡)

→ 보증도 참조

가도(假渡)

→ 보증도 참조

하도지시서(荷渡指示書)

영 ; delivery order
독 ; Konnossementsteilschein

하도지시서는 운송계약의 목적으로 되어 있는 운송물의 인도를 지시하는 증권이다. (1) 분할하여야 할 다수량의 전운송물에 대하여 1통의 선하증권만이 발행되었을 때 이를 양륙항에서 수인에게 분할매각하고자 할 때, (2) 미착(未着) 기타의 사유로 선하증권을 아직 입수하지 못한 경우에 운송물의 보증도를 받기 위하여, (3) 선하증권을 그대로 사용하게 되면 상품의 구입처가 폭로되므로 거래처를 비밀로 하고자 하는 등의 경제적 목적으로 발행된다. 하도지시서의 형식에는 (1) 운송물의 매도인인 선하증권소지인, 해상운송인과는 관계없이 오로지 해상운송인에 대한 지시의 형식으로 발행하여 이것을 매수인에게 교부하는 것. (2) 매도인인 선하증권소지인이 해상운송인에 대한 지시의 형식으로 발행하여 선하증권과 상환으로 이것을 해상운송인 또는 그 대리인의 승인의 의사표시를 얻는 것. (3) 해상운송인 또는 그 대리인이 선장 또는 기타의 이행보조자에 대한 지시의 형식으로 선하증권 또는 보증서와 상환으로 발행하는 것 등의 세가지가 있다. 또 기명식, 지시식, 선택무기명식, 무기명식의 형식으로 발행된다. 하도지시서의 효력은 그 형식에 따라 각기 다르다. 즉, (1)의 경우에는 해상운송인은 관여하지 않고, 또 선하증권은 아직 선하증권소지인의 수중에 있으므로 하도지시서에 의해서는 해상운송인에 대하여 아무런 인도청구권도 발생하지 않는다. 따라서 이 경우의 하도지시서는 유가증권적 효력이 인정되지 않으며 이 지시서와 상환으로 운송물을 인도한 선의의 해상운송인에 대한 면책적 효력만이 인정될 것이다. 그러나 (2)와 (3)의 경우에 있어서는 선하증권은 해상운송인에게 반환되어 해상운송인 스스로 선하증권소지인의 지시를 승인하거나, 자기의 이행보조자에게 운송물의 인도지시를 하면서 선하증권상의 인도청구권만을 분리하여 증권화하는 것이다. 따라서 그 취득자에게 인도청구권을 발생시키고 해상운송인은 인도채무를 부담하게 된다. 이 경우 하도지시서는 운송물인도청구권을 표창하는 지시식유가증권이며, 하도지시서의 의해 운송물의 인도를 받을 수 있게 된다.

면책약관(免責約款)

영 ; exception clause
독 ; Freizeichnungsklausel,
    Befreiungsklausel,
    Entschuldigungsklausel
불 ; clause de nonresponsibilité

면책약관이란 운송인이 법률상 또는 상관습상의 책임을 면제 또는 감면받을 취지를 정한 약관을 말한다. 집단적 거래관계에 있어서 보통계약약관의 일부로서 삽입하는 일이 많다. 상사과실에 따른 손해에 대해서는 해상운송인은 손해배상책임을 부담하는 것이 원칙이지만, 실제에 있어서는 운송계약 또는 선하증권상의 면책약관을 통해 그 책임을 제한 또는 감면하는 경우가 많다. 면책약관의 종류로는 (1) 과실약관(negligence clause ; 해상운송인·선원 기타의 사용인의 고의·과실에 기한 손해에 대한 책임을 부담하지 않는다는 약관), (2) 부지약관(unknown clause ; 운송물의 내용·품질·수량·기호 등에 관하여 부지라는 문자를 기재한 약관으로서 증권책임을 면하는 효력을 가지는 약관), (3) 특정손해(원인)제외약관(특정한 형태의 손해〈파손, 누수손 등〉에 관하여 면책을 표시하거나, 특정손해의 원인〈예컨대, 해상위험〉으로 인한 손해에 관하여 면책을 표시한 약관), (4) 배상액제한약관(해상운송인의 배상의 책임액을 한정하는 약관), (5) 보험약관(해상운송인은 보험계약으로 인하여 보상할 수 있는 손해에 대하여는 책임을 부담하지 아니한다는 약관인데, 또 다시 해상운송인이 손해를 배상할 때에는 송하인은 보험금청구권을 일정액에 제한하는 약관이다) 등이 있다. 면책약관의 폐해는 곧 운송물이해관계인에게 불이익을 가져오므로 1924년 통일약관에서는 상사과실에 다른 운송인의 손해배상책임을 경감 또는 면제하는 당사자간의 특약을 금지하였다. 우리 상법도 상업상의 과실로 인한 해상운송인의 책임을 경감하는 당사자간의 특약은 효력이 없다고 규정하고 있다(상§799①). 해상운송인에 대한 면책약관의 금지는 해상운송인에게 불리한 것이지만, 반면에 운송인의 사용인의 항해상의 과실 기타 법정사유에 대해서는 당연히 면책되는 것으로 하고 있어 해상운송인과 운송물이해관계인과의 조화를 유지하고 있다. 상법 제799조는 운송인의 책임원인을 변경하려는 데에 그 목적이 있다고 할 수 있으므로 선하증권통일조약 제4조 5항에서와 같이 운송인의 개별적인 책임한도액을 개정하는 것은 그것이 합리적인 금액이면 본조의 위반으로 되지 않는다고 본다. 면책약관이 무효가 되더라도 당연히 운송계약 전체가 무효로 되는 것은 아니다. 한편 해상운송인의 의무 또는 책임을 상법의 규정보다 더욱 무겁게 하는 약관은 적하이해관계인에게 유리한 것이므로 인정된다.

운임청구권(運賃請求權)

해상운송인이 운송계약에 의하여 물건운송을 인수한 보수로서 운임을 청구할 권리이다. 운임은 운송을 위탁한 용선자 또는 송하인이 운임지급의무를 부담하는 것이 원칙이다. 그러나 운송물을 수령한 수하인도 운임지급의무자가 된다(상§807①). 이 경우에도 용선자 또는 송하인의 운임지급의무가 소멸되는 것은 아니므로 수하인과 함께 부진정연대채무를 부담하게 된다. 용선계약에서의 운임은 실제 거래에 있어서는 용선료라고 한다. 해상운송인이 운임을 청구하기 위해서는 원칙으로 그 인수한 운송을 완료하여야 한다. 따라서 운임은 양륙항에서 지급하는 것을 원칙으로 하며, 운송물이 목적항에 도착하지 아니한 때에는 운임청구를 할 수 없다. 이는 운송계약이 도급계약이기 때문이다. 운송물의 전부 또는 일부가 송하인의 책임없는 사유로 인하여 멸실한 때에는 해상운송인은 그 운임을 청구하지 못하며, 운송인이 이미 그 운임의 전부 또는 일부를 받은 때에는 이를 반환하여야 한다(§815, §134①).

(1) 운임청구의 원칙에 대한 반대의 특약이 있으면 이에 따른다.

(2) 운송물의 전부 또는 일부가 그 성질이나 하자 또는 송하인의 과실로 인하여 멸실한 때에는 해상운송인은 운임의 전액을 청구할 수 있다(상§815, §134②).

(3) 해상운송인은 ① 선장이 항해를 계속하는데 필요한 비용을 지급하기 위하여 운송물을 매각 또는 입질(入質)한 경우(§750①), ② 운송물에 대하여 공동해손을 한 경우(§865)에는 운임의 전액을 청구할 수 있다(§813). 이러한 경우에는 하주(荷主)는 해상운송인 또는 공동해손분담채무자에 대하여 양륙항의 가액에 따른 보상을 청구할 수 있는데, 그 보상액 중에는 운임전액이 가산되어 있으므로 해상운송인으로 하여금 운임전액을 청구토록 하지 않으면 적하이해관계인이 이중이득을 얻게 되기 때문이다.

(4) 항해 중에 선박이 침몰 또는 멸실·수선불능·포획된 때에는 해상운송인은 운송의 비율에 따라 현존하는 운송물의 가액의 한도에서 운임을 청구할 수 있다(§810). 또한 항해 중에 항해 또는 운송이 법령에 위반하게 되거나 기타 불가항력으로 인하여 계약의 목적을 달성할 수 없게 되어 계약을 해지한 때에도 해상운송인은 운송의 비율에 따라 운임을 청구할 수 있다(§811②). 이러한 운임을 비율운임(pro rata freight, Distanzfracht)이라고 하며, 그 비율의 산정은 단지 운송거리에 의하지 않고 항해의 난이·비용·시간노력 등을 참작하여 정하여야 한다. 해원의 과실로 인하여 선박이 침몰된 경우에는 비율운임을 청구할 수 없다고 보는 것이 이해형평에 합치할 것이다.

운임(運賃)
영 ; freight 독 ; Fracht

운임은 운송에 대한 보수이다. 운임의 계산방법은 원칙으로 당사자의 계약에 의하여 정하여진다. 상법은 해상운송의 기술적 성격을 고려하여 다음과 같은 보충규정을 두고 있다. 운송물의 중량 또는 용적으로 운임을 정한 때에는 운송물을 인도하는 때의 중량 또는 용적에 의하여 그 액을 정한다(상§805). 기간으로 운임을 정한 때에는 운송물의 선적을 개시한 날로부터 그 양륙을 완료한 날까지의 기간에 의하여 그 액(額)을 정한다(§806①). 그러나 선박이 불가항력으로 인하여 선적항이나 항해도중에 정박한 기간과 항해도중에 선박을 수선한 기간은 그 일수를 산입하지 아니한다(§806②).

정박료(碇泊料)
영 ; demurrage 독 ; Liegegeld

정박료란 선적기간 또는 양륙기간을 경과한 후의 정박에 대해 해상운송인이 용선자에게 청구할 수 있는 보수를 말한다(상§829③, §838③). 이론상으로는 개품운송의 경우에도 발생할 수 있으나, 현대의 개품운송은 정기선에 의하여 이루어지므로 사실상 정박료의 문제가 발생할 여지는 없다.

공적운임(空積運賃)
영 ; dead freight

임의해제 또는 해지의 경우에 용선자나 송하인이 운송인에 지급되는 급부(給付)

(운임의 반액, 3분의 2 또는 전액)를 공적운임이라고 한다. 공운임이라고도 한다. 공적운임은 본래의 계약운임도 아니고 손해보상금이나 위반금도 아닌 일종의 법정해약금이다. 용선자 또는 송하인은 해제 또는 해지로 인하여 그 지급의무를 부담한다.

공운임(空運賃)

→ 공적운임

선하증권(船荷證券)
영 ; bill of lading, B/L
독 ; Konnossement
불 ; connaissememt

일정한 운송물의 선적 또는 수취를 인증하고, 또 지정항에 있어서 그 운송물을 증권의 정당소지인에게 인도할 것을 약정하는 유가증권으로, 육상운송의 경우에서 화물상환증에 해당된다. 운송물의 수령 후 선적 전에 발행하는 것을 수령선하증권, 선적 후에 발행하는 것을 선적선하증권이라고 하며, 상법은 선하증권에 관한 통일조약에 의하여 이 두 가지를 인정하고 있다(상§852①,②). 선하증권은 해상운송인인 선박소유자 등이 발행하나, 선장 기타의 대리인으로 하여금 발행하게 할 수도 있다(상§852③). 선하증권에는 법정사항을 기재하고 발행자가 기명날인 또는 서명하여야 한다(요식증권, §853). 그러나 이 요식성은 어음과 같이 엄격하지 않고 기재사항의 한 가지를 결(缺)하여도 선하증권으로 간주할 수 있는 경우는 유효하다고 인정된다. 기명식의 경우에도 배서양도할 수 있으므로 법률상 당연한 지시증권이다

(§861, §130). 선하증권을 발행하였을 경우는 이것과 상환하지 않으면 운송물의 인도를 청구할 수 없으며(상환증권 §861, §129), 또 그 처분에도 선하증권을 가지고 하지 않으면 안 된다(처분증권 §861, §132). 선하증권의 인도는 운송물의 이도와 동일한 효력이 있으며(인도증권·물권적 유가증권 §861, §133), 운송인과 소지인간에서는 운송에 관한 내용은 증권이 정하는 문언에 따라가는 것(문언증권적인 성질) 등은 화물상환증의 경우와 동일한 것이다. 그러나 선하증권은 동일운송물에 관하여 수통 작성되는 것이 인정되는 점에서 다른다. 이 경우 양륙항에서는 1통의 선하증권만으로 운송물의 인도를 요구할 수 있으나(§857), 양륙항 외에서는 각통(各通)을 수령하지 않으면 선장은 인도를 할 수 없다(§858).

에프오비약관(에프오비約款)
영 ; F.O.B clause
독 ; Fob-Klausel
불 ; clause fob

매도인이 계약으로 정한 선적지에서 매수인이 지정하는 선박에 물품을 선적함으로써 매도인으로서의 의무가 면제되는(free on board) 약관으로서, 매도인은 선적할 때까지의 위험을 부담하고 매수인은 선적기간 내에 선적지로 선박을 회항시켜서 선적준비를 하고 물품의 인도를 받은 후의 위험 및 비용을 부담한다. 대금은 물품의 수령과 동시에 선하증권과 상환하여 지급받는 것이 통례이며, 수입무역에서 많이 사용된다.

해손(海損)

영 ; average
독 ; Haverei(Havarie)
불 ; avarie

해상을 항해하면서 불가피하게 발생하는 해상위험으로 인해 선박 및 적하의 손해를 입은 경우, 그 손해를 해상손해라고 한다. 이 해상손해 중 선박 또는 적하 혹은 양자가 전부멸실한 경우의 손해를 제외하고, 선박 또는 적하에 발생한 모든 가치감소(실물손해·비용)를 광의의 해손이라고 한다. 즉, 항해상 발생하는 멸실을 제외한 모든 손해와 비용을 말한다. 광의의 해손에는 (1) 항해에 관련하여 「보통 생기는 손해나 비용(damage or losses, expenditure or expenses)(예컨대, 선박속구의 자연소모, 연료비, 도선료, 입항비 등)과 (2) 해상항행에서의 사고, 즉 비상원인으로 발생하는 손·비용으로 나눌 수 있다. 전자를 소해손(통상해손 ; petty average, kleine Haverei, menues avaries)이라 하고, 후자를 협의의 해손(비상해손)이라고 한다. 소해손은 선박소유자가 운임으로써 부담하므로 법률상 특별한 문제가 없다. 협의의 해손은 다시 (1) 공동해손(general average, gross od. gemeinschaftliche Haverei, avaries Communes ou grosses) 과 (2) 단독해손(particular average, besondere Haverei, avaries particulieres)으로 나누어진다. 공동해손은 선박과 적하에 공동으로 발생한 위험을 면하기 위해 행한 선장의 처분으로 인해 발생한 손해·비용을 말한다. 단독해손은 선박 또는 적하만에 대해 사고로 인하여 발생한 손해·비용을 말한다. 단독해손의 경우에는 손해가 발생한 물건(선박 또는 적하)의 소유자가 이를 부담하게 된다(손해는 소유자

에 귀속된다는 원칙 ; res perit domino). 공동해손의 경우에는 선박·운임·적하의 각 이해관계인에 의하여 그 손해를 분담하게 된다. 상법은 공동해손과 단독해손 중 선박충돌에 관해서만 규정을 두고 있다. 이는 선박항행으로 인해 발생하는 특수한 손해로서 그 부담관계를 일반사법의 원칙만으로는 취급하기 곤란한 기술적 성격에 기인하는 것이다. 따라서 선박충돌의 경우에는 민법의 불법행위에 관한 규정과 상법규정이 적용된다. 국제적으로는 1910년의 선박충돌에 관한 통일조약에 따른다. 공동해손의 경우에는 상법에 따르나 실제로는 York-Antwerp 원칙(1974)이 적용된다.

공동해손(共同海損)

영 ; general average
독 ; extraordin ä re, grosse od. gemeinschaftliche Haverei
불 ; avaries communes ou grosses

협의의 해손은 단독해손과 공동해손으로 분류되는데, 공동해손이란 선장이 선박과 적하를 공동위험으로부터 면하게 할 목적으로 선박 또는 적하에 관하여 행한 처분에 따라 생긴 손해(상§865)이고 선박·운송임 및 적하로 인하여 공동으로 분담되는 경우를 뜻한다. 해상손해 중 해상법의 중심적 대상이 되는 것은 이 공동해손이다. 선장의 처분에 따라서 공동해손이 손해 또는 비용이 발생한 경우 손해를 본 자 또는 비용을 지출한 자는 다른 이해관계인에 대하여 일정한 비율에 따른 분담금을 청구할 수가 있다(§866). 공동해손의 채권자는 공동해손처분에 따라서 손해를 입었거나 비용을 지출한 해

상운송인 또는 적하의 이해관계인이다. 공동해손인 손해 또는 비용은 모두 분담 배상되는 것을 원칙으로 하지만 상법은 주로 손해액의 범위의 명확을 도모하고자 예외로 인정한 것은 공동해손으로부터 제외하여 그 입은 손해의 배상을 청구할 수 없게 하고 있다(§872). 배상되어야 할 손해액의 산정은 다음과 같다. 비용에 관하여서는 그 액(額)이 명료하므로 문제가 없다. 선박과 적하가 받은 손해에 관하여서는 상법은 명문을 규정하여 산정의 표준을 정하고 있다(§869, §871, §873, §874). 공동해손은 이로써 보존할 수 있었던 선박, 적하의 가액, 운송임의 반액 및 공동해손의 가액과의 비율에 따라 각 이해관계인이 분담한다(§866). 공동해손에 관하여는 세계적으로 공통되는 「요크 앤트워프」 규칙이 이용되고 있다.

단독해손(單獨海損)

영 ; particular average
독 ; einfabhe, partikulä re od. besondee Haverei
불 ; avaries simples ou particulïeres

손해를 직접적으로 당한 사람만 단독으로 부담하는 해손이다. 소해손 및 공동해손을 제외한 모든 손해 또는 비용이 이에 포함된다. 상법은 선박충돌의 경우에만 손해배상관계에 관하여 특별규정을 두고 있다(상§876~§881).

준공동해손(準共同海損)

독 ; uneigentliche grosse Haverei

구상법에서는 선박이 불가항력으로 인하여 발항항 또는 항해의 도중에 정박을 하기 위하여 쓰여진 비용에 대해서도 공동해손에 관한 규정을 준용하였다(구상§799). 이를 준공동해손이라 한다. 예컨대, 관헌에 의한 출항정지처분, 검역, 봉쇄, 사변, 폭동 등으로 인해 정박한 경우의 정박비용이 이에 해당한다. 상법은 이에 관한 규정이 없다. Y. A.R(York- Antwep Rules)은 명문으로 준공동해손을 인정하고 있지는 않지만, 공동해손으로 정한 것 가운데에는 본래 공동해손이 아닌 손해나 비용이 포함되어 있다(Y.A. R.§5, §10참조). 이러한 의미에서 Y.A.R. 도 공동해손이라는 명목 하에 준공동해손을 인정하고 있다고 할 수 있다.

내수선(內水船)

독, Binnenschiff
불, bâtiment de reiviére

해상항행을 하는 항해선에 상대되는 개념으로, 상시 호천·항만 등을 항행하는 선박을 말한다. 원칙적으로 내수선은 해상법의 적용을 받지 않는다. 단, 항해선과의 충돌과 해양사고구조에 관한 규정들은 내수선에도 적용 또는 준용을 인정하는 것이 보통이다(상법 876조, 882조).

선박충돌(船舶衝突)

영 ; collision
독 ; Zusammenstoss von Schiffen
불 ; abordage

상법의 적용, 또는 준용(선박법 참조)을 받은 2개 이상 선박이 수상에서 한쪽 또는 양쪽에 손해를 가할 정도로 접촉하는 경우다. 충돌이 불가항력에 기인하거나 또 그 원인이 불명한 경우는 그 손해는 피해자가 부담한다.(상§877). 충돌이 일방의 선원의 과실로 인한 경우에는 불법행위의 일반원칙에 의하여 과실선박측이 손해배상의 책임을 지고(§878), 양쪽의 선원의 과실로 인한 경우에 과실의 경중을 판단할 수 없을 때에는 각 선박소유자가 균분하여 그 손해를 분담한다(§879①후단). 이 양쪽이 손해를 분담하게 될 경우의 배상청구권에 대하여서는 교차책임설과 단일책임설이 있다. 또 양쪽의 과실로 충돌하였을 경우의 제3자에 대한 관계는 민법의 일반원칙에 따라서 각 선박소유자가 연대하여 제3자에 대하여 손해배상의 책임을 부담한다(민§413, §414). 선박충돌로 인한 손해배상청구권에는 선박우선특권이 인정되는데(상§777①Ⅳ), 이 채권은 2년의 단기시효로서 소멸한다. 그러나 이 기간은 당사자의 합의에 의해 연장할 수 있다(§881, §814①단).

충돌약관(衝突約款)
영 ; collision clause, running down clause(R.D.C)

보험계약자가 선박충돌에 따른 손해배상의무를 지는 경우, 이 의무부담에 의한 손해를 보험자가 전보할 것을 약정한 해상보험에 있어서의 약관이다. 예컨대 보험에 붙여진 선박이 충돌한 경우, 상대방선박에 대하여 지급하여야 할 손해배상에 대하여서는 일반의 선박보험으로는 전보의무를 부담하지 않으므로 특히 이 약관을 보험계약에 삽입할 필요가 있다. 책임보험의 한 유형이다.

해난(海難)
독 ; Seenot

해난심판법상으로는 다음에 열거한 사항 가운데 하나에 해당할 때이다. 즉 (1) 선박이 훼손 또는 멸실되거나 선박의 운용과 관련되어 선박 이외의 시설에 손상이 생긴 경우, (2) 선박의 구조·설비 또는 운용과 관련되어 사람을 사상에 이르게 한 경우, (3) 선박의 안전 또는 운항이 저해된 경우(해난심판법§2)이다. 해난구조의 경우로는 조난선박이 자력으로써 제거할 수 없는 정도의 위험에 해당하는 경우를 말한다. 어느 경우든지 해난이 발생하면 선장은 해난보고의 의무가 생기고, 해난심판 도는 해난구조의 문제가 발생한다. → 해난구조, 해난심판

해난구조(海難救助)
영 ; maritime salvage
독 ; Bergung und Hilfsleistung
불 ; sauvetage et assistance maritime

넓은 의미에서는 해난을 만난 선박 또는 적하를 구조하는 것으로, 여기에는 당사자간에 구조에 관한 계약이 있는 경우와 아무런 계약없이, 즉 의무 없이 구조를 하는 경우가 있다. 후자를 좁은 의미의 해난구조라고 부르고, 상법이 규정하고 있는 것도 이 좁은 의미의 해난구조이다. 항해 중에 조난당한 선박에 대하여 인명을 구조하는 것은 도덕상은 물론, 공법상으로도 선원의 의무로 되어 있다. 그러나 조난을 당한 선박 또는 적하를 위험을 무릅쓰고 구조한 자가 있는 경우에는 구조되어 손해를 면한 자와의 이해관계를 어떻게 조정하는가는 사법상의 별문제이다. 상법은 항해에 관하여 해난에 조

우한 선박 또는 적하를 의무없이(구조계약에 의하지 아니하고) 구조한 것을 해난구조라 하여 이것에 관하여 관계자의 이해의 조정을 도모하고 있다(상§882~§895). 구조계약에 기하여 구조가 행하여진 때에는 구조료는 계약에서 정하여져 있으므로 상법은 원칙으로 이에 관여하지 않는다(다만 예외가 있다. §887참조). 항해선 또는 그 적하 기타의 물건이 구조된 때에는(인명만이 구조된 경우를 제외), 의무없이 이를 구조한 자는 그 결과에 대하여 상당한 보수(구조료)를 청구할 수 있다(§882전단). 우리 상법은 통일조약 제1조와 같이 항해선과 내수항행선간의 구조를 포함시키고 있다(§882후단). 구조된 선박 또는 적하에 관하여는 우선특권이 인정된다(§777①III, §782, §893①). 구조의 보수의 액에 관하여는 이에 관한 약정이 없는 경우에 당사자간의 합의가 성립하지 아니할 때에는 법원이 이를 결정한다(§883). 그러나 구조된 결과 도리어 불이익하게 되지 않도록 구조의 보수액은 다른 약정이 없으면 구조된 목적물의 가액의 한도내에서 결정된다(§884①). 해난구조는 선박소유자가 제공하는 선박과 선장·선원이 제공하는 노력에 의하여 행하여지는 것이므로 취득한 보수액(구조료)는 이러한 자에게 상법이 정하는 기준에 의거하여 분배한다(§888~§889). 또 섭외관계에 있어서는「해난에 있어서의 구원구조에 관한 규정의 통일을 위한 조약」(1910년)이 적용되는 것이 일반적이다.

해양사고의 조사 및 심판에 관한 법률

최근 선박으로 인한 해상교통사고가 점차 대형화되고 그 원인도 복잡해짐에 따라 해양안전심판원이 해양사고의 원인규명을 위하여 행하는 사실조사업무와 그 사실조사에 근거하여 행하는 심판업무의 전문성과 신뢰성을 높여 해양사고의 발생을 미리 방지할 수 있도록 하고, 해양사고에 대하여 이해관계가 있는 자의 권익보호를 강화하며 기타 어려운 법령용어를 정비하여 일반국민이 이해하기 쉽도록 하기 위해 제정된 법으로서 '해난심판법'이라는 제명을 1999년에 '해양사고의 조사 및 심판에 관한 법률'로 개정한 것이다.

교차책임(交叉責任)
영 ; cross liability

선박이 양쪽의 과실로 인하여 충돌했을 경우, 각 선박소유자가 그 분담해야 할 손해의 비율에 따라 서로 불법행위에 근거한 손해배상청구권을 가지는 것이다. 이 경우에 선박의 충돌이라는 불법행위는 1개로 하고 이로부터 생기는 손해도 역시 1단으로 고찰하여 수취계정이 되는 어느 한쪽의 선박소유자에게만 상대방에 대한 1개의 손해배상청구권이 발생함에 불과하다는 단일책임(single liability)의 입장에 대응하는 것으로, 해상보험약관에서는 보통 교차책임약관을 채용하고 있다.

해산(海産)
독 ; Schiffsvermögen
불 ; fortune de mer

선박소유자 등이 해상기업상) 부담하는 특정채무에 관하여서 면책될 목적으로 위부(委付)하는 재산의 총체이다. 위부주의를 채택하고 있던 구상법에서 인정된 개념으로(구상§690), 범위는 당해 책임사유가 발생한 항해가 끝난 때의 선박·운송임 및 선주가 그 선박에 대하여 가지는 손해배상 또는 보수청구권이다. 해산은 1기업항해에 사용된 특정한 1선박을 중심으로 한 책임재산을 포괄한 개념일 뿐이다.

공동구조(共同救助)

해난에 조우한 선박이나 적하를 구조할 목적으로 수개의 선박이 통일적으로 활동하는 것이며, 이 경우에 각 선박공동체간의 구조료분배의 비례에 관하여는 위험의 정도, 구조의 결과와 그 비용이나 노력 기타 여러 가지 사항을 참작하여 법원이 이를 결정한다(상§888, §883). 이렇게 하여 결정된 각 선박공동체가 가질 구조료는 다시 그 선박공동체 내에서 먼저 구조선에 생긴 손해액과 구조에 소요된 비용을 선박소유자에게 지급하고 잔액을 절반하여 선장과 해원에게 분배하도록 하고 있다(§889①). 또한 선박이나 적하와 동일한 해난에서 재산구조와 함께 인명구조에 종사한 자는 선박 또는 적하의 구조의 달성을 전제로 하여 재산구조자의 구조료와는 독립한 구조료를 분배받을 수 있는 것으로 규정되어 있다(§888②).

구조료(救助料)
영 ; salvage
독 ; Hilfslohn·Bergelohn
불 ; rémunération d'assistance

해양사고구조가 주효한 경우에 구조자에게 급부하는 보수를 말한다. 구조의 보수에 관한 약정이 없는 경우에 그 액에 관하여 당사자간에 합의가 성립하지 아니한 경우에는 법원은 당사자의 청구에 의하여 위난의 정도, 구조의 노력, 비용과 구조의 효과 기타의 제반사항을 참작하여 그 액을 정한다(상법 883조). 해난 당시에 구조의 보수액에 관한 약정을 한 경우에도 그 액이 현저하게 부당한 때에는 법원은 위의 사정을 참작하여 그 액을 증감할 수 있다(상법 887조②). 상법은 구조료의 한도에 관해서 규정하고 있는 바, 구조의 보수액은 다른 약정이 없으면 구조된 목적물의 가액을 초과하지 못한다(상법 884조1항). 선순위의 우선특권자의 채권액을 공제한 잔액을 초과하지 못한다(상법 884조2항). 공동구조자간의 구조료 분배에 있어서 그 보수액 분배의 비율에 관해서는 상법 제883조의 규정을 준용한다(상법 888조1항). 인명의 구조에 종사한 자도 제888조1항에 따라 보수액의 분배를 받을 수 있다(상법 제888조 2항). 한 선박 내부에 있어서의 구조료 분배, 예선의 구조의 경우, 동일 소유자의 선박간의 구조의 경우 등에 관하여는 각각의 규정이 있다(상법 제889조~제891조). 구조받은 선박에 종사하는 자나 고의 또는 과실로 인하여 해난을 야기한 자, 정당한 거부에 불구하고 구조를 강행한 자, 구조된 물건을 은닉하거나 정당한 이유없이 처분한 자는 구조의 보수를 청구하지 못한다(상법 892조). 구조에 종사한 자의 보수채권은 구조된 적하에 대하여 우선특권이 있다. 그러나 채무자가 그 적하를 제3취득자에게 인도한 후에는 그 적하에 대하여 이 권리를 행사하지 못한다(상법 893조). 선장은 보수를 지급할 채무자에 갈음하여 그 지급에 관한 재판상 또는 재판외의 모든 행위를 할 권한이 있다(상법 894조). 구조료청구권의 시효는 2년이다(상법 895조).

선박우선특권(船舶優先特權)

영 ; maritimelien
독 ; Schiffsgläubigerrecht, gesetzliches Pfandrecht
불 ; privilège maritime

일정한 법정채권(상§777①Ⅰ～Ⅳ)의 채권자가 선박과 그 부속물(속구·운임·그 선박과 운임에 부수한 채권)로부터 다른 채권자보다 자기채권의 우선변제를 받을 수 있는 해상법상의 특수한 담보물권이다(§777②). 구상법에서는 선취득권에 관한 규정이 있었으나 우리 민법에서는 일반선취득권제도가 없어졌으므로 상법은 그 성질에 반하지 않는 한 저당권에 관한 규정을 준용한다고 하였다(§777②後段). 선박우선특권을 저당권과 비교하면 전자는 특수한 채권자에게 법률상 당연히 주어지는 담보물권인데 반하여 후자는 당사자간의 저당권설정계약에 따라서 설정되는 점이 다르나, 목적물에 관하여 우선변제권을 가지는 타물권이며, 부종성·불가분성을 가지는 점 등에서 양자는 그 성격을 같이 한다. 선박우선특권의 목적물은 선박, 그 속구, 그 채권이 생긴 항해의 운임, 그 선박과 운임에 부수한 채권이고(§777①), 우선특권에 의하여 담보되는 채권은 상법 제777조 1항의 1호 내지 4호에 열거되어 있다. 선박우선특권은 한척의 선박에 대하여 수개가 경합하는 수도 있고, 또 다른 담보물권

과 경합하는 경우도 있다. 따라서 상법은 선박우선특권 상호간의 순위와 선박우선특권과 다른 담보물권의 순위를 각각 규정하고 있다(§782, §783, §784, §788). 선박우선특권의 효력으로서는 목적물에 대한 경매권(§777②후단)과 우선변제권이 있으며, 이 우선특권은 그 선박소유권의 이전으로 인하여 영향을 받지 아니한다(§785). 선박우선특권은 민법상의 저당권소멸원인(§777②후단)과 상법상의 특별소멸원인(§786)에 따라서 소멸된다. 이상의 선박우선특권에 관한 규정은 건조 중인 선박에 관해서도 준용된다고 규정되어 있다(§790).

선박저당권(船舶抵當權)

영 ; mortgage of ship
독 ; Schiffshypothek, Schiffspfandrecht
불 ; hipothéque maritime

등기선박을 목적으로 하여 계약에 따라서 설정되는 상법상 특수한 저당권이다(상§787①). 저당권은 민법에 따르면 부동산에만 인정되는 제도이며, 동산에는 인정되지 않지만 상법에서는 선박은 동산임에도 불구하고 그 부동산유사성과 선박등기라는 공시제도에 의하여 특히 선박저당권제도를 인정하고 있는 것이다. 선박저당권은 상법상 특수한 것이지만 선박의 부동산유사성에 비추어 민법의 부동산저당권에 관한 규정이 준용되고 있다(§787③). 따라서 그 순위, 효력, 소멸 등은 그 성격에 반하지 않는 한 민법의 규정에 따르게 되는 것이다. 선박우선특권은 공시의 방법이 없고, 법률에 규정되어 있는 채권에 대하여서만 인정되는 것이나, 선박저당권은 등기라는 공시의 방법이 있고, 또 당사자의 계약에 의하여 임의로 설

정할 수 있는 것이므로 선박금융의 법률형태로서는 이것이 가장 합당한 것이며 그 경제성에 비추어 선박우선특권보다 오히려 우수하다고 하겠다. 그러나 선박저당권은 우선특권과 경합하는 경우에 공시제도가 없는 우선특권보다 후순위에 서게 된다는 것(§788)이 그 단점이다. 「해상우선특권 및 저당권에 관한 규정의 통일을 위한 조약(1926년에 성립, 1967년 개정)」은 선박우선특권을 선박저당권에 우선하는 것과 그렇지 않은 것으로 구별하고 있다(동조약§203②). 선박저당권의 목적은 등기한 선박에 한하고(상§787①), 등기한 선박은 질권의 목적으로 할 수 없다(§789).

선박에 대한 강제집행
(船舶에 대한 强制執行)

채권의 불이행에 근거한 강제집행의 경우에 선박등기 있는 선박에 대한 집행은 부동산의 강제경매에 관한 규정에 따라서 행한다(민사집행법§172). 외국선박에 대한 강제집행에는 등기선박인 요건이 구비되어 있지 않더라도 부동산의 강제경매에 관한 규정에 따라서 집행한다(민사집행법§186). 따라서 내국선박으로서는 선박등기가 없는 선박에 관해서는 선박으로서의 특별한 집행방법에 따르지 않고 유체동산에 대한 집행방법과 동일한 절차에 다른다(민사집행법§189~§222). 또 항해의 준비를 마친 선박과 그 속구(屬具)에 대하여서는 압류 또는 가압류를 할 수가 없다. 그러나 그 선박이 발항준비를 하기 위하여 부담한 채무에 대하여는 예외로 한다(상§744①). 다만, 총톤수 20톤 미만의 선박에는 적용하지 아니한

다(상§744②). 집행기관은 선박이 압류 당시 정박하고 있는 항구를 관할하는 지방법원이다(민사집행법§173). 압류의 효력, 환가처분 등에 관해 특별한 취급이 있다(민사집행법§176~§186).

상 사 특 별 법

상사특별법

상법시행법(商法施行法)

상법전이나 상법개정법의 규정을 시행하고, 또는 구체화하기 위한 법률이다(1962.12.12. 법률 제1213호). 조선민사령 제1조에 의하여 의용된 상법시행법(1989. 법률 제49호), 상법중개정법률시행법(1939. 법률 제73호), 1962년 12월 12일 법률 제1231호로 제정되고, 1965년 3월 19일 법률 제1687호로 개정된 상법시행법 및 1984년 8월 16일 대통령령 제11485호로 제정된 상법의 일부규정의 시행에 관한 규정이 있다. 또 이것과는 별도로, 상법전이나 각 개정법의 제정시 부칙에 이에 관한 규정이 있다. 상법전의 말미에 부치(附置)되어 시행일 및 시행에 따른 구법과의 관계, 시행의 범위, 경과조치 등을 정하고 있다. 이와 같은 규정들은 상법의 해석상 중요한 의의를 갖는다.

어음법(어음法)

광의로는 어음거래에 대한 법률관계를 규율하는 사법법규의 전부를, 협의로는 어음의 특질과 어음거래의 필요에 부응하기 위해 특별히 제정된 어음에 특유한 규정을 말한다. 어음거래에 관한 법규는 사법에만 존재하는 것이 아니고 형법(§214~§217), 행정법(인지 §6Ⅷ), 민사소송법(§9, §129, §475~§497, 민사집행법§233), 국제사법 §51, 59)등에도 있지만 이것은 어음법에 포함되지 않는다. 협의의 어음법을 고유의 어음법이라 부르고, 이에 대하여 일반민·상법의 규정으로서 어음관계에 적용되는 것을 민사어음법이라 부르는바, 광의의 어음법은 이 양자를 포함한다. 협의의 어음법(1962. 1. 20. 법률 제1001호)은 어음법전이 규정하는 것이며 이것을 형식적 의의의 어음법이라 한다. 실질적 의의의 어음법 중에는 이외에도 거절증서령(1970. 4. 15. 대통령령 제4919호)을 포함한다. 현행법은 1930년의 제네바통일조약에 의거하여 제정된 법률로서 협의의 어음법의 대부분을 포함한다. 어음법의 특질로는 (1) 기술적 성질(지급의 확실성과 유통증진을 목적), (2) 강행법적 성질(불특정다수인간의 〈원활신속한 유통), (3) 국제적 통일성(세계각국에 광범유통) 등을 지적할 수 있다. (4) 기명날인과 서명을 선택적으로 사용할 수 있도록 함.

수표법(手票法)

실질적인 의미와 형식적인 의미가 있다. 전자는 수표에 특유한 사법법규의 전부를, 후자는 1931년 제네바에서 성립된 수표법

통일조약에 따라 독립된 단행법으로 제정된 수표법(1962. 1. 20. 법률 제1002호)을 의미한다. 이 수표법은 동조약의 제1부속서를 제2부속서의 유보조항에 따라 약간 변경하여 규정하고 특별히 지급보증의 장을 설치하였다. 수표법상의 법률저촉의 해결을 위하여는 섭외사법에 규정이 있으며 거절증서에 관한 사항에 대해서는 거절증서령(1970. 4. 15. 대통령령 제4919호)을 들 수 있다.

부정수표단속법(不正手票團束法)

부정수표의 발행을 단속처벌함으로써 국민경제의 안정과 유통증권인 수표의 기능을 보장함을 목적으로 한 법률이다(1961. 7. 3. 법률 제645호). 부정수표에는 (1) 가설인(假設人)의 명의로 발행한 수표, (2) 금융기관(우체국포함)과의 수표계약없이 발행하거나 금융기관으로부터 거래정지처분을 받은 후에 발행한 수표, (3) 금융기관에 등록된 것과 상위한 서명 또는 기명날인으로 발행한 수표 등 3종이며(부정수표단속법§2①), (4) 수표를 발행하거나 작성한 자가 수표를 발행한 후에 예금부족·거래정지처분이나 수표계약의 해제 또는 해지로 인하여 제시기일에 지급되지 아니한 때에도 부정수표에 준하여 처벌한다(부정수표단속법§2②). 부정수표를 발행하거나 작성한 자는 5년이하의 징역 또는 수표금액의 10배 이하의 벌금에 처한다(부정수표단속법§2①). 과실로 인하여 부정수표에 관한 죄를 범한 때에는 3년 이하의 금고 또는 수표금액의 5배 이하의 벌금에 처한다(부정수표단속법§2③). 제2항 및 제3항의 죄는 수표를 발행하거나 작성한 자가 그 수표를 회수하거나 회수하지 못하였을 경우라도 수표소지인의 명시한 의사에 반하여는 공소를 제기할 수 없다(부정수표단속법§2④). 이밖에 위조·변조자에 대한 형사책임을 규정하고 있으며, 금융기관에 종사하는 자가 부정수표를 발견했을 때에는 48시간 내 또는 30일 내에(발행인이 법인 기타 단체인 경우 포함)에 고발할 의무를 부담시키고 있다(부정수표단속법§7①).

항공안전법(航空安全法)

1961년 제정된 '항공법'은 항공사업, 항공안전, 공항시설 등 항공 관련 분야를 망라하고 있어 국제기준 변화에 신속히 대응하는데 미흡한 측면이 있고, 여러 차례의 개정으로 법체계가 복잡하여 국민이 이해하기 어렵다는 지적이 있었다. 이에 항공 관련 법규의 체계와 내용을 알기 쉽도록 하기 위하여 「항공법」을 「항공사업법」, 「항공안전법」 및 「공항시설법」으로 나누어 규정하여 국제기준 변화에 탄력적으로 대응하고, 국민이 이해하기 쉽도록 하였다. 「항공안전법」은 2016년 3월 29일 제정되어 2017년 3월 30일부터 시행되었으며, 이 법은 「국제민간항공협약」 및 같은 협약의 부속서에서 채택된 표준과 권고되는 방식에 따라 항공기, 경량항공기 또는 초경량비행장치가 안전하게 항행하기 위한 방법을 정함으로써 생명과 재산을 보호하고, 항공기술 발전에 이바지함을 목적으로 한다.

선박법(船舶法)

선박 국적과 톤수측정에 관한 사항을 정하는 법률이다(1982. 12. 31. 법률 제3641호). 한국선박(선박법§2), 국기의 게양(선박법§5), 등기와 등록(선박법§8), 선박국적증서(선박법§12, §19, §20). 선박명칭의 변경(선박법§16), 가선박국적증서(선박법§23~25), 벌칙(선박법§32~§39) 등을 규정하고 있다. 총톤수 20톤 미만의 선박과 단주(端舟) 또는 노도(櫓櫂)으로만 운전하는 배에 대하여는 원칙적으로 이 법(선박법§7~§25)의 적용이 없는 것으로 규정 되어 있다(선박법§26).

선원법(船員法)

선원의 직무·복무·근로조건의 기준·직업안정 및 교육·훈련에 관한 사항을 정함으로써 선내의 질서를 유지하고 선원의 기본적 생활을 보장·향상시키며 선원의 자질향상을 목적으로 하는 법률이다(1984. 8. 7. 법률 제3751호). 이것은 구조선선원령(1943. 제령 제4호)에 대치된 법률이다.

항만운송사업법(港灣運送事業法)

항만운송에 관한 질서를 확립하고, 항만운송사업의 건전한 발전을 도모하여 공공의 복리를 증진함을 목적으로 하는 법률이다(1963. 9. 19. 법률 제1404호). 항만운송의 정의(항만운송사업법§2)를 먼저 명시하였고, 이 법의 규율대상이 되는 항만운송사업의 종류는 항만하역사업, 검수사업, 감정사업, 검량사업의 4종이며(항만운송사업법§3), 이상의 사업을 영위하고자 하는 자는 해운항만청장의 면허를 받아야 하고(항만운송사업법§4), 항만운송업자는 교통부령이 정하는 바에 따라 운임과 요금, 항만운송약관을 정하여 해운항만청장의 인가를 받아야 한다(항만운송사업법§10, §12). 그 외에 일정한 사유가 있는 경우에는 해운항만청장이 사업의 정지 또는 면허의 취소를 할 수 있다고(항만운송사업법§26)하여 엄격한 감독이 가능하도록 규정하고 있다.

보험업법(保險業法)

보험자의 합법적 지도감독과 보험계약자 피보험자 그 밖의 이해관계인의 이익을 보호하여 국민경제의 건전한 발전을 도모함을 목적으로 하여 제정된 법률이다(1977. 12. 31. 법률 제3043호). 보험사업을 경영하기 위하여서는 재정경제원장관의 허가를 받아야 하며(보험업법§5), 일정액 이상의 자본금(기금)을 가진 주식회사나 상호회사가 아니면 경영할 수 없다(보험업법§5, §6)고 규정한 외에 재정경제원장관의 검사권(보험업법§14), 명령권(보험업법§15), 임원의 해임, 사업의 정지와 허가취소(보험업법§20) 등 강력한 감독규정을 두고 있다. 그밖에 주식회사(보험업법§23~§40), 상호회사(보험업법§41~§81), 외국보험사업자의 국내지점(보험업법§82~§92), 계산(보험업법§93~§98), 보험사업자의 관리(보험업법§99~§113), 해산(보험업법§114~§137), 청산(보험업법§138~§143), 벌칙(보험업법§211~§229) 등에 관하여 상세한 규정을 두고 있다.

채무자 회생 및 파산에 관한 법률
(債務者 回生 및 破産에 관한 法律)

이 법은 채무자의 회생 및 파산에 관한 사항이 파산법·회사정리법·화의법·개인채무자 회생법에 분산되어 있어 각 법률마다 적용대상이 다를 뿐만 아니라 특히 회생절차의 경우 회사정리절차와 화의절차로 이원화되어 그 효율성이 떨어지므로 상시적인 기업의 회생·퇴출체계로는 미흡하다는 지적에 따라 이들을 하나의 법률로 통합한 이른바 '통합 도산법'이라 할 수 있다. 이 법은 재정적 어려움으로 인하여 파탄에 직면해 있는 채무자에 대하여 채권자·주주·지분권자 등 이해관계인의 법률관계를 조정하여 채무자 또는 그 사업의 효율적 회생을 도모하거나 회생이 어려운 채무자의 재산을 공정하게 환가·배당하는 것을 목적으로 한다.

자산재평가법(資産再評價法)

법인 또는 개인기업의 합리적인 경영을 위해서 사업용자산을 현실에 맞도록 재평가하여 적정한 자본전입 등 또는 감가상각을 가능케 하여 기업자본의 정확을 도모함에 필요한 규정을 내용으로 한 법이다. 예컨대 부동산을 소유한 기업이 그 부동산의 지가상승이 있는 경우 재평가하여 자본전입 등의 처리와 함께 국가에 재평가세를 납부하고 이와 반대로 기업이 소유한 기계가 마모됐을 때는 그 내용연수에 따라 감가상각을 하는 등이다. 그리고 이 재평가는 법인에 있어서는 각사업년도개시일에, 개인에 있어서는 매년 1월 1일 현재로 한다(자산재평가

법§4①).

또 평가방법에 있어서는 「지가공시및토지등의평가에관한법률」에 의한 감정평가사에 의하는 것이 일반관례이며, 재평가를 했을 때는 재평가일로부터 90일 이내에 재평가신고서를 대차대조표·시가감정서·재평가 및 재평가차액에 관한 계산서와 그 부속서류를 첨부하여 관할세무서에 제출하여야 한다. 여기서 감정평가사라 함은 「지가공시및토지등의평가에관한 법률」에 의하여 국가시험에 합격한 자(지가공시및토지등평가에관한법률 §14)를 말한다. 그 업무는 금융기관 등이 그 대부의 담보물인 부동산의 평가 등과 국유재산법에 의하여 매각되는 부동산, 소송에 계류중인 경매부동산기타의 감정을 그 주된 것으로 하고 있다.

은행법(銀行法)

국내에 있는 모든 금융기관의 조직·업무통제 그밖의 행정적 감독에 관하여 규정한 법률이다. (1998. 1. 13. 법률 5499호). 본 법은 한국은행법과 함께 국내의 금융기관을 규율하는 일반법이고, 금융기관의 수신업무가 대량적·장기적이며 또한 공중적 성격을 갖고 있으므로 상세한 공법적인 감독규정을 두고 있으며, 금융기관의 기업형태·자본금·법정준비금·업무·계산서류 등에 대해서 상법상 주식회사의 규정을 수정·보완하고 있다.

자본시장과 금융투자업에 관한 법률

이 법은 자본시장에서의 금융혁신과 공정한 경쟁을 촉진하고 투자자를 보호하며 금융투자업을 건전하게 육성함으로써 자본시

장의 공정성·신뢰성 및 효율성을 높여 국민 경제의 발전에 이바지함을 목적으로 한다. 종래 자본시장을 규율하는 「증권거래법」, 「선물거래법」, 「간접투자자산 운용업법」 등의 법률은 금융기관이 취급할 수 있는 상품의 종류를 제한적으로 열거하고 있어 창의적인 상품개발 등 금융혁신이 어렵고, 금융업의 겸영을 엄격하게 제한하고 있어 시너지 효과를 통한 경쟁력 향상에 한계가 있으며, 각 금융기관별로 상이한 규제체계로 되어 있어 규제차익문제 등 비효율성이 발생하고 있고, 투자자 보호장치가 미흡하여 자본시장에 대한 신뢰를 저하시키는 등 제도적 요인이 자본시장의 발전에 장애가 되고 있으므로 「증권거래법」등 자본시장 관련 법률을 통합하여 금융투자상품의 개념을 포괄적으로 규정하고, 겸영 허용 등 금융투자회사의 업무범위를 확대하며, 금융업에 관한 제도적 틀을 금융기능 중심으로 재편하고, 투자자 보호장치를 강화하는 한편, 자본시장에서의 불공정거래에 대한 규제를 강화하는 등 자본시장에 대한 법체계를 개선하여 금융투자회사가 대형화·전문화를 통하여 경쟁력을 갖출 수 있도록 하고, 투자자 보호를 통한 자본시장의 신뢰를 높이며, 자본시장의 혁신형 기업에 대한 자금 공급 기능을 강화하는 등 자본시장의 활성화와 우리나라 금융산업의 발전을 위한 제도적 기반을 개선·정비하려는 목적에서 제정된 법률이다.

◨ 편 저 대한법률콘텐츠연구회 ◨

(연구회 발행도서)
· 민법 지식정보법전
· 형법·형소법 지식사전
· 헌법 지식사전
· 민사집행 지식정보법전
· 민사소송 지식정보법전
· 법률용어사전
· 2023년 판례와 같이보는 소법전
· 노동관계법 지식사전

2023 법률과 용어·판례를 같이보는
상법 지식사전

2023년 08월 25일 인쇄
2023년 08월 30일 발행

편 저 대한법률콘텐츠연구회
발행인 김현호
발행처 법문북스
공급처 법률미디어

주소 서울 구로구 경인로 54길4(구로동 636-62)
전화 02)2636-2911~2, 팩스 02)2636-3012
홈페이지 www.lawb.co.kr

등록일자 1979년 8월 27일
등록번호 제5-22호

ISBN 979-11-92369-97-6 (93360)

정가 28,000원